INDEX
1940 Population Census of Guam: Transcribed

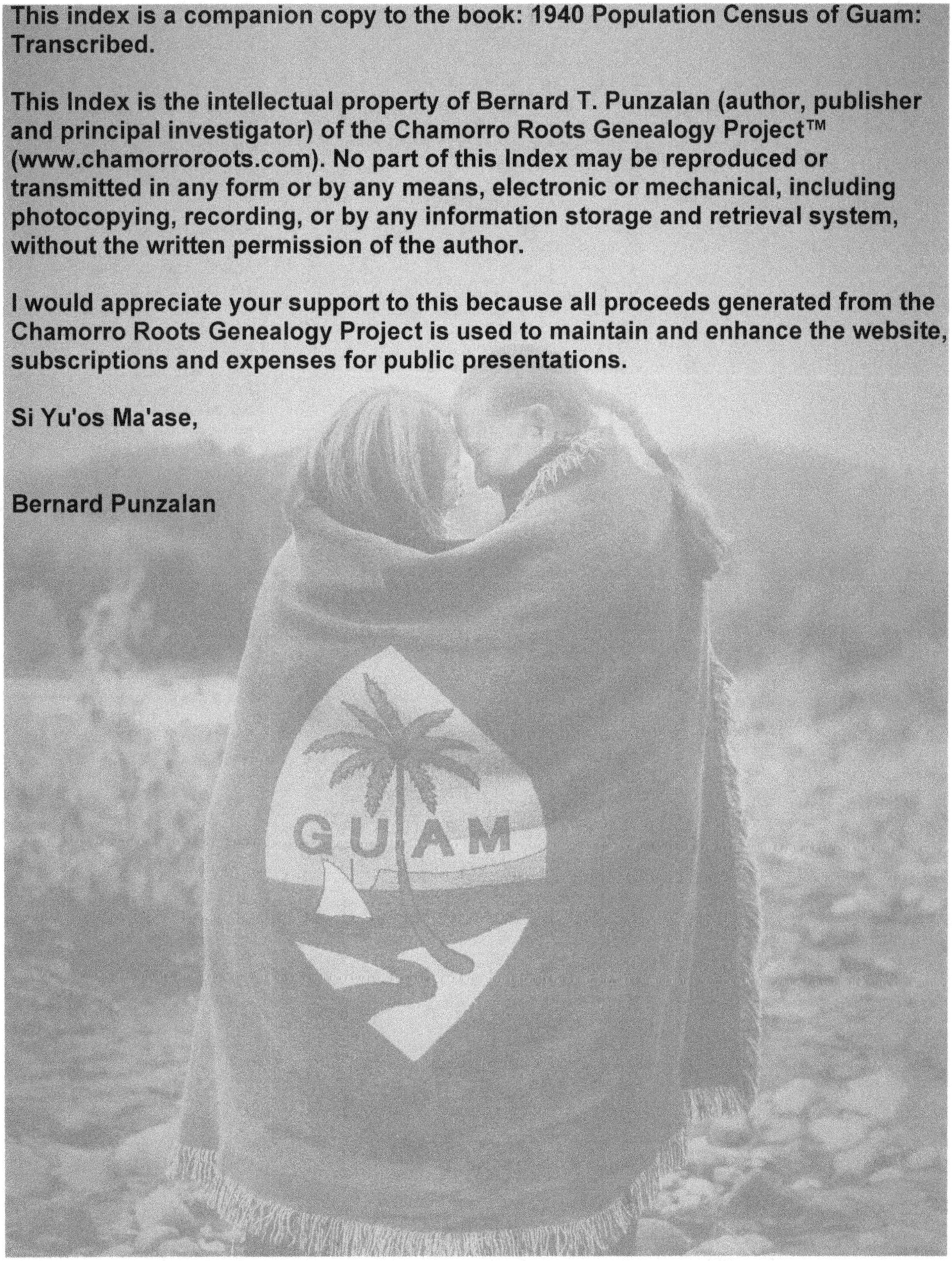

This index is a companion copy to the book: 1940 Population Census of Guam: Transcribed.

This Index is the intellectual property of Bernard T. Punzalan (author, publisher and principal investigator) of the Chamorro Roots Genealogy Project™ (www.chamorroroots.com). No part of this Index may be reproduced or transmitted in any form or by any means, electronic or mechanical, including photocopying, recording, or by any information storage and retrieval system, without the written permission of the author.

I would appreciate your support to this because all proceeds generated from the Chamorro Roots Genealogy Project is used to maintain and enhance the website, subscriptions and expenses for public presentations.

Si Yu'os Ma'ase,

Bernard Punzalan

INDEX
1940 Population Census of Guam: Transcribed

Acfalle, Alberto B -pg. D-11-38
Acfalle, Ana C -pg. D-8-2
Acfalle, Ana Q -pg. D-11-56
Acfalle, Ana SN -pg. D-8-15
Acfalle, Ana T -pg. D-8-26
Acfalle, Andrea C -pg. D-8-18
Acfalle, Andrea M -pg. D-8-22
Acfalle, Antonia R -pg. D-8-12
Acfalle, Blaz C -pg. D-8-18
Acfalle, Carmelo C -pg. D-8-18
Acfalle, Carmelo M -pg. D-8-6
Acfalle, Carmelo R -pg. D-8-23
Acfalle, Carmen B -pg. D-11-38
Acfalle, Carmen C -pg. D-2-34
Acfalle, Carmen R -pg. D-8-23
Acfalle, Concepcion -pg. D-4-7
Acfalle, Concepcion C -pg. D-2-34
Acfalle, Cresencia -pg. D-11-10
Acfalle, Cresencia -pg. D-11-10
Acfalle, Cristina -pg. D-3-8
Acfalle, Daniel -pg. D-3-8
Acfalle, Delfina B -pg. D-1-388
Acfalle, Dimas SN -pg. D-8-15
Acfalle, Domingo -pg. D-3-15
Acfalle, Emiterio C -pg. D-8-34
Acfalle, Estefania -pg. D-3-8
Acfalle, Fausto C -pg. D-8-23
Acfalle, Felicidad A -pg. D-1-315
Acfalle, Felipe C -pg. D-8-12
Acfalle, Felix C -pg. D-8-20
Acfalle, Francis -pg. D-3-8
Acfalle, Francisca C -pg. D-2-34
Acfalle, Francisca R -pg. D-8-23
Acfalle, Francisco -pg. D-3-8
Acfalle, Francisco -pg. D-8-22
Acfalle, Francisco B -pg. D-11-38
Acfalle, Gregorio M -pg. D-11-56
Acfalle, Ignacio -pg. D-3-25
Acfalle, Isabel C -pg. D-8-18
Acfalle, Isabel Q -pg. D-8-34
Acfalle, Isabel R -pg. D-8-18
Acfalle, Jesus C -pg. D-9-40
Acfalle, Jesus Q -pg. D-8-34
Acfalle, Joaquin -pg. D-3-15
Acfalle, Joaquin A -pg. D-2-26
Acfalle, Joaquin Q -pg. D-8-34
Acfalle, Joaquin R -pg. D-8-23
Acfalle, Jose -pg. D-4-7
Acfalle, Jose A -pg. D-1-328
Acfalle, Jose A -pg. D-2-8
Acfalle, Jose B -pg. D-11-10
Acfalle, Jose C -pg. D-8-2
Acfalle, Jose M -pg. D-8-22
Acfalle, Jose Q -pg. D-8-34
Acfalle, Jose Q -pg. D-11-56
Acfalle, Josefa A -pg. D-11-38
Acfalle, Josefina A -pg. D-1-315
Acfalle, Josefina T -pg. D-8-26
Acfalle, Juan -pg. D-4-8
Acfalle, Juan B -pg. D-8-22
Acfalle, Juan C -pg. D-8-34
Acfalle, Juan Q -pg. D-11-56
Acfalle, Juan R -pg. D-8-23
Acfalle, Julia -pg. D-3-13

Acfalle, Julia C -pg. D-2-35
Acfalle, Luisa C -pg. D-2-34
Acfalle, Margarita C -pg. D-2-26
Acfalle, Maria -pg. D-4-7
Acfalle, Maria B -pg. D-9-40
Acfalle, Maria C -pg. D-2-34
Acfalle, Maria C -pg. D-8-2
Acfalle, Maria M -pg. D-11-56
Acfalle, Matilde R -pg. D-8-23
Acfalle, Miguel M -pg. D-11-2
Acfalle, Nicolas A -pg. D-8-15
Acfalle, Ramon R -pg. D-8-23
Acfalle, Rita -pg. D-4-7
Acfalle, Rita M -pg. D-11-12
Acfalle, Rosa B -pg. D-9-40
Acfalle, Rosa Q -pg. D-11-56
Acfalle, Ruth -pg. D-3-8
Acfalle, Ruth A -pg. D-1-315
Acfalle, Santiago A -pg. D-1-315
Acfalle, Thomasa B -pg. D-11-38
Acfalle, Tobias SN -pg. D-8-15
Acfalle, Trinidad M -pg. D-8-22
Acfalle, Vicente B -pg. D-2-34
Acfalle, Vicente R -pg. D-8-23
Acfalle, Vicenti M -pg. D-8-22
Acfalle, Vicenti Q -pg. D-8-34
Acfalle, Vicenti SN -pg. D-8-15
Acfalle, Victoria -pg. D-3-13
Achaigua, Consolacion B -pg. D-1-308
Achaigua, Esperanza S -pg. D-1-379
Achaigua, Felix S -pg. D-1-308
Achaigua, Maria S -pg. D-1-214
Achaigua, Pedro A -pg. D-1-214
Acosta, Ana F -pg. D-10-18
Acosta, Cecilia F -pg. D-10-18
Acosta, Concepcion R -pg. D-1-159
Acosta, Concepcion S -pg. D-10-18
Acosta, Felix S -pg. D-10-18
Acosta, Francisco A -pg. D-10-24
Acosta, Isabel -pg. D-4-30
Acosta, Joaquin D -pg. D-1-103
Acosta, Jose F -pg. D-10-18
Acosta, Juan -pg. D-5-38
Acosta, Juan A -pg. D-10-18
Acosta, Manuel S -pg. D-10-18
Acosta, Maria -pg. D-4-30
Acosta, Maria D -pg. D-1-103
Acosta, Maria F -pg. D-10-18
Acosta, Mariano -pg. D-4-30
Acosta, Miguel C -pg. D-10-18
Acosta, Pedro A -pg. D-1-159
Acosta, Ramon S -pg. D-10-18
Acosta, Rosa P -pg. D-1-93
Acosta, Vicenta S -pg. D-10-18
Acosta, Vicente F -pg. D-10-18
Ada, Agueda -pg. D-3-10
Ada, Alejandro A -pg. D-1-295
Ada, Ana -pg. D-5-8
Ada, Ana C -pg. D-1-276
Ada, Ana M -pg. D-1-295
Ada, Antonio C -pg. D-1-275
Ada, Antonio C -pg. D-1-276
Ada, Antonio F -pg. D-1-198
Ada, Antonio Q -pg. D-1-199

Ada, Beatrice C -pg. D-1-275
Ada, Bobby H -pg. D-11-54
Ada, Candelaria C -pg. D-1-342
Ada, Carmen F -pg. D-1-389
Ada, Catalina Q -pg. D-1-199
Ada, Delia T -pg. D-1-401
Ada, Dolores -pg. D-5-8
Ada, Dolores D -pg. D-1-369
Ada, Elveria T -pg. D-1-402
Ada, Felix Q -pg. D-1-199
Ada, Felix S -pg. D-1-363
Ada, Francisca C -pg. D-1-242
Ada, Francisco C -pg. D-1-275
Ada, Herman T -pg. D-1-342
Ada, Ignacio -pg. D-4-20
Ada, Inez P -pg. D-1-199
Ada, Jesus -pg. D-5-8
Ada, Jesus M -pg. D-1-295
Ada, Jesus Q -pg. D-1-389
Ada, Joaquin S -pg. D-1-363
Ada, Joaquina M -pg. D-1-295
Ada, Jose -pg. D-5-8
Ada, Jose M -pg. D-1-295
Ada, Jose M -pg. D-7-6
Ada, Jose Q -pg. D-1-199
Ada, Jose T -pg. D-1-401
Ada, Josefa -pg. D-1-135
Ada, Joseph M -pg. D-1-401
Ada, Juan T -pg. D-1-402
Ada, Lourdes M -pg. D-1-342
Ada, Luise M -pg. D-1-371
Ada, Lydia T -pg. D-1-401
Ada, Manuel A -pg. D-15-8
Ada, Manuela -pg. D-1-389
Ada, Margarita Q -pg. D-1-199
Ada, Margarita S -pg. D-1-363
Ada, Maria -pg. D-5-8
Ada, Maria -pg. D-5-8
Ada, Maria M -pg. D-1-371
Ada, Maria M -pg. D-11-54
Ada, Maria P -pg. D-1-199
Ada, Maria Q -pg. D-1-198
Ada, Maria S -pg. D-1-363
Ada, Maria T -pg. D-1-401
Ada, Maria T -pg. D-1-402
Ada, Mariano Q -pg. D-1-199
Ada, Nacrena H -pg. D-1-389
Ada, Pedro J -pg. D-1-342
Ada, Pedro M -pg. D-1-199
Ada, Pedro P -pg. D-1-199
Ada, Pedro T -pg. D-8-32
Ada, Pilar H -pg. D-1-389
Ada, Ramon A -pg. D-1-295
Ada, Ramon A (ab) -pg. D-1-294
Ada, Ramon M -pg. D-7-6
Ada, Regino M -pg. D-1-242
Ada, Rosa M -pg. D-1-295
Ada, Rosa M -pg. D-1-371
Ada, Rosalia Q -pg. D-1-199
Ada, Severina H -pg. D-1-389
Ada, Vicente D -pg. D-1-370
Ada, Victoria -pg. D-5-8
Ada, Winefreda H -pg. D-1-389
Ada, Winefreda T -pg. D-1-402

INDEX
1940 Population Census of Guam: Transcribed

Adamos, Ana LG -pg. D-1-260
Adamos, Fidel LG -pg. D-1-261
Adamos, Ireneo S -pg. D-1-260
Adamos, Ireno LG -pg. D-1-261
Adamos, Pablo LG -pg. D-1-260
Adamos, Serverina LG -pg. D-1-261
Adriano, Delfina U -pg. D-1-206
Adriano, Maria M -pg. D-1-112
Adriano, Trinidad A -pg. D-1-112
Afaisen, Ana D -pg. D-6-21
Afaisen, Ana M -pg. D-6-39
Afaisen, Catalina D -pg. D-6-17
Afaisen, Cristina D -pg. D-6-21
Afaisen, Domitilla D -pg. D-6-21
Afaisen, Francisco SN -pg. D-6-19
Afaisen, Ignacia D -pg. D-6-22
Afaisen, Jesus A -pg. D-10-30
Afaisen, Joaquin -pg. D-6-21
Afaisen, Joaquin SN -pg. D-6-21
Afaisen, Jose D -pg. D-6-21
Afaisen, Juan D -pg. D-6-21
Afaisen, Manuel -pg. D-6-21
Afaisen, Manuel M -pg. D-6-39
Afaisen, Maria C -pg. D-6-25
Afaisen, Maria D -pg. D-6-21
Afaisen, Maria D -pg. D-6-22
Afaisen, Maria SN -pg. D-6-19
Afaisen, Paz M -pg. D-6-39
Afaisen, Roman A -pg. D-10-30
Afaisen, Santiago D -pg. D-6-19
Aflague, Alexander J -pg. D-1-312
Aflague, Ana -pg. D-3-4
Aflague, Ana A -pg. D-9-2
Aflague, Ana C -pg. D-1-238
Aflague, Ana C -pg. D-1-238
Aflague, Ana C -pg. D-1-247
Aflague, Ana R -pg. D-1-400
Aflague, Anne P -pg. D-10-52
Aflague, Annie M -pg. D-1-247
Aflague, Antonio -pg. D-3-12
Aflague, Antonio P -pg. D-10-52
Aflague, Augusto P -pg. D-1-3
Aflague, Bertha J -pg. D-1-312
Aflague, Carmen C -pg. D-1-238
Aflague, Carmen O -pg. D-1-148
Aflague, Concepcion -pg. D-3-4
Aflague, Concepcion LG -pg. D-1-29
Aflague, Daniel P -pg. D-1-3
Aflague, Dianna -pg. D-3-4
Aflague, Dolores -pg. D-3-12
Aflague, Elsie A -pg. D-9-2
Aflague, Eugenia C -pg. D-1-238
Aflague, Eugenia J -pg. D-1-311
Aflague, Euguenia J -pg. D-1-312
Aflague, Ezekiel -pg. D-5-47
Aflague, Felicidad P -pg. D-1-3
Aflague, Fermin LG -pg. D-1-29
Aflague, Fidela P -pg. D-1-3
Aflague, Francisca G -pg. D-1-369
Aflague, Francisco A -pg. D-9-2
Aflague, Francisco P -pg. D-1-3
Aflague, Francisco S -pg. D-1-309
Aflague, Francisco T -pg. D-1-3
Aflague, Fructosos SM -pg. D-1-247

Aflague, Helen J -pg. D-1-312
Aflague, Helen R -pg. D-1-401
Aflague, Ignacio P -pg. D-10-52
Aflague, Inocencio J -pg. D-1-312
Aflague, Inocencio S -pg. D-1-311
Aflague, Isabel P -pg. D-10-52
Aflague, Jesusa A -pg. D-9-1
Aflague, Joaquin G -pg. D-1-369
Aflague, Jose P -pg. D-10-52
Aflague, Jose S -pg. D-1-29
Aflague, Josefina SM -pg. D-1-309
Aflague, Juan -pg. D-3-12
Aflague, Juan O -pg. D-1-148
Aflague, Juan R -pg. D-1-400
Aflague, Juan S -pg. D-10-52
Aflague, Lawrence J -pg. D-1-312
Aflague, Lorenzo C -pg. D-1-238
Aflague, Lorenzo S -pg. D-9-1
Aflague, Lydia U -pg. D-1-401
Aflague, Maria C -pg. D-1-238
Aflague, Maria P -pg. D-10-52
Aflague, Maria U -pg. D-1-400
Aflague, Mary R -pg. D-1-247
Aflague, Norberto G -pg. D-1-369
Aflague, Ramon A -pg. D-9-2
Aflague, Raymond J -pg. D-1-312
Aflague, Ricardo G -pg. D-1-369
Aflague, Rigoberto R -pg. D-1-400
Aflague, Rita G -pg. D-1-369
Aflague, Rosa -pg. D-5-47
Aflague, Rosa SM -pg. D-1-309
Aflague, Rosa SM -pg. D-1-309
Aflague, Rosario R -pg. D-1-400
Aflague, Simon R -pg. D-1-400
Aflague, Sylvia -pg. D-3-4
Aflague, Teresia P -pg. D-10-52
Aflague, Teresita O -pg. D-1-148
Aflague, Tomas SM -pg. D-1-148
Aflague, Vicenta S -pg. D-1-214
Aflague, Vicente C -pg. D-1-238
Aflague, Vicente T -pg. D-1-238
Aflague, Victoria J -pg. D-1-312
Aflague, Wilfriedo J -pg. D-1-311
Aflleje, Alfredo -pg. D-3-25
Aflleje, Ana -pg. D-3-10
Aflleje, Andres -pg. D-9-21
Aflleje, Angelina L -pg. D-9-21
Aflleje, Angelina P -pg. D-14-4
Aflleje, Antonio -pg. D-3-3
Aflleje, Antonio -pg. D-3-13
Aflleje, Beatrice N -pg. D-11-22
Aflleje, Blas -pg. D-3-26
Aflleje, Celia M -pg. D-9-48
Aflleje, Concepcion B -pg. D-9-41
Aflleje, Concepcion P -pg. D-14-3
Aflleje, Crispina -pg. D-3-23
Aflleje, Daniel P -pg. D-14-4
Aflleje, David P -pg. D-14-4
Aflleje, Dolores -pg. D-3-13
Aflleje, Dolores -pg. D-3-25
Aflleje, Eluina -pg. D-3-24
Aflleje, Eugenio -pg. D-3-25
Aflleje, Francisco N -pg. D-11-73
Aflleje, Gloria M -pg. D-9-48

Aflleje, Gloria SN -pg. D-1-1
Aflleje, Henry -pg. D-3-24
Aflleje, Ignacia SN -pg. D-1-1
Aflleje, Isabel T -pg. D-9-42
Aflleje, Jesus B -pg. D-9-41
Aflleje, Jesus L -pg. D-9-21
Aflleje, Jesus T -pg. D-14-3
Aflleje, Joaquin -pg. D-3-2
Aflleje, Joaquin -pg. D-3-26
Aflleje, Jose -pg. D-3-3
Aflleje, Jose -pg. D-3-25
Aflleje, Jose -pg. D-3-25
Aflleje, Jose B -pg. D-9-41
Aflleje, Jose G -pg. D-1-1
Aflleje, Jose L -pg. D-9-21
Aflleje, Jose T -pg. D-14-3
Aflleje, Josefa -pg. D-3-2
Aflleje, Josefa B -pg. D-9-41
Aflleje, Juan -pg. D-3-3
Aflleje, Juan -pg. D-3-23
Aflleje, Juan L -pg. D-9-21
Aflleje, Juan Salas -pg. D-9-48
Aflleje, Juana T -pg. D-9-42
Aflleje, Judit -pg. D-3-13
Aflleje, Lourdes N -pg. D-11-22
Aflleje, Magdalena -pg. D-3-26
Aflleje, Manuel -pg. D-3-25
Aflleje, Maria -pg. D-3-3
Aflleje, Maria -pg. D-3-13
Aflleje, Maria -pg. D-3-23
Aflleje, Maria C -pg. D-9-43
Aflleje, Maria L -pg. D-9-21
Aflleje, Maria L -pg. D-9-21
Aflleje, Maria T -pg. D-9-42
Aflleje, Maria T -pg. D-9-45
Aflleje, Maria T -pg. D-14-3
Aflleje, Marian -pg. D-3-2
Aflleje, Matilde -pg. D-3-26
Aflleje, Matilde B -pg. D-9-41
Aflleje, Maximo -pg. D-9-43
Aflleje, Nieves C -pg. D-9-41
Aflleje, Ricardo SN -pg. D-1-1
Aflleje, Rita -pg. D-3-2
Aflleje, Rita -pg. D-3-2
Aflleje, Rita -pg. D-3-3
Aflleje, Rita -pg. D-3-25
Aflleje, Rita L -pg. D-9-21
Aflleje, Rosa L -pg. D-9-21
Aflleje, Rosario -pg. D-3-25
Aflleje, Teresa -pg. D-3-13
Aflleje, Vicente -pg. D-3-2
Aflleje, Vicente -pg. D-3-25
Aflleje, Vicente -pg. D-14-3
Aflleje, Vicente L -pg. D-9-21
Aflleje, Vicente T -pg. D-14-4
Agatucci, Louis J. Jr. -pg. D-1-300
Agnon, Vicente S -pg. D-9-5
Aguahlo, Ana C -pg. D-1-160
Aguahlo, Ana S -pg. D-1-171
Aguahlo, Ana S -pg. D-1-183
Aguahlo, Antonia S -pg. D-1-171
Aguahlo, Catalina C -pg. D-1-172
Aguahlo, Consolacion C -pg. D-1-172
Aguahlo, Delfina S -pg. D-1-171

INDEX
1940 Population Census of Guam: Transcribed

Aguahlo, Francisco C -pg. D-1-172
Aguahlo, Francisco S -pg. D-1-171
Aguahlo, Honoria S -pg. D-1-171
Aguahlo, Ignacio C -pg. D-1-172
Aguahlo, Juan A -pg. D-1-183
Aguahlo, Juan S -pg. D-1-172
Aguahlo, Luis S -pg. D-1-172
Aguahlo, Maria C -pg. D-1-172
Aguahlo, Pedro S -pg. D-1-171
Aguahlo, Rosario C -pg. D-1-172
Aguahlo, Tomas C -pg. D-1-172
Aguahlo, Victoria C -pg. D-1-172
Aguajlo, Catalina -pg. D-4-5
Aguajlo, Jose -pg. D-4-16
Agualo, Alejandro C -pg. D-9-43
Agualo, Alfred -pg. D-5-62
Agualo, Alfred S -pg. D-9-43
Agualo, Ana -pg. D-5-62
Agualo, Ana S -pg. D-9-43
Agualo, Carmen A -pg. D-10-1
Agualo, Dolores -pg. D-5-29
Agualo, Felix -pg. D-5-29
Agualo, Francisco A -pg. D-10-1
Agualo, Jose -pg. D-5-62
Agualo, Jose C -pg. D-9-43
Agualo, Jose S -pg. D-9-43
Agualo, Juan -pg. D-5-62
Agualo, Juan S -pg. D-9-43
Agualo, Maria A -pg. D-10-1
Agualo, Miguel C -pg. D-9-43
Agualo, Rita M -pg. D-10-1
Agualo, Rita O -pg. D-15-4
Agualo, Santiago T -pg. D-10-19
Agualo, Soledad -pg. D-5-62
Agualo, Soledad S -pg. D-9-43
Agualo, Sylvia S -pg. D-9-43
Aguero, Amparo C -pg. D-1-134
Aguero, Ana -pg. D-1-134
Aguero, Ana F -pg. D-15-16
Aguero, Antonio T -pg. D-15-17
Aguero, Felisa T -pg. D-15-16
Aguero, Filomena T -pg. D-15-21
Aguero, Francisco -pg. D-1-134
Aguero, Francisco T -pg. D-1-365
Aguero, Jesus SN -pg. D-15-16
Aguero, Jose SN -pg. D-15-21
Aguero, Jose T -pg. D-1-365
Aguero, Josefa T -pg. D-15-21
Aguero, Juan -pg. D-1-134
Aguero, Juan A -pg. D-7-9
Aguero, Juan SN -pg. D-1-365
Aguero, Juan SN -pg. D-7-18
Aguero, Juan T -pg. D-1-365
Aguero, Luisa T -pg. D-15-17
Aguero, Maria -pg. D-1-134
Aguero, Maria T -pg. D-1-365
Aguero, Marta T -pg. D-15-17
Aguero, Oliva C -pg. D-1-135
Aguero, Oliva T -pg. D-15-21
Aguero, Pedro T -pg. D-15-16
Aguero, Ramon A -pg. D-15-17
Aguero, Remedios T -pg. D-15-21
Aguero, Rita -pg. D-1-134
Aguero, Soledad A -pg. D-15-17

Aguero, Teresa T -pg. D-15-21
Aguero, Tomas T -pg. D-15-21
Aguero, Vicente T -pg. D-15-17
Aguero, Vicente T -pg. D-15-21
Agueso, Consuela A -pg. D-15-19
Aguigui, Ana G -pg. D-2-18
Aguigui, Ana T -pg. D-8-1
Aguigui, Antonia C -pg. D-1-329
Aguigui, Antonio T -pg. D-2-2
Aguigui, Balbino G -pg. D-2-19
Aguigui, Bartola Q -pg. D-2-35
Aguigui, Beatrice T -pg. D-2-2
Aguigui, Benedicto SN -pg. D-2-11
Aguigui, Bennie R -pg. D-2-4
Aguigui, Bienvenida T -pg. D-8-1
Aguigui, Carmen G -pg. D-2-18
Aguigui, Carmen T -pg. D-8-1
Aguigui, Catalina D -pg. D-11-35
Aguigui, Celestine R -pg. D-2-4
Aguigui, Clemente D -pg. D-2-44
Aguigui, Delfina T -pg. D-8-1
Aguigui, Dionisio C -pg. D-2-11
Aguigui, Dolores D -pg. D-11-35
Aguigui, Dolores G -pg. D-9-32
Aguigui, Dolores SN -pg. D-11-35
Aguigui, Doris R -pg. D-2-4
Aguigui, Doroteo Q -pg. D-2-35
Aguigui, Edward J -pg. D-11-46
Aguigui, Eleanor L -pg. D-11-46
Aguigui, Elias A -pg. D-11-35
Aguigui, Enrique C -pg. D-2-35
Aguigui, Eugenio Q -pg. D-2-35
Aguigui, Felix B -pg. D-2-19
Aguigui, Felix G -pg. D-2-18
Aguigui, Felix T -pg. D-8-1
Aguigui, Francisca G -pg. D-2-19
Aguigui, Francisco A -pg. D-2-18
Aguigui, Francisco D -pg. D-2-44
Aguigui, Francisco T -pg. D-8-1
Aguigui, Guadalupe A -pg. D-11-46
Aguigui, Herbert J -pg. D-11-46
Aguigui, Ignacio B -pg. D-8-1
Aguigui, Ignacio G -pg. D-2-19
Aguigui, Isabel T -pg. D-2-2
Aguigui, Isabel T -pg. D-8-1
Aguigui, Jean L -pg. D-11-46
Aguigui, Jesus T -pg. D-2-2
Aguigui, Jesus T -pg. D-8-1
Aguigui, Joaquin A -pg. D-2-2
Aguigui, Joaquin T -pg. D-8-1
Aguigui, Joaquina T -pg. D-2-2
Aguigui, Jose D -pg. D-11-35
Aguigui, Jose G -pg. D-2-18
Aguigui, Jose R -pg. D-2-4
Aguigui, Jose SN -pg. D-2-16
Aguigui, Jose T -pg. D-8-1
Aguigui, Josefa C -pg. D-2-27
Aguigui, Josefa R -pg. D-2-6
Aguigui, Juan A -pg. D-11-35
Aguigui, Juan D -pg. D-9-32
Aguigui, Juan T -pg. D-2-2
Aguigui, Juana C -pg. D-2-11
Aguigui, Leon A -pg. D-2-7
Aguigui, Leonardo Q -pg. D-2-35

Aguigui, Lorenzo D -pg. D-2-44
Aguigui, Luis L -pg. D-14-14
Aguigui, Luis SN -pg. D-2-27
Aguigui, Luisa C -pg. D-2-11
Aguigui, Magdalena C -pg. D-2-16
Aguigui, Manuel A -pg. D-2-11
Aguigui, Manuel A -pg. D-11-51
Aguigui, Maria C -pg. D-2-11
Aguigui, Maria C -pg. D-2-27
Aguigui, Maria D -pg. D-11-35
Aguigui, Maria G -pg. D-2-18
Aguigui, Maria G -pg. D-2-19
Aguigui, Maria G -pg. D-9-32
Aguigui, Maria R -pg. D-2-4
Aguigui, Maria T -pg. D-2-2
Aguigui, Myrna V -pg. D-2-4
Aguigui, Petronila D -pg. D-1-232
Aguigui, Petronila D -pg. D-2-44
Aguigui, Remedios T -pg. D-2-2
Aguigui, Rosa D -pg. D-2-44
Aguigui, Rosa D -pg. D-11-35
Aguigui, Rosa G -pg. D-9-32
Aguigui, Rosa T -pg. D-2-2
Aguigui, Rosa T (ab) -pg. D-8-1
Aguigui, Santos A -pg. D-2-4
Aguigui, Soledad A -pg. D-2-11
Aguigui, Trinidad C -pg. D-2-27
Aguigui, Vicente A -pg. D-2-11
Aguigui, Vicente A -pg. D-11-35
Agulto, Ana P -pg. D-11-33
Agulto, Antonio P -pg. D-11-32
Agulto, Consuelo C -pg. D-9-35
Agulto, Dolores M -pg. D-11-33
Agulto, Emilia P -pg. D-11-59
Agulto, Jesus P -pg. D-11-33
Agulto, Magdalena P -pg. D-11-33
Agulto, Pedro P -pg. D-11-59
Aguon, Adriano C -pg. D-1-336
Aguon, Agueda A -pg. D-13-15
Aguon, Agueda C -pg. D-12-3
Aguon, Alfred C -pg. D-12-3
Aguon, Alfredo -pg. D-3-5
Aguon, Ana -pg. D-3-5
Aguon, Ana -pg. D-4-34
Aguon, Ana A -pg. D-11-66
Aguon, Ana A -pg. D-13-2
Aguon, Ana B -pg. D-13-7
Aguon, Ana B -pg. D-15-29
Aguon, Ana C -pg. D-1-336
Aguon, Ana C -pg. D-15-14
Aguon, Ana F -pg. D-6-21
Aguon, Ana M -pg. D-13-17
Aguon, Ana P -pg. D-1-107
Aguon, Ana Q -pg. D-13-18
Aguon, Ana S -pg. D-1-80
Aguon, Ana S -pg. D-1-137
Aguon, Ana S -pg. D-13-16
Aguon, Ana T -pg. D-1-18
Aguon, Ana T -pg. D-13-4
Aguon, Andrea S -pg. D-1-137
Aguon, Andresena P -pg. D-1-107
Aguon, Angela B -pg. D-13-7
Aguon, Antonia C -pg. D-1-91
Aguon, Antonia S -pg. D-1-151

INDEX
1940 Population Census of Guam: Transcribed

Aguon, Antonio C -pg. D-2-29
Aguon, Antonio J -pg. D-1-380
Aguon, Antonio Q -pg. D-13-8
Aguon, Antonio R -pg. D-13-12
Aguon, Antonio S -pg. D-10-43
Aguon, Baldovino Q -pg. D-9-35
Aguon, Barceliza M -pg. D-1-66
Aguon, Beatrice SN -pg. D-1-324
Aguon, Benito C -pg. D-2-36
Aguon, Bernabe R -pg. D-15-14
Aguon, Bernadita G -pg. D-1-327
Aguon, Bernadita M -pg. D-13-17
Aguon, Berndita -pg. D-4-37
Aguon, Blandina S -pg. D-1-138
Aguon, Cadilaria -pg. D-4-40
Aguon, Calistra T -pg. D-13-4
Aguon, Calistro -pg. D-1-34
Aguon, Candelaria N -pg. D-15-29
Aguon, Candelaria P -pg. D-1-44
Aguon, Caridad C -pg. D-11-55
Aguon, Carlos C -pg. D-2-37
Aguon, Carmen -pg. D-4-33
Aguon, Carmen Q -pg. D-13-3
Aguon, Carmen S -pg. D-10-43
Aguon, Carmen T -pg. D-1-360
Aguon, Catalina -pg. D-4-33
Aguon, Catalina -pg. D-4-37
Aguon, Catalina -pg. D-5-31
Aguon, Catalina F -pg. D-1-271
Aguon, Charles SN -pg. D-1-325
Aguon, Clotilde G -pg. D-1-400
Aguon, Clotilde M -pg. D-13-3
Aguon, Concepcion -pg. D-3-22
Aguon, Concepcion F -pg. D-1-135
Aguon, Concepcion M -pg. D-1-65
Aguon, Concepcion M -pg. D-13-16
Aguon, Concepcion P -pg. D-1-107
Aguon, Consolacion -pg. D-3-17
Aguon, Consuelo Q -pg. D-13-3
Aguon, Cristobal SN -pg. D-1-261
Aguon, Damiana C -pg. D-1-34
Aguon, David M -pg. D-1-66
Aguon, Delfina M -pg. D-13-16
Aguon, Delfina T -pg. D-13-4
Aguon, Dolores -pg. D-4-40
Aguon, Dolores C -pg. D-1-91
Aguon, Dolores C -pg. D-2-36
Aguon, Dolores C -pg. D-8-18
Aguon, Dolores F -pg. D-6-21
Aguon, Dolores L -pg. D-1-363
Aguon, Dolores N -pg. D-12-3
Aguon, Dolores N -pg. D-15-29
Aguon, Dolores N -pg. D-15-29
Aguon, Dolores S -pg. D-1-80
Aguon, Eduardo G -pg. D-1-400
Aguon, Edward C -pg. D-1-336
Aguon, Edward LG -pg. D-1-212
Aguon, Elenita SN -pg. D-1-261
Aguon, Emilia Q -pg. D-13-13
Aguon, Enoveba I -pg. D-1-360
Aguon, Enriqueta M -pg. D-13-16
Aguon, Eufracia C -pg. D-1-355
Aguon, Eugenio Q -pg. D-11-55
Aguon, Eugenio SN -pg. D-1-261

Aguon, Faustina C -pg. D-8-18
Aguon, Felecita S -pg. D-10-43
Aguon, Felicida O -pg. D-1-267
Aguon, Felipe P -pg. D-1-107
Aguon, Felipe Q -pg. D-13-8
Aguon, Felipe R -pg. D-13-4
Aguon, Felix C -pg. D-10-5
Aguon, Felix D -pg. D-1-360
Aguon, Fidela G -pg. D-1-8
Aguon, Fidela SN -pg. D-1-261
Aguon, Filomena C -pg. D-1-336
Aguon, Flora P -pg. D-1-44
Aguon, Francisco -pg. D-3-5
Aguon, Francisco -pg. D-4-15
Aguon, Francisco -pg. D-4-33
Aguon, Francisco A -pg. D-13-2
Aguon, Francisco B -pg. D-15-29
Aguon, Francisco C -pg. D-2-36
Aguon, Francisco C -pg. D-15-14
Aguon, Francisco L -pg. D-15-29
Aguon, Francisco LG -pg. D-1-20
Aguon, Francisco Q -pg. D-13-13
Aguon, Francisco S -pg. D-1-80
Aguon, Francisco S -pg. D-1-137
Aguon, Francisco S -pg. D-13-16
Aguon, Fred H -pg. D-1-101
Aguon, Gloria C -pg. D-1-336
Aguon, Gloria G -pg. D-1-8
Aguon, Gloria P -pg. D-1-44
Aguon, Gregorio T -pg. D-13-4
Aguon, Guadalupe -pg. D-13-7
Aguon, Guadalupe G -pg. D-1-380
Aguon, Ignacio -pg. D-4-36
Aguon, Ignacio C -pg. D-8-18
Aguon, Ignacio I -pg. D-10-43
Aguon, Ignacio N -pg. D-15-29
Aguon, Ignacio Q -pg. D-1-275
Aguon, Ignacio Q -pg. D-13-3
Aguon, Ignacio S -pg. D-1-363
Aguon, Isabel C -pg. D-1-34
Aguon, Isabel C -pg. D-1-355
Aguon, Isabel C -pg. D-1-355
Aguon, Isabel C -pg. D-15-31
Aguon, Isabel F -pg. D-6-21
Aguon, Jane S -pg. D-1-363
Aguon, Jesus -pg. D-4-34
Aguon, Jesus -pg. D-4-37
Aguon, Jesus A -pg. D-11-44
Aguon, Jesus C -pg. D-1-355
Aguon, Jesus C -pg. D-1-362
Aguon, Jesus C -pg. D-2-37
Aguon, Jesus C -pg. D-8-18
Aguon, Jesus F -pg. D-6-21
Aguon, Jesus G -pg. D-1-318
Aguon, Jesus I -pg. D-1-87
Aguon, Jesus L -pg. D-15-29
Aguon, Jesus N -pg. D-15-29
Aguon, Jesus Q -pg. D-13-17
Aguon, Jesus S -pg. D-1-80
Aguon, Jesus S -pg. D-1-151
Aguon, Jesus S -pg. D-9-20
Aguon, Jesusa C -pg. D-1-184
Aguon, Jesusa C -pg. D-15-31
Aguon, Joaquin -pg. D-13-13

Aguon, Joaquin C -pg. D-12-4
Aguon, Joaquin L -pg. D-1-151
Aguon, Joaquin M -pg. D-1-65
Aguon, Joaquin Q -pg. D-13-3
Aguon, Joaquin S -pg. D-1-44
Aguon, Joaquin T -pg. D-1-80
Aguon, Joaquina B -pg. D-13-4
Aguon, Joaquina Q -pg. D-13-8
Aguon, Joaquina SN -pg. D-1-261
Aguon, Johny A -pg. D-8-4
Aguon, Jose -pg. D-4-33
Aguon, Jose -pg. D-4-34
Aguon, Jose -pg. D-4-36
Aguon, Jose -pg. D-5-55
Aguon, Jose A -pg. D-13-2
Aguon, Jose A -pg. D-13-12
Aguon, Jose B -pg. D-13-7
Aguon, Jose C -pg. D-1-14
Aguon, Jose C -pg. D-1-336
Aguon, Jose C -pg. D-8-18
Aguon, Jose C -pg. D-12-3
Aguon, Jose C -pg. D-12-3
Aguon, Jose C -pg. D-13-15
Aguon, Jose G -pg. D-1-318
Aguon, Jose I -pg. D-2-36
Aguon, Jose L -pg. D-15-29
Aguon, Jose M -pg. D-1-65
Aguon, Jose M -pg. D-11-52
Aguon, Jose N -pg. D-15-29
Aguon, Jose O -pg. D-1-275
Aguon, Jose P -pg. D-1-44
Aguon, Jose P -pg. D-1-107
Aguon, Jose Q -pg. D-13-8
Aguon, Jose Q -pg. D-13-16
Aguon, Jose Q -pg. D-13-16
Aguon, Jose Q -pg. D-13-18
Aguon, Jose S -pg. D-1-107
Aguon, Jose S -pg. D-9-8
Aguon, Jose T -pg. D-1-8
Aguon, Jose T -pg. D-1-73
Aguon, Jose T -pg. D-15-29
Aguon, Jose T -pg. D-15-29
Aguon, Jose V -pg. D-1-91
Aguon, Josefa -pg. D-4-36
Aguon, Josefa C -pg. D-1-355
Aguon, Josefa L -pg. D-1-362
Aguon, Josefa SN -pg. D-1-20
Aguon, Josefa T -pg. D-15-29
Aguon, Josefina C -pg. D-1-88
Aguon, Josefina C -pg. D-12-4
Aguon, Josefina S -pg. D-1-80
Aguon, Joseph E -pg. D-1-324
Aguon, Juan -pg. D-3-22
Aguon, Juan -pg. D-3-22
Aguon, Juan -pg. D-4-40
Aguon, Juan A -pg. D-13-12
Aguon, Juan C -pg. D-1-34
Aguon, Juan C -pg. D-1-355
Aguon, Juan C -pg. D-1-355
Aguon, Juan C -pg. D-2-37
Aguon, Juan C -pg. D-12-4
Aguon, Juan C (ab) -pg. D-1-324
Aguon, Juan F -pg. D-6-21
Aguon, Juan L -pg. D-1-300

Aguon, Juan Q -pg. D-13-13
Aguon, Juan S -pg. D-1-336
Aguon, Juan SN -pg. D-1-261
Aguon, Juan T -pg. D-1-20
Aguon, Juan T -pg. D-1-261
Aguon, Juan U -pg. D-1-366
Aguon, Juana C -pg. D-13-3
Aguon, Juanita S -pg. D-1-363
Aguon, Julia F -pg. D-1-271
Aguon, Julian LG -pg. D-1-20
Aguon, Laura M -pg. D-13-2
Aguon, Lorenzo Q -pg. D-11-52
Aguon, Lucia C -pg. D-1-34
Aguon, Lucia M -pg. D-13-2
Aguon, Luis L -pg. D-1-271
Aguon, Luis S -pg. D-9-20
Aguon, Magdalena -pg. D-3-22
Aguon, Magdalena A -pg. D-13-12
Aguon, Magdalena C -pg. D-1-34
Aguon, Magdalena P -pg. D-1-44
Aguon, Magdalena Q -pg. D-13-17
Aguon, Manuel B -pg. D-13-17
Aguon, Manuel C -pg. D-2-37
Aguon, Manuel L -pg. D-15-31
Aguon, Manuel M -pg. D-11-52
Aguon, Manuel S -pg. D-1-400
Aguon, Manuel T -pg. D-1-34
Aguon, Marcela -pg. D-4-34
Aguon, Marcela N -pg. D-12-3
Aguon, Margarita C -pg. D-15-31
Aguon, Maria -pg. D-3-22
Aguon, Maria -pg. D-4-34
Aguon, Maria -pg. D-5-55
Aguon, Maria A -pg. D-8-4
Aguon, Maria C -pg. D-1-82
Aguon, Maria C -pg. D-1-91
Aguon, Maria C -pg. D-1-105
Aguon, Maria C -pg. D-1-366
Aguon, Maria C -pg. D-12-3
Aguon, Maria F -pg. D-1-271
Aguon, Maria F -pg. D-15-29
Aguon, Maria G -pg. D-1-8
Aguon, Maria L -pg. D-1-363
Aguon, Maria LG -pg. D-1-20
Aguon, Maria LG -pg. D-1-87
Aguon, Maria LG -pg. D-1-87
Aguon, Maria M -pg. D-1-66
Aguon, Maria M -pg. D-1-73
Aguon, Maria M -pg. D-13-2
Aguon, Maria M -pg. D-13-16
Aguon, Maria N -pg. D-15-29
Aguon, Maria O -pg. D-1-275
Aguon, Maria P -pg. D-1-44
Aguon, Maria P -pg. D-1-107
Aguon, Maria Q -pg. D-1-275
Aguon, Maria Q -pg. D-13-8
Aguon, Maria Q -pg. D-13-13
Aguon, Maria S -pg. D-1-151
Aguon, Maria S -pg. D-1-306
Aguon, Maria S -pg. D-13-16
Aguon, Maria SN -pg. D-1-325
Aguon, Maria T -pg. D-13-4
Aguon, Mariano -pg. D-3-24
Aguon, Martina A -pg. D-13-2

Aguon, Martina C -pg. D-1-355
Aguon, Mary A. S. -pg. D-1-363
Aguon, Maximo C -pg. D-13-2
Aguon, Mercedes C -pg. D-1-183
Aguon, Mercedes C -pg. D-15-31
Aguon, Milagro Q -pg. D-13-15
Aguon, Nicolas -pg. D-3-5
Aguon, Nicolasa M -pg. D-1-367
Aguon, Patricia -pg. D-3-5
Aguon, Patricia C -pg. D-1-366
Aguon, Pedro -pg. D-3-22
Aguon, Pedro -pg. D-4-37
Aguon, Pedro -pg. D-4-40
Aguon, Pedro A -pg. D-1-262
Aguon, Pedro C -pg. D-1-34
Aguon, Pedro C -pg. D-1-82
Aguon, Pedro C -pg. D-8-18
Aguon, Pedro F -pg. D-15-29
Aguon, Pedro I -pg. D-1-360
Aguon, Pedro N -pg. D-15-29
Aguon, Pedro T -pg. D-1-360
Aguon, Pedro T -pg. D-13-4
Aguon, Pilar Q -pg. D-10-5
Aguon, Porfiria F -pg. D-15-29
Aguon, Pricia C -pg. D-1-34
Aguon, Priscilla G -pg. D-1-8
Aguon, Prudencio A -pg. D-13-12
Aguon, Rafael C -pg. D-1-82
Aguon, Rafael S -pg. D-1-138
Aguon, Ramon C -pg. D-1-34
Aguon, Ramon C -pg. D-12-4
Aguon, Raymond C -pg. D-1-336
Aguon, Remedios S -pg. D-1-400
Aguon, Rita C -pg. D-8-18
Aguon, Rita O -pg. D-1-189
Aguon, Roman P -pg. D-1-107
Aguon, Roque C -pg. D-15-8
Aguon, Rosa -pg. D-4-40
Aguon, Rosa A -pg. D-13-2
Aguon, Rosa F -pg. D-1-271
Aguon, Rosa I -pg. D-1-360
Aguon, Rosario -pg. D-4-40
Aguon, Rosario A -pg. D-8-4
Aguon, Rosario C -pg. D-1-336
Aguon, Rosario T -pg. D-1-360
Aguon, Rufina -pg. D-4-40
Aguon, Rufina C -pg. D-12-4
Aguon, Sabina J -pg. D-1-380
Aguon, Santiago -pg. D-3-17
Aguon, Santiago Q -pg. D-8-18
Aguon, Sauro U -pg. D-1-137
Aguon, Sigundo C -pg. D-1-355
Aguon, Simeon C -pg. D-13-2
Aguon, Soledad M -pg. D-11-52
Aguon, Soledad O -pg. D-1-267
Aguon, Teresa LG -pg. D-1-20
Aguon, Teresita C -pg. D-1-91
Aguon, Teresita P -pg. D-1-44
Aguon, Teresita Q -pg. D-1-275
Aguon, Tomas C -pg. D-15-31
Aguon, Tomas LG -pg. D-1-87
Aguon, Tomas T -pg. D-13-4
Aguon, Tomasa O -pg. D-1-275
Aguon, Trinidad T -pg. D-15-29

Aguon, Ursula A -pg. D-1-271
Aguon, Valeria P -pg. D-1-65
Aguon, Vicenta -pg. D-4-36
Aguon, Vicenta A -pg. D-13-12
Aguon, Vicenta C -pg. D-12-4
Aguon, Vicente -pg. D-4-33
Aguon, Vicente -pg. D-4-36
Aguon, Vicente B -pg. D-15-29
Aguon, Vicente C -pg. D-1-101
Aguon, Vicente C -pg. D-12-4
Aguon, Vicente F -pg. D-6-21
Aguon, Vicente L -pg. D-1-363
Aguon, Vicente L -pg. D-15-29
Aguon, Vicente LG -pg. D-1-87
Aguon, Vicente M -pg. D-1-73
Aguon, Vicente M -pg. D-11-53
Aguon, Vicente N -pg. D-15-29
Aguon, Vicente S -pg. D-1-363
Aguon, Vicente S -pg. D-1-400
Aguon, Vicente T -pg. D-1-65
Aguon, Vicente T -pg. D-1-380
Aguon, Vicenti A -pg. D-13-2
Aguon, Vicenti A -pg. D-13-12
Aguon, Vicenti B -pg. D-13-7
Aguon, Vicenti C -pg. D-8-18
Aguon, Vicenti C -pg. D-13-8
Aguon, Vicenti Q -pg. D-13-8
Aguon, Vicenti R -pg. D-13-7
Aguon, Vinancio T -pg. D-1-275
Aguon, Virginia C -pg. D-1-34
Aguon, Virginia T -pg. D-15-29
Aguon, Winefreda G -pg. D-1-400
Aguon, Yenning H -pg. D-1-101
Ahearn, John G -pg. D-11-72
Ahlarm, Josefina D -pg. D-1-305
Ainsworth, Jack R -pg. D-11-69
Albertson, Lawrence C -pg. D-11-77
Alcantara, Alfred I -pg. D-11-13
Alcantara, Antonia I -pg. D-11-13
Alcantara, Benito I -pg. D-11-13
Alcantara, Edward T -pg. D-11-28
Alcantara, Eugenia I -pg. D-11-13
Alcantara, Francisco B -pg. D-11-13
Alcantara, Francisco I -pg. D-11-13
Alcantara, Gaily I -pg. D-11-13
Alcantara, Joaquin S -pg. D-11-28
Alcantara, John T -pg. D-11-28
Alcantara, Luis S -pg. D-11-1
Alcantara, Maria I -pg. D-11-13
Alcantara, Priscilla T -pg. D-11-28
Alcantara, Richard T -pg. D-11-28
Alcantara, Soledad T -pg. D-11-28
Alcantara, Terisita T -pg. D-11-28
Alexander, James T -pg. D-1-411
Alexander, Pauline H -pg. D-1-411
Alfelor, Cecelia R -pg. D-1-353
Alfelor, Dolores S -pg. D-1-353
Alicto, Concepcion -pg. D-4-18
Alicto, Felix -pg. D-4-18
Alicto, Melchor -pg. D-4-18
Alicto, Melchor -pg. D-4-18
Alicto, Natividad -pg. D-4-18
Alicto, Pedro C -pg. D-1-268
Alig, Ana T -pg. D-9-11

INDEX
1940 Population Census of Guam: Transcribed

Alig, Brigida S -pg. D-9-16
Alig, Cecilia S -pg. D-9-16
Alig, Francisco G -pg. D-9-25
Alig, Ignacia G -pg. D-9-25
Alig, Jesus G -pg. D-9-16
Alig, Jesus S -pg. D-9-16
Alig, Jesus S -pg. D-9-25
Alig, Joaquin G -pg. D-9-25
Alig, Jose S -pg. D-9-16
Alig, José T -pg. D-6-43
Alig, Marcela S -pg. D-9-25
Alig, Marta T -pg. D-9-11
Alig, Natividad S -pg. D-9-16
Allain,, Joseph A. -pg. D-11-75
Allen, Burrel C -pg. D-1-293
Allen, Burrel C -pg. D-1-293
Allen, Catherine B -pg. D-1-293
Allen, Catherine B -pg. D-1-293
Allen, Mary J -pg. D-1-293
Alofs, Gary -pg. D-11-71
Althree, Arthur -pg. D-11-77
Alvares, Jose -pg. D-4-28
Alvarez, Agripina F -pg. D-1-103
Alvarez, Concepcion R -pg. D-1-243
Alvarez, Francisco S -pg. D-1-103
Alvarez, Jesus R -pg. D-1-244
Alvarez, Jose -pg. D-5-40
Alvarez, Jose -pg. D-1-243
Alvarez, Jose F -pg. D-1-103
Alvarez, Jose R -pg. D-1-243
Alvarez, Juan F -pg. D-1-103
Alvarez, Juan F -pg. D-10-44
Alvarez, Juan SA -pg. D-1-103
Alvarez, Maxin F -pg. D-1-103
Alvarez, Soledad G -pg. D-1-173
Alves, Orland J -pg. D-11-74
Anderson, Ana P -pg. D-11-49
Anderson, Andrew J -pg. D-1-228
Anderson, Anthony L -pg. D-1-228
Anderson, Antonio D -pg. D-11-7
Anderson, Arthur G -pg. D-1-228
Anderson, Arthur G Jr -pg. D-1-228
Anderson, Asuncion L -pg. D-11-4
Anderson, Asuncion L -pg. D-11-4
Anderson, Aurelia LG -pg. D-1-70
Anderson, Beatrice B -pg. D-10-54
Anderson, Beatrice P -pg. D-11-49
Anderson, Carmen B -pg. D-10-54
Anderson, Concepcion D -pg. D-11-7
Anderson, Daniel R -pg. D-10-37
Anderson, Dorotea B -pg. D-10-55
Anderson, Dorothy M -pg. D-10-37
Anderson, Engracia P -pg. D-1-36
Anderson, Estella L -pg. D-11-4
Anderson, Felix A -pg. D-11-52
Anderson, Felix LG -pg. D-11-52
Anderson, Feliza P -pg. D-1-228
Anderson, Francisco -pg. D-11-4
Anderson, Francisco B -pg. D-10-54
Anderson, Francisco L -pg. D-11-4
Anderson, Francisco Q -pg. D-1-330
Anderson, Guadalupe P -pg. D-11-49
Anderson, Herbert A -pg. D-1-192
Anderson, Isabel A -pg. D-11-52

Anderson, Isabel B -pg. D-10-54
Anderson, Isabel D -pg. D-11-7
Anderson, Isabel G -pg. D-8-9
Anderson, Jesus A -pg. D-11-52
Anderson, Joaquin -pg. D-4-36
Anderson, Joaquin B -pg. D-1-330
Anderson, Joaquina A -pg. D-1-192
Anderson, Joaquina M -pg. D-1-192
Anderson, Jose -pg. D-4-28
Anderson, Jose A -pg. D-11-52
Anderson, Jose B -pg. D-1-330
Anderson, Jose L -pg. D-11-4
Anderson, Josefa B -pg. D-1-330
Anderson, Josefa B -pg. D-1-330
Anderson, Josefa B -pg. D-10-54
Anderson, Juan B -pg. D-10-54
Anderson, Juan D -pg. D-11-7
Anderson, Juan L -pg. D-11-4
Anderson, Juan LG -pg. D-11-7
Anderson, Julia L -pg. D-1-228
Anderson, Lillian C -pg. D-1-228
Anderson, Lourdes A -pg. D-1-291
Anderson, Manuela L -pg. D-11-4
Anderson, Margaret A -pg. D-1-192
Anderson, Margarita S -pg. D-1-122
Anderson, Maria A -pg. D-10-37
Anderson, Maria A -pg. D-11-52
Anderson, Maria B -pg. D-1-330
Anderson, Maria D -pg. D-11-7
Anderson, Mariano A "ab" -pg. D-11-48
Anderson, Matilde B -pg. D-1-330
Anderson, Patricia B -pg. D-10-54
Anderson, Pedro M -pg. D-1-192
Anderson, Ramon B -pg. D-1-122
Anderson, Ramona M -pg. D-1-192
Anderson, Raymond P -pg. D-11-49
Anderson, Rita D -pg. D-11-7
Anderson, Rita M -pg. D-10-37
Anderson, Rosa C -pg. D-1-228
Anderson, Rosa D -pg. D-11-7
Anderson, Soledad B -pg. D-1-330
Anderson, Sylvia B -pg. D-10-54
Anderson, Sylvia P -pg. D-11-49
Anderson, Tomas B -pg. D-10-55
Anderson, Tomas P -pg. D-11-49
Anderson, Udon LG -pg. D-1-70
Anderson, Vicenta -pg. D-4-28
Anderson, Vicenta L -pg. D-11-4
Angeles, Sofronio -pg. D-11-77
Angoco, Ana A -pg. D-1-25
Angoco, Ana M -pg. D-1-9
Angoco, Bernadita F -pg. D-1-6
Angoco, Concepcion T -pg. D-1-6
Angoco, Dolores C -pg. D-1-26
Angoco, Dolores D -pg. D-1-6
Angoco, Engracia A -pg. D-1-25
Angoco, Estella F -pg. D-1-6
Angoco, Felix S -pg. D-1-25
Angoco, Floretina A -pg. D-1-25
Angoco, Infant -pg. D-1-25
Angoco, Jesus A -pg. D-1-99
Angoco, Jesus D -pg. D-1-6
Angoco, Joaquin T -pg. D-1-6
Angoco, Joaquin T -pg. D-1-7

Angoco, Jose M -pg. D-1-9
Angoco, Jose T -pg. D-1-7
Angoco, Juan A -pg. D-1-25
Angoco, Juan T -pg. D-1-26
Angoco, Juanita F -pg. D-1-6
Angoco, Librada S -pg. D-1-25
Angoco, Lourdes S -pg. D-1-25
Angoco, Magdalena F -pg. D-1-6
Angoco, Manuel D -pg. D-1-25
Angoco, Manuela M -pg. D-1-9
Angoco, Maria -pg. D-3-17
Angoco, Maria A -pg. D-1-25
Angoco, Oliva A -pg. D-1-12
Angoco, Pedro A -pg. D-1-8
Angoco, Pedro M -pg. D-1-9
Angoco, Ramona D -pg. D-1-6
Angoco, Rosa T -pg. D-1-6
Angoco, Teresa S -pg. D-1-25
Angoco, Teresita S -pg. D-1-25
Angoco, Tomasa A -pg. D-1-25
Angoco, Vicente D -pg. D-1-25
Angoco, Vicente M -pg. D-1-9
Angoco, Vicente S -pg. D-1-25
Annis, Arthur E -pg. D-11-77
Anthony, Ruth E -pg. D-1-305
Apelado, Severo -pg. D-11-77
Apuron, Ana S -pg. D-1-258
Apuron, Angela S -pg. D-1-258
Apuron, Ignacia R -pg. D-1-30
Apuron, Jose S -pg. D-1-258
Apuron, Manuel T -pg. D-1-258
Apuron, Pedro S -pg. D-1-258
Apuron, Ramon S -pg. D-1-258
Apuron, Servirina S -pg. D-1-258
Apuron, Vicente S -pg. D-1-258
Aquiningoc, Alice Q -pg. D-13-1
Aquiningoc, Ana B -pg. D-2-30
Aquiningoc, Ana F -pg. D-1-126
Aquiningoc, Ana Q -pg. D-13-1
Aquiningoc, Ana W -pg. D-11-4
Aquiningoc, Antonia C -pg. D-2-16
Aquiningoc, Antonio -pg. D-5-46
Aquiningoc, Bernadita B -pg. D-11-42
Aquiningoc, Cecilia A -pg. D-13-10
Aquiningoc, Concepcion A -pg. D-13-10
Aquiningoc, Cristina A -pg. D-13-10
Aquiningoc, Dolores Q -pg. D-13-1
Aquiningoc, Dometila C -pg. D-2-16
Aquiningoc, Francisco F -pg. D-1-126
Aquiningoc, Isabel -pg. D-5-46
Aquiningoc, Isabel C -pg. D-2-16
Aquiningoc, Jesus A -pg. D-13-10
Aquiningoc, Jesus F -pg. D-1-126
Aquiningoc, Joaquin -pg. D-3-10
Aquiningoc, Jose -pg. D-4-31
Aquiningoc, Jose -pg. D-1-126
Aquiningoc, Jose B -pg. D-2-16
Aquiningoc, Jose Q -pg. D-13-1
Aquiningoc, Juan -pg. D-3-10
Aquiningoc, Juan -pg. D-4-30
Aquiningoc, Juan A -pg. D-13-10
Aquiningoc, Juan Q -pg. D-13-10
Aquiningoc, Luisa -pg. D-4-30
Aquiningoc, Magdalena -pg. D-11-4

INDEX
1940 Population Census of Guam: Transcribed

Aquiningoc, Manuel A -pg. D-13-1
Aquiningoc, Manuel B -pg. D-11-42
Aquiningoc, Maria -pg. D-4-30
Aquiningoc, Maria A -pg. D-13-10
Aquiningoc, Maria F -pg. D-1-126
Aquiningoc, Mariano -pg. D-4-30
Aquiningoc, Rita A -pg. D-13-10
Aquiningoc, Rosa -pg. D-3-10
Aquiningoc, Urbano F -pg. D-1-126
Aquiningoc, Valentin -pg. D-4-30
Aquiningoc, Vicente -pg. D-5-46
Aquiningog, Isabel S -pg. D-11-34
Aquiningog, Nicolas C -pg. D-11-34
Aquininog, Carmen B -pg. D-1-91
Aquininog, Jose B -pg. D-1-91
Aquininog, Juan E -pg. D-1-91
Aquininog, Luisa R -pg. D-1-94
Aquininog, Maria B -pg. D-1-91
Aquininog, Mercedes B -pg. D-1-91
Aquininogc, Ana D -pg. D-11-10
Aquininogc, Francisco A -pg. D-11-65
Aquininogc, Isabel B -pg. D-11-14
Aquininogc, Juan A "ab" -pg. D-11-14
Aquininogc, Juana C -pg. D-11-14
Aquininogc, Manuel C -pg. D-11-14
Aquininogc, Maria C -pg. D-11-66
Aquininogc, Mariano -pg. D-11-66
Aquininogc, Rosario Q -pg. D-11-36
Aquino, Ana M -pg. D-10-41
Aquino, Antonia -pg. D-4-20
Aquino, Antonia C -pg. D-7-13
Aquino, Antonio M -pg. D-10-41
Aquino, Dorotea I -pg. D-1-36
Aquino, Felix Q -pg. D-15-14
Aquino, Fermina I -pg. D-1-36
Aquino, Gregorio -pg. D-4-20
Aquino, Ignacio M -pg. D-10-41
Aquino, Jose -pg. D-4-20
Aquino, Juan C -pg. D-10-40
Aquino, Juana I -pg. D-1-36
Aquino, Justo M -pg. D-10-41
Aquino, Leonila M -pg. D-10-41
Aquino, Margarita I -pg. D-1-36
Aquino, Maria -pg. D-4-20
Aquino, Maria C -pg. D-7-13
Aquino, Matias -pg. D-4-20
Aquino, Pedro C -pg. D-1-36
Aquino, Petronilla I -pg. D-1-36
Aquino, Ramon M -pg. D-7-13
Aquino, Rosario -pg. D-4-20
Aquino, Seavarina M -pg. D-10-41
Aquino, Vicente I -pg. D-1-36
Arceo, Amalia G -pg. D-10-14
Arceo, Antonia S -pg. D-1-219
Arceo, Carmen G -pg. D-10-14
Arceo, Dolores C -pg. D-10-13
Arceo, Dolores G -pg. D-1-17
Arceo, Enemecio T -pg. D-1-297
Arceo, Felicita S -pg. D-1-219
Arceo, Francisco -pg. D-5-40
Arceo, Francisco A -pg. D-11-65
Arceo, Francisco C -pg. D-10-14
Arceo, Francisco G -pg. D-1-17
Arceo, Francisco T -pg. D-1-297

Arceo, Gregorio C -pg. D-1-297
Arceo, Guadalupe G -pg. D-1-17
Arceo, Ignacio C -pg. D-10-13
Arceo, Jesus G -pg. D-1-17
Arceo, Joaquina P -pg. D-1-297
Arceo, Jose -pg. D-4-33
Arceo, Jose B -pg. D-1-16
Arceo, Jose C -pg. D-10-14
Arceo, Jose C -pg. D-10-14
Arceo, Jose G -pg. D-10-14
Arceo, Jose M -pg. D-11-9
Arceo, Jose T -pg. D-1-162
Arceo, Josefina T -pg. D-1-162
Arceo, Juan M -pg. D-1-17
Arceo, Juana G -pg. D-10-14
Arceo, Julian M -pg. D-1-17
Arceo, Lourdes C -pg. D-1-219
Arceo, Manuel T -pg. D-1-297
Arceo, Maria -pg. D-5-40
Arceo, Maria C -pg. D-1-219
Arceo, Maria C -pg. D-10-14
Arceo, Maria G -pg. D-1-17
Arceo, Maria G -pg. D-10-14
Arceo, Maria N -pg. D-11-9
Arceo, Maria T -pg. D-1-162
Arceo, Maria T -pg. D-1-162
Arceo, Natividad -pg. D-11-9
Arceo, Nicolasa C -pg. D-1-219
Arceo, Pedro G -pg. D-10-14
Arceo, Regina C -pg. D-10-13
Arceo, Remedios S -pg. D-1-219
Arceo, Roman M -pg. D-1-17
Arceo, Rosa M -pg. D-1-17
Arceo, Rosalia G -pg. D-1-17
Arceo, Rosario C -pg. D-1-219
Arceo, Trinidad T -pg. D-1-297
Arceo, Vicente -pg. D-4-33
Arceo, Vicente -pg. D-4-33
Arceo, Vicente -pg. D-5-40
Arceo, Vicente G -pg. D-1-334
Arceo, Vicente G -pg. D-10-14
Arceo, William -pg. D-5-40
Ariola, Benito A -pg. D-11-59
Ariola, Maria A -pg. D-11-59
Arnett, Glenn -pg. D-1-304
Arnold, Chester W -pg. D-11-77
Arriola, Antonio -pg. D-4-9
Arriola, Antonio B -pg. D-1-170
Arriola, Daniel S -pg. D-2-44
Arriola, Eduardo B -pg. D-1-170
Arriola, Emilia S -pg. D-2-44
Arriola, Filomena R -pg. D-1-147
Arriola, Francisco B -pg. D-1-170
Arriola, Francisco C -pg. D-1-270
Arriola, Francisco R -pg. D-1-147
Arriola, Henry B -pg. D-1-170
Arriola, Isabel S -pg. D-2-44
Arriola, Joaquin C -pg. D-1-270
Arriola, Jose A -pg. D-2-44
Arriola, Jose B -pg. D-1-170
Arriola, Jose C -pg. D-1-270
Arriola, Josefina C -pg. D-1-270
Arriola, Juan B -pg. D-1-170
Arriola, Juan C -pg. D-1-170

Arriola, Juana F -pg. D-1-270
Arriola, Margarita S -pg. D-2-44
Arriola, Maria M -pg. D-1-270
Arriola, Maria S -pg. D-1-270
Arriola, Ramona R -pg. D-1-132
Arriola, Richard B -pg. D-1-233
Arriola, Rosa S -pg. D-2-44
Arriola, Rosario -pg. D-5-40
Arriola, Soledad S -pg. D-2-44
Arriola, Vicenta B -pg. D-1-170
Arriola, Vicente B -pg. D-1-170
Arriola, Vicente C -pg. D-1-270
Arriola, Vicente F -pg. D-1-270
Arroyo, Alfred U -pg. D-1-77
Arroyo, Brigido A -pg. D-1-77
Arroyo, Brigido U -pg. D-1-77
Arroyo, Joseph U -pg. D-1-77
Arroyo, Oliva U -pg. D-1-77
Arroyo, Ronaldo U -pg. D-1-77
Arroyos, Pastor D -pg. D-8-8
Artero, Antonio J -pg. D-1-249
Artero, Antonio J. -pg. D-1-248
Artero, Asuncion V -pg. D-14-10
Artero, Carmen A -pg. D-1-249
Artero, Emeliana P -pg. D-1-246
Artero, Eugenia V -pg. D-14-10
Artero, Eugenio V -pg. D-14-10
Artero, Fernando V -pg. D-14-10
Artero, Isabel C -pg. D-1-245
Artero, Jesus C -pg. D-14-10
Artero, Jesus L -pg. D-1-246
Artero, Jesus V -pg. D-1-245
Artero, Jose C -pg. D-1-245
Artero, Jose V -pg. D-14-10
Artero, Josefa B -pg. D-1-249
Artero, Josefa T -pg. D-1-248
Artero, Maria A -pg. D-1-246
Artero, Maria C -pg. D-1-245
Artero, Maria D -pg. D-1-248
Artero, Melba A -pg. D-1-246
Artero, Pascual C -pg. D-1-246
Artero, Pascual S -pg. D-1-245
Artero, Pedro V -pg. D-14-10
Artero, Rosa A -pg. D-1-249
Artero, Sylvia S -pg. D-1-247
Artero, Teresa C -pg. D-1-245
Artero, Teresita V -pg. D-14-10
Arve, Jeraldine J -pg. D-1-378
Arve, Josephine C -pg. D-1-378
Arve, Walter C --ab -pg. D-1-378
Asano, Ignacio C -pg. D-1-135
Asano, Isabel C -pg. D-1-135
Asano, Jose C -pg. D-1-135
Asano, Maria C -pg. D-1-135
Asano, Rita C -pg. D-1-135
Asano, Vicente C -pg. D-1-135
Asanoma, Ana C -pg. D-6-29
Asanoma, Carmen M -pg. D-6-9
Asanoma, Francisco C -pg. D-6-9
Asanoma, Jose C -pg. D-6-29
Asanoma, Jose M -pg. D-6-9
Asanoma, Maria C -pg. D-6-9
Asanoma, Sabina C -pg. D-6-29
Asanoma, Tito K -pg. D-6-29

INDEX
1940 Population Census of Guam: Transcribed

Aston, Melvin -pg. D-11-50
Asuncion, Andres SL -pg. D-10-16
Asuncion, Baltazara M -pg. D-10-16
Asuncion, Ignacio M -pg. D-10-16
Asuncion, Jose M -pg. D-10-16
Asuncion, Lucio M -pg. D-10-16
Asuncion, Maria L -pg. D-1-351
Asuncion, Marta M -pg. D-10-16
Asuncion, Nieves -pg. D-5-26
Asuncion, Pedro M -pg. D-10-16
Asuncion, Vicente -pg. D-5-26
Asuncion, Vicente M -pg. D-10-16
Atoigue, Agnes N -pg. D-10-4
Atoigue, Aleujandrinia M -pg. D-1-253
Atoigue, Ana A -pg. D-1-212
Atoigue, Ana A -pg. D-1-212
Atoigue, Ana T -pg. D-10-10
Atoigue, Andres C -pg. D-15-27
Atoigue, Angelina S -pg. D-1-403
Atoigue, Antonio T -pg. D-1-301
Atoigue, Asuncion C -pg. D-15-27
Atoigue, Benjamin N -pg. D-10-4
Atoigue, Bernabe P -pg. D-12-5
Atoigue, Brigida F -pg. D-1-253
Atoigue, Carmen F -pg. D-10-2
Atoigue, Catalina S -pg. D-1-403
Atoigue, Consolacion C -pg. D-1-67
Atoigue, Dolores A -pg. D-1-212
Atoigue, Dolores B -pg. D-1-331
Atoigue, Dolores P -pg. D-12-5
Atoigue, Edward A -pg. D-10-2
Atoigue, Engracia T -pg. D-10-10
Atoigue, Esther R -pg. D-10-10
Atoigue, Felipe M -pg. D-10-10
Atoigue, Frances F -pg. D-1-253
Atoigue, Francisco P -pg. D-12-5
Atoigue, Francisco Q -pg. D-10-4
Atoigue, Francisco T -pg. D-12-5
Atoigue, Henry R -pg. D-10-10
Atoigue, Imiliana R -pg. D-10-10
Atoigue, Imilio G -pg. D-10-8
Atoigue, Isabel R -pg. D-10-10
Atoigue, Jesus A -pg. D-1-212
Atoigue, Jesus A -pg. D-10-52
Atoigue, Jesus C -pg. D-10-52
Atoigue, Jesus P -pg. D-12-5
Atoigue, Jesus Q -pg. D-10-4
Atoigue, Jesusa R -pg. D-10-10
Atoigue, Joaquin A -pg. D-10-48
Atoigue, Joaquin C -pg. D-1-212
Atoigue, Joaquin L -pg. D-10-14
Atoigue, Joaquin M -pg. D-14-2
Atoigue, Joaquin P -pg. D-12-5
Atoigue, Joaquin S -pg. D-1-403
Atoigue, Joaquina T -pg. D-1-290
Atoigue, John F -pg. D-1-253
Atoigue, Jose -pg. D-5-15
Atoigue, Jose B -pg. D-1-403
Atoigue, Jose P -pg. D-12-5
Atoigue, Jose U -pg. D-1-146
Atoigue, Juan B -pg. D-1-331
Atoigue, Juan M -pg. D-10-2
Atoigue, Julia G -pg. D-10-8
Atoigue, Magdalena T -pg. D-10-2

Atoigue, Manuel A -pg. D-10-8
Atoigue, Maria A -pg. D-1-212
Atoigue, Maria G -pg. D-10-8
Atoigue, Maria M -pg. D-1-146
Atoigue, Maria R -pg. D-10-10
Atoigue, Maria U -pg. D-1-253
Atoigue, Mary F -pg. D-1-253
Atoigue, Pedro G -pg. D-10-8
Atoigue, Pedro T -pg. D-10-10
Atoigue, Priscilla -pg. D-1-67
Atoigue, Regina P -pg. D-12-5
Atoigue, Rita A -pg. D-10-2
Atoigue, Rita T -pg. D-1-290
Atoigue, Rosa M -pg. D-1-36
Atoigue, Rosa T -pg. D-10-10
Atoigue, Rosalia R -pg. D-10-10
Atoigue, Rosita R -pg. D-10-10
Atoigue, Teresita S -pg. D-1-403
Atoigue, Tita P -pg. D-12-5
Atoigue, Tomas M -pg. D-10-10
Atoigue, Tomas T -pg. D-10-10
Atoigue, Vicente -pg. D-4-16
Atoigue, Vicente C -pg. D-1-67
Atoigue, Vicente M -pg. D-1-36
Atoigue, Vicente P -pg. D-12-5
Atoigue, Vicente Q -pg. D-10-4
Atoigue, Vicente U -pg. D-1-252
Atoigue, Vincent F -pg. D-1-253
Atoigue, Willie R -pg. D-10-10
Atoique, Joaquin C -pg. D-10-6
Atwood, Clayton W -pg. D-1-304
Babauta, Amable M -pg. D-2-5
Babauta, Ana -pg. D-5-16
Babauta, Ana A -pg. D-2-36
Babauta, Ana A -pg. D-13-17
Babauta, Ana C -pg. D-1-152
Babauta, Ana C -pg. D-8-5
Babauta, Ana C -pg. D-11-21
Babauta, Ana S -pg. D-2-28
Babauta, Ana T -pg. D-11-48
Babauta, Angel B -pg. D-8-26
Babauta, Angelina C -pg. D-1-152
Babauta, Angelina T -pg. D-11-48
Babauta, Anita -pg. D-8-6
Babauta, Anita A -pg. D-2-36
Babauta, Antonia C -pg. D-1-152
Babauta, Antonia S -pg. D-11-20
Babauta, Antonia S -pg. D-11-20
Babauta, Antonio A -pg. D-11-28
Babauta, Antonio B -pg. D-11-12
Babauta, Antonio B -pg. D-15-28
Babauta, Antonio C -pg. D-1-152
Babauta, Antonio C -pg. D-2-12
Babauta, Antonio C -pg. D-7-10
Babauta, Antonio C -pg. D-11-21
Babauta, Antonio M -pg. D-2-5
Babauta, Antonio R -pg. D-11-66
Babauta, Benjamin C -pg. D-2-12
Babauta, Bernadino C -pg. D-1-152
Babauta, Brigida M -pg. D-2-5
Babauta, Candelario -pg. D-5-57
Babauta, Carlina C -pg. D-1-152
Babauta, Carmen C -pg. D-2-12
Babauta, Carmen C -pg. D-11-21

Babauta, Carmen C -pg. D-11-21
Babauta, Carmen C -pg. D-11-66
Babauta, Carmen S -pg. D-2-12
Babauta, Carmen T -pg. D-11-62
Babauta, Clotilde S -pg. D-11-46
Babauta, Concepcion C -pg. D-1-207
Babauta, Concepcion C -pg. D-12-1
Babauta, Dionisio C -pg. D-2-31
Babauta, Dolores -pg. D-5-16
Babauta, Dolores C -pg. D-2-13
Babauta, Dolores Q -pg. D-12-1
Babauta, Dolores S -pg. D-7-10
Babauta, Eduardo M -pg. D-2-5
Babauta, Elena C -pg. D-8-5
Babauta, Eloy Q -pg. D-11-6
Babauta, Enrique S -pg. D-11-20
Babauta, Ester C -pg. D-12-1
Babauta, Faustina C -pg. D-11-21
Babauta, Faustino B -pg. D-8-3
Babauta, Felestina Q -pg. D-13-13
Babauta, Felipe S -pg. D-11-20
Babauta, Felix C -pg. D-11-21
Babauta, Felix SN -pg. D-2-11
Babauta, Florentina Q -pg. D-2-33
Babauta, Francisco L -pg. D-11-62
Babauta, Francisco M -pg. D-2-5
Babauta, Francisco Q -pg. D-12-1
Babauta, Francisco Q -pg. D-12-1
Babauta, Francisco R -pg. D-2-10
Babauta, Francisco SN -pg. D-11-5
Babauta, Gregorio C -pg. D-2-13
Babauta, Gregorio M -pg. D-2-5
Babauta, Gregorio M -pg. D-11-26
Babauta, Ignacia B -pg. D-2-10
Babauta, Ignacia S -pg. D-2-27
Babauta, Ignacia T -pg. D-11-20
Babauta, Ignacia T -pg. D-11-62
Babauta, Ignacio E -pg. D-8-22
Babauta, Ignacio Q -pg. D-2-33
Babauta, Ignacio S -pg. D-11-20
Babauta, Jesus A -pg. D-2-36
Babauta, Jesus C -pg. D-2-13
Babauta, Jesus C -pg. D-11-21
Babauta, Jesus C -pg. D-11-66
Babauta, Jesus L -pg. D-2-41
Babauta, Jesus M -pg. D-2-5
Babauta, Jesus Q -pg. D-11-6
Babauta, Jesus T -pg. D-11-62
Babauta, Joaquin B -pg. D-2-10
Babauta, Joaquin S -pg. D-11-20
Babauta, Joaquina -pg. D-5-16
Babauta, Joaquina A -pg. D-13-8
Babauta, Joaquina B -pg. D-2-10
Babauta, Joaquina SN -pg. D-2-11
Babauta, Jose A -pg. D-2-36
Babauta, Jose B -pg. D-11-12
Babauta, Jose C -pg. D-2-31
Babauta, Jose C -pg. D-11-21
Babauta, Jose C -pg. D-12-1
Babauta, Jose G -pg. D-11-48
Babauta, Jose L -pg. D-2-41
Babauta, Jose P -pg. D-2-11
Babauta, Jose Q -pg. D-11-6
Babauta, Jose Q -pg. D-12-1

INDEX
1940 Population Census of Guam: Transcribed

Babauta, Jose R -pg. D-2-5
Babauta, Jose T -pg. D-11-62
Babauta, Josefa A -pg. D-2-40
Babauta, Josefa C -pg. D-2-31
Babauta, Josefa S -pg. D-2-28
Babauta, Josefina S -pg. D-11-59
Babauta, Juan -pg. D-5-16
Babauta, Juan B -pg. D-2-5
Babauta, Juan C -pg. D-2-5
Babauta, Juan C -pg. D-2-41
Babauta, Juan C -pg. D-11-20
Babauta, Juan G -pg. D-13-17
Babauta, Juan M -pg. D-2-5
Babauta, Juan S -pg. D-11-20
Babauta, Juan SN -pg. D-1-207
Babauta, Juan T -pg. D-11-62
Babauta, Julita C -pg. D-1-152
Babauta, Lagrimas A -pg. D-13-8
Babauta, Leonila Q -pg. D-11-6
Babauta, Lucia C -pg. D-8-5
Babauta, Luisa C -pg. D-1-152
Babauta, Madalena C -pg. D-11-21
Babauta, Manuel -pg. D-11-59
Babauta, Manuel A -pg. D-11-29
Babauta, Manuel B -pg. D-11-24
Babauta, Maria -pg. D-5-16
Babauta, Maria A -pg. D-2-36
Babauta, Maria A -pg. D-11-29
Babauta, Maria B -pg. D-2-23
Babauta, Maria C -pg. D-2-5
Babauta, Maria C -pg. D-2-41
Babauta, Maria C -pg. D-11-21
Babauta, Maria C -pg. D-11-66
Babauta, Maria C -pg. D-11-66
Babauta, Maria L -pg. D-1-351
Babauta, Maria S -pg. D-2-28
Babauta, Maria S -pg. D-11-40
Babauta, Maria S -pg. D-11-46
Babauta, Maria T -pg. D-11-62
Babauta, Mariquita M -pg. D-11-14
Babauta, Natividad C -pg. D-2-13
Babauta, Patricia E -pg. D-8-5
Babauta, Pedro B -pg. D-9-25
Babauta, Pedro C -pg. D-2-13
Babauta, Pedro C -pg. D-2-31
Babauta, Portunato -pg. D-5-16
Babauta, Rafael C -pg. D-1-152
Babauta, Remedio A -pg. D-2-40
Babauta, Remedio E -pg. D-8-5
Babauta, Rita A -pg. D-2-36
Babauta, Rita C -pg. D-11-21
Babauta, Rita C -pg. D-11-21
Babauta, Rita C -pg. D-11-66
Babauta, Rita M -pg. D-2-16
Babauta, Rita Q -pg. D-11-6
Babauta, Robinio G -pg. D-13-8
Babauta, Romando A -pg. D-11-29
Babauta, Rosa A -pg. D-11-29
Babauta, Rosa C -pg. D-2-5
Babauta, Rosa C -pg. D-2-12
Babauta, Rosa C -pg. D-11-21
Babauta, Rosa S -pg. D-2-28
Babauta, Rosalia B -pg. D-11-12
Babauta, Rosalia C -pg. D-11-21

Babauta, Rosalia Q -pg. D-12-1
Babauta, Rosario T -pg. D-11-20
Babauta, Santiago C -pg. D-2-12
Babauta, Sara C -pg. D-11-66
Babauta, Soledad A -pg. D-11-29
Babauta, Teodora SN -pg. D-2-11
Babauta, Tomas S -pg. D-2-28
Babauta, Tomas S -pg. D-11-46
Babauta, Venancio R -pg. D-2-27
Babauta, Vicenta N -pg. D-8-26
Babauta, Vicente -pg. D-5-16
Babauta, Vicente B -pg. D-11-35
Babauta, Vicente C -pg. D-11-11
Babauta, Vicente C -pg. D-12-1
Babauta, Vicente L -pg. D-2-40
Babauta, Vicente S -pg. D-14-10
Babauta, Vicente T -pg. D-2-12
Babauta, Vicenti A -pg. D-13-8
Babauta, Virginia A -pg. D-2-36
Babouta, Antonio -pg. D-11-16
Babouta, Carmen -pg. D-11-16
Bachtell, George F -pg. D-11-75
Bai, Concelasion C -pg. D-11-28
Bai, Maria C -pg. D-11-24
Bai, Rita C -pg. D-11-24
Bain, Walter A -pg. D-11-77
Baker, Francis E -pg. D-1-304
Balajadia, Agapito R -pg. D-1-337
Balajadia, Ana S -pg. D-15-12
Balajadia, Antonio P -pg. D-15-21
Balajadia, Anunsiacion R -pg. D-1-341
Balajadia, Batola P -pg. D-15-21
Balajadia, Carmen P -pg. D-15-10
Balajadia, Catalina I -pg. D-15-8
Balajadia, Cecilia P -pg. D-15-12
Balajadia, Concepcion R -pg. D-1-341
Balajadia, Cornelia I -pg. D-15-8
Balajadia, Eliza I -pg. D-15-8
Balajadia, Felicita G -pg. D-1-337
Balajadia, Felix S -pg. D-1-238
Balajadia, Fermin P -pg. D-15-1
Balajadia, Francisco P -pg. D-15-1
Balajadia, Francisco R -pg. D-1-337
Balajadia, Imiliana P -pg. D-15-1
Balajadia, Jesus G -pg. D-1-337
Balajadia, Jesus I -pg. D-15-8
Balajadia, Jesus P -pg. D-15-1
Balajadia, Jesus S -pg. D-15-12
Balajadia, Joaquin J -pg. D-15-10
Balajadia, Jose J -pg. D-15-8
Balajadia, Jose P -pg. D-15-1
Balajadia, Jose P -pg. D-15-21
Balajadia, Juan G -pg. D-1-341
Balajadia, Juan I -pg. D-15-1
Balajadia, Juan P -pg. D-15-1
Balajadia, Juan P -pg. D-15-10
Balajadia, Juan P -pg. D-15-21
Balajadia, Manuel I -pg. D-15-21
Balajadia, Manuel P -pg. D-15-1
Balajadia, Maria B -pg. D-15-13
Balajadia, Maria R -pg. D-1-341
Balajadia, Maria S -pg. D-15-12
Balajadia, Matias P -pg. D-15-1
Balajadia, Oliva G -pg. D-1-337

Balajadia, Pedro I -pg. D-15-1
Balajadia, Pedro P -pg. D-15-1
Balajadia, Pedro P -pg. D-15-10
Balajadia, Pilar I -pg. D-15-8
Balajadia, Priscilla R -pg. D-1-341
Balajadia, Ramon P -pg. D-15-1
Balajadia, Ramona I -pg. D-15-8
Balajadia, Rosa G -pg. D-1-337
Balajadia, Rosa I -pg. D-15-2
Balajadia, Rosa P -pg. D-15-1
Balajadia, Rosario R -pg. D-1-341
Balajadia, Tomas P -pg. D-15-1
Balajadia, Vicente M -pg. D-15-11
Balajadia, Vicente P -pg. D-15-13
Balajadria, Roman I -pg. D-11-73
Baleto, Alfandina M -pg. D-11-19
Baleto, Andrea J -pg. D-11-61
Baleto, Antonio C -pg. D-11-19
Baleto, Carmen G -pg. D-11-35
Baleto, David G -pg. D-11-36
Baleto, Dorothy Ann G -pg. D-11-36
Baleto, Francisco C -pg. D-11-54
Baleto, Galo -pg. D-11-54
Baleto, Incarnacion M -pg. D-11-19
Baleto, Jesus C -pg. D-11-35
Baleto, Jose M -pg. D-11-19
Baleto, Lollita M -pg. D-11-19
Baleto, Maria C -pg. D-11-36
Baleto, Maria M -pg. D-11-19
Baleto, Sebastun -pg. D-11-36
Baleto, Vicente B -pg. D-11-36
Baleto, Vicente G -pg. D-11-36
Baleto, Vicente M -pg. D-11-19
Ballard, John H -pg. D-11-77
Bamba, Antonio S -pg. D-1-69
Bamba, Asuncion S -pg. D-1-69
Bamba, Caridad B -pg. D-1-162
Bamba, Concepcion -pg. D-5-13
Bamba, Dolores -pg. D-5-15
Bamba, Edward M -pg. D-1-211
Bamba, Felipe -pg. D-5-13
Bamba, Felisa B -pg. D-1-69
Bamba, Francis M -pg. D-1-211
Bamba, Francisco B -pg. D-1-162
Bamba, Francisco S -pg. D-1-166
Bamba, Frederick M -pg. D-1-211
Bamba, George -pg. D-5-13
Bamba, George M -pg. D-1-211
Bamba, Isabel F -pg. D-1-19
Bamba, Jesus M -pg. D-1-211
Bamba, Jose B -pg. D-1-162
Bamba, Jose B -pg. D-1-162
Bamba, Jose G -pg. D-1-210
Bamba, Joseph L -pg. D-1-211
Bamba, Juan -pg. D-5-15
Bamba, Leon -pg. D-5-13
Bamba, Lourdes E -pg. D-1-19
Bamba, Magdalena S -pg. D-1-69
Bamba, Maria -pg. D-5-13
Bamba, Maria J -pg. D-1-19
Bamba, Nicolas -pg. D-5-13
Bamba, Nicolasa L -pg. D-1-211
Bamba, Pedro S -pg. D-1-19
Bamba, Rita -pg. D-5-13

INDEX
1940 Population Census of Guam: Transcribed

Bamba, Rita M -pg. D-1-210
Bamba, Roberto A -pg. D-1-210
Bamba, Rosa B -pg. D-1-162
Bamba, Rose Mary -pg. D-1-162
Bamba, Segundo S -pg. D-1-166
Bamba, Susana F -pg. D-1-19
Bamba, Vicente -pg. D-5-13
Bamba, Vicente -pg. D-5-13
Bamba, Vicente B -pg. D-1-69
Banis, Albert J -pg. D-11-77
Barbara, Anthony -pg. D-5-1
Barbee, Carolyn M -pg. D-1-227
Barbee, Leonard C -pg. D-1-227
Barbour, James -pg. D-2-46
Barbour, Maria C -pg. D-2-46
Barcinas, Amila T -pg. D-15-9
Barcinas, Ana C -pg. D-8-16
Barcinas, Antonio T -pg. D-8-32
Barcinas, Asuncion T -pg. D-8-11
Barcinas, Bernabe T -pg. D-8-2
Barcinas, Deonila T -pg. D-8-3
Barcinas, Dolores T -pg. D-8-2
Barcinas, Dora T -pg. D-8-12
Barcinas, Francisco A -pg. D-2-15
Barcinas, Gabriel C -pg. D-8-16
Barcinas, Gertrude T -pg. D-8-11
Barcinas, Ignacio T -pg. D-1-348
Barcinas, Ignacio T -pg. D-8-2
Barcinas, Inigo C -pg. D-8-16
Barcinas, Irene T -pg. D-8-14
Barcinas, Isaac LG -pg. D-12-10
Barcinas, Jesus C -pg. D-8-11
Barcinas, Jesus T -pg. D-8-3
Barcinas, Joaquin A -pg. D-2-15
Barcinas, Joaquin C -pg. D-8-32
Barcinas, Joaquin T -pg. D-8-2
Barcinas, Jose C -pg. D-8-14
Barcinas, Jose D -pg. D-12-10
Barcinas, Jose T -pg. D-8-2
Barcinas, Jose T -pg. D-8-14
Barcinas, Josefa M -pg. D-12-10
Barcinas, Joseph T -pg. D-8-12
Barcinas, Juan D -pg. D-2-15
Barcinas, Juan S -pg. D-8-2
Barcinas, Juan T -pg. D-8-2
Barcinas, Lorenzo A -pg. D-2-15
Barcinas, Magdalena D -pg. D-12-10
Barcinas, Magdalena T -pg. D-15-9
Barcinas, Maria D -pg. D-12-10
Barcinas, Maria SN -pg. D-8-32
Barcinas, Mariana C -pg. D-8-32
Barcinas, Mariana T -pg. D-8-12
Barcinas, Marie T -pg. D-8-12
Barcinas, Martin C -pg. D-15-9
Barcinas, Mercedes D -pg. D-12-10
Barcinas, Pedro B -pg. D-11-38
Barcinas, Pedro T -pg. D-8-2
Barcinas, Pilar T -pg. D-1-348
Barcinas, Rita A -pg. D-2-15
Barcinas, Rita SN -pg. D-8-32
Barcinas, Rita T -pg. D-8-14
Barcinas, Roman A -pg. D-2-15
Barcinas, Rosa C -pg. D-8-32
Barcinas, Tomas -pg. D-8-11

Barcinas, Tomas C -pg. D-8-16
Barcinas, Tomas SN -pg. D-8-32
Barcinas, Tomasa T -pg. D-8-2
Barcinas, Vicente A -pg. D-2-15
Barcinas, Vicenti T -pg. D-8-3
Barlow, George R -pg. D-11-74
Barnett, Bessie H -pg. D-1-216
Barnett, Damon J -pg. D-1-216
Barnett, Damon J. II -pg. D-1-216
Barnett, Elizabeth LE -pg. D-1-216
Barnhart, Irving H -pg. D-11-82
Barrows, Walter -pg. D-11-72
Barzee, Marvin R -pg. D-11-69
Bass, George A -pg. D-1-304
Bauer, Carl W -pg. D-11-77
Bautista, Alfonsina G -pg. D-1-28
Bautista, Ana -pg. D-5-41
Bautista, Ana A -pg. D-10-1
Bautista, Ana L -pg. D-10-15
Bautista, Antonia U -pg. D-1-63
Bautista, Antonio C -pg. D-10-4
Bautista, Antonio L -pg. D-1-337
Bautista, Antonio L -pg. D-10-4
Bautista, Bernardita I -pg. D-1-63
Bautista, Concepcion L -pg. D-10-15
Bautista, Dolores A -pg. D-10-1
Bautista, Enrique -pg. D-5-37
Bautista, Fermentiva B -pg. D-1-63
Bautista, Francisco -pg. D-5-41
Bautista, Frederico G -pg. D-1-28
Bautista, Ignacio -pg. D-5-37
Bautista, Isabel L -pg. D-10-15
Bautista, Jesus L -pg. D-10-15
Bautista, Jose -pg. D-5-37
Bautista, Jose A -pg. D-10-1
Bautista, Juan -pg. D-4-34
Bautista, Juan A -pg. D-10-1
Bautista, Juan B -pg. D-10-17
Bautista, Juan L -pg. D-10-15
Bautista, Juanita A -pg. D-1-64
Bautista, Leocadio B -pg. D-1-64
Bautista, Leocadio M -pg. D-1-63
Bautista, Lucia G -pg. D-1-28
Bautista, Luis L -pg. D-10-15
Bautista, Luis P -pg. D-1-28
Bautista, Lydia G -pg. D-1-28
Bautista, Manuel A -pg. D-10-1
Bautista, Manuel S -pg. D-10-1
Bautista, Manuela P -pg. D-12-16
Bautista, Maria A -pg. D-10-1
Bautista, Maria C -pg. D-1-169
Bautista, Maria T -pg. D-10-15
Bautista, Matias L -pg. D-10-15
Bautista, Miguel L -pg. D-10-15
Bautista, Modesto F -pg. D-1-64
Bautista, Pablo -pg. D-5-37
Bautista, Pedro L -pg. D-10-15
Bautista, Rita A -pg. D-10-1
Bautista, Rosa -pg. D-5-37
Bautista, Rosa G -pg. D-1-28
Bautista, Rosa L -pg. D-10-4
Bautista, Rosario -pg. D-5-37
Bautista, Veronica D -pg. D-10-17
Bautista, Vicente C -pg. D-12-16

Bautista, Vicente L -pg. D-10-15
Baxter, George E -pg. D-11-50
Bayona, Ana M -pg. D-1-364
Bayona, Antonio B -pg. D-1-364
Bayona, Desiderio B -pg. D-1-364
Bayona, Fabiana M -pg. D-1-364
Bayona, Francisco M -pg. D-1-364
Bayona, Jose G -pg. D-1-365
Bayona, Juan I -pg. D-1-364
Bayona, Pedro M -pg. D-1-364
Bayona, Rosalia M -pg. D-1-364
Baza, Agustin -pg. D-4-9
Baza, Ana A -pg. D-8-6
Baza, Ana C -pg. D-1-272
Baza, Ana LG -pg. D-1-121
Baza, Ana T -pg. D-8-6
Baza, Antonio C -pg. D-1-191
Baza, Antonio H -pg. D-1-191
Baza, Barciliza C -pg. D-1-76
Baza, Beatrice C -pg. D-15-11
Baza, Bernadita C -pg. D-15-5
Baza, Carmen C -pg. D-15-11
Baza, Catalina H -pg. D-1-191
Baza, Cecilia SA -pg. D-1-194
Baza, Concepcion -pg. D-4-9
Baza, Concepcion A -pg. D-8-6
Baza, Concepcion LG -pg. D-15-25
Baza, David LG -pg. D-1-121
Baza, Dolores G -pg. D-10-48
Baza, Dolores SA -pg. D-1-194
Baza, Engracia G -pg. D-10-48
Baza, Enrique C -pg. D-11-73
Baza, Enrique C -pg. D-15-8
Baza, Feliza C -pg. D-1-191
Baza, Francisca M -pg. D-15-24
Baza, Francisca SA -pg. D-1-194
Baza, Francisco LG -pg. D-1-121
Baza, Glora U -pg. D-1-174
Baza, Gloria C -pg. D-15-5
Baza, Gloria C -pg. D-15-11
Baza, Gregorio C -pg. D-15-5
Baza, Ignacia B -pg. D-1-272
Baza, Isabel LG -pg. D-1-121
Baza, Jesus A -pg. D-8-6
Baza, Jesus C -pg. D-1-357
Baza, Jesus C -pg. D-15-10
Baza, Jesus C -pg. D-15-24
Baza, Jesus D -pg. D-1-121
Baza, Jesus G -pg. D-10-48
Baza, Jesus LG -pg. D-1-121
Baza, Jose A -pg. D-8-6
Baza, Jose C -pg. D-1-191
Baza, Jose C -pg. D-8-5
Baza, Jose C -pg. D-15-5
Baza, Jose C -pg. D-15-5
Baza, Jose C -pg. D-15-11
Baza, Jose LG -pg. D-15-25
Baza, Jose SA -pg. D-1-194
Baza, Jose T -pg. D-8-6
Baza, Juan B -pg. D-1-174
Baza, Juan C -pg. D-15-11
Baza, Juan G -pg. D-10-48
Baza, Juan LG -pg. D-1-121
Baza, Juan LG -pg. D-15-25

INDEX
1940 Population Census of Guam: Transcribed

Baza, Juan SA -pg. D-1-194
Baza, Juan U -pg. D-1-174
Baza, Juana C -pg. D-15-5
Baza, Julia C -pg. D-15-8
Baza, Luis C -pg. D-1-191
Baza, Luis M -pg. D-1-191
Baza, Luisa B -pg. D-9-47
Baza, Luisa T (ab) -pg. D-8-6
Baza, Magdalena SA -pg. D-1-194
Baza, Manuela C -pg. D-15-5
Baza, Manul C -pg. D-1-121
Baza, Margarita C -pg. D-1-191
Baza, Margarita LG -pg. D-1-121
Baza, Margarita M -pg. D-15-24
Baza, Maria A -pg. D-1-272
Baza, Maria C -pg. D-1-191
Baza, Maria LG -pg. D-1-121
Baza, Maria LG -pg. D-15-24
Baza, Maria P -pg. D-1-357
Baza, Maria SA -pg. D-1-194
Baza, Maria SA -pg. D-1-194
Baza, Maria T -pg. D-8-6
Baza, Maria U -pg. D-1-174
Baza, Pedro G -pg. D-10-48
Baza, Pedro T -pg. D-1-320
Baza, Pedro T -pg. D-8-6
Baza, Pedro U -pg. D-1-174
Baza, Ramon C -pg. D-8-6
Baza, Ramon C -pg. D-10-48
Baza, Ramon LG -pg. D-15-25
Baza, Ramon S -pg. D-15-8
Baza, Ramona A -pg. D-8-6
Baza, Ramona C -pg. D-1-266
Baza, Rita M -pg. D-15-24
Baza, Rosa A -pg. D-8-6
Baza, Rosa B -pg. D-1-272
Baza, Rosa C -pg. D-8-5
Baza, Rosa C -pg. D-15-8
Baza, Rosa H -pg. D-1-191
Baza, Rosa T -pg. D-8-6
Baza, Rosario C -pg. D-15-5
Baza, Rosario LG -pg. D-1-121
Baza, Soledad C -pg. D-1-76
Baza, Telesforo C -pg. D-15-5
Baza, Telesforo Q -pg. D-15-24
Baza, Teresa C -pg. D-15-11
Baza, Teresita U -pg. D-1-174
Baza, Vicente C -pg. D-1-358
Baza, Vicente C -pg. D-15-5
Baza, Vicente S -pg. D-15-11
Baza, Vicente U -pg. D-1-194
Baza, Vicenti A -pg. D-8-6
Baza, Virginia C -pg. D-15-11
Baza, Visitascion A -pg. D-8-6
Beitier, Donald H -pg. D-1-304
Belgado, Paulino -pg. D-11-77
Bell, Ana J -pg. D-1-409
Bell, Barbara R -pg. D-1-409
Bell, Eric J -pg. D-1-409
Bell, George R -pg. D-1-409
Bell, Henry G -pg. D-1-409
Bell, Louis W -pg. D-11-77
Bell, Sista R -pg. D-1-409
Benabente, Augustia D -pg. D-6-3

Benabente, Carmen D -pg. D-6-3
Benabente, Digna D -pg. D-6-3
Benabente, Edita D -pg. D-6-3
Benabente, Enrique R -pg. D-6-3
Benabente, Francisca? D -pg. D-6-3
Benabente, Jose D -pg. D-6-3
Benabente, Juan D -pg. D-6-3
Benabente, Rufina G -pg. D-1-52
Benavente, Agripina -pg. D-1-306
Benavente, Ana -pg. D-5-3
Benavente, Ana -pg. D-5-51
Benavente, Ana -pg. D-5-51
Benavente, Ana B -pg. D-1-330
Benavente, Ana G -pg. D-1-111
Benavente, Ana R -pg. D-1-145
Benavente, Antonio -pg. D-5-2
Benavente, Barbara -pg. D-5-41
Benavente, Benigno -pg. D-5-35
Benavente, Blaz -pg. D-5-2
Benavente, Candelaria C -pg. D-1-124
Benavente, Carmen U -pg. D-1-155
Benavente, Cecilia Q -pg. D-10-37
Benavente, Cristobal -pg. D-5-16
Benavente, Cristobal D -pg. D-1-173
Benavente, David G -pg. D-1-166
Benavente, Dolores -pg. D-5-35
Benavente, Dolores Q -pg. D-15-20
Benavente, Dolroes G -pg. D-1-166
Benavente, Edward -pg. D-5-3
Benavente, Edward -pg. D-5-51
Benavente, Elena -pg. D-5-5
Benavente, Enrique -pg. D-5-51
Benavente, Enrique S -pg. D-1-157
Benavente, Felipe -pg. D-5-46
Benavente, Felipe C -pg. D-1-168
Benavente, Felix -pg. D-5-51
Benavente, Francisca -pg. D-5-51
Benavente, Francisco -pg. D-5-3
Benavente, Francisco -pg. D-5-41
Benavente, Francisco -pg. D-5-51
Benavente, Francisco C -pg. D-1-124
Benavente, Francisco P -pg. D-1-106
Benavente, Gabriela G -pg. D-1-111
Benavente, Gabriela M -pg. D-1-111
Benavente, Isabel -pg. D-5-24
Benavente, Isabel -pg. D-5-40
Benavente, Jesus -pg. D-5-5
Benavente, Jesus -pg. D-5-16
Benavente, Jesus G -pg. D-1-166
Benavente, Joaquin -pg. D-5-10
Benavente, Joaquin -pg. D-5-16
Benavente, Joaquin -pg. D-5-16
Benavente, Joaquin R -pg. D-1-145
Benavente, Jose -pg. D-5-5
Benavente, Jose -pg. D-5-5
Benavente, Jose -pg. D-5-16
Benavente, Jose -pg. D-5-24
Benavente, Jose -pg. D-5-24
Benavente, Jose -pg. D-5-35
Benavente, Jose -pg. D-5-51
Benavente, Jose C -pg. D-1-124
Benavente, Jose G -pg. D-1-106
Benavente, Jose G -pg. D-1-106
Benavente, Jose G -pg. D-1-181

Benavente, Jose P -pg. D-1-106
Benavente, Jose Q -pg. D-1-196
Benavente, Jose R -pg. D-1-124
Benavente, Jose U -pg. D-1-155
Benavente, Josefa G -pg. D-1-169
Benavente, Josefa Q -pg. D-1-196
Benavente, Josefina -pg. D-5-51
Benavente, Josefina -pg. D-5-51
Benavente, Josepha -pg. D-5-35
Benavente, Juan -pg. D-5-3
Benavente, Juan -pg. D-5-3
Benavente, Juan -pg. D-5-5
Benavente, Juan -pg. D-5-35
Benavente, Juan -pg. D-5-51
Benavente, Juan C -pg. D-1-125
Benavente, Juan G -pg. D-1-169
Benavente, Juanita P -pg. D-1-106
Benavente, Julia -pg. D-5-41
Benavente, Julia Q -pg. D-1-196
Benavente, Juliana -pg. D-5-3
Benavente, Justo -pg. D-5-59
Benavente, Leonila -pg. D-5-16
Benavente, Leonila S -pg. D-1-157
Benavente, Lourdes -pg. D-5-51
Benavente, Luisa -pg. D-5-5
Benavente, Manuel -pg. D-5-2
Benavente, Manuel -pg. D-5-3
Benavente, Manuel G -pg. D-1-169
Benavente, Margarita G -pg. D-1-166
Benavente, Maria -pg. D-5-3
Benavente, Maria -pg. D-5-3
Benavente, Maria -pg. D-5-24
Benavente, Maria -pg. D-5-40
Benavente, Maria -pg. D-5-40
Benavente, Maria -pg. D-5-51
Benavente, Maria C -pg. D-1-124
Benavente, Maria D -pg. D-1-310
Benavente, Maria G -pg. D-1-169
Benavente, Maria P -pg. D-1-106
Benavente, Maria Q -pg. D-10-37
Benavente, Mariano G -pg. D-1-157
Benavente, Mercedes C -pg. D-1-125
Benavente, Nicolasa Q -pg. D-15-20
Benavente, Oliva -pg. D-5-51
Benavente, Pedro -pg. D-5-35
Benavente, Pedro -pg. D-5-35
Benavente, Pedro SA -pg. D-1-196
Benavente, Pilar -pg. D-5-24
Benavente, Priscilla -pg. D-5-5
Benavente, Ramon Q -pg. D-15-20
Benavente, Ricardo S -pg. D-1-157
Benavente, Rita -pg. D-5-16
Benavente, Rita -pg. D-5-40
Benavente, Roman Q -pg. D-11-73
Benavente, Rosa -pg. D-5-35
Benavente, Rosa P -pg. D-1-106
Benavente, Rosa R -pg. D-1-145
Benavente, Rosalia C -pg. D-1-124
Benavente, Rosalia C -pg. D-11-27
Benavente, Rosalina G -pg. D-1-111
Benavente, Rosario -pg. D-5-35
Benavente, Secondina B -pg. D-10-37
Benavente, Teresa -pg. D-5-2
Benavente, Teresita -pg. D-5-35

INDEX
1940 Population Census of Guam: Transcribed

Benavente, Tomas G -pg. D-1-166
Benavente, Tomas G -pg. D-1-169
Benavente, Tomas Q -pg. D-1-166
Benavente, Tomasa C -pg. D-1-125
Benavente, Veronica -pg. D-5-51
Benavente, Vicenta -pg. D-5-10
Benavente, Vicenta P -pg. D-1-106
Benavente, Vicente -pg. D-5-10
Benavente, Vicente -pg. D-5-16
Benavente, Vicente -pg. D-5-40
Benavente, Vicente -pg. D-5-40
Benavente, Vicente -pg. D-5-51
Benavente, Vicente P -pg. D-1-106
Benavente, Vicente R -pg. D-1-145
Benavente, Vicente R -pg. D-15-14
Benedict, John F -pg. D-11-77
Benito, Barbara P -pg. D-1-4
Benito, Beatrice P -pg. D-1-3
Benito, Johnny P -pg. D-1-4
Benito, Joseph P -pg. D-1-4
Benito, Margaret P -pg. D-1-3
Benito, Martha P -pg. D-1-4
Benito, Pauline P -pg. D-1-4
Benito, Pedro R -pg. D-1-3
Benito, Ricardo P -pg. D-1-4
Benito, Roy P -pg. D-1-4
Berg, Jack C -pg. D-1-279
Berg, Norman C -pg. D-1-278
Berg, Patsy J -pg. D-1-279
Bernado, Mariano -pg. D-5-49
Bernardo, Ana C -pg. D-1-78
Bernardo, Antonia Q -pg. D-15-2
Bernardo, Concepcion C -pg. D-1-95
Bernardo, Guillermo C -pg. D-1-95
Bernardo, Guillermo M -pg. D-1-95
Bernardo, Isabel C -pg. D-1-78
Bernardo, Joaquin C -pg. D-1-78
Bernardo, Jose M -pg. D-1-95
Bernardo, Jose Q -pg. D-12-6
Bernardo, Josefa C -pg. D-1-78
Bernardo, Juan Q -pg. D-15-2
Bernardo, Lydia M -pg. D-1-95
Bernardo, Maria M -pg. D-1-95
Bernardo, Maria Q -pg. D-1-95
Bernardo, Pedro C -pg. D-1-95
Bernardo, Rosario C -pg. D-1-95
Bernardo, Tomas C -pg. D-1-78
Bernardo, Vicente C -pg. D-1-95
Biebe, Leo F -pg. D-1-300
Bioles, Claude L -pg. D-9-35
Bioles, Irene L -pg. D-9-35
Bissett, Everett A -pg. D-11-69
Bitanga, Ambrosio -pg. D-1-51
Bitanga, Anatalio A -pg. D-1-389
Bitanga, Fermin LG -pg. D-1-51
Bitanga, Francisca LG -pg. D-1-389
Bitanga, Guadalupe P -pg. D-1-248
Bitanga, Inocencio LG -pg. D-1-248
Bitanga, Jose LG -pg. D-1-388
Bitanga, Jose P -pg. D-1-248
Bitanga, Julia C -pg. D-1-51
Bitanga, Maria P -pg. D-1-248
Bitanga, Roman C -pg. D-1-51
Bitanga, Teresita P -pg. D-1-248

Bitanga, Vicente LG -pg. D-1-389
Bitanga, Victor C -pg. D-1-51
Black, Oral -pg. D-11-71
Blackwell, Thomas E -pg. D-1-280
Blackwell, Virginia M -pg. D-1-280
Blaha, Joseph H -pg. D-1-77
Blaha, Vera E -pg. D-1-77
Blanco, Delfina F -pg. D-1-186
Blanco, Filipe P -pg. D-1-186
Blanco, Francisco M -pg. D-2-16
Blanco, Joaquina F -pg. D-1-186
Blanco, Vicente F -pg. D-1-186
Blas, Adam C -pg. D-7-6
Blas, Alberto B -pg. D-1-213
Blas, Alfred G -pg. D-1-284
Blas, Alice A -pg. D-1-262
Blas, Alvina B -pg. D-1-330
Blas, Amanda T -pg. D-1-239
Blas, Amparo C -pg. D-7-6
Blas, Ana -pg. D-3-4
Blas, Ana C -pg. D-1-172
Blas, Ana C -pg. D-1-253
Blas, Ana C -pg. D-1-253
Blas, Ana E -pg. D-1-266
Blas, Ana G -pg. D-1-309
Blas, Ana G -pg. D-1-309
Blas, Ana I -pg. D-1-388
Blas, Angel R -pg. D-1-105
Blas, Angustia B -pg. D-1-330
Blas, Antonia F -pg. D-1-105
Blas, Antonia G -pg. D-1-309
Blas, Antonia M -pg. D-9-45
Blas, Antonia R -pg. D-1-263
Blas, Antonio -pg. D-4-7
Blas, Antonio A -pg. D-1-214
Blas, Antonio F -pg. D-1-379
Blas, Antonio I -pg. D-1-385
Blas, Antonio L -pg. D-1-172
Blas, Antonio LG -pg. D-1-374
Blas, Antonio P -pg. D-1-385
Blas, Apolonia T -pg. D-1-249
Blas, Asuncion M -pg. D-1-118
Blas, Asuncion R -pg. D-1-105
Blas, Asuncion R -pg. D-1-263
Blas, Atanacio -pg. D-1-273
Blas, Atanacio P -pg. D-1-386
Blas, Barbara C -pg. D-1-253
Blas, Barcilisa -pg. D-1-378
Blas, Beatrice B -pg. D-1-58
Blas, Beatrice R -pg. D-1-105
Blas, Benjamin -pg. D-1-330
Blas, Bernadita D -pg. D-1-163
Blas, Carmen P -pg. D-1-170
Blas, Carmen R (ab) -pg. D-1-263
Blas, Catalina C -pg. D-1-163
Blas, Cecilia C -pg. D-1-237
Blas, Cecilia P -pg. D-1-386
Blas, Cesaria C -pg. D-1-237
Blas, Clotilde B -pg. D-1-323
Blas, Concepcion C -pg. D-1-163
Blas, Consolacion A -pg. D-9-43
Blas, Consuelo B -pg. D-1-240
Blas, Cornelia C -pg. D-1-273
Blas, Daniel F -pg. D-1-105

Blas, David C -pg. D-1-163
Blas, David J -pg. D-1-388
Blas, David S -pg. D-1-179
Blas, Demetrio U -pg. D-1-237
Blas, Dolores C -pg. D-1-163
Blas, Dolores C -pg. D-1-317
Blas, Dolores C -pg. D-1-317
Blas, Dolores F -pg. D-1-378
Blas, Dolores S -pg. D-1-179
Blas, Dolores T -pg. D-1-260
Blas, Dominga O -pg. D-1-377
Blas, Domingo -pg. D-9-8
Blas, Domingo F -pg. D-1-105
Blas, Domingo F -pg. D-1-105
Blas, Edward C -pg. D-7-6
Blas, Efigenia O -pg. D-1-213
Blas, Emeterio O -pg. D-1-213
Blas, Emilia G -pg. D-1-284
Blas, Emiliana LG -pg. D-1-260
Blas, Engracia B -pg. D-1-389
Blas, Enrique D -pg. D-1-163
Blas, Estella LG -pg. D-1-260
Blas, Eufrasia P -pg. D-1-345
Blas, Eva B -pg. D-1-330
Blas, Evelyn L -pg. D-1-109
Blas, Fedela O -pg. D-1-213
Blas, Felicita B -pg. D-1-58
Blas, Felix -pg. D-4-13
Blas, Francisca S -pg. D-1-179
Blas, Francisca S -pg. D-1-179
Blas, Francisca T -pg. D-1-239
Blas, Francisco -pg. D-3-28
Blas, Francisco -pg. D-4-7
Blas, Francisco -pg. D-4-13
Blas, Francisco A -pg. D-9-43
Blas, Francisco A -pg. D-9-45
Blas, Francisco C -pg. D-1-163
Blas, Francisco C -pg. D-1-253
Blas, Francisco C -pg. D-1-378
Blas, Francisco E -pg. D-1-273
Blas, Francisco G -pg. D-1-309
Blas, Francisco M -pg. D-1-118
Blas, Francisco P -pg. D-1-345
Blas, Francisco S -pg. D-1-179
Blas, Frank G -pg. D-1-284
Blas, Gloria B -pg. D-1-58
Blas, Grabiel -pg. D-4-13
Blas, Guido F -pg. D-1-381
Blas, Helena P -pg. D-1-385
Blas, Henry L -pg. D-1-109
Blas, Ignacio -pg. D-4-7
Blas, Ignacio A -pg. D-9-32
Blas, Ignacio LG -pg. D-1-260
Blas, Isabel G -pg. D-1-309
Blas, Jaime -pg. D-4-20
Blas, Jesus -pg. D-4-5
Blas, Jesus -pg. D-4-7
Blas, Jesus -pg. D-4-16
Blas, Jesus A -pg. D-1-26
Blas, Jesus B -pg. D-7-4
Blas, Jesus C -pg. D-1-163
Blas, Jesus E -pg. D-1-266
Blas, Jesus F -pg. D-1-105
Blas, Jesus F -pg. D-1-378

INDEX
1940 Population Census of Guam: Transcribed

Blas, Jesus G -pg. D-1-309
Blas, Jesus L -pg. D-1-109
Blas, Jesus P -pg. D-1-385
Blas, Jesus R -pg. D-1-105
Blas, Jesus S -pg. D-1-179
Blas, Jesus S -pg. D-1-333
Blas, Jesusa C -pg. D-1-333
Blas, Jesusa L -pg. D-1-109
Blas, Joaquin A -pg. D-1-214
Blas, Joaquin B -pg. D-1-25
Blas, Joaquin C -pg. D-1-256
Blas, Joaquin E -pg. D-1-267
Blas, Joaquin F -pg. D-1-105
Blas, Joaquin G -pg. D-1-214
Blas, Joaquin G -pg. D-1-284
Blas, Joaquin M -pg. D-1-118
Blas, Joaquin T -pg. D-1-251
Blas, Joaquina -pg. D-3-4
Blas, Joaquina R -pg. D-1-273
Blas, John T -pg. D-1-260
Blas, Jose -pg. D-3-4
Blas, Jose -pg. D-4-14
Blas, Jose -pg. D-4-15
Blas, Jose -pg. D-4-20
Blas, Jose -pg. D-1-58
Blas, Jose -pg. D-1-260
Blas, Jose A -pg. D-1-25
Blas, Jose A -pg. D-1-262
Blas, Jose A -pg. D-9-43
Blas, Jose B -pg. D-1-58
Blas, Jose B -pg. D-1-109
Blas, Jose B -pg. D-1-213
Blas, Jose B -pg. D-1-388
Blas, Jose C -pg. D-1-163
Blas, Jose C -pg. D-1-237
Blas, Jose C -pg. D-1-309
Blas, Jose C -pg. D-1-317
Blas, Jose E -pg. D-1-266
Blas, Jose F -pg. D-1-379
Blas, Jose G -pg. D-1-309
Blas, Jose L -pg. D-1-109
Blas, Jose LG -pg. D-1-260
Blas, Jose O -pg. D-1-377
Blas, Jose P -pg. D-1-377
Blas, Jose R -pg. D-1-263
Blas, Jose S -pg. D-1-354
Blas, Jose U -pg. D-1-354
Blas, Josefa -pg. D-4-13
Blas, Josefa A -pg. D-9-43
Blas, Josefa F -pg. D-1-176
Blas, Josefa R -pg. D-1-263
Blas, Josefina -pg. D-4-20
Blas, Josefina L -pg. D-1-109
Blas, Josefina P -pg. D-1-386
Blas, Josefina P -pg. D-1-386
Blas, Josefina R -pg. D-1-263
Blas, Juan -pg. D-3-4
Blas, Juan -pg. D-4-15
Blas, Juan -pg. D-4-20
Blas, Juan A -pg. D-1-262
Blas, Juan C -pg. D-1-253
Blas, Juan C -pg. D-1-256
Blas, Juan C -pg. D-1-317
Blas, Juan F -pg. D-1-379

Blas, Juan M -pg. D-1-378
Blas, Juan P -pg. D-1-386
Blas, Juana F -pg. D-1-105
Blas, Juana FM -pg. D-9-45
Blas, Julia C -pg. D-7-6
Blas, Julia P -pg. D-1-385
Blas, Juliana A -pg. D-1-262
Blas, Laurdes C -pg. D-9-49
Blas, Lorenzo -pg. D-3-4
Blas, Lorenzo L -pg. D-1-118
Blas, Lorenzo M -pg. D-1-118
Blas, Luis -pg. D-4-13
Blas, Luis A -pg. D-1-178
Blas, Manuel -pg. D-4-5
Blas, Manuel A -pg. D-1-158
Blas, Manuel C -pg. D-1-253
Blas, Manuel C -pg. D-1-256
Blas, Manuel F -pg. D-1-105
Blas, Manuel U -pg. D-1-354
Blas, Marcela C -pg. D-1-256
Blas, Margie M -pg. D-1-118
Blas, Maria -pg. D-3-4
Blas, Maria -pg. D-4-7
Blas, Maria -pg. D-4-13
Blas, Maria -pg. D-4-15
Blas, Maria -pg. D-4-20
Blas, Maria A -pg. D-1-176
Blas, Maria A -pg. D-1-214
Blas, Maria B -pg. D-1-58
Blas, Maria B -pg. D-1-158
Blas, Maria C -pg. D-1-253
Blas, Maria D -pg. D-1-163
Blas, Maria E -pg. D-1-266
Blas, Maria F -pg. D-1-105
Blas, Maria F -pg. D-1-379
Blas, Maria G -pg. D-1-283
Blas, Maria G -pg. D-1-309
Blas, Maria I -pg. D-1-388
Blas, Maria L -pg. D-1-109
Blas, Maria L -pg. D-1-354
Blas, Maria LG -pg. D-1-260
Blas, Maria M -pg. D-1-26
Blas, Maria M -pg. D-1-118
Blas, Maria M -pg. D-1-118
Blas, Maria M -pg. D-9-8
Blas, Maria M -pg. D-9-45
Blas, Maria O -pg. D-1-378
Blas, Maria P -pg. D-1-385
Blas, Maria R -pg. D-1-40
Blas, Maria R -pg. D-1-105
Blas, Mariano Q -pg. D-7-12
Blas, Matias B -pg. D-1-58
Blas, Matilde A -pg. D-1-158
Blas, Matilde G -pg. D-1-251
Blas, Matilde G -pg. D-1-309
Blas, Miguel S -pg. D-1-179
Blas, Natividad P -pg. D-1-388
Blas, Neri F -pg. D-1-388
Blas, Nicolasa -pg. D-4-5
Blas, Nicolasa O -pg. D-1-213
Blas, Patricia G -pg. D-1-284
Blas, Patricia R -pg. D-1-105
Blas, Pedro C -pg. D-1-239
Blas, Pedro G -pg. D-1-309

Blas, Pedro L -pg. D-1-109
Blas, Pedro R -pg. D-1-105
Blas, Priscilla C -pg. D-1-163
Blas, Rafael P -pg. D-1-386
Blas, Ramon B -pg. D-1-213
Blas, Ramon F -pg. D-1-176
Blas, Rebeca C -pg. D-1-263
Blas, Regina M -pg. D-9-45
Blas, Regina T -pg. D-1-400
Blas, Rita -pg. D-4-20
Blas, Rita C -pg. D-1-163
Blas, Rita Flores -pg. D-1-378
Blas, Rita G -pg. D-1-283
Blas, Rita L -pg. D-1-109
Blas, Roman F -pg. D-1-105
Blas, Roman F -pg. D-1-379
Blas, Roman M -pg. D-9-45
Blas, Romana C -pg. D-1-333
Blas, Roque P -pg. D-1-386
Blas, Rosa B -pg. D-1-213
Blas, Rosa B -pg. D-1-342
Blas, Rosa C -pg. D-1-333
Blas, Rosa C -pg. D-7-6
Blas, Rosa M -pg. D-9-45
Blas, Rosa R -pg. D-1-263
Blas, Rosa S -pg. D-1-179
Blas, Rosalia C -pg. D-1-253
Blas, Rosalia LG -pg. D-1-26
Blas, Rosalia R (ab) -pg. D-1-273
Blas, Rosalia S -pg. D-1-179
Blas, Rosario C -pg. D-1-256
Blas, Rosario G -pg. D-1-283
Blas, Solidad -pg. D-4-15
Blas, Solidad -pg. D-4-15
Blas, Susana C -pg. D-1-237
Blas, Teresa -pg. D-4-13
Blas, Teresa -pg. D-4-15
Blas, Teresa C -pg. D-1-317
Blas, Teresita C -pg. D-7-6
Blas, Teresita O -pg. D-1-378
Blas, Teresita U -pg. D-1-354
Blas, Thomas R (ab) -pg. D-1-273
Blas, Tomas -pg. D-4-20
Blas, Tomas -pg. D-5-59
Blas, Tomas C -pg. D-1-333
Blas, Tomas D -pg. D-1-163
Blas, Tomas G -pg. D-1-309
Blas, Tomas M -pg. D-1-118
Blas, Vicenta -pg. D-4-15
Blas, Vicenta R -pg. D-1-263
Blas, Vicente -pg. D-4-15
Blas, Vicente -pg. D-1-283
Blas, Vicente G -pg. D-1-284
Blas, Vicente A -pg. D-1-345
Blas, Vicente A (ab) -pg. D-1-262
Blas, Vicente C -pg. D-1-253
Blas, Vicente C -pg. D-1-263
Blas, Vicente D -pg. D-1-163
Blas, Vicente P -pg. D-1-42
Blas, Vicente S -pg. D-1-179
Blas, Victoria B -pg. D-1-388
Blas, Victoria F -pg. D-1-105
Blas, Victoria L -pg. D-1-354
Blaz, Alfredo B -pg. D-1-156

INDEX
1940 Population Census of Guam: Transcribed

Blaz, Ana G -pg. D-14-8
Blaz, Ana S -pg. D-14-7
Blaz, Antonio R -pg. D-1-156
Blaz, Blanche B -pg. D-15-18
Blaz, Carmen F -pg. D-1-138
Blaz, Carmen R -pg. D-1-156
Blaz, Dolores S -pg. D-14-7
Blaz, Enrique B -pg. D-1-156
Blaz, Esperanza G -pg. D-1-140
Blaz, Fermina U -pg. D-1-142
Blaz, Francisco M -pg. D-1-131
Blaz, Francisco R -pg. D-14-8
Blaz, Francisco S -pg. D-14-7
Blaz, Gloria B -pg. D-1-155
Blaz, Gregorio F -pg. D-14-8
Blaz, Gregorio R -pg. D-1-156
Blaz, Ignacia S -pg. D-14-7
Blaz, Isabel G -pg. D-1-140
Blaz, Isabel G -pg. D-1-140
Blaz, Jaime B -pg. D-15-18
Blaz, Jesus R -pg. D-1-156
Blaz, Jesus S -pg. D-14-7
Blaz, Joaquin A -pg. D-14-6
Blaz, Jose -pg. D-4-11
Blaz, Jose A -pg. D-14-7
Blaz, Jose M -pg. D-1-131
Blaz, Jose R -pg. D-1-156
Blaz, Jose S -pg. D-14-7
Blaz, Josefa R -pg. D-1-156
Blaz, Josefina G -pg. D-1-140
Blaz, Juan -pg. D-4-11
Blaz, Juan A -pg. D-1-140
Blaz, Juan G -pg. D-1-140
Blaz, Juan G -pg. D-14-7
Blaz, Juan R -pg. D-1-156
Blaz, Juan S -pg. D-14-7
Blaz, Lourdes G -pg. D-1-140
Blaz, Manuel A -pg. D-1-155
Blaz, Maria A -pg. D-14-7
Blaz, Maria B -pg. D-1-155
Blaz, Maria G -pg. D-1-140
Blaz, Maria G -pg. D-14-6
Blaz, Maria G -pg. D-14-8
Blaz, Maria G -pg. D-14-8
Blaz, Maria M -pg. D-1-131
Blaz, Maria R -pg. D-1-156
Blaz, Maria S -pg. D-14-7
Blaz, Mariano M -pg. D-1-131
Blaz, Pedro S -pg. D-14-7
Blaz, Ramon M -pg. D-1-132
Blaz, Regina R -pg. D-1-156
Blaz, Rosa R -pg. D-1-156
Blaz, Rosalla -pg. D-1-156
Blaz, Rosario G -pg. D-1-140
Blaz, Teresa M -pg. D-1-131
Blaz, Tomasa I -pg. D-10-20
Blaz, Trinidad M -pg. D-1-131
Blaz, Vicente F -pg. D-14-7
Blaz, Victoria S -pg. D-14-7
Blue, Annie M -pg. D-11-43
Blue, Archie D -pg. D-11-43
Blue, Jerald D -pg. D-11-43
Blue, Mona M -pg. D-11-43
Blurton, Robert E -pg. D-11-77

Bodemer, Herman A -pg. D-11-82
Bontugan, Antonio -pg. D-4-18
Bontugan, Barciliza P -pg. D-1-31
Bontugan, Francisca -pg. D-4-18
Bontugan, Francisco P -pg. D-1-31
Bontugan, Joaquin P -pg. D-1-31
Bontugan, Jose P -pg. D-1-31
Bontugan, Josefa C -pg. D-1-31
Bontugan, Juan -pg. D-4-17
Bontugan, Maria P -pg. D-1-31
Boone, Francisca A -pg. D-9-6
Bordallo, Alfred J -pg. D-1-251
Bordallo, Alfred T -pg. D-1-251
Bordallo, Angulina P -pg. D-11-63
Bordallo, Balthasar J -pg. D-1-227
Bordallo, Barbara L -pg. D-1-228
Bordallo, Betty E -pg. D-1-251
Bordallo, Beverly J -pg. D-1-228
Bordallo, Carlos P -pg. D-11-63
Bordallo, Carlos P -pg. D-11-63
Bordallo, Catherine P -pg. D-11-63
Bordallo, Concepcion T -pg. D-1-251
Bordallo, Donald L -pg. D-1-228
Bordallo, Earnesta P -pg. D-11-63
Bordallo, Eddie P -pg. D-11-63
Bordallo, Ervine P -pg. D-11-63
Bordallo, Fred E -pg. D-1-228
Bordallo, Harry P -pg. D-11-63
Bordallo, Irene D -pg. D-1-227
Bordallo, Josefina P -pg. D-1-227
Bordallo, Josephine M -pg. D-1-228
Bordallo, Norma A -pg. D-1-228
Bordallo, Paul J -pg. D-1-228
Bordallo, Ricardo J -pg. D-1-228
Bordallo, Rodney B -pg. D-1-228
Bordallo, Rudolf E -pg. D-1-251
Bordallo, Sylvia L -pg. D-1-227
Borja, Adolph C -pg. D-11-56
Borja, Amelia S -pg. D-11-60
Borja, Ana -pg. D-4-24
Borja, Ana -pg. D-5-43
Borja, Ana A -pg. D-1-74
Borja, Ana C -pg. D-1-333
Borja, Ana C -pg. D-2-38
Borja, Ana C -pg. D-11-42
Borja, Ana D -pg. D-6-11
Borja, Ana F -pg. D-1-325
Borja, Ana F -pg. D-11-36
Borja, Ana I -pg. D-1-198
Borja, Ana I -pg. D-1-291
Borja, Ana M -pg. D-1-160
Borja, Ana M -pg. D-11-30
Borja, Ana O -pg. D-1-230
Borja, Ana P -pg. D-10-21
Borja, Ana S -pg. D-9-24
Borja, Ana S -pg. D-14-2
Borja, Ana T -pg. D-1-102
Borja, Ana T -pg. D-1-178
Borja, Andrea S -pg. D-11-41
Borja, Annie C -pg. D-11-41
Borja, Antonia G -pg. D-8-7
Borja, Antonia Q -pg. D-11-12
Borja, Antonia S -pg. D-14-2
Borja, Antonio -pg. D-4-8

Borja, Antonio -pg. D-5-43
Borja, Antonio -pg. D-11-51
Borja, Antonio A -pg. D-11-50
Borja, Antonio B -pg. D-1-102
Borja, Antonio B -pg. D-14-13
Borja, Antonio C -pg. D-11-18
Borja, Antonio D -pg. D-1-326
Borja, Antonio M -pg. D-1-102
Borja, Antonio M -pg. D-2-38
Borja, Antonio Q -pg. D-1-283
Borja, Antonio Q -pg. D-2-38
Borja, Antonio S -pg. D-9-24
Borja, Antonio T -pg. D-11-31
Borja, Arthur C -pg. D-11-56
Borja, Benedita LG -pg. D-1-277
Borja, Benny C -pg. D-11-42
Borja, Bernadita G -pg. D-8-7
Borja, Bernadita S -pg. D-1-367
Borja, Blandina C -pg. D-11-45
Borja, Calstro -pg. D-5-20
Borja, Carlos D -pg. D-1-326
Borja, Carlos M -pg. D-1-338
Borja, Carmen E -pg. D-8-5
Borja, Carmen S -pg. D-11-60
Borja, Catalina C -pg. D-1-152
Borja, Celestina C -pg. D-1-377
Borja, Concepcion A -pg. D-11-32
Borja, Concepcion A -pg. D-11-49
Borja, Concepcion G -pg. D-1-263
Borja, Consuleo -pg. D-1-352
Borja, Daniel M -pg. D-11-30
Borja, Delfina C -pg. D-11-18
Borja, Delfina O -pg. D-1-230
Borja, Diana C -pg. D-1-333
Borja, Dolores -pg. D-4-24
Borja, Dolores -pg. D-4-34
Borja, Dolores A -pg. D-11-50
Borja, Dolores A -pg. D-11-50
Borja, Dolores C -pg. D-8-11
Borja, Dolores C -pg. D-11-45
Borja, Dolores S -pg. D-1-367
Borja, Dometro G -pg. D-1-263
Borja, Dorothea O -pg. D-15-1
Borja, Edward C -pg. D-11-56
Borja, Efigenia I -pg. D-1-198
Borja, Elenore C -pg. D-11-42
Borja, Elizabeth C -pg. D-11-18
Borja, Elizabeth S -pg. D-11-60
Borja, Emeliana S -pg. D-7-17
Borja, Emilia B -pg. D-1-255
Borja, Eugenio B -pg. D-1-213
Borja, Fedela L -pg. D-1-362
Borja, Fedela S -pg. D-1-274
Borja, Felipe LG -pg. D-1-377
Borja, Felisa S -pg. D-1-274
Borja, Felix B -pg. D-1-102
Borja, Felix Q -pg. D-11-13
Borja, Flora D -pg. D-1-326
Borja, Francisca C -pg. D-1-152
Borja, Francisca C -pg. D-1-152
Borja, Francisca D -pg. D-1-25
Borja, Francisco -pg. D-4-9
Borja, Francisco -pg. D-4-39
Borja, Francisco B -pg. D-1-255

Borja, Francisco C -pg. D-1-334
Borja, Francisco C -pg. D-1-334
Borja, Francisco C -pg. D-1-399
Borja, Francisco C -pg. D-10-42
Borja, Francisco I -pg. D-1-198
Borja, Francisco I -pg. D-1-236
Borja, Francisco M -pg. D-11-60
Borja, Francisco N -pg. D-11-60
Borja, Francisco O -pg. D-1-314
Borja, Francisco O -pg. D-8-23
Borja, Francisco O -pg. D-11-13
Borja, Francisco S -pg. D-1-277
Borja, Francisco S -pg. D-9-24
Borja, Francisco S -pg. D-11-60
Borja, Francisco S -pg. D-11-60
Borja, Gabriela L -pg. D-8-4
Borja, George D -pg. D-1-326
Borja, George O -pg. D-1-230
Borja, Gertrudes -pg. D-4-24
Borja, Gregorio A -pg. D-11-50
Borja, Gregorio C -pg. D-1-399
Borja, Gregorio M -pg. D-8-5
Borja, Gregorio M -pg. D-11-60
Borja, Gregorio S -pg. D-11-42
Borja, Guadalupe C -pg. D-1-333
Borja, Harold C -pg. D-11-56
Borja, Higinio D -pg. D-6-11
Borja, Hilda -pg. D-3-2
Borja, Hilda S -pg. D-1-96
Borja, Ignacia G -pg. D-1-286
Borja, Ignacia R -pg. D-1-93
Borja, Ignacia R -pg. D-1-285
Borja, Ignacio -pg. D-1-137
Borja, Ignacio C -pg. D-1-377
Borja, Ignacio M -pg. D-1-102
Borja, Ignacio M -pg. D-11-56
Borja, Ignacio Q -pg. D-1-274
Borja, Ignacio T -pg. D-1-367
Borja, Isabel C -pg. D-1-333
Borja, Isabel M -pg. D-11-60
Borja, Isabel M -pg. D-11-60
Borja, Jesus -pg. D-4-24
Borja, Jesus -pg. D-4-39
Borja, Jesus B -pg. D-2-15
Borja, Jesus C -pg. D-1-333
Borja, Jesus C -pg. D-1-333
Borja, Jesus C -pg. D-1-377
Borja, Jesus C -pg. D-2-38
Borja, Jesus C -pg. D-11-45
Borja, Jesus M -pg. D-1-102
Borja, Jesus O -pg. D-8-23
Borja, Jesus O -pg. D-15-1
Borja, Jesus Q -pg. D-1-300
Borja, Jesus Q -pg. D-11-14
Borja, Jesus S -pg. D-1-152
Borja, Jesus T -pg. D-7-17
Borja, Jesusa C -pg. D-1-334
Borja, Jesusa G -pg. D-1-362
Borja, Joaquin -pg. D-4-7
Borja, Joaquin -pg. D-4-34
Borja, Joaquin -pg. D-4-39
Borja, Joaquin C -pg. D-15-1
Borja, Joaquin T -pg. D-1-102
Borja, Joaquin T -pg. D-11-50

Borja, Joaquina G -pg. D-1-286
Borja, Jose -pg. D-4-34
Borja, Jose -pg. D-4-39
Borja, Jose -pg. D-5-43
Borja, Jose -pg. D-1-137
Borja, Jose A -pg. D-2-38
Borja, Jose B -pg. D-1-25
Borja, Jose B -pg. D-1-285
Borja, Jose B -pg. D-1-285
Borja, Jose B -pg. D-1-352
Borja, Jose C -pg. D-1-265
Borja, Jose C -pg. D-1-333
Borja, Jose C -pg. D-1-356
Borja, Jose C -pg. D-1-377
Borja, Jose C -pg. D-1-399
Borja, Jose C -pg. D-11-45
Borja, Jose G -pg. D-1-286
Borja, Jose I -pg. D-1-198
Borja, Jose L -pg. D-1-178
Borja, Jose M -pg. D-1-102
Borja, Jose M -pg. D-1-325
Borja, Jose M -pg. D-11-60
Borja, Jose O -pg. D-7-10
Borja, Jose P -pg. D-1-144
Borja, Jose Q -pg. D-2-38
Borja, Jose R -pg. D-1-93
Borja, Jose R -pg. D-1-291
Borja, Jose S -pg. D-1-367
Borja, Jose S -pg. D-14-2
Borja, Jose T -pg. D-11-31
Borja, Josefa -pg. D-1-137
Borja, Josefa A -pg. D-1-74
Borja, Josefa C -pg. D-1-334
Borja, Josefina G -pg. D-1-362
Borja, Josefina M -pg. D-1-338
Borja, Juan -pg. D-4-10
Borja, Juan -pg. D-4-25
Borja, Juan -pg. D-5-43
Borja, Juan -pg. D-5-46
Borja, Juan B -pg. D-1-236
Borja, Juan C -pg. D-1-124
Borja, Juan C -pg. D-1-265
Borja, Juan C -pg. D-8-6
Borja, Juan C -pg. D-11-45
Borja, Juan G -pg. D-1-286
Borja, Juan LG -pg. D-1-277
Borja, Juan M -pg. D-1-93
Borja, Juan M -pg. D-1-160
Borja, Juan M -pg. D-8-23
Borja, Juan O (ab) -pg. D-1-355
Borja, Juan P -pg. D-1-144
Borja, Juan S -pg. D-1-367
Borja, Juan S -pg. D-1-387
Borja, Juan S -pg. D-11-45
Borja, Juan S -pg. D-14-2
Borja, Juan T -pg. D-6-11
Borja, Juan T -pg. D-11-64
Borja, Juan W -pg. D-8-11
Borja, Juana -pg. D-1-137
Borja, Juana F -pg. D-1-236
Borja, Juana S -pg. D-11-60
Borja, Julia B -pg. D-1-152
Borja, Julia C -pg. D-1-377
Borja, Julian A "ab" -pg. D-11-18

Borja, Lolita O -pg. D-15-1
Borja, Lorea C -pg. D-1-265
Borja, Lorenzo L -pg. D-1-152
Borja, Lorenzo L -pg. D-8-4
Borja, Lourdes C -pg. D-11-18
Borja, Lucas T -pg. D-11-30
Borja, Lucia I -pg. D-1-198
Borja, Luis A -pg. D-2-38
Borja, Luis Q -pg. D-1-264
Borja, Luis Q -pg. D-11-14
Borja, Lydia O -pg. D-15-1
Borja, Magarita C -pg. D-11-56
Borja, Magdalena C -pg. D-11-56
Borja, Manuel -pg. D-4-34
Borja, Manuel -pg. D-9-24
Borja, Manuel C -pg. D-1-152
Borja, Manuel G -pg. D-1-362
Borja, Manuel L -pg. D-1-338
Borja, Manuel S -pg. D-9-24
Borja, Margarita C -pg. D-2-38
Borja, Margarita L -pg. D-1-362
Borja, Maria -pg. D-4-32
Borja, Maria -pg. D-4-34
Borja, Maria -pg. D-4-39
Borja, Maria -pg. D-5-43
Borja, Maria -pg. D-1-137
Borja, Maria A -pg. D-2-38
Borja, Maria B -pg. D-1-102
Borja, Maria B -pg. D-1-213
Borja, Maria C -pg. D-1-152
Borja, Maria C -pg. D-1-163
Borja, Maria C -pg. D-1-265
Borja, Maria C -pg. D-1-334
Borja, Maria C -pg. D-1-334
Borja, Maria C -pg. D-1-356
Borja, Maria C -pg. D-1-377
Borja, Maria C -pg. D-2-38
Borja, Maria C -pg. D-10-42
Borja, Maria C -pg. D-11-45
Borja, Maria D -pg. D-1-326
Borja, Maria D -pg. D-14-2
Borja, Maria G -pg. D-1-279
Borja, Maria G -pg. D-1-286
Borja, Maria G -pg. D-8-7
Borja, Maria LG -pg. D-1-277
Borja, Maria M -pg. D-1-102
Borja, Maria M -pg. D-1-153
Borja, Maria M -pg. D-1-338
Borja, Maria M -pg. D-1-338
Borja, Maria O -pg. D-8-23
Borja, Maria O -pg. D-15-1
Borja, Maria Q -pg. D-11-13
Borja, Maria R -pg. D-1-198
Borja, Maria S -pg. D-1-387
Borja, Maria S -pg. D-11-41
Borja, Maria S -pg. D-14-2
Borja, Mariano -pg. D-5-43
Borja, Mariano A -pg. D-2-38
Borja, Mariano C -pg. D-11-45
Borja, Mariano G -pg. D-1-286
Borja, Mariano L G -pg. D-10-56
Borja, Mariano LG -pg. D-1-255
Borja, Marion M -pg. D-11-60
Borja, Matilde S -pg. D-1-274

INDEX
1940 Population Census of Guam: Transcribed

Borja, Milagro Q -pg. D-11-14
Borja, Natividad D -pg. D-1-25
Borja, Nicolasa -pg. D-10-54
Borja, Nicolasa C -pg. D-1-333
Borja, Nicolasa C -pg. D-1-399
Borja, Nieves -pg. D-4-39
Borja, Ortilla S -pg. D-1-274
Borja, Otilia L -pg. D-1-362
Borja, Paulino C -pg. D-1-333
Borja, Pedro -pg. D-5-46
Borja, Pedro C -pg. D-1-254
Borja, Pedro C -pg. D-1-377
Borja, Pedro C -pg. D-10-56
Borja, Pedro G -pg. D-1-286
Borja, Pedro I -pg. D-1-198
Borja, Pedro I -pg. D-1-285
Borja, Pedro M -pg. D-1-357
Borja, Pilar C -pg. D-1-377
Borja, Rafael N -pg. D-11-60
Borja, Ramon -pg. D-4-32
Borja, Ramon -pg. D-4-34
Borja, Ramon P -pg. D-1-144
Borja, Rita M -pg. D-11-60
Borja, Roque M -pg. D-11-60
Borja, Rosa -pg. D-4-9
Borja, Rosa -pg. D-4-39
Borja, Rosa C -pg. D-1-265
Borja, Rosa C -pg. D-1-334
Borja, Rosa D -pg. D-1-326
Borja, Rosa D -pg. D-1-326
Borja, Rosa I -pg. D-1-198
Borja, Rosa L G -pg. D-10-56
Borja, Rosa LG -pg. D-1-255
Borja, Rosa S -pg. D-1-367
Borja, Rosalia Q -pg. D-2-38
Borja, Rosalia S -pg. D-1-274
Borja, Rosalina C -pg. D-1-333
Borja, Rose C -pg. D-11-56
Borja, Rose Marie T -pg. D-1-178
Borja, Rosita C -pg. D-11-19
Borja, Rosita F -pg. D-11-36
Borja, Rufina D -pg. D-1-326
Borja, Soledad G -pg. D-8-7
Borja, Soledad S -pg. D-11-60
Borja, Susana Q -pg. D-1-283
Borja, Sylvia C -pg. D-11-42
Borja, Teresita G -pg. D-1-285
Borja, Tomas -pg. D-4-4
Borja, Tomasa G -pg. D-1-285
Borja, Trinidad D -pg. D-1-326
Borja, Trinidad M -pg. D-1-338
Borja, Turibia D -pg. D-1-326
Borja, Vicenta -pg. D-4-8
Borja, Vicenta -pg. D-4-34
Borja, Vicenta S -pg. D-1-367
Borja, Vicente -pg. D-4-39
Borja, Vicente B -pg. D-1-255
Borja, Vicente C -pg. D-1-265
Borja, Vicente C -pg. D-1-399
Borja, Vicente C -pg. D-11-36
Borja, Vicente D -pg. D-1-152
Borja, Vicente G -pg. D-1-286
Borja, Vicente I -pg. D-10-42
Borja, Vicente M -pg. D-1-338

Borja, Vicente O -pg. D-1-314
Borja, Vicente S -pg. D-1-146
Borja, Vicente S -pg. D-11-41
Borja, Vicente T -pg. D-11-41
Borja, Victor S -pg. D-11-60
Borja, Vincent M -pg. D-11-60
Borja, Violet S -pg. D-11-60
Bowen, Charles A -pg. D-1-304
Branch, Johnnie E Jr -pg. D-1-222
Brannon, Robert L -pg. D-9-2
Breeland, Columbus -pg. D-11-77
Brimley, Olen K -pg. D-11-77
Broder, Helen -pg. D-11-50
Broder, John J -pg. D-11-50
Brown, Charlie S -pg. D-10-7
Brown, Frank -pg. D-10-7
Brown, Helen S -pg. D-10-7
Brown, Teodora S -pg. D-10-7
Brunton, Foster D -pg. D-1-232
Brunton, Maria G -pg. D-1-232
Bugg, Christopher D -pg. D-1-233
Bugg, James E -pg. D-11-75
Bukokosa, Jose S -pg. D-1-100
Bulgrin, Constance -pg. D-1-27
Bulgrin, Emma Joe -pg. D-1-27
Bulgrin, James G -pg. D-1-27
Buntugan, Juana C -pg. D-1-302
Burton, Alfred -pg. D-3-27
Burton, Alice -pg. D-3-27
Burton, Ruth -pg. D-3-27
Butler, Beatrice L -pg. D-1-221
Butler, Chester C -pg. D-1-221
Butler, Dorothy L -pg. D-1-221
Butler, Henry R -pg. D-1-48
Butler, Ignacia B -pg. D-1-221
Butler, Nellie R -pg. D-1-48
Butler, Robert R -pg. D-1-48
Butler, William R -pg. D-1-48
Cabo, Carmen D -pg. D-1-76
Cabo, Dolores T -pg. D-1-349
Cabo, Francisco D -pg. D-1-76
Cabo, Jose D -pg. D-1-349
Cabo, Josefina D -pg. D-1-76
Cabo, Pilar D -pg. D-1-76
Cabrera, Ana B -pg. D-12-17
Cabrera, Ana C -pg. D-1-305
Cabrera, Ana Q -pg. D-9-39
Cabrera, Concepcion C -pg. D-1-287
Cabrera, Concepcion M -pg. D-1-141
Cabrera, Daniel C -pg. D-1-10
Cabrera, Delfina C -pg. D-1-175
Cabrera, Dolores C -pg. D-1-289
Cabrera, Enrique -pg. D-1-289
Cabrera, Enrique C -pg. D-1-289
Cabrera, Enriqueta B -pg. D-12-17
Cabrera, Ignacio M -pg. D-1-382
Cabrera, Isabel D -pg. D-1-220
Cabrera, Jesus C -pg. D-1-287
Cabrera, Jesus C -pg. D-1-289
Cabrera, Jesus D -pg. D-12-17
Cabrera, Joaquin Q -pg. D-9-39
Cabrera, Jose C -pg. D-1-220
Cabrera, Jose C -pg. D-1-287
Cabrera, Jose C -pg. D-1-289

Cabrera, Jose C -pg. D-1-382
Cabrera, Jose D -pg. D-9-39
Cabrera, Jose M -pg. D-1-141
Cabrera, Jose Q -pg. D-9-39
Cabrera, Josefa B -pg. D-12-17
Cabrera, Josefa B -pg. D-12-17
Cabrera, Juan B -pg. D-12-17
Cabrera, Juan C -pg. D-1-175
Cabrera, Juan C -pg. D-1-220
Cabrera, Juan D -pg. D-12-17
Cabrera, Juan M -pg. D-1-141
Cabrera, Julia B -pg. D-12-17
Cabrera, Magdalena B -pg. D-12-17
Cabrera, Maria C -pg. D-1-289
Cabrera, Maria C -pg. D-1-382
Cabrera, Maria C -pg. D-1-382
Cabrera, Maria M -pg. D-1-141
Cabrera, Maria Q -pg. D-9-39
Cabrera, Maria Q -pg. D-9-39
Cabrera, Maria T -pg. D-1-175
Cabrera, Mariano T -pg. D-1-10
Cabrera, Pedro D -pg. D-12-17
Cabrera, Pilar Q -pg. D-9-39
Cabrera, Rosa M -pg. D-1-141
Cabrera, Rosario M -pg. D-1-141
Cabrera, Soledad Q -pg. D-9-39
Cabrera, Vicente C -pg. D-1-287
Cabrera, Vicente C -pg. D-1-382
Cabrera, Virginia C -pg. D-1-382
Caingat, Belen I -pg. D-1-394
Caldwell, Harold R -pg. D-11-77
Calvo, Ana C -pg. D-1-375
Calvo, Angelina T -pg. D-1-351
Calvo, Antonia B -pg. D-1-284
Calvo, Antonio A -pg. D-14-1
Calvo, Antonio B -pg. D-1-285
Calvo, Antonio B -pg. D-1-346
Calvo, Beatrice B -pg. D-1-285
Calvo, Bertha A -pg. D-1-135
Calvo, Carlos T -pg. D-1-351
Calvo, Clotilde P -pg. D-1-135
Calvo, Consolacion A -pg. D-1-245
Calvo, Daniel I -pg. D-1-135
Calvo, Eduardo T -pg. D-1-215
Calvo, Edward J -pg. D-1-215
Calvo, Elmer B -pg. D-1-285
Calvo, Felix L -pg. D-1-220
Calvo, Felix P -pg. D-1-284
Calvo, Felix V -pg. D-1-245
Calvo, Felix V -pg. D-1-245
Calvo, Fidela R -pg. D-1-285
Calvo, Flora T -pg. D-1-351
Calvo, Gregorio A -pg. D-14-1
Calvo, Gregorio LG -pg. D-14-1
Calvo, Gregorio P -pg. D-1-375
Calvo, Helen S -pg. D-11-16
Calvo, Herminia A -pg. D-1-232
Calvo, Herminia T -pg. D-1-351
Calvo, Isabel L -pg. D-1-220
Calvo, Ishmael T -pg. D-1-351
Calvo, Jacinto B -pg. D-1-285
Calvo, Jesus B -pg. D-1-285
Calvo, Jose B -pg. D-1-285
Calvo, Jose LG -pg. D-1-232

INDEX
1940 Population Census of Guam: Transcribed

Calvo, Juana L -pg. D-1-220
Calvo, Juanita B -pg. D-1-285
Calvo, Juanita T -pg. D-1-375
Calvo, Julia C -pg. D-1-375
Calvo, Luisa L -pg. D-1-220
Calvo, Magdalena L -pg. D-1-220
Calvo, Manuel A -pg. D-11-16
Calvo, Maria A -pg. D-14-1
Calvo, Maria A -pg. D-14-1
Calvo, Maria B -pg. D-1-135
Calvo, Maria B -pg. D-1-251
Calvo, Maria G.U. -pg. D-1-351
Calvo, Maria S -pg. D-1-232
Calvo, Maria S -pg. D-11-16
Calvo, Maria T -pg. D-1-245
Calvo, Ovid R -pg. D-1-245
Calvo, Paul I -pg. D-1-215
Calvo, Pauline L -pg. D-1-375
Calvo, Pedro A -pg. D-14-1
Calvo, Pilar L -pg. D-1-220
Calvo, Rafael L -pg. D-1-220
Calvo, Rafael M -pg. D-1-135
Calvo, Ramon P -pg. D-1-220
Calvo, Regina T -pg. D-1-351
Calvo, Ricardo J -pg. D-1-351
Calvo, Ricardo T -pg. D-1-351
Calvo, Ricardo W -pg. D-1-232
Calvo, Rita A -pg. D-14-1
Calvo, Rufina A -pg. D-1-245
Calvo, Rufo L -pg. D-1-220
Calvo, Thomas G -pg. D-1-135
Calvo, Tomas J -pg. D-1-351
Calvo, Trinidad T -pg. D-1-135
Calvo, Veronica M -pg. D-1-215
Calvo, Vicente B (ab) -pg. D-1-285
Calvo, Vicente P -pg. D-1-375
Camacho, Abraham -pg. D-4-37
Camacho, Alfonco M -pg. D-11-34
Camacho, Alfred E -pg. D-1-370
Camacho, Ana -pg. D-4-11
Camacho, Ana -pg. D-4-35
Camacho, Ana -pg. D-5-28
Camacho, Ana -pg. D-5-43
Camacho, Ana A -pg. D-1-116
Camacho, Ana A -pg. D-1-116
Camacho, Ana A -pg. D-1-328
Camacho, Ana C -pg. D-1-155
Camacho, Ana C -pg. D-1-328
Camacho, Ana C -pg. D-1-356
Camacho, Ana M -pg. D-1-110
Camacho, Ana M -pg. D-1-144
Camacho, Ana M -pg. D-1-265
Camacho, Ana M -pg. D-1-358
Camacho, Ana R -pg. D-1-120
Camacho, Ana R -pg. D-11-12
Camacho, Ana S -pg. D-1-278
Camacho, Ana SN -pg. D-1-263
Camacho, Angelina S -pg. D-11-3
Camacho, Anita C -pg. D-1-357
Camacho, Anita M -pg. D-1-392
Camacho, Antonia A -pg. D-1-197
Camacho, Antonia B -pg. D-1-263
Camacho, Antonia G -pg. D-1-373
Camacho, Antonia LG -pg. D-1-204

Camacho, Antonio -pg. D-5-17
Camacho, Antonio C -pg. D-6-3
Camacho, Antonio G -pg. D-9-35
Camacho, Antonio M -pg. D-1-375
Camacho, Antonio M -pg. D-9-35
Camacho, Antonio M -pg. D-11-12
Camacho, Antonio M -pg. D-11-81
Camacho, Antonio R -pg. D-12-5
Camacho, Antonio U -pg. D-1-368
Camacho, Atanacio A -pg. D-1-111
Camacho, Auria M -pg. D-1-362
Camacho, Barbara B -pg. D-1-264
Camacho, Barbara C -pg. D-1-232
Camacho, Beatrice -pg. D-1-142
Camacho, Beatrice B -pg. D-1-263
Camacho, Beatrice C -pg. D-1-267
Camacho, Benedicta SN -pg. D-1-311
Camacho, Bernadita -pg. D-4-35
Camacho, Bernadita N -pg. D-1-392
Camacho, Brigida C -pg. D-1-357
Camacho, Brigida M -pg. D-1-144
Camacho, Buenaventura -pg. D-5-20
Camacho, Candelaria -pg. D-5-11
Camacho, Carlos E -pg. D-1-370
Camacho, Carlos G -pg. D-1-373
Camacho, Carlos M -pg. D-1-144
Camacho, Carmen B -pg. D-1-263
Camacho, Carmen C -pg. D-1-267
Camacho, Carmen C -pg. D-1-277
Camacho, Catalina E -pg. D-1-370
Camacho, Catalina T -pg. D-9-43
Camacho, Cecilio -pg. D-4-33
Camacho, Cecilio G -pg. D-1-383
Camacho, Clotilde C -pg. D-1-357
Camacho, Columbina E -pg. D-1-370
Camacho, Concepcion -pg. D-4-11
Camacho, Concepcion -pg. D-4-33
Camacho, Concepcion -pg. D-5-21
Camacho, Concepcion -pg. D-5-23
Camacho, Concepcion -pg. D-1-357
Camacho, Concepcion A -pg. D-1-274
Camacho, Concepcion C -pg. D-1-408
Camacho, Concepcion G -pg. D-1-383
Camacho, Concepcion S -pg. D-1-278
Camacho, Consolacion -pg. D-5-36
Camacho, Consolacion M B -pg. D-1-45
Camacho, Crispina E -pg. D-1-370
Camacho, Cristobal -pg. D-5-23
Camacho, David -pg. D-5-21
Camacho, David B -pg. D-1-46
Camacho, David L -pg. D-1-382
Camacho, Dolores -pg. D-5-21
Camacho, Dolores C -pg. D-11-26
Camacho, Dolores M -pg. D-1-247
Camacho, Dolores M -pg. D-11-12
Camacho, Dolores N -pg. D-1-392
Camacho, Dolores P -pg. D-1-284
Camacho, Dorothy C -pg. D-11-26
Camacho, Dplores R -pg. D-12-5
Camacho, Edward E -pg. D-1-370
Camacho, Edward G -pg. D-1-373
Camacho, Edward M -pg. D-1-247
Camacho, Edward M -pg. D-1-358
Camacho, Elonora S -pg. D-11-3

Camacho, Elpidia R -pg. D-1-120
Camacho, Emeteria LG -pg. D-1-204
Camacho, Emilia -pg. D-5-21
Camacho, Enrique -pg. D-11-13
Camacho, Enrique C -pg. D-7-2
Camacho, Enrique G -pg. D-1-356
Camacho, Enrique M -pg. D-1-204
Camacho, Estella S -pg. D-1-45
Camacho, Felicidad P -pg. D-1-408
Camacho, Felicita -pg. D-4-35
Camacho, Felisa F -pg. D-1-383
Camacho, Felisa Q -pg. D-1-276
Camacho, Felisita -pg. D-5-17
Camacho, Felix A -pg. D-1-319
Camacho, Felix C -pg. D-1-244
Camacho, Felix M -pg. D-1-373
Camacho, Felomena -pg. D-5-20
Camacho, Fidela M -pg. D-11-12
Camacho, Filisidad S -pg. D-11-34
Camacho, Filomena LG -pg. D-1-205
Camacho, Florensia -pg. D-5-20
Camacho, Florentina M -pg. D-9-35
Camacho, Francisca -pg. D-5-20
Camacho, Francisca P -pg. D-15-22
Camacho, Francisco -pg. D-5-20
Camacho, Francisco -pg. D-5-28
Camacho, Francisco B -pg. D-15-3
Camacho, Francisco C -pg. D-1-408
Camacho, Francisco L -pg. D-1-264
Camacho, Francisco M -pg. D-1-265
Camacho, Francisco M -pg. D-1-362
Camacho, Francisco S -pg. D-1-278
Camacho, Francisco SN -pg. D-1-263
Camacho, Gaily C -pg. D-11-26
Camacho, Galo E -pg. D-1-370
Camacho, George M -pg. D-1-144
Camacho, Gloria M -pg. D-1-287
Camacho, Gregorio -pg. D-4-9
Camacho, Gregorio M -pg. D-11-12
Camacho, Gregorio R -pg. D-1-120
Camacho, Gregorio R -pg. D-1-274
Camacho, Gregorio S -pg. D-1-278
Camacho, Gregorio SN -pg. D-1-120
Camacho, Greogorio C (ab) -pg. D-1-276
Camacho, Guadalupe C -pg. D-1-408
Camacho, Hedeliza E -pg. D-1-370
Camacho, Higinio G -pg. D-9-32
Camacho, Ignacio -pg. D-5-11
Camacho, Ignacio -pg. D-5-21
Camacho, Ignacio A -pg. D-1-197
Camacho, Ignacio B -pg. D-1-46
Camacho, Ignacio G -pg. D-1-381
Camacho, Ignacio M -pg. D-1-362
Camacho, Ignacio R -pg. D-12-5
Camacho, Ines -pg. D-11-13
Camacho, Isabel -pg. D-5-36
Camacho, Isabel LG -pg. D-1-205
Camacho, Isabel M -pg. D-1-110
Camacho, Isidora E -pg. D-1-370
Camacho, Jesus -pg. D-4-33
Camacho, Jesus -pg. D-5-43
Camacho, Jesus A -pg. D-1-116
Camacho, Jesus C -pg. D-1-263
Camacho, Jesus C -pg. D-9-43

INDEX
1940 Population Census of Guam: Transcribed

Camacho, Jesus G -pg. D-1-383
Camacho, Jesus G -pg. D-9-35
Camacho, Jesus G (ab) -pg. D-1-260
Camacho, Jesus M -pg. D-1-110
Camacho, Jesus M -pg. D-1-247
Camacho, Jesus M -pg. D-1-362
Camacho, Jesus M -pg. D-11-12
Camacho, Jesus R -pg. D-12-5
Camacho, Jesus S -pg. D-1-278
Camacho, Jesus SN -pg. D-1-263
Camacho, Jesus SN -pg. D-1-311
Camacho, Jesusa O -pg. D-15-4
Camacho, Joaquin -pg. D-4-9
Camacho, Joaquin -pg. D-4-33
Camacho, Joaquin -pg. D-5-23
Camacho, Joaquin C -pg. D-1-357
Camacho, Joaquin F -pg. D-1-383
Camacho, Joaquin M -pg. D-1-358
Camacho, Joaquin M -pg. D-9-35
Camacho, Joaquin P -pg. D-1-330
Camacho, Joaquin P -pg. D-1-330
Camacho, Joaquina A -pg. D-1-116
Camacho, Joaquina C -pg. D-1-277
Camacho, Joaquina C -pg. D-1-399
Camacho, Jose -pg. D-4-9
Camacho, Jose -pg. D-4-11
Camacho, Jose -pg. D-4-20
Camacho, Jose -pg. D-4-35
Camacho, Jose -pg. D-5-16
Camacho, Jose -pg. D-5-17
Camacho, Jose -pg. D-5-23
Camacho, Jose -pg. D-5-43
Camacho, Jose -pg. D-5-43
Camacho, Jose -pg. D-5-44
Camacho, Jose -pg. D-5-61
Camacho, Jose -pg. D-11-13
Camacho, Jose A -pg. D-1-116
Camacho, Jose A -pg. D-1-311
Camacho, Jose B -pg. D-1-263
Camacho, Jose C -pg. D-1-155
Camacho, Jose C -pg. D-1-408
Camacho, Jose C -pg. D-7-2
Camacho, Jose D -pg. D-1-262
Camacho, Jose G -pg. D-1-110
Camacho, Jose G -pg. D-1-371
Camacho, Jose G -pg. D-1-404
Camacho, Jose G -pg. D-11-40
Camacho, Jose L -pg. D-1-381
Camacho, Jose LG -pg. D-1-205
Camacho, Jose M -pg. D-1-247
Camacho, Jose M -pg. D-1-370
Camacho, Jose M -pg. D-10-55
Camacho, Jose O -pg. D-1-205
Camacho, Jose O -pg. D-12-5
Camacho, Jose R -pg. D-1-120
Camacho, Jose R -pg. D-11-3
Camacho, Jose S -pg. D-1-284
Camacho, Jose S -pg. D-1-287
Camacho, Jose S -pg. D-1-328
Camacho, Jose S -pg. D-11-3
Camacho, Jose SN -pg. D-1-392
Camacho, Josefa P -pg. D-15-22
Camacho, Josefa R -pg. D-1-375
Camacho, Josefa R -pg. D-11-12

Camacho, Josefa S -pg. D-11-32
Camacho, Josefina LG -pg. D-1-205
Camacho, Josefina M -pg. D-1-110
Camacho, Juan -pg. D-5-21
Camacho, Juan -pg. D-5-43
Camacho, Juan A -pg. D-1-116
Camacho, Juan B -pg. D-1-111
Camacho, Juan C -pg. D-1-277
Camacho, Juan C -pg. D-11-13
Camacho, Juan C -pg. D-14-13
Camacho, Juan G -pg. D-1-260
Camacho, Juan G -pg. D-11-40
Camacho, Juan LG -pg. D-1-205
Camacho, Juan M -pg. D-1-358
Camacho, Juan P -pg. D-15-22
Camacho, Juan R -pg. D-12-5
Camacho, Juan S -pg. D-1-277
Camacho, Juana -pg. D-5-36
Camacho, Juanita M -pg. D-1-408
Camacho, Julia C -pg. D-11-4
Camacho, Julita S -pg. D-11-32
Camacho, Lagrimas F -pg. D-1-247
Camacho, Lionila L -pg. D-1-381
Camacho, Lourdes -pg. D-4-9
Camacho, Lourdes P -pg. D-1-364
Camacho, Lourdes S -pg. D-1-45
Camacho, Luis -pg. D-4-2
Camacho, Luis -pg. D-4-33
Camacho, Luis -pg. D-5-21
Camacho, Luis G -pg. D-1-373
Camacho, Luisa -pg. D-11-13
Camacho, Lydia R -pg. D-12-5
Camacho, Mabel P -pg. D-1-239
Camacho, Manuel -pg. D-4-35
Camacho, Manuel -pg. D-5-28
Camacho, Manuel A. -pg. D-11-66
Camacho, Manuel F -pg. D-1-260
Camacho, Manuel M -pg. D-1-197
Camacho, Manuel SN -pg. D-1-265
Camacho, Manuela C -pg. D-1-277
Camacho, Manuela S -pg. D-1-278
Camacho, Margarita A -pg. D-1-328
Camacho, Maria -pg. D-4-35
Camacho, Maria -pg. D-5-17
Camacho, Maria -pg. D-5-19
Camacho, Maria -pg. D-5-20
Camacho, Maria -pg. D-5-21
Camacho, Maria A -pg. D-1-111
Camacho, Maria C -pg. D-1-210
Camacho, Maria C -pg. D-1-267
Camacho, Maria C -pg. D-1-267
Camacho, Maria C -pg. D-1-408
Camacho, Maria D -pg. D-1-271
Camacho, Maria F -pg. D-1-277
Camacho, Maria F -pg. D-1-287
Camacho, Maria G -pg. D-1-260
Camacho, Maria G -pg. D-1-383
Camacho, Maria L -pg. D-1-381
Camacho, Maria LG -pg. D-1-205
Camacho, Maria M -pg. D-1-247
Camacho, Maria M -pg. D-1-247
Camacho, Maria M -pg. D-1-358
Camacho, Maria M -pg. D-1-368
Camacho, Maria M -pg. D-9-35

Camacho, Maria O -pg. D-15-3
Camacho, Maria S -pg. D-1-45
Camacho, Maria S -pg. D-1-278
Camacho, Maria S -pg. D-11-3
Camacho, Maria S -pg. D-11-3
Camacho, Maria SN -pg. D-1-311
Camacho, Maria U -pg. D-1-368
Camacho, Mariana P -pg. D-9-35
Camacho, Mariano R -pg. D-1-263
Camacho, Matilde M -pg. D-1-358
Camacho, Mildred P -pg. D-1-239
Camacho, Minnie P -pg. D-1-239
Camacho, Monica M -pg. D-9-35
Camacho, Natividad G -pg. D-1-260
Camacho, Nicolasa M -pg. D-9-35
Camacho, Nicolasa R -pg. D-1-375
Camacho, Nuncia E -pg. D-1-370
Camacho, Oliva T -pg. D-15-10
Camacho, Orbia P -pg. D-1-239
Camacho, Orfa C -pg. D-1-408
Camacho, Pablo S -pg. D-11-32
Camacho, Patricia -pg. D-5-11
Camacho, Patricia -pg. D-5-21
Camacho, Pedro -pg. D-5-11
Camacho, Pedro A -pg. D-1-116
Camacho, Pedro C -pg. D-1-239
Camacho, Pedro C -pg. D-1-328
Camacho, Pedro C -pg. D-1-408
Camacho, Pedro G -pg. D-1-402
Camacho, Pedro M -pg. D-1-45
Camacho, Pedro M -pg. D-1-358
Camacho, Pedro O -pg. D-15-4
Camacho, Pedro SN -pg. D-1-263
Camacho, Pedro SN -pg. D-1-311
Camacho, Pilar -pg. D-5-23
Camacho, Pilar C -pg. D-1-408
Camacho, Pilar L -pg. D-1-381
Camacho, Priscilla -pg. D-5-11
Camacho, Ramon C -pg. D-1-277
Camacho, Ramon E -pg. D-1-370
Camacho, Ramon G -pg. D-1-408
Camacho, Ramon O -pg. D-15-10
Camacho, Ramon SN -pg. D-1-311
Camacho, Raquel S -pg. D-1-375
Camacho, Raymundo D -pg. D-1-277
Camacho, Remedios -pg. D-5-21
Camacho, Remedios C -pg. D-1-408
Camacho, Ricardo M -pg. D-1-144
Camacho, Rita -pg. D-5-20
Camacho, Rita C -pg. D-1-155
Camacho, Rita M -pg. D-1-354
Camacho, Rita P -pg. D-1-72
Camacho, Roman I -pg. D-9-43
Camacho, Rosa -pg. D-5-21
Camacho, Rosa R -pg. D-1-375
Camacho, Rosa S -pg. D-1-278
Camacho, Rosalia A -pg. D-11-22
Camacho, Rosalia C -pg. D-1-408
Camacho, Rosalia C -pg. D-11-4
Camacho, Rosalia P -pg. D-1-330
Camacho, Rosalina A -pg. D-1-328
Camacho, Rosario -pg. D-5-23
Camacho, Rosario M -pg. D-1-110
Camacho, Rosario N -pg. D-1-392

INDEX
1940 Population Census of Guam: Transcribed

Camacho, Rosario S -pg. D-1-278
Camacho, Salvador L -pg. D-1-381
Camacho, Severino C -pg. D-1-287
Camacho, Sigena D -pg. D-1-370
Camacho, Simon R -pg. D-1-375
Camacho, Sinforoso -pg. D-5-43
Camacho, Soledad A -pg. D-1-197
Camacho, Soledad C -pg. D-1-357
Camacho, Soledad T -pg. D-1-357
Camacho, Sylvia M -pg. D-1-144
Camacho, Teodora C -pg. D-6-17
Camacho, Teodora R -pg. D-12-5
Camacho, Teresita B -pg. D-1-264
Camacho, Teresita C -pg. D-1-155
Camacho, Teresita M -pg. D-1-144
Camacho, Teresita M -pg. D-1-362
Camacho, Teresita SN -pg. D-1-311
Camacho, Tomas C -pg. D-1-301
Camacho, Tomas M -pg. D-11-12
Camacho, Tomas T -pg. D-11-22
Camacho, Trinidad C -pg. D-1-244
Camacho, Veronica LG -pg. D-1-205
Camacho, Vicenta -pg. D-5-16
Camacho, Vicenta C -pg. D-1-277
Camacho, Vicente -pg. D-5-17
Camacho, Vicente -pg. D-5-36
Camacho, Vicente -pg. D-5-36
Camacho, Vicente A -pg. D-1-116
Camacho, Vicente B -pg. D-1-263
Camacho, Vicente C -pg. D-1-267
Camacho, Vicente C -pg. D-1-357
Camacho, Vicente G -pg. D-1-260
Camacho, Vicente G -pg. D-11-34
Camacho, Vicente O -pg. D-1-116
Camacho, Vicente O -pg. D-15-3
Camacho, Vicente P -pg. D-1-72
Camacho, Vicente P -pg. D-1-244
Camacho, Vicente P -pg. D-9-35
Camacho, Vicente P -pg. D-15-23
Camacho, Vicente R -pg. D-1-368
Camacho, Victoriano P -pg. D-1-408
Camacho, Winefreda L -pg. D-1-381
Camacho, Winniefreda T -pg. D-15-10
Camacho, Zoilo LG -pg. D-1-205
Camp, Richard W -pg. D-11-77
Campbell, Fred -pg. D-3-23
Campbell, Kenneth H -pg. D-1-223
Campbell, Marilynn -pg. D-3-23
Campbell, Nancy -pg. D-3-23
Campbell, Winifred -pg. D-3-23
Campos, Domingo G -pg. D-1-404
Campos, Elisa -pg. D-3-28
Campos, Ignacia F -pg. D-10-50
Campos, Jose F -pg. D-10-50
Campos, Jose R -pg. D-10-50
Campos, Scabia F -pg. D-10-50
Campus, Ana M -pg. D-10-51
Campus, Antonio F -pg. D-10-50
Campus, Carmen F -pg. D-10-50
Campus, Catalina C -pg. D-10-53
Campus, Jose M -pg. D-10-51
Campus, Juan R -pg. D-10-53
Campus, Maria M -pg. D-10-51
Campus, Matilda C -pg. D-10-53

Campus, Ramon R -pg. D-10-51
Campus, Rosario M -pg. D-10-51
Campus, Vironica C -pg. D-10-53
Candaso, Amanda D -pg. D-8-31
Candaso, Ana D -pg. D-8-31
Candaso, Antonio F -pg. D-8-31
Candaso, Carmen D -pg. D-8-16
Candaso, Consolacion F -pg. D-1-34
Candaso, Dolores D -pg. D-8-12
Candaso, Dolores D -pg. D-8-31
Candaso, Felipe D -pg. D-8-16
Candaso, Jose D -pg. D-8-32
Candaso, Jose F -pg. D-8-16
Candaso, Maria D -pg. D-8-16
Candaso, Maria D -pg. D-8-31
Candaso, Maria D -pg. D-8-31
Candaso, Maria G -pg. D-8-32
Candaso, Matilde D -pg. D-8-31
Candaso, May G -pg. D-8-32
Candaso, Prudencio G -pg. D-8-32
Candaso, Rosa D -pg. D-8-16
Candaso, Vicenti D -pg. D-8-31
Caplinger, Frank C -pg. D-1-220
Caplinger, Mary J -pg. D-1-220
Caplinger, William A -pg. D-1-220
Carberry, Edwin R -pg. D-11-77
Carbullido, Agnes B -pg. D-11-39
Carbullido, Albert T -ab- -pg. D-2-6
Carbullido, Ana C -pg. D-2-13
Carbullido, Ana C -pg. D-2-21
Carbullido, Ana M -pg. D-2-6
Carbullido, Anne C -pg. D-2-5
Carbullido, Antonio P -pg. D-2-6
Carbullido, Antonio T -pg. D-2-6
Carbullido, Aurelia B -pg. D-11-39
Carbullido, Baltazar B -pg. D-11-39
Carbullido, Baltazar P -pg. D-11-39
Carbullido, Benny C -pg. D-2-5
Carbullido, Bernadita T -pg. D-2-6
Carbullido, Carmen C -pg. D-2-4
Carbullido, Catherine R -pg. D-2-9
Carbullido, Charles B -pg. D-11-39
Carbullido, Clotilde C -pg. D-1-351
Carbullido, Clotilde C -pg. D-2-4
Carbullido, Concepcion C -pg. D-2-21
Carbullido, Delfina B -pg. D-11-39
Carbullido, Dorothy R -pg. D-2-10
Carbullido, Edward B -pg. D-11-39
Carbullido, Edward C -pg. D-2-4
Carbullido, Ellis B.R. -pg. D-2-9
Carbullido, Enriqueta T -pg. D-2-6
Carbullido, Ernestina J -pg. D-2-34
Carbullido, Evelyn T -pg. D-2-6
Carbullido, Felix P -pg. D-2-4
Carbullido, Felix T -pg. D-1-351
Carbullido, Felomena B -pg. D-2-13
Carbullido, Frances R -pg. D-2-10
Carbullido, Francisco A -pg. D-2-34
Carbullido, Francisco M -pg. D-2-14
Carbullido, Frankie C -pg. D-2-4
Carbullido, Fred B -pg. D-11-39
Carbullido, Gilbert B -pg. D-11-39
Carbullido, Harry C -pg. D-2-5
Carbullido, Helen B -pg. D-11-39

Carbullido, Helen C -pg. D-2-13
Carbullido, Henry R. -pg. D-2-9
Carbullido, Hilda T -pg. D-2-6
Carbullido, Ignacio M -pg. D-2-6
Carbullido, Ivan B -pg. D-11-39
Carbullido, James C -pg. D-2-13
Carbullido, Jesus C -pg. D-2-6
Carbullido, Jesus C -pg. D-2-13
Carbullido, Joaquin C -pg. D-2-21
Carbullido, Joaquin P -pg. D-2-9
Carbullido, Joaquin R. -pg. D-2-9
Carbullido, Jose M -pg. D-2-14
Carbullido, Josefina B -pg. D-11-39
Carbullido, Josefina C -pg. D-2-21
Carbullido, Joseph C -pg. D-2-13
Carbullido, Juan J -pg. D-2-34
Carbullido, Juan P -pg. D-2-13
Carbullido, Julian J -pg. D-2-34
Carbullido, Kelly C -pg. D-2-13
Carbullido, Luis A -pg. D-11-73
Carbullido, Luis B -pg. D-2-13
Carbullido, Luisa M -pg. D-2-14
Carbullido, Manuela C -pg. D-2-21
Carbullido, Maria T -pg. D-2-6
Carbullido, Maria T -pg. D-2-6
Carbullido, Mary C -pg. D-2-5
Carbullido, Mary E.R. -pg. D-2-9
Carbullido, Pedro P.C. -pg. D-2-13
Carbullido, Randolph C -pg. D-1-351
Carbullido, Raymond T -pg. D-1-351
Carbullido, Rita M -pg. D-2-6
Carbullido, Rosa C -pg. D-2-21
Carbullido, Rosa R -pg. D-2-9
Carbullido, Rosita R. -pg. D-2-9
Carbullido, Ruth C -pg. D-2-13
Carbullido, Soledad M -pg. D-2-14
Carbullido, Trinidad C -pg. D-2-21
Carbullido, Vicente C -pg. D-2-21
Carbullido, Zita C -pg. D-1-351
Carney, John T -pg. D-1-304
Carroll, Robert W -pg. D-11-77
Carscallen, Edwin W -pg. D-1-304
Caseda (de), Bernabe -pg. D-6-1
Casey, James D -pg. D-11-78
Casincad, Francisco -pg. D-11-78
Castellano, Porfirio -pg. D-11-74
Castor, Calvin C -pg. D-9-2
Castor, Edith L -pg. D-9-2
Castor, Edwin M -pg. D-9-2
Castor, Edwin M -pg. D-9-2
Castro, ["infant'] -pg. D-1-116
Castro, Adela -pg. D-3-8
Castro, Agnes -pg. D-3-18
Castro, Alberta B -pg. D-1-317
Castro, Amalia Q -pg. D-12-2
Castro, Ana -pg. D-5-54
Castro, Ana A -pg. D-1-401
Castro, Ana B -pg. D-1-137
Castro, Ana B -pg. D-1-190
Castro, Ana C -pg. D-1-394
Castro, Ana C -pg. D-8-8
Castro, Ana C -pg. D-12-2
Castro, Ana D -pg. D-1-190
Castro, Ana G -pg. D-12-3

INDEX
1940 Population Census of Guam: Transcribed

Castro, Ana I -pg. D-1-69
Castro, Ana LG -pg. D-1-186
Castro, Ana M -pg. D-1-225
Castro, Ana P -pg. D-1-162
Castro, Ana P -pg. D-12-3
Castro, Ana S -pg. D-1-318
Castro, Ana S (ab) -pg. D-1-281
Castro, Ana SN -pg. D-1-322
Castro, Angustia Q -pg. D-1-181
Castro, Antonia -pg. D-4-33
Castro, Antonia B -pg. D-1-189
Castro, Antonia I -pg. D-1-69
Castro, Antonia LG -pg. D-1-317
Castro, Antonia P -pg. D-15-19
Castro, Antonio -pg. D-5-27
Castro, Antonio -pg. D-1-116
Castro, Antonio C -pg. D-1-318
Castro, Antonio Q -pg. D-1-180
Castro, Antonio Q -pg. D-7-18
Castro, Artemio B -pg. D-12-5
Castro, Asuncion C -pg. D-1-318
Castro, Asuncion C -pg. D-8-8
Castro, Asuncion R -pg. D-2-18
Castro, Atanacio P -pg. D-12-19
Castro, Atanacio P -pg. D-12-19
Castro, Augustia C -pg. D-12-2
Castro, Aurelia R -pg. D-2-18
Castro, Barbara B -pg. D-1-317
Castro, Barbara C -pg. D-1-321
Castro, Barbara C -pg. D-10-15
Castro, Beatrice S -pg. D-1-80
Castro, Biatrice R -pg. D-2-19
Castro, Carmen R -pg. D-2-18
Castro, Catherine M -pg. D-1-154
Castro, Cecilia C -pg. D-1-281
Castro, Concepcion -pg. D-4-33
Castro, Concepcion -pg. D-4-33
Castro, Concepcion B -pg. D-1-137
Castro, Concepcion B -pg. D-1-190
Castro, Concepcion C -pg. D-1-64
Castro, Concepcion C -pg. D-1-377
Castro, Concepcion C -pg. D-12-1
Castro, Concepcion C -pg. D-12-1
Castro, Concepcion LG -pg. D-1-186
Castro, Concepcion P -pg. D-1-97
Castro, Concepcion R -pg. D-1-296
Castro, Consolacion R -pg. D-1-223
Castro, Daniel C -pg. D-1-406
Castro, Daniel C -pg. D-8-8
Castro, Daniel J -pg. D-11-2
Castro, David P -pg. D-1-162
Castro, David SA -pg. D-1-156
Castro, Delfina LG -pg. D-1-317
Castro, Delfina S -pg. D-1-281
Castro, Delores M -pg. D-1-178
Castro, Diana P -pg. D-1-162
Castro, Dolores C -pg. D-1-281
Castro, Dolores C -pg. D-11-64
Castro, Dolores C -pg. D-12-10
Castro, Dolores R -pg. D-2-19
Castro, Dolores W -pg. D-1-373
Castro, Dominga B -pg. D-12-5
Castro, Dorotea R -pg. D-1-297
Castro, Dorothy A -pg. D-10-20
Castro, Eduardo G -pg. D-1-236
Castro, Edward G -pg. D-12-3
Castro, Elena G -pg. D-12-2
Castro, Emelia N -pg. D-1-184
Castro, Enrique -pg. D-3-18
Castro, Enrique M -pg. D-1-373
Castro, Enrique P -pg. D-12-3
Castro, Enrique R -pg. D-1-116
Castro, Enrique S -pg. D-1-383
Castro, Esperanza C -pg. D-1-321
Castro, Esperanza C -pg. D-10-15
Castro, Eugenia R -pg. D-1-297
Castro, Eusebio C -pg. D-1-187
Castro, Feliciana R -pg. D-1-183
Castro, Felicita -pg. D-4-33
Castro, Felipe -pg. D-5-5
Castro, Felix -pg. D-5-25
Castro, Felix -pg. D-1-116
Castro, Felix C -pg. D-1-225
Castro, Felix P -pg. D-1-83
Castro, Felix P -pg. D-1-96
Castro, Feliza S -pg. D-1-321
Castro, Fernando A -pg. D-7-3
Castro, Florencia C -pg. D-1-261
Castro, Florencio P -pg. D-1-162
Castro, Florentina R -pg. D-1-297
Castro, Francisca B -pg. D-1-317
Castro, Francisca C -pg. D-1-187
Castro, Francisco -pg. D-3-18
Castro, Francisco -pg. D-4-5
Castro, Francisco A -pg. D-12-1
Castro, Francisco B -pg. D-1-317
Castro, Francisco B -pg. D-12-5
Castro, Francisco C -pg. D-6-29
Castro, Francisco F -pg. D-1-201
Castro, Francisco G -pg. D-1-236
Castro, Francisco LG -pg. D-1-186
Castro, Francisco LG -pg. D-6-27
Castro, Francisco P -pg. D-1-96
Castro, Francisco P -pg. D-1-96
Castro, Francisco P -pg. D-12-3
Castro, Francisco Q -pg. D-1-181
Castro, Francisco R -pg. D-1-297
Castro, Francisco R -pg. D-2-19
Castro, Francisco R -pg. D-7-16
Castro, Francisco S -pg. D-7-6
Castro, Francisco W -pg. D-1-83
Castro, Gertrudes LG -pg. D-6-27
Castro, Gertrudes M -pg. D-1-317
Castro, Gonzalo LG -pg. D-1-101
Castro, Gregorio -pg. D-5-26
Castro, Gregorio C -pg. D-1-321
Castro, Gregorio I -pg. D-1-101
Castro, Gregorio P -pg. D-15-19
Castro, Gregorio S -pg. D-7-6
Castro, Guadalupe Q -pg. D-7-18
Castro, Guadalupe R -pg. D-1-297
Castro, Gualda M -pg. D-10-20
Castro, Henedina B -pg. D-1-58
Castro, Ignacia C -pg. D-8-8
Castro, Ignacio -pg. D-3-25
Castro, Ignacio C -pg. D-12-2
Castro, Ignacio LG -pg. D-1-301
Castro, Ignacio P -pg. D-12-2
Castro, Isabel M -pg. D-1-321
Castro, Isabel R -pg. D-1-183
Castro, Isidro S -pg. D-7-6
Castro, Jeronemo R -pg. D-1-127
Castro, Jesus -pg. D-4-33
Castro, Jesus -pg. D-5-4
Castro, Jesus B -pg. D-1-190
Castro, Jesus B -pg. D-12-5
Castro, Jesus C -pg. D-1-69
Castro, Jesus C -pg. D-7-8
Castro, Jesus C -pg. D-8-8
Castro, Jesus C -pg. D-15-3
Castro, Jesus D -pg. D-1-190
Castro, Jesus LG -pg. D-1-154
Castro, Jesus LG -pg. D-6-27
Castro, Jesus P -pg. D-12-3
Castro, Jesus P -pg. D-12-5
Castro, Jesus P -pg. D-12-19
Castro, Jesus R -pg. D-1-184
Castro, Jesus S -pg. D-1-321
Castro, Jesus S -pg. D-10-15
Castro, Jesus SN -pg. D-1-322
Castro, Joaquin -pg. D-5-4
Castro, Joaquin -pg. D-5-53
Castro, Joaquin C -pg. D-12-2
Castro, Joaquin P -pg. D-1-96
Castro, Joaquin R -pg. D-1-183
Castro, Joaquin R -pg. D-1-223
Castro, Joaquin SA -pg. D-1-156
Castro, Joaquina -pg. D-5-4
Castro, Joaquina -pg. D-5-20
Castro, Joaquina C -pg. D-1-321
Castro, Joaquina C -pg. D-1-323
Castro, Joaquina C -pg. D-10-15
Castro, Joaquina P -pg. D-1-96
Castro, Joaquina R -pg. D-1-187
Castro, John F -pg. D-10-20
Castro, Jose -pg. D-3-8
Castro, Jose -pg. D-4-33
Castro, Jose -pg. D-4-37
Castro, Jose -pg. D-5-26
Castro, Jose -pg. D-5-27
Castro, Jose -pg. D-5-53
Castro, Jose A -pg. D-1-127
Castro, Jose A -pg. D-1-321
Castro, Jose B -pg. D-1-156
Castro, Jose C -pg. D-1-55
Castro, Jose C -pg. D-1-187
Castro, Jose C -pg. D-1-317
Castro, Jose C -pg. D-1-318
Castro, Jose C -pg. D-1-321
Castro, Jose C -pg. D-2-18
Castro, Jose C -pg. D-7-8
Castro, Jose C -pg. D-8-8
Castro, Jose C -pg. D-10-15
Castro, Jose C -pg. D-12-2
Castro, Jose C -pg. D-15-3
Castro, Jose D -pg. D-6-16
Castro, Jose D -pg. D-7-19
Castro, Jose G -pg. D-1-317
Castro, Jose G -pg. D-12-3
Castro, Jose L -pg. D-12-2
Castro, Jose LG -pg. D-6-9
Castro, Jose LG -pg. D-6-27

INDEX
1940 Population Census of Guam: Transcribed

Castro, Jose M -pg. D-1-318
Castro, Jose P -pg. D-1-383
Castro, Jose P -pg. D-12-2
Castro, Jose P -pg. D-12-19
Castro, Jose P -pg. D-15-19
Castro, Jose Q -pg. D-1-181
Castro, Jose Q -pg. D-12-2
Castro, Jose R -pg. D-1-79
Castro, Jose R -pg. D-2-18
Castro, Jose R -pg. D-7-6
Castro, Jose S -pg. D-1-321
Castro, Josefa A -pg. D-1-127
Castro, Josefa C -pg. D-1-37
Castro, Josefa C -pg. D-1-313
Castro, Josefa C -pg. D-1-318
Castro, Josefa C -pg. D-1-400
Castro, Josefa G -pg. D-1-236
Castro, Josefa Q -pg. D-1-181
Castro, Josefa S -pg. D-1-318
Castro, Josefina P -pg. D-1-96
Castro, Josefina P -pg. D-15-19
Castro, Josefina R -pg. D-1-223
Castro, Josepha -pg. D-5-5
Castro, Joyce I -pg. D-1-261
Castro, Juan -pg. D-4-33
Castro, Juan -pg. D-5-4
Castro, Juan -pg. D-5-20
Castro, Juan -pg. D-5-26
Castro, Juan -pg. D-5-53
Castro, Juan -pg. D-5-53
Castro, Juan -pg. D-1-116
Castro, Juan B -pg. D-12-5
Castro, Juan C -pg. D-1-187
Castro, Juan C -pg. D-1-201
Castro, Juan C -pg. D-1-281
Castro, Juan C -pg. D-1-281
Castro, Juan C -pg. D-1-313
Castro, Juan C -pg. D-1-318
Castro, Juan C -pg. D-7-8
Castro, Juan D -pg. D-1-190
Castro, Juan F -pg. D-1-201
Castro, Juan G -pg. D-1-187
Castro, Juan I -pg. D-1-183
Castro, Juan M -pg. D-7-18
Castro, Juan P -pg. D-12-3
Castro, Juan P -pg. D-15-19
Castro, Juan Q -pg. D-1-181
Castro, Juan Q -pg. D-7-18
Castro, Juan Q -pg. D-12-2
Castro, Juan R -pg. D-1-297
Castro, Juan R -pg. D-7-19
Castro, Juan S -pg. D-1-80
Castro, Juan S -pg. D-1-281
Castro, Juan S -pg. D-11-23
Castro, Juan S -pg. D-15-11
Castro, Juan SN -pg. D-1-255
Castro, Juana I -pg. D-1-69
Castro, Julia C -pg. D-12-2
Castro, Julia LG -pg. D-1-186
Castro, Julia R -pg. D-1-297
Castro, Julia S -pg. D-1-390
Castro, Julita -pg. D-4-33
Castro, Julita B -pg. D-1-58
Castro, Lenardo F -pg. D-1-201

Castro, Leocadio LG -pg. D-1-210
Castro, Leonardo -pg. D-3-18
Castro, Leonicio I -pg. D-1-69
Castro, Leonore C -pg. D-1-261
Castro, Librada P -pg. D-12-19
Castro, Librada P -pg. D-12-19
Castro, Lucas R -pg. D-1-181
Castro, Lucia C -pg. D-1-261
Castro, Luis -pg. D-4-33
Castro, Luis -pg. D-5-25
Castro, Luisa R -pg. D-1-297
Castro, Magdalena C -pg. D-12-2
Castro, Manuel -pg. D-5-54
Castro, Manuel B -pg. D-1-189
Castro, Manuel C -pg. D-1-394
Castro, Manuel P -pg. D-1-96
Castro, Manuel R -pg. D-7-9
Castro, Manuel S -pg. D-1-322
Castro, Manuela D -pg. D-1-190
Castro, Margarita C -pg. D-12-2
Castro, Margarita G -pg. D-12-3
Castro, Margarita LG -pg. D-1-186
Castro, Margarita LG -pg. D-6-9
Castro, Margarita T -pg. D-1-99
Castro, Maria -pg. D-5-26
Castro, Maria -pg. D-1-161
Castro, Maria A -pg. D-1-401
Castro, Maria B -pg. D-1-189
Castro, Maria B -pg. D-1-189
Castro, Maria B -pg. D-12-5
Castro, Maria C -pg. D-1-37
Castro, Maria C -pg. D-1-189
Castro, Maria C -pg. D-1-321
Castro, Maria C -pg. D-1-395
Castro, Maria C -pg. D-8-8
Castro, Maria C -pg. D-10-15
Castro, Maria C -pg. D-12-2
Castro, Maria F -pg. D-1-201
Castro, Maria F -pg. D-1-201
Castro, Maria I -pg. D-1-69
Castro, Maria L -pg. D-6-24
Castro, Maria LG -pg. D-1-186
Castro, Maria LG -pg. D-6-27
Castro, Maria M -pg. D-1-324
Castro, Maria P -pg. D-1-83
Castro, Maria P -pg. D-1-96
Castro, Maria Q -pg. D-7-18
Castro, Maria Q -pg. D-12-2
Castro, Maria R -pg. D-1-297
Castro, Maria R -pg. D-2-18
Castro, Maria S -pg. D-1-281
Castro, Maria S -pg. D-7-6
Castro, Maria SA -pg. D-1-156
Castro, Maria SN -pg. D-6-7
Castro, Maria T -pg. D-1-37
Castro, Mariam M -pg. D-1-154
Castro, Mariano C -pg. D-1-282
Castro, Mariano C -pg. D-14-10
Castro, Mariano LG -pg. D-1-162
Castro, Martha C -pg. D-12-2
Castro, Martha M -pg. D-1-154
Castro, Martina C -pg. D-12-2
Castro, Mary C -pg. D-15-3
Castro, Mary J -pg. D-10-20

Castro, Matilde B -pg. D-1-189
Castro, Matilde C -pg. D-6-24
Castro, Matilde P -pg. D-12-3
Castro, Mercedes -pg. D-1-116
Castro, Mercedes L -pg. D-1-226
Castro, Miguel G -pg. D-1-236
Castro, Miguel P -pg. D-12-3
Castro, Monica Q -pg. D-7-18
Castro, Natividad C -pg. D-1-187
Castro, Nicolas M -pg. D-1-368
Castro, Nieves R -pg. D-1-187
Castro, Patricia C -pg. D-1-281
Castro, Pedro -pg. D-5-4
Castro, Pedro -pg. D-5-53
Castro, Pedro -pg. D-5-55
Castro, Pedro C -pg. D-1-37
Castro, Pedro C -pg. D-1-296
Castro, Pedro Q -pg. D-7-18
Castro, Pedro S -pg. D-1-318
Castro, Pio P -pg. D-12-19
Castro, Precillia S -pg. D-1-223
Castro, Priscilla Q -pg. D-7-18
Castro, Rafael LG -pg. D-1-317
Castro, Rafael P -pg. D-12-19
Castro, Rafaela L -pg. D-1-210
Castro, Ramon C -pg. D-1-84
Castro, Ramon C -pg. D-15-3
Castro, Ramon D -pg. D-8-8
Castro, Ramon S -pg. D-1-322
Castro, Regina B -pg. D-1-58
Castro, Regina LG -pg. D-1-101
Castro, Remedios -pg. D-5-26
Castro, Rita -pg. D-5-26
Castro, Rita B -pg. D-1-137
Castro, Rita C -pg. D-12-2
Castro, Rita C -pg. D-12-2
Castro, Rita I -pg. D-1-225
Castro, Rita LG -pg. D-6-27
Castro, Roman P -pg. D-12-19
Castro, Romana C -pg. D-12-2
Castro, Roque P -pg. D-12-19
Castro, Rosa -pg. D-4-38
Castro, Rosa -pg. D-5-53
Castro, Rosa -pg. D-5-53
Castro, Rosa -pg. D-5-55
Castro, Rosa B -pg. D-1-58
Castro, Rosa C -pg. D-15-3
Castro, Rosa L -pg. D-11-23
Castro, Rosa P -pg. D-1-96
Castro, Rosa S -pg. D-1-383
Castro, Rosalia B -pg. D-1-55
Castro, Rosalia T -pg. D-1-55
Castro, Rosalina C -pg. D-12-1
Castro, Rosario B -pg. D-1-317
Castro, Rosario C -pg. D-1-261
Castro, Rosario C -pg. D-1-321
Castro, Rosario C -pg. D-10-15
Castro, Rosario C -pg. D-15-3
Castro, Rosario D -pg. D-1-190
Castro, Rosario I -pg. D-1-69
Castro, Rufina -pg. D-5-4
Castro, Santiago -pg. D-7-18
Castro, Santiago C -pg. D-1-178
Castro, Santiago C -pg. D-1-187

INDEX
1940 Population Census of Guam: Transcribed

Castro, Santiago L -pg. D-1-226
Castro, Santiago LG -pg. D-1-186
Castro, Santiago M -pg. D-1-373
Castro, Santiago R -pg. D-2-18
Castro, Saturnina -pg. D-5-53
Castro, Sebastian B -pg. D-15-19
Castro, Soledad -pg. D-5-5
Castro, Soledad C -pg. D-12-2
Castro, Susana D -pg. D-1-190
Castro, Sylvia -pg. D-5-6
Castro, Sylvia M -pg. D-1-317
Castro, Taribia M -pg. D-1-260
Castro, Teresa -pg. D-1-306
Castro, Teresa Q -pg. D-1-181
Castro, Teresita C -pg. D-1-281
Castro, Teresita E -pg. D-1-58
Castro, Teresita G -pg. D-1-236
Castro, Thomas M -pg. D-1-154
Castro, Tomas C -pg. D-1-187
Castro, Tomas LG -pg. D-1-101
Castro, Tomas N -pg. D-1-184
Castro, Tomas P -pg. D-12-19
Castro, Tomas R -pg. D-7-16
Castro, Tomasa M -pg. D-1-154
Castro, Trinidad C -pg. D-1-282
Castro, Trinidad L -pg. D-1-327
Castro, Trinidad M -pg. D-1-58
Castro, Urbano P -pg. D-1-162
Castro, Vicenta A -pg. D-1-401
Castro, Vicenta S -pg. D-1-368
Castro, Vicente -pg. D-4-33
Castro, Vicente -pg. D-5-26
Castro, Vicente C -pg. D-1-84
Castro, Vicente C -pg. D-1-282
Castro, Vicente C -pg. D-12-1
Castro, Vicente D -pg. D-1-58
Castro, Vicente G -pg. D-12-3
Castro, Vicente L -pg. D-6-7
Castro, Vicente P -pg. D-12-2
Castro, Vicente P -pg. D-12-3
Castro, Vicente Q -pg. D-1-181
Castro, Vicente R -pg. D-1-297
Castro, Vicente S -pg. D-1-318
Castro, Vicenti C -pg. D-8-8
Castro, Vicitacion -pg. D-3-18
Castro, Victoria D -pg. D-1-190
Castro, Virginia P -pg. D-12-3
Castro, Virginia R -pg. D-1-297
Castro, Virginia S -pg. D-7-6
Cauley, Clyde B -pg. D-11-78
Cecha, Albin H -pg. D-1-217
Cecha, Madeline N -pg. D-1-217
Celes, Brigida T -pg. D-1-11
Celes, Guadalupe T -pg. D-1-11
Celes, Jesus T -pg. D-1-11
Celes, Joaquin T -pg. D-1-11
Celes, Jose I -pg. D-1-10
Celes, Manuel T -pg. D-1-11
Celes, Nieves T -pg. D-1-11
Celis, Joaquin -pg. D-5-47
Cepeda, Agnes G -pg. D-1-29
Cepeda, Ana -pg. D-4-8
Cepeda, Ana -pg. D-4-11
Cepeda, Ana -pg. D-5-38

Cepeda, Ana A -pg. D-1-381
Cepeda, Ana C -pg. D-1-281
Cepeda, Ana C -pg. D-1-322
Cepeda, Ana F -pg. D-1-26
Cepeda, Ana G -pg. D-1-380
Cepeda, Ana L -pg. D-1-325
Cepeda, Ana S -pg. D-1-402
Cepeda, Antonia C -pg. D-6-12
Cepeda, Antonia M -pg. D-1-267
Cepeda, Antonina O -pg. D-1-95
Cepeda, Antonio P -pg. D-11-24
Cepeda, Bacilisa A -pg. D-1-381
Cepeda, Carlos L -pg. D-1-361
Cepeda, Carmen C -pg. D-1-57
Cepeda, Cecelia C -pg. D-1-409
Cepeda, Ceclia G -pg. D-1-29
Cepeda, Charlie F -pg. D-1-295
Cepeda, Clotilde SN -pg. D-1-385
Cepeda, Daniel Q -pg. D-9-39
Cepeda, Dolores T -pg. D-6-27
Cepeda, Dorotea S -pg. D-1-295
Cepeda, Dorothea -pg. D-5-38
Cepeda, Eduardo L -pg. D-1-361
Cepeda, Elizabeth S -pg. D-15-14
Cepeda, Emiliana G -pg. D-1-29
Cepeda, Esperanza C -pg. D-1-409
Cepeda, Esther T -pg. D-6-27
Cepeda, Eugenia SN -pg. D-1-385
Cepeda, Eugenio L -pg. D-1-325
Cepeda, Evelia S -pg. D-15-14
Cepeda, Frances W -pg. D-1-393
Cepeda, Francisca -pg. D-5-38
Cepeda, Francisco -pg. D-4-8
Cepeda, Francisco C -pg. D-1-325
Cepeda, Francisco G -pg. D-1-29
Cepeda, Francisco L -pg. D-1-325
Cepeda, Francisco S -pg. D-1-369
Cepeda, Fred Q -pg. D-9-39
Cepeda, George Q -pg. D-1-393
Cepeda, Gloria S -pg. D-15-14
Cepeda, Ignacia A -pg. D-1-381
Cepeda, Ignacia M -pg. D-1-295
Cepeda, Isabel -pg. D-4-8
Cepeda, Isabel L -pg. D-1-325
Cepeda, Isabel V -pg. D-1-393
Cepeda, Jesus -pg. D-4-11
Cepeda, Jesus -pg. D-4-11
Cepeda, Jesus C -pg. D-1-381
Cepeda, Jesus P -pg. D-11-24
Cepeda, Jesus Q -pg. D-1-369
Cepeda, Jesus SN -pg. D-1-385
Cepeda, Jesusa G -pg. D-1-29
Cepeda, Jesusa G -pg. D-1-380
Cepeda, Jesusa R -pg. D-1-364
Cepeda, Joaquin C -pg. D-1-402
Cepeda, Joaquin M -pg. D-11-14
Cepeda, Joaquin T -pg. D-6-27
Cepeda, Jose -pg. D-4-8
Cepeda, Jose -pg. D-4-11
Cepeda, Jose -pg. D-5-38
Cepeda, Jose A -pg. D-1-381
Cepeda, Jose B -pg. D-15-14
Cepeda, Jose C -pg. D-1-272
Cepeda, Jose C -pg. D-1-322

Cepeda, Jose C -pg. D-1-380
Cepeda, Jose C -pg. D-1-381
Cepeda, Jose C -pg. D-1-409
Cepeda, Jose C -pg. D-6-12
Cepeda, Jose L -pg. D-1-361
Cepeda, Jose M -pg. D-1-29
Cepeda, Jose M -pg. D-1-29
Cepeda, Jose Q -pg. D-9-39
Cepeda, Jose S -pg. D-1-57
Cepeda, Jose S -pg. D-1-403
Cepeda, Jose SN -pg. D-1-385
Cepeda, Josefina C -pg. D-1-57
Cepeda, Josefina R -pg. D-1-364
Cepeda, Josefina S -pg. D-1-402
Cepeda, Josefina S -pg. D-15-14
Cepeda, Joseph Q -pg. D-1-392
Cepeda, Josepha -pg. D-5-38
Cepeda, Juan -pg. D-4-8
Cepeda, Juan -pg. D-4-11
Cepeda, Juan -pg. D-4-39
Cepeda, Juan C -pg. D-1-384
Cepeda, Juan M -pg. D-1-364
Cepeda, Juan Q -pg. D-1-393
Cepeda, Juan Q -pg. D-9-39
Cepeda, Juan R -pg. D-1-364
Cepeda, Juan S -pg. D-9-39
Cepeda, Juan SN -pg. D-1-385
Cepeda, Juana Q -pg. D-9-39
Cepeda, Julia C -pg. D-1-409
Cepeda, Julia E -pg. D-1-381
Cepeda, Julian -pg. D-5-38
Cepeda, Leonilla C -pg. D-1-57
Cepeda, Magdalena -pg. D-5-38
Cepeda, Magdalena L -pg. D-1-361
Cepeda, Magdalena S -pg. D-1-213
Cepeda, Magdalena S -pg. D-1-402
Cepeda, Manuel -pg. D-9-19
Cepeda, Manuel B -pg. D-1-274
Cepeda, Manuel S -pg. D-9-19
Cepeda, Manuel S -pg. D-11-24
Cepeda, Marcela C -pg. D-1-322
Cepeda, Maria -pg. D-4-8
Cepeda, Maria -pg. D-4-11
Cepeda, Maria -pg. D-4-39
Cepeda, Maria -pg. D-5-38
Cepeda, Maria -pg. D-11-36
Cepeda, Maria A -pg. D-1-54
Cepeda, Maria A -pg. D-1-381
Cepeda, Maria A -pg. D-1-57
Cepeda, Maria C -pg. D-1-409
Cepeda, Maria C -pg. D-1-409
Cepeda, Maria G -pg. D-1-380
Cepeda, Maria L -pg. D-1-325
Cepeda, Maria P -pg. D-11-24
Cepeda, Maria Q -pg. D-11-14
Cepeda, Maria S -pg. D-1-295
Cepeda, Maria S -pg. D-15-14
Cepeda, Maria S -pg. D-15-14
Cepeda, Maria T -pg. D-6-27
Cepeda, Mariana -pg. D-4-8
Cepeda, Natividad G -pg. D-1-29
Cepeda, Natividad M -pg. D-1-295
Cepeda, Natividad R -pg. D-1-364
Cepeda, Nieves M -pg. D-1-95

INDEX
1940 Population Census of Guam: Transcribed

Cepeda, Olympia L -pg. D-1-361
Cepeda, Patricia S -pg. D-15-14
Cepeda, Paz C -pg. D-1-272
Cepeda, Pedro -pg. D-4-11
Cepeda, Pedro C -pg. D-1-409
Cepeda, Pedro F -pg. D-1-26
Cepeda, Pedro L -pg. D-1-410
Cepeda, Pedro M -pg. D-1-409
Cepeda, Pedro S -pg. D-9-19
Cepeda, Raimundo T -pg. D-6-27
Cepeda, Ramona SN -pg. D-1-384
Cepeda, Regina -pg. D-4-39
Cepeda, Remedios S -pg. D-1-403
Cepeda, Rita Q -pg. D-1-392
Cepeda, Rita S -pg. D-9-19
Cepeda, Rosa A -pg. D-1-381
Cepeda, Rosa Q -pg. D-1-392
Cepeda, Rosa R -pg. D-1-364
Cepeda, Rufina Q -pg. D-1-369
Cepeda, Telioberto T -pg. D-6-27
Cepeda, Teresa C -pg. D-6-12
Cepeda, Teresa S -pg. D-1-403
Cepeda, Teresita G -pg. D-1-29
Cepeda, Tomas -pg. D-4-38
Cepeda, Tomas -pg. D-4-39
Cepeda, Trinidad -pg. D-4-11
Cepeda, Vicente C -pg. D-1-272
Cepeda, Vicente C -pg. D-1-409
Cepeda, Vicente L -pg. D-1-361
Cepeda, Vicente LG -pg. D-1-361
Cepeda, Vicente M -pg. D-7-16
Cepeda, Vicente V -pg. D-1-393
Cepeda, Virginia C -pg. D-1-409
Certeza, Abelino Q -pg. D-9-34
Certeza, Agapito Q -pg. D-9-34
Certeza, Alfred Q -pg. D-9-35
Certeza, Atanacio Q -pg. D-9-34
Certeza, Delphine Q -pg. D-9-34
Certeza, Eloy Q -pg. D-9-35
Certeza, Grabiel A -pg. D-9-34
Certeza, Javier Q -pg. D-9-34
Certeza, Julio Q. -pg. D-9-34
Certeza, Lamberto Q -pg. D-9-34
Certeza, Maria Q -pg. D-9-34
Certeza, Timoteo Q -pg. D-9-34
Chaco, Ana B -pg. D-2-11
Chaco, Ana B -pg. D-2-11
Chaco, Ana C -pg. D-2-23
Chaco, Ana Q -pg. D-2-35
Chaco, Antonio B -pg. D-2-11
Chaco, Antonio C -pg. D-2-35
Chaco, Antonio P -pg. D-2-25
Chaco, Antonio Q -pg. D-2-7
Chaco, Antonio R -pg. D-2-23
Chaco, Antonio S -pg. D-2-21
Chaco, Asuncion S -pg. D-2-21
Chaco, Biatrice -pg. D-2-8
Chaco, Carolyn C -pg. D-2-3
Chaco, Concepcion Q -pg. D-2-35
Chaco, Dinna P -pg. D-2-29
Chaco, Dolores C -pg. D-2-3
Chaco, Elsie P -pg. D-2-29
Chaco, Engracia C -pg. D-2-23
Chaco, Enrique Q -pg. D-2-35

Chaco, Ester C -pg. D-2-4
Chaco, Francisco R "ab" -pg. D-2-8
Chaco, Francisco B -pg. D-2-11
Chaco, Francisco C -pg. D-8-34
Chaco, Francisco LG -pg. D-1-293
Chaco, Francisco R -pg. D-2-3
Chaco, Frankie C -pg. D-2-4
Chaco, Gloria Q -pg. D-2-35
Chaco, Guadalupe Q -pg. D-2-35
Chaco, Ignacio L -pg. D-2-19
Chaco, Jesus C -pg. D-2-23
Chaco, Joaquin C -pg. D-2-23
Chaco, Joaquin Q -pg. D-2-35
Chaco, Joaquin R -pg. D-2-21
Chaco, Joaquina R -pg. D-2-30
Chaco, Johny S -pg. D-2-21
Chaco, Jose A -pg. D-9-24
Chaco, Jose C -pg. D-2-23
Chaco, Jose Q -pg. D-2-30
Chaco, Jose R -pg. D-2-29
Chaco, Juan R -pg. D-2-11
Chaco, Manuel Q -pg. D-2-35
Chaco, Maria B -pg. D-2-11
Chaco, Maria C -pg. D-2-23
Chaco, Maria F.P. -pg. D-2-25
Chaco, Maria R -pg. D-2-8
Chaco, Marian P -pg. D-2-25
Chaco, Mariano S -pg. D-2-36
Chaco, Mercedes C -pg. D-2-19
Chaco, Milagro R -pg. D-2-8
Chaco, Milan P -pg. D-2-29
Chaco, Nieves Q -pg. D-2-35
Chaco, Regina R -pg. D-2-8
Chaco, Silvia S -pg. D-2-21
Chaco, Soledad Q -pg. D-2-35
Chaco, Soledad R -pg. D-2-8
Chaco, Teresita P -pg. D-2-29
Chaco, Tomas B -pg. D-2-11
Chaco, Tomas C -pg. D-2-19
Chaco, Tomas C -pg. D-2-23
Chaco, Tomas R -pg. D-2-30
Chaco, Vicente R -pg. D-2-25
Chaco, Victoriana LG -pg. D-1-293
Chaco, William P -pg. D-2-29
Champaco, Ana A -pg. D-8-29
Champaco, Ana C -pg. D-8-34
Champaco, Ana E -pg. D-8-24
Champaco, Ana M -pg. D-8-14
Champaco, Angel T -pg. D-8-29
Champaco, Antonia M -pg. D-8-29
Champaco, Antonio T -pg. D-8-31
Champaco, Beatriz A -pg. D-8-29
Champaco, Benjamin C -pg. D-8-34
Champaco, Carmen C -pg. D-8-14
Champaco, Daria M -pg. D-8-29
Champaco, Dolores E -pg. D-8-29
Champaco, Florentina C -pg. D-8-34
Champaco, Ignacia T -pg. D-8-29
Champaco, Isabel T -pg. D-8-29
Champaco, Jesus A -pg. D-8-26
Champaco, Jesus M -pg. D-8-29
Champaco, Jesus T -pg. D-8-29
Champaco, Jose A -pg. D-8-26
Champaco, Jose E -pg. D-8-29

Champaco, Jose M -pg. D-8-14
Champaco, Jose T -pg. D-8-29
Champaco, Juan C -pg. D-8-29
Champaco, Maria C -pg. D-8-14
Champaco, Maria E -pg. D-8-25
Champaco, Mariano M -pg. D-8-34
Champaco, Pedro C -pg. D-8-34
Champaco, Ponciano C -pg. D-8-34
Champaco, Rosa A -pg. D-8-26
Champaco, Rosa C -pg. D-8-34
Champaco, Vicenti A -pg. D-8-26
Champaco, Vicenti M -pg. D-8-29
Chance, Harry P -pg. D-11-26
Chance, John F -pg. D-1-373
Chance, Martha F -pg. D-1-373
Chance, Rosario F -pg. D-1-372
Chance, Rosie F -pg. D-1-373
Chandler, Everdine J -pg. D-1-71
Chandler, Frederick O -pg. D-1-71
Chandler, Harriet O -pg. D-1-71
Chandler, Isabel O -pg. D-1-71
Chapman, Edward D -pg. D-1-304
Charfauros, Adela B -pg. D-2-24
Charfauros, Angelina B -pg. D-2-24
Charfauros, Angelina T -pg. D-2-1
Charfauros, Antonio B -pg. D-2-17
Charfauros, Antonio B -pg. D-2-24
Charfauros, Antonio C -pg. D-13-12
Charfauros, Arthur B -pg. D-8-4
Charfauros, Barbara L -pg. D-8-4
Charfauros, Benjamin A -pg. D-13-7
Charfauros, Bertha L -pg. D-8-4
Charfauros, Carlota C -pg. D-13-11
Charfauros, Carmela B -pg. D-2-17
Charfauros, Carmen SN -pg. D-2-15
Charfauros, Concepcion M -pg. D-10-19
Charfauros, Concepcion Q -pg. D-1-66
Charfauros, Consolacion C -pg. D-2-18
Charfauros, Consuelo B -pg. D-2-39
Charfauros, Dolores -pg. D-11-54
Charfauros, Dolores C -pg. D-2-38
Charfauros, Edward T -pg. D-2-29
Charfauros, Emma L -pg. D-8-4
Charfauros, Faustino C -pg. D-2-38
Charfauros, Felix B -pg. D-2-32
Charfauros, Felix C -pg. D-2-41
Charfauros, Felix C -pg. D-13-12
Charfauros, Francisco B -pg. D-1-66
Charfauros, Francisco M -pg. D-2-9
Charfauros, Francisco SN -pg. D-2-29
Charfauros, Franky C -pg. D-2-24
Charfauros, George L -pg. D-8-4
Charfauros, Ignacio C -pg. D-2-18
Charfauros, Ignacio N -pg. D-9-41
Charfauros, Jenny L -pg. D-8-4
Charfauros, Jesus B -pg. D-2-31
Charfauros, Jesus C -pg. D-2-24
Charfauros, Jesus C -pg. D-2-38
Charfauros, Jesus C -pg. D-13-12
Charfauros, Jesus M -pg. D-2-9
Charfauros, Jesus Q -pg. D-1-66
Charfauros, Joaquin A -pg. D-1-324
Charfauros, Joaquin C -pg. D-13-12
Charfauros, Joaquin T -pg. D-11-48

INDEX
1940 Population Census of Guam: Transcribed

Charfauros, Joaquina L -pg. D-8-4
Charfauros, Jose C -pg. D-2-24
Charfauros, Jose C -pg. D-2-38
Charfauros, Jose LG -pg. D-1-301
Charfauros, Jose N -pg. D-2-26
Charfauros, Josefa C -pg. D-13-12
Charfauros, Joseph L -pg. D-8-4
Charfauros, Juan B -pg. D-11-81
Charfauros, Juan C -pg. D-2-9
Charfauros, Juan L -pg. D-2-16
Charfauros, Juan L -pg. D-10-19
Charfauros, Juan T -pg. D-13-11
Charfauros, Louise L -pg. D-8-4
Charfauros, Luis B -pg. D-2-17
Charfauros, Lydia B -pg. D-2-39
Charfauros, Manuel S -pg. D-2-24
Charfauros, Manuel T -pg. D-8-4
Charfauros, Manuela M -pg. D-2-9
Charfauros, Margarita C -pg. D-9-41
Charfauros, Maria C -pg. D-2-24
Charfauros, Maria C -pg. D-2-24
Charfauros, Maria M -pg. D-2-9
Charfauros, Maria S -pg. D-1-66
Charfauros, Maria SN -pg. D-2-15
Charfauros, Maria T -pg. D-2-29
Charfauros, Mariano A -pg. D-2-15
Charfauros, Mary L -pg. D-8-4
Charfauros, Milagro A -pg. D-2-11
Charfauros, Pedro B -pg. D-2-39
Charfauros, Pedro C -pg. D-2-39
Charfauros, Priscilla C -pg. D-9-41
Charfauros, Rachael C -pg. D-9-41
Charfauros, Ramon A -pg. D-1-324
Charfauros, Rita T -pg. D-2-1
Charfauros, Roman T -pg. D-2-1
Charfauros, Rosa B -pg. D-2-24
Charfauros, Rosa C -pg. D-2-18
Charfauros, Rosa U -pg. D-1-343
Charfauros, Rosalia T -pg. D-2-26
Charfauros, Tomas B -pg. D-2-17
Charfauros, Tomas C -pg. D-2-23
Charfauros, Tomasa C -pg. D-13-12
Charfauros, Venancio B -pg. D-2-31
Charfauros, Vicente B -pg. D-2-24
Charfauros, Victoria M -pg. D-2-9
Charfauros, Virginia B -pg. D-2-39
Charfauros, William L -pg. D-8-4
Charfaurous, Andrea C -pg. D-11-25
Charfaurous, Aorea C -pg. D-11-25
Charfaurous, Concepcion C -pg. D-11-25
Charfaurous, Edward C -pg. D-11-45
Charfaurous, George C -pg. D-11-45
Charfaurous, Irene C -pg. D-11-45
Charfaurous, Jesus T -pg. D-11-45
Charfaurous, Maria C -pg. D-11-25
Charfaurous, Maria C -pg. D-11-25
Charfaurous, Rosa B -pg. D-11-45
Charfaurous, Rosita C -pg. D-11-25
Charfaurous, Vicente T -pg. D-11-45
Charfuaros, Ana C -pg. D-2-4
Charfuaros, Catalina C -pg. D-2-4
Charfuaros, Francisco N -pg. D-2-4
Charfuaros, Ignacia C -pg. D-2-4
Charfuaros, Ignacia N -pg. D-2-4

Charfuaros, Joaquin L -pg. D-2-4
Charfuaros, Joaquin N -pg. D-2-4
Charfuaros, Mariano T -pg. D-2-4
Chargalaf, Mariano T -pg. D-11-43
Chargualaf, Adela SN -pg. D-6-19
Chargualaf, Agustine T -pg. D-2-29
Chargualaf, Alfonsina SN -pg. D-6-19
Chargualaf, Alfredo C -pg. D-9-1
Chargualaf, Alice C -pg. D-8-24
Chargualaf, Ana -pg. D-3-8
Chargualaf, Ana -pg. D-5-14
Chargualaf, Ana A -pg. D-2-29
Chargualaf, Ana C -pg. D-1-308
Chargualaf, Ana C -pg. D-6-16
Chargualaf, Ana C -pg. D-9-28
Chargualaf, Ana F -pg. D-8-24
Chargualaf, Ana F -pg. D-8-24
Chargualaf, Ana L -pg. D-6-7
Chargualaf, Ana M -pg. D-6-38
Chargualaf, Ana P -pg. D-6-24
Chargualaf, Ana R -pg. D-1-359
Chargualaf, Ana R -pg. D-1-359
Chargualaf, Angel I -pg. D-1-60
Chargualaf, Angel I -pg. D-10-27
Chargualaf, Angelina C -pg. D-11-41
Chargualaf, Angelina I -pg. D-1-60
Chargualaf, Annie -pg. D-9-38
Chargualaf, Antonia C -pg. D-1-99
Chargualaf, Antonia C -pg. D-6-16
Chargualaf, Antonia Q -pg. D-8-11
Chargualaf, Antonia R -pg. D-1-359
Chargualaf, Antonio -pg. D-3-9
Chargualaf, Antonio I -pg. D-1-60
Chargualaf, Antonio T -pg. D-6-25
Chargualaf, Antonio T -pg. D-8-7
Chargualaf, Ascencio M -pg. D-8-24
Chargualaf, Barciliza T -pg. D-1-138
Chargualaf, Beatriz M -pg. D-8-36
Chargualaf, Bernardita C -pg. D-1-99
Chargualaf, Candelaria N -pg. D-8-28
Chargualaf, Carmela -pg. D-3-9
Chargualaf, Carmen M -pg. D-6-5
Chargualaf, Carmen M -pg. D-6-38
Chargualaf, Catalina P -pg. D-1-92
Chargualaf, Cecilia N -pg. D-6-20
Chargualaf, Concepcion C -pg. D-6-16
Chargualaf, Crispin -pg. D-3-10
Chargualaf, Dimas B -pg. D-8-27
Chargualaf, Dolores -pg. D-3-9
Chargualaf, Dolores -pg. D-3-20
Chargualaf, Dolores R -pg. D-1-155
Chargualaf, Dolores SN -pg. D-6-19
Chargualaf, Domitilla M -pg. D-6-32
Chargualaf, Edivies M -pg. D-6-33
Chargualaf, Edward C -pg. D-9-1
Chargualaf, Elias -pg. D-4-22
Chargualaf, Elias A -pg. D-8-13
Chargualaf, Encarnacion T -pg. D-1-208
Chargualaf, Enrique C (ab) -pg. D-9-28
Chargualaf, Enrique M -pg. D-2-42
Chargualaf, Estefanía SN -pg. D-6-27
Chargualaf, Eugenio -pg. D-3-8
Chargualaf, Fabiana M -pg. D-6-6
Chargualaf, Florentina T -pg. D-6-25

Chargualaf, Francisco -pg. D-3-9
Chargualaf, Francisco -pg. D-3-10
Chargualaf, Francisco -pg. D-5-14
Chargualaf, Francisco C -pg. D-6-17
Chargualaf, Francisco M -pg. D-6-6
Chargualaf, Francisco M -pg. D-6-20
Chargualaf, Francisco M -pg. D-6-24
Chargualaf, Francisco SN -pg. D-6-19
Chargualaf, Frank T -pg. D-1-138
Chargualaf, Gertrudes R -pg. D-1-147
Chargualaf, Helen -pg. D-9-38
Chargualaf, Henry C -pg. D-9-28
Chargualaf, Higenio R -pg. D-1-155
Chargualaf, Ignacia N -pg. D-6-20
Chargualaf, Ignacio M -pg. D-14-14
Chargualaf, Isabel D -pg. D-6-44
Chargualaf, Isabel M -pg. D-2-42
Chargualaf, Jacobo B -pg. D-8-28
Chargualaf, Jenoveva C -pg. D-11-58
Chargualaf, Jesus B -pg. D-1-262
Chargualaf, Jesus C -pg. D-9-28
Chargualaf, Jesus M -pg. D-6-25
Chargualaf, Jesus M -pg. D-6-33
Chargualaf, Jesus M -pg. D-8-36
Chargualaf, Jesus P -pg. D-1-92
Chargualaf, Jesusa C -pg. D-8-12
Chargualaf, Jesusa M -pg. D-6-38
Chargualaf, Joaquin C -pg. D-1-308
Chargualaf, Jose -pg. D-3-9
Chargualaf, Jose -pg. D-5-14
Chargualaf, Jose -pg. D-5-26
Chargualaf, Jose A -pg. D-2-42
Chargualaf, Jose C -pg. D-10-21
Chargualaf, Jose D -pg. D-6-44
Chargualaf, Jose M -pg. D-6-19
Chargualaf, Jose M -pg. D-6-33
Chargualaf, Jose N -pg. D-11-73
Chargualaf, Jose Q -pg. D-1-147
Chargualaf, Jose R -pg. D-1-147
Chargualaf, Jose SN -pg. D-1-300
Chargualaf, Jose SN -pg. D-6-19
Chargualaf, Jose SN -pg. D-6-32
Chargualaf, Jose T -pg. D-6-44
Chargualaf, Jose T -pg. D-8-7
Chargualaf, Josefina C -pg. D-6-16
Chargualaf, Josefina T -pg. D-1-138
Chargualaf, Joseph T -pg. D-1-138
Chargualaf, Juan -pg. D-5-26
Chargualaf, Juan C -pg. D-6-16
Chargualaf, Juan N -pg. D-6-19
Chargualaf, Juan N -pg. D-6-20
Chargualaf, Juan R -pg. D-1-359
Chargualaf, Juan T -pg. D-1-138
Chargualaf, Julia -pg. D-3-9
Chargualaf, Julita R -pg. D-1-359
Chargualaf, Justo -pg. D-3-20
Chargualaf, Justo T -pg. D-6-36
Chargualaf, Lino C -pg. D-6-6
Chargualaf, Lorenza -pg. D-5-26
Chargualaf, Lorenza A -pg. D-8-35
Chargualaf, Lourdes N -pg. D-6-20
Chargualaf, Lucia C -pg. D-6-25
Chargualaf, Magdalena C -pg. D-6-14
Chargualaf, Manuela A -pg. D-8-16

INDEX
1940 Population Census of Guam: Transcribed

Chargualaf, Maria -pg. D-3-20
Chargualaf, Maria A -pg. D-8-13
Chargualaf, Maria C -pg. D-1-99
Chargualaf, Maria C -pg. D-1-99
Chargualaf, Maria C -pg. D-6-25
Chargualaf, Maria C -pg. D-10-21
Chargualaf, Maria D -pg. D-6-44
Chargualaf, Maria M -pg. D-2-42
Chargualaf, Maria M -pg. D-6-6
Chargualaf, Maria M -pg. D-6-32
Chargualaf, Maria Q -pg. D-6-36
Chargualaf, Maria R -pg. D-14-14
Chargualaf, Maria SN -pg. D-1-34
Chargualaf, Maria SN -pg. D-6-19
Chargualaf, Mariano B -pg. D-8-23
Chargualaf, Mariano F -pg. D-8-24
Chargualaf, Natividad -pg. D-8-24
Chargualaf, Nicolas A -pg. D-8-36
Chargualaf, Pedro C -pg. D-1-99
Chargualaf, Pedro SN -pg. D-1-34
Chargualaf, Rafael R -pg. D-1-138
Chargualaf, Rafael T -pg. D-1-138
Chargualaf, Ramon M -pg. D-6-27
Chargualaf, Ramon M -pg. D-6-38
Chargualaf, Ricardo I -pg. D-1-60
Chargualaf, Rita C -pg. D-1-99
Chargualaf, Rosa -pg. D-5-29
Chargualaf, Rosa A -pg. D-8-13
Chargualaf, Rosa SN -pg. D-6-19
Chargualaf, Rosa SN -pg. D-6-32
Chargualaf, Rosalia C -pg. D-11-57
Chargualaf, Rosario -pg. D-3-9
Chargualaf, Rosario C -pg. D-1-99
Chargualaf, Rosario SN -pg. D-6-32
Chargualaf, Rosita F -pg. D-8-24
Chargualaf, Sergio R -pg. D-1-155
Chargualaf, Teresita M -pg. D-6-6
Chargualaf, Tomas M -pg. D-2-42
Chargualaf, Ursula M -pg. D-6-38
Chargualaf, Vicente -pg. D-5-14
Chargualaf, Vicente -pg. D-5-14
Chargualaf, Vicente -pg. D-5-29
Chargualaf, Vicente A -pg. D-12-14
Chargualaf, Vicente C -pg. D-1-92
Chargualaf, Vicente C -pg. D-10-21
Chargualaf, Vicente C -pg. D-11-57
Chargualaf, Vicente D -pg. D-6-44
Chargualaf, Vicente M -pg. D-2-42
Chargualaf, Vicente SN -pg. D-6-16
Chargualaf, Virginia M -pg. D-6-6
Charguiya, Rita B -pg. D-15-5
Chargulaf, Ignacio C -pg. D-11-26
Charsagua, Benedicta C -pg. D-1-311
Charsagua, Jose C -pg. D-1-311
Charsagua, Maria C -pg. D-1-311
Charugalaf, Angelina C -pg. D-8-20
Cheguina, Ana S -pg. D-13-18
Cheguina, Antonia S -pg. D-13-18
Cheguina, Emiliana S -pg. D-13-5
Cheguina, Francisco S -pg. D-13-18
Cheguina, Jesus S -pg. D-13-6
Cheguina, Joaquina S -pg. D-13-18
Cheguina, Jose S -pg. D-13-6
Cheguina, Maria -pg. D-13-8

Cheguina, Maxima S -pg. D-13-18
Cheguina, Policarjeio T -pg. D-13-18
Cheguina, Regina S -pg. D-13-18
Cheguina, Vicenti T -pg. D-13-8
Cheney, Theordore B -pg. D-1-304
Chesser, Lewis F -pg. D-11-75
Chigina, Josefa M -pg. D-1-176
Chiguina, Alfredo LG -pg. D-6-15
Chiguina, Amalia -pg. D-5-13
Chiguina, Antonio -pg. D-5-13
Chiguina, David LG -pg. D-6-15
Chiguina, Eliza LG -pg. D-6-15
Chiguina, Enrique -pg. D-3-28
Chiguina, Gonzalo -pg. D-5-13
Chiguina, Jesus -pg. D-6-43
Chiguina, Jesus M -pg. D-1-301
Chiguina, Jesusa -pg. D-5-13
Chiguina, Josefa S -pg. D-1-271
Chiguina, Josefina LG -pg. D-6-15
Chiguina, Juan M -pg. D-6-15
Chiguina, Julia LG -pg. D-6-15
Chiguina, Lagrimas LG -pg. D-6-15
Chiguina, Maria N -pg. D-6-17
Chiguina, Maria P -pg. D-1-195
Chiguina, Maria Q -pg. D-1-174
Chiguina, Rebecca -pg. D-3-9
Chovey, Charles L -pg. D-11-75
Clary, Gilbert J -pg. D-11-77
Class, Betty I -pg. D-1-288
Class, Inez -pg. D-1-288
Class, Theodore T -pg. D-1-288
Clemons, Walter L -pg. D-11-69
Cochran, Margaret F -pg. D-1-280
Cochran, Mortland -pg. D-1-280
Coffenberg, Bailey M -pg. D-11-72
Coffenberg, Beulah M -pg. D-11-72
Coffenberg, Marjorie D -pg. D-11-72
Colanecchio, Effie -pg. D-1-299
Colanecchio, Felix A -pg. D-1-299
Colanecchio, Rose Marie -pg. D-1-299
Colner, Concepcion U -pg. D-1-307
Colner, Frank U -pg. D-1-308
Colner, Howard U -pg. D-1-307
Colner, Mary U -pg. D-1-307
Colner, Ruth U -pg. D-1-307
Comacho, Ursula R -pg. D-11-4
Combado, Agnes S -pg. D-12-8
Combado, Concepcion SN -pg. D-12-10
Combado, Guadalupe -pg. D-12-10
Combado, Juan P -pg. D-12-10
Combado, Juan SN -pg. D-12-8
Combado, Juana S -pg. D-12-8
Combado, Julia S -pg. D-12-8
Combado, William S -pg. D-12-8
Compos, Antonia R -pg. D-1-408
Compos, Antonio C -pg. D-1-408
Compos, Joaquina R -pg. D-1-408
Compos, Maria R -pg. D-1-408
Compos, Teresita A -pg. D-1-408
Concepcion, Acension P -pg. D-9-19
Concepcion, Ana B -pg. D-8-11
Concepcion, Ana C -pg. D-10-29
Concepcion, Ana M -pg. D-7-12
Concepcion, Anita Q -pg. D-11-36

Concepcion, Antonia C -pg. D-1-19
Concepcion, Antonia C -pg. D-1-390
Concepcion, Antonia M -pg. D-10-34
Concepcion, Antonina C -pg. D-1-386
Concepcion, Antonio C -pg. D-2-22
Concepcion, Antonio M -pg. D-1-36
Concepcion, Antonio Q -pg. D-9-28
Concepcion, Antonio T -pg. D-11-53
Concepcion, Atanacio A -pg. D-1-71
Concepcion, Beatrice C -pg. D-9-13
Concepcion, Carlos M -pg. D-1-36
Concepcion, Carmen B -pg. D-8-11
Concepcion, Catalina P -pg. D-11-37
Concepcion, Consolacion C -pg. D-1-386
Concepcion, Crispin C -pg. D-1-386
Concepcion, Cristobal D -pg. D-11-66
Concepcion, Dolores -pg. D-4-9
Concepcion, Dolores -pg. D-11-16
Concepcion, Dolores C -pg. D-1-7
Concepcion, Dolores C -pg. D-1-19
Concepcion, Dolores C -pg. D-11-36
Concepcion, Dominga C -pg. D-1-7
Concepcion, Edivis -pg. D-11-59
Concepcion, Eduardo LG -pg. D-1-393
Concepcion, Elias -pg. D-4-10
Concepcion, Engracia C -pg. D-1-351
Concepcion, Enocensio P -pg. D-11-37
Concepcion, Enrique P -pg. D-11-37
Concepcion, Enrique Q -pg. D-9-28
Concepcion, Enrique S -pg. D-11-37
Concepcion, Enselmo -pg. D-4-9
Concepcion, Estella C -pg. D-10-29
Concepcion, Felicita A -pg. D-1-70
Concepcion, Felipe M -pg. D-7-12
Concepcion, Flora C -pg. D-2-22
Concepcion, Francisca Q -pg. D-11-36
Concepcion, Francisco A -pg. D-1-19
Concepcion, Francisco C -pg. D-1-393
Concepcion, Francisco P -pg. D-11-37
Concepcion, Genaro P -pg. D-11-53
Concepcion, Gregorio M "ab" -pg. D-11-14
Concepcion, Gregorio Q -pg. D-9-28
Concepcion, Guadalupe A -pg. D-1-70
Concepcion, Hazel C -pg. D-1-393
Concepcion, Ignacio M -pg. D-11-13
Concepcion, Isabel C -pg. D-10-29
Concepcion, Isabel P -pg. D-11-53
Concepcion, Jesus C -pg. D-9-13
Concepcion, Jesus P -pg. D-11-53
Concepcion, Jesus R -pg. D-1-25
Concepcion, Joaquin -pg. D-4-10
Concepcion, Joaquin -pg. D-9-28
Concepcion, Joaquin C -pg. D-1-393
Concepcion, Joaquin P -pg. D-9-19
Concepcion, Joaquin Q -pg. D-11-81
Concepcion, Joaquina T -pg. D-11-14
Concepcion, Jose -pg. D-4-9
Concepcion, Jose -pg. D-4-10
Concepcion, Jose A -pg. D-1-70
Concepcion, Jose B -pg. D-8-11
Concepcion, Jose C -pg. D-1-70
Concepcion, Jose C -pg. D-7-12
Concepcion, Jose C -pg. D-9-13
Concepcion, Jose C -pg. D-9-46

INDEX
1940 Population Census of Guam: Transcribed

Concepcion, Jose C -pg. D-11-58
Concepcion, Jose M -pg. D-10-29
Concepcion, Jose M "ab" -pg. D-11-14
Concepcion, Jose P -pg. D-9-19
Concepcion, Jose R -pg. D-8-11
Concepcion, Josefa C -pg. D-1-19
Concepcion, Josefa D -pg. D-11-53
Concepcion, Josefina C -pg. D-1-386
Concepcion, Josefina M -pg. D-1-36
Concepcion, Juan -pg. D-4-10
Concepcion, Juan -pg. D-1-70
Concepcion, Juan C -pg. D-1-393
Concepcion, Juan C -pg. D-1-393
Concepcion, Juan C "ab" -pg. D-11-22
Concepcion, Juan D -pg. D-11-53
Concepcion, Juan LG -pg. D-1-393
Concepcion, Juan M -pg. D-11-13
Concepcion, Juan P -pg. D-11-13
Concepcion, Juan Q -pg. D-9-28
Concepcion, Juan Q -pg. D-11-36
Concepcion, Juan S -pg. D-11-53
Concepcion, Juan T -pg. D-11-14
Concepcion, Juan T -pg. D-11-36
Concepcion, Juana P -pg. D-1-70
Concepcion, Juana P -pg. D-11-37
Concepcion, Julia C -pg. D-1-393
Concepcion, Julita P -pg. D-1-291
Concepcion, Magdalena C -pg. D-1-386
Concepcion, Manuel C -pg. D-1-386
Concepcion, Manuel C -pg. D-1-386
Concepcion, Manuel C -pg. D-9-13
Concepcion, Manuel C -pg. D-9-19
Concepcion, Manuel C -pg. D-9-46
Concepcion, Manuel Q -pg. D-9-28
Concepcion, Maria B -pg. D-8-11
Concepcion, Maria C -pg. D-9-13
Concepcion, Maria D -pg. D-11-59
Concepcion, Maria I -pg. D-1-291
Concepcion, Maria LG -pg. D-1-393
Concepcion, Maria M -pg. D-1-36
Concepcion, Maria M -pg. D-7-12
Concepcion, Maria M -pg. D-10-34
Concepcion, Maria Q -pg. D-9-28
Concepcion, Maria Q -pg. D-9-28
Concepcion, Maria U -pg. D-1-359
Concepcion, Mariana -pg. D-4-9
Concepcion, Nicolas T -pg. D-11-14
Concepcion, Pedro LG -pg. D-1-393
Concepcion, Pedro M -pg. D-11-13
Concepcion, Ramon R -pg. D-1-291
Concepcion, Remedios -pg. D-1-71
Concepcion, Rosa B -pg. D-8-11
Concepcion, Rosa G -pg. D-1-390
Concepcion, Rosa M -pg. D-7-12
Concepcion, Rosa M -pg. D-11-13
Concepcion, Rosario C -pg. D-1-393
Concepcion, Rosita Q -pg. D-11-36
Concepcion, Santiago C -pg. D-1-393
Concepcion, Soledad -pg. D-4-10
Concepcion, Solidad D -pg. D-11-53
Concepcion, Solidad P -pg. D-11-53
Concepcion, Susana A -pg. D-1-7
Concepcion, Teofilia LG -pg. D-1-393
Concepcion, Teresa A -pg. D-1-70

Concepcion, Theodore L -pg. D-11-59
Concepcion, Tomas B -pg. D-8-11
Concepcion, Tomas C -pg. D-1-17
Concepcion, Tomas C -pg. D-1-393
Concepcion, Tomasa P -pg. D-9-19
Concepcion, Tomasa P -pg. D-11-42
Concepcion, Vicente C -pg. D-1-386
Concepcion, Vicente M -pg. D-11-13
Concepcion, Vicente R -pg. D-1-36
Concepcion, Vicente U -pg. D-1-359
Concepcion, Vicenti P -pg. D-11-53
Concepsion, Jose M -pg. D-11-53
Concepsion, Jose T -pg. D-11-53
Concepsion, Josefa M -pg. D-11-53
Concepsion, Julia M -pg. D-11-53
Connors, Joseph T -pg. D-11-75
Cook, Ricahrd J -pg. D-1-305
Cox, Dolores B -pg. D-11-41
Cox, James L -pg. D-11-77
Cox, James L -pg. D-11-78
Cox, Otto T -pg. D-11-41
Cramer, Clinton J -pg. D-1-233
Crawford, Betty J -pg. D-11-70
Crawford, Elizabeth J -pg. D-11-70
Crawford, Terrell J -pg. D-11-70
Crawford, Terrell J -pg. D-11-70
Crisostimo, Ana C -pg. D-11-3
Crisostimo, Ana G -pg. D-10-16
Crisostimo, Angel C -pg. D-10-5
Crisostimo, Antonio B -pg. D-10-12
Crisostimo, Concepcion -pg. D-11-3
Crisostimo, Concepcion B -pg. D-10-12
Crisostimo, Concepcion B -pg. D-10-12
Crisostimo, Consolacion A -pg. D-10-7
Crisostimo, Dolores C -pg. D-11-3
Crisostimo, Dolores S -pg. D-10-5
Crisostimo, Enrique A -pg. D-10-7
Crisostimo, Francisco C -pg. D-10-48
Crisostimo, Herman A -pg. D-10-16
Crisostimo, Insicasio -pg. D-10-48
Crisostimo, Isabel C -pg. D-11-3
Crisostimo, Jesus B -pg. D-10-12
Crisostimo, Jesus C -pg. D-10-12
Crisostimo, Jose A -pg. D-10-7
Crisostimo, Jose B -pg. D-10-12
Crisostimo, Jose C -pg. D-10-7
Crisostimo, Jose C -pg. D-11-3
Crisostimo, Juan C -pg. D-10-48
Crisostimo, Juan P -pg. D-10-47
Crisostimo, Julia C -pg. D-10-48
Crisostimo, Lourdes A -pg. D-10-16
Crisostimo, Margarita C -pg. D-11-3
Crisostimo, Maria A -pg. D-10-5
Crisostimo, Maria A -pg. D-10-5
Crisostimo, Mariana M -pg. D-10-47
Crisostimo, Matias A -pg. D-10-5
Crisostimo, Miguel C -pg. D-10-47
Crisostimo, Paula B -pg. D-10-12
Crisostimo, Romana A -pg. D-10-16
Crisostimo, Rosalina B -pg. D-10-12
Crisostimo, Trinidad A -pg. D-10-7
Crisostomo, Alfred B -pg. D-1-272
Crisostomo, Ambrosio P -pg. D-1-392
Crisostomo, Ana A -pg. D-1-105

Crisostomo, Ana A -pg. D-1-179
Crisostomo, Ana C -pg. D-1-167
Crisostomo, Ana C -pg. D-6-18
Crisostomo, Ana M -pg. D-6-41
Crisostomo, Ana M -pg. D-6-42
Crisostomo, Ana P -pg. D-1-332
Crisostomo, Ana P -pg. D-1-336
Crisostomo, Ana P -pg. D-6-25
Crisostomo, Ana SN -pg. D-1-384
Crisostomo, Ana T -pg. D-1-335
Crisostomo, Andrea SN -pg. D-6-40
Crisostomo, Angel M -pg. D-6-25
Crisostomo, Angel P -pg. D-1-337
Crisostomo, Antonia -pg. D-6-41
Crisostomo, Antonia L -pg. D-1-343
Crisostomo, Antonio P -pg. D-1-188
Crisostomo, Antonio P -pg. D-1-337
Crisostomo, Artemio R -pg. D-1-332
Crisostomo, Asuncion P -pg. D-6-25
Crisostomo, Asuncion R -pg. D-1-124
Crisostomo, Brigida L -pg. D-1-343
Crisostomo, Carmen A -pg. D-1-105
Crisostomo, Catalina R -pg. D-1-332
Crisostomo, Cecilia B -pg. D-1-272
Crisostomo, Celestina P -pg. D-1-333
Crisostomo, Concepcion P -pg. D-1-336
Crisostomo, David SN -pg. D-6-40
Crisostomo, Delfina SN -pg. D-1-384
Crisostomo, Desiderio L -pg. D-1-343
Crisostomo, Dionisio F -pg. D-1-204
Crisostomo, Dolores A -pg. D-1-179
Crisostomo, Dolores C -pg. D-1-337
Crisostomo, Dolores C -pg. D-6-33
Crisostomo, Dolores F -pg. D-1-204
Crisostomo, Dolores T -pg. D-1-336
Crisostomo, Dominga T -pg. D-1-179
Crisostomo, Engracia -pg. D-6-41
Crisostomo, Eustoquia C -pg. D-1-188
Crisostomo, Faustino C -pg. D-1-335
Crisostomo, Felicita C -pg. D-1-105
Crisostomo, Felisa SN -pg. D-1-384
Crisostomo, Felix C -pg. D-1-384
Crisostomo, Felix L -pg. D-1-343
Crisostomo, Felix SN -pg. D-1-384
Crisostomo, Filomena P -pg. D-1-336
Crisostomo, Filomena T -pg. D-1-335
Crisostomo, Francisco C -pg. D-1-189
Crisostomo, Francisco P -pg. D-6-25
Crisostomo, Francisco V -pg. D-1-64
Crisostomo, Frank SN -pg. D-6-41
Crisostomo, Galo L -pg. D-1-343
Crisostomo, Gregorio SN -pg. D-1-384
Crisostomo, Isabel SN -pg. D-6-40
Crisostomo, Jesus A -pg. D-1-272
Crisostomo, Jesus G -pg. D-1-335
Crisostomo, Jesus M -pg. D-6-33
Crisostomo, Jesus P -pg. D-1-343
Crisostomo, Jesus P -pg. D-6-25
Crisostomo, Jesus SN -pg. D-1-384
Crisostomo, Joaquin A -pg. D-1-179
Crisostomo, Joaquin A -pg. D-1-405
Crisostomo, Joaquin M -pg. D-6-40
Crisostomo, Joaquin P -pg. D-1-335
Crisostomo, Joaquin P -pg. D-1-336

Crisostomo, Joaquin P -pg. D-6-25
Crisostomo, Joaquina SN -pg. D-6-40
Crisostomo, Jose A -pg. D-1-20
Crisostomo, Jose C -pg. D-6-18
Crisostomo, Jose C -pg. D-6-33
Crisostomo, Jose C -pg. D-10-4
Crisostomo, Jose D -pg. D-1-203
Crisostomo, Jose F -pg. D-1-204
Crisostomo, Jose LG -pg. D-6-18
Crisostomo, Jose M -pg. D-6-41
Crisostomo, Jose P -pg. D-1-333
Crisostomo, Jose P -pg. D-1-336
Crisostomo, Jose P -pg. D-6-25
Crisostomo, Jose R -pg. D-1-332
Crisostomo, Jose SN -pg. D-1-384
Crisostomo, Jose T -pg. D-1-336
Crisostomo, Jose T -pg. D-1-336
Crisostomo, Josefa P -pg. D-1-332
Crisostomo, Josefina V -pg. D-1-393
Crisostomo, Juan -pg. D-3-28
Crisostomo, Juan -pg. D-4-11
Crisostomo, Juan -pg. D-4-20
Crisostomo, Juan A -pg. D-1-179
Crisostomo, Juan P -pg. D-1-336
Crisostomo, Juan SN -pg. D-1-384
Crisostomo, Lourdes A -pg. D-1-105
Crisostomo, Lourdes C -pg. D-1-144
Crisostomo, Luis A -pg. D-1-105
Crisostomo, Luis C -pg. D-6-18
Crisostomo, Luisa R -pg. D-1-332
Crisostomo, Manuel M -pg. D-6-41
Crisostomo, Manuela C -pg. D-1-167
Crisostomo, Marcelo -pg. D-4-12
Crisostomo, Maria A -pg. D-1-105
Crisostomo, Maria C -pg. D-1-167
Crisostomo, Maria C -pg. D-1-272
Crisostomo, Maria C -pg. D-10-4
Crisostomo, Maria F -pg. D-1-203
Crisostomo, Maria F -pg. D-1-204
Crisostomo, Maria G -pg. D-1-335
Crisostomo, Maria L -pg. D-1-343
Crisostomo, Maria M -pg. D-6-17
Crisostomo, Maria P -pg. D-6-25
Crisostomo, Maria R -pg. D-1-332
Crisostomo, Mariano -pg. D-4-11
Crisostomo, Mariano P -pg. D-1-336
Crisostomo, Nicolasa SN -pg. D-1-384
Crisostomo, Pedro C -pg. D-1-20
Crisostomo, Pedro C -pg. D-1-20
Crisostomo, Pedro C -pg. D-1-104
Crisostomo, Pedro C -pg. D-1-188
Crisostomo, Pedro LG -pg. D-6-40
Crisostomo, Pedro M -pg. D-6-41
Crisostomo, Pedro SN -pg. D-6-40
Crisostomo, Primitiva V -pg. D-1-69
Crisostomo, Priscilla R -pg. D-1-332
Crisostomo, Rafael C -pg. D-1-167
Crisostomo, Rita B -pg. D-1-272
Crisostomo, Rita N -pg. D-1-20
Crisostomo, Romana C -pg. D-1-188
Crisostomo, Rosa -pg. D-6-41
Crisostomo, Rosa M -pg. D-6-41
Crisostomo, Rosa P -pg. D-6-25
Crisostomo, Rosa SN -pg. D-6-41

Crisostomo, Rosalia A -pg. D-1-73
Crisostomo, Rosalia SN -pg. D-1-384
Crisostomo, Rosario C -pg. D-1-189
Crisostomo, Rosario R -pg. D-1-332
Crisostomo, Rosita M -pg. D-6-18
Crisostomo, Ruth C -pg. D-6-18
Crisostomo, Soledad L -pg. D-1-343
Crisostomo, Teodoro SN -pg. D-1-384
Crisostomo, Tomas R -pg. D-1-332
Crisostomo, Vicenta A -pg. D-1-73
Crisostomo, Vicenta SN -pg. D-6-40
Crisostomo, Vicente -pg. D-4-11
Crisostomo, Vicente C -pg. D-6-33
Crisostomo, Vicente C -pg. D-6-41
Crisostomo, Vicente L -pg. D-1-343
Crisostomo, Vicente LG -pg. D-6-17
Crisostomo, Vicente P -pg. D-1-332
Crisostomo, Vicente SN -pg. D-1-384
Crisostomo, Victoria F -pg. D-1-204
Cristobal, Adriano L -pg. D-1-363
Cristobal, Adriano M -pg. D-1-363
Cristobal, Carmen DL -pg. D-1-363
Cristobal, Edivigis G -pg. D-1-363
Cristobal, Prospero P -pg. D-1-363
Cruz, Abelina R -pg. D-2-20
Cruz, Abelina V -pg. D-1-59
Cruz, Adela -pg. D-4-18
Cruz, Adela M -pg. D-1-313
Cruz, Agnes A -pg. D-8-10
Cruz, Agueda -pg. D-5-8
Cruz, Agueda T -pg. D-1-328
Cruz, Aguida -pg. D-4-20
Cruz, Agustin C -pg. D-1-168
Cruz, Alberto S -pg. D-1-46
Cruz, Alejandro P -pg. D-1-365
Cruz, Alfonsina C -pg. D-9-30
Cruz, Alfred -pg. D-4-30
Cruz, Alfred A -pg. D-1-27
Cruz, Alfred T -pg. D-8-10
Cruz, Amadeo A -pg. D-15-11
Cruz, Amalia S -pg. D-1-118
Cruz, Ambrosio LG -pg. D-1-110
Cruz, Amelia C -pg. D-1-295
Cruz, Amparo T -pg. D-1-354
Cruz, Ana -pg. D-3-15
Cruz, Ana -pg. D-4-6
Cruz, Ana -pg. D-4-18
Cruz, Ana -pg. D-4-22
Cruz, Ana -pg. D-4-30
Cruz, Ana -pg. D-4-32
Cruz, Ana -pg. D-4-36
Cruz, Ana -pg. D-11-35
Cruz, Ana A -pg. D-1-163
Cruz, Ana A -pg. D-1-358
Cruz, Ana A -pg. D-8-10
Cruz, Ana A -pg. D-8-33
Cruz, Ana A -pg. D-8-33
Cruz, Ana A -pg. D-11-25
Cruz, Ana B -pg. D-1-90
Cruz, Ana B -pg. D-1-274
Cruz, Ana B -pg. D-2-16
Cruz, Ana B -pg. D-9-15
Cruz, Ana B -pg. D-10-17
Cruz, Ana B -pg. D-10-17

Cruz, Ana C -pg. D-1-16
Cruz, Ana C -pg. D-1-26
Cruz, Ana C -pg. D-1-50
Cruz, Ana C -pg. D-1-50
Cruz, Ana C -pg. D-1-83
Cruz, Ana C -pg. D-1-174
Cruz, Ana C -pg. D-1-193
Cruz, Ana C -pg. D-1-403
Cruz, Ana C -pg. D-2-24
Cruz, Ana C -pg. D-2-24
Cruz, Ana C -pg. D-6-10
Cruz, Ana C -pg. D-6-12
Cruz, Ana C -pg. D-8-9
Cruz, Ana C -pg. D-8-19
Cruz, Ana C -pg. D-9-1
Cruz, Ana C -pg. D-9-30
Cruz, Ana D -pg. D-1-171
Cruz, Ana G -pg. D-1-73
Cruz, Ana G -pg. D-8-9
Cruz, Ana G -pg. D-10-49
Cruz, Ana G -pg. D-10-49
Cruz, Ana M -pg. D-1-43
Cruz, Ana M -pg. D-8-13
Cruz, Ana N -pg. D-1-270
Cruz, Ana P -pg. D-14-5
Cruz, Ana Q -pg. D-8-35
Cruz, Ana Q -pg. D-15-12
Cruz, Ana R -pg. D-1-251
Cruz, Ana R -pg. D-1-311
Cruz, Ana R -pg. D-2-38
Cruz, Ana S -pg. D-1-56
Cruz, Ana S -pg. D-1-135
Cruz, Ana S -pg. D-1-339
Cruz, Ana S -pg. D-8-13
Cruz, Ana S -pg. D-9-44
Cruz, Ana SN -pg. D-1-176
Cruz, Ana SN -pg. D-1-252
Cruz, Ana T -pg. D-1-12
Cruz, Ana T -pg. D-1-161
Cruz, Ana T -pg. D-1-177
Cruz, Ana T -pg. D-1-177
Cruz, Ana T -pg. D-1-354
Cruz, Ana T -pg. D-2-7
Cruz, Ana T -pg. D-7-13
Cruz, Ana T -pg. D-7-13
Cruz, Ana T -pg. D-10-23
Cruz, Ana T -pg. D-15-9
Cruz, Ana V -pg. D-1-56
Cruz, Ana V -pg. D-1-59
Cruz, Andrea -pg. D-3-9
Cruz, Andrea C -pg. D-1-174
Cruz, Andrea M -pg. D-1-387
Cruz, Andrea T -pg. D-15-21
Cruz, Andresina -pg. D-4-18
Cruz, Angel -pg. D-6-37
Cruz, Angel F -pg. D-1-9
Cruz, Angela S -pg. D-9-27
Cruz, Angelina M -pg. D-1-350
Cruz, Angelina Q -pg. D-9-45
Cruz, Angelina R -pg. D-1-312
Cruz, Angustia R -pg. D-1-397
Cruz, Anita A -pg. D-15-11
Cruz, Anniet -pg. D-3-11
Cruz, Anthony B -pg. D-9-6

INDEX
1940 Population Census of Guam: Transcribed

Cruz, Anthony C -pg. D-1-260
Cruz, Antonia -pg. D-5-10
Cruz, Antonia -pg. D-5-10
Cruz, Antonia -pg. D-5-25
Cruz, Antonia A -pg. D-1-68
Cruz, Antonia C -pg. D-2-24
Cruz, Antonia M -pg. D-9-17
Cruz, Antonia O -pg. D-2-22
Cruz, Antonia P -pg. D-1-210
Cruz, Antonia S -pg. D-1-56
Cruz, Antonina C -pg. D-1-365
Cruz, Antonina Q -pg. D-2-28
Cruz, Antonina S -pg. D-1-23
Cruz, Antonina S -pg. D-1-80
Cruz, Antonio -pg. D-3-9
Cruz, Antonio -pg. D-4-22
Cruz, Antonio -pg. D-4-30
Cruz, Antonio -pg. D-5-10
Cruz, Antonio -pg. D-5-14
Cruz, Antonio -pg. D-5-25
Cruz, Antonio -pg. D-5-39
Cruz, Antonio -pg. D-5-43
Cruz, Antonio -pg. D-5-43
Cruz, Antonio A -pg. D-1-311
Cruz, Antonio B -pg. D-1-48
Cruz, Antonio B -pg. D-2-16
Cruz, Antonio B -pg. D-8-22
Cruz, Antonio B -pg. D-9-15
Cruz, Antonio C -pg. D-1-87
Cruz, Antonio C -pg. D-1-107
Cruz, Antonio C -pg. D-1-157
Cruz, Antonio C -pg. D-1-174
Cruz, Antonio C -pg. D-1-193
Cruz, Antonio C -pg. D-1-193
Cruz, Antonio C -pg. D-1-216
Cruz, Antonio C -pg. D-1-234
Cruz, Antonio C -pg. D-1-314
Cruz, Antonio C -pg. D-6-35
Cruz, Antonio C -pg. D-8-19
Cruz, Antonio C -pg. D-8-20
Cruz, Antonio C -pg. D-8-36
Cruz, Antonio C -pg. D-9-17
Cruz, Antonio C -pg. D-10-6
Cruz, Antonio C (ab) -pg. D-1-260
Cruz, Antonio G -pg. D-10-49
Cruz, Antonio I -pg. D-9-6
Cruz, Antonio LG -pg. D-8-35
Cruz, Antonio LG -pg. D-9-8
Cruz, Antonio M -pg. D-1-89
Cruz, Antonio P -pg. D-1-46
Cruz, Antonio P -pg. D-1-99
Cruz, Antonio Q -pg. D-2-28
Cruz, Antonio Q -pg. D-9-35
Cruz, Antonio Q -pg. D-10-49
Cruz, Antonio R -pg. D-1-16
Cruz, Antonio R -pg. D-1-311
Cruz, Antonio R -pg. D-2-38
Cruz, Antonio S -pg. D-1-118
Cruz, Antonio S -pg. D-9-45
Cruz, Antonio S -pg. D-14-13
Cruz, Antonio T -pg. D-1-11
Cruz, Antonio T -pg. D-1-354
Cruz, Antonio T -pg. D-10-23
Cruz, Antonita C -pg. D-15-10

Cruz, Artemio -pg. D-4-7
Cruz, Asuncion -pg. D-3-15
Cruz, Asuncion C -pg. D-1-16
Cruz, Asuncion C -pg. D-1-295
Cruz, Asuncion C -pg. D-2-22
Cruz, Asuncion N -pg. D-9-49
Cruz, Asuncion T -pg. D-10-23
Cruz, Atanacio -pg. D-5-25
Cruz, Atanacio -pg. D-5-29
Cruz, Atanacio A -pg. D-11-17
Cruz, Atanacio S -pg. D-9-44
Cruz, Atancio D -pg. D-1-290
Cruz, Augustia C -pg. D-6-13
Cruz, Augusto P -pg. D-1-239
Cruz, Augusto P -pg. D-1-339
Cruz, Augusto R -pg. D-2-20
Cruz, Aurelia C -pg. D-1-216
Cruz, Aurelia C -pg. D-11-64
Cruz, Aurelia T -pg. D-15-21
Cruz, Basciliza G -pg. D-10-49
Cruz, Basilisa C -pg. D-1-193
Cruz, Beatrice -pg. D-5-53
Cruz, Beatrice M -pg. D-14-11
Cruz, Beatrice Q -pg. D-7-6
Cruz, Beatrice Q -pg. D-10-6
Cruz, Beatrice R -pg. D-2-38
Cruz, Beatrice T -pg. D-1-256
Cruz, Benita -pg. D-4-29
Cruz, Benita C -pg. D-8-17
Cruz, Benito A -pg. D-8-22
Cruz, Benito T -pg. D-1-9
Cruz, Benny M -pg. D-1-315
Cruz, Bernadino -pg. D-1-67
Cruz, Bernadita SA -pg. D-1-159
Cruz, Blas DL -pg. D-2-38
Cruz, Brigida B -pg. D-1-331
Cruz, Brigida D -pg. D-1-290
Cruz, Candelaria P -pg. D-1-50
Cruz, Candelaria P -pg. D-10-17
Cruz, Candelaria T -pg. D-1-96
Cruz, Caridad -pg. D-5-49
Cruz, Carlos -pg. D-5-8
Cruz, Carlos -pg. D-5-53
Cruz, Carlos B -pg. D-1-358
Cruz, Carlos C -pg. D-15-9
Cruz, Carlos P -pg. D-1-17
Cruz, Carlos T -pg. D-7-13
Cruz, Carmen -pg. D-4-6
Cruz, Carmen A -pg. D-1-44
Cruz, Carmen A -pg. D-1-87
Cruz, Carmen A -pg. D-11-24
Cruz, Carmen A -pg. D-11-25
Cruz, Carmen B -pg. D-9-14
Cruz, Carmen C -pg. D-6-10
Cruz, Carmen C -pg. D-10-6
Cruz, Carmen G -pg. D-11-51
Cruz, Carmen J -pg. D-2-10
Cruz, Carmen LG -pg. D-1-286
Cruz, Carmen M -pg. D-1-89
Cruz, Carmen N -pg. D-1-15
Cruz, Carmen P -pg. D-1-50
Cruz, Carmen P -pg. D-1-210
Cruz, Carmen P -pg. D-6-15
Cruz, Carmen R -pg. D-1-92

Cruz, Carmen SN -pg. D-2-34
Cruz, Carmen T -pg. D-11-10
Cruz, Catalina A -pg. D-1-220
Cruz, Catalina A -pg. D-1-246
Cruz, Catalina D -pg. D-11-6
Cruz, Catalina P -pg. D-1-49
Cruz, Catalina R -pg. D-1-312
Cruz, Catalina T -pg. D-1-161
Cruz, Catlota Q -pg. D-11-63
Cruz, Cecilia B -pg. D-10-27
Cruz, Cecilia C -pg. D-1-216
Cruz, Cecilia D -pg. D-11-28
Cruz, Cecilia L -pg. D-9-6
Cruz, Cecilia R -pg. D-1-153
Cruz, Cecilia T. -pg. D-3-11
Cruz, Cecilia Y -pg. D-9-1
Cruz, Charles D -pg. D-11-28
Cruz, Clementina -pg. D-4-32
Cruz, Clotilde -pg. D-5-29
Cruz, Clotilde V -pg. D-1-56
Cruz, Colasa B -pg. D-11-32
Cruz, Concelocion R -pg. D-11-22
Cruz, Concepcion A -pg. D-1-44
Cruz, Concepcion A -pg. D-10-18
Cruz, Concepcion C -pg. D-1-168
Cruz, Concepcion L -pg. D-11-29
Cruz, Concepcion LG -pg. D-1-110
Cruz, Concepcion LG -pg. D-1-270
Cruz, Concepcion P -pg. D-1-210
Cruz, Concepcion P -pg. D-1-397
Cruz, Concepcion Q -pg. D-10-6
Cruz, Concepcion SN -pg. D-1-34
Cruz, Concepcion T -pg. D-1-161
Cruz, Concepcion T -pg. D-2-7
Cruz, Concepcion T -pg. D-11-10
Cruz, Concepcion Y -pg. D-9-1
Cruz, Consolacion D -pg. D-1-108
Cruz, Consolacion G -pg. D-8-8
Cruz, Consolacion S -pg. D-10-27
Cruz, Consolacion V -pg. D-1-59
Cruz, Constantino C -pg. D-1-216
Cruz, Cristina D -pg. D-11-6
Cruz, Cristina M -pg. D-11-41
Cruz, Cristobal LG -pg. D-1-303
Cruz, Cristobal P -pg. D-1-118
Cruz, Daisy P -pg. D-1-46
Cruz, Damian S -pg. D-9-15
Cruz, Daniel D -pg. D-9-1
Cruz, Daniel F -pg. D-1-76
Cruz, David D -pg. D-1-290
Cruz, David L -pg. D-10-17
Cruz, David M -pg. D-1-270
Cruz, David T -pg. D-1-314
Cruz, Delfina A -pg. D-1-39
Cruz, Delfina A -pg. D-1-358
Cruz, Delfina M -pg. D-1-387
Cruz, Delgadina S -pg. D-9-27
Cruz, Dimas A -pg. D-8-10
Cruz, Dolores -pg. D-3-15
Cruz, Dolores -pg. D-4-10
Cruz, Dolores -pg. D-4-18
Cruz, Dolores -pg. D-4-21
Cruz, Dolores -pg. D-5-22
Cruz, Dolores -pg. D-2-22

INDEX
1940 Population Census of Guam: Transcribed

Cruz, Dolores A -pg. D-1-311
Cruz, Dolores B -pg. D-1-48
Cruz, Dolores c -pg. D-1-1
Cruz, Dolores C -pg. D-1-20
Cruz, Dolores C -pg. D-1-193
Cruz, Dolores C -pg. D-1-405
Cruz, Dolores C -pg. D-8-17
Cruz, Dolores C -pg. D-8-17
Cruz, Dolores C -pg. D-10-19
Cruz, Dolores G -pg. D-1-361
Cruz, Dolores G -pg. D-8-9
Cruz, Dolores G -pg. D-8-19
Cruz, Dolores J -pg. D-2-10
Cruz, Dolores L -pg. D-1-67
Cruz, Dolores LG -pg. D-1-111
Cruz, Dolores M -pg. D-1-43
Cruz, Dolores M -pg. D-1-171
Cruz, Dolores M -pg. D-1-171
Cruz, Dolores M -pg. D-11-41
Cruz, Dolores P -pg. D-1-46
Cruz, Dolores P -pg. D-1-49
Cruz, Dolores Q -pg. D-11-63
Cruz, Dolores R -pg. D-1-312
Cruz, Dolores S -pg. D-1-56
Cruz, Dolores S -pg. D-1-239
Cruz, Dolores S -pg. D-2-40
Cruz, Dolores S -pg. D-10-27
Cruz, Dolores T -pg. D-1-12
Cruz, Dolores T -pg. D-15-21
Cruz, Dometila Q -pg. D-15-7
Cruz, Dometro C -pg. D-8-35
Cruz, Dometro G -pg. D-1-289
Cruz, Dominga P -pg. D-1-17
Cruz, Domingo A -pg. D-1-15
Cruz, Domingo S -pg. D-10-43
Cruz, Dorotea T -pg. D-1-145
Cruz, Dorothea C -pg. D-15-10
Cruz, Dorothea Q -pg. D-1-8
Cruz, Dufina Q -pg. D-10-6
Cruz, Eddie T -pg. D-11-33
Cruz, Eduardo T -pg. D-1-256
Cruz, Edward -pg. D-3-11
Cruz, Edward -pg. D-4-18
Cruz, Edward A -pg. D-8-10
Cruz, Edward C -pg. D-1-50
Cruz, Edward D -pg. D-1-289
Cruz, Edward M -pg. D-1-387
Cruz, Edward R -pg. D-1-397
Cruz, Elaine L -pg. D-1-239
Cruz, Elena B -pg. D-9-15
Cruz, Elena C -pg. D-1-168
Cruz, Eliud -pg. D-5-53
Cruz, Eliza C -pg. D-1-216
Cruz, Eliza C -pg. D-6-10
Cruz, Eliza O -pg. D-15-12
Cruz, Elizabeth -pg. D-5-53
Cruz, Elpidia T -pg. D-1-145
Cruz, Emanuel T -pg. D-1-145
Cruz, Emilia H -pg. D-9-25
Cruz, Emilia Q -pg. D-1-99
Cruz, Emilia R -pg. D-1-397
Cruz, Encarnacion P -pg. D-1-365
Cruz, Encarnacion T -pg. D-1-9
Cruz, Encarnasion P -pg. D-1-50

Cruz, Engracia C -pg. D-1-204
Cruz, Engracia C -pg. D-1-224
Cruz, Engracia C -pg. D-11-37
Cruz, Engracia Q -pg. D-8-35
Cruz, Enrique -pg. D-4-25
Cruz, Enrique -pg. D-5-53
Cruz, Enrique A -pg. D-11-64
Cruz, Enrique A -pg. D-15-21
Cruz, Enrique B -pg. D-2-16
Cruz, Enrique C -pg. D-1-26
Cruz, Enrique C -pg. D-1-50
Cruz, Enrique C -pg. D-1-244
Cruz, Enrique C -pg. D-9-30
Cruz, Enrique C -pg. D-10-6
Cruz, Enrique C -pg. D-11-41
Cruz, Enrique D -pg. D-1-81
Cruz, Enrique LG -pg. D-1-14
Cruz, Enrique M -pg. D-1-89
Cruz, Enrique M -pg. D-1-251
Cruz, Enrique Q -pg. D-15-7
Cruz, Enrique R -pg. D-1-92
Cruz, Enrique T -pg. D-15-21
Cruz, Enriqueta C -pg. D-8-17
Cruz, Enriqueta T -pg. D-2-36
Cruz, Enriquetta C -pg. D-1-89
Cruz, Esperanza C -pg. D-9-1
Cruz, Estella R -pg. D-1-397
Cruz, Eugenio -pg. D-5-22
Cruz, Eugenio LG -pg. D-1-57
Cruz, Eulogio C -pg. D-1-26
Cruz, Eusebia A -pg. D-15-11
Cruz, Faustino G -pg. D-1-1
Cruz, Feliciana P -pg. D-1-157
Cruz, Felicidad T -pg. D-1-366
Cruz, Felipe -pg. D-3-9
Cruz, Felipe -pg. D-5-29
Cruz, Felipe A -pg. D-2-11
Cruz, Felipe A -pg. D-10-30
Cruz, Felipe D -pg. D-1-171
Cruz, Felipe M -pg. D-1-171
Cruz, Felipe S -pg. D-8-15
Cruz, Felise A -pg. D-1-108
Cruz, Felisidad C -pg. D-11-54
Cruz, Felisita S -pg. D-11-64
Cruz, Felix -pg. D-4-18
Cruz, Felix -pg. D-5-11
Cruz, Felix A -pg. D-7-6
Cruz, Felix C -pg. D-2-44
Cruz, Felix C -pg. D-10-23
Cruz, Felix D -pg. D-1-58
Cruz, Felix D -pg. D-6-10
Cruz, Felix R -pg. D-1-92
Cruz, Felix S -pg. D-9-27
Cruz, Felix S -pg. D-9-27
Cruz, Felix S -pg. D-9-27
Cruz, Felix SN -pg. D-2-34
Cruz, Felix T -pg. D-1-354
Cruz, Felomena C -pg. D-1-241
Cruz, Fermen M -pg. D-8-13
Cruz, Fidel C -pg. D-1-244
Cruz, Fidela Q -pg. D-15-7
Cruz, Filomena C -pg. D-1-99
Cruz, Filomena C -pg. D-1-386
Cruz, Filomena M -pg. D-1-153

Cruz, Filomena R -pg. D-14-1
Cruz, Flora LG -pg. D-8-35
Cruz, Florence -pg. D-5-9
Cruz, Florence M -pg. D-1-387
Cruz, Florencia SA -pg. D-1-159
Cruz, Florencia T -pg. D-1-145
Cruz, Florentina Q -pg. D-9-35
Cruz, Frances J -pg. D-1-152
Cruz, Frances M -pg. D-1-387
Cruz, Francisca C -pg. D-1-24
Cruz, Francisca C -pg. D-10-28
Cruz, Francisca E -pg. D-8-36
Cruz, Francisca M -pg. D-1-270
Cruz, Francisca M -pg. D-1-349
Cruz, Francisca P -pg. D-14-5
Cruz, Francisca Q -pg. D-7-6
Cruz, Francisca R -pg. D-1-46
Cruz, Francisca SN -pg. D-11-49
Cruz, Francisco -pg. D-3-15
Cruz, Francisco -pg. D-4-6
Cruz, Francisco -pg. D-4-25
Cruz, Francisco -pg. D-5-8
Cruz, Francisco -pg. D-5-25
Cruz, Francisco -pg. D-5-49
Cruz, Francisco -pg. D-8-13
Cruz, Francisco A -pg. D-1-108
Cruz, Francisco A -pg. D-8-10
Cruz, Francisco A -pg. D-15-11
Cruz, Francisco B -pg. D-1-51
Cruz, Francisco B -pg. D-1-331
Cruz, Francisco B -pg. D-2-24
Cruz, Francisco B -pg. D-10-27
Cruz, Francisco C -pg. D-1-24
Cruz, Francisco C -pg. D-1-63
Cruz, Francisco C -pg. D-1-89
Cruz, Francisco C -pg. D-1-366
Cruz, Francisco C -pg. D-6-13
Cruz, Francisco C -pg. D-8-34
Cruz, Francisco C -pg. D-9-1
Cruz, Francisco C -pg. D-11-62
Cruz, Francisco C -pg. D-15-33
Cruz, Francisco D -pg. D-1-58
Cruz, Francisco D -pg. D-6-35
Cruz, Francisco D -pg. D-11-6
Cruz, Francisco G -pg. D-1-290
Cruz, Francisco G -pg. D-1-361
Cruz, Francisco H -pg. D-9-25
Cruz, Francisco J -pg. D-1-111
Cruz, Francisco Jr. -pg. D-1-273
Cruz, Francisco LG -pg. D-1-348
Cruz, Francisco M -pg. D-1-63
Cruz, Francisco M -pg. D-1-164
Cruz, Francisco M -pg. D-1-210
Cruz, Francisco M -pg. D-8-36
Cruz, Francisco P -pg. D-1-99
Cruz, Francisco P -pg. D-1-210
Cruz, Francisco P -pg. D-1-273
Cruz, Francisco P -pg. D-10-27
Cruz, Francisco Q -pg. D-1-319
Cruz, Francisco Q -pg. D-10-6
Cruz, Francisco Q -pg. D-15-7
Cruz, Francisco R -pg. D-8-2
Cruz, Francisco S -pg. D-1-14
Cruz, Francisco Salas -pg. D-9-29

INDEX
1940 Population Census of Guam: Transcribed

Cruz, Francisco T -pg. D-1-11
Cruz, Francisco T -pg. D-1-366
Cruz, Francisco T -pg. D-2-34
Cruz, Francisco T -pg. D-6-37
Cruz, Frank S -pg. D-1-94
Cruz, Frankie C -pg. D-11-54
Cruz, Franklin S -pg. D-1-239
Cruz, Frederico A -pg. D-1-91
Cruz, Frederico A -pg. D-1-163
Cruz, Frendico C -pg. D-9-1
Cruz, Froilan M -pg. D-11-44
Cruz, Galo M -pg. D-11-41
Cruz, George -pg. D-5-11
Cruz, George F -pg. D-1-273
Cruz, George S -pg. D-1-80
Cruz, Georginia C -pg. D-11-45
Cruz, Geronimo D -pg. D-1-171
Cruz, Gertrudes C -pg. D-8-17
Cruz, Gloria B -pg. D-15-10
Cruz, Gloria T -pg. D-10-24
Cruz, Gonzalo -pg. D-5-22
Cruz, Gonzalo -pg. D-5-29
Cruz, Gonzalo C -pg. D-2-24
Cruz, Gonzalo R -pg. D-8-2
Cruz, Gonzalo T -pg. D-1-152
Cruz, Gonzalo T -pg. D-15-9
Cruz, Gregorio -pg. D-4-17
Cruz, Gregorio -pg. D-5-55
Cruz, Gregorio A -pg. D-9-17
Cruz, Gregorio B -pg. D-1-20
Cruz, Gregorio C -pg. D-1-136
Cruz, Gregorio Q -pg. D-10-30
Cruz, Gregorio S -pg. D-11-39
Cruz, Gregorio T -pg. D-1-12
Cruz, Gregorio T -pg. D-1-354
Cruz, Guadalupe B -pg. D-1-52
Cruz, Guadalupe C -pg. D-11-45
Cruz, Guadalupe D -pg. D-1-290
Cruz, Guadalupe M -pg. D-11-22
Cruz, Guadalupe Q -pg. D-2-28
Cruz, Guadalupe R -pg. D-11-22
Cruz, Guillermo H -pg. D-9-25
Cruz, Halvor J -pg. D-1-405
Cruz, Helena T -pg. D-1-145
Cruz, Helene L -pg. D-9-6
Cruz, Henry F -pg. D-1-76
Cruz, Henry S -pg. D-9-24
Cruz, Henry S -pg. D-9-27
Cruz, Herbert M -pg. D-1-387
Cruz, Herbert Q -pg. D-9-46
Cruz, Herman D -pg. D-1-177
Cruz, Herman T -pg. D-10-23
Cruz, Herman V -pg. D-1-59
Cruz, Horie -pg. D-3-9
Cruz, Ignacia -pg. D-4-18
Cruz, Ignacia C -pg. D-1-314
Cruz, Ignacia C -pg. D-10-19
Cruz, Ignacia C -pg. D-11-11
Cruz, Ignacia P -pg. D-11-55
Cruz, Ignacio -pg. D-4-36
Cruz, Ignacio -pg. D-5-9
Cruz, Ignacio A -pg. D-1-312
Cruz, Ignacio A -pg. D-11-33
Cruz, Ignacio A "ab" -pg. D-11-25

Cruz, Ignacio B -pg. D-1-52
Cruz, Ignacio B -pg. D-8-22
Cruz, Ignacio B -pg. D-11-24
Cruz, Ignacio C -pg. D-1-2
Cruz, Ignacio C -pg. D-8-17
Cruz, Ignacio C -pg. D-8-20
Cruz, Ignacio C -pg. D-10-6
Cruz, Ignacio D -pg. D-1-99
Cruz, Ignacio G -pg. D-11-63
Cruz, Ignacio LG -pg. D-1-286
Cruz, Ignacio M -pg. D-1-286
Cruz, Ignacio M -pg. D-1-312
Cruz, Ignacio M -pg. D-8-36
Cruz, Ignacio M -pg. D-11-22
Cruz, Ignacio S -pg. D-8-15
Cruz, Ignacio T -pg. D-1-287
Cruz, Ignacio T -pg. D-1-366
Cruz, Ignacio T -pg. D-11-33
Cruz, Ilogio S -pg. D-9-15
Cruz, Incarnacion A -pg. D-11-17
Cruz, Infant -pg. D-9-1
Cruz, Isabel -pg. D-5-29
Cruz, Isabel -pg. D-1-290
Cruz, Isabel A -pg. D-11-45
Cruz, Isabel B -pg. D-1-56
Cruz, Isabel B -pg. D-10-27
Cruz, Isabel B -pg. D-10-35
Cruz, Isabel B -pg. D-15-10
Cruz, Isabel C -pg. D-1-16
Cruz, Isabel C -pg. D-1-193
Cruz, Isabel C -pg. D-1-332
Cruz, Isabel C -pg. D-6-13
Cruz, Isabel LG -pg. D-1-57
Cruz, Isabel M -pg. D-1-349
Cruz, Isabel P -pg. D-1-46
Cruz, Isabel S -pg. D-1-56
Cruz, Isabel SN -pg. D-1-252
Cruz, Isabel T -pg. D-1-145
Cruz, Isabel T -pg. D-1-161
Cruz, Isabel T -pg. D-1-161
Cruz, Isabel T -pg. D-1-314
Cruz, Isabel T -pg. D-7-13
Cruz, Jaime C -pg. D-15-9
Cruz, James Robert T -pg. D-11-34
Cruz, Jesus -pg. D-3-11
Cruz, Jesus -pg. D-3-15
Cruz, Jesus -pg. D-4-10
Cruz, Jesus -pg. D-4-10
Cruz, Jesus -pg. D-4-32
Cruz, Jesus -pg. D-5-5
Cruz, Jesus -pg. D-5-23
Cruz, Jesus -pg. D-5-29
Cruz, Jesus -pg. D-5-36
Cruz, Jesus -pg. D-5-40
Cruz, Jesus -pg. D-5-43
Cruz, Jesus -pg. D-11-64
Cruz, Jesus A -pg. D-1-108
Cruz, Jesus A -pg. D-8-10
Cruz, Jesus A -pg. D-8-33
Cruz, Jesus A -pg. D-15-11
Cruz, Jesus A -pg. D-15-16
Cruz, Jesus --ab-- -pg. D-1-161
Cruz, Jesus B -pg. D-1-52
Cruz, Jesus B -pg. D-1-112

Cruz, Jesus B -pg. D-11-64
Cruz, Jesus B -pg. D-15-11
Cruz, Jesus C -pg. D-1-24
Cruz, Jesus C -pg. D-1-244
Cruz, Jesus C -pg. D-6-10
Cruz, Jesus C -pg. D-8-9
Cruz, Jesus C -pg. D-9-14
Cruz, Jesus C -pg. D-11-17
Cruz, Jesus C -pg. D-11-62
Cruz, Jesus C -pg. D-15-33
Cruz, Jesus D -pg. D-14-4
Cruz, Jesus D -pg. D-14-9
Cruz, Jesus I -pg. D-1-386
Cruz, Jesus J -pg. D-2-10
Cruz, Jesus LG -pg. D-1-57
Cruz, Jesus LG -pg. D-1-70
Cruz, Jesus LG -pg. D-1-327
Cruz, Jesus LG -pg. D-8-35
Cruz, Jesus M -pg. D-1-43
Cruz, Jesus M -pg. D-1-43
Cruz, Jesus M -pg. D-1-63
Cruz, Jesus M -pg. D-1-89
Cruz, Jesus M -pg. D-1-301
Cruz, Jesus M -pg. D-1-350
Cruz, Jesus P -pg. D-1-17
Cruz, Jesus P -pg. D-1-46
Cruz, Jesus P -pg. D-1-94
Cruz, Jesus P -pg. D-1-210
Cruz, Jesus P -pg. D-14-5
Cruz, Jesus Q -pg. D-2-28
Cruz, Jesus R -pg. D-1-46
Cruz, Jesus R -pg. D-11-22
Cruz, Jesus SN -pg. D-1-252
Cruz, Jesus T -pg. D-1-9
Cruz, Jesus T -pg. D-1-287
Cruz, Jesus T -pg. D-1-354
Cruz, Jesus T -pg. D-2-36
Cruz, Jesus T -pg. D-10-23
Cruz, Jesus T -pg. D-15-32
Cruz, Jesus V -pg. D-1-57
Cruz, Jesus V -pg. D-1-59
Cruz, Jesusa A -pg. D-11-17
Cruz, Jesusa S -pg. D-9-44
Cruz, Jesusa T -pg. D-1-366
Cruz, Joaquin -pg. D-3-9
Cruz, Joaquin -pg. D-3-9
Cruz, Joaquin -pg. D-3-15
Cruz, Joaquin -pg. D-3-25
Cruz, Joaquin -pg. D-4-6
Cruz, Joaquin -pg. D-4-10
Cruz, Joaquin -pg. D-5-25
Cruz, Joaquin -pg. D-5-25
Cruz, Joaquin -pg. D-5-50
Cruz, Joaquin -pg. D-5-53
Cruz, Joaquin -pg. D-5-55
Cruz, Joaquin -pg. D-5-61
Cruz, Joaquin -pg. D-11-66
Cruz, Joaquin A -pg. D-1-238
Cruz, Joaquin B -pg. D-1-409
Cruz, Joaquin B -pg. D-2-16
Cruz, Joaquin B -pg. D-11-39
Cruz, Joaquin C -pg. D-1-314
Cruz, Joaquin C -pg. D-1-386
Cruz, Joaquin C -pg. D-10-19

Cruz, Joaquin D -pg. D-1-76
Cruz, Joaquin G -pg. D-1-290
Cruz, Joaquin G -pg. D-8-9
Cruz, Joaquin G -pg. D-8-22
Cruz, Joaquin G -pg. D-11-10
Cruz, Joaquin G -pg. D-11-51
Cruz, Joaquin LG -pg. D-1-110
Cruz, Joaquin M -pg. D-1-23
Cruz, Joaquin M -pg. D-1-63
Cruz, Joaquin M -pg. D-1-89
Cruz, Joaquin M -pg. D-1-349
Cruz, Joaquin M -pg. D-11-41
Cruz, Joaquin M -pg. D-11-51
Cruz, Joaquin N -pg. D-1-15
Cruz, Joaquin O -pg. D-2-22
Cruz, Joaquin P -pg. D-1-34
Cruz, Joaquin R -pg. D-2-29
Cruz, Joaquin R -pg. D-8-33
Cruz, Joaquin R -pg. D-11-22
Cruz, Joaquin R -pg. D-15-32
Cruz, Joaquin R -pg. D-15-32
Cruz, Joaquin S -pg. D-1-26
Cruz, Joaquin S -pg. D-2-31
Cruz, Joaquin T -pg. D-1-161
Cruz, Joaquin T -pg. D-2-7
Cruz, Joaquina A -pg. D-8-24
Cruz, Joaquina F -pg. D-1-14
Cruz, Joaquina M -pg. D-1-315
Cruz, Joaquina T -pg. D-1-177
Cruz, John M -pg. D-1-313
Cruz, Johnnie M -pg. D-1-387
Cruz, Jose -pg. D-3-8
Cruz, Jose -pg. D-3-9
Cruz, Jose -pg. D-3-15
Cruz, Jose -pg. D-3-25
Cruz, Jose -pg. D-4-2
Cruz, Jose -pg. D-4-6
Cruz, Jose -pg. D-4-20
Cruz, Jose -pg. D-4-20
Cruz, Jose -pg. D-4-22
Cruz, Jose -pg. D-4-22
Cruz, Jose -pg. D-4-25
Cruz, Jose -pg. D-4-25
Cruz, Jose -pg. D-4-25
Cruz, Jose -pg. D-4-36
Cruz, Jose -pg. D-5-11
Cruz, Jose -pg. D-5-22
Cruz, Jose -pg. D-5-29
Cruz, Jose -pg. D-5-40
Cruz, Jose -pg. D-5-43
Cruz, Jose -pg. D-5-49
Cruz, Jose -pg. D-1-57
Cruz, Jose -pg. D-8-2
Cruz, Jose A -pg. D-1-44
Cruz, Jose A -pg. D-1-87
Cruz, Jose A -pg. D-1-96
Cruz, Jose A -pg. D-1-108
Cruz, Jose A -pg. D-1-241
Cruz, Jose A -pg. D-1-257
Cruz, Jose A -pg. D-1-358
Cruz, Jose A -pg. D-2-16
Cruz, Jose A -pg. D-8-10
Cruz, Jose A -pg. D-8-17
Cruz, Jose A -pg. D-8-24

Cruz, Jose A -pg. D-8-33
Cruz, Jose A -pg. D-11-64
Cruz, Jose A -pg. D-11-73
Cruz, Jose A -pg. D-15-11
Cruz, Jose B -pg. D-1-52
Cruz, Jose B -pg. D-1-59
Cruz, Jose B -pg. D-1-112
Cruz, Jose B -pg. D-1-230
Cruz, Jose B -pg. D-1-331
Cruz, Jose B -pg. D-1-331
Cruz, Jose B -pg. D-1-338
Cruz, Jose B -pg. D-1-358
Cruz, Jose B -pg. D-11-64
Cruz, Jose C -pg. D-1-24
Cruz, Jose C -pg. D-1-44
Cruz, Jose C -pg. D-1-73
Cruz, Jose C -pg. D-1-97
Cruz, Jose C -pg. D-1-110
Cruz, Jose C -pg. D-1-131
Cruz, Jose C -pg. D-1-251
Cruz, Jose C -pg. D-1-257
Cruz, Jose C -pg. D-1-322
Cruz, Jose C -pg. D-1-387
Cruz, Jose C -pg. D-1-393
Cruz, Jose C -pg. D-1-405
Cruz, Jose C -pg. D-2-36
Cruz, Jose C -pg. D-6-10
Cruz, Jose C -pg. D-6-37
Cruz, Jose C -pg. D-8-9
Cruz, Jose C -pg. D-8-24
Cruz, Jose C -pg. D-9-9
Cruz, Jose C -pg. D-10-6
Cruz, Jose C -pg. D-15-33
Cruz, Jose D -pg. D-1-57
Cruz, Jose D -pg. D-1-108
Cruz, Jose D -pg. D-1-135
Cruz, Jose D -pg. D-6-12
Cruz, Jose D -pg. D-6-15
Cruz, Jose D -pg. D-9-1
Cruz, Jose D -pg. D-11-32
Cruz, Jose F -pg. D-1-20
Cruz, Jose F -pg. D-1-224
Cruz, Jose G -pg. D-6-35
Cruz, Jose G -pg. D-8-9
Cruz, Jose LG -pg. D-1-110
Cruz, Jose LG -pg. D-1-153
Cruz, Jose LG -pg. D-8-35
Cruz, Jose M -pg. D-1-43
Cruz, Jose M -pg. D-1-50
Cruz, Jose M -pg. D-1-89
Cruz, Jose M -pg. D-1-216
Cruz, Jose M -pg. D-1-349
Cruz, Jose M -pg. D-1-356
Cruz, Jose M -pg. D-1-387
Cruz, Jose M -pg. D-8-13
Cruz, Jose M -pg. D-10-19
Cruz, Jose M -pg. D-11-45
Cruz, Jose M -pg. D-15-12
Cruz, Jose N -pg. D-1-9
Cruz, Jose O -pg. D-1-20
Cruz, Jose O -pg. D-2-22
Cruz, Jose O -pg. D-15-9
Cruz, Jose P -pg. D-1-17
Cruz, Jose P -pg. D-1-159

Cruz, Jose P -pg. D-1-168
Cruz, Jose P -pg. D-1-210
Cruz, Jose P -pg. D-1-339
Cruz, Jose P -pg. D-6-15
Cruz, Jose P -pg. D-7-15
Cruz, Jose P -pg. D-8-9
Cruz, Jose P -pg. D-8-17
Cruz, Jose P -pg. D-11-28
Cruz, Jose P -pg. D-14-5
Cruz, Jose Q -pg. D-1-59
Cruz, Jose Q -pg. D-1-319
Cruz, Jose Q -pg. D-2-28
Cruz, Jose Q -pg. D-9-46
Cruz, Jose Q -pg. D-11-37
Cruz, Jose Q -pg. D-11-64
Cruz, Jose R -pg. D-1-46
Cruz, Jose R -pg. D-1-107
Cruz, Jose R -pg. D-2-38
Cruz, Jose R -pg. D-8-2
Cruz, Jose S -pg. D-1-118
Cruz, Jose S -pg. D-1-193
Cruz, Jose S -pg. D-1-339
Cruz, Jose S -pg. D-9-17
Cruz, Jose S -pg. D-10-43
Cruz, Jose S -pg. D-11-39
Cruz, Jose S -pg. D-14-13
Cruz, Jose S -pg. D-10-35
Cruz, Jose SN -pg. D-1-92
Cruz, Jose T -pg. D-1-11
Cruz, Jose T -pg. D-1-145
Cruz, Jose T -pg. D-1-161
Cruz, Jose T -pg. D-1-161
Cruz, Jose T -pg. D-1-287
Cruz, Jose T -pg. D-1-328
Cruz, Jose T -pg. D-8-10
Cruz, Jose T -pg. D-11-10
Cruz, Jose T -pg. D-15-9
Cruz, Jose T -pg. D-15-21
Cruz, Jose V -pg. D-1-52
Cruz, Jose V -pg. D-1-59
Cruz, Jose W -pg. D-1-86
Cruz, Josefa -pg. D-4-1
Cruz, Josefa -pg. D-4-27
Cruz, Josefa A -pg. D-1-44
Cruz, Josefa B -pg. D-8-23
Cruz, Josefa B -pg. D-11-64
Cruz, Josefa B -pg. D-15-10
Cruz, Josefa C -pg. D-8-9
Cruz, Josefa C -pg. D-8-19
Cruz, Josefa C -pg. D-9-13
Cruz, Josefa C -pg. D-11-15
Cruz, Josefa C -pg. D-11-56
Cruz, Josefa D -pg. D-1-57
Cruz, Josefa D -pg. D-11-6
Cruz, Josefa G -pg. D-1-80
Cruz, Josefa G -pg. D-8-9
Cruz, Josefa I -pg. D-1-386
Cruz, Josefa J -pg. D-2-10
Cruz, Josefa M -pg. D-1-295
Cruz, Josefa P -pg. D-1-339
Cruz, Josefa R -pg. D-8-2
Cruz, Josefa S -pg. D-9-15
Cruz, Josefa S -pg. D-9-27
Cruz, Josefa S.N. -pg. D-2-26

INDEX
1940 Population Census of Guam: Transcribed

Cruz, Josefa T -pg. D-1-161
Cruz, Josefa T -pg. D-8-10
Cruz, Josefa U -pg. D-1-6
Cruz, Josefina -pg. D-4-22
Cruz, Josefina -pg. D-5-8
Cruz, Josefina -pg. D-5-22
Cruz, Josefina -pg. D-5-25
Cruz, Josefina A -pg. D-1-44
Cruz, Josefina C -pg. D-11-26
Cruz, Josefina C -pg. D-11-45
Cruz, Josefina C -pg. D-15-9
Cruz, Josefina M -pg. D-1-43
Cruz, Josefina M -pg. D-1-270
Cruz, Josefina P -pg. D-1-339
Cruz, Josefina S -pg. D-9-13
Cruz, Josefina S -pg. D-10-35
Cruz, Josefina T -pg. D-1-366
Cruz, Josefina T -pg. D-7-13
Cruz, Josefina V -pg. D-1-59
Cruz, Joseph A -pg. D-9-17
Cruz, Joseph Benny C -pg. D-11-45
Cruz, Joseph C -pg. D-1-295
Cruz, Joseph G -pg. D-11-51
Cruz, Joseph R -pg. D-1-153
Cruz, Josepha -pg. D-5-29
Cruz, Josepha -pg. D-5-49
Cruz, Juan -pg. D-3-25
Cruz, Juan -pg. D-4-14
Cruz, Juan -pg. D-4-15
Cruz, Juan -pg. D-4-18
Cruz, Juan -pg. D-4-18
Cruz, Juan -pg. D-4-20
Cruz, Juan -pg. D-4-22
Cruz, Juan -pg. D-4-36
Cruz, Juan -pg. D-5-23
Cruz, Juan -pg. D-5-25
Cruz, Juan -pg. D-5-53
Cruz, Juan -pg. D-5-55
Cruz, Juan A -pg. D-8-8
Cruz, Juan A -pg. D-8-24
Cruz, Juan A -pg. D-11-17
Cruz, Juan A -pg. D-15-11
Cruz, Juan B -pg. D-1-52
Cruz, Juan B -pg. D-1-193
Cruz, Juan B -pg. D-10-27
Cruz, Juan B -pg. D-15-9
Cruz, Juan C -pg. D-1-4
Cruz, Juan C -pg. D-1-59
Cruz, Juan C -pg. D-1-168
Cruz, Juan C -pg. D-1-244
Cruz, Juan C -pg. D-1-361
Cruz, Juan C -pg. D-2-31
Cruz, Juan C -pg. D-6-10
Cruz, Juan C -pg. D-8-19
Cruz, Juan C -pg. D-9-1
Cruz, Juan C -pg. D-9-29
Cruz, Juan C -pg. D-10-23
Cruz, Juan C -pg. D-11-54
Cruz, Juan C -pg. D-14-1
Cruz, Juan C -pg. D-15-33
Cruz, Juan C -pg. D-10-35
Cruz, Juan D -pg. D-1-57
Cruz, Juan G -pg. D-1-56
Cruz, Juan G -pg. D-1-193

Cruz, Juan G -pg. D-1-295
Cruz, Juan G -pg. D-8-8
Cruz, Juan I -pg. D-1-4
Cruz, Juan I -pg. D-9-24
Cruz, Juan L -pg. D-1-49
Cruz, Juan LG -pg. D-1-110
Cruz, Juan LG -pg. D-9-8
Cruz, Juan LG -pg. D-11-53
Cruz, Juan M -pg. D-1-89
Cruz, Juan M -pg. D-1-387
Cruz, Juan M -pg. D-8-13
Cruz, Juan M -pg. D-11-22
Cruz, Juan M -pg. D-14-1
Cruz, Juan N "ab" -pg. D-1-15
Cruz, Juan O -pg. D-1-20
Cruz, Juan O -pg. D-2-22
Cruz, Juan P -pg. D-1-17
Cruz, Juan P -pg. D-8-19
Cruz, Juan P -pg. D-9-1
Cruz, Juan P -pg. D-14-5
Cruz, Juan Q -pg. D-7-6
Cruz, Juan Q -pg. D-9-35
Cruz, Juan Q -pg. D-11-63
Cruz, Juan R -pg. D-1-311
Cruz, Juan R -pg. D-1-397
Cruz, Juan R -pg. D-8-2
Cruz, Juan R -pg. D-11-22
Cruz, Juan S -pg. D-1-23
Cruz, Juan S -pg. D-1-46
Cruz, Juan S -pg. D-1-56
Cruz, Juan S -pg. D-1-311
Cruz, Juan S -pg. D-2-40
Cruz, Juan S -pg. D-2-40
Cruz, Juan S -pg. D-8-13
Cruz, Juan S -pg. D-9-25
Cruz, Juan S -pg. D-10-28
Cruz, Juan SA -pg. D-1-195
Cruz, Juan SN -pg. D-1-252
Cruz, Juan SN -pg. D-9-3
Cruz, Juan T -pg. D-1-12
Cruz, Juan T -pg. D-1-145
Cruz, Juan T -pg. D-1-161
Cruz, Juan T -pg. D-1-210
Cruz, Juan T -pg. D-10-23
Cruz, Juan T -pg. D-15-21
Cruz, Juan V -pg. D-1-56
Cruz, Juana C -pg. D-10-23
Cruz, Juana G -pg. D-10-49
Cruz, Juana S -pg. D-2-31
Cruz, Juana T -pg. D-1-49
Cruz, Juanita -pg. D-4-30
Cruz, Juanita B -pg. D-2-40
Cruz, Juan-Jose C -pg. D-11-10
Cruz, Julia A -pg. D-1-86
Cruz, Julia C -pg. D-1-73
Cruz, Julia C -pg. D-1-260
Cruz, Julia C -pg. D-7-13
Cruz, Julia C -pg. D-15-10
Cruz, Julia D -pg. D-1-290
Cruz, Julia G -pg. D-8-9
Cruz, Julia Q -pg. D-1-319
Cruz, Julia Q -pg. D-9-35
Cruz, Julia S -pg. D-1-94
Cruz, Julian C -pg. D-1-26

Cruz, Juliana -pg. D-5-22
Cruz, Juliana A -pg. D-1-27
Cruz, Juliana F -pg. D-1-76
Cruz, Juliana R -pg. D-1-107
Cruz, Juliana R -pg. D-1-311
Cruz, Julita S -pg. D-11-39
Cruz, June-Nora T -pg. D-11-33
Cruz, Justa S -pg. D-8-15
Cruz, Justo C -pg. D-10-17
Cruz, Laura C -pg. D-15-10
Cruz, Leocadio C -pg. D-6-5
Cruz, Leon A -pg. D-8-24
Cruz, Leoncia C -pg. D-6-35
Cruz, Leonilla C -pg. D-1-97
Cruz, Leonora T -pg. D-1-12
Cruz, Librada C -pg. D-10-28
Cruz, Lilian M -pg. D-15-10
Cruz, Lillian M -pg. D-1-387
Cruz, Lorenzo C -pg. D-1-16
Cruz, Lorenzo C -pg. D-9-30
Cruz, Lorenzo G -pg. D-10-27
Cruz, Lorenzo Q -pg. D-1-398
Cruz, Lorenzo S -pg. D-10-27
Cruz, Lourdes -pg. D-3-15
Cruz, Lourdes -pg. D-5-40
Cruz, Lourdes A -pg. D-1-87
Cruz, Lourdes C -pg. D-11-54
Cruz, Lourdes G -pg. D-11-51
Cruz, Lourdes L -pg. D-1-67
Cruz, Lourdes P -pg. D-1-270
Cruz, Lourdes Q -pg. D-15-7
Cruz, Lourdes R -pg. D-1-397
Cruz, Lourdes S -pg. D-10-27
Cruz, Lourdes W -pg. D-1-86
Cruz, Lucia A -pg. D-1-241
Cruz, Lucia A -pg. D-15-11
Cruz, Lucia Q -pg. D-9-45
Cruz, Lucila T -pg. D-11-10
Cruz, Lucy -pg. D-5-9
Cruz, Luis -pg. D-4-7
Cruz, Luis A -pg. D-10-54
Cruz, Luis A -pg. D-15-11
Cruz, Luis C -pg. D-8-19
Cruz, Luis C -pg. D-9-30
Cruz, Luis M -pg. D-14-5
Cruz, Luis SN -pg. D-1-176
Cruz, Luis T -pg. D-1-176
Cruz, Luisa -pg. D-5-53
Cruz, Luisa B -pg. D-15-10
Cruz, Luisa C -pg. D-1-86
Cruz, Luisa G -pg. D-9-24
Cruz, Luisa P -pg. D-1-46
Cruz, Luisa T -pg. D-1-11
Cruz, Lydia F -pg. D-1-76
Cruz, Macario M -pg. D-1-43
Cruz, Magdalena -pg. D-3-8
Cruz, Magdalena -pg. D-4-27
Cruz, Magdalena C -pg. D-1-99
Cruz, Magdalena C -pg. D-15-9
Cruz, Magdalena L -pg. D-1-67
Cruz, Magdalena M -pg. D-11-44
Cruz, Magdalena V -pg. D-1-56
Cruz, Manuel -pg. D-3-17
Cruz, Manuel -pg. D-3-25

INDEX
1940 Population Census of Guam: Transcribed

Cruz, Manuel -pg. D-4-1
Cruz, Manuel -pg. D-4-29
Cruz, Manuel -pg. D-5-25
Cruz, Manuel A -pg. D-9-6
Cruz, Manuel A -pg. D-11-17
Cruz, Manuel B -pg. D-1-135
Cruz, Manuel B -pg. D-15-7
Cruz, Manuel C -pg. D-1-49
Cruz, Manuel C -pg. D-1-97
Cruz, Manuel C -pg. D-1-99
Cruz, Manuel C -pg. D-1-168
Cruz, Manuel C -pg. D-1-211
Cruz, Manuel C -pg. D-1-218
Cruz, Manuel C -pg. D-11-64
Cruz, Manuel G -pg. D-1-361
Cruz, Manuel I -pg. D-7-13
Cruz, Manuel P -pg. D-1-204
Cruz, Manuel Q -pg. D-15-7
Cruz, Manuel R. -pg. D-8-2
Cruz, Manuel S -pg. D-1-23
Cruz, Manuel S -pg. D-1-163
Cruz, Manuel S -pg. D-10-35
Cruz, Manuel T -pg. D-1-234
Cruz, Manuel T -pg. D-7-13
Cruz, Manuela C -pg. D-9-29
Cruz, Marcela A -pg. D-9-6
Cruz, Marcela F -pg. D-10-30
Cruz, Marcela Q -pg. D-9-35
Cruz, Margarita -pg. D-5-8
Cruz, Margarita -pg. D-5-25
Cruz, Margarita A -pg. D-8-10
Cruz, Margarita C -pg. D-2-22
Cruz, Margarita C -pg. D-11-45
Cruz, Margarita C -pg. D-15-33
Cruz, Maria -pg. D-3-15
Cruz, Maria -pg. D-3-17
Cruz, Maria -pg. D-3-25
Cruz, Maria -pg. D-4-6
Cruz, Maria -pg. D-4-22
Cruz, Maria -pg. D-4-25
Cruz, Maria -pg. D-4-25
Cruz, Maria -pg. D-4-29
Cruz, Maria -pg. D-5-4
Cruz, Maria -pg. D-5-11
Cruz, Maria -pg. D-5-28
Cruz, Maria -pg. D-5-40
Cruz, Maria A -pg. D-1-44
Cruz, Maria A -pg. D-1-44
Cruz, Maria A -pg. D-1-131
Cruz, Maria A -pg. D-1-279
Cruz, Maria A -pg. D-1-353
Cruz, Maria A -pg. D-1-355
Cruz, Maria A -pg. D-8-8
Cruz, Maria A -pg. D-8-33
Cruz, Maria A -pg. D-9-17
Cruz, Maria A -pg. D-10-18
Cruz, Maria A -pg. D-11-23
Cruz, Maria A -pg. D-15-11
Cruz, Maria B -pg. D-1-16
Cruz, Maria B -pg. D-1-52
Cruz, Maria B -pg. D-1-112
Cruz, Maria B -pg. D-1-112
Cruz, Maria B -pg. D-1-230
Cruz, Maria B -pg. D-1-230

Cruz, Maria B -pg. D-1-338
Cruz, Maria B -pg. D-1-338
Cruz, Maria B -pg. D-2-40
Cruz, Maria B -pg. D-8-22
Cruz, Maria B -pg. D-8-22
Cruz, Maria B -pg. D-11-32
Cruz, Maria B -pg. D-11-64
Cruz, Maria B -pg. D-15-10
Cruz, Maria B -pg. D-10-35
Cruz, Maria C -pg. D-1-1
Cruz, Maria C -pg. D-1-24
Cruz, Maria C -pg. D-1-50
Cruz, Maria C -pg. D-1-89
Cruz, Maria C -pg. D-1-168
Cruz, Maria C -pg. D-1-168
Cruz, Maria C -pg. D-1-257
Cruz, Maria C -pg. D-2-22
Cruz, Maria C -pg. D-6-10
Cruz, Maria C -pg. D-6-10
Cruz, Maria C -pg. D-6-12
Cruz, Maria C -pg. D-8-9
Cruz, Maria C -pg. D-8-17
Cruz, Maria C -pg. D-8-19
Cruz, Maria C -pg. D-9-20
Cruz, Maria C -pg. D-9-30
Cruz, Maria C -pg. D-11-45
Cruz, Maria C -pg. D-11-48
Cruz, Maria C -pg. D-11-64
Cruz, Maria C -pg. D-15-10
Cruz, Maria C -pg. D-15-16
Cruz, Maria C -pg. D-15-16
Cruz, Maria C -pg. D-15-33
Cruz, Maria C -pg. D-15-33
Cruz, Maria D -pg. D-1-46
Cruz, Maria D -pg. D-1-58
Cruz, Maria F -pg. D-1-273
Cruz, Maria G -pg. D-1-73
Cruz, Maria G -pg. D-1-361
Cruz, Maria G -pg. D-8-9
Cruz, Maria H -pg. D-9-25
Cruz, Maria I -pg. D-1-4
Cruz, Maria J -pg. D-2-10
Cruz, Maria J -pg. D-2-10
Cruz, Maria L -pg. D-1-67
Cruz, Maria L SN -pg. D-1-229
Cruz, Maria LG -pg. D-1-110
Cruz, Maria LG -pg. D-1-286
Cruz, Maria LG -pg. D-7-6
Cruz, Maria M -pg. D-1-89
Cruz, Maria M -pg. D-8-13
Cruz, Maria M -pg. D-8-36
Cruz, Maria M -pg. D-9-46
Cruz, Maria M -pg. D-11-41
Cruz, Maria Madalena A -pg. D-11-23
Cruz, Maria N -pg. D-1-15
Cruz, Maria O -pg. D-1-20
Cruz, Maria O -pg. D-1-79
Cruz, Maria O -pg. D-2-22
Cruz, Maria O -pg. D-15-27
Cruz, Maria P -pg. D-1-49
Cruz, Maria P -pg. D-9-10
Cruz, Maria P -pg. D-14-5
Cruz, Maria Q -pg. D-7-6
Cruz, Maria Q -pg. D-9-45

Cruz, Maria Q -pg. D-10-6
Cruz, Maria Q -pg. D-11-63
Cruz, Maria R -pg. D-1-92
Cruz, Maria R -pg. D-1-311
Cruz, Maria R -pg. D-1-397
Cruz, Maria R -pg. D-2-21
Cruz, Maria R -pg. D-8-2
Cruz, Maria R -pg. D-8-2
Cruz, Maria R -pg. D-11-22
Cruz, Maria S -pg. D-1-23
Cruz, Maria S -pg. D-1-53
Cruz, Maria S -pg. D-1-53
Cruz, Maria S -pg. D-1-94
Cruz, Maria S -pg. D-1-94
Cruz, Maria S -pg. D-1-135
Cruz, Maria S -pg. D-1-273
Cruz, Maria S -pg. D-2-40
Cruz, Maria S -pg. D-9-13
Cruz, Maria S -pg. D-9-15
Cruz, Maria S -pg. D-10-35
Cruz, Maria SA -pg. D-1-159
Cruz, Maria SN -pg. D-1-34
Cruz, Maria SN -pg. D-1-251
Cruz, Maria SN -pg. D-11-49
Cruz, Maria T -pg. D-1-49
Cruz, Maria T -pg. D-1-152
Cruz, Maria T -pg. D-1-161
Cruz, Maria T -pg. D-1-161
Cruz, Maria T -pg. D-1-177
Cruz, Maria T -pg. D-6-35
Cruz, Maria T -pg. D-15-21
Cruz, Maria U -pg. D-1-208
Cruz, Maria W -pg. D-1-86
Cruz, Mariano A -pg. D-1-11
Cruz, Mariano A -pg. D-1-27
Cruz, Mariano C -pg. D-1-16
Cruz, Mariano C -pg. D-1-168
Cruz, Mariano C -pg. D-1-248
Cruz, Mariano C -pg. D-2-10
Cruz, Mariano L -pg. D-1-90
Cruz, Mariano LG -pg. D-9-8
Cruz, Mariano M -pg. D-1-86
Cruz, Mariano M -pg. D-11-49
Cruz, Mariano S -pg. D-2-7
Cruz, Mark-Peter T -pg. D-11-33
Cruz, Martha C -pg. D-1-97
Cruz, Martina C -pg. D-8-19
Cruz, Mary M -pg. D-9-6
Cruz, Mary M -pg. D-9-6
Cruz, Matilde -pg. D-4-32
Cruz, Matilde D -pg. D-1-290
Cruz, Matilde S -pg. D-1-118
Cruz, Matilde S -pg. D-9-28
Cruz, Matilde T -pg. D-1-256
Cruz, May Ann T -pg. D-11-33
Cruz, Mercedes C -pg. D-1-260
Cruz, Meserecordia S -pg. D-1-135
Cruz, Miguel A -pg. D-8-24
Cruz, Miguel C -pg. D-1-16
Cruz, Miguel C -pg. D-11-16
Cruz, Miguel D -pg. D-11-6
Cruz, Miguel D -pg. D-11-28
Cruz, Miguel J -pg. D-11-73
Cruz, Miguel J -pg. D-11-76

INDEX
1940 Population Census of Guam: Transcribed

Cruz, Miguel J. -pg. D-11-73
Cruz, Miguel L -pg. D-1-132
Cruz, Miguel P -pg. D-8-17
Cruz, Miguel R -pg. D-1-403
Cruz, Miguel S -pg. D-1-56
Cruz, Mikaela P -pg. D-7-9
Cruz, Milagro M -pg. D-8-36
Cruz, Narcisa A -pg. D-8-22
Cruz, Natividad -pg. D-3-17
Cruz, Natividad -pg. D-1-59
Cruz, Natividad C -pg. D-1-102
Cruz, Natividad C -pg. D-15-33
Cruz, Natividad C (ab) -pg. D-1-305
Cruz, Natividad R -pg. D-2-20
Cruz, Natividad R -pg. D-2-38
Cruz, Natividad S -pg. D-10-27
Cruz, Neri M -pg. D-1-89
Cruz, Nicolas -pg. D-3-17
Cruz, Nicolas -pg. D-3-17
Cruz, Nicolasa -pg. D-5-25
Cruz, Nicolasa C -pg. D-1-386
Cruz, Nicolasa R -pg. D-1-312
Cruz, Nicolasa T -pg. D-8-33
Cruz, Nieves M -pg. D-1-171
Cruz, Norberto V -pg. D-1-59
Cruz, Norman E -pg. D-9-6
Cruz, Oliva A -pg. D-1-88
Cruz, Oliva SA -pg. D-1-159
Cruz, Oliva T -pg. D-11-33
Cruz, Olivia T -pg. D-11-33
Cruz, Olympia -pg. D-4-18
Cruz, Olympia LG -pg. D-1-57
Cruz, Oscar C -pg. D-1-50
Cruz, Oscar D -pg. D-1-290
Cruz, Pablo C -pg. D-8-19
Cruz, Pacita C -pg. D-1-393
Cruz, Paolino LG -pg. D-1-151
Cruz, Paterno -pg. D-5-29
Cruz, Paterno M -pg. D-1-270
Cruz, Pedro -pg. D-4-29
Cruz, Pedro -pg. D-5-4
Cruz, Pedro -pg. D-5-11
Cruz, Pedro -pg. D-5-25
Cruz, Pedro A -pg. D-1-88
Cruz, Pedro B -pg. D-1-112
Cruz, Pedro B -pg. D-1-230
Cruz, Pedro B -pg. D-1-230
Cruz, Pedro B -pg. D-8-23
Cruz, Pedro C -pg. D-1-102
Cruz, Pedro C -pg. D-1-319
Cruz, Pedro C -pg. D-2-22
Cruz, Pedro C -pg. D-2-24
Cruz, Pedro G -pg. D-1-152
Cruz, Pedro G -pg. D-7-5
Cruz, Pedro G -pg. D-10-49
Cruz, Pedro G -pg. D-14-11
Cruz, Pedro G Jr. -pg. D-14-11
Cruz, Pedro I -pg. D-1-386
Cruz, Pedro LG -pg. D-1-303
Cruz, Pedro M -pg. D-1-89
Cruz, Pedro O -pg. D-2-31
Cruz, Pedro P -pg. D-1-49
Cruz, Pedro R -pg. D-1-107
Cruz, Pedro R -pg. D-1-312

Cruz, Pedro R -pg. D-15-7
Cruz, Pedro S -pg. D-1-17
Cruz, Pedro S -pg. D-1-177
Cruz, Pedro S -pg. D-1-311
Cruz, Pedro S -pg. D-9-44
Cruz, Pedro S -pg. D-10-27
Cruz, Pedro T -pg. D-1-177
Cruz, Pedro T -pg. D-15-9
Cruz, Pedro T -pg. D-15-21
Cruz, Pedro W -pg. D-1-86
Cruz, Perpeta -pg. D-5-22
Cruz, Perpeto -pg. D-3-17
Cruz, Peter F -pg. D-14-4
Cruz, Peter H -pg. D-9-25
Cruz, Pilar -pg. D-3-17
Cruz, Pilar B -pg. D-1-59
Cruz, Pilar D -pg. D-1-58
Cruz, Potenciana C -pg. D-1-26
Cruz, Preciosa Q -pg. D-10-6
Cruz, Primitiva S -pg. D-1-53
Cruz, Priscilla C -pg. D-15-10
Cruz, Prudencio G -pg. D-11-51
Cruz, Quintina C -pg. D-1-16
Cruz, Rafael M -pg. D-9-46
Cruz, Rafael O -pg. D-2-22
Cruz, Rafael R -pg. D-1-107
Cruz, Ramon P -pg. D-8-15
Cruz, Ramon Q -pg. D-15-7
Cruz, Ramon R -pg. D-1-46
Cruz, Ramon S -pg. D-1-53
Cruz, Regina A -pg. D-9-11
Cruz, Regina F -pg. D-1-224
Cruz, Regina P -pg. D-1-365
Cruz, Regina S -pg. D-1-23
Cruz, Regina SN -pg. D-1-233
Cruz, Regina SN -pg. D-11-49
Cruz, Regina T -pg. D-1-12
Cruz, Remedios -pg. D-5-40
Cruz, Remedios C -pg. D-1-314
Cruz, Remedios C -pg. D-2-20
Cruz, Remedios M -pg. D-1-387
Cruz, Remedios T -pg. D-1-327
Cruz, Remundo C -pg. D-15-9
Cruz, Ricardo E -pg. D-1-56
Cruz, Ricardo W -pg. D-1-86
Cruz, Rita -pg. D-4-10
Cruz, Rita -pg. D-4-17
Cruz, Rita -pg. D-4-29
Cruz, Rita -pg. D-5-8
Cruz, Rita -pg. D-5-11
Cruz, Rita -pg. D-5-52
Cruz, Rita C -pg. D-1-24
Cruz, Rita C -pg. D-1-193
Cruz, Rita C -pg. D-15-33
Cruz, Rita D -pg. D-1-58
Cruz, Rita G -pg. D-1-57
Cruz, Rita I -pg. D-6-45
Cruz, Rita LG -pg. D-1-356
Cruz, Rita O -pg. D-15-6
Cruz, Rita P -pg. D-1-218
Cruz, Rita S -pg. D-1-80
Cruz, Rita T -pg. D-2-7
Cruz, Roberto -pg. D-4-32
Cruz, Roberto M -pg. D-1-63

Cruz, Roman -pg. D-3-15
Cruz, Roque T -pg. D-2-36
Cruz, Rosa -pg. D-3-9
Cruz, Rosa -pg. D-3-15
Cruz, Rosa -pg. D-4-6
Cruz, Rosa -pg. D-4-22
Cruz, Rosa -pg. D-4-25
Cruz, Rosa -pg. D-4-25
Cruz, Rosa -pg. D-4-25
Cruz, Rosa -pg. D-4-27
Cruz, Rosa -pg. D-5-22
Cruz, Rosa -pg. D-5-39
Cruz, Rosa A -pg. D-8-33
Cruz, Rosa A -pg. D-10-18
Cruz, Rosa A -pg. D-10-30
Cruz, Rosa A -pg. D-11-25
Cruz, Rosa A -pg. D-15-11
Cruz, Rosa B -pg. D-1-111
Cruz, Rosa B -pg. D-1-358
Cruz, Rosa C -pg. D-1-112
Cruz, Rosa C -pg. D-6-10
Cruz, Rosa C -pg. D-8-17
Cruz, Rosa C -pg. D-11-15
Cruz, Rosa C -pg. D-11-56
Cruz, Rosa D -pg. D-1-51
Cruz, Rosa F -pg. D-10-43
Cruz, Rosa G -pg. D-10-49
Cruz, Rosa LG -pg. D-1-286
Cruz, Rosa M -pg. D-1-89
Cruz, Rosa M -pg. D-1-349
Cruz, Rosa R -pg. D-1-92
Cruz, Rosa R -pg. D-1-153
Cruz, Rosa R -pg. D-1-403
Cruz, Rosa T -pg. D-1-145
Cruz, Rosa T -pg. D-1-161
Cruz, Rosa T -pg. D-1-161
Cruz, Rosa T -pg. D-1-177
Cruz, Rosa T -pg. D-1-287
Cruz, Rosa T -pg. D-2-7
Cruz, Rosa T -pg. D-6-37
Cruz, Rosa T -pg. D-6-37
Cruz, Rosa V -pg. D-1-56
Cruz, Rosalia -pg. D-3-11
Cruz, Rosalia -pg. D-5-40
Cruz, Rosalia A -pg. D-1-220
Cruz, Rosalia A -pg. D-1-358
Cruz, Rosalia A -pg. D-15-11
Cruz, Rosalia C -pg. D-11-16
Cruz, Rosalia G -pg. D-1-290
Cruz, Rosalia M -pg. D-15-12
Cruz, Rosalia P -pg. D-1-339
Cruz, Rosalia R -pg. D-8-2
Cruz, Rosalia R -pg. D-11-22
Cruz, Rosalia T -pg. D-2-7
Cruz, Rosalia T -pg. D-15-21
Cruz, Rosalind -pg. D-1-76
Cruz, Rosario -pg. D-4-6
Cruz, Rosario -pg. D-5-4
Cruz, Rosario -pg. D-5-29
Cruz, Rosario A -pg. D-1-44
Cruz, Rosario A -pg. D-1-87
Cruz, Rosario A -pg. D-1-108
Cruz, Rosario B -pg. D-1-19
Cruz, Rosario B -pg. D-1-338

INDEX
1940 Population Census of Guam: Transcribed

Cruz, Rosario C -pg. D-11-54
Cruz, Rosario C -pg. D-15-10
Cruz, Rosario D -pg. D-1-46
Cruz, Rosario D -pg. D-1-81
Cruz, Rosario H -pg. D-9-25
Cruz, Rosario LG -pg. D-1-348
Cruz, Rosario O -pg. D-1-20
Cruz, Rosario P -pg. D-14-11
Cruz, Rosario S -pg. D-10-35
Cruz, Rosario T -pg. D-1-132
Cruz, Rosario T -pg. D-1-145
Cruz, Rosario T -pg. D-6-37
Cruz, Rosario T -pg. D-15-21
Cruz, Rosila E -pg. D-10-33
Cruz, Rosita -pg. D-4-10
Cruz, Rosita -pg. D-4-32
Cruz, Rosita A -pg. D-8-22
Cruz, Rosita C -pg. D-1-16
Cruz, Rosita C -pg. D-11-64
Cruz, Rosita LG -pg. D-1-286
Cruz, Rosita M -pg. D-1-171
Cruz, Rosita M -pg. D-8-36
Cruz, Rosita T -pg. D-1-256
Cruz, Rudolpho V -pg. D-1-59
Cruz, Rufina S -pg. D-1-94
Cruz, Sabino A -pg. D-11-17
Cruz, Santiago A -pg. D-15-11
Cruz, Santiago C -pg. D-8-17
Cruz, Saturnina -pg. D-4-30
Cruz, Saturnina G -pg. D-10-49
Cruz, Segundo A -pg. D-1-219
Cruz, Segundo C -pg. D-1-193
Cruz, Serafin P -pg. D-1-371
Cruz, Serafina P -pg. D-1-210
Cruz, Sergio C -pg. D-10-28
Cruz, Silvina C -pg. D-2-31
Cruz, Simon B -pg. D-1-349
Cruz, Simona C -pg. D-2-20
Cruz, Simona R -pg. D-1-46
Cruz, Socoro T -pg. D-1-92
Cruz, Soledad C -pg. D-1-224
Cruz, Soledad C -pg. D-11-16
Cruz, Soledad P -pg. D-9-10
Cruz, Soledad Q -pg. D-9-45
Cruz, Soledad R -pg. D-2-20
Cruz, Soledad S -pg. D-9-15
Cruz, Soledad S -pg. D-10-54
Cruz, Susana A -pg. D-1-27
Cruz, Susana M -pg. D-1-63
Cruz, Sylvestre -pg. D-4-34
Cruz, Teddy F -pg. D-14-4
Cruz, Teodoro B -pg. D-1-43
Cruz, Teodoro M -pg. D-1-43
Cruz, Teodoro S -pg. D-8-15
Cruz, Teresa D -pg. D-1-289
Cruz, Teresa D -pg. D-11-28
Cruz, Teresita -pg. D-4-22
Cruz, Teresita -pg. D-5-10
Cruz, Teresita -pg. D-1-135
Cruz, Teresita A -pg. D-8-24
Cruz, Teresita B -pg. D-9-15
Cruz, Teresita C -pg. D-8-20
Cruz, Teresita D -pg. D-1-290
Cruz, Teresita D -pg. D-9-1

Cruz, Teresita P -pg. D-1-270
Cruz, Teresita Q -pg. D-15-7
Cruz, Teresita R -pg. D-1-46
Cruz, Teresita R -pg. D-1-312
Cruz, Teresita S -pg. D-9-46
Cruz, Teresita T -pg. D-7-13
Cruz, Therisita -pg. D-5-40
Cruz, Tomas -pg. D-3-9
Cruz, Tomas -pg. D-5-53
Cruz, Tomas -pg. D-1-73
Cruz, Tomas A -pg. D-1-27
Cruz, Tomas B -pg. D-9-15
Cruz, Tomas E -pg. D-8-10
Cruz, Tomas F -pg. D-1-76
Cruz, Tomas H -pg. D-9-25
Cruz, Tomas I -pg. D-15-6
Cruz, Tomas L -pg. D-2-2
Cruz, Tomas LG -pg. D-1-110
Cruz, Tomas M -pg. D-1-63
Cruz, Tomas Q -pg. D-7-6
Cruz, Tomas Q -pg. D-9-35
Cruz, Tomas Q -pg. D-9-45
Cruz, Tomas T -pg. D-1-27
Cruz, Tomas T -pg. D-1-276
Cruz, Tomas T -pg. D-1-327
Cruz, Tomas T -pg. D-15-21
Cruz, Tomasa C -pg. D-1-97
Cruz, Tomasa C -pg. D-10-19
Cruz, Tomasa G -pg. D-1-361
Cruz, Tomasa Q -pg. D-10-6
Cruz, Trinidad A -pg. D-1-87
Cruz, Trinidad A -pg. D-15-11
Cruz, Trinidad C -pg. D-11-16
Cruz, Trinidad Cruz -pg. D-9-28
Cruz, Trinidad M -pg. D-1-43
Cruz, Trinidad T -pg. D-1-99
Cruz, Trinidad T -pg. D-1-161
Cruz, Trudes -pg. D-5-8
Cruz, Ursula C -pg. D-1-257
Cruz, Venancio T -pg. D-8-2
Cruz, Veronica -pg. D-5-22
Cruz, Veronica S -pg. D-9-24
Cruz, Veronica S -pg. D-9-27
Cruz, Vicenta -pg. D-3-11
Cruz, Vicenta -pg. D-3-18
Cruz, Vicenta C -pg. D-8-17
Cruz, Vicenta C -pg. D-11-26
Cruz, Vicenta M -pg. D-1-74
Cruz, Vicenta R -pg. D-1-92
Cruz, Vicenta S -pg. D-8-15
Cruz, Vicenta T -pg. D-1-366
Cruz, Vicenta T -pg. D-10-6
Cruz, Vicente -pg. D-3-9
Cruz, Vicente -pg. D-3-11
Cruz, Vicente -pg. D-3-17
Cruz, Vicente -pg. D-4-16
Cruz, Vicente -pg. D-5-22
Cruz, Vicente -pg. D-5-22
Cruz, Vicente -pg. D-5-40
Cruz, Vicente -pg. D-5-49
Cruz, Vicente -pg. D-5-52
Cruz, Vicente A -pg. D-1-44
Cruz, Vicente A -pg. D-1-108
Cruz, Vicente A -pg. D-1-171

Cruz, Vicente A -pg. D-1-358
Cruz, Vicente B -pg. D-1-112
Cruz, Vicente B -pg. D-1-358
Cruz, Vicente B -pg. D-11-16
Cruz, Vicente B -pg. D-11-64
Cruz, Vicente C -pg. D-1-1
Cruz, Vicente C -pg. D-1-86
Cruz, Vicente C -pg. D-1-241
Cruz, Vicente C -pg. D-1-256
Cruz, Vicente C -pg. D-1-314
Cruz, Vicente C -pg. D-1-315
Cruz, Vicente C -pg. D-6-10
Cruz, Vicente C -pg. D-10-23
Cruz, Vicente C -pg. D-11-6
Cruz, Vicente D -pg. D-1-57
Cruz, Vicente F -pg. D-1-224
Cruz, Vicente LG -pg. D-1-110
Cruz, Vicente LG -pg. D-7-6
Cruz, Vicente M -pg. D-1-46
Cruz, Vicente M -pg. D-1-405
Cruz, Vicente M -pg. D-14-1
Cruz, Vicente M -pg. D-15-12
Cruz, Vicente O -pg. D-15-9
Cruz, Vicente P -pg. D-1-339
Cruz, Vicente R -pg. D-1-92
Cruz, Vicente R -pg. D-8-2
Cruz, Vicente S -pg. D-1-6
Cruz, Vicente S -pg. D-1-53
Cruz, Vicente S -pg. D-1-89
Cruz, Vicente S -pg. D-2-26
Cruz, Vicente S -pg. D-6-45
Cruz, Vicente S -pg. D-10-27
Cruz, Vicente S -pg. D-11-39
Cruz, Vicente S -pg. D-15-12
Cruz, Vicente T -pg. D-1-161
Cruz, Vicente T -pg. D-1-256
Cruz, Vicente T -pg. D-1-366
Cruz, Vicente T -pg. D-2-7
Cruz, Vicente T -pg. D-2-36
Cruz, Vicente T -pg. D-2-40
Cruz, Vicente T -pg. D-7-13
Cruz, Vicente T -pg. D-15-9
Cruz, Vicenti A -pg. D-8-22
Cruz, Vicenti C -pg. D-8-19
Cruz, Vicenti G -pg. D-8-9
Cruz, Vicenti G -pg. D-8-9
Cruz, Victor S -pg. D-1-14
Cruz, Victoria A -pg. D-1-220
Cruz, Victoria I -pg. D-15-6
Cruz, Virginia B -pg. D-1-331
Cruz, Virginia M -pg. D-1-171
Cruz, William -pg. D-4-21
Cruz (De La), Pedro G -pg. D-9-33
Currin, Barbara J -pg. D-11-70
Currin, Michael J -pg. D-11-70
Cusick, James E -pg. D-11-78
Cutchin, Robert E -pg. D-11-78
Daly, Harold C -pg. D-1-304
Damian, Agueda P -pg. D-1-348
Damian, Andres B -pg. D-1-274
Damian, Candido B -pg. D-1-347
Damian, Celestin B -pg. D-1-357
Damian, Cleofe P -pg. D-1-348
Damian, Consolacion T -pg. D-1-250

INDEX
1940 Population Census of Guam: Transcribed

Damian, Constantina T -pg. D-1-250
Damian, Damazo B -pg. D-11-43
Damian, David R -pg. D-11-44
Damian, Delfin R -pg. D-11-44
Damian, Dora-Alvine R -pg. D-11-44
Damian, Dorotea T -pg. D-1-250
Damian, Elizabeth Mary R -pg. D-11-43
Damian, Emilia S -pg. D-1-274
Damian, Engracio B -pg. D-1-127
Damian, Francisca P -pg. D-1-348
Damian, Francisca S -pg. D-1-127
Damian, Geraldo R -pg. D-11-44
Damian, Johnny T -pg. D-1-250
Damian, Jose B -pg. D-1-250
Damian, Justo S -pg. D-1-127
Damian, Maria R -pg. D-11-43
Damian, Maria S -pg. D-1-127
Damian, Mario P -pg. D-1-348
Damian, Norman T -pg. D-1-250
Damian, Orilda M -pg. D-1-274
Damian, Pacita R -pg. D-11-43
Damian, Priscilla B -pg. D-1-357
Damian, Raymond S -pg. D-1-127
Damian, Richardo T -pg. D-1-250
Damian, Rosalia T -pg. D-1-250
Damian, Silvestra P -pg. D-1-348
Damian, Sista R -pg. D-11-44
Damian, Sixta B -pg. D-1-357
Damian, Ursa P -pg. D-1-348
Damian, Vera R -pg. D-11-44
Damian, Vicente T -pg. D-1-248
Damian, Viola T -pg. D-1-250
Damian, Zelia T -pg. D-1-250
D'Angelo, Guiseppe O -pg. D-1-120
D'Angelo, Joe -pg. D-4-34
D'Angelo, Luisa C -pg. D-1-120
Daughtry, John Q -pg. D-11-71
Davenport, Thomas G -pg. D-1-304
Davies, Robert -pg. D-11-68
Davis, Eugene A -pg. D-11-70
Davis, Houston L -pg. D-11-68
Davis, William H -pg. D-1-300
Dawson, Rosa L -pg. D-11-31
De Beortegui, Vicente -pg. D-1-303
De Gracia, Ana T -pg. D-11-67
De Gracia, Antonio T -pg. D-11-67
De Gracia, Dolores T -pg. D-11-67
De Gracia, Esteban T -pg. D-11-67
De Gracia, Herman T -pg. D-11-67
De Gracia, Inrequeta T -pg. D-11-67
De Gracia, Manuel B -pg. D-11-67
De Gracia, Manuel T -pg. D-11-67
De Gracia, Monica T -pg. D-11-67
de Ibisicu, Santiago -pg. D-1-303
De Jesus, Ana B -pg. D-1-340
De Jesus, Antonio B -pg. D-1-340
De Jesus, Antonio C -pg. D-1-340
De Jesus, Felicita B -pg. D-1-340
De Jesus, Francisco C -pg. D-1-63
De Jesus, Guadalupe B -pg. D-1-340
De Jesus, Jose C -pg. D-1-63
De Jesus, Josefa B -pg. D-1-340
De Jesus, Josefa C -pg. D-1-63
De Jesus, Juan B -pg. D-1-340

De Jesus, Rosalia B -pg. D-1-340
De Jesus, Rosalia C -pg. D-1-63
De Jesus, Vicente C -pg. D-1-63
De La Cruz, Pedro -pg. D-11-78
De La Rosa, Dolores LG -pg. D-1-98
De La Rosa, Felisa LG -pg. D-1-98
De La Rosa, Maria LG -pg. D-1-98
De La Rosa, Nicolas O -pg. D-1-98
De La Rosa, Oliva LG -pg. D-1-98
De La Rosa, Rita LG -pg. D-1-98
de Lagasia, Gil -pg. D-1-303
De Leon, Bertha Irene -pg. D-5-62
De Leon, Carlos -pg. D-4-5
De Leon, Dolores C -pg. D-1-24
De Leon, Elisa P -pg. D-1-400
De Leon, Elizabeth -pg. D-5-62
De Leon, Francisca -pg. D-4-5
De Leon, Francisco I -pg. D-1-24
De Leon, Joaquin -pg. D-5-62
De Leon, Jose -pg. D-4-5
De Leon, Manuel Sigfried -pg. D-5-62
De Leon, Maria C -pg. D-1-24
De Leon, Maria P -pg. D-1-400
De Leon, Menna Marie -pg. D-5-62
De Leon, Mercedes -pg. D-5-62
De Leon, Ricardo C -pg. D-1-24
De Leon, Rita -pg. D-4-5
De Leon, Rose Olympia -pg. D-5-62
De Los Santos, Jose -pg. D-9-34
De Los Santos, Rita R -pg. D-9-34
De Los Santos, Roque R -pg. D-9-34
De Los Santos, Teresa C -pg. D-9-34
De Los Santos, Vicente C -pg. D-9-34
De Los Santos, Vicente R -pg. D-9-34
De Paz, Charles F -pg. D-11-3
De Paz, Florence M -pg. D-11-3
De Tobes, Eliza C -pg. D-1-290
De Tobes, Ester C -pg. D-1-290
De Tobes, Inez M -pg. D-1-290
De Tobes, Jose B -pg. D-1-290
De Tobes, Juan C -pg. D-1-290
De Tobes, Maria C -pg. D-1-290
De Tobes, Martha C -pg. D-1-290
De Tobes, Merced C -pg. D-1-290
De Vera, Roman M -pg. D-1-89
Dejima, Riye -pg. D-1-218
Dela Rosa, Manuel -pg. D-5-57
Dela Rosa, Mariano -pg. D-4-11
Delahaye, John A -pg. D-11-82
Delegaria, Eugenio -pg. D-11-26
DeLeon, Delores P (Ab) -pg. D-1-306
Deleon, Diana C -pg. D-11-23
Deleon, Dolores C -pg. D-11-23
Deleon, Elizabeth C -pg. D-11-23
Deleon, Francisco P -pg. D-11-23
Deleon, Francis-Edward C -pg. D-11-23
Deleon, Marcia C -pg. D-11-23
Deleon, Maria C -pg. D-11-23
Deleon, Maria C -pg. D-11-23
Deleon Guerrero, Isabel T -pg. D-10-40
Deleon Guerrero, Luis T -pg. D-10-40
Delgado, Alfonso M -pg. D-1-326
Delgado, Ana -pg. D-5-50
Delgado, Ana C -pg. D-1-323

Delgado, Ana N -pg. D-6-6
Delgado, Ana S -pg. D-1-406
Delgado, Antonio P -pg. D-11-81
Delgado, Antonio S -pg. D-1-406
Delgado, Augusto S -pg. D-1-406
Delgado, Beatrice P -pg. D-1-296
Delgado, Carmen P -pg. D-1-295
Delgado, Dolores F -pg. D-6-32
Delgado, Dorothea S -pg. D-1-406
Delgado, Enrique SN -pg. D-6-6
Delgado, Francisco DR -pg. D-1-295
Delgado, Francisco S -pg. D-1-406
Delgado, Isabel C -pg. D-1-294
Delgado, Jesus -pg. D-5-50
Delgado, Jesus C -pg. D-1-324
Delgado, Jesus M -pg. D-1-326
Delgado, Jesus S -pg. D-1-406
Delgado, Jose -pg. D-3-24
Delgado, Jose C -pg. D-1-294
Delgado, Jose C -pg. D-1-323
Delgado, Jose M -pg. D-1-323
Delgado, Jose N -pg. D-15-30
Delgado, Jose S -pg. D-1-406
Delgado, Jose SN -pg. D-10-42
Delgado, Josefa C -pg. D-6-28
Delgado, Josefa Q -pg. D-1-294
Delgado, Jovita S -pg. D-1-324
Delgado, Juan -pg. D-5-50
Delgado, Juan M -pg. D-6-32
Delgado, Juan S -pg. D-1-406
Delgado, Julia P -pg. D-1-296
Delgado, Manuel D -pg. D-1-173
Delgado, Maria C -pg. D-1-323
Delgado, Maria F -pg. D-6-32
Delgado, Maria LG -pg. D-10-42
Delgado, Maria P -pg. D-1-296
Delgado, Maria S -pg. D-1-324
Delgado, Mercedes C -pg. D-1-324
Delgado, Nicolas M -pg. D-6-32
Delgado, Nicolasa N -pg. D-6-6
Delgado, Pedro D -pg. D-1-173
Delgado, Rita -pg. D-5-50
Delgado, Rosa D -pg. D-1-173
Delgado, Rosa P -pg. D-1-295
Delgado, Rosalia P -pg. D-1-296
Delgado, Rosario C -pg. D-1-294
Delgado, Rosario F -pg. D-6-32
Delgado, Rufina F -pg. D-6-32
Delgado, Serafina -pg. D-6-6
Delgado, Silvano M -pg. D-6-11
Delgado, Susana D -pg. D-1-173
Delgado, Tomas S -pg. D-1-324
Delgado, Vicente C -pg. D 1 324
Delgado, Vicente F -pg. D-6-32
Delgado, Vicente N -pg. D-6-6
Demapan, Mariano A -pg. D-1-15
Dernoga, Peter S -pg. D-1-304
Desa, Jose B -pg. D-1-263
Diaz, Adela B -pg. D-1-381
Diaz, Agustin T -pg. D-1-15
Diaz, Alejandro T -pg. D-1-15
Diaz, Alfonsina T -pg. D-1-256
Diaz, Alfred M -pg. D-1-202
Diaz, Ana C -pg. D-1-406

INDEX
1940 Population Census of Guam: Transcribed

Diaz, Ana C -pg. D-11-24
Diaz, Ana G -pg. D-1-22
Diaz, Ana P -pg. D-11-57
Diaz, Ana P -pg. D-11-57
Diaz, Andresina T -pg. D-1-55
Diaz, Anthony M -pg. D-1-202
Diaz, Antonio F -pg. D-1-380
Diaz, Antonio SN -pg. D-1-22
Diaz, Atanacio T -pg. D-1-15
Diaz, Cecilia T -pg. D-1-15
Diaz, Cecilia T -pg. D-1-256
Diaz, Concepcion C -pg. D-11-29
Diaz, Concepcion L -pg. D-10-17
Diaz, Concepcion L -pg. D-11-58
Diaz, Consolacion B -pg. D-1-381
Diaz, Dolores T -pg. D-1-56
Diaz, Dorotheo D -pg. D-1-15
Diaz, Dorotheo T -pg. D-1-15
Diaz, Elizabeth M -pg. D-1-202
Diaz, Elizabeth U -pg. D-1-185
Diaz, Engracia C -pg. D-11-24
Diaz, Feliciano C -pg. D-1-185
Diaz, Frances M -pg. D-1-202
Diaz, Francisca R -pg. D-1-287
Diaz, Francisco L -pg. D-10-17
Diaz, Francisco L -pg. D-11-59
Diaz, Francisco T -pg. D-1-55
Diaz, Guadalupe C -pg. D-11-24
Diaz, Helen M -pg. D-1-202
Diaz, Ignacia F -pg. D-1-380
Diaz, Ignacio F -pg. D-1-380
Diaz, Irene M -pg. D-1-202
Diaz, Isabel L -pg. D-11-58
Diaz, Jesus F -pg. D-1-301
Diaz, Joaquin C -pg. D-1-55
Diaz, Joaquin F -pg. D-1-380
Diaz, Joaquin M -pg. D-1-202
Diaz, Joaquin M -pg. D-11-58
Diaz, Joaquin T -pg. D-1-256
Diaz, Joaquin T -pg. D-1-257
Diaz, Joaquina T -pg. D-1-55
Diaz, John M -pg. D-1-202
Diaz, Jose B -pg. D-1-381
Diaz, Jose C -pg. D-11-24
Diaz, Jose D -pg. D-1-11
Diaz, Jose D -pg. D-1-22
Diaz, Jose F -pg. D-1-202
Diaz, Jose F -pg. D-1-380
Diaz, Jose T -pg. D-1-257
Diaz, Joseph M -pg. D-1-202
Diaz, Juan B -pg. D-10-17
Diaz, Juan D -pg. D-1-22
Diaz, Juan F -pg. D-1-380
Diaz, Juan L -pg. D-10-17
Diaz, Juan M -pg. D-11-57
Diaz, Juan S -pg. D-1-381
Diaz, Juan T -pg. D-1-56
Diaz, Juan T -pg. D-1-257
Diaz, Julia G -pg. D-1-22
Diaz, Lourdes B -pg. D-1-381
Diaz, Magdalena M -pg. D-11-59
Diaz, Manuel C -pg. D-11-73
Diaz, Manuel P -pg. D-11-57
Diaz, Manuel T -pg. D-1-55

Diaz, Margarita T -pg. D-1-15
Diaz, Maria B -pg. D-1-381
Diaz, Maria C -pg. D-11-24
Diaz, Maria G -pg. D-1-22
Diaz, Maria L -pg. D-10-17
Diaz, Maria P -pg. D-11-57
Diaz, Maria S -pg. D-1-381
Diaz, Maria T -pg. D-1-56
Diaz, Maria T -pg. D-1-256
Diaz, Maria T -pg. D-1-257
Diaz, Maria U -pg. D-1-185
Diaz, Mary M -pg. D-1-202
Diaz, Nancy M -pg. D-1-202
Diaz, Natividad T -pg. D-1-15
Diaz, Nicolasa T -pg. D-1-55
Diaz, Regina P -pg. D-11-57
Diaz, Rita F -pg. D-1-380
Diaz, Rosa B -pg. D-1-381
Diaz, Rosa C -pg. D-11-24
Diaz, Rosa L -pg. D-10-17
Diaz, Rosa L -pg. D-10-17
Diaz, Rosa LG -pg. D-1-370
Diaz, Rose M -pg. D-1-202
Diaz, Rosita T -pg. D-1-15
Diaz, Tomasa C -pg. D-11-24
Diaz, Ulpidia P -pg. D-11-57
Diaz, Vicenta C -pg. D-1-185
Diaz, Vicente L -pg. D-11-59
Diaz, Vicente P -pg. D-11-57
Diaz, Vicente T -pg. D-1-15
Diaz, Vicente T -pg. D-1-55
Diaz, Zacharias G -pg. D-1-22
Dickey, Luban S -pg. D-11-78
Diego, Adan D -pg. D-6-4
Diego, Agueda D -pg. D-6-4
Diego, Ana C -pg. D-12-14
Diego, Clotilde P -pg. D-6-20
Diego, Concepcion P -pg. D-6-20
Diego, Dolores C -pg. D-12-14
Diego, Dolores D -pg. D-6-4
Diego, Dolores L G -pg. D-6-5
Diego, Edward S -pg. D-12-16
Diego, Enemesio SN -pg. D-6-4
Diego, Estella D -pg. D-6-4
Diego, Florentina D -pg. D-6-4
Diego, Francisco C -pg. D-12-14
Diego, Francisco D -pg. D-6-4
Diego, Frank P -pg. D-6-20
Diego, Fred P -pg. D-6-20
Diego, Frederico S -pg. D-12-16
Diego, Ignacio LG -pg. D-6-30
Diego, Jesus N -pg. D-6-19
Diego, Jesus SN -pg. D-12-14
Diego, Joaquin D -pg. D-6-4
Diego, Joaquin S N -pg. D-6-5
Diego, Jose D -pg. D-6-4
Diego, Jose SN -pg. D-12-15
Diego, Juan C -pg. D-12-14
Diego, Juan D -pg. D-6-4
Diego, Juan N -pg. D-6-19
Diego, Juan S -pg. D-12-16
Diego, Juanita N -pg. D-6-19
Diego, Juaquin C -pg. D-12-14
Diego, Julita S -pg. D-12-16

Diego, Laura S -pg. D-12-16
Diego, Manuel D -pg. D-6-4
Diego, Manuel S -pg. D-12-16
Diego, Margarita D -pg. D-6-4
Diego, Maria D -pg. D-6-4
Diego, Maria M -pg. D-6-32
Diego, Maria N -pg. D-6-19
Diego, Regina D -pg. D-6-4
Diego, Romaldo C -pg. D-6-19
Diego, Romaldo C -pg. D-12-14
Diego, Rosa L G -pg. D-6-5
Diego, Rosa S -pg. D-12-15
Diego, Rosa SN -pg. D-6-19
Diego, Rosalia C -pg. D-12-14
Diego, Rosita L G -pg. D-6-5
Diego, Soledad N -pg. D-6-19
Diego, Tomas P -pg. D-6-20
Diego, Tomas S -pg. D-12-16
Diego, Vicente SN -pg. D-6-20
Dietrich, Clyde C -pg. D-1-386
Dietrich, Clyde C -pg. D-1-386
Dietrich, Robert J -pg. D-1-386
Dietrich, Sally B -pg. D-1-386
Dillman, Frank H -pg. D-11-71
Dimapan, Antonia A -pg. D-15-9
Dimapan, Carmen C -pg. D-1-81
Dimapan, Jose C -pg. D-1-81
Dimapan, Pedro D -pg. D-10-20
Divera, Ana B -pg. D-1-130
Divera, Antonia C -pg. D-1-194
Divera, Carmen B -pg. D-1-130
Divera, Donato B -pg. D-11-81
Divera, Isabel -pg. D-1-130
Divera, Jose -pg. D-1-130
Divera, Juan G -pg. D-1-312
Divera, Marcus C -pg. D-1-195
Divera, Nicolas A -pg. D-1-129
Divera, Rogelio B -pg. D-1-130
Dixon, Elmer -pg. D-11-68
Doherty, William J -pg. D-13-9
Dominal, Candelaria G -pg. D-11-40
Dominal, Catalina B -pg. D-11-39
Dominal, Guadalupe B -pg. D-11-40
Dominal, Jesus B -pg. D-11-40
Dominal, Jose G -pg. D-11-39
Dominal, Juan B -pg. D-11-40
Dominal, Maria B -pg. D-11-40
Dominal, Rosita B -pg. D-11-40
Donlon, Adelbert -pg. D-1-303
Draisey, Edwin A -pg. D-11-78
Duane, Edward -pg. D-3-23
Duane, Helena -pg. D-3-23
Duenas, Adelina M -pg. D-6-2
Duenas, Agnes G -pg. D-1-144
Duenas, Alejandro T -pg. D-12-17
Duenas, Alfred C -pg. D-1-258
Duenas, Alfred G -pg. D-1-153
Duenas, Alfredo R -pg. D-1-145
Duenas, Ana -pg. D-4-31
Duenas, Ana -pg. D-5-55
Duenas, Ana -pg. D-5-58
Duenas, Ana -pg. D-1-144
Duenas, Ana B -pg. D-1-269
Duenas, Ana C -pg. D-1-183

INDEX
1940 Population Census of Guam: Transcribed

Duenas, Ana C -pg. D-11-62
Duenas, Ana F -pg. D-1-293
Duenas, Ana F -pg. D-11-5
Duenas, Ana LG -pg. D-10-43
Duenas, Ana P -pg. D-1-371
Duenas, Ana P -pg. D-6-2
Duenas, Ana S -pg. D-11-35
Duenas, Andres M -pg. D-1-100
Duenas, Angelina M -pg. D-11-8
Duenas, Antonia -pg. D-4-38
Duenas, Antonia -pg. D-1-144
Duenas, Antonia D -pg. D-6-43
Duenas, Antonia L -pg. D-1-39
Duenas, Antonia LG -pg. D-10-43
Duenas, Antonia T -pg. D-1-132
Duenas, Antonio -pg. D-4-31
Duenas, Antonio -pg. D-5-55
Duenas, Antonio -pg. D-5-55
Duenas, Antonio -pg. D-5-58
Duenas, Antonio B -pg. D-1-25
Duenas, Antonio B -pg. D-1-270
Duenas, Antonio C -pg. D-1-64
Duenas, Antonio F -pg. D-1-269
Duenas, Antonio M -pg. D-1-51
Duenas, Antonio N -pg. D-9-31
Duenas, Antonio P -pg. D-11-34
Duenas, Antonio S -pg. D-11-58
Duenas, Antonio SN -pg. D-1-216
Duenas, Anunsacion T -pg. D-12-17
Duenas, Asuncion P -pg. D-1-346
Duenas, Augustin B -pg. D-1-270
Duenas, Balbina L -pg. D-6-3
Duenas, Beatrice M -pg. D-9-31
Duenas, Benita D -pg. D-6-43
Duenas, Bernadino -pg. D-4-11
Duenas, Bernadino F -pg. D-1-132
Duenas, Brigida SN -pg. D-6-7
Duenas, Callina M -pg. D-6-44
Duenas, Candelaria -pg. D-4-11
Duenas, Carlos T -pg. D-12-17
Duenas, Carmelo S -pg. D-11-10
Duenas, Carmen A -pg. D-11-10
Duenas, Carmen B -pg. D-1-197
Duenas, Carmen C -pg. D-1-258
Duenas, Carmen C -pg. D-2-11
Duenas, Carmen LG -pg. D-10-43
Duenas, Catalina B -pg. D-1-269
Duenas, Catalina D -pg. D-6-28
Duenas, Catalina L -pg. D-1-259
Duenas, Catalina LG -pg. D-1-350
Duenas, Cecilia A -pg. D-1-25
Duenas, Cecilia F -pg. D-11-5
Duenas, Celedonia L -pg. D-6-3
Duenas, Cerila L -pg. D-1-259
Duenas, Clemente C -pg. D-1-197
Duenas, Clemente LG -pg. D-10-43
Duenas, Concepcion -pg. D-5-37
Duenas, Concepcion -pg. D-5-37
Duenas, Concepcion C -pg. D-1-258
Duenas, Consolacion -pg. D-5-55
Duenas, Consolacion C -pg. D-11-65
Duenas, Cristobal C -pg. D-1-258
Duenas, David S -pg. D-1-163
Duenas, Demetro S -pg. D-14-6

Duenas, Demonica P -pg. D-1-249
Duenas, Denny P -pg. D-11-34
Duenas, Didgadina T -pg. D-12-17
Duenas, Dolores C -pg. D-1-183
Duenas, Dolores F -pg. D-1-123
Duenas, Dolores LG -pg. D-1-350
Duenas, Dolores M -pg. D-6-12
Duenas, Dolores M -pg. D-6-12
Duenas, Dolores S -pg. D-1-163
Duenas, Dometila A -pg. D-1-269
Duenas, Eduardo C -pg. D-1-259
Duenas, Eduardo R -pg. D-1-259
Duenas, Edward -pg. D-5-46
Duenas, Edward L -pg. D-1-102
Duenas, Eliza C -pg. D-1-259
Duenas, Elsie L -pg. D-1-102
Duenas, Emilia -pg. D-5-37
Duenas, Engracia B -pg. D-1-148
Duenas, Enrique A -pg. D-11-10
Duenas, Enrique C -pg. D-1-301
Duenas, Enriqueta S -pg. D-1-163
Duenas, Esperanza S -pg. D-14-6
Duenas, Esteban M -pg. D-6-2
Duenas, Estella C -pg. D-1-259
Duenas, Estella M -pg. D-6-2
Duenas, Esther M -pg. D-1-204
Duenas, Eugenia SN -pg. D-1-215
Duenas, Fernando T -pg. D-12-17
Duenas, Flora P -pg. D-6-3
Duenas, Florencio -pg. D-5-37
Duenas, Frances J -pg. D-1-204
Duenas, Francisca -pg. D-5-58
Duenas, Francisca L -pg. D-1-342
Duenas, Francisca L -pg. D-6-3
Duenas, Francisco -pg. D-5-37
Duenas, Francisco -pg. D-5-55
Duenas, Francisco -pg. D-1-145
Duenas, Francisco A -pg. D-1-204
Duenas, Francisco B -pg. D-1-148
Duenas, Francisco B -pg. D-12-17
Duenas, Francisco C -pg. D-1-47
Duenas, Francisco C -pg. D-11-32
Duenas, Francisco F -pg. D-1-269
Duenas, Francisco G -pg. D-1-144
Duenas, Francisco M -pg. D-6-3
Duenas, Francisco M -pg. D-6-44
Duenas, Francisco P -pg. D-1-371
Duenas, Francisco P -pg. D-6-3
Duenas, Francisco P -pg. D-11-34
Duenas, Francisco S -pg. D-11-35
Duenas, Francisco SN -pg. D-6-7
Duenas, Gabriel P -pg. D-1-371
Duenas, George -pg. D-5-37
Duenas, Gilbert J -pg. D-1-163
Duenas, Gonzalo F -pg. D-1-269
Duenas, Gregorio A -pg. D-1-269
Duenas, Gregorio D -pg. D-6-28
Duenas, Gregorio F -pg. D-1-269
Duenas, Gregorio SN -pg. D-6-7
Duenas, Guadalupe C -pg. D-11-35
Duenas, Guadalupe R -pg. D-1-145
Duenas, Henry C -pg. D-10-46
Duenas, Herbert S -pg. D-1-162
Duenas, Herminia G -pg. D-1-144

Duenas, Ignacia D -pg. D-11-19
Duenas, Ignacia P -pg. D-11-34
Duenas, Ignacio B -pg. D-1-198
Duenas, Ignacio T -pg. D-1-346
Duenas, Ignacio T -pg. D-12-17
Duenas, Ilidia P -pg. D-1-371
Duenas, Isabel -pg. D-5-58
Duenas, Isabel C -pg. D-1-258
Duenas, Isabel LG -pg. D-1-290
Duenas, Isabel P -pg. D-1-371
Duenas, Isabel P -pg. D-1-371
Duenas, Jaime S -pg. D-6-3
Duenas, Jaunito F -pg. D-1-123
Duenas, Jeannine F -pg. D-1-294
Duenas, Jesus -pg. D-5-37
Duenas, Jesus -pg. D-5-49
Duenas, Jesus -pg. D-5-55
Duenas, Jesus A -pg. D-1-47
Duenas, Jesus B -pg. D-1-148
Duenas, Jesus B -pg. D-1-303
Duenas, Jesus C -pg. D-1-259
Duenas, Jesus C -pg. D-10-46
Duenas, Jesus D -pg. D-6-3
Duenas, Jesus D -pg. D-6-29
Duenas, Jesus D -pg. D-11-34
Duenas, Jesus E -pg. D-14-6
Duenas, Jesus F -pg. D-1-141
Duenas, Jesus F -pg. D-1-269
Duenas, Jesus H -pg. D-1-121
Duenas, Jesus M -pg. D-6-44
Duenas, Jesus R -pg. D-1-259
Duenas, Jesus S -pg. D-14-6
Duenas, Jesus SN -pg. D-6-7
Duenas, Jesus T -pg. D-6-7
Duenas, Joaquin -pg. D-5-37
Duenas, Joaquin A -pg. D-11-5
Duenas, Joaquin B -pg. D-11-8
Duenas, Joaquin D -pg. D-9-17
Duenas, Joaquin F -pg. D-1-269
Duenas, Joaquin F -pg. D-11-5
Duenas, Joaquin P -pg. D-1-371
Duenas, Joaquin P -pg. D-11-34
Duenas, Joaquin SN -pg. D-6-7
Duenas, John F -pg. D-1-310
Duenas, Jose -pg. D-5-12
Duenas, Jose -pg. D-5-58
Duenas, Jose A -pg. D-1-47
Duenas, Jose A -pg. D-1-215
Duenas, Jose B -pg. D-1-153
Duenas, Jose B -pg. D-1-197
Duenas, Jose C -pg. D-1-144
Duenas, Jose C -pg. D-1-258
Duenas, Jose C -pg. D-1-293
Duenas, Jose C -pg. D-9-37
Duenas, Jose C -pg. D-10-46
Duenas, Jose C -pg. D-11-58
Duenas, Jose D -pg. D-6-2
Duenas, Jose F -pg. D-1-144
Duenas, Jose F -pg. D-1-269
Duenas, Jose LG -pg. D-1-350
Duenas, Jose M -pg. D-1-270
Duenas, Jose M -pg. D-6-44
Duenas, Jose P -pg. D-1-114
Duenas, Jose P -pg. D-1-346

INDEX
1940 Population Census of Guam: Transcribed

Duenas, Jose P -pg. D-11-34
Duenas, Jose Q -pg. D-1-205
Duenas, Jose Q -pg. D-9-12
Duenas, Jose R -pg. D-1-145
Duenas, Jose R -pg. D-1-259
Duenas, Jose S -pg. D-6-3
Duenas, Jose S -pg. D-11-65
Duenas, Jose S -pg. D-14-6
Duenas, Jose SN -pg. D-1-215
Duenas, Jose SN -pg. D-6-7
Duenas, Jose T -pg. D-1-121
Duenas, Jose T -pg. D-12-17
Duenas, Josefa B -pg. D-1-197
Duenas, Josefina B -pg. D-1-269
Duenas, Josefina C -pg. D-11-62
Duenas, Josefina F -pg. D-1-269
Duenas, Josefina F -pg. D-11-5
Duenas, Josefina P -pg. D-1-371
Duenas, Josefina S -pg. D-6-3
Duenas, Joseph F -pg. D-11-5
Duenas, Joseph J -pg. D-1-205
Duenas, Josepha -pg. D-5-11
Duenas, Josepha -pg. D-5-11
Duenas, Josephina -pg. D-5-37
Duenas, Jovita G -pg. D-1-153
Duenas, Juan -pg. D-4-11
Duenas, Juan -pg. D-5-11
Duenas, Juan -pg. D-5-12
Duenas, Juan -pg. D-5-46
Duenas, Juan -pg. D-5-46
Duenas, Juan B -pg. D-1-269
Duenas, Juan D -pg. D-1-162
Duenas, Juan D -pg. D-6-29
Duenas, Juan F -pg. D-1-269
Duenas, Juan F -pg. D-11-5
Duenas, Juan G -pg. D-1-144
Duenas, Juan L -pg. D-1-102
Duenas, Juan L -pg. D-1-371
Duenas, Juan M -pg. D-1-198
Duenas, Juan M -pg. D-1-310
Duenas, Juan M -pg. D-6-2
Duenas, Juan M -pg. D-12-17
Duenas, Juan P -pg. D-1-371
Duenas, Juan P -pg. D-11-34
Duenas, Juan S -pg. D-1-163
Duenas, Juan T -pg. D-6-1
Duenas, Juan T -pg. D-6-44
Duenas, Juan T -pg. D-12-17
Duenas, Juana E -pg. D-1-148
Duenas, Julia L -pg. D-1-369
Duenas, Julia P -pg. D-11-34
Duenas, Julian -pg. D-5-37
Duenas, Juliana R -pg. D-1-259
Duenas, Laura L -pg. D-6-3
Duenas, Leonisa P -pg. D-1-346
Duenas, Lillian R -pg. D-1-204
Duenas, Lino C -pg. D-11-35
Duenas, Lourdes -pg. D-5-37
Duenas, Loyce N -pg. D-1-310
Duenas, Lucy P -pg. D-11-34
Duenas, Luis -pg. D-4-31
Duenas, Luis -pg. D-1-259
Duenas, Luis P -pg. D-1-376
Duenas, Luisa A -pg. D-1-25

Duenas, Lulita F -pg. D-1-123
Duenas, Magdalena -pg. D-3-2
Duenas, Magdalena -pg. D-5-35
Duenas, Magdalena M -pg. D-9-18
Duenas, Manuel -pg. D-4-38
Duenas, Manuel -pg. D-5-37
Duenas, Manuel -pg. D-5-37
Duenas, Manuel -pg. D-5-37
Duenas, Manuel B -pg. D-11-62
Duenas, Manuel D -pg. D-9-18
Duenas, Manuel F -pg. D-1-269
Duenas, Manuel M -pg. D-6-2
Duenas, Manuel P -pg. D-6-2
Duenas, Manuela F -pg. D-1-269
Duenas, Maria -pg. D-4-11
Duenas, Maria -pg. D-5-11
Duenas, Maria -pg. D-5-35
Duenas, Maria -pg. D-5-37
Duenas, Maria -pg. D-5-46
Duenas, Maria -pg. D-5-46
Duenas, Maria -pg. D-5-49
Duenas, Maria -pg. D-1-81
Duenas, Maria A -pg. D-1-261
Duenas, Maria B -pg. D-1-197
Duenas, Maria C -pg. D-1-258
Duenas, Maria C -pg. D-11-35
Duenas, Maria D -pg. D-6-28
Duenas, Maria D -pg. D-11-8
Duenas, Maria F -pg. D-1-273
Duenas, Maria G -pg. D-1-144
Duenas, Maria L -pg. D-1-369
Duenas, Maria L -pg. D-6-3
Duenas, Maria LG -pg. D-10-43
Duenas, Maria M -pg. D-9-15
Duenas, Maria N -pg. D-9-32
Duenas, Maria P -pg. D-6-2
Duenas, Maria P -pg. D-11-34
Duenas, Maria S -pg. D-9-12
Duenas, Maria S -pg. D-14-6
Duenas, Maria SN -pg. D-1-215
Duenas, Maria SN -pg. D-6-7
Duenas, Maria SN -pg. D-11-66
Duenas, Maria T -pg. D-1-132
Duenas, Maria T -pg. D-12-17
Duenas, Martha L -pg. D-1-259
Duenas, Martha L -pg. D-6-3
Duenas, Mary J -pg. D-1-205
Duenas, Mary J -pg. D-1-205
Duenas, Mary SN -pg. D-6-7
Duenas, May L -pg. D-6-4
Duenas, Milagros A -pg. D-1-47
Duenas, Natividad F -pg. D-1-269
Duenas, Nicolasa -pg. D-5-37
Duenas, Nicolasa P -pg. D-1-346
Duenas, Olympia -pg. D-5-11
Duenas, Patsy M -pg. D-1-204
Duenas, Pedro -pg. D-5-35
Duenas, Pedro -pg. D-5-58
Duenas, Pedro -pg. D-1-81
Duenas, Pedro A -pg. D-11-10
Duenas, Pedro B -pg. D-1-102
Duenas, Pedro L -pg. D-1-103
Duenas, Pedro LG -pg. D-1-350
Duenas, Pedro M -pg. D-6-43

Duenas, Pedro Q -pg. D-11-65
Duenas, Pepito L -pg. D-6-4
Duenas, Predecinda M -pg. D-6-1
Duenas, Pricilla M -pg. D-6-12
Duenas, Ramon -pg. D-5-35
Duenas, Ramon -pg. D-5-37
Duenas, Ramon -pg. D-5-37
Duenas, Ramon C -pg. D-10-43
Duenas, Ramon D -pg. D-6-28
Duenas, Ramon LG -pg. D-10-43
Duenas, Ramon S -pg. D-11-35
Duenas, Ramon T -pg. D-6-28
Duenas, Regina G -pg. D-1-153
Duenas, Regina S -pg. D-1-162
Duenas, Remedios B -pg. D-1-269
Duenas, Remedios D -pg. D-1-310
Duenas, Ricardo C -pg. D-1-259
Duenas, Rita D -pg. D-6-29
Duenas, Rita D -pg. D-6-43
Duenas, Rita F -pg. D-1-269
Duenas, Rita T -pg. D-1-132
Duenas, Robert S -pg. D-1-163
Duenas, Roman L -pg. D-6-3
Duenas, Roman P -pg. D-1-346
Duenas, Rosa -pg. D-5-35
Duenas, Rosa A -pg. D-9-46
Duenas, Rosa C -pg. D-10-46
Duenas, Rosa M -pg. D-6-44
Duenas, Rosa P -pg. D-1-346
Duenas, Rosalia -pg. D-5-12
Duenas, Rosalia LG -pg. D-10-43
Duenas, Rosalina M -pg. D-6-1
Duenas, Rosario -pg. D-5-11
Duenas, Rosario M -pg. D-6-1
Duenas, Rose J -pg. D-1-205
Duenas, Rosita -pg. D-5-46
Duenas, Rosita F -pg. D-1-123
Duenas, Rosita G -pg. D-1-144
Duenas, Rudolpho G -pg. D-1-153
Duenas, Rudy M -pg. D-6-12
Duenas, Rufina L -pg. D-1-369
Duenas, Santiago S -pg. D-14-6
Duenas, Sigundo P -pg. D-1-371
Duenas, Silvestre D -pg. D-6-12
Duenas, Sylvia F -pg. D-1-294
Duenas, Teresa T -pg. D-6-15
Duenas, Terisita C -pg. D-11-35
Duenas, Tomas C -pg. D-1-81
Duenas, Tomas N -pg. D-9-31
Duenas, Tomas S -pg. D-6-3
Duenas, Tomasa D -pg. D-6-43
Duenas, Tomasa F -pg. D-11-5
Duenas, Trinidad -pg. D-5-37
Duenas, Veronica B -pg. D-1-197
Duenas, Vicente -pg. D-4-31
Duenas, Vicente -pg. D-5-49
Duenas, Vicente A -pg. D-1-48
Duenas, Vicente A -pg. D-1-269
Duenas, Vicente B -pg. D-1-148
Duenas, Vicente B -pg. D-1-197
Duenas, Vicente B -pg. D-1-269
Duenas, Vicente D -pg. D-1-273
Duenas, Vicente D -pg. D-6-28
Duenas, Vicente F -pg. D-11-5

INDEX
1940 Population Census of Guam: Transcribed

Duenas, Vicente M -pg. D-10-46
Duenas, Vicente M -pg. D-11-8
Duenas, Vicente N -pg. D-9-32
Duenas, Vicente Q -pg. D-11-66
Duenas, Vicente S -pg. D-9-31
Duenas, Vicente SN -pg. D-6-7
Duenas, Vicente T -pg. D-1-132
Duenas, Vicente T -pg. D-12-17
Dufton, Sybil A -pg. D-9-50
Dufton, Virginia M -pg. D-9-50
Dufton, Walter S -pg. D-9-50
Dullard, Edward -pg. D-3-27
Dumanal, Andresina Q -pg. D-11-5
Dumanal, Enrique Q -pg. D-11-5
Dumanal, Gregorio Q -pg. D-11-5
Dumanal, Maria Q -pg. D-11-5
Dumanal, Pedro G -pg. D-11-5
Dumanal, Rosalia Q -pg. D-11-5
Dumanal, Tomas Q -pg. D-11-5
Dungca, Adela T -pg. D-1-226
Dungca, Antonia Q -pg. D-1-402
Dungca, Carmen T -pg. D-1-226
Dungca, Elsie H -pg. D-1-234
Dungca, Emelia Q -pg. D-1-402
Dungca, Esperanza T -pg. D-1-226
Dungca, Felicita T -pg. D-1-226
Dungca, Felix G -pg. D-1-226
Dungca, Felixberto Q -pg. D-1-402
Dungca, Francisco C -pg. D-1-234
Dungca, Francisco H -pg. D-1-234
Dungca, Jesus Q -pg. D-1-402
Dungca, Jose H -pg. D-1-234
Dungca, Jose T -pg. D-1-226
Dungca, Josefina T -pg. D-1-226
Dungca, Justo Q -pg. D-1-402
Dungca, Justo T -pg. D-1-64
Dungca, Lourdes S -pg. D-1-64
Dungca, Manuel Q -pg. D-1-402
Dungca, Maria T -pg. D-1-226
Dungca, Soledad H -pg. D-1-234
Dungca, Teodoro Q -pg. D-1-402
Dungca, Tomas S -pg. D-1-64
Dungca, Velia S -pg. D-1-65
Dungca, Vicenta Q -pg. D-1-402
Dunis, Gust H -pg. D-11-68
Dunsmoor, Earl W -pg. D-11-68
Durham, Nettie V -pg. D-1-207
Durham, Walter E -pg. D-1-207
Dydasco, Alfonsina C -pg. D-11-15
Dydasco, Emilia T -pg. D-1-243
Dydasco, Felix C -pg. D-11-15
Dydasco, Felix M -pg. D-1-347
Dydasco, Felix T -pg. D-1-243
Dydasco, Felix T -pg. D-11-15
Dydasco, Galo M -pg. D-1-347
Dydasco, Gregorio T -pg. D-1-354
Dydasco, Joaquin A -pg. D-1-176
Dydasco, Joaquin T -pg. D-1-243
Dydasco, Jose M -pg. D-9-47
Dydasco, Jose T -pg. D-1-243
Dydasco, Jose T -pg. D-1-243
Dydasco, Joseph C -pg. D-11-15
Dydasco, Juan M -pg. D-1-347
Dydasco, Juan T -pg. D-14-9

Dydasco, Maria C -pg. D-11-15
Dydasco, Maria M -pg. D-1-347
Dydasco, Maria M -pg. D-1-347
Dydasco, Maria T -pg. D-1-243
Dydasco, Oscar M -pg. D-1-347
Dydasco, Teresita T -pg. D-1-243
Dydasco, Terisita C -pg. D-11-15
Dydasco, Vicente A -pg. D-14-10
Dydasco, Vicente T -pg. D-1-243
Dyer, Jack A -pg. D-11-78
Eads, Lyle W -pg. D-1-233
Eclavea, Albert M -pg. D-10-45
Eclavea, Alfred M -pg. D-10-45
Eclavea, Ana M -pg. D-10-44
Eclavea, Antonio B -pg. D-1-192
Eclavea, Antonio M -pg. D-10-45
Eclavea, Antonio R -pg. D-1-191
Eclavea, Concepcion M -pg. D-1-264
Eclavea, Concepcion V -pg. D-1-30
Eclavea, Conchita M -pg. D-10-45
Eclavea, David SN -pg. D-1-264
Eclavea, Eliza V -pg. D-1-30
Eclavea, Eluserio B -pg. D-1-192
Eclavea, Enrique R "Ab" -pg. D-1-30
Eclavea, Frankie V -pg. D-1-30
Eclavea, Gonzalo R -pg. D-1-264
Eclavea, Henry M -pg. D-10-45
Eclavea, Isabel SN -pg. D-1-264
Eclavea, Jose M -pg. D-10-45
Eclavea, Lecirio M -pg. D-10-45
Eclavea, Lorenzo M -pg. D-10-45
Eclavea, Manuela B -pg. D-1-192
Eclavea, Mary M -pg. D-10-44
Eclavea, Teresita M -pg. D-10-45
Eco, Pedro -pg. D-11-78
Edgar, Harold B -pg. D-1-222
Edgar, Helen J -pg. D-1-222
Edgar, Lawrence E -pg. D-1-222
Edward, Maria P -pg. D-9-49
Edward, Neal H -pg. D-9-49
Edward, Sempey -pg. D-11-75
Egan, Willmont E -pg. D-11-75
Elardo, James M -pg. D-11-78
Elatico, Cresencia M -pg. D-1-12
Elatico, Feliza M -pg. D-1-12
Elatico, Juan A -pg. D-1-12
Elatico, Magdalena M -pg. D-1-12
Elatico, Tomasa M -pg. D-1-12
Elliott, Concepcion M -pg. D-1-207
Elliott, Delia B -pg. D-1-207
Elliott, Hiram W -pg. D-1-207
Elliott, Hiram W Jr -pg. D-1-207
Elliott, Richard C -pg. D-1-208
Ellis, Robert -pg. D-3-27
Emberton, John W -pg. D-11-78
Emerson, Frank A -pg. D-2-3
Emerson, Frank M -pg. D-2-3
Emerson, Marlyn A -pg. D-2-3
Emerson, May A -pg. D-2-3
Encerti, Dominic -pg. D-1-278
Encerti, Jean A -pg. D-1-278
Encerti, Larry M -pg. D-1-278
English, Charles T -pg. D-11-52
English, Juanita A -pg. D-11-52

English, Richard H -pg. D-11-52
Erwin, Alice M -pg. D-11-70
Erwin, John D -pg. D-11-70
Erwin, John D -pg. D-11-70
Erwin, Marie E -pg. D-11-70
Espinosa, Ana M -pg. D-11-1
Espinosa, Ana T -pg. D-8-23
Espinosa, Antonio C -pg. D-1-329
Espinosa, Barciliza C -pg. D-1-329
Espinosa, Beatrice R -pg. D-10-47
Espinosa, Dolores F -pg. D-1-322
Espinosa, Domingo T -pg. D-8-23
Espinosa, Euginia R -pg. D-10-47
Espinosa, Floripes M -pg. D-11-55
Espinosa, Francisca T -pg. D-1-323
Espinosa, Francisco B -pg. D-1-64
Espinosa, Francisco B -pg. D-6-34
Espinosa, Ignacia B -pg. D-6-34
Espinosa, Ignacia C -pg. D-8-23
Espinosa, Ignacio M -pg. D-2-46
Espinosa, Isidro B -pg. D-6-34
Espinosa, Jesus -pg. D-4-19
Espinosa, Jesus M -pg. D-11-1
Espinosa, Joaquin C -pg. D-1-329
Espinosa, Joaquin T -pg. D-8-23
Espinosa, Joaquina B -pg. D-1-64
Espinosa, Jose C -pg. D-1-329
Espinosa, Jose C -pg. D-10-46
Espinosa, Jose E -pg. D-10-12
Espinosa, Jose M -pg. D-11-55
Espinosa, Juan -pg. D-11-55
Espinosa, Juan C -pg. D-10-47
Espinosa, Juan R -pg. D-10-47
Espinosa, Julia R -pg. D-10-47
Espinosa, Margarita M -pg. D-11-55
Espinosa, Maria C -pg. D-1-329
Espinosa, Maria C -pg. D-1-329
Espinosa, Pedro C -pg. D-8-23
Espinosa, Raquiel M -pg. D-11-1
Espinosa, Regina M -pg. D-11-55
Espinosa, Rosa T -pg. D-8-23
Espinosa, Teresita R -pg. D-10-47
Espinosa, Tomasa M -pg. D-11-1
Espinosa, Tomasa M -pg. D-11-55
Espinosa, Vicente M -pg. D-11-1
Espinosa, Vicente N -pg. D-6-34
Espinosa, Vicenti M -pg. D-8-10
Estaquio, Agusto B -pg. D-15-18
Estaquio, Angel B -pg. D-10-20
Estaquio, Antonia B -pg. D-15-18
Estaquio, Antonino B -pg. D-10-20
Estaquio, Carlos B -pg. D-15-18
Estaquio, Ester B -pg. D-15-18
Estaquio, Felix B -pg. D-15-18
Estaquio, Gregorio B -pg. D-10-23
Estaquio, Jose M -pg. D-10-20
Estaquio, May M -pg. D-10-20
Estaquio, Rosa M -pg. D-10-20
Estaquio, Teresita M -pg. D-10-20
Esteban, Carmen -pg. D-5-38
Esteban, Felipe -pg. D-5-38
Esteban, Jesus -pg. D-5-38
Esteban, Jovita -pg. D-5-39
Esteban, Lagrimas -pg. D-5-39

INDEX
1940 Population Census of Guam: Transcribed

Esteban, Maria -pg. D-5-38
Esteban, Maria -pg. D-5-39
Esteban, Natividad -pg. D-5-39
Esteban, Pedro -pg. D-5-38
Eustaquio, Ana C -pg. D-1-403
Eustaquio, Augusto C -pg. D-1-403
Eustaquio, Catalina B -pg. D-1-375
Eustaquio, Clotilde S -pg. D-1-406
Eustaquio, Edward C -pg. D-1-403
Eustaquio, Enriqueta C -pg. D-1-403
Eustaquio, Florencia B -pg. D-1-403
Eustaquio, Francisco C -pg. D-1-403
Eustaquio, George C -pg. D-1-403
Eustaquio, Jose B -pg. D-1-375
Eustaquio, Jose G -pg. D-1-403
Eustaquio, Josefina C -pg. D-1-403
Eustaquio, Natividad I -pg. D-1-375
Eustaquio, Rosalia C -pg. D-1-403
Eustaquio, Virginia C -pg. D-1-403
Evangelista, Dolores T -pg. D-1-328
Evangelista, Jesus M -pg. D-1-254
Evangelista, Jesusa M -pg. D-1-209
Evangelista, Jose M -pg. D-1-254
Evangelista, Juan T -pg. D-1-328
Evangelista, Manuel T -pg. D-1-328
Evangelista, Pedro T -pg. D-14-9
Evangelista, Rosa T -pg. D-1-328
Evangelista, Rosalia T -pg. D-1-328
Evangelista, Rosario T -pg. D-1-328
Evangelista, Vicente M -pg. D-1-209
Evans, James A -pg. D-11-68
Evans, Lloyd H -pg. D-11-78
Evaristo, Angustia L -pg. D-1-337
Evaristo, Candelaria L -pg. D-1-337
Evaristo, Francisco L -pg. D-1-337
Evaristo, Jesus C -pg. D-1-300
Evaristo, Jesus L -pg. D-1-337
Evaristo, Joaquin L -pg. D-1-337
Evaristo, Jose E -pg. D-1-337
Evaristo, Margarito L -pg. D-1-337
Evaristo, Maria L -pg. D-1-337
Evaristo, Pedro L -pg. D-1-337
Evaristo, Trinidad L -pg. D-1-337
Fall, Caroline -pg. D-3-23
Fall, Fred -pg. D-3-23
Farfan, Amalia Y -pg. D-1-272
Farfan, Ana P -pg. D-1-273
Farfan, Jesus C -pg. D-1-273
Farfan, Jose C -pg. D-1-272
Farfan, Julia Y -pg. D-1-272
Farfan, Rosa C -pg. D-1-305
Fariss, Louise U -pg. D-10-33
Fariss, Luther A -pg. D-10-33
Farley, Helen B -pg. D-11-71
Farley, Helene F -pg. D-11-71
Farley, Margaret G -pg. D-11-71
Farley, Thomas W -pg. D-11-71
Farley, William T -pg. D-11-71
Farrel, Joaquin A -pg. D-1-405
Farrel, Maria A -pg. D-1-405
Farrell, Thomas S -pg. D-11-71
Faulkner, Stuart T -pg. D-1-305
Fausto, Jose -pg. D-4-18
Fegurgur, Antonio C -pg. D-8-25

Fegurgur, Barbara -pg. D-5-32
Fegurgur, Brigida -pg. D-5-32
Fegurgur, Consolacion -pg. D-5-49
Fegurgur, Cristina F -pg. D-1-403
Fegurgur, Dolores -pg. D-5-32
Fegurgur, Dolores -pg. D-8-3
Fegurgur, Dolores M -pg. D-11-55
Fegurgur, Elena B. -pg. D-8-3
Fegurgur, Eliza -pg. D-5-32
Fegurgur, Enrique F -pg. D-1-8
Fegurgur, Enrique F -pg. D-10-3
Fegurgur, Enrique SN -pg. D-1-209
Fegurgur, Enrique SN -pg. D-10-3
Fegurgur, Eugenia -pg. D-8-3
Fegurgur, Felix SN -pg. D-10-3
Fegurgur, Francisco F "ab" -pg. D-1-20
Fegurgur, Francisco F -pg. D-8-31
Fegurgur, Francisco M -pg. D-11-55
Fegurgur, Francisco SN -pg. D-10-3
Fegurgur, Gladys -pg. D-5-32
Fegurgur, Isabel F -pg. D-1-19
Fegurgur, Isidro N -pg. D-8-24
Fegurgur, Jesus F -pg. D-8-24
Fegurgur, Jesus J -pg. D-1-8
Fegurgur, Jesus M -pg. D-11-55
Fegurgur, Joaquin N -pg. D-8-24
Fegurgur, Joaquin S -pg. D-11-55
Fegurgur, Jose -pg. D-5-32
Fegurgur, Jose -pg. D-5-32
Fegurgur, Jose -pg. D-5-49
Fegurgur, Juan C -pg. D-8-25
Fegurgur, Juana J -pg. D-1-8
Fegurgur, Justo SN -pg. D-10-3
Fegurgur, Manuela C -pg. D-8-24
Fegurgur, Maria M -pg. D-11-55
Fegurgur, Maria S -pg. D-13-5
Fegurgur, Maria SN -pg. D-10-3
Fegurgur, Nicolas SN -pg. D-11-81
Fegurgur, Regina SN -pg. D-10-3
Fegurgur, Ricardo F -pg. D-1-20
Fegurgur, Rita J -pg. D-1-8
Fegurgur, Rita S -pg. D-13-5
Fegurgur, Rosalia J -pg. D-1-8
Fegurgur, Rosauro C -pg. D-13-5
Fegurgur, Santiago N -pg. D-8-24
Fegurgur, Tomas J -pg. D-1-8
Fegurgur, Veronica S -pg. D-13-5
Fegurgur, Vicente -pg. D-5-33
Fegurgur, Vicente J -pg. D-1-8
Fegurgur, Vicenti C -pg. D-8-24
Fehlner, Frederick A -pg. D-11-70
Feja, Benita -pg. D-4-18
Feja, Delphina -pg. D-4-18
Feja, Francisco -pg. D-4-18
Feja, Francisco T -pg. D-1-301
Feja, Maria -pg. D-4-18
Feja, Ofemia -pg. D-4-18
Feja, Vicenta -pg. D-4-18
Fejaran, David R -pg. D-1-94
Fejaran, Fabian G -pg. D-1-94
Fejaran, Joaquin R -pg. D-1-94
Fejaran, Jose R -pg. D-1-94
Fejaran, Juvita R -pg. D-1-94
Fejaran, Magdalena R -pg. D-1-94

Fejaran, Rosita R -pg. D-1-94
Fejaran, Rufina R -pg. D-1-94
Fejaran, Teresita R -pg. D-1-94
Fejarang, Anicia C -pg. D-1-58
Fejarang, Jesus A -pg. D-11-73
Fejarang, Joaquin C -pg. D-1-58
Fejarang, Juan C -pg. D-1-58
Fejarang, Manuel F -pg. D-11-73
Fejarang, Mercedes C -pg. D-1-58
Fejarang, Priscilla C -pg. D-1-58
Fejarang, Ramon C -pg. D-1-58
Fejeran, Alfred A -pg. D-1-316
Fejeran, Ana B -pg. D-9-18
Fejeran, Ana C -pg. D-9-6
Fejeran, Ana C -pg. D-9-7
Fejeran, Ana C -pg. D-9-7
Fejeran, Ana C -pg. D-9-17
Fejeran, Ana C -pg. D-9-27
Fejeran, Ana M -pg. D-9-7
Fejeran, Ana S -pg. D-9-21
Fejeran, Ana T -pg. D-9-47
Fejeran, Angelina S -pg. D-10-23
Fejeran, Antonia -pg. D-3-14
Fejeran, Antonia M -pg. D-9-30
Fejeran, Antonio -pg. D-4-31
Fejeran, Antonio B -pg. D-9-18
Fejeran, Antonio C -pg. D-9-1
Fejeran, Antonio S -pg. D-9-20
Fejeran, Barcelisa G -pg. D-9-18
Fejeran, Brigida -pg. D-3-1
Fejeran, Caridad C -pg. D-9-17
Fejeran, Carlota A -pg. D-9-1
Fejeran, Cerilo A -pg. D-1-13
Fejeran, Concepcion D -pg. D-9-8
Fejeran, Concepcion F -pg. D-9-27
Fejeran, Concepcion T -pg. D-9-48
Fejeran, Conchita C -pg. D-9-27
Fejeran, Daniel -pg. D-3-22
Fejeran, David J -pg. D-9-8
Fejeran, Dolores -pg. D-3-1
Fejeran, Dolores A -pg. D-1-316
Fejeran, Dolores C -pg. D-9-8
Fejeran, Dolores S -pg. D-9-6
Fejeran, Dolores S -pg. D-9-20
Fejeran, Dometro -pg. D-3-1
Fejeran, Edita S -pg. D-9-36
Fejeran, Edward S -pg. D-9-20
Fejeran, Elisa C -pg. D-9-7
Fejeran, Encarnacion S -pg. D-9-7
Fejeran, Enolgua C -pg. D-9-8
Fejeran, Enrique -pg. D-3-1
Fejeran, Enrique -pg. D-3-1
Fejeran, Eugenia C -pg. D-9-7
Fejeran, Felicidad -pg. D-3-14
Fejeran, Felix S -pg. D-9-18
Fejeran, Florencio P -pg. D-9-36
Fejeran, Francisco -pg. D-3-1
Fejeran, Francisco C -pg. D-9-8
Fejeran, Francisco F -pg. D-11-54
Fejeran, Francisco T -pg. D-9-49
Fejeran, Francisco U -pg. D-1-236
Fejeran, Geronimo -pg. D-5-10
Fejeran, Gonzalo C -pg. D-9-7
Fejeran, Gregorio -pg. D-3-1

INDEX
1940 Population Census of Guam: Transcribed

Fejeran, Gregorio -pg. D-3-21
Fejeran, Helminigilde -pg. D-3-7
Fejeran, Ignacio -pg. D-3-26
Fejeran, Ignacio S -pg. D-9-21
Fejeran, Irene M -pg. D-9-30
Fejeran, Isabel C -pg. D-9-17
Fejeran, Isidro S -pg. D-9-21
Fejeran, Jesus -pg. D-3-13
Fejeran, Jesus -pg. D-3-14
Fejeran, Jesus B -pg. D-9-18
Fejeran, Jesus C -pg. D-9-17
Fejeran, Jesus C -pg. D-9-27
Fejeran, Jesus S -pg. D-9-48
Fejeran, Jesus S -pg. D-10-23
Fejeran, Joaguin S -pg. D-9-17
Fejeran, Joaquin -pg. D-3-7
Fejeran, Joaquin -pg. D-3-7
Fejeran, Joaquin -pg. D-4-17
Fejeran, Joaquin -pg. D-5-26
Fejeran, Joaquin C -pg. D-9-6
Fejeran, Joaquin C -pg. D-9-20
Fejeran, Joaquin M -pg. D-10-40
Fejeran, Joaquin S -pg. D-9-21
Fejeran, Joaquin S -pg. D-10-23
Fejeran, Joaquin T -pg. D-1-316
Fejeran, Jose -pg. D-3-14
Fejeran, Jose -pg. D-5-26
Fejeran, Jose A -pg. D-9-47
Fejeran, Jose B -pg. D-9-18
Fejeran, Jose C -pg. D-9-7
Fejeran, Jose C -pg. D-9-17
Fejeran, Jose C -pg. D-9-27
Fejeran, Jose C -pg. D-9-30
Fejeran, Jose LG -pg. D-6-20
Fejeran, Jose P -pg. D-10-23
Fejeran, Jose R -pg. D-9-17
Fejeran, Jose S -pg. D-9-20
Fejeran, Jose S -pg. D-9-27
Fejeran, Jose S -pg. D-9-36
Fejeran, Jose S -pg. D-10-23
Fejeran, Jose T -pg. D-9-49
Fejeran, Juan -pg. D-3-14
Fejeran, Juan -pg. D-3-14
Fejeran, Juan A -pg. D-6-20
Fejeran, Juan B -pg. D-9-18
Fejeran, Juan C -pg. D-9-7
Fejeran, Juan LG -pg. D-6-18
Fejeran, Juan S -pg. D-9-1
Fejeran, Juan S -pg. D-10-23
Fejeran, Juana C -pg. D-10-21
Fejeran, Julia P -pg. D-6-20
Fejeran, Julia S -pg. D-9-36
Fejeran, Juliana C -pg. D-1-1
Fejeran, Justo C -pg. D-9-7
Fejeran, Justo S -pg. D-9-7
Fejeran, Laura S -pg. D-10-23
Fejeran, Luis -pg. D-3-14
Fejeran, Manuela -pg. D-3-22
Fejeran, Manuela C -pg. D-9-27
Fejeran, Maria -pg. D-3-7
Fejeran, Maria -pg. D-3-14
Fejeran, Maria -pg. D-9-48
Fejeran, Maria A -pg. D-11-55
Fejeran, Maria B -pg. D-9-18

Fejeran, Maria C -pg. D-9-6
Fejeran, Maria C -pg. D-9-17
Fejeran, Maria C -pg. D-9-27
Fejeran, Maria M -pg. D-9-7
Fejeran, Maria R -pg. D-9-47
Fejeran, Maria S -pg. D-9-6
Fejeran, Maria S -pg. D-9-6
Fejeran, Maria S -pg. D-9-21
Fejeran, Maria S -pg. D-9-36
Fejeran, Maria S -pg. D-10-23
Fejeran, Maria S -pg. D-10-23
Fejeran, Mariana -pg. D-3-1
Fejeran, Martina -pg. D-3-14
Fejeran, Miguel C -pg. D-9-8
Fejeran, Patricia -pg. D-3-14
Fejeran, Pedro -pg. D-3-14
Fejeran, Pedro -pg. D-4-34
Fejeran, Perpeto S -pg. D-9-36
Fejeran, Pilar -pg. D-3-7
Fejeran, Pilar A -pg. D-9-1
Fejeran, Rafael C -pg. D-9-27
Fejeran, Ramon B -pg. D-9-18
Fejeran, Ramon C -pg. D-1-1
Fejeran, Remedios -pg. D-3-14
Fejeran, Remedios C -pg. D-1-1
Fejeran, Rita -pg. D-5-10
Fejeran, Rita C -pg. D-9-7
Fejeran, Rosalia -pg. D-3-7
Fejeran, Rosalia A -pg. D-11-55
Fejeran, Rosalia S -pg. D-10-23
Fejeran, Rosita A -pg. D-1-316
Fejeran, Teresa M -pg. D-6-18
Fejeran, Teresita B -pg. D-9-18
Fejeran, Tomas -pg. D-3-1
Fejeran, Tomas A -pg. D-6-20
Fejeran, Tomas Rosa -pg. D-9-17
Fejeran, Tomas S -pg. D-9-21
Fejeran, Vicente -pg. D-3-7
Fejeran, Vicente -pg. D-4-17
Fejeran, Vicente B -pg. D-9-18
Fejeran, Vicente C -pg. D-9-7
Fejeran, Virginia -pg. D-3-14
Fejerang, Ana A -pg. D-1-391
Fejerang, Antonia C -pg. D-1-391
Fejerang, Antonio B -pg. D-2-23
Fejerang, Benigno C -pg. D-1-391
Fejerang, Carlos A -pg. D-1-391
Fejerang, Dolores C -pg. D-1-391
Fejerang, Enrique B -pg. D-2-23
Fejerang, Enrique Q -pg. D-1-349
Fejerang, Francisca C -pg. D-1-349
Fejerang, Francisca C -pg. D-1-391
Fejerang, Jesus C -pg. D-1-349
Fejerang, Jesus C -pg. D-2-23
Fejerang, Josefa C -pg. D-1-390
Fejerang, Juan C -pg. D-1-391
Fejerang, Juan C -pg. D-1-391
Fejerang, Justo B -pg. D-2-23
Fejerang, Luis C -pg. D-1-391
Fejerang, Maria C -pg. D-1-349
Fejerang, Maria C -pg. D-1-390
Fejerang, Maria C -pg. D-1-391
Fejerang, Maria S -pg. D-1-360
Fejerang, Pedro B -pg. D-2-23

Fejerang, Rosa B -pg. D-2-23
Fejerang, Rosa C -pg. D-1-390
Fejerang, Rosalia C -pg. D-1-390
Fejerang, Silvia B -pg. D-2-23
Fejerang, Teresita A -pg. D-1-391
Fejerang, Teresita C -pg. D-1-391
Fejerang, Vicenta P -pg. D-1-391
Fejerang, Vicente C -pg. D-1-349
Fenona, Antonia R -pg. D-7-2
Fenona, Antonia T -pg. D-7-2
Fenona, Beatrice R -pg. D-7-2
Fenona, Concepcion T -pg. D-7-2
Fenona, Concepcion T -pg. D-7-5
Fenona, Elena R -pg. D-7-2
Fenona, Engracia R -pg. D-7-2
Fenona, Esperanza T -pg. D-7-5
Fenona, Fidel T -pg. D-7-2
Fenona, Francisco G -pg. D-7-2
Fenona, Isabel T -pg. D-7-2
Fenona, Joaquin F -pg. D-7-2
Fenona, Joaquin Q -pg. D-7-5
Fenona, Jose Q -pg. D-7-5
Fenona, Jose T -pg. D-7-2
Fenona, Maria Q -pg. D-7-5
Fenona, Maria T -pg. D-7-2
Fenona, Rosario T -pg. D-7-2
Fenona, Vicente T -pg. D-7-5
Ferguson, Paul L -pg. D-11-78
Fernandes, Abedulia F -pg. D-15-7
Fernandes, Antonio O -pg. D-15-16
Fernandes, Antonio Q -pg. D-15-6
Fernandes, Francisco Q -pg. D-15-6
Fernandes, Ignacio Q -pg. D-15-6
Fernandes, Isabel P -pg. D-15-16
Fernandes, Jesus P -pg. D-15-16
Fernandes, Jose P -pg. D-15-16
Fernandes, Lucia Q -pg. D-15-6
Fernandes, Maria P -pg. D-15-16
Fernandes, Mercedes Q -pg. D-15-6
Fernandes, Nenita P -pg. D-15-16
Fernandes, Roque Q -pg. D-15-6
Fernandes, Rosario P -pg. D-15-16
Fernandes, Rosita P -pg. D-15-16
Fernandez, Agapito C -pg. D-9-44
Fernandez, Ana -pg. D-5-10
Fernandez, Ana -pg. D-5-34
Fernandez, Ana -pg. D-5-35
Fernandez, Ana D -pg. D-11-6
Fernandez, Antonia -pg. D-5-34
Fernandez, Beatrice C -pg. D-11-4
Fernandez, Cecilia -pg. D-5-50
Fernandez, Concepcion LG -pg. D-1-130
Fernandez, Consolacion pg. D 5 10
Fernandez, Francisco -pg. D-5-35
Fernandez, Francisco L -pg. D-11-6
Fernandez, Gonzalo L -pg. D-11-4
Fernandez, Jesus -pg. D-5-10
Fernandez, Jesus -pg. D-5-34
Fernandez, Jesus S -pg. D-1-130
Fernandez, Joaquin -pg. D-5-10
Fernandez, Joaquina -pg. D-5-10
Fernandez, Jose -pg. D-5-10
Fernandez, Jose -pg. D-5-34
Fernandez, Jose -pg. D-5-35

INDEX
1940 Population Census of Guam: Transcribed

Fernandez, Jose -pg. D-5-50
Fernandez, Juan -pg. D-5-10
Fernandez, Lourdes -pg. D-5-35
Fernandez, Maria -pg. D-5-34
Fernandez, Maria -pg. D-5-50
Fernandez, Olympia LG -pg. D-1-130
Fernandez, Paz -pg. D-5-10
Fernandez, Santiago -pg. D-5-10
Fernandez, Solidad D -pg. D-11-6
Fernandez, Tomasa -pg. D-7-17
Fernandez, Vicente -pg. D-3-12
Fernandez, Vicente -pg. D-5-10
Ferrantino, Samuel -pg. D-1-223
Ferris, Robert F -pg. D-11-75
Findley, Jack R -pg. D-1-238
Findley, Robert L -pg. D-1-238
Findley, Virginia W -pg. D-1-238
Finlay, Albert W -pg. D-11-70
Finlay, Albert W -pg. D-11-70
Finlay, Brigida P -pg. D-11-70
Finona, Ana S -pg. D-9-26
Finona, Ana S -pg. D-9-26
Finona, Antonio C -pg. D-9-26
Finona, Ignacia T -pg. D-7-4
Finona, Inez Santos -pg. D-9-25
Finona, Jesus G -pg. D-7-4
Finona, Jose F -pg. D-9-26
Finona, Jose SN -pg. D-9-26
Finona, Jose T -pg. D-7-4
Finona, Manuel C -pg. D-9-25
Finona, Manuela C -pg. D-9-26
Finona, Maria F -pg. D-9-26
Finona, Maria S -pg. D-9-25
Finona, Regina C -pg. D-9-26
Finona, Rosa S -pg. D-9-26
Finona, Vicenta J -pg. D-7-4
Finonoña, Felisa -pg. D-5-57
Finonoña, Francisco -pg. D-5-57
Finonoña, Isabel -pg. D-5-57
Finonoña, Joaquin -pg. D-5-57
Finonoña, Lourdes -pg. D-5-57
Finonoña, Ramona -pg. D-5-57
Fisher, Agnes V -pg. D-11-70
Fisher, Doris L -pg. D-1-251
Fisher, Walter H -pg. D-1-251
Fisher, Wilfred S -pg. D-1-251
Fisher, Willett W -pg. D-1-251
Fisher, William R -pg. D-11-70
Fisher, William R -pg. D-11-70
Flary, Freida L -pg. D-1-213
Flary, Helen L -pg. D-1-213
Flary, Herbert G -pg. D-1-213
Flary, Margaret A -pg. D-1-213
Flores, Alejo C (ab) -pg. D-1-210
Flores, Alfred D -pg. D-7-3
Flores, Alfred G -pg. D-10-41
Flores, Alfred SN -pg. D-6-15
Flores, Alice SN -pg. D-6-14
Flores, Alphonsina SN -pg. D-1-230
Flores, Ambrosio F -pg. D-1-154
Flores, Amelia B -pg. D-6-17
Flores, Ana -pg. D-4-4
Flores, Ana -pg. D-4-13
Flores, Ana -pg. D-5-62

Flores, Ana B -pg. D-1-79
Flores, Ana C -pg. D-1-103
Flores, Ana C -pg. D-1-182
Flores, Ana C -pg. D-1-183
Flores, Ana C -pg. D-1-266
Flores, Ana C -pg. D-1-368
Flores, Ana F -pg. D-9-3
Flores, Ana G -pg. D-1-372
Flores, Ana L -pg. D-1-9
Flores, Ana L -pg. D-1-376
Flores, Ana P -pg. D-1-218
Flores, Ana T -pg. D-1-86
Flores, Ana T -pg. D-1-123
Flores, Ana T -pg. D-14-6
Flores, Andrea C -pg. D-1-378
Flores, Angel -pg. D-4-13
Flores, Angel LG -pg. D-1-288
Flores, Annie G -pg. D-14-11
Flores, Annie M -pg. D-1-59
Flores, Annie T -pg. D-1-86
Flores, Annie T -pg. D-1-249
Flores, Antonia -pg. D-4-39
Flores, Antonia F -pg. D-10-41
Flores, Antonia N -pg. D-1-334
Flores, Antonina DL -pg. D-1-77
Flores, Antonina M -pg. D-1-73
Flores, Antonio -pg. D-5-29
Flores, Antonio C -pg. D-1-275
Flores, Antonio C -pg. D-10-44
Flores, Antonio F -pg. D-7-3
Flores, Antonio M -pg. D-1-59
Flores, Antonio M -pg. D-1-364
Flores, Artemio C -pg. D-12-6
Flores, Augustin SN -pg. D-6-36
Flores, Beatrice G -pg. D-14-11
Flores, Beatrice LG -pg. D-1-181
Flores, Beatrice LG -pg. D-1-254
Flores, Beatrice R -pg. D-1-181
Flores, beatrice T -pg. D-1-8
Flores, Benigno LG -pg. D-1-188
Flores, Bita B -pg. D-1-79
Flores, Brigida N -pg. D-1-334
Flores, Candelaria -pg. D-5-29
Flores, Candelaria S -pg. D-12-6
Flores, Carlos C -pg. D-1-275
Flores, Carlos F -pg. D-9-3
Flores, Carmen F -pg. D-1-378
Flores, Carmen I -pg. D-1-33
Flores, Carmen M -pg. D-1-175
Flores, Carmen Q -pg. D-1-288
Flores, Carmen S -pg. D-1-294
Flores, Carmen SN -pg. D-6-11
Flores, Cecelia -pg. D-4-4
Flores, Cecelia N -pg. D-1-334
Flores, Cecilia C -pg. D-1-183
Flores, Cecilia E -pg. D-1-209
Flores, Cecilia Q -pg. D-1-288
Flores, Clementina S -pg. D-1-32
Flores, Concepcion C -pg. D-1-183
Flores, Concepcion M -pg. D-1-186
Flores, Conchita SN -pg. D-6-11
Flores, Consuelo SN -pg. D-6-11
Flores, Consuelo T -pg. D-14-6
Flores, David C -pg. D-1-275

Flores, David D -pg. D-7-3
Flores, David DL -pg. D-1-78
Flores, David G -pg. D-14-11
Flores, David M -pg. D-1-298
Flores, David R -pg. D-15-3
Flores, Delfina B -pg. D-6-17
Flores, Dolores A -pg. D-1-316
Flores, Dolores B -pg. D-1-158
Flores, Dolores B -pg. D-6-17
Flores, Dolores C -pg. D-1-334
Flores, Dolores D -pg. D-1-268
Flores, Dolores M -pg. D-1-188
Flores, Dolores SN -pg. D-1-287
Flores, Dolores SN -pg. D-1-287
Flores, Edward A -pg. D-1-341
Flores, Edward T -pg. D-10-33
Flores, Elizabeth B -pg. D-1-205
Flores, Elizabeth DL -pg. D-1-77
Flores, Emma SN -pg. D-1-230
Flores, Engracia P -pg. D-12-6
Flores, Enrique D -pg. D-1-249
Flores, Enrique T -pg. D-1-86
Flores, Esequiel -pg. D-4-13
Flores, Esther P -pg. D-6-15
Flores, Fe N -pg. D-1-334
Flores, Felisberto C (ab) -pg. D-1-368
Flores, Felix -pg. D-4-13
Flores, Felix -pg. D-5-29
Flores, Felix LG -pg. D-1-191
Flores, Florentina T -pg. D-6-6
Flores, Floretina M -pg. D-1-73
Flores, Francis -pg. D-4-4
Flores, Francisca P -pg. D-1-307
Flores, Francisco C -pg. D-12-6
Flores, Francisco D (ab) -pg. D-1-249
Flores, Francisco G -pg. D-1-148
Flores, Francisco LG -pg. D-1-148
Flores, Francisco M -pg. D-1-59
Flores, Francisco M -pg. D-1-188
Flores, Francisco N -pg. D-1-334
Flores, Francisco Q -pg. D-1-288
Flores, Francisco T -pg. D-1-86
Flores, Francisco T -pg. D-1-401
Flores, George G -pg. D-14-11
Flores, George T -pg. D-1-8
Flores, George T -pg. D-10-33
Flores, Gloria -pg. D-4-4
Flores, Grace T -pg. D-10-33
Flores, Gregorio SN -pg. D-1-230
Flores, Gregorio T -pg. D-1-70
Flores, Guillermo S -pg. D-12-6
Flores, Helen SN -pg. D-1-231
Flores, Henry -pg. D-4-4
Flores, Henry -pg. D-4-29
Flores, Herman Blas -pg. D-1-252
Flores, Herminia C -pg. D-1-275
Flores, Ida SN -pg. D-1-229
Flores, Ignacia S -pg. D-1-32
Flores, Ignacio C -pg. D-1-249
Flores, Ignacio G -pg. D-14-11
Flores, Ignacio G -pg. D-14-11
Flores, Ignacio R -pg. D-1-181
Flores, Ignacio T -pg. D-1-181
Flores, Isabel C -pg. D-1-103

43

INDEX
1940 Population Census of Guam: Transcribed

Flores, Isabel F -pg. D-1-34
Flores, Isabel I -pg. D-1-33
Flores, Isidro LG -pg. D-1-148
Flores, Jane C -pg. D-12-6
Flores, Jane SN -pg. D-1-230
Flores, Jesus -pg. D-4-9
Flores, Jesus -pg. D-4-39
Flores, Jesus -pg. D-5-62
Flores, Jesus B -pg. D-1-79
Flores, Jesus L -pg. D-1-59
Flores, Jesus M -pg. D-1-150
Flores, Jesus P -pg. D-1-206
Flores, Jesus SN -pg. D-10-14
Flores, Jesus T -pg. D-1-7
Flores, Joaquin -pg. D-4-3
Flores, Joaquin -pg. D-4-4
Flores, Joaquin -pg. D-5-29
Flores, Joaquin C -pg. D-1-275
Flores, Joaquin D -pg. D-1-334
Flores, Joaquin D -pg. D-6-17
Flores, Joaquin F -pg. D-1-154
Flores, Joaquin G -pg. D-14-5
Flores, Joaquin G -pg. D-14-11
Flores, Joaquin L -pg. D-1-307
Flores, Joaquin LG -pg. D-1-190
Flores, Joaquin P -pg. D-14-12
Flores, Joaquin SN (ab) -pg. D-1-287
Flores, Joaquin T -pg. D-1-7
Flores, Joaquina G -pg. D-1-148
Flores, Joaquina G -pg. D-6-34
Flores, John C -pg. D-12-6
Flores, Johnny -pg. D-4-4
Flores, Jose -pg. D-3-13
Flores, Jose -pg. D-4-4
Flores, Jose -pg. D-4-4
Flores, Jose -pg. D-4-4
Flores, Jose -pg. D-4-5
Flores, Jose -pg. D-4-9
Flores, Jose -pg. D-4-12
Flores, Jose -pg. D-5-48
Flores, Jose A -pg. D-1-316
Flores, Jose C -pg. D-1-181
Flores, Jose C -pg. D-1-192
Flores, Jose C -pg. D-7-3
Flores, Jose C -pg. D-12-6
Flores, Jose D -pg. D-1-287
Flores, Jose D -pg. D-6-36
Flores, Jose DL -pg. D-1-78
Flores, Jose F -pg. D-9-3
Flores, Jose G -pg. D-10-33
Flores, Jose LG -pg. D-1-134
Flores, Jose LG -pg. D-1-181
Flores, Jose M -pg. D 1 33
Flores, Jose M -pg. D-1-175
Flores, Jose M -pg. D-1-186
Flores, Jose M -pg. D-1-298
Flores, Jose M -pg. D-1-361
Flores, Jose P -pg. D-1-294
Flores, Jose Q -pg. D-1-288
Flores, Jose R -pg. D-1-181
Flores, Jose S -pg. D-1-298
Flores, Jose S -pg. D-12-6
Flores, Jose T -pg. D-1-7
Flores, Jose T -pg. D-1-150

Flores, Josefa C -pg. D-1-250
Flores, Josefa I -pg. D-1-33
Flores, Josefina -pg. D-4-9
Flores, Josefina B -pg. D-1-158
Flores, Josefina R -pg. D-15-3
Flores, Josefina T -pg. D-6-6
Flores, Joseph T -pg. D-1-86
Flores, Juan -pg. D-4-4
Flores, Juan -pg. D-4-13
Flores, Juan -pg. D-4-38
Flores, Juan -pg. D-4-39
Flores, Juan -pg. D-4-39
Flores, Juan A -pg. D-1-251
Flores, Juan C -pg. D-1-32
Flores, Juan C -pg. D-1-334
Flores, Juan D -pg. D-6-11
Flores, Juan F -pg. D-1-300
Flores, Juan G -pg. D-1-275
Flores, Juan I -pg. D-1-33
Flores, Juan L -pg. D-1-9
Flores, Juan M -pg. D-1-188
Flores, Juan N -pg. D-1-334
Flores, Juan T -pg. D-6-6
Flores, Juana M -pg. D-1-364
Flores, Juanita M -pg. D-1-59
Flores, Julian L -pg. D-1-7
Flores, Lagrimas R -pg. D-1-307
Flores, Leon D -pg. D-15-3
Flores, Leon L -pg. D-1-368
Flores, Lila T -pg. D-1-168
Flores, Lola J -pg. D-1-168
Flores, Lorenzo C -pg. D-1-266
Flores, Lorenzo F -pg. D-9-3
Flores, Lorenzo T -pg. D-1-8
Flores, Lucia -pg. D-3-14
Flores, Luis LG -pg. D-1-190
Flores, Luis T -pg. D-14-12
Flores, Magdalena -pg. D-4-4
Flores, Magdalena B -pg. D-1-79
Flores, Manuel -pg. D-4-39
Flores, Manuel A -pg. D-1-24
Flores, Manuel D -pg. D-6-34
Flores, Manuel G -pg. D-1-249
Flores, Manuel I -pg. D-1-33
Flores, Manuel LG -pg. D-1-254
Flores, Manuel T -pg. D-7-14
Flores, Margarita -pg. D-4-29
Flores, Margarita C -pg. D-1-275
Flores, Maria -pg. D-3-14
Flores, Maria B -pg. D-1-79
Flores, Maria B -pg. D-1-79
Flores, Maria B -pg. D-1-158
Flores, Maria B -pg. D-1-158
Flores, Maria C -pg. D-1-103
Flores, Maria C -pg. D-1-183
Flores, Maria C -pg. D-1-224
Flores, Maria C -pg. D-1-305
Flores, Maria C -pg. D-1-334
Flores, Maria F -pg. D-1-154
Flores, Maria G -pg. D-1-145
Flores, Maria G -pg. D-1-372
Flores, Maria G -pg. D-14-11
Flores, Maria L -pg. D-1-9
Flores, Maria LG -pg. D-1-148

Flores, Maria LG -pg. D-1-175
Flores, Maria LG -pg. D-1-254
Flores, Maria M -pg. D-1-59
Flores, Maria M -pg. D-1-181
Flores, Maria M -pg. D-1-364
Flores, Maria P -pg. D-1-294
Flores, Maria Q -pg. D-1-288
Flores, Maria R -pg. D-1-70
Flores, Maria R -pg. D-1-181
Flores, Maria R -pg. D-1-181
Flores, Maria S -pg. D-1-32
Flores, Maria SN -pg. D-6-11
Flores, Maria SN -pg. D-10-14
Flores, Maria SN -pg. D-10-14
Flores, Maria T -pg. D-1-7
Flores, Maria T -pg. D-1-86
Flores, Maria T -pg. D-1-150
Flores, Maria T -pg. D-14-6
Flores, Marion T -pg. D-1-70
Flores, Martina SN -pg. D-6-37
Flores, Mary E -pg. D-6-15
Flores, Matilde C -pg. D-1-103
Flores, Mercedes R -pg. D-1-294
Flores, Mercedes S -pg. D-1-32
Flores, Natividad C -pg. D-1-103
Flores, Natividad LG -pg. D-2-3
Flores, Natividad Q -pg. D-1-288
Flores, Nellie LG -pg. D-1-205
Flores, Nicolasa C -pg. D-1-250
Flores, Nicolasa C -pg. D-1-275
Flores, Nieves C -pg. D-1-183
Flores, Nieves M -pg. D-1-210
Flores, Nina J -pg. D-1-78
Flores, Oliva B -pg. D-1-158
Flores, Oliva LG -pg. D-1-191
Flores, Oliva M -pg. D-1-186
Flores, Oliva T -pg. D-1-150
Flores, Pedro -pg. D-4-4
Flores, Pedro -pg. D-4-4
Flores, Pedro C -pg. D-12-6
Flores, Pedro LG -pg. D-1-148
Flores, Pedro LG -pg. D-1-181
Flores, Pedro LG -pg. D-1-191
Flores, Pedro M -pg. D-1-73
Flores, Pedro M -pg. D-1-175
Flores, Peter SN -pg. D-6-37
Flores, Priscilla F -pg. D-9-3
Flores, Prudencio C -pg. D-1-183
Flores, Prudencio T -pg. D-6-6
Flores, Quintina C -pg. D-1-183
Flores, Rafaela M -pg. D-10-43
Flores, Rafaela SN -pg. D-6-36
Flores, Raimundo -pg. D-3-14
Flores, Ramon -pg. D-3-14
Flores, Ramon -pg. D-5-29
Flores, Ramon G -pg. D-1-168
Flores, Ray T -pg. D-1-86
Flores, Regina LG -pg. D-1-148
Flores, Remedio F -pg. D-9-3
Flores, Remedios A -pg. D-1-361
Flores, Remedios T -pg. D-1-249
Flores, Ricardo C -pg. D-1-368
Flores, Rita -pg. D-3-14
Flores, Rita B -pg. D-1-79

INDEX
1940 Population Census of Guam: Transcribed

Flores, Rita B -pg. D-1-254
Flores, Rita B -pg. D-6-17
Flores, Rita C -pg. D-1-250
Flores, Rita DL -pg. D-1-77
Flores, Rita F -pg. D-9-3
Flores, Rita LG -pg. D-1-181
Flores, Rita T -pg. D-1-7
Flores, Rita T -pg. D-10-33
Flores, Roberto R -pg. D-1-181
Flores, Rosa C -pg. D-1-204
Flores, Rosa C -pg. D-1-251
Flores, Rosa L -pg. D-1-9
Flores, Rosa LG -pg. D-1-190
Flores, Rosa M -pg. D-1-298
Flores, Rosalia C -pg. D-1-275
Flores, Rosalia D -pg. D-7-3
Flores, Rosario C -pg. D-1-275
Flores, Rosario G -pg. D-14-11
Flores, Rosita P -pg. D-12-6
Flores, Rosita SN -pg. D-6-11
Flores, Rosita T -pg. D-1-8
Flores, Ruth B -pg. D-6-17
Flores, Ruth DL -pg. D-1-77
Flores, Sabino C -pg. D-1-210
Flores, Serafina U -pg. D-1-210
Flores, Sergio D -pg. D-1-368
Flores, Soledad L -pg. D-1-364
Flores, Susana G -pg. D-14-11
Flores, Teresita -pg. D-4-4
Flores, Teresita B -pg. D-1-79
Flores, Teresita N -pg. D-1-334
Flores, Tomas LG -pg. D-1-254
Flores, Tomas M -pg. D-1-188
Flores, Tomasa C -pg. D-1-266
Flores, Trinidad A -pg. D-1-316
Flores, Trinidad T -pg. D-14-6
Flores, Ursula LG -pg. D-1-364
Flores, Vicenta C -pg. D-1-378
Flores, Vicente -pg. D-4-13
Flores, Vicente A -pg. D-1-316
Flores, Vicente A -pg. D-9-3
Flores, Vicente A -pg. D-14-5
Flores, Vicente c -pg. D-1-183
Flores, Vicente C -pg. D-7-1
Flores, Vicente D -pg. D-6-6
Flores, Vicente M -pg. D-1-175
Flores, Vicente N -pg. D-1-334
Flores, Vicente SN -pg. D-1-230
Flores, Vicente SN -pg. D-10-14
Flores, Vicente T -pg. D-6-7
Flores, William B -pg. D-6-17
Flores, William T -pg. D-14-6
Florez, Ana C -pg. D-8-28
Florez, Barbara C -pg. D-8-28
Florez, Francisco C -pg. D-8-27
Florez, Guillerma C -pg. D-8-27
Florez, Julia C -pg. D-8-28
Florez, Maria C -pg. D-8-28
Florez, Remedio C -pg. D-8-28
Florez, Rita C -pg. D-8-27
Florez, Rosario C -pg. D-8-27
Fojt, Alice F -pg. D-1-28
Fojt, Dorothy J -pg. D-1-28
Fojt, Patricia A -pg. D-1-28

Fojt, Robert E -pg. D-1-28
Foley, Edward -pg. D-11-71
Folz, Peter J -pg. D-11-71
Fowles, Joseph E -pg. D-11-78
Francies, Dennis N -pg. D-1-223
Francis, Ermon E -pg. D-1-304
Francisco, Ana L -pg. D-1-84
Francisco, Angustia -pg. D-4-22
Francisco, Antonia -pg. D-4-22
Francisco, Antonia C -pg. D-1-131
Francisco, Antonio -pg. D-4-22
Francisco, Candelaria F -pg. D-1-153
Francisco, Carmen C -pg. D-1-138
Francisco, Carmen T -pg. D-1-299
Francisco, Catalina T -pg. D-1-299
Francisco, Concepcion C -pg. D-1-131
Francisco, Daniel -pg. D-4-22
Francisco, David -pg. D-4-22
Francisco, Dolores C -pg. D-1-141
Francisco, Dolores LG -pg. D-1-333
Francisco, Domingo T -pg. D-1-299
Francisco, Efginia -pg. D-1-141
Francisco, Fidela T -pg. D-1-299
Francisco, Francisco -pg. D-4-22
Francisco, Francisco L -pg. D-1-84
Francisco, Ignacia -pg. D-4-23
Francisco, Ignacia -pg. D-1-138
Francisco, Ignacio -pg. D-4-22
Francisco, Ignacio -pg. D-4-38
Francisco, Ignacio S -pg. D-1-55
Francisco, Jesus -pg. D-4-37
Francisco, Jesus C -pg. D-1-299
Francisco, Jesus F -pg. D-1-153
Francisco, Jesus T -pg. D-1-299
Francisco, Joaquin -pg. D-4-22
Francisco, Joaquina -pg. D-1-138
Francisco, Jose -pg. D-4-22
Francisco, Jose -pg. D-4-36
Francisco, Jose -pg. D-1-138
Francisco, Jose C -pg. D-1-131
Francisco, Jose C -pg. D-1-323
Francisco, Jose L -pg. D-1-84
Francisco, Jose T -pg. D-1-299
Francisco, Josefa F -pg. D-1-153
Francisco, Josefa S -pg. D-1-55
Francisco, Juan -pg. D-4-22
Francisco, Juan -pg. D-4-23
Francisco, Juan -pg. D-4-36
Francisco, Juan C -pg. D-1-131
Francisco, Juan C -pg. D-1-333
Francisco, Lourdes T -pg. D-1-299
Francisco, Manuel LG -pg. D-1-333
Francisco, Maria -pg. D-4-22
Francisco, Maria C -pg. D-1-141
Francisco, Maria C -pg. D-1-323
Francisco, Maria F -pg. D-1-141
Francisco, Maria L -pg. D-1-84
Francisco, Maria T -pg. D-1-299
Francisco, Maria T -pg. D-1-299
Francisco, Natividad L -pg. D-1-84
Francisco, Pedro C -pg. D-1-84
Francisco, Pedro C -pg. D-1-131
Francisco, Priscilla LG -pg. D-1-333
Francisco, Rita F -pg. D-1-153

Francisco, Rosario S -pg. D-1-55
Francisco, Teresita C -pg. D-1-131
Francisco, Teresita LG -pg. D-1-333
Francisco, Veronica -pg. D-4-22
Francisco, Veronica C -pg. D-1-323
Francisco, Vicente -pg. D-4-22
Francisco, Vicente S -pg. D-1-55
Franquez, Ana C -pg. D-1-277
Franquez, Antonia C -pg. D-1-286
Franquez, Carmen G -pg. D-10-21
Franquez, Carmen S -pg. D-1-217
Franquez, Doris T -pg. D-1-217
Franquez, Francisco G -pg. D-10-21
Franquez, Isabel (ab) -pg. D-1-277
Franquez, Jesus G -pg. D-10-21
Franquez, Jesus I -pg. D-10-21
Franquez, Jesus T -pg. D-1-217
Franquez, Joaquin I -pg. D-1-228
Franquez, Jose C -pg. D-1-240
Franquez, Jose I -pg. D-1-286
Franquez, Josefina C -pg. D-1-240
Franquez, Julia G -pg. D-10-21
Franquez, Lorenzo G -pg. D-10-21
Franquez, Luisa M -pg. D-1-215
Franquez, Maria G -pg. D-1-42
Franquez, Maria G -pg. D-10-21
Franquez, Maria T -pg. D-1-228
Franquez, Maria T -pg. D-1-286
Franquez, Mercedes M -pg. D-1-240
Franquez, Patricia M -pg. D-1-240
Franquez, Pedro T -pg. D-1-286
Franquez, Remedios C -pg. D-1-240
Franquez, Remedios T -pg. D-1-286
Franquez, Rita C -pg. D-1-240
Franquez, Rita L T -pg. D-1-228
Franquez, Soledad M -pg. D-1-240
Franquez, Vicente G -pg. D-1-42
Franquez, Vivian C -pg. D-1-217
Fratzke, Karl E -pg. D-1-88
Fratzke, Margaret E -pg. D-1-88
Fratzke, Walter E -pg. D-1-88
Fratzke, Walter E -pg. D-1-88
Frigar, Guadalupe S -pg. D-11-42
Frost, Frank L -pg. D-11-68
Fuchs, Clara E -pg. D-9-19
Fuchs, William R -pg. D-9-19
Fuez, Fred -pg. D-1-300
Fujikawa, Agueda SN -pg. D-1-216
Fujikawa, Ana SN -pg. D-1-216
Fujikawa, Antonio M -pg. D-1-216
Fujikawa, Antonio SN -pg. D-1-216
Fujikawa, Dolores SN -pg. D-1-216
Fujikawa, Marcela SN -pg. D-1-216
Fujikawa, Maria SN -pg. D-1-216
Fujikawa, Maria SN -pg. D-1-216
Fujikawa, Ramon SN -pg. D-1-216
Fuller, John D -pg. D-11-77
Furey, George S -pg. D-11-70
Gamboa, Antonio -pg. D-3-8
Gamboa, Flora -pg. D-3-8
Gamboa, Isabel -pg. D-3-7
Gamboa, Isabel -pg. D-3-8
Gamboa, Lorenzo -pg. D-3-8
Gamboa, Lucretia -pg. D-3-8

INDEX
1940 Population Census of Guam: Transcribed

Gamboa, Maria -pg. D-3-8
Gamboa, Tomas -pg. D-3-8
Gamboa, Vicente -pg. D-3-7
Gamboia, Flora T -pg. D-1-92
Gandeza, Isabel C -pg. D-1-38
Ganido, Roman C -pg. D-11-36
Garcia, Adela E -pg. D-1-406
Garcia, Alfred F -pg. D-1-229
Garcia, Amanda -pg. D-3-1
Garcia, Ana F -pg. D-1-229
Garcia, Ana F -pg. D-1-231
Garcia, Angela A -pg. D-1-232
Garcia, Antonina T -pg. D-10-1
Garcia, Antonio LG -pg. D-10-2
Garcia, Antonio SN -pg. D-1-229
Garcia, Antonio T -pg. D-10-2
Garcia, Demetro LG -pg. D-1-362
Garcia, Edward M -pg. D-1-231
Garcia, Esperanza C -pg. D-1-232
Garcia, Florencio A (ab) -pg. D-1-232
Garcia, Francisco F -pg. D-1-229
Garcia, Francisco M -pg. D-1-231
Garcia, Francisco S -pg. D-1-276
Garcia, George A -pg. D-1-300
Garcia, Gonzalo A -pg. D-1-232
Garcia, Ignacio F -pg. D-1-229
Garcia, Isabel F -pg. D-1-229
Garcia, Jaime M -pg. D-1-231
Garcia, Jesus -pg. D-3-1
Garcia, Jesus A (ab) -pg. D-1-232
Garcia, Jesus Cabrera -pg. D-3-1
Garcia, Jesus F -pg. D-1-229
Garcia, Jesus M -pg. D-1-231
Garcia, Joaquin T -pg. D-10-2
Garcia, Jose -pg. D-3-1
Garcia, Jose C -pg. D-1-232
Garcia, Jose E -pg. D-1-406
Garcia, Jose F -pg. D-1-229
Garcia, Jose F -pg. D-10-2
Garcia, Jose M -pg. D-1-231
Garcia, Joseph F -pg. D-1-231
Garcia, Juan A -pg. D-1-232
Garcia, Juan A -pg. D-1-276
Garcia, Juan C -pg. D-10-1
Garcia, Juan E -pg. D-1-405
Garcia, Juan F -pg. D-1-229
Garcia, Juan F -pg. D-10-2
Garcia, Juan M -pg. D-1-231
Garcia, Juan SN -pg. D-1-231
Garcia, Lourdes C -pg. D-10-2
Garcia, Lucia E -pg. D-1-406
Garcia, Maria -pg. D-3-1
Garcia, Maria E -pg. D-1-405
Garcia, Maria F -pg. D-1-229
Garcia, Maria M -pg. D-1-231
Garcia, Maria S -pg. D-1-276
Garcia, Mariano A -pg. D-1-232
Garcia, Mercedes T -pg. D-10-1
Garcia, Nicolas F -pg. D-1-229
Garcia, Rosa -pg. D-3-1
Garcia, Rosa -pg. D-3-1
Garcia, Rosa A -pg. D-1-232
Garcia, Rosa M -pg. D-1-231
Garcia, Soledad -pg. D-3-1

Garcia, Teresa T -pg. D-10-1
Garcia, Tomas F -pg. D-1-229
Garcia, Tomasa A -pg. D-1-232
Garrido, Agueda A -pg. D-1-281
Garrido, Agustin S -pg. D-10-23
Garrido, Alfred G -pg. D-1-196
Garrido, Ana -pg. D-5-54
Garrido, Ana A -pg. D-1-282
Garrido, Ana A -pg. D-12-8
Garrido, Ana B -pg. D-1-98
Garrido, Ana C -pg. D-8-20
Garrido, Ana G -pg. D-1-196
Garrido, Ana J -pg. D-8-34
Garrido, Ana M -pg. D-12-14
Garrido, Ana R -pg. D-8-12
Garrido, Ana S -pg. D-1-329
Garrido, Ana T -pg. D-8-3
Garrido, Ancelmo -pg. D-3-12
Garrido, Annie A -pg. D-1-60
Garrido, Antonia -pg. D-3-12
Garrido, Antonia B -pg. D-1-197
Garrido, Antonia M -pg. D-12-14
Garrido, Antonio -pg. D-5-48
Garrido, Antonio S -pg. D-1-5
Garrido, Antonio T -pg. D-1-21
Garrido, Antonio T -pg. D-8-4
Garrido, Artemio R -pg. D-8-12
Garrido, Beatrice A -pg. D-1-60
Garrido, Beatrice LG -pg. D-1-196
Garrido, Brigida C -pg. D-11-44
Garrido, Carmen -pg. D-4-11
Garrido, Carmen L -pg. D-1-39
Garrido, Carmen P -pg. D-12-18
Garrido, Catalina -pg. D-5-48
Garrido, Cecilia -pg. D-4-12
Garrido, Charlie -pg. D-8-4
Garrido, Concelacion C -pg. D-11-44
Garrido, Concepcion C -pg. D-8-7
Garrido, Concepcion M -pg. D-1-404
Garrido, Concepcion M -pg. D-8-26
Garrido, Concepcion S -pg. D-1-81
Garrido, Concepcion S -pg. D-8-21
Garrido, David P -pg. D-12-18
Garrido, Delfina T -pg. D-1-5
Garrido, Dolores B -pg. D-1-260
Garrido, Dolores LG -pg. D-1-362
Garrido, Dolores M -pg. D-1-197
Garrido, Dolores M -pg. D-8-26
Garrido, Elena E -pg. D-10-23
Garrido, Emilia -pg. D-5-54
Garrido, Enrique M -pg. D-1-196
Garrido, Enrique S -pg. D-1-404
Garrido, Enrique S -pg. D-12-20
Garrido, Facundo B -pg. D-1-98
Garrido, Felicita T -pg. D-1-21
Garrido, Felipe P -pg. D-12-19
Garrido, Felisa B -pg. D-1-98
Garrido, Felix M -pg. D-12-15
Garrido, Felix S -pg. D-12-14
Garrido, Francisco B -pg. D-1-98
Garrido, Francisco C -pg. D-8-7
Garrido, Francisco L -pg. D-1-60
Garrido, Francisco LG -pg. D-1-196
Garrido, Frank C -pg. D-1-83

Garrido, George LG -pg. D-1-196
Garrido, Gonzalo S -pg. D-1-329
Garrido, Guadalupe T -pg. D-8-4
Garrido, Ignacio A -pg. D-1-282
Garrido, Ignacio C -pg. D-8-20
Garrido, Ignacio DL -pg. D-1-284
Garrido, Ignacio U -pg. D-1-284
Garrido, Isabel -pg. D-4-11
Garrido, Isabel C -pg. D-11-44
Garrido, Ishmael L -pg. D-11-47
Garrido, Isidora -pg. D-3-12
Garrido, James L -pg. D-1-39
Garrido, Jesus -pg. D-4-11
Garrido, Jesus -pg. D-5-54
Garrido, Jesus B -pg. D-10-21
Garrido, Jesus C -pg. D-8-7
Garrido, Jesus C -pg. D-9-22
Garrido, Jesus C -pg. D-11-44
Garrido, Jesus G -pg. D-1-248
Garrido, Jesus L -pg. D-1-39
Garrido, Jesus M -pg. D-14-13
Garrido, Jesus R -pg. D-8-12
Garrido, Jesus T -pg. D-1-123
Garrido, Joaquin -pg. D-5-23
Garrido, Joaquin M -pg. D-1-21
Garrido, Joaquin N -pg. D-8-21
Garrido, Joaquin T -pg. D-8-4
Garrido, Joaquina P -pg. D-12-18
Garrido, Jose -pg. D-4-12
Garrido, Jose -pg. D-5-48
Garrido, Jose A -pg. D-1-282
Garrido, Jose B -pg. D-11-74
Garrido, Jose C -pg. D-8-12
Garrido, Jose C -pg. D-8-26
Garrido, Jose G (ab) -pg. D-1-362
Garrido, Jose LG -pg. D-1-362
Garrido, Jose M -pg. D-1-271
Garrido, Jose M (ab) -pg. D-8-26
Garrido, Jose P -pg. D-12-18
Garrido, Jose R -pg. D-8-12
Garrido, Jose R -pg. D-11-44
Garrido, Jose S -pg. D-12-18
Garrido, Jose T -pg. D-1-123
Garrido, Jose T -pg. D-8-4
Garrido, Joseph Howard C -pg. D-11-44
Garrido, Joseph L -pg. D-1-39
Garrido, Juan -pg. D-4-11
Garrido, Juan C -pg. D-1-98
Garrido, Juan C -pg. D-8-21
Garrido, Juan E -pg. D-10-23
Garrido, Juan LG -pg. D-1-196
Garrido, Juan M -pg. D-1-404
Garrido, Juan M -pg. D-8-26
Garrido, Juan M -pg. D-12-14
Garrido, Juan P -pg. D-12-18
Garrido, Juan R -pg. D-8-3
Garrido, Juan S -pg. D-1-83
Garrido, Juan T -pg. D-1-21
Garrido, Juana T -pg. D-1-5
Garrido, Julia J -pg. D-8-34
Garrido, Julia U -pg. D-1-284
Garrido, Lila P -pg. D-11-47
Garrido, Louise M -pg. D-11-47
Garrido, Lourdes L -pg. D-1-39

INDEX
1940 Population Census of Guam: Transcribed

Garrido, Lucia B -pg. D-1-98
Garrido, Lucy M -pg. D-11-47
Garrido, Luis P -pg. D-11-46
Garrido, Luis P -pg. D-11-47
Garrido, Luisa B -pg. D-1-98
Garrido, Magdalena A -pg. D-1-282
Garrido, Magdalena P -pg. D-1-284
Garrido, Magdalena U -pg. D-1-284
Garrido, Manuel -pg. D-5-48
Garrido, Manuel G -pg. D-1-329
Garrido, Manuel S -pg. D-1-329
Garrido, Manuel T -pg. D-1-123
Garrido, Margaret S -pg. D-1-83
Garrido, Margarita -pg. D-5-48
Garrido, Margarita P -pg. D-12-18
Garrido, Maria -pg. D-5-48
Garrido, Maria -pg. D-5-54
Garrido, Maria A -pg. D-1-60
Garrido, Maria C -pg. D-8-20
Garrido, Maria G -pg. D-1-362
Garrido, Maria G -pg. D-1-362
Garrido, Maria J -pg. D-8-34
Garrido, Maria L -pg. D-1-39
Garrido, Maria LG -pg. D-1-196
Garrido, Maria R -pg. D-8-12
Garrido, Maria R -pg. D-8-12
Garrido, Maria R -pg. D-11-44
Garrido, Maria S -pg. D-1-329
Garrido, Maria S -pg. D-1-329
Garrido, Maria T -pg. D-1-5
Garrido, Maria T -pg. D-1-21
Garrido, Maria T -pg. D-1-123
Garrido, Maria T -pg. D-1-123
Garrido, Maria T -pg. D-11-44
Garrido, Maria T -pg. D-11-47
Garrido, Maria U -pg. D-1-284
Garrido, Maria U -pg. D-1-284
Garrido, Maximino I -pg. D-8-4
Garrido, Miguel C -pg. D-8-7
Garrido, Miguel M -pg. D-8-26
Garrido, Miguel S -pg. D-10-28
Garrido, Nicolas C -pg. D-8-20
Garrido, Pilar T -pg. D-1-123
Garrido, Prudencio -pg. D-5-48
Garrido, Ramon G -pg. D-8-12
Garrido, Ramon T -pg. D-1-21
Garrido, Raymond F -pg. D-11-47
Garrido, Remedios S -pg. D-1-404
Garrido, Roman LG -pg. D-1-196
Garrido, Rosa C -pg. D-8-7
Garrido, Rosa C -pg. D-8-21
Garrido, Rosa J -pg. D-8-34
Garrido, Rosa M -pg. D-12-15
Garrido, Rosario T -pg. D-8-4
Garrido, Rosita T -pg. D-1-5
Garrido, Rudolpho LG -pg. D-1-362
Garrido, Simona B -pg. D-1-98
Garrido, Soledad T -pg. D-8-4
Garrido, Solomon B -pg. D-1-404
Garrido, Susana T -pg. D-1-5
Garrido, Teodoro L -pg. D-11-74
Garrido, Teresa M -pg. D-12-14
Garrido, Teresita C -pg. D-11-44
Garrido, Teresita P -pg. D-12-18

Garrido, Tomas B -pg. D-1-98
Garrido, Tomas S -pg. D-8-34
Garrido, Vicenta L -pg. D-1-39
Garrido, Vicenta T -pg. D-1-123
Garrido, Vicente -pg. D-3-28
Garrido, Vicente -pg. D-5-54
Garrido, Vicente U -pg. D-1-284
Garrido, Vicente A -pg. D-11-47
Garrido, Vicente B -pg. D-1-39
Garrido, Vicente C -pg. D-11-74
Garrido, Vicente M -pg. D-12-15
Garrido, Vicenti C (ab) -pg. D-8-20
Garrido, Viola -pg. D-3-12
Garrison, Andrew -pg. D-10-29
Garrison, Delila J -pg. D-10-29
Garrison, Francisca J -pg. D-10-29
Garrison, Jose J -pg. D-10-29
Garrison, Maria J -pg. D-10-29
Garrison, Tomas J -pg. D-10-29
Gaxiola, Fred J -pg. D-1-284
Gaxiola, Mary A -pg. D-1-284
Gay, Ana T -pg. D-1-62
Gay, Bernice R -pg. D-1-62
Gay, Elmer L -pg. D-1-62
Gay, Elmer L. Jr. -pg. D-1-62
Gay, William T -pg. D-1-62
George, Ana C -pg. D-10-38
George, Antonio C -pg. D-10-38
George, Concepcion C -pg. D-10-38
George, Jose C -pg. D-10-38
George, Jose M -pg. D-10-38
George, Luisa L -pg. D-1-347
George, Regina -pg. D-1-347
George, Rosario L -pg. D-1-347
George, Vicente G -pg. D-1-347
Gericke, Paul F -pg. D-11-71
Gervasi, Anthony -pg. D-11-70
Gibson, Robert C -pg. D-1-352
Gofigan, Ana A -pg. D-13-8
Gofigan, Antonia A -pg. D-13-9
Gofigan, Antonina Q -pg. D-13-7
Gofigan, Beatriz Q -pg. D-13-7
Gofigan, Gabriel Q -pg. D-13-7
Gofigan, Gregorio Q -pg. D-13-9
Gofigan, Herbert R -pg. D-13-9
Gofigan, Isabel A -pg. D-13-8
Gofigan, Jesus A -pg. D-13-8
Gofigan, Joaquina A -pg. D-1-115
Gofigan, Maria A -pg. D-13-4
Gofigan, Oliva A -pg. D-13-8
Gofigan, Rosa R -pg. D-13-9
Gofigan, Rosita R -pg. D-13-9
Gofigan, Silvia R -pg. D-13-9
Gofigan, Tomas Q -pg. D-13-7
Gofigan, Vicenta Q -pg. D-13-7
Gofigan, Vicenti Q -pg. D-13-7
Gofigan, Victoria N -pg. D-13-9
Gogo, Amparo A -pg. D-10-48
Gogo, Ana A -pg. D-10-48
Gogo, Ana C -pg. D-1-244
Gogo, Ana C -pg. D-10-4
Gogo, Beatrice S -pg. D-1-316
Gogo, Carmen SN -pg. D-1-251
Gogo, Catalina A -pg. D-10-49

Gogo, Catalina C -pg. D-1-324
Gogo, Consolacion G -pg. D-1-326
Gogo, Consolacion N -pg. D-1-327
Gogo, Consolacion S -pg. D-1-317
Gogo, Edward A -pg. D-10-49
Gogo, Enrique S -pg. D-1-317
Gogo, Eugenia C -pg. D-15-26
Gogo, Felix C -pg. D-1-244
Gogo, Felix C -pg. D-1-244
Gogo, Filomenia A -pg. D-10-3
Gogo, Gregorio G -pg. D-6-39
Gogo, Ignacio A -pg. D-10-2
Gogo, Imilia C -pg. D-10-4
Gogo, Isabel M -pg. D-1-256
Gogo, Jesus M -pg. D-15-26
Gogo, Joaquin C -pg. D-1-244
Gogo, Joaquin C -pg. D-1-324
Gogo, Jose C -pg. D-1-324
Gogo, Jose G -pg. D-10-8
Gogo, Josus C -pg. D-10-2
Gogo, Juan C -pg. D-1-377
Gogo, Juan G -pg. D-10-3
Gogo, Juan N -pg. D-1-316
Gogo, Lourdes C -pg. D-1-207
Gogo, Lucile G -pg. D-10-2
Gogo, Margarita C -pg. D-1-324
Gogo, Margarito C -pg. D-10-49
Gogo, Maria C -pg. D-1-324
Gogo, Maria C -pg. D-1-324
Gogo, Maria S -pg. D-1-316
Gogo, May C -pg. D-10-2
Gogo, Pedro C -pg. D-10-4
Gogo, Roberto A -pg. D-10-49
Gogo, Rosario C -pg. D-1-324
Gogo, Teodora G -pg. D-10-2
Gogo, Veronica C -pg. D-10-4
Gogo, Veronica S -pg. D-1-316
Gogo, Vicente A -pg. D-10-49
Gogo, Vicenti G -pg. D-10-48
Gogue, Agustin S -pg. D-10-25
Gogue, Agustin SL -pg. D-10-25
Gogue, Ana G -pg. D-10-53
Gogue, Ana Q -pg. D-10-13
Gogue, Ana SN -pg. D-10-5
Gogue, Antonia LG -pg. D-1-394
Gogue, Antonia S -pg. D-10-25
Gogue, Antonio LG -pg. D-1-394
Gogue, Carmen S -pg. D-10-25
Gogue, Catalina SN -pg. D-10-5
Gogue, Concepcion T -pg. D-1-326
Gogue, David K -pg. D-10-13
Gogue, Delfina S -pg. D-10-25
Gogue, Engracia M -pg. D-10-20
Gogue, Francisco SN -pg. D-10-5
Gogue, Hironimo A -pg. D-10-16
Gogue, Jaime T -pg. D-1-326
Gogue, Jeanette -pg. D-11-20
Gogue, Jesus G -pg. D-1-326
Gogue, Jesus Q -pg. D-10-13
Gogue, Jesus S -pg. D-10-25
Gogue, Joaquin Q -pg. D-10-13
Gogue, Joaquina G -pg. D-10-53
Gogue, Joaquina LG -pg. D-6-10
Gogue, Jose A -pg. D-10-53

INDEX
1940 Population Census of Guam: Transcribed

Gogue, Jose C -pg. D-1-394
Gogue, Jose G -pg. D-1-356
Gogue, Jose G -pg. D-10-53
Gogue, Jose K -pg. D-10-13
Gogue, Jose L -pg. D-1-63
Gogue, Jose LG -pg. D-1-394
Gogue, Jose Q -pg. D-10-13
Gogue, Jose S -pg. D-1-63
Gogue, Josefina LG -pg. D-6-11
Gogue, Juan A -pg. D-10-13
Gogue, Juan G -pg. D-10-13
Gogue, Juan LG -pg. D-1-394
Gogue, Juan M -pg. D-10-20
Gogue, Juan S -pg. D-10-25
Gogue, Julita K -pg. D-10-13
Gogue, Losia SN -pg. D-10-5
Gogue, Lourdes L -pg. D-1-63
Gogue, Magdalena K -pg. D-10-13
Gogue, Magdalena L -pg. D-1-63
Gogue, Magdalena S -pg. D-10-25
Gogue, Margarita S -pg. D-10-25
Gogue, Maria A -pg. D-10-2
Gogue, Maria G -pg. D-10-53
Gogue, Maria K -pg. D-10-13
Gogue, Maria S -pg. D-10-25
Gogue, Maria SN -pg. D-10-5
Gogue, Patsy P -pg. D-11-20
Gogue, Pedro G -pg. D-10-53
Gogue, Pedro Q -pg. D-10-13
Gogue, Pedro SN -pg. D-10-5
Gogue, Phillip V -pg. D-11-2
Gogue, Previdina T -pg. D-1-326
Gogue, Rita G -pg. D-10-53
Gogue, Rosa LG -pg. D-1-394
Gogue, Rosa P -pg. D-1-356
Gogue, Rosario LG -pg. D-1-394
Gogue, Rosario M -pg. D-10-20
Gogue, Rosario T -pg. D-1-326
Gogue, Roy V -pg. D-11-2
Gogue, Tomas M -pg. D-10-20
Gogue, Tomas S -pg. D-10-20
Gogue, Tomas SN -pg. D-10-5
Gogue, Tomasa H -pg. D-1-356
Gogue, Vicenta A -pg. D-10-48
Gogue, Vicente F -pg. D-10-5
Gogue, Vicente M -pg. D-10-16
Gogue, Vicente R -pg. D-11-2
Gogue, Vicente SN -pg. D-10-5
Goldman, Luther E -pg. D-11-69
Goller, Harold S --ab-- -pg. D-1-376
Goller, Jean K -pg. D-1-376
Goller, Margaret C -pg. D-1-376
Goller, Richard M -pg. D-1-376
Gomez, Jesus A -pg. D-1-161
Gomez, Jose -pg. D-5-2
Gomez, Jose -pg. D-5-2
Gomez, Jose -pg. D-5-24
Gomez, Josepha -pg. D-5-2
Gomez, Manuela -pg. D-5-24
Gomez, Maria -pg. D-5-24
Gomez, Maria -pg. D-1-161
Gomez, Rosa -pg. D-5-24
Gomez, Vicente -pg. D-5-24
Gomez, Vicente -pg. D-5-24

Gonzalo, Clotilde T -pg. D-1-10
Gonzalo, Elizabeth L -pg. D-1-10
Gonzalo, Josefina T -pg. D-1-10
Gonzalo, June T -pg. D-1-10
Gonzalo, William T -pg. D-1-10
Gover, Leon H -pg. D-11-78
Graff, Charles G -pg. D-1-300
Graham, Henry H -pg. D-11-75
Gray, Anna C -pg. D-11-9
Gray, Nicolas C -pg. D-11-9
Gray, Paul -pg. D-11-9
Gray, Rosario C -pg. D-11-9
Gray, Wilhemine C -pg. D-11-9
Griest, Hadley C -pg. D-11-78
Grounds, James D. Jr. -pg. D-1-300
Guerero, Dolores Q -pg. D-1-380
Guerero, Jose P -pg. D-1-380
Guerero, Margarita Q -pg. D-1-380
Guerero, Maria Q -pg. D-1-380
Guerero, Olympia Q -pg. D-1-380
Guerrero, Agusto A -pg. D-10-24
Guerrero, Amanda C -pg. D-10-42
Guerrero, Amparo C -pg. D-1-42
Guerrero, Ana -pg. D-5-39
Guerrero, Ana -pg. D-5-43
Guerrero, Ana C -pg. D-1-227
Guerrero, Ana C -pg. D-7-11
Guerrero, Ana C -pg. D-10-42
Guerrero, Ana C -pg. D-10-42
Guerrero, Ana LG -pg. D-1-247
Guerrero, Ana M -pg. D-1-168
Guerrero, Ana O -pg. D-1-293
Guerrero, Ana Q -pg. D-2-20
Guerrero, Ana R -pg. D-1-164
Guerrero, Ana R -pg. D-1-252
Guerrero, Ana R -pg. D-1-352
Guerrero, Ana T -pg. D-1-390
Guerrero, Anita R -pg. D-1-390
Guerrero, Antonia -pg. D-5-46
Guerrero, Antonia C -pg. D-1-42
Guerrero, Antonia C -pg. D-10-42
Guerrero, Antonia LG -pg. D-1-247
Guerrero, Antonia R -pg. D-1-164
Guerrero, Antonia R -pg. D-1-164
Guerrero, Antonia SA -pg. D-1-117
Guerrero, Antonina Q -pg. D-2-20
Guerrero, Antonio -pg. D-5-43
Guerrero, Antonio C -pg. D-1-165
Guerrero, Antonio M -pg. D-1-300
Guerrero, Antonio S -pg. D-1-184
Guerrero, Antonio S -pg. D-9-28
Guerrero, Asuncion -pg. D-5-30
Guerrero, Asuncion C -pg. D-10-42
Guerrero, Bartholome C -pg. D-1-227
Guerrero, Benjamin LG -pg. D-1-83
Guerrero, Brigida SN -pg. D-10-36
Guerrero, Candelaria B -pg. D-1-165
Guerrero, Caridad -pg. D-3-21
Guerrero, Carlos C -pg. D-1-165
Guerrero, Carmelo G -pg. D-2-17
Guerrero, Cecelia T -pg. D-1-342
Guerrero, Cecilia C -pg. D-1-151
Guerrero, Cesario -pg. D-5-30
Guerrero, Concepcion B -pg. D-1-165

Guerrero, Concepcion R -pg. D-1-174
Guerrero, Daniel -pg. D-3-21
Guerrero, Daniel G -pg. D-1-169
Guerrero, David SN -pg. D-10-36
Guerrero, Dolores A -pg. D-1-390
Guerrero, Dolores C -pg. D-1-151
Guerrero, Dolores C -pg. D-1-342
Guerrero, Domingo C -pg. D-1-167
Guerrero, Edward J -pg. D-1-293
Guerrero, Elisa -pg. D-3-21
Guerrero, Emelia SA -pg. D-1-118
Guerrero, Emiliana F -pg. D-1-391
Guerrero, Enrique -pg. D-5-30
Guerrero, Enrique P -pg. D-1-379
Guerrero, Estella F -pg. D-1-379
Guerrero, Faustino C -pg. D-14-14
Guerrero, Felix A -pg. D-10-24
Guerrero, Feliza A -pg. D-10-24
Guerrero, Filipe S -pg. D-1-184
Guerrero, Filomena -pg. D-3-21
Guerrero, Francisca C -pg. D-1-151
Guerrero, Francisca C -pg. D-10-42
Guerrero, Francisca F -pg. D-1-241
Guerrero, Francisca LG -pg. D-1-248
Guerrero, Francisca R -pg. D-1-252
Guerrero, Francisco -pg. D-5-30
Guerrero, Francisco -pg. D-5-41
Guerrero, Francisco (ab) -pg. D-1-252
Guerrero, Francisco C -pg. D-1-165
Guerrero, Francisco C -pg. D-10-42
Guerrero, Francisco C -pg. D-11-11
Guerrero, Francisco G -pg. D-1-173
Guerrero, Francisco R -pg. D-1-252
Guerrero, Francisco T -pg. D-1-402
Guerrero, Gabriel -pg. D-5-30
Guerrero, George R -pg. D-1-252
Guerrero, Gloria -pg. D-5-30
Guerrero, Gregorio R -pg. D-1-164
Guerrero, Gregorio S -pg. D-1-184
Guerrero, Herminia C -pg. D-1-42
Guerrero, Ignacio B -pg. D-11-42
Guerrero, Ignacio LG -pg. D-1-402
Guerrero, Ignacio T -pg. D-1-402
Guerrero, Isabel -pg. D-5-30
Guerrero, Isabel -pg. D-5-46
Guerrero, Isabel C -pg. D-10-42
Guerrero, Jesus -pg. D-3-21
Guerrero, Jesus -pg. D-3-21
Guerrero, Jesus -pg. D-5-31
Guerrero, Jesus -pg. D-5-31
Guerrero, Jesus B -pg. D-1-376
Guerrero, Jesus C -pg. D-1-42
Guerrero, Jesus C -pg. D-1-165
Guerrero, Jesus M -pg. D-1-166
Guerrero, Jesus Q -pg. D-2-20
Guerrero, Jesus S -pg. D-9-29
Guerrero, Jesus T -pg. D-1-390
Guerrero, Jeus F -pg. D-1-391
Guerrero, Joaquin C -pg. D-1-165
Guerrero, Joaquin C -pg. D-1-227
Guerrero, Joaquin C -pg. D-1-373
Guerrero, Joaquin C -pg. D-10-42
Guerrero, Joaquin P -pg. D-2-19
Guerrero, Joaquin R -pg. D-1-252

INDEX
1940 Population Census of Guam: Transcribed

Guerrero, Joaquin S -pg. D-1-184
Guerrero, Joaquin T -pg. D-10-24
Guerrero, Joaquina F -pg. D-1-188
Guerrero, Joaquina M -pg. D-11-42
Guerrero, Joaquina R -pg. D-1-93
Guerrero, Joe C -pg. D-11-47
Guerrero, John B -pg. D-1-342
Guerrero, Jose -pg. D-3-21
Guerrero, Jose -pg. D-3-21
Guerrero, Jose -pg. D-5-30
Guerrero, Jose -pg. D-5-43
Guerrero, Jose -pg. D-5-44
Guerrero, Jose A -pg. D-1-371
Guerrero, Jose B -pg. D-7-17
Guerrero, Jose B -pg. D-11-48
Guerrero, Jose C -pg. D-1-167
Guerrero, Jose C -pg. D-1-394
Guerrero, Jose C -pg. D-9-28
Guerrero, Jose C -pg. D-10-42
Guerrero, Jose C -ab -pg. D-1-42
Guerrero, Jose LG -pg. D-1-83
Guerrero, Jose Q -pg. D-2-20
Guerrero, Jose S -pg. D-1-166
Guerrero, Jose S -pg. D-1-184
Guerrero, Jose S -pg. D-9-29
Guerrero, Josefa C -pg. D-1-167
Guerrero, Josefa S -pg. D-9-28
Guerrero, Josefina C -pg. D-1-42
Guerrero, Josefina P -pg. D-1-390
Guerrero, Juan -pg. D-5-30
Guerrero, Juan -pg. D-5-39
Guerrero, Juan -pg. D-5-41
Guerrero, Juan -pg. D-5-46
Guerrero, Juan -pg. D-5-46
Guerrero, Juan B -pg. D-1-342
Guerrero, Juan C -pg. D-1-151
Guerrero, Juan C -pg. D-1-227
Guerrero, Juan LG -pg. D-1-247
Guerrero, Juan LG -pg. D-1-292
Guerrero, Juan LG -pg. D-7-11
Guerrero, Juan M -pg. D-1-391
Guerrero, Juan P -pg. D-2-17
Guerrero, Juan R -pg. D-1-352
Guerrero, Juan T -pg. D-1-390
Guerrero, Lila S -pg. D-1-166
Guerrero, Lorenzo S -pg. D-9-28
Guerrero, Lucia F -pg. D-1-379
Guerrero, Magdalena -pg. D-5-43
Guerrero, Manuel -pg. D-5-43
Guerrero, Manuel C -pg. D-1-83
Guerrero, Manuel C -pg. D-1-227
Guerrero, Manuel R -pg. D-1-164
Guerrero, Manuel S -pg. D-1-166
Guerrero, Manuel SN -pg. D-10-36
Guerrero, Maria -pg. D-3-21
Guerrero, Maria -pg. D-5-41
Guerrero, Maria B -pg. D-2-17
Guerrero, Maria C -pg. D-1-165
Guerrero, Maria C -pg. D-10-41
Guerrero, Maria C -pg. D-10-42
Guerrero, Maria C -pg. D-11-38
Guerrero, Maria C -pg. D-14-14
Guerrero, Maria G -pg. D-1-38
Guerrero, Maria M -pg. D-1-168

Guerrero, Maria Q -pg. D-2-20
Guerrero, Maria R -pg. D-1-252
Guerrero, Maria R -pg. D-1-252
Guerrero, Maria S -pg. D-1-166
Guerrero, Maria T -pg. D-1-402
Guerrero, Mariano -pg. D-5-41
Guerrero, Martha -pg. D-5-39
Guerrero, Maxima M -pg. D-11-42
Guerrero, Mercedes C -pg. D-1-227
Guerrero, Nicolas -pg. D-5-43
Guerrero, Nicolas B -pg. D-1-167
Guerrero, Nicolasa -pg. D-5-30
Guerrero, Oliva C -pg. D-1-227
Guerrero, Patricia F -pg. D-1-379
Guerrero, Pedro -pg. D-5-46
Guerrero, Pedro B -pg. D-1-151
Guerrero, Pedro B -pg. D-1-184
Guerrero, Pedro F -pg. D-1-42
Guerrero, Pedro LG -pg. D-1-247
Guerrero, Pedro S -pg. D-1-184
Guerrero, Pilar -pg. D-5-31
Guerrero, Ramon -pg. D-1-240
Guerrero, Raymond V -pg. D-1-342
Guerrero, Regina C -pg. D-1-373
Guerrero, Regina P -pg. D-11-48
Guerrero, Regina S -pg. D-1-184
Guerrero, Remedios -pg. D-5-31
Guerrero, Remedios R -pg. D-1-164
Guerrero, Remedios T -pg. D-1-390
Guerrero, Ricardo -pg. D-5-30
Guerrero, Ricardo R -pg. D-1-352
Guerrero, Rita B -pg. D-1-165
Guerrero, Rita F -pg. D-1-188
Guerrero, Rita LG -pg. D-1-83
Guerrero, Rita T -pg. D-1-390
Guerrero, Rodovico -pg. D-3-21
Guerrero, Rosa -pg. D-5-31
Guerrero, Rosa A -pg. D-10-24
Guerrero, Rosa P -pg. D-1-342
Guerrero, Rosa Q -pg. D-2-20
Guerrero, Rosa R -pg. D-1-164
Guerrero, Rosa T -pg. D-1-402
Guerrero, Rosalia -pg. D-5-43
Guerrero, Rosalia R -pg. D-1-250
Guerrero, Rosario -pg. D-5-30
Guerrero, Rosario A -pg. D-10-24
Guerrero, Rosario B -pg. D-1-402
Guerrero, Rose F -pg. D-1-241
Guerrero, Santiago T -pg. D-10-36
Guerrero, Silvestre L -pg. D-1-173
Guerrero, Sylvia B -pg. D-1-342
Guerrero, Teresita R -pg. D-1-352
Guerrero, Tomas -pg. D-3-21
Guerrero, Tomas M -pg. D-11-42
Guerrero, Trinidad SN -pg. D-10-36
Guerrero, Veronica -pg. D-3-21
Guerrero, Vicenta R -pg. D-1-252
Guerrero, Vicente -pg. D-3-21
Guerrero, Vicente C -pg. D-1-151
Guerrero, Vicente C -pg. D-1-165
Guerrero, Vicente C -pg. D-7-11
Guerrero, Vicente C -pg. D-10-41
Guerrero, Vicente C -pg. D-14-14
Guerrero, Vicente F -pg. D-1-391

Guerrero, Vicente LG -pg. D-1-164
Guerrero, Vicente Q -pg. D-2-20
Guerrero, Vicente R -pg. D-1-252
Guerrero, Vicente R -pg. D-1-352
Guerrero, Vicente S -pg. D-1-166
Guerrero, Victoria S -pg. D-1-402
Guerrero, Vivancio T -pg. D-1-188
Guevara, Ana G -pg. D-1-327
Guevara, Antonio C -pg. D-1-321
Guevara, Antonio G -pg. D-1-327
Guevara, Antonio G -pg. D-2-31
Guevara, Antonio T -pg. D-1-315
Guevara, Concepcion B -pg. D-2-31
Guevara, Enrique G -pg. D-1-327
Guevara, Eulalia D -pg. D-1-321
Guevara, Francisco T -pg. D-1-315
Guevara, Froilan D -pg. D-1-321
Guevara, Gregorio D -pg. D-1-320
Guevara, Gregorio F -pg. D-1-321
Guevara, Gregorio G -pg. D-1-327
Guevara, Isabel A -pg. D-1-308
Guevara, Isabel C -pg. D-1-276
Guevara, Jesus C -pg. D-1-276
Guevara, Jesus T -pg. D-1-315
Guevara, Jose A -pg. D-1-308
Guevara, Jose B -pg. D-2-31
Guevara, Jose C -pg. D-1-276
Guevara, Jose F -pg. D-1-321
Guevara, Juan D -pg. D-1-327
Guevara, Juan F -pg. D-1-321
Guevara, Juan G -pg. D-1-327
Guevara, Lolita U -pg. D-1-363
Guevara, Macario D -pg. D-1-315
Guevara, Maria A -pg. D-1-308
Guevara, Maria A -pg. D-1-308
Guevara, Maria D -pg. D-1-321
Guevara, Maria F -pg. D-1-321
Guevara, Ricardo T -pg. D-1-315
Guevara, Rita F -pg. D-1-321
Guevara, Teresa T -pg. D-1-315
Guevara, Tomas A -pg. D-1-308
Guevara, Vicente -pg. D-4-32
Guevara, Vicente C -pg. D-1-308
Guevarra, Maria S -pg. D-14-10
Guevarra, Maria U -pg. D-1-78
Guevarra, Vicente A -pg. D-1-78
Guioco, Antonia S -pg. D-14-10
Guioco, Jesus D -pg. D-14-10
Guith, Frederick G -pg. D-1-233
Gumabon, Amparo M -pg. D-1-143
Gumabon, Ana M -pg. D-1-143
Gumabon, Antonio M -pg. D-1-143
Gumabon, Ariston M -pg. D-1-143
Gumabon, Carmen N -pg. D-1-108
Gumabon, Felix M -pg. D-1-143
Gumabon, Felix M -pg. D-1-176
Gumabon, Jesus M -pg. D-1-143
Gumabon, Jose M -pg. D-1-143
Gumabon, Jose N -pg. D-1-143
Gumabon, Josefa M -pg. D-1-176
Gumabon, Juan M -pg. D-1-143
Gumabon, Juan M -pg. D-1-176
Gumabon, Maria M -pg. D-1-143
Gumabon, Vicente N -pg. D-1-176

INDEX
1940 Population Census of Guam: Transcribed

Gumataotao, Adriano P -pg. D-1-87
Gumataotao, Alberto -pg. D-5-27
Gumataotao, Ana T -pg. D-10-50
Gumataotao, Andrea B -pg. D-11-42
Gumataotao, Antonia -pg. D-5-22
Gumataotao, Antonio -pg. D-5-27
Gumataotao, Antonio T -pg. D-10-50
Gumataotao, Ascencion S -pg. D-11-31
Gumataotao, Balbino C -pg. D-1-5
Gumataotao, Carlos -pg. D-5-22
Gumataotao, Carlos -pg. D-5-27
Gumataotao, Carmen S -pg. D-11-41
Gumataotao, Catalina T -pg. D-1-14
Gumataotao, Dolores M -pg. D-11-17
Gumataotao, Dorotea -pg. D-5-22
Gumataotao, Dorothea P -pg. D-1-87
Gumataotao, Ellen S -pg. D-1-329
Gumataotao, Emilia L -pg. D-1-343
Gumataotao, Emiliana -pg. D-5-22
Gumataotao, Eulogio G -pg. D-1-87
Gumataotao, Felix C -pg. D-1-5
Gumataotao, Fermin G -pg. D-1-5
Gumataotao, Francisco -pg. D-5-27
Gumataotao, Francisco U -pg. D-1-60
Gumataotao, Ignacia C -pg. D-1-5
Gumataotao, Ignacio S -pg. D-1-60
Gumataotao, Jesus S -pg. D-11-31
Gumataotao, Joaquin -pg. D-5-27
Gumataotao, Joaquin D -pg. D-11-17
Gumataotao, Jonquina S -pg. D-11-31
Gumataotao, Jose -pg. D-5-27
Gumataotao, Jose S -pg. D-1-329
Gumataotao, Jose S -pg. D-10-50
Gumataotao, Jose T -pg. D-1-14
Gumataotao, Jose T -pg. D-10-50
Gumataotao, Juan -pg. D-5-27
Gumataotao, Juan T -pg. D-1-14
Gumataotao, Juan T -pg. D-10-50
Gumataotao, Lucia T -pg. D-10-50
Gumataotao, Manuel T -pg. D-10-50
Gumataotao, Manuela G -pg. D-1-5
Gumataotao, Maria -pg. D-5-27
Gumataotao, Maria C -pg. D-1-5
Gumataotao, Maria P -pg. D-1-87
Gumataotao, Maria T -pg. D-10-50
Gumataotao, Nicolas D -pg. D-11-31
Gumataotao, Olympia -pg. D-5-22
Gumataotao, Paciano C -pg. D-1-5
Gumataotao, Paciano G -pg. D-1-5
Gumataotao, Rafael -pg. D-5-27
Gumataotao, Ramona T -pg. D-1-14
Gumataotao, Rita -pg. D-5-27
Gumataotao, Rita T -pg. D-10-50
Gumataotao, Rita U -pg. D-1-60
Gumataotao, Roberta P -pg. D-1-87
Gumataotao, Rosa T -pg. D-10-50
Gumataotao, Rosalia P -pg. D-1-87
Gumataotao, Soledad S -pg. D-1-37
Gumataotao, Teresa G -pg. D-1-5
Gumataotao, Tomas -pg. D-5-22
Gumataotao, Vicente U -pg. D-1-60
Gumataotao, Victoria C -pg. D-1-5
Gumataotao, Virginia U -pg. D-1-60
Gumataotoo, Ana M -pg. D-11-18
Gumataotoo, Estella M -pg. D-11-18
Gumataotoo, Jose M -pg. D-11-18
Gumataotoo, Maria M -pg. D-11-18
Gumatatao, Adela D -pg. D-11-30
Gumatatao, Albert D -pg. D-11-30
Gumatatao, Amparo D -pg. D-11-30
Gumatatao, Antonio B -pg. D-11-30
Gumatatao, Augusta D -pg. D-11-30
Gumatatao, Celina D -pg. D-11-30
Gumatatao, Emiliana P -pg. D-11-37
Gumatatao, Felicita G -pg. D-1-22
Gumatatao, Francisco G -pg. D-1-22
Gumatatao, Jose D -pg. D-11-30
Gumatatao, Jose D -pg. D-11-30
Gumatatao, Josefina D -pg. D-11-30
Gumatatao, Juan P -pg. D-11-37
Gumatatao, Leon D -pg. D-11-30
Gumatatao, Mariano P -pg. D-11-37
Gumatatao, Ocar D -pg. D-11-30
Gumatatao, Oliva D -pg. D-11-30
Gumatatao, Pedro D -pg. D-11-30
Gumatatao, Terisita D -pg. D-11-30
Gumatatao, Vicente D -pg. D-11-30
Gumotaotao, Jose B -pg. D-11-67
Gurley, Roland S -pg. D-11-74
Gurr, Julian M -pg. D-11-78
Gutierrez, Amable P -pg. D-1-77
Gutierrez, Ana D -pg. D-1-7
Gutierrez, Atanacio B -pg. D-1-28
Gutierrez, Augustia T -pg. D-10-28
Gutierrez, Augusto T -pg. D-1-222
Gutierrez, Carlos T -pg. D-10-28
Gutierrez, Catalina M -pg. D-1-22
Gutierrez, Domingo M -pg. D-1-22
Gutierrez, Engracia M -pg. D-1-222
Gutierrez, Evelyn E -pg. D-10-33
Gutierrez, Exequiel N -pg. D-1-10
Gutierrez, Felipe M -pg. D-1-22
Gutierrez, Filomena D -pg. D-1-7
Gutierrez, Florence S -pg. D-10-28
Gutierrez, Fred C -pg. D-10-33
Gutierrez, Frederico T -pg. D-1-373
Gutierrez, Harriet C -pg. D-1-373
Gutierrez, Harriet C -pg. D-1-373
Gutierrez, Ignacia M -pg. D-1-22
Gutierrez, Jane G -pg. D-1-222
Gutierrez, Jesus T -pg. D-1-22
Gutierrez, Jose D -pg. D-1-11
Gutierrez, Jose D -pg. D-11-73
Gutierrez, Jose T -pg. D-10-28
Gutierrez, Joseph T -pg. D-10-28
Gutierrez, Leonila D -pg. D-1-11
Gutierrez, Luis N -pg. D-1-7
Gutierrez, Maria M -pg. D-1-22
Gutierrez, Maria T -pg. D-1-10
Gutierrez, Maria T -pg. D-10-28
Gutierrez, Mary A -pg. D-10-28
Gutierrez, Rita B -pg. D-10-33
Gutierrez, Roque P -pg. D-1-77
Gutierrez, Rosa D -pg. D-1-11
Gutierrez, Soledad D -pg. D-1-11
Gutierrez, Tomas C -pg. D-10-28
Gutierrez, Tomas T -pg. D-10-33
Gutierrez, Winefrieda R -pg. D-1-7
Guzman, Agueda T -pg. D-1-72
Guzman, Alejandro Q -pg. D-11-40
Guzman, Alejo C -pg. D-11-20
Guzman, Amanda P (Ab) -pg. D-1-306
Guzman, Ana M -pg. D-1-219
Guzman, Ana R -pg. D-1-359
Guzman, Antonia -pg. D-11-16
Guzman, Antonia C -pg. D-1-377
Guzman, Antonina M -pg. D-1-219
Guzman, Antonio C -pg. D-11-20
Guzman, Beatrice LG -pg. D-1-255
Guzman, Brigida R -pg. D-1-359
Guzman, Carmen Q -pg. D-11-40
Guzman, Cecelia M -pg. D-1-361
Guzman, Cecilia O -pg. D-1-253
Guzman, David B -pg. D-1-272
Guzman, Delfina C -pg. D-1-380
Guzman, Dolores C -pg. D-1-76
Guzman, Dolores C -pg. D-1-236
Guzman, Dolores C -pg. D-11-20
Guzman, Edward P -pg. D-1-231
Guzman, Emiliana P -pg. D-1-32
Guzman, Esperanza C -pg. D-1-380
Guzman, Evistina C -pg. D-11-20
Guzman, Fidela M -pg. D-1-82
Guzman, Francis P -pg. D-1-231
Guzman, Francisca B -pg. D-1-253
Guzman, Francisca M -pg. D-1-82
Guzman, Francisco -pg. D-11-16
Guzman, Francisco B -pg. D-1-272
Guzman, Francisco D -pg. D-1-32
Guzman, Francisco P -pg. D-11-11
Guzman, George P -pg. D-1-231
Guzman, Gonzalo M -pg. D-1-76
Guzman, Gregorio C -pg. D-11-20
Guzman, Guadalupe C -pg. D-11-20
Guzman, Henry R -pg. D-1-360
Guzman, Isabel P -pg. D-1-230
Guzman, James C -pg. D-1-76
Guzman, Jesus -pg. D-11-16
Guzman, Jesusa T -pg. D-11-20
Guzman, Joaquin C -pg. D-11-11
Guzman, Joaquina -pg. D-4-38
Guzman, John P -pg. D-1-126
Guzman, Jose B -pg. D-1-272
Guzman, Jose C -pg. D-11-40
Guzman, Jose M -pg. D-1-219
Guzman, Jose M -pg. D-1-255
Guzman, Jose M -pg. D-1-272
Guzman, Jose M -pg. D-1-359
Guzman, Jose P -pg. D-1-230
Guzman, Jose P -pg. D-11-11
Guzman, Jose Q -pg. D-11-40
Guzman, Jose T -pg. D-1-72
Guzman, Josefina M -pg. D-1-219
Guzman, Joun -pg. D-11-16
Guzman, Juan -pg. D-4-7
Guzman, Juan -pg. D-4-7
Guzman, Juan A -pg. D-1-380
Guzman, Juan C -pg. D-1-76
Guzman, Juan G -pg. D-11-19
Guzman, Juan M (ab) -pg. D-1-253
Guzman, Juan Q -pg. D-11-40
Guzman, Juan S -pg. D-11-40

Guzman, Juan T -pg. D-1-72
Guzman, Juan T -pg. D-11-19
Guzman, Julia -pg. D-4-7
Guzman, Julio M -pg. D-1-82
Guzman, Luisa R -pg. D-1-359
Guzman, Lydia P -pg. D-11-11
Guzman, Magdalena P -pg. D-1-126
Guzman, Maria -pg. D-11-16
Guzman, Maria B -pg. D-1-272
Guzman, Maria P -pg. D-11-11
Guzman, Maria Q -pg. D-11-40
Guzman, Natividad B -pg. D-1-253
Guzman, Natividad C -pg. D-1-236
Guzman, Pedro M -pg. D-1-82
Guzman, Pilar P -pg. D-1-32
Guzman, Priscilla P -pg. D-1-126
Guzman, Ramon T -pg. D-1-72
Guzman, Regina R -pg. D-1-360
Guzman, Remedio C -pg. D-11-20
Guzman, Rita C -pg. D-1-380
Guzman, Rita T -pg. D-1-72
Guzman, Rita T -pg. D-11-19
Guzman, Rosario C -pg. D-1-76
Guzman, Rosario P -pg. D-11-11
Guzman, Sylvia P -pg. D-1-231
Guzman, Terestia M -pg. D-1-219
Guzman, Tomas -pg. D-1-219
Guzman, Tomas R -pg. D-1-360
Guzman, Trinidad C -pg. D-1-380
Guzman, Vicenta C -pg. D-11-40
Guzman, Vicente C -pg. D-1-126
Guzman, Vicente T -pg. D-11-19
Hahn, Vernon M -pg. D-11-78
Haines, Arturo C -pg. D-1-201
Haines, Aurora C -pg. D-1-201
Haines, Carmella Q -pg. D-1-201
Haines, Clotilde M -pg. D-1-189
Haines, Fred M -pg. D-1-189
Haines, Guadalupe M -pg. D-1-189
Haines, Maria C -pg. D-1-201
Haines, Maria M -pg. D-1-189
Haines, Virginia C -pg. D-1-201
Haller, Dolores -pg. D-1-71
Haller, Fred -pg. D-1-71
Hamamoto, Concepcion A -pg. D-11-49
Hamamoto, Dolores A -pg. D-11-49
Hamamoto, Francisco A -pg. D-11-49
Hamamoto, Guadalupe A -pg. D-11-50
Hamamoto, Jesus A -pg. D-11-49
Hamamoto, Jose A -pg. D-11-49
Hamamoto, Maria A -pg. D-11-49
Hamilton, Ana H -pg. D-1-33
Hamilton, Annie F -pg. D-1-33
Hamilton, Gladys F -pg. D-1-33
Hamilton, Walter E -pg. D-11-78
Handy, Harry G -pg. D-11-78
Haniu, Atanacio B -pg. D-1-37
Haniu, Benita T -pg. D-1-37
Haniu, Brigida T -pg. D-1-37
Haniu, Cecilia T -pg. D-1-37
Haniu, Concepcion C -pg. D-1-37
Haniu, Fidel T -pg. D-1-37
Haniu, Fidela B -pg. D-1-347
Haniu, Francisco T -pg. D-1-37

Haniu, Jesus B -pg. D-1-347
Haniu, Jose B -pg. D-1-347
Haniu, Juan B -pg. D-1-347
Haniu, Maria B -pg. D-1-347
Haniu, Serafina B -pg. D-1-347
Hanlon, Elizabeth H -pg. D-1-368
Hannah, Florence -pg. D-1-151
Hannah, Frank A -pg. D-1-151
Hannah, Herman -pg. D-1-151
Hannah, Lou Jean -pg. D-1-151
Hannah, Sharroch B -pg. D-1-151
Hannah, Sharroch B Jr -pg. D-1-151
Hannahs, Chester L -pg. D-11-78
Hans, Chalmero D -pg. D-11-50
Hans, Nettie T -pg. D-11-50
Hansen, Carmen M -pg. D-11-47
Hansen, Martin F -pg. D-11-47
Hanzek, Eliza N -pg. D-1-257
Hanzek, Joseph -pg. D-1-257
Hara, Eloy P -pg. D-10-45
Hara, Imilia P -pg. D-10-45
Hara, James P -pg. D-10-45
Hara, Jesus C -pg. D-1-211
Hara, John P -pg. D-10-45
Hara, Joseph P -pg. D-10-45
Hara, Manuel C -pg. D-10-45
Hara, Romana C -pg. D-1-211
Hara, Winniefred P -pg. D-10-45
Hardgraves, Adrian W -pg. D-11-78
Harding, Harry S -pg. D-1-238
Harding, Lucy W -pg. D-1-238
Harper, Agnes N -pg. D-1-278
Harper, James W -pg. D-1-278
Harris, Diana M -pg. D-11-18
Harris, Dolores S -pg. D-11-18
Harris, Forest M -pg. D-11-18
Harris, William R -pg. D-11-75
Harrison, Moe H -pg. D-11-72
Harrison, William H -pg. D-11-72
Harrison, William H -pg. D-11-72
Hart, Ana -pg. D-5-49
Hart, Ana I -pg. D-9-33
Hart, Caridad -pg. D-5-49
Hart, Caridad I -pg. D-9-32
Hart, Jose -pg. D-5-49
Hart, Jose I -pg. D-9-32
Hart, Pedro -pg. D-5-49
Hart, Pedro I -pg. D-9-33
Hart, Vicente -pg. D-5-49
Hart, Vicente I -pg. D-9-32
Harvey, Henry F -pg. D-11-78
Hasselberg, Harold C -pg. D-1-305
Hasty, Henry O -pg. D-11-68
Hatoba, Rita M -pg. D-9-14
Heady, Lindsey R -pg. D-11-79
Hedrick, Olin M -pg. D-11-79
Helen, Carlton C -pg. D-1-278
Helen, Velma P -pg. D-1-278
Helen, William A -pg. D-1-278
Hellmers, John A -pg. D-1-230
Hellmers, Ruby T -pg. D-1-230
Henning, Roy C -pg. D-11-50
Hernandes, Concepcio A -pg. D-1-176
Hernandes, Jose SA -pg. D-1-123

Hernandez, Ana C -pg. D-1-109
Hernandez, Ana T -pg. D-1-192
Hernandez, Antonio -pg. D-5-51
Hernandez, Asunscion -pg. D-5-51
Hernandez, Brigido M -pg. D-11-63
Hernandez, Carmen -pg. D-5-19
Hernandez, Catalina M -pg. D-11-62
Hernandez, Eliza -pg. D-5-51
Hernandez, Eugenio P -pg. D-9-49
Hernandez, Felix M -pg. D-11-62
Hernandez, Francisco -pg. D-5-19
Hernandez, Ignacia B -pg. D-1-227
Hernandez, Joaquin -pg. D-5-19
Hernandez, Joaquin -pg. D-5-51
Hernandez, Joaquin -pg. D-5-51
Hernandez, Joaquin -pg. D-7-9
Hernandez, Joaquina -pg. D-5-51
Hernandez, Joaquina C -pg. D-1-157
Hernandez, Jose -pg. D-5-25
Hernandez, Jose -pg. D-5-25
Hernandez, Jose -pg. D-5-51
Hernandez, Jose -pg. D-5-55
Hernandez, Jose -pg. D-5-61
Hernandez, Juan -pg. D-5-19
Hernandez, Juan -pg. D-5-25
Hernandez, Juan -pg. D-5-51
Hernandez, Juan H -pg. D-14-11
Hernandez, Juana -pg. D-5-19
Hernandez, Julita C -pg. D-1-157
Hernandez, Lorenza -pg. D-5-51
Hernandez, Manuel P -pg. D-11-62
Hernandez, Maria -pg. D-5-19
Hernandez, Maria -pg. D-5-19
Hernandez, Maria C -pg. D-1-157
Hernandez, Maria M -pg. D-11-63
Hernandez, Maria SN -pg. D-7-9
Hernandez, Ramon -pg. D-5-19
Hernandez, Rosa M -pg. D-11-62
Hernandez, Rosario B -pg. D-1-218
Hernandez, Teresita C -pg. D-1-157
Hernandez, Tomas C -pg. D-1-157
Hernandez, Vicente H -pg. D-1-157
Herrera, Alejo C -pg. D-2-15
Herrera, Antonio C -pg. D-2-15
Herrera, Carmen B -pg. D-2-19
Herrera, Carmen T -pg. D-2-5
Herrera, Felicidad B -pg. D-2-19
Herrera, Francisco S -pg. D-2-19
Herrera, Guadalupe T -pg. D-2-5
Herrera, Jesus S -pg. D-2-5
Herrera, Jesus T -pg. D-2-5
Herrera, Jose S -pg. D-2-15
Herrera, Jose T -pg. D-2-5
Herrera, Juan C -pg. D-2-15
Herrera, Manuel A -pg. D-2-14
Herrera, Maria A -pg. D-2-14
Herrera, Maria B -pg. D-2-19
Herrera, Maria C -pg. D-2-15
Herrera, Maria T -pg. D-2-5
Herrera, Remedios B -pg. D-2-19
Herrera, Rosa H -pg. D-2-19
Herrera, Vicente T -pg. D-2-5
Herrero, Ana SN -pg. D-1-234
Herrero, Angelo C -pg. D-11-51

INDEX
1940 Population Census of Guam: Transcribed

Herrero, Beatrice SN -pg. D-1-117
Herrero, Carmen O -pg. D-1-81
Herrero, Cecilia SN -pg. D-1-117
Herrero, Consuelo C -pg. D-10-17
Herrero, Jose SN -pg. D-1-234
Herrero, Josefa SN -pg. D-1-234
Herrero, Juan SN -pg. D-1-234
Herrero, Luis SN -pg. D-1-256
Herrero, Margarita SN -pg. D-1-117
Herrero, Maria C -pg. D-10-16
Herrero, Nora L -pg. D-1-81
Herrero, Regina SN -pg. D-1-116
Herrero, Tomas C -pg. D-1-317
Herrero, Vicente P -pg. D-1-81
Hess, Harry M -pg. D-11-79
Hewitt, Joseph M -pg. D-11-69
Hickle, Arthur -pg. D-1-139
Hickle, Diana -pg. D-1-139
Hickle, Elizabeth -pg. D-1-139
Hickle, Sharron -pg. D-1-139
Hickle, Virgil A -pg. D-1-139
Hills, Clifford C -pg. D-11-69
Himes, Marlim -pg. D-4-40
Hines, Adolfo -pg. D-4-28
Hines, Cristobal C -pg. D-1-165
Hines, Gearold W -pg. D-1-222
Hines, Joaquina T -pg. D-1-165
Hines, Margarita T -pg. D-1-165
Hines, Marlin E -pg. D-1-223
Hinkle, Burton D -pg. D-6-7
Hite, Robert E -pg. D-11-79
Hoad, Clyde Q -pg. D-1-233
Hoff, Ruben S -pg. D-11-69
Honeycutt, Edward R -pg. D-11-79
Hong Yee, Jesus P -pg. D-1-245
Hongye, Alejandro -pg. D-5-59
Hongye, Jesusa -pg. D-5-59
Hongye, Joaquin -pg. D-5-59
Hongye, Juan -pg. D-5-59
Hongye, Magdalena -pg. D-5-59
Hongye, Serafina -pg. D-5-59
Hongyee, Jose P -pg. D-14-7
Hongyee, Maria B -pg. D-14-7
Hongyee, Rosa B -pg. D-14-7
Hongyee, Vicente B -pg. D-14-7
Hong-Yee, Anita C -pg. D-1-96
Hong-Yee, Concepcion C -pg. D-1-96
Hong-Yee, Jose C -pg. D-1-96
Hong-Yee, Juan C -pg. D-1-96
Hong-Yee, Rosalia C -pg. D-1-96
Hong-Yee, Vicente R   -ab -pg. D-1-96
Howell, Thomas -pg. D-1-306
Hudson, Cliffton Q pg. D 11 2
Hudson, Cristobal Q -pg. D-11-2
Hudson, George C -pg. D-1-186
Hudson, Gregoria A -pg. D-1-186
Hudson, James C -pg. D-1-186
Hudson, James M -pg. D-1-186
Hudson, Katherine B -pg. D-1-186
Hudson, Lewis C -pg. D-11-2
Hudson, Mary O -pg. D-1-186
Hudson, Pearl C -pg. D-1-186
Hudson, Soledad Q -pg. D-11-2
Hughes, Betty U -pg. D-1-352

Hughes, Helen U -pg. D-1-352
Hughes, Joaquina U -pg. D-1-352
Hughes, John U -pg. D-1-352
Hughes, Maud U -pg. D-1-352
Hughes, Rosa U -pg. D-1-352
Hughes, Virginia U -pg. D-1-352
Hughes, William O -pg. D-11-79
Hughes, William R -pg. D-1-352
Hughes, William U -pg. D-1-352
Ibanez, Candelaria SN -pg. D-1-146
Ibanez, Catalina SN -pg. D-1-146
Ibanez, Cayetano C -pg. D-1-145
Ibanez, Clotilde SN -pg. D-1-146
Ibanez, Delmasio SN -pg. D-1-146
Ibanez, Felipe SN -pg. D-1-146
Ibanez, Jesus SN -pg. D-1-146
Ibanez, Jose SN -pg. D-1-146
Ibanez, Juan SN -pg. D-1-146
Ibanez, Pedro SN -pg. D-1-146
Ibanez, Vicente SN -pg. D-1-146
Ichihara, Ana SM -pg. D-1-255
Ichihara, Dolores SM -pg. D-1-255
Ichihara, Francisco SM -pg. D-1-255
Ichihara, Jesus SM -pg. D-1-255
Ichihara, Joaquin SM -pg. D-1-255
Ichihara, Jose K -pg. D-1-255
Ichihara, Jose SM -pg. D-1-255
Ichihara, Juan SM -pg. D-1-255
Ichihara, Maria SM -pg. D-1-255
Ichihara, Rosa F -pg. D-1-255
Ichihara, Rosalind F -pg. D-1-255
Iglesias, Agnes P -pg. D-14-2
Iglesias, Alfredo D -pg. D-1-291
Iglesias, Alvia T -pg. D-1-291
Iglesias, Ana D -pg. D-1-290
Iglesias, Ana LG -pg. D-1-262
Iglesias, Ana M -pg. D-9-22
Iglesias, Antonio -pg. D-2-38
Iglesias, Antonio A -pg. D-1-291
Iglesias, Atanasio C -pg. D-2-39
Iglesias, Bacardi D -pg. D-1-291
Iglesias, Barbara LG -pg. D-1-262
Iglesias, Benito D -pg. D-1-291
Iglesias, Carmen G -pg. D-1-208
Iglesias, Carmen LG -pg. D-1-262
Iglesias, Consolacion G -pg. D-1-208
Iglesias, Consolacion G -pg. D-1-208
Iglesias, Edward P -pg. D-14-2
Iglesias, Enrique C -pg. D-1-68
Iglesias, Enrique G -pg. D-1-325
Iglesias, Francisca D -pg. D-1-291
Iglesias, Francisco A -pg. D-1-125
Iglesias, Francisco T -pg. D-15-9
Iglesias, Gregorio D -pg. D-1-291
Iglesias, Guadalupe C -pg. D-2-38
Iglesias, Ignacia D -pg. D-1-291
Iglesias, Isabel A -pg. D-1-291
Iglesias, Isabel LG -pg. D-1-262
Iglesias, Isabel M -pg. D-9-22
Iglesias, Jesus A -pg. D-1-291
Iglesias, Jesus D -pg. D-1-291
Iglesias, Jose C -pg. D-2-39
Iglesias, Jose DL -pg. D-1-290
Iglesias, Jose G -pg. D-1-208

Iglesias, Jose G -pg. D-1-262
Iglesias, Jose M -pg. D-9-22
Iglesias, Jose P -pg. D-14-2
Iglesias, Jose Q -pg. D-9-22
Iglesias, Josefa A -pg. D-1-291
Iglesias, Juan -pg. D-5-49
Iglesias, Juan LG -pg. D-1-262
Iglesias, Juan M -pg. D-9-22
Iglesias, Juan T -pg. D-1-208
Iglesias, Juanita D -pg. D-1-291
Iglesias, Julia C -pg. D-2-39
Iglesias, Kenneth T -pg. D-1-291
Iglesias, Lourdes D -pg. D-1-291
Iglesias, Luis G -pg. D-14-8
Iglesias, Magdalena -pg. D-5-49
Iglesias, Magdalena M -pg. D-9-22
Iglesias, Manuel C -pg. D-14-2
Iglesias, Maria G -pg. D-1-208
Iglesias, Maria G -pg. D-1-325
Iglesias, Maria LG -pg. D-1-262
Iglesias, Maria M -pg. D-9-22
Iglesias, Oliva C -pg. D-14-2
Iglesias, Patricia T -pg. D-1-291
Iglesias, Purificacion -pg. D-1-68
Iglesias, Ricardo C -pg. D-1-68
Iglesias, Rosa G -pg. D-1-208
Iglesias, Rosario P -pg. D-14-2
Iglesias, Seferina A -pg. D-1-125
Iglesias, Soledad T -pg. D-1-291
Iglesias, Tomas A -pg. D-1-68
Iglesias, Tomas D -pg. D-1-291
Iglesias, Trinidad C -pg. D-2-38
Iglesias, Vicente G -pg. D-1-325
Ignacio, Ana C -pg. D-1-16
Ignacio, Ana P -pg. D-9-10
Ignacio, Ana Taitague -pg. D-9-25
Ignacio, Aniceto C -pg. D-9-11
Ignacio, Anisia -pg. D-3-20
Ignacio, Antonio P -pg. D-1-96
Ignacio, Barcelisa S -pg. D-7-10
Ignacio, Carmen S -pg. D-1-2
Ignacio, Celestina -pg. D-3-20
Ignacio, Concepcion -pg. D-3-20
Ignacio, Dolores P -pg. D-1-33
Ignacio, Dolores SA -pg. D-1-195
Ignacio, Engracia S -pg. D-7-10
Ignacio, Enrique -pg. D-3-20
Ignacio, Enrique M -pg. D-1-14
Ignacio, Enrique T -pg. D-9-25
Ignacio, Enriqueta S -pg. D-7-10
Ignacio, Esteban P -pg. D-1-33
Ignacio, Felipe C -pg. D-9-32
Ignacio, Filomena C -pg. D-1-372
Ignacio, Francisco N -pg. D-1-195
Ignacio, Francisco P -pg. D-1-33
Ignacio, Francisco P -pg. D-1-96
Ignacio, Francisco S -pg. D-1-2
Ignacio, Francisco T -pg. D-9-25
Ignacio, Isabel C -pg. D-9-10
Ignacio, Jesus -pg. D-4-23
Ignacio, Jesus C -pg. D-1-16
Ignacio, Jesus C -pg. D-1-69
Ignacio, Jesus C -pg. D-2-46
Ignacio, Jesus P -pg. D-9-10

INDEX
1940 Population Census of Guam: Transcribed

Ignacio, Jesus S -pg. D-1-2
Ignacio, Jesusa P -pg. D-1-33
Ignacio, Jesusa P -pg. D-1-95
Ignacio, Joaquin C -pg. D-9-10
Ignacio, Joaquin P -pg. D-9-10
Ignacio, Jose C -pg. D-1-33
Ignacio, Jose P -pg. D-9-10
Ignacio, Jose R -pg. D-2-8
Ignacio, Jose S -pg. D-7-10
Ignacio, Josefa A -pg. D-10-30
Ignacio, Josefina I -pg. D-1-14
Ignacio, Josefina P -pg. D-1-33
Ignacio, Juan -pg. D-3-20
Ignacio, Juan C -pg. D-9-10
Ignacio, Juan P -pg. D-1-33
Ignacio, Juan P -pg. D-1-95
Ignacio, Juan S -pg. D-1-2
Ignacio, Juana C -pg. D-1-16
Ignacio, Juana C -pg. D-9-10
Ignacio, Leoncio C -pg. D-1-69
Ignacio, Loretta C -pg. D-1-16
Ignacio, Luis C -pg. D-1-2
Ignacio, Manuel A -pg. D-9-28
Ignacio, Manuel C -pg. D-7-10
Ignacio, Manuel P -pg. D-1-16
Ignacio, Marcela N -pg. D-1-195
Ignacio, Margarita SA -pg. D-1-195
Ignacio, Maria C -pg. D-9-10
Ignacio, Maria P -pg. D-1-95
Ignacio, Maria S -pg. D-7-10
Ignacio, Maria T. R. -pg. D-2-46
Ignacio, Pedro -pg. D-3-20
Ignacio, Pedro S -pg. D-7-10
Ignacio, Rafael P -pg. D-9-28
Ignacio, Ramon N -pg. D-1-175
Ignacio, Ramon R -pg. D-2-46
Ignacio, Regina M -pg. D-1-14
Ignacio, Regina P -pg. D-1-33
Ignacio, Rita C -pg. D-1-16
Ignacio, Rita I -pg. D-9-28
Ignacio, Rosa C -pg. D-1-64
Ignacio, Rosa Dela Cruz -pg. D-9-28
Ignacio, Rosa I -pg. D-1-14
Ignacio, Rosa S -pg. D-9-32
Ignacio, Rosita S -pg. D-1-2
Ignacio, Santiago R -pg. D-2-36
Ignacio, Soledad -pg. D-3-20
Ignacio, Teresita R -pg. D-1-267
Ignacio, Teresita S -pg. D-7-10
Ignacio, Vicente A -pg. D-2-46
Ignacio, Vicente P -pg. D-1-96
Imaizumi, Felix D -pg. D-10-8
Imaizumi, Francisco D -pg. D-10-8
Imaizumi, Jose D -pg. D-10-8
Imaizumi, Jose T -pg. D-10-8
Imaizumi, Maria D -pg. D-10-8
Imaizumi, Pedro D -pg. D-10-8
Indalecio, Ana -pg. D-4-7
Indalecio, Antonio -pg. D-4-7
Indalecio, Catalina C -pg. D-1-41
Indalecio, Dolores -pg. D-1-59
Indalecio, Dorotea -pg. D-4-9
Indalecio, Emeteria C -pg. D-1-41
Indalecio, Enrique R -pg. D-1-53

Indalecio, Francisca -pg. D-4-7
Indalecio, Ignacia -pg. D-4-7
Indalecio, Jose -pg. D-4-8
Indalecio, Jose C -pg. D-1-41
Indalecio, Jose R -pg. D-1-53
Indalecio, Juan -pg. D-4-7
Indalecio, Juan -pg. D-4-8
Indalecio, Juan -pg. D-11-76
Indalecio, Juan R -pg. D-1-53
Indalecio, Julia -pg. D-4-7
Indalecio, Manuel -pg. D-1-59
Indalecio, Maria R -pg. D-1-53
Indalecio, Mariano -pg. D-4-8
Indalecio, Martin R -pg. D-1-53
Indalecio, Matilde R -pg. D-1-53
Indalecio, Rosa R -pg. D-1-52
Indalecio, Rosario R -pg. D-1-52
Indalecio, Vicente I -pg. D-1-52
Indalesio, Ana I -pg. D-1-214
Indalesio, Carmen I -pg. D-1-214
Indalesio, Dolores I -pg. D-1-214
Indalesio, Fidel F -pg. D-1-214
Indalesio, Jose I -pg. D-1-214
Indalesio, Rosa I -pg. D-1-214
Inouye, Ana S -pg. D-9-4
Inouye, Benedicta S -pg. D-9-4
Inouye, Joaquin S -pg. D-1-222
Inouye, Joaquina M -pg. D-1-222
Inouye, Maria M -pg. D-1-222
Inouye, Teresita M -pg. D-1-222
Iriarte, Agustina D -pg. D-1-39
Iriarte, Ana I -pg. D-1-39
Iriarte, Ana LG -pg. D-1-35
Iriarte, Ana S -pg. D-15-16
Iriarte, Ana T -pg. D-1-360
Iriarte, Antonio D -pg. D-1-35
Iriarte, Antonio D -pg. D-1-39
Iriarte, Antonio G -pg. D-1-360
Iriarte, Beatrice -pg. D-4-38
Iriarte, Brigida S -pg. D-15-16
Iriarte, Catalina -pg. D-4-38
Iriarte, Clementina -pg. D-4-38
Iriarte, Cristina D -pg. D-1-35
Iriarte, Dolores D -pg. D-1-39
Iriarte, Dolores LG -pg. D-1-35
Iriarte, Feliza D -pg. D-1-35
Iriarte, Francisco -pg. D-4-38
Iriarte, Francisco D -pg. D-1-35
Iriarte, Francisco I -pg. D-1-39
Iriarte, Ignacio D -pg. D-15-16
Iriarte, Ignacio Q -pg. D-15-23
Iriarte, Jesus D -pg. D-15-23
Iriarte, Joaquin LG -pg. D-1-35
Iriarte, Jose -pg. D-4-15
Iriarte, Jose -pg. D-5-24
Iriarte, Jose D -pg. D-1-39
Iriarte, Jose S -pg. D-15-16
Iriarte, Juan -pg. D-5-52
Iriarte, Juan LG -pg. D-1-35
Iriarte, Julia LG -pg. D-1-35
Iriarte, Lorenzo -pg. D-1-35
Iriarte, Lourdes -pg. D-5-52
Iriarte, Maria -pg. D-4-38
Iriarte, Maria D -pg. D-1-39

Iriarte, Maria LG -pg. D-1-35
Iriarte, Maria Q -pg. D-15-23
Iriarte, Maria S -pg. D-15-16
Iriarte, Matilde S -pg. D-15-16
Iriarte, Natividad -pg. D-5-24
Iriarte, Nicolas G -pg. D-1-39
Iriarte, Pedro -pg. D-5-24
Iriarte, Pedro -pg. D-5-24
Iriarte, Soledad Q -pg. D-15-23
Iriarte, Sylvia LG -pg. D-1-35
Iriarte, Teresita -pg. D-5-52
Iriarte, Tomas -pg. D-4-38
Iriarte, Tomas T -ab -pg. D-1-39
Iriarte, Vicente -pg. D-5-24
Iriarte, Vicente -pg. D-5-52
Iriarte, Vicente D -pg. D-1-35
Iriarte, Victoria -pg. D-1-35
Iriarte, Vincente S -pg. D-15-16
Isezaki, Ana P -pg. D-1-133
Isezaki, Carmen P -pg. D-1-133
Isezaki, Concepcion P -pg. D-1-133
Isezaki, Francisco M -pg. D-13-14
Isezaki, Joaquina M -pg. D-13-14
Isezaki, Jose Y -pg. D-13-14
Isezaki, Josefina M -pg. D-13-14
Isezaki, Juan P -pg. D-1-133
Isezaki, Maria P -pg. D-1-133
Isezaki, Rita M -pg. D-13-14
Isezaki, Rosa M -pg. D-13-14
Isezaki, William P -pg. D-1-133
Ishezaki, Jose P -pg. D-14-12
Ishezaki, Marcelina P -pg. D-14-12
Ishezaki, Vicente Y -pg. D-14-11
Ishizaki, Agueda P -pg. D-11-47
Ishizaki, Francisco H -pg. D-11-47
Ishizaki, Isabel P -pg. D-11-47
Ishizaki, Joaquin P "ab" -pg. D-11-47
Ishizaki, Maria P -pg. D-11-47
Ishizaki, Vicente P -pg. D-11-47
Ishizaki, Victoria P -pg. D-11-47
Isidro, Ursula A -pg. D-1-209
Ito, Viscente S -pg. D-1-233
Ito, Yenyo -pg. D-1-233
Iwatsu, Concepcion S -pg. D-1-236
Iwatsu, David SN -pg. D-1-251
Iwatsu, Francisco SN -pg. D-1-251
Iwatsu, Jose S -pg. D-1-250
Iwatsu, Juana S -pg. D-1-235
Iwatsu, Maria SN -pg. D-1-250
Iwatsu, Sivera S -pg. D-1-235
Iwatsu, Tomas S -pg. D-1-235
Jackson, Antonia -pg. D-4-1
Jackson, Antonio -pg. D-4-35
Jackson, Arthur -pg. D-4-1
Jackson, Arthur -pg. D-4-35
Jackson, Beatriz -pg. D-4-35
Jackson, Dolores -pg. D-4-1
Jackson, Frank -pg. D-4-1
Jackson, Henry -pg. D-4-1
Jackson, Herminia -pg. D-4-35
Jackson, Margarita -pg. D-4-1
Jackson, Maria -pg. D-4-35
Jackson, Nellie -pg. D-4-35
Jaime, Guillermo -pg. D-3-5

INDEX
1940 Population Census of Guam: Transcribed

James, Concepcion B -pg. D-11-31
James, Daisy B -pg. D-11-31
James, Frankie B -pg. D-11-31
James, Henry B -pg. D-11-31
James, Joseph B -pg. D-11-31
James, Joseph R "ab" -pg. D-11-35
James, Lilly B -pg. D-11-31
James, Pedro F -pg. D-11-51
James, Rita G -pg. D-1-306
James, Rosa A -pg. D-11-35
James, William B -pg. D-11-31
James, Willie T "ab" -pg. D-11-31
Jardan, Dorothy M -pg. D-1-401
Jardan, John L -pg. D-1-401
Jaurequi, Julian A -pg. D-1-307
Javied, Brigida G -pg. D-10-28
Javied, Francisca G -pg. D-10-28
Javied, Isabel G -pg. D-10-28
Javied, Jesus R -pg. D-10-28
Javied, Josefina G -pg. D-10-28
Javied, Ramona G -pg. D-10-28
Javied, Tomas G -pg. D-10-28
Javier, Dolores A -pg. D-1-331
Javier, Francisco G -pg. D-1-404
Javier, Joaquina G -pg. D-1-81
Javier, Josefina B -pg. D-1-331
Javier, Margarita P -pg. D-1-404
Javier, Maria A -pg. D-1-331
Jeffrey, Morris P -pg. D-1-223
Jelenski, Alfred V -pg. D-1-224
Jelenski, Blanche K -pg. D-1-224
Jennings, Martin W -pg. D-1-279
Jennings, Ola L -pg. D-1-279
Jernigan, Barney J -pg. D-11-79
Jesse, John H -pg. D-1-223
Jesus, Ana B -pg. D-2-37
Jesus, Ana C -pg. D-2-1
Jesus, Antonia T -pg. D-14-3
Jesus, Antonio -pg. D-3-5
Jesus, Antonio B -pg. D-2-37
Jesus, Antonio M -pg. D-14-9
Jesus, Antonio P -pg. D-14-9
Jesus, Antonio T -pg. D-14-3
Jesus, Asuncion B -pg. D-2-37
Jesus, Asuncion T -pg. D-14-3
Jesus, Carmen B -pg. D-2-33
Jesus, Carmen B -pg. D-2-37
Jesus, Concepcion -pg. D-3-20
Jesus, David -pg. D-3-5
Jesus, Dolores B -pg. D-2-34
Jesus, Dolores P -pg. D-14-9
Jesus, Elias -pg. D-3-5
Jesus, Enrique J -pg. D-11-63
Jesus, Eufemia -pg. D-3-5
Jesus, Felicita -pg. D-3-5
Jesus, Felix S -pg. D-14-3
Jesus, Felix T -pg. D-14-3
Jesus, Fidel -pg. D-3-5
Jesus, Fidela -pg. D-3-5
Jesus, Francisca B -pg. D-2-37
Jesus, Francisco -pg. D-3-14
Jesus, Francisco -pg. D-4-14
Jesus, Francisco B -pg. D-11-74
Jesus, Francisco P -pg. D-14-9

Jesus, Gregorio M -pg. D-14-10
Jesus, Gregorio T -pg. D-14-3
Jesus, Guadalupe -pg. D-3-14
Jesus, Ignacia T -pg. D-14-3
Jesus, Isabel C -pg. D-2-1
Jesus, Jasafat -pg. D-3-5
Jesus, Jesus J -pg. D-11-63
Jesus, Jesus T -pg. D-14-3
Jesus, Joaquin -pg. D-3-5
Jesus, Joaquin B -pg. D-2-37
Jesus, Joaquin S -pg. D-14-9
Jesus, Joaquina M -pg. D-14-9
Jesus, Jose B -pg. D-2-34
Jesus, Jose J -pg. D-11-63
Jesus, Jose J -Ab- -pg. D-2-1
Jesus, Josefa -pg. D-3-5
Jesus, Josefa B -pg. D-2-33
Jesus, Josefa P -pg. D-14-9
Jesus, Josefa T -pg. D-14-3
Jesus, Juan R -pg. D-11-63
Jesus, Juan T -pg. D-14-3
Jesus, Juana B -pg. D-2-33
Jesus, Lorenzo B -pg. D-2-34
Jesus, Lucas -pg. D-3-14
Jesus, Lucas -pg. D-4-14
Jesus, Magdalena P -pg. D-14-9
Jesus, Marcelo B -pg. D-2-37
Jesus, Maria C -pg. D-1-127
Jesus, Maria C -pg. D-2-1
Jesus, Maria H -pg. D-1-112
Jesus, Maria J -pg. D-2-7
Jesus, Maria M -pg. D-14-9
Jesus, Maria P -pg. D-14-9
Jesus, Maria T -pg. D-14-3
Jesus, Natividad J -pg. D-11-63
Jesus, Nicolasa B -pg. D-2-33
Jesus, Oscar -pg. D-3-5
Jesus, Pedro -pg. D-3-5
Jesus, Pedro B -pg. D-2-34
Jesus, Peligrina -pg. D-3-5
Jesus, Rita P -pg. D-14-9
Jesus, Teresa J -pg. D-14-9
Jesus, Vicenta -pg. D-3-14
Jesus, Vicente -pg. D-3-14
Jesus, Vicente B -pg. D-2-33
Jesus, Vicente B -pg. D-2-37
Jesus, Vicente C -pg. D-2-1
Jesus, Vicente S -pg. D-14-9
Jocog, Bartola C -pg. D-2-18
Johnson, Amalia M -pg. D-1-408
Johnson, Andrew P -pg. D-1-408
Johnson, Francis P -pg. D-1-408
Johnson, Frank E -pg. D-1-361
Johnson, Ignacia P -pg. D-1-407
Johnson, Jesus P -pg. D-1-408
Johnson, Leonisa P -pg. D-1-408
Johnson, Lulu I -pg. D-1-362
Johnson, Marilyn A -pg. D-1-88
Johnson, Mary L -pg. D-1-362
Johnson, Olga P -pg. D-1-408
Johnson, Robert B -pg. D-1-88
Johnson, Ruth E -pg. D-1-88
Johnston, Agueda I -pg. D-1-225
Johnston, Albert S -pg. D-1-233

Johnston, Eloise S -pg. D-1-225
Johnston, Herbert J -pg. D-1-225
Johnston, Marian A -pg. D-1-225
Johnston, Thomas J -pg. D-1-225
Johnston, William G -pg. D-1-225
Jones, Leon G -pg. D-11-71
Jones, Marvin U -pg. D-1-304
Joyce, Betty M -pg. D-1-28
Joyce, Ernest M -pg. D-1-28
Joyce, Olga O -pg. D-1-28
Juan, Camillo C -pg. D-1-97
Juan, Isabel M -pg. D-1-97
Jupp, Margaret L M -pg. D-1-237
Jupp, Stanley D -pg. D-1-237
Jupp, Stanley D Jr -pg. D-1-237
Jurio, Marco F -pg. D-1-304
Kaminga, Catalina S -pg. D-10-30
Kaminga, Clotilde SN -pg. D-1-121
Kaminga, Gaily F -pg. D-1-209
Kaminga, John -pg. D-10-30
Kaminga, Jose H -pg. D-1-121
Kaminga, Josefina SN -pg. D-1-121
Kaminga, Lillian SN -pg. D-1-121
Kaminga, Maria SN -pg. D-1-121
Kaminga, Nancy SN -pg. D-1-121
Kaminga, Virginia SN -pg. D-1-121
Kamminga, Anthony C -pg. D-9-14
Kamminga, Carmen S -pg. D-9-38
Kamminga, Cristina C -pg. D-9-14
Kamminga, Elvira S -pg. D-9-38
Kamminga, Felicita SN -pg. D-9-38
Kamminga, Florence C -pg. D-9-14
Kamminga, Frank R -pg. D-1-268
Kamminga, Gaily R -pg. D-9-38
Kamminga, Grietje SN -pg. D-9-38
Kamminga, Henry F -pg. D-9-14
Kamminga, Henry SN -pg. D-1-268
Kamminga, Johannes F -pg. D-9-14
Kamminga, John S -pg. D-9-38
Kamminga, Jose -pg. D-9-14
Kamminga, Juana SN -pg. D-9-38
Kamminga, Lorenzo F -pg. D-9-14
Kamminga, Pilar SN -pg. D-9-38
Kamminga, Remedios S -pg. D-9-38
Kamminga, Rita T -pg. D-1-268
Kamminga, Simon H -pg. D-6-2
Kamminga, Vicente SN -pg. D-9-38
Kaye, Jack -pg. D-3-27
Keck, Josephine M -pg. D-6-11
Keck, Trumon W -pg. D-6-11
Keenan, Cathrine E -pg. D-1-280
Keenan, Hubert J -pg. D-1-280
Keenan, John P -pg. D-1-280
Keenan, Terrance C -pg. D-1-280
Kelly, James D -pg. D-1-304
Kenlon, Gerald -pg. D-5-11
Kenlon, Muriel -pg. D-5-11
Kerner, Albert -pg. D-1-203
Kerner, Elenor T -pg. D-1-203
Kerner, Mercedes T -pg. D-1-203
Key, Ira J -pg. D-1-223
King, Fordyce F -pg. D-11-70
King, William H -pg. D-11-75
Kirby, Raymond -pg. D-11-79

INDEX
1940 Population Census of Guam: Transcribed

Kirmayer, Hilda M -pg. D-1-85
Kirmayer, Maryellen -pg. D-1-85
Kirmayer, Otto H -pg. D-1-85
Kolina, Joseph G -pg. D-11-75
Kosky, Eugene J -pg. D-11-79
Kucharski, Leo F -pg. D-11-73
Kucharski, Leo F -pg. D-11-76
Kumiyama, Angelina SN -pg. D-6-24
Kumiyama, Anisia SN -pg. D-6-25
Kumiyama, Bernabe SN -pg. D-6-25
Kumiyama, Carlos SN -pg. D-6-25
Kumiyama, Juan M -pg. D-6-24
Kumiyama, Martha SN -pg. D-6-25
Kurokawa, Gen -pg. D-1-222
Kyle, John H -pg. D-11-75
L Guerrero, Antonia B -pg. D-11-58
L Guerrero, Bernal S -pg. D-11-11
L Guerrero, Engracia S -pg. D-11-11
L Guerrero, Johnny S -pg. D-11-11
L Guerrero, Jose D -pg. D-11-58
L Guerrero, Juan D -pg. D-11-11
L Guerrero, Ramon A -pg. D-10-42
L Guerrero, Rosario A -pg. D-11-54
L. Guerrero, Ana M -pg. D-10-34
L. Guerrero, Carmen M -pg. D-10-34
L. Guerrero, Francisco M -pg. D-10-34
L. Guerrero, Manuel LG -pg. D-10-34
L. Guerrero, Maria M -pg. D-10-34
L. Guerrero, Vicente M -pg. D-10-34
L.Guerrero, Luisa U -pg. D-1-333
L.Guerrero, Rosa U -pg. D-1-333
Lachowicz, Theodore F -pg. D-11-74
Lachowicz, Theordore F. -pg. D-11-75
Laguana, Agustin -pg. D-4-28
Laguana, Ana I -pg. D-9-21
Laguana, Ana I -pg. D-9-21
Laguana, Ana S -pg. D-9-32
Laguana, Bernadita C -pg. D-1-345
Laguana, Carlos C -pg. D-1-345
Laguana, David S -pg. D-1-40
Laguana, Emma S -pg. D-1-40
Laguana, Felicidad P -pg. D-1-346
Laguana, Felix S -pg. D-9-32
Laguana, Galo -pg. D-4-32
Laguana, Geronimo F -pg. D-1-360
Laguana, Gregorio C -pg. D-1-345
Laguana, Ignacia P -pg. D-1-345
Laguana, Ignacio I -pg. D-9-21
Laguana, Jesus C -pg. D-1-345
Laguana, Jesus I -pg. D-1-360
Laguana, Joaquin -pg. D-4-32
Laguana, John S -pg. D-1-40
Laguana, Jose C -pg. D-1-345
Laguana, Jose I -pg. D-1-40
Laguana, Jose P -pg. D-1-345
Laguana, Jose S -pg. D-1-40
Laguana, Jose S -pg. D-9-32
Laguana, Juan S -pg. D-9-32
Laguana, Lourdes C -pg. D-1-345
Laguana, Manuel C -pg. D-1-345
Laguana, Maria I -pg. D-9-32
Laguana, Maria S -pg. D-9-32
Laguana, Miguel L -pg. D-9-32
Laguana, Pedro S -pg. D-9-32

Laguana, Pilar F -pg. D-1-360
Laguana, Ramon I -pg. D-9-32
Laguana, Ramona -pg. D-4-28
Laguana, Rita C -pg. D-1-345
Laguana, Rosa P -pg. D-1-345
Laguana, Rosa S -pg. D-9-32
Laguana, Rosario C -pg. D-1-345
Laguana, Teresita C -pg. D-1-345
Laguana, Tomas S -pg. D-1-40
Laguana, Vicente P -pg. D-9-21
Lake, Olin S -pg. D-1-305
Lane, Leon R -pg. D-11-68
Lane, Ricahrd -pg. D-1-233
Lannert, Geraldine A -pg. D-1-305
Lapolla, Angelina Q -pg. D-9-44
Lapolla, Antonia Q -pg. D-9-44
Lapolla, Antonio C -pg. D-9-29
Lapolla, Carmela R -pg. D-9-29
Lapolla, Jose Q -pg. D-9-44
Lapolla, Juan Q -pg. D-9-44
Lapolla, Lorenzo C -pg. D-9-44
Lapolla, Maria Q -pg. D-9-44
Lapolla, Patricia Q -pg. D-9-44
Lapolla, Rosa Q -pg. D-9-44
Lapolla, Tomas Q -pg. D-9-44
Latac, Juan L -pg. D-1-310
Lawler, Grayce M -pg. D-1-360
Lawler, Marcella J -pg. D-1-360
Lawler, Robert R -pg. D-1-360
Lawler, Virginia C -pg. D-1-360
Lazaro, Asuncion C -pg. D-1-72
Lazaro, Ernesto U -pg. D-1-27
Lazaro, Ignacia C -pg. D-1-72
Lazaro, Josefa C -pg. D-1-72
Lazaro, Manuel R -pg. D-1-405
Lazaro, Maria T -pg. D-1-405
Leader, Robert W -pg. D-11-79
Leddy, Adam -pg. D-5-48
Leddy, Henry -pg. D-5-48
Leddy, Herbert -pg. D-5-48
Leddy, John -pg. D-5-48
Leddy, Maria -pg. D-5-48
Leddy, Orlina -pg. D-5-48
Leineinger, Caroline -pg. D-1-176
Leineinger, Jack -pg. D-1-176
Leineinger, Jack A -pg. D-1-176
Leineinger, Jeannett -pg. D-1-176
Leon, Asuncion P -pg. D-1-356
Leon, Asuncion P -pg. D-1-356
Leon, Enrique N -pg. D-1-198
Leon, Francisco P -pg. D-1-356
Leon, Frederico B -pg. D-1-198
Leon, Guadalupe B -pg. D-1-198
Leon, Juan M -pg. D-1-347
Leon, Juan M -pg. D-1-356
Leon, Juan P -pg. D-1-356
Leon, Maria B -pg. D-1-198
Leon Guerrero, Alejo B -pg. D-1-255
Leon Guerrero, Alfredo D -pg. D-1-20
Leon Guerrero, Allejo B -pg. D-10-56
Leon Guerrero, Amparo C -pg. D-1-365
Leon Guerrero, Ana -pg. D-5-17
Leon Guerrero, Ana -pg. D-5-53
Leon Guerrero, Ana -pg. D-1-183

Leon Guerrero, Ana A -pg. D-1-307
Leon Guerrero, Ana B -pg. D-1-307
Leon Guerrero, Ana C -pg. D-1-75
Leon Guerrero, Ana C -pg. D-1-83
Leon Guerrero, Ana C -pg. D-1-398
Leon Guerrero, Ana C -pg. D-10-32
Leon Guerrero, Ana D -pg. D-6-4
Leon Guerrero, Ana F -pg. D-1-154
Leon Guerrero, Ana F -pg. D-1-154
Leon Guerrero, Ana LG -pg. D-1-298
Leon Guerrero, Ana M -pg. D-1-376
Leon Guerrero, Ana M -pg. D-6-40
Leon Guerrero, Ana N -pg. D-6-15
Leon Guerrero, Ana P -pg. D-1-186
Leon Guerrero, Ana R -pg. D-1-287
Leon Guerrero, Ana S -pg. D-1-47
Leon Guerrero, Ana T -pg. D-1-15
Leon Guerrero, Ana T -pg. D-1-146
Leon Guerrero, Antonia -pg. D-5-59
Leon Guerrero, Antonia A -pg. D-1-348
Leon Guerrero, Antonia A -pg. D-2-14
Leon Guerrero, Antonia C -pg. D-10-32
Leon Guerrero, Antonia M -pg. D-1-83
Leon Guerrero, Antonia M -pg. D-1-273
Leon Guerrero, Antonia S -pg. D-1-158
Leon Guerrero, Antonia V -pg. D-1-313
Leon Guerrero, Antonio -pg. D-5-59
Leon Guerrero, Antonio B -pg. D-1-307
Leon Guerrero, Antonio C -pg. D-1-222
Leon Guerrero, Antonio C -pg. D-1-398
Leon Guerrero, Antonio LG -pg. D-2-7
Leon Guerrero, Augustia LG -pg. D-6-40
Leon Guerrero, Babara -pg. D-5-59
Leon Guerrero, Balbino D -pg. D-1-142
Leon Guerrero, Balbino S (ab) -pg. D-1-245
Leon Guerrero, Beatrice S -pg. D-1-47
Leon Guerrero, Benigno -pg. D-5-53
Leon Guerrero, Bernadita T -pg. D-7-1
Leon Guerrero, Brigida S -pg. D-1-258
Leon Guerrero, Caridad A -pg. D-1-307
Leon Guerrero, Carlos B -pg. D-10-32
Leon Guerrero, Carlos C -pg. D-10-32
Leon Guerrero, Carlos S -pg. D-1-268
Leon Guerrero, Carlota T -pg. D-6-40
Leon Guerrero, Carmen -pg. D-5-59
Leon Guerrero, Carmen A -pg. D-1-307
Leon Guerrero, Carmen C -pg. D-1-94
Leon Guerrero, Carmen C -pg. D-7-2
Leon Guerrero, Carmen D -pg. D-6-4
Leon Guerrero, Carmen G -pg. D-8-12
Leon Guerrero, Carmen P -pg. D-1-101
Leon Guerrero, Carmen S -pg. D-1-277
Leon Guerrero, Catalina LG -pg. D-1-196
Leon Guerrero, Cecelia T -pg. D-1-342
Leon Guerrero, Cecilia B -pg. D-1-277
Leon Guerrero, Cecilia S -pg. D-1-274
Leon Guerrero, Clotilde T -pg. D-7-1
Leon Guerrero, Concepcion -pg. D-4-30
Leon Guerrero, Concepcion B -pg. D-1-277
Leon Guerrero, Concepcion M -pg. D-1-134
Leon Guerrero, Concepcion P -pg. D-1-360
Leon Guerrero, Concepcion T -pg. D-7-1
Leon Guerrero, Consolacion -pg. D-4-13
Leon Guerrero, Consolacion -pg. D-1-48

INDEX
1940 Population Census of Guam: Transcribed

Leon Guerrero, Consolacion M -pg. D-6-40
Leon Guerrero, Cristobal A -pg. D-1-307
Leon Guerrero, David F -pg. D-1-369
Leon Guerrero, Delfina R -pg. D-1-396
Leon Guerrero, Delfina T -pg. D-1-20
Leon Guerrero, Delfina T -pg. D-7-1
Leon Guerrero, Demetro C -pg. D-1-399
Leon Guerrero, Diana S -pg. D-1-308
Leon Guerrero, Dolores -pg. D-8-29
Leon Guerrero, Dolores A -pg. D-1-248
Leon Guerrero, Dolores C -pg. D-1-94
Leon Guerrero, Dolores C -pg. D-1-374
Leon Guerrero, Dolores F -pg. D-1-273
Leon Guerrero, Dolores G -pg. D-1-169
Leon Guerrero, Dolores I -pg. D-1-374
Leon Guerrero, Dolores L -pg. D-1-67
Leon Guerrero, Dolores L -pg. D-1-242
Leon Guerrero, Dolores T -pg. D-1-115
Leon Guerrero, Dominga A -pg. D-1-238
Leon Guerrero, Dorothea S -pg. D-11-22
Leon Guerrero, Eduardo J -pg. D-1-396
Leon Guerrero, Edward R. -pg. D-4-8
Leon Guerrero, Efraim B -pg. D-2-25
Leon Guerrero, Eliza P -pg. D-1-342
Leon Guerrero, Elvina -pg. D-5-53
Leon Guerrero, Emilia B -pg. D-10-56
Leon Guerrero, Emilia C -pg. D-1-288
Leon Guerrero, Encarnacion B -pg. D-2-25
Leon Guerrero, Enrique -pg. D-5-20
Leon Guerrero, Enrique C (ab) -pg. D-1-288
Leon Guerrero, Ephraim C -pg. D-1-83
Leon Guerrero, Eriberto -pg. D-5-17
Leon Guerrero, Espreciosa N -pg. D-6-15
Leon Guerrero, Estefania G -pg. D-8-12
Leon Guerrero, Estela T -pg. D-7-1
Leon Guerrero, Estella P -pg. D-1-245
Leon Guerrero, Ester F -pg. D-1-307
Leon Guerrero, Esther -pg. D-5-28
Leon Guerrero, Eugenio R -pg. D-1-313
Leon Guerrero, Eugenio T -pg. D-1-115
Leon Guerrero, Eulalia -pg. D-4-30
Leon Guerrero, Eulalia I -pg. D-1-192
Leon Guerrero, Exuperancia B -pg. D-1-307
Leon Guerrero, Felicta S -pg. D-1-319
Leon Guerrero, Felipe -pg. D-4-8
Leon Guerrero, Felix B -Ab -pg. D-2-25
Leon Guerrero, Felix C -pg. D-7-2
Leon Guerrero, Felix P -pg. D-1-245
Leon Guerrero, Felix S -pg. D-1-47
Leon Guerrero, Filomena C -pg. D-1-222
Leon Guerrero, Florencia S -pg. D-1-198
Leon Guerrero, Francisca B -pg. D-1-277
Leon Guerrero, Francisco -pg. D-5-28
Leon Guerrero, Francisco -pg. D-5-53
Leon Guerrero, Francisco B -pg. D-1-142
Leon Guerrero, Francisco B -pg. D-1-205
Leon Guerrero, Francisco B -pg. D-1-288
Leon Guerrero, Francisco B -pg. D-10-56
Leon Guerrero, Francisco C -pg. D-1-376
Leon Guerrero, Francisco C -pg. D-1-398
Leon Guerrero, Francisco C -pg. D-10-32
Leon Guerrero, Francisco P -pg. D-1-245
Leon Guerrero, Francisco Q -pg. D-8-29
Leon Guerrero, Francisco R -pg. D-1-382

Leon Guerrero, Francisco S -pg. D-1-198
Leon Guerrero, Franklin R -pg. D-1-196
Leon Guerrero, Gil C -pg. D-1-222
Leon Guerrero, Gloria C -pg. D-1-288
Leon Guerrero, Gloria N -pg. D-6-15
Leon Guerrero, Gonzalo A -pg. D-1-307
Leon Guerrero, Gregorio -pg. D-4-13
Leon Guerrero, Herman C -pg. D-1-75
Leon Guerrero, Ignacia -pg. D-5-14
Leon Guerrero, Ignacia B -pg. D-2-25
Leon Guerrero, Ignacia LG -pg. D-1-226
Leon Guerrero, Ignacio -pg. D-4-20
Leon Guerrero, Ignacio F -pg. D-7-8
Leon Guerrero, Ignacio G -pg. D-1-169
Leon Guerrero, Ignacio G -pg. D-8-13
Leon Guerrero, Ignacio S -pg. D-1-146
Leon Guerrero, Ignacio T -pg. D-1-115
Leon Guerrero, Inosencio S -pg. D-6-40
Leon Guerrero, Irene L -pg. D-1-313
Leon Guerrero, Isabel C -pg. D-7-2
Leon Guerrero, Isabel D -pg. D-1-142
Leon Guerrero, Isabel D -pg. D-6-4
Leon Guerrero, Isabel L -pg. D-1-236
Leon Guerrero, Isabel T -pg. D-1-146
Leon Guerrero, Isidro C -pg. D-10-32
Leon Guerrero, Jaime J -pg. D-1-313
Leon Guerrero, Jesus -pg. D-4-24
Leon Guerrero, Jesus -pg. D-4-30
Leon Guerrero, Jesus B -pg. D-2-25
Leon Guerrero, Jesus C -pg. D-1-94
Leon Guerrero, Jesus C -pg. D-1-365
Leon Guerrero, Jesus C -pg. D-1-398
Leon Guerrero, Jesus G -pg. D-8-13
Leon Guerrero, Jesus L -pg. D-1-236
Leon Guerrero, Jesus M -pg. D-1-347
Leon Guerrero, Jesus P -pg. D-1-94
Leon Guerrero, Jesus P -pg. D-1-313
Leon Guerrero, Jesus R -pg. D-1-98
Leon Guerrero, Jesus S -pg. D-1-242
Leon Guerrero, Joaquin -pg. D-4-24
Leon Guerrero, Joaquin B -pg. D-1-242
Leon Guerrero, Joaquin B -pg. D-1-307
Leon Guerrero, Joaquin C -pg. D-1-222
Leon Guerrero, Joaquin C -pg. D-1-374
Leon Guerrero, Joaquin C -pg. D-10-32
Leon Guerrero, Joaquin D -pg. D-1-308
Leon Guerrero, Joaquin LG -pg. D-7-1
Leon Guerrero, Joaquin M -pg. D-1-134
Leon Guerrero, Joaquin M -pg. D-6-40
Leon Guerrero, Joaquin P -pg. D-1-95
Leon Guerrero, Joaquin P -pg. D-1-360
Leon Guerrero, Joaquina U -pg. D-1-305
Leon Guerrero, John pg. D 4 5
Leon Guerrero, Jose -pg. D-4-24
Leon Guerrero, Jose -pg. D-5-14
Leon Guerrero, Jose -pg. D-5-28
Leon Guerrero, Jose -pg. D-5-53
Leon Guerrero, Jose -pg. D-5-53
Leon Guerrero, Jose -pg. D-5-59
Leon Guerrero, Jose -pg. D-1-222
Leon Guerrero, Jose A -pg. D-1-307
Leon Guerrero, Jose B -pg. D-1-277
Leon Guerrero, Jose B -pg. D-11-44
Leon Guerrero, Jose C -pg. D-1-47

Leon Guerrero, Jose C -pg. D-1-83
Leon Guerrero, Jose C -pg. D-7-3
Leon Guerrero, Jose D -pg. D-1-369
Leon Guerrero, Jose DL -pg. D-1-214
Leon Guerrero, Jose F -pg. D-1-316
Leon Guerrero, Jose G -pg. D-1-169
Leon Guerrero, Jose I (ab) -pg. D-1-374
Leon Guerrero, Jose LG -pg. D-1-226
Leon Guerrero, Jose M -pg. D-1-236
Leon Guerrero, José M -pg. D-6-40
Leon Guerrero, Jose P -pg. D-1-98
Leon Guerrero, Jose P -pg. D-1-222
Leon Guerrero, Jose P -pg. D-1-316
Leon Guerrero, Jose P -pg. D-7-1
Leon Guerrero, Jose S -pg. D-1-195
Leon Guerrero, Jose S -pg. D-1-196
Leon Guerrero, Jose S -pg. D-1-198
Leon Guerrero, Jose S -pg. D-1-308
Leon Guerrero, Jose S -pg. D-14-5
Leon Guerrero, Jose T -pg. D-1-146
Leon Guerrero, Jose T -pg. D-7-1
Leon Guerrero, Jose T -pg. D-7-1
Leon Guerrero, Josefa T -pg. D-1-146
Leon Guerrero, Josefina -pg. D-5-59
Leon Guerrero, Josefina A -pg. D-1-307
Leon Guerrero, Josefina C -pg. D-1-374
Leon Guerrero, Josefina C -pg. D-1-398
Leon Guerrero, Josefina F -pg. D-1-154
Leon Guerrero, Josefina M -pg. D-1-376
Leon Guerrero, Josefina R -pg. D-1-308
Leon Guerrero, Josefina S -pg. D-1-308
Leon Guerrero, Joseph F -pg. D-1-369
Leon Guerrero, Juan -pg. D-4-8
Leon Guerrero, Juan -pg. D-4-13
Leon Guerrero, Juan -pg. D-4-20
Leon Guerrero, Juan -pg. D-5-28
Leon Guerrero, Juan -pg. D-5-28
Leon Guerrero, Juan B -pg. D-1-248
Leon Guerrero, Juan C -pg. D-1-83
Leon Guerrero, Juan C -pg. D-1-398
Leon Guerrero, Juan L -pg. D-1-96
Leon Guerrero, Juan N -pg. D-6-15
Leon Guerrero, Juan R -pg. D-1-382
Leon Guerrero, Juan S -pg. D-1-277
Leon Guerrero, Juan S -pg. D-1-308
Leon Guerrero, Juan T -pg. D-1-115
Leon Guerrero, Juan T -pg. D-1-147
Leon Guerrero, Juan T -pg. D-1-225
Leon Guerrero, Juana C -pg. D-1-75
Leon Guerrero, Juana C -pg. D-1-147
Leon Guerrero, Juana D -pg. D-1-302
Leon Guerrero, Julita C -pg. D-1-398
Leon Guerrero, Justa B -pg. D-1-205
Leon Guerrero, Justo C -pg. D-1-83
Leon Guerrero, Justo T -pg. D-1-115
Leon Guerrero, Lagrimas P -pg. D-1-342
Leon Guerrero, Leon C -pg. D-2-25
Leon Guerrero, Leonila T -pg. D-1-115
Leon Guerrero, Linia A -pg. D-1-307
Leon Guerrero, Lolita M -pg. D-1-20
Leon Guerrero, Lorenzo C -pg. D-1-288
Leon Guerrero, Lorenzo S -pg. D-1-243
Leon Guerrero, Lorraine C -pg. D-1-196
Leon Guerrero, Lourdes C -pg. D-1-313

Leon Guerrero, Lourdes Q -pg. D-1-83
Leon Guerrero, Lourdes S -pg. D-1-243
Leon Guerrero, Lourdes S -pg. D-1-245
Leon Guerrero, Lourdes T -pg. D-1-115
Leon Guerrero, Magdalena C -pg. D-10-32
Leon Guerrero, Magno P -pg. D-1-308
Leon Guerrero, Manuel -pg. D-4-24
Leon Guerrero, Manuel F -pg. D-1-20
Leon Guerrero, Manuel G -pg. D-1-169
Leon Guerrero, Margaret T -pg. D-1-342
Leon Guerrero, Margarita LG -pg. D-2-7
Leon Guerrero, Maria -pg. D-4-5
Leon Guerrero, Maria -pg. D-4-13
Leon Guerrero, Maria -pg. D-4-24
Leon Guerrero, Maria -pg. D-4-30
Leon Guerrero, Maria -pg. D-5-20
Leon Guerrero, Maria -pg. D-5-53
Leon Guerrero, Maria -pg. D-5-59
Leon Guerrero, Maria -pg. D-5-59
Leon Guerrero, Maria A -pg. D-1-307
Leon Guerrero, Maria B -pg. D-1-307
Leon Guerrero, Maria C -pg. D-1-94
Leon Guerrero, Maria C -pg. D-1-222
Leon Guerrero, Maria C -pg. D-1-374
Leon Guerrero, Maria C -pg. D-7-2
Leon Guerrero, Maria C -pg. D-10-32
Leon Guerrero, Maria F -pg. D-7-1
Leon Guerrero, Maria G -pg. D-8-13
Leon Guerrero, Maria I -pg. D-1-192
Leon Guerrero, Maria L -pg. D-1-236
Leon Guerrero, Maria M -pg. D-1-236
Leon Guerrero, Maria M -pg. D-1-273
Leon Guerrero, Maria M -pg. D-1-376
Leon Guerrero, Maria M -pg. D-6-40
Leon Guerrero, Maria P -pg. D-1-47
Leon Guerrero, Maria P -pg. D-1-186
Leon Guerrero, Maria P -pg. D-1-222
Leon Guerrero, Maria P -pg. D-1-245
Leon Guerrero, Maria P -pg. D-1-342
Leon Guerrero, Maria P -pg. D-1-360
Leon Guerrero, Maria Q -pg. D-8-29
Leon Guerrero, Maria R -pg. D-1-309
Leon Guerrero, Maria S -pg. D-1-47
Leon Guerrero, Maria S -pg. D-1-198
Leon Guerrero, Maria S -pg. D-1-242
Leon Guerrero, Maria S -pg. D-1-258
Leon Guerrero, Maria T -pg. D-1-342
Leon Guerrero, Maria T -pg. D-7-1
Leon Guerrero, Maria T -pg. D-7-1
Leon Guerrero, Mariana M -pg. D-1-376
Leon Guerrero, Mariana P -pg. D-1-342
Leon Guerrero, Mariano -pg. D-4-30
Leon Guerrero, Mariano D -pg. D-6-15
Leon Guerrero, Mariano LG -pg. D-1-178
Leon Guerrero, Mariano R -pg. D-6-4
Leon Guerrero, Matias LG -pg. D-1-308
Leon Guerrero, Matias P -pg. D-1-46
Leon Guerrero, Maximino G -pg. D-8-29
Leon Guerrero, Merrilyn S -pg. D-1-196
Leon Guerrero, Nicolas B -pg. D-1-277
Leon Guerrero, Nicolasa C -pg. D-1-75
Leon Guerrero, Nicolasa R -pg. D-1-98
Leon Guerrero, Nieves P -pg. D-1-245
Leon Guerrero, Oliva -pg. D-5-28

Leon Guerrero, Oliva L -pg. D-1-242
Leon Guerrero, Patricia S -pg. D-1-308
Leon Guerrero, Patsy R -pg. D-1-309
Leon Guerrero, Pedro -pg. D-4-13
Leon Guerrero, Pedro B -pg. D-1-205
Leon Guerrero, Pedro C -pg. D-1-75
Leon Guerrero, Pedro C -pg. D-1-375
Leon Guerrero, Pedro LG -pg. D-1-226
Leon Guerrero, Pedro LG -pg. D-1-313
Leon Guerrero, Pedro LG -pg. D-1-382
Leon Guerrero, Pedro M -pg. D-1-236
Leon Guerrero, Pedro P -pg. D-1-94
Leon Guerrero, Pedro R -pg. D-1-382
Leon Guerrero, Pedro R -pg. D-8-12
Leon Guerrero, Pedro S -pg. D-1-243
Leon Guerrero, Perpetuo S -pg. D-1-142
Leon Guerrero, Petra M -pg. D-6-40
Leon Guerrero, Quintina T -pg. D-7-1
Leon Guerrero, Ramon C -pg. D-1-288
Leon Guerrero, Remedios C -pg. D-1-6
Leon Guerrero, Ricardo F -pg. D-1-316
Leon Guerrero, Rita C -pg. D-1-375
Leon Guerrero, Rita F -pg. D-1-369
Leon Guerrero, Robert C -pg. D-1-196
Leon Guerrero, Rodolpho B -pg. D-1-20
Leon Guerrero, Rosa -pg. D-4-20
Leon Guerrero, Rosa -pg. D-5-28
Leon Guerrero, Rosa A -pg. D-1-239
Leon Guerrero, Rosa B -pg. D-2-25
Leon Guerrero, Rosa F -pg. D-1-182
Leon Guerrero, Rosa P -pg. D-1-298
Leon Guerrero, Rosa Q -pg. D-8-29
Leon Guerrero, Rosa R -pg. D-1-382
Leon Guerrero, Rosa S -pg. D-1-47
Leon Guerrero, Rosario B -pg. D-1-288
Leon Guerrero, Rosario C -pg. D-1-75
Leon Guerrero, Rosario C -pg. D-1-375
Leon Guerrero, Rosario D -pg. D-6-4
Leon Guerrero, Rosario M -pg. D-1-236
Leon Guerrero, Rosario S -pg. D-1-142
Leon Guerrero, Rosario S -pg. D-1-245
Leon Guerrero, Rosita P -pg. D-1-187
Leon Guerrero, Rudolfo -pg. D-4-5
Leon Guerrero, Rufina LG -pg. D-1-313
Leon Guerrero, Sebastian -pg. D-4-8
Leon Guerrero, Sigundo P -pg. D-1-342
Leon Guerrero, Sigundo T -pg. D-1-342
Leon Guerrero, Silvestre C -pg. D-11-73
Leon Guerrero, Soledad -pg. D-4-8
Leon Guerrero, Soledad -pg. D-1-168
Leon Guerrero, Soledad C -pg. D-2-26
Leon Guerrero, Susana I -pg. D-1-374
Leon Guerrero, Sylvia C -pg. D-7-2
Leon Guerrero, Tomas B -pg. D-2-25
Leon Guerrero, Tomas LG -pg. D-6-46
Leon Guerrero, Tomasa P -pg. D-1-342
Leon Guerrero, Trinidad -pg. D-4-24
Leon Guerrero, Trinidad J -pg. D-1-243
Leon Guerrero, Vicenta -pg. D-5-25
Leon Guerrero, Vicenta M -pg. D-6-40
Leon Guerrero, Vicenta S -pg. D-1-299
Leon Guerrero, Vicenta SA -pg. D-1-196
Leon Guerrero, Vicenta T -pg. D-1-115
Leon Guerrero, Vicente -pg. D-4-4

Leon Guerrero, Vicente -pg. D-5-14
Leon Guerrero, Vicente -pg. D-5-20
Leon Guerrero, Vicente -pg. D-5-59
Leon Guerrero, Vicente A -pg. D-1-376
Leon Guerrero, Vicente B -pg. D-10-56
Leon Guerrero, Vicente C -pg. D-1-288
Leon Guerrero, Vicente C -pg. D-1-301
Leon Guerrero, Vicente C -pg. D-7-2
Leon Guerrero, Vicente F -pg. D-1-83
Leon Guerrero, Vicente G -pg. D-1-169
Leon Guerrero, Vicente LG -pg. D-1-273
Leon Guerrero, Vicente LG -pg. D-6-40
Leon Guerrero, Vicente M -pg. D-1-236
Leon Guerrero, Vicente M -pg. D-1-376
Leon Guerrero, Vicente P -pg. D-1-198
Leon Guerrero, Vicente P -pg. D-1-245
Leon Guerrero, Vicente P -pg. D-2-14
Leon Guerrero, Vicente P -pg. D-7-2
Leon Guerrero, Vicente R -pg. D-1-382
Leon Guerrero, Vicente S -pg. D-1-245
Leon Guerrero, Vicente S -pg. D-6-40
Leon Guerrero, Victoria C -pg. D-1-288
Leon Guerrero, Virginia F -pg. D-1-316
Leppink, Linus W -pg. D-11-71
Leverant, Barbara A -pg. D-1-176
Leverant, Stephen -pg. D-1-176
Levy, Charles A -pg. D-11-68
Levy, Robert -pg. D-11-71
Lewis, Earl G -pg. D-11-50
Lewis, Victor K -pg. D-11-79
Limtiaco, Ana -pg. D-3-5
Limtiaco, Ana -pg. D-3-12
Limtiaco, Ana -pg. D-3-16
Limtiaco, Ana -pg. D-3-22
Limtiaco, Ana I -pg. D-1-2
Limtiaco, Angela -pg. D-3-22
Limtiaco, Anthony J -pg. D-1-210
Limtiaco, Antonia -pg. D-3-4
Limtiaco, Antonia -pg. D-3-22
Limtiaco, Antonio -pg. D-3-16
Limtiaco, Antonio A -pg. D-1-366
Limtiaco, Antonio C -pg. D-1-373
Limtiaco, Antonio P -pg. D-1-366
Limtiaco, Antonio S -pg. D-9-4
Limtiaco, Aurora C -pg. D-11-10
Limtiaco, Barceliza -pg. D-3-22
Limtiaco, Carlina -pg. D-3-12
Limtiaco, Catalina -pg. D-3-22
Limtiaco, Cecelia C -pg. D-1-373
Limtiaco, Concepcion -pg. D-3-16
Limtiaco, Concepcion C -pg. D-1-373
Limtiaco, Cornelia I -pg. D-1-2
Limtiaco, Delfina -pg. D-3-13
Limtiaco, Dolores -pg. D-3-12
Limtiaco, Dolores -pg. D-3-16
Limtiaco, Enrique S -pg. D-9-4
Limtiaco, Francisco A -pg. D-1-2
Limtiaco, Francisco I -pg. D-1-2
Limtiaco, Francisco P -pg. D-1-366
Limtiaco, Guillermo -pg. D-3-22
Limtiaco, Honoria P -pg. D-1-366
Limtiaco, Ignacio -pg. D-11-10
Limtiaco, Ignacio M -pg. D-11-9
Limtiaco, Isabel -pg. D-3-12

INDEX
1940 Population Census of Guam: Transcribed

Limtiaco, Joaquin A -pg. D-1-373
Limtiaco, Joaquin C -pg. D-1-373
Limtiaco, Joaquina -pg. D-3-12
Limtiaco, Jose -pg. D-3-12
Limtiaco, Jose -pg. D-3-16
Limtiaco, Jose -pg. D-3-22
Limtiaco, Jose P -pg. D-1-366
Limtiaco, Juan -pg. D-3-16
Limtiaco, Juan -pg. D-3-22
Limtiaco, Juan C -pg. D-1-373
Limtiaco, Juan I -pg. D-1-2
Limtiaco, Juan T -pg. D-1-210
Limtiaco, Magdalena -pg. D-3-16
Limtiaco, Manuel -pg. D-3-12
Limtiaco, Manuela C -pg. D-11-9
Limtiaco, Maria -pg. D-3-12
Limtiaco, Maria -pg. D-3-16
Limtiaco, Maria I -pg. D-15-3
Limtiaco, Maria T -pg. D-1-210
Limtiaco, Marta S -pg. D-9-4
Limtiaco, Martina S -pg. D-9-4
Limtiaco, Pedro -pg. D-3-12
Limtiaco, Pedro T -pg. D-1-210
Limtiaco, Remedio -pg. D-3-16
Limtiaco, Roberto -pg. D-11-10
Limtiaco, Rosa -pg. D-3-4
Limtiaco, Rosalind M -pg. D-1-210
Limtiaco, Santiago -pg. D-3-5
Limtiaco, Santiago -pg. D-3-12
Limtiaco, Stanley C -pg. D-11-10
Limtiaco, Teresita -pg. D-3-16
Limtiaco, Teresita P -pg. D-1-366
Limtiaco, Ursula I -pg. D-1-2
Limtiaco, Vicente A -pg. D-9-4
Limtiaco, Vicente C -pg. D-1-373
Limtiaco, Vicente S -pg. D-9-4
Linaweaver, Isabel W -pg. D-1-219
Linaweaver, Paul G -pg. D-1-219
Linaweaver, Paul G Jr -pg. D-1-219
Linn, Frank K -pg. D-1-276
Linn, James J -pg. D-1-276
Linn, Mary A -pg. D-1-276
Livingston, John P -pg. D-11-68
Lizama, Adela -pg. D-3-20
Lizama, Adela L -pg. D-1-399
Lizama, Agueda S -pg. D-11-59
Lizama, Agustin A -pg. D-11-61
Lizama, Alfredo LG -pg. D-11-31
Lizama, Ana -pg. D-3-19
Lizama, Ana -pg. D-4-24
Lizama, Ana -pg. D-4-30
Lizama, Ana B -pg. D-1-71
Lizama, Ana C -pg. D-11-22
Lizama, Ana LG -pg. D-11-31
Lizama, Ana S -pg. D-1-382
Lizama, Antonia C -pg. D-11-65
Lizama, Antonio LG -pg. D-11-31
Lizama, Antonio T -pg. D-2-14
Lizama, Benita P -pg. D-1-372
Lizama, Benita S -pg. D-9-22
Lizama, Bernadita L -pg. D-1-336
Lizama, Bernardo P -pg. D-1-372
Lizama, Candelaria R -pg. D-11-31
Lizama, Caridad L -pg. D-1-9

Lizama, Caridad T -pg. D-2-14
Lizama, Carlina L -pg. D-9-20
Lizama, Carmelo L -pg. D-2-39
Lizama, Carmen C -pg. D-10-34
Lizama, Carmen S -pg. D-1-383
Lizama, Catalina P -pg. D-1-372
Lizama, Catalina S -pg. D-1-90
Lizama, Cecelia Q -pg. D-11-8
Lizama, Clotilde M -pg. D-1-91
Lizama, Concepcion B -pg. D-1-71
Lizama, Concepcion D -pg. D-1-354
Lizama, Concepcion S -pg. D-1-383
Lizama, Concepcion S -pg. D-2-15
Lizama, Constancio -pg. D-3-20
Lizama, Cristina C -pg. D-11-62
Lizama, Cristobal A -pg. D-10-34
Lizama, Daniel Q -pg. D-11-59
Lizama, Daniel S -pg. D-1-383
Lizama, Dolores -pg. D-4-30
Lizama, Dolores P -pg. D-1-372
Lizama, Dolores P -pg. D-11-61
Lizama, Dolores Q -pg. D-11-8
Lizama, Dolores S -pg. D-1-90
Lizama, Eloy LG -pg. D-11-31
Lizama, Emelia C -pg. D-1-92
Lizama, Felicita LG -pg. D-11-31
Lizama, Felipe A -pg. D-10-34
Lizama, Felix B -pg. D-1-137
Lizama, Felix N -pg. D-1-354
Lizama, Fermina B -pg. D-1-71
Lizama, Flora L -pg. D-1-399
Lizama, Florencia C -pg. D-1-306
Lizama, Florentina -pg. D-1-130
Lizama, Florentina G -pg. D-10-32
Lizama, Francisco A -pg. D-2-39
Lizama, Francisco G -pg. D-10-32
Lizama, Francisco L -pg. D-1-130
Lizama, Francisco T -pg. D-15-31
Lizama, Galo D -pg. D-11-65
Lizama, Gregorio P -pg. D-10-34
Lizama, Gregorio T -pg. D-2-14
Lizama, Gregorio T -pg. D-15-31
Lizama, Gregorio V -pg. D-10-34
Lizama, Guadalupe C -pg. D-11-6
Lizama, Guadalupe T -pg. D-15-31
Lizama, Hipolito P -pg. D-1-372
Lizama, Ignacio C -pg. D-15-31
Lizama, Ignacio F -pg. D-1-71
Lizama, Isabel C -pg. D-2-39
Lizama, Jesus -pg. D-3-9
Lizama, Jesus B -pg. D-1-71
Lizama, Jesus C -pg. D-11-6
Lizama, Jesus D -pg. D-1-354
Lizama, Jesus L -pg. D-9-20
Lizama, Jesus Q -pg. D-9-21
Lizama, Jesus S -pg. D-1-383
Lizama, Jesus T -pg. D-15-31
Lizama, Joaquin -pg. D-3-9
Lizama, Joaquin A -pg. D-2-15
Lizama, Joaquin Q -pg. D-9-21
Lizama, Joaquina Q -pg. D-9-23
Lizama, Jose -pg. D-3-19
Lizama, Jose -pg. D-4-30
Lizama, Jose B -pg. D-1-71

Lizama, Jose B -pg. D-1-82
Lizama, Jose C -pg. D-1-46
Lizama, Jose C -pg. D-1-336
Lizama, Jose D -pg. D-1-354
Lizama, Jose D -pg. D-11-8
Lizama, Jose L -pg. D-1-203
Lizama, Jose L -pg. D-11-32
Lizama, Jose P -pg. D-1-90
Lizama, Jose Q -pg. D-9-20
Lizama, Jose S -pg. D-1-399
Lizama, Jose T -pg. D-2-14
Lizama, Jose T -pg. D-15-31
Lizama, Jose V -pg. D-10-34
Lizama, Josefina -pg. D-3-19
Lizama, Juan -pg. D-3-9
Lizama, Juan -pg. D-4-30
Lizama, Juan -pg. D-4-38
Lizama, Juan A -pg. D-1-10
Lizama, Juan C -pg. D-1-336
Lizama, Juan C -pg. D-11-31
Lizama, Juan D -pg. D-11-59
Lizama, Juan P -pg. D-1-382
Lizama, Juan Q -pg. D-11-8
Lizama, Juan T -pg. D-15-31
Lizama, Juanita D -pg. D-11-65
Lizama, Juliana P -pg. D-1-372
Lizama, Justo P -pg. D-1-371
Lizama, Lucila N -pg. D-9-21
Lizama, Magdalena B -pg. D-1-46
Lizama, Manuel Q -pg. D-9-23
Lizama, Manuela V -pg. D-10-34
Lizama, Marcilina P -pg. D-1-372
Lizama, Maria -pg. D-3-9
Lizama, Maria -pg. D-3-19
Lizama, Maria B -pg. D-1-71
Lizama, Maria B -pg. D-1-71
Lizama, Maria C -pg. D-1-90
Lizama, Maria C -pg. D-11-10
Lizama, Maria F -pg. D-1-325
Lizama, Maria L -pg. D-9-20
Lizama, Maria P -pg. D-11-59
Lizama, Maria S -pg. D-1-90
Lizama, Maria S -pg. D-1-383
Lizama, Maria T -pg. D-2-14
Lizama, Maria T -pg. D-15-31
Lizama, Mariano D -pg. D-9-23
Lizama, Martha -pg. D-4-30
Lizama, Natividad G -pg. D-10-32
Lizama, Nieves P -pg. D-1-81
Lizama, Orfia -pg. D-3-9
Lizama, Pedro -pg. D-3-9
Lizama, Pedro DL -pg. D-1-21
Lizama, Pedro C -pg. D-11-65
Lizama, Pedro L -pg. D-2-14
Lizama, Pedro T -pg. D-15-31
Lizama, Petronila -pg. D-4-30
Lizama, Priscilla L -pg. D-1-399
Lizama, Ramon T -pg. D-15-31
Lizama, Regina T -pg. D-15-31
Lizama, Remedios C -pg. D-1-336
Lizama, Remundo T -pg. D-15-31
Lizama, Rita P -pg. D-1-60
Lizama, Roberto LG -pg. D-11-31
Lizama, Rosa G -pg. D-10-32

INDEX
1940 Population Census of Guam: Transcribed

Lizama, Rosa L -pg. D-1-130
Lizama, Rosa M -pg. D-9-21
Lizama, Rosa Q -pg. D-9-23
Lizama, Rosa S -pg. D-1-383
Lizama, Rosalia N -pg. D-9-21
Lizama, Rosario B -pg. D-1-71
Lizama, Simon Q -pg. D-11-8
Lizama, Soledad B -pg. D-1-137
Lizama, Soledad LG -pg. D-1-82
Lizama, Soledad Q -pg. D-9-23
Lizama, Solidad C -pg. D-11-32
Lizama, Teresita C -pg. D-11-6
Lizama, Thomas LG -pg. D-11-31
Lizama, Veronica -pg. D-4-30
Lizama, Vicenta G -pg. D-10-32
Lizama, Vicenta L -pg. D-9-20
Lizama, Vicenta Q -pg. D-9-23
Lizama, Vicente -pg. D-9-23
Lizama, Vicente B -pg. D-1-71
Lizama, Vicente D -pg. D-11-6
Lizama, Vicente L -pg. D-1-336
Lizama, Vicente P -pg. D-1-372
Lizama, Vicente S -pg. D-1-46
Lizama, Vicente T -pg. D-2-14
Lizama, Victoria -pg. D-1-130
Lorenzo, Alwin P -pg. D-1-4
Lorenzo, Concepcion P -pg. D-1-4
Lorenzo, Fernandeo A -pg. D-1-4
Lorenzo, Fernando -pg. D-3-15
Lorenzo, Juan -pg. D-3-15
Lorenzo, Rosa -pg. D-3-15
Lorenzo, Rosie P -pg. D-1-4
Losongco, Ana D -pg. D-10-19
Losongco, Antonio D -pg. D-10-26
Losongco, Antonio M -pg. D-10-19
Losongco, Brigida M -pg. D-10-32
Losongco, Dolores D -pg. D-10-19
Losongco, Enrique M -pg. D-10-32
Losongco, Francisca T -pg. D-10-26
Losongco, Joaquin D -pg. D-10-32
Losongco, Jose T -pg. D-10-26
Losongco, Luis D -pg. D-10-19
Losongco, Margarita T -pg. D-10-26
Losongco, Maria M -pg. D-10-32
Losongco, Maria T -pg. D-10-26
Losongco, Maria T -pg. D-10-26
Losongco, Missancordia T -pg. D-10-26
Losongco, Peter L -pg. D-10-19
Losongco, Ricardo M -pg. D-10-32
Losongco, Rosa D -pg. D-10-19
Losongco, Tomas T -pg. D-10-26
Loth, Harold L -pg. D-1-223
Lowe, Bonnie B -pg. D-1-229
Lowe, Enoch B -pg. D-1-229
Loyall, Maldred H -pg. D-1-223
Ludtke, Harold G -pg. D-11-69
Lujan, Adela SN -pg. D-1-320
Lujan, Amanda -pg. D-5-7
Lujan, Ana A -pg. D-1-108
Lujan, Ana A -pg. D-6-42
Lujan, Ana C -pg. D-1-27
Lujan, Ana C -pg. D-1-115
Lujan, Ana C -pg. D-10-12
Lujan, Ana F -pg. D-1-5

Lujan, Ana M -pg. D-1-150
Lujan, Ana N -pg. D-8-9
Lujan, Ana O -pg. D-1-200
Lujan, Andrea C -pg. D-6-39
Lujan, Andres C -pg. D-6-42
Lujan, Antonia -pg. D-5-8
Lujan, Antonia C -pg. D-1-143
Lujan, Antonia C -pg. D-8-17
Lujan, Antonia C -pg. D-8-17
Lujan, Atanacio -pg. D-5-27
Lujan, Balbina C -pg. D-9-14
Lujan, Benjamin -pg. D-5-8
Lujan, Brigida C -pg. D-1-116
Lujan, Carmen C -pg. D-1-27
Lujan, Carmen U -pg. D-1-207
Lujan, Catalina F -pg. D-1-268
Lujan, Cleotilde L -pg. D-1-207
Lujan, Concepcion C -pg. D-1-143
Lujan, Concepcion C -pg. D-1-143
Lujan, Concepcion O -pg. D-1-200
Lujan, David -pg. D-5-8
Lujan, Delfina M -pg. D-1-150
Lujan, Dolores -pg. D-5-4
Lujan, Dolores -pg. D-5-7
Lujan, Dolores C -pg. D-1-26
Lujan, Dolores C -pg. D-8-17
Lujan, Dolores C -pg. D-10-12
Lujan, Dolores L -pg. D-1-192
Lujan, Dometro E -pg. D-8-31
Lujan, Elisa O -pg. D-1-200
Lujan, Emilia -pg. D-5-4
Lujan, Engracia G -pg. D-1-192
Lujan, Enrique -pg. D-5-7
Lujan, Felicita -pg. D-5-27
Lujan, Felix C -pg. D-8-17
Lujan, Florencia C -pg. D-1-143
Lujan, Francis V -pg. D-1-207
Lujan, Francisco -pg. D-5-8
Lujan, Francisco C -pg. D-1-116
Lujan, Francisco C -pg. D-8-17
Lujan, Francisco G -pg. D-6-2
Lujan, Francisco SN -pg. D-1-320
Lujan, Francisco U -pg. D-1-207
Lujan, Frank F -pg. D-1-5
Lujan, Frank G -pg. D-6-2
Lujan, Gil C -pg. D-1-27
Lujan, Gladys M -pg. D-1-207
Lujan, Gloria C -pg. D-1-116
Lujan, Gloria M -pg. D-1-207
Lujan, Gloria T -pg. D-6-2
Lujan, Gregorio C -pg. D-1-6
Lujan, Ignacio -pg. D-5-8
Lujan, Ignacio C -pg. D-6-39
Lujan, Irene A -pg. D-6-42
Lujan, Isabel C -pg. D-1-143
Lujan, Isabel N -pg. D-8-9
Lujan, Jesus -pg. D-5-4
Lujan, Jesus -pg. D-5-7
Lujan, Jesus A -pg. D-6-42
Lujan, Jesus C -pg. D-1-116
Lujan, Jesus C -pg. D-10-12
Lujan, Jesus L -pg. D-1-192
Lujan, Jesus O -pg. D-1-200
Lujan, Jesus SN -pg. D-1-199

Lujan, Joaquin -pg. D-5-7
Lujan, Joaquin -pg. D-5-7
Lujan, Joaquin -pg. D-5-27
Lujan, Joaquin C -pg. D-8-17
Lujan, Joaquin D -pg. D-1-343
Lujan, Joaquin E -pg. D-8-16
Lujan, Joaquin F -pg. D-1-5
Lujan, Joaquin M -pg. D-1-150
Lujan, Joaquin SN -pg. D-1-149
Lujan, Joaquin SN -pg. D-1-320
Lujan, Jose -pg. D-5-8
Lujan, Jose A -pg. D-6-42
Lujan, Jose C -pg. D-1-27
Lujan, Jose C -pg. D-1-116
Lujan, Jose C -pg. D-8-16
Lujan, Jose C -pg. D-8-17
Lujan, Jose C -pg. D-10-12
Lujan, Jose G -pg. D-1-115
Lujan, Jose G -pg. D-1-143
Lujan, Jose P -pg. D-1-26
Lujan, Jose S -pg. D-1-108
Lujan, Josefina -pg. D-5-8
Lujan, Josefina C -pg. D-1-143
Lujan, Josefina F -pg. D-1-6
Lujan, Jovita G -pg. D-1-362
Lujan, Juan -pg. D-5-7
Lujan, Juan -pg. D-5-7
Lujan, Juan A -pg. D-6-42
Lujan, Juan C -pg. D-8-8
Lujan, Juan C -pg. D-8-17
Lujan, Juan E -pg. D-8-10
Lujan, Juan M -pg. D-1-361
Lujan, Juan N -pg. D-8-9
Lujan, Juan O -pg. D-1-200
Lujan, Julita G -pg. D-1-362
Lujan, Laura C -pg. D-11-46
Lujan, Lillian -pg. D-5-47
Lujan, Lorenzo -pg. D-5-27
Lujan, Lourdes -pg. D-5-7
Lujan, Lourdes C -pg. D-1-143
Lujan, Luis M -pg. D-1-361
Lujan, Luisa C -pg. D-1-27
Lujan, Luisa P -pg. D-1-221
Lujan, Magdalena C -pg. D-10-12
Lujan, Manuel -pg. D-5-8
Lujan, Manuel C -pg. D-1-27
Lujan, Manuel N -pg. D-10-12
Lujan, Manuel U -pg. D-1-207
Lujan, Manuela C -pg. D-8-17
Lujan, Margarita F -pg. D-1-6
Lujan, Maria -pg. D-5-7
Lujan, Maria -pg. D-5-7
Lujan, Maria -pg. D-5-7
Lujan, Maria -pg. D-5-7
Lujan, Maria A -pg. D-6-42
Lujan, Maria C -pg. D-1-143
Lujan, Maria C -pg. D-6-7
Lujan, Maria C -pg. D-8-31
Lujan, Maria C -pg. D-10-12
Lujan, Maria F -pg. D-1-5
Lujan, Maria F -pg. D-1-268
Lujan, Maria N -pg. D-1-149
Lujan, Maria N -pg. D-8-9
Lujan, Maria O -pg. D-1-200

INDEX
1940 Population Census of Guam: Transcribed

Lujan, Maria Q -pg. D-1-199
Lujan, Maria SN -pg. D-1-320
Lujan, Maria U -pg. D-1-207
Lujan, Mariano LG -pg. D-1-5
Lujan, Nieves O -pg. D-1-200
Lujan, Pacita -pg. D-5-8
Lujan, Pedro -pg. D-5-4
Lujan, Pedro C -pg. D-1-362
Lujan, Perpetuo C -pg. D-9-14
Lujan, Pilar -pg. D-5-27
Lujan, Rafael -pg. D-5-7
Lujan, Ramon M -pg. D-1-361
Lujan, Ramona C -pg. D-1-143
Lujan, Ramona C -pg. D-1-344
Lujan, Rita C -pg. D-8-31
Lujan, Roman F -pg. D-1-5
Lujan, Rosa C -pg. D-1-326
Lujan, Rosa F -pg. D-1-6
Lujan, Rosa T -pg. D-8-10
Lujan, Rosalia -pg. D-5-8
Lujan, Rosalia G -pg. D-1-85
Lujan, Rosario C -pg. D-1-27
Lujan, Rosita C -pg. D-8-17
Lujan, Rosita VC -pg. D-9-14
Lujan, Rufina C -pg. D-1-361
Lujan, Salvador C -pg. D-1-27
Lujan, Soledad C -pg. D-1-143
Lujan, Soledad G -pg. D-1-85
Lujan, Teresita -pg. D-5-8
Lujan, Teresita A -pg. D-1-108
Lujan, Tomasa M -pg. D-1-361
Lujan, Veronica C -pg. D-10-12
Lujan, Vicente AC -pg. D-9-14
Lujan, Vicente C -pg. D-1-6
Lujan, Vicente C -pg. D-1-143
Lujan, Vicente N -pg. D-1-320
Lujan, Vicente R -pg. D-1-326
Lujan, Victor G -pg. D-1-85
Lujan, Virginia J -pg. D-1-207
Lujan, Virginia M -pg. D-1-150
Lujan, William L -pg. D-1-207
Lujan, William U -pg. D-1-207
Lujan, Winefreda G -pg. D-1-85
Lyon, Carleton S -pg. D-1-237
Lyon, Charlotte C -pg. D-1-237
Lyon, David W III -pg. D-1-237
Lyon, David W Jr -pg. D-1-237
Lyon, Marion G -pg. D-1-237
Maanao, Ana -pg. D-3-23
Maanao, Ana A -pg. D-10-52
Maanao, Antonia R -pg. D-1-65
Maanao, Artemio -pg. D-3-23
Maanao, Consuelo -pg. D-3-23
Maanao, Dolores R -pg. D-1-65
Maanao, Donatila M -pg. D-10-32
Maanao, Francisca -pg. D-3-23
Maanao, Gregorio R -pg. D-1-65
Maanao, Gregosio I -pg. D-10-52
Maanao, Jesus R -pg. D-1-65
Maanao, Jose -pg. D-3-23
Maanao, Jose -pg. D-3-23
Maanao, Jose I -pg. D-1-65
Maanao, Jose T -pg. D-1-26
Maanao, Josefa -pg. D-3-23

Maanao, Lourdes T -pg. D-1-26
Maanao, Manuel -pg. D-3-23
Maanao, Maria R -pg. D-1-65
Maanao, Regina -pg. D-3-23
Maanao, Rita -pg. D-3-23
Maanao, Ruth T -pg. D-11-46
Maanao, Vicente -pg. D-3-23
Maanao, Vicente -pg. D-3-23
Mac Farling, Antonio -pg. D-5-56
Mac Farling, Bernadita -pg. D-5-56
Mac Farling, Joaquin -pg. D-5-56
Mac Farling, Maria -pg. D-5-56
Macias, Adela C -pg. D-1-350
Macias, Antonio C -pg. D-1-351
Macias, Carmen C -pg. D-1-350
Macias, Enrique H -pg. D-1-350
Macias, Flora C -pg. D-1-351
Macias, Jose C -pg. D-1-350
Macias, Magdalena C -pg. D-1-350
Macias, Rosalia C -pg. D-1-351
Macias, Tomas C -pg. D-1-351
Macias, Vicente C -pg. D-1-351
Mackawa, Aurelia C -pg. D-9-9
Mackenzie, Florence D -pg. D-11-48
Mackenzie, Florence D -pg. D-11-70
Mackenzie, Michael V -pg. D-11-47
Mackenzie, Michael V -pg. D-11-70
Mackey, Donald -pg. D-3-24
Mackey, Donald McArthur -pg. D-3-24
Mackey, Marion -pg. D-3-24
Maclean, Stephen -pg. D-11-68
Madale, Consuelo P -pg. D-1-103
Madale, Diego M   -ab- -pg. D-1-103
Madale, Elliot J -pg. D-1-103
Mader, Albert M -pg. D-1-368
Mader, Anne G -pg. D-1-368
Mader, Charles F -pg. D-1-368
Mader, Lillian C -pg. D-1-368
Mafnas, Agueda LG -pg. D-1-95
Mafnas, Ana -pg. D-4-1
Mafnas, Ana -pg. D-4-10
Mafnas, Ana C -pg. D-15-14
Mafnas, Ana F -pg. D-10-36
Mafnas, Ana L -pg. D-1-68
Mafnas, Ana Q -pg. D-9-20
Mafnas, Ana R -pg. D-1-93
Mafnas, Angel C -pg. D-1-53
Mafnas, Antonia -pg. D-11-13
Mafnas, Antonia SN -pg. D-1-384
Mafnas, Antonio -pg. D-4-10
Mafnas, Antonio -pg. D-4-36
Mafnas, Antonio B -pg. D-1-97
Mafnas, Antonio L -pg. D-11-13
Mafnas, Antonio M -pg. D-10-41
Mafnas, Asuncion B -pg. D-1-97
Mafnas, Bernardo LG -pg. D-1-95
Mafnas, Brigida SN -pg. D-1-384
Mafnas, Candelaria C -pg. D-1-266
Mafnas, Carmen C -pg. D-1-75
Mafnas, Carmen LG -pg. D-1-95
Mafnas, Concepcion C -pg. D-1-53
Mafnas, Concepcion P -pg. D-1-109
Mafnas, Concepcion T -pg. D-11-11
Mafnas, Daniel SN -pg. D-1-384

Mafnas, Dolores C -pg. D-1-97
Mafnas, Dolores L -pg. D-1-68
Mafnas, Domingo -pg. D-4-10
Mafnas, Elias T -pg. D-11-11
Mafnas, Eliza C -pg. D-15-14
Mafnas, Engracia C -pg. D-1-53
Mafnas, Engracia SN -pg. D-1-384
Mafnas, Esperanza -pg. D-4-1
Mafnas, Felicita M -pg. D-1-97
Mafnas, Felix C -pg. D-1-53
Mafnas, Filomena R -pg. D-1-93
Mafnas, Francisca T -pg. D-1-97
Mafnas, Francisco C -pg. D-1-84
Mafnas, Francisco C -pg. D-1-266
Mafnas, Francisco C -pg. D-15-14
Mafnas, Francisco L -pg. D-1-68
Mafnas, Francisco T -pg. D-11-11
Mafnas, Gregorio C -pg. D-1-84
Mafnas, Guillermo C -pg. D-1-97
Mafnas, Hironimo C -pg. D-15-14
Mafnas, Ignacia P -pg. D-1-109
Mafnas, Ignacio LG -pg. D-1-95
Mafnas, Ignacio M -pg. D-1-109
Mafnas, Ignacio M -pg. D-10-41
Mafnas, Ignacio P -pg. D-1-109
Mafnas, Ignacio R -pg. D-1-93
Mafnas, Jesus -pg. D-4-1
Mafnas, Jesus C -pg. D-1-75
Mafnas, Joaquin C -pg. D-11-11
Mafnas, Joaquin C -pg. D-15-14
Mafnas, Jose -pg. D-4-1
Mafnas, Jose -pg. D-4-10
Mafnas, Jose -pg. D-5-53
Mafnas, Jose B -pg. D-1-97
Mafnas, Jose C -pg. D-1-53
Mafnas, Jose C -pg. D-1-68
Mafnas, Jose C -pg. D-1-75
Mafnas, Jose C -pg. D-1-84
Mafnas, Jose F -pg. D-7-16
Mafnas, Jose F -pg. D-10-36
Mafnas, Jose L -pg. D-1-68
Mafnas, Jose M -pg. D-10-41
Mafnas, Jose R -pg. D-1-95
Mafnas, Jose R -pg. D-1-266
Mafnas, Jose S   -ab- -pg. D-1-97
Mafnas, Jose SN -pg. D-1-384
Mafnas, Jose T -pg. D-11-11
Mafnas, Josefa C -pg. D-1-53
Mafnas, Juan -pg. D-4-10
Mafnas, Juan M -pg. D-10-41
Mafnas, Juan T -pg. D-10-1
Mafnas, Juana P -pg. D-1-109
Mafnas, Juana T -pg. D-1-41
Mafnas, Justo C -pg. D-1-53
Mafnas, Loria C -pg. D-1-53
Mafnas, Lucia R -pg. D-1-12
Mafnas, Luis C -pg. D-10-36
Mafnas, Maria B -pg. D-1-97
Mafnas, Maria B -pg. D-1-97
Mafnas, Maria C -pg. D-1-84
Mafnas, Maria C -pg. D-15-14
Mafnas, Natividad C -pg. D-1-53
Mafnas, Nicolas A -pg. D-1-12
Mafnas, Patricio C -pg. D-1-53

INDEX
1940 Population Census of Guam: Transcribed

Mafnas, Pedro LG -pg. D-1-95
Mafnas, Pedro SN -pg. D-1-384
Mafnas, Priscilla -pg. D-1-75
Mafnas, Ramon C -pg. D-15-14
Mafnas, Regina C -pg. D-1-75
Mafnas, Rita -pg. D-11-13
Mafnas, Rita LG -pg. D-1-95
Mafnas, Rosa L -pg. D-1-68
Mafnas, Rosa LG -pg. D-1-95
Mafnas, Rosario M -pg. D-10-41
Mafnas, Rosario SN -pg. D-1-384
Mafnas, Rosario T -pg. D-11-11
Mafnas, Rosita P -pg. D-1-109
Mafnas, Santiago B -pg. D-1-97
Mafnas, Santiago C -pg. D-1-97
Mafnas, Satrunina M -pg. D-1-93
Mafnas, Serafin B -pg. D-15-14
Mafnas, Serafin C -pg. D-15-14
Mafnas, Silvestre C -pg. D-1-301
Mafnas, Teodora A -pg. D-1-12
Mafnas, Teresita LG -pg. D-1-95
Mafnas, Tomasa L -pg. D-1-68
Mafnas, Vicenta C -pg. D-15-14
Mafnas, Vicente -pg. D-4-10
Mafnas, Vicente B -pg. D-1-97
Mafnas, Vicente C -pg. D-1-75
Mafnas, Vicente C -pg. D-1-97
Mafnas, Vicente C -pg. D-10-41
Mafnas, Vicente M -pg. D-1-384
Mafnas, Vicente M -pg. D-10-42
Mafnas, Vicente R -pg. D-1-93
Mafnas, Victoria -pg. D-4-10
Mafuas, Manuel P -pg. D-10-1
Mafuas, Rosa M -pg. D-10-42
Maguadog, Antonia C -pg. D-8-11
Maguadog, Jesus C -pg. D-8-35
Maguadog, Luis N -pg. D-8-35
Maguadog, Maria C -pg. D-8-35
Maguadog, Petra A -pg. D-8-18
Mahoney, James J -pg. D-11-79
Malijan, Feliciana T -pg. D-11-59
Malijan, Jose M -pg. D-1-178
Malijan, Liva T -pg. D-11-59
Malijan, Lucas C -pg. D-11-59
Maloof, George M -pg. D-11-74
Manalisay, Alejandra B -pg. D-8-22
Manalisay, Ana A -pg. D-1-315
Manalisay, Ana C -pg. D-8-10
Manalisay, Ana T -pg. D-11-23
Manalisay, Antonio A -pg. D-1-315
Manalisay, Asuncion C -pg. D-8-20
Manalisay, Carmen C -pg. D-8-9
Manalisay, Carmen C -pg. D-8-11
Manalisay, Dolores A -pg. D-1-315
Manalisay, Dolores A -pg. D-1-315
Manalisay, Esther Q -pg. D-13-9
Manalisay, Felix C -pg. D-8-22
Manalisay, Francisco T "ab" -pg. D-11-23
Manalisay, Gregorio C -pg. D-8-1
Manalisay, Isidro C -pg. D-1-376
Manalisay, Jesus A -pg. D-1-315
Manalisay, Jesus C -pg. D-8-9
Manalisay, Jesus S -pg. D-1-315
Manalisay, Joaquin C -pg. D-8-10

Manalisay, Jose A -pg. D-1-315
Manalisay, Jose C -pg. D-8-9
Manalisay, Jose C -pg. D-13-6
Manalisay, Juan C -pg. D-8-9
Manalisay, Juana -pg. D-3-8
Manalisay, Julian C -pg. D-12-9
Manalisay, Lucrecia Q -pg. D-13-9
Manalisay, Manuel A -pg. D-1-315
Manalisay, Manuel C -pg. D-8-10
Manalisay, Maria A -pg. D-1-315
Manalisay, Maria A (ab) -pg. D-8-1
Manalisay, Maria B -pg. D-1-376
Manalisay, Maria C -pg. D-8-10
Manalisay, Maria C -pg. D-8-20
Manalisay, Nieves C -pg. D-8-11
Manalisay, Prudencio A -pg. D-8-1
Manalisay, Rita C -pg. D-8-20
Manalisay, Socoro C (ab) -pg. D-8-11
Manalisay, Ulita A -pg. D-8-1
Manglona, Adela F -pg. D-1-193
Manglona, Ana F -pg. D-1-193
Manglona, Ana F -pg. D-1-193
Manglona, Ana L -pg. D-1-66
Manglona, Ana R -pg. D-1-281
Manglona, Antonio C -pg. D-1-281
Manglona, Antonio R -pg. D-1-281
Manglona, Bernardita M -pg. D-1-63
Manglona, Dolores R -pg. D-1-281
Manglona, Eliza L -pg. D-1-66
Manglona, Felix R -pg. D-1-281
Manglona, Francisca R -pg. D-1-281
Manglona, Francisco F -pg. D-1-193
Manglona, Gregorio L -pg. D-1-66
Manglona, Ignacio F -pg. D-1-193
Manglona, Isabel M -pg. D-10-34
Manglona, Jesus C -pg. D-6-35
Manglona, Jose L -pg. D-1-67
Manglona, Juan C -pg. D-6-35
Manglona, Julia F -pg. D-1-193
Manglona, Julia T -pg. D-1-67
Manglona, Leoncia C -pg. D-6-35
Manglona, Lucia F -pg. D-1-193
Manglona, Manuel C -pg. D-11-73
Manglona, Maria S -pg. D-1-63
Manglona, Mary L -pg. D-1-66
Manglona, Paulino S -pg. D-6-35
Manglona, Pedro C -pg. D-6-35
Manglona, Preciosa C -pg. D-6-35
Manglona, Raymundo L -pg. D-1-66
Manglona, Rita F -pg. D-1-193
Manglona, Rita F -pg. D-1-250
Manglona, Rosario M -pg. D-10-34
Manglona, Rosita M -pg. D-1-63
Manglona, Vicente -pg. D-1-193
Manglona, Vicente F -pg. D-1-193
Manglona, Vicente S -pg. D-1-66
Manglona, Virginia L -pg. D-1-66
Manibsusan, Juan -pg. D-5-56
Manibusan, Agneda C -pg. D-9-28
Manibusan, Agustin M -pg. D-1-357
Manibusan, Albert D -pg. D-10-40
Manibusan, Alice M -pg. D-10-40
Manibusan, Alvina C -pg. D-1-30
Manibusan, Ana A -pg. D-1-112

Manibusan, Ana A -pg. D-1-262
Manibusan, Ana A -pg. D-1-262
Manibusan, Ana C -pg. D-1-392
Manibusan, Ana F -pg. D-9-3
Manibusan, Ana LG -pg. D-1-91
Manibusan, Ana M -pg. D-1-242
Manibusan, Ana M -pg. D-1-357
Manibusan, Ana P -pg. D-10-55
Manibusan, Ana T -pg. D-1-392
Manibusan, Ancelmo M -pg. D-1-164
Manibusan, Aniceto Q -pg. D-10-55
Manibusan, Antonacio M -pg. D-7-15
Manibusan, Antonia -pg. D-5-44
Manibusan, Antonia M -pg. D-1-164
Manibusan, Antonio -pg. D-4-16
Manibusan, Antonio B -pg. D-1-102
Manibusan, Antonio L -pg. D-7-4
Manibusan, Antonio M -pg. D-1-30
Manibusan, Antonio M -pg. D-1-367
Manibusan, Antonio M -pg. D-7-15
Manibusan, Antonio P -pg. D-1-79
Manibusan, Asuncion M -pg. D-1-164
Manibusan, Benigno C -pg. D-1-102
Manibusan, Bernadita M -pg. D-1-367
Manibusan, Carmen C -pg. D-1-267
Manibusan, Carmen Q -pg. D-10-52
Manibusan, Concepcion A -pg. D-1-262
Manibusan, Consolacion D -pg. D-10-40
Manibusan, Daniel C -pg. D-1-80
Manibusan, Dolores A -pg. D-1-112
Manibusan, Dolores C -pg. D-1-392
Manibusan, Dolores S -pg. D-1-65
Manibusan, Eduardo B -pg. D-1-102
Manibusan, Engracia C -pg. D-1-79
Manibusan, Engracia C -pg. D-1-295
Manibusan, Enrique A -pg. D-1-112
Manibusan, Enrique LG -pg. D-1-161
Manibusan, Evelyn D -pg. D-10-40
Manibusan, Felisa LG -pg. D-1-160
Manibusan, Felix -pg. D-1-347
Manibusan, Felix P -pg. D-10-55
Manibusan, Felominia M -pg. D-7-15
Manibusan, Fidel P -pg. D-10-55
Manibusan, Fidela C -pg. D-9-41
Manibusan, Filomena T -pg. D-1-250
Manibusan, Francisa Q -pg. D-10-52
Manibusan, Francisca C -pg. D-1-30
Manibusan, Francisca M -pg. D-1-357
Manibusan, Francisca T -pg. D-1-84
Manibusan, Francisco A -pg. D-1-112
Manibusan, Francisco C -pg. D-1-392
Manibusan, Francisco C -pg. D-9-41
Manibusan, Francisco LG -pg. D-1-161
Manibusan, Francisco M -pg. D-1-242
Manibusan, Generaro -pg. D-11-10
Manibusan, Gregorio C -pg. D-1-224
Manibusan, Henry C -pg. D-1-30
Manibusan, Herberto F -pg. D-1-347
Manibusan, Ignacia -pg. D-11-10
Manibusan, Ignacia A -pg. D-1-112
Manibusan, Ignacio C -pg. D-9-5
Manibusan, Ignacio C -pg. D-9-46
Manibusan, Ignacio Q -pg. D-10-52
Manibusan, Isabel A -pg. D-1-112

INDEX
1940 Population Census of Guam: Transcribed

Manibusan, Isabel B -pg. D-1-358
Manibusan, Isabel C -pg. D-1-244
Manibusan, Isabel M -pg. D-1-133
Manibusan, Jenaro A -pg. D-1-128
Manibusan, Jesus -pg. D-4-17
Manibusan, Jesus -pg. D-4-17
Manibusan, Jesus -pg. D-5-44
Manibusan, Jesus A -pg. D-1-112
Manibusan, Jesus B -pg. D-11-26
Manibusan, Jesus C -pg. D-1-267
Manibusan, Jesus LG -pg. D-1-295
Manibusan, Joaquin C -pg. D-1-267
Manibusan, Joaquin C -pg. D-1-392
Manibusan, Joaquin L -pg. D-1-347
Manibusan, Joaquin R -pg. D-1-267
Manibusan, Joaquin T -pg. D-15-24
Manibusan, Joaquin V -pg. D-1-392
Manibusan, Joaquina B -pg. D-1-102
Manibusan, John T -pg. D-10-40
Manibusan, Johnny C -pg. D-1-295
Manibusan, Jose -pg. D-4-17
Manibusan, Jose -pg. D-4-17
Manibusan, Jose A -pg. D-1-112
Manibusan, Jose A -pg. D-1-392
Manibusan, Jose B -pg. D-1-358
Manibusan, Jose C -pg. D-1-391
Manibusan, Jose D -pg. D-11-53
Manibusan, Jose G -pg. D-1-194
Manibusan, Jose G -pg. D-10-38
Manibusan, Jose L -pg. D-7-4
Manibusan, Jose LG -pg. D-1-91
Manibusan, Jose LG -pg. D-1-161
Manibusan, Jose M -pg. D-1-160
Manibusan, Jose M -pg. D-1-357
Manibusan, Jose M -pg. D-1-367
Manibusan, Jose M -pg. D-7-15
Manibusan, Jose M -pg. D-11-37
Manibusan, Jose P -pg. D-1-112
Manibusan, Jose Q -pg. D-10-52
Manibusan, Jose S F -pg. D-1-347
Manibusan, Josefina T -pg. D-1-84
Manibusan, Joseph D -pg. D-10-40
Manibusan, Juan -pg. D-5-44
Manibusan, Juan -pg. D-1-357
Manibusan, Juan A -pg. D-1-112
Manibusan, Juan A -pg. D-1-133
Manibusan, Juan B -pg. D-1-102
Manibusan, Juan C -pg. D-1-392
Manibusan, Juan I -pg. D-9-28
Manibusan, Juan L -pg. D-7-4
Manibusan, Juan M -pg. D-1-84
Manibusan, Juan M -pg. D-1-367
Manibusan, Juan M -pg. D-15-24
Manibusan, Juan P -pg. D-1-357
Manibusan, Juan Q -pg. D-10-52
Manibusan, Juan R -pg. D-1-392
Manibusan, Juan SN -pg. D-9-3
Manibusan, Juan T -pg. D-1-84
Manibusan, Juana L -pg. D-1-194
Manibusan, Juana LG -pg. D-1-160
Manibusan, Juana M -pg. D-1-357
Manibusan, Julita E -pg. D-1-244
Manibusan, Lorenzo A -pg. D-7-15
Manibusan, Lourdes B -pg. D-1-102

Manibusan, Luis P -pg. D-1-262
Manibusan, Luisa LG -pg. D-1-91
Manibusan, Lydia T -pg. D-1-84
Manibusan, Magdalena -pg. D-1-110
Manibusan, Magdalena Q -pg. D-10-52
Manibusan, Manuel G -pg. D-7-6
Manibusan, Manuel SN -pg. D-9-41
Manibusan, Margarita B -pg. D-1-358
Manibusan, Margarita C -pg. D-1-267
Manibusan, Maria -pg. D-4-17
Manibusan, Maria -pg. D-1-110
Manibusan, Maria A -pg. D-1-112
Manibusan, Maria A -pg. D-1-112
Manibusan, Maria A -pg. D-1-262
Manibusan, Maria A -pg. D-1-392
Manibusan, Maria B -pg. D-1-102
Manibusan, Maria B -pg. D-1-358
Manibusan, Maria C -pg. D-1-80
Manibusan, Maria C -pg. D-1-244
Manibusan, Maria C -pg. D-1-295
Manibusan, Maria C -pg. D-9-41
Manibusan, Maria C -pg. D-11-53
Manibusan, Maria M -pg. D-1-357
Manibusan, Maria M -pg. D-1-366
Manibusan, Maria Q -pg. D-10-52
Manibusan, Maria S -pg. D-9-5
Manibusan, Maria T -pg. D-1-84
Manibusan, Marie E -pg. D-1-392
Manibusan, Martina M -pg. D-1-367
Manibusan, Mary A -pg. D-10-40
Manibusan, Mary D -pg. D-10-40
Manibusan, Matilde -pg. D-5-44
Manibusan, May J -pg. D-1-392
Manibusan, Miguel C -pg. D-9-41
Manibusan, Nicolas L -pg. D-7-4
Manibusan, Paul J -pg. D-10-40
Manibusan, Pedro A -pg. D-1-112
Manibusan, Pedro A -pg. D-1-392
Manibusan, Pedro B -pg. D-1-102
Manibusan, Pedro F -pg. D-1-367
Manibusan, Ramon -pg. D-4-17
Manibusan, Ray C -pg. D-1-295
Manibusan, Regina A -pg. D-1-128
Manibusan, Rita P -pg. D-10-55
Manibusan, Rosa -pg. D-4-17
Manibusan, Rosa A -pg. D-1-262
Manibusan, Rosa B -pg. D-1-102
Manibusan, Rosa L -pg. D-1-194
Manibusan, Rosa LG -pg. D-1-91
Manibusan, Rosa T -pg. D-1-250
Manibusan, Rosario C -pg. D-1-392
Manibusan, Rosario F -pg. D-1-347
Manibusan, Rosario M -pg. D 1 357
Manibusan, Rose E -pg. D-10-40
Manibusan, Rufina LG -pg. D-1-161
Manibusan, Soledad B -pg. D-1-358
Manibusan, Teresa C -pg. D-10-38
Manibusan, Teresita C -pg. D-1-267
Manibusan, Tomas C -pg. D-1-267
Manibusan, Tomas P -pg. D-10-55
Manibusan, Trinidad C -pg. D-1-267
Manibusan, Trinidad M -pg. D-1-242
Manibusan, Vicent H -pg. D-10-40
Manibusan, Vicente -pg. D-5-44

Manibusan, Vicente A -pg. D-1-128
Manibusan, Vicente C -pg. D-1-392
Manibusan, Vicente C -pg. D-9-41
Manibusan, Vicente LG -pg. D-1-91
Manibusan, Vicente M -pg. D-1-112
Manibusan, Victoria C -pg. D-9-41
Manibusan, Victoria M -pg. D-1-164
Manibuson, Adela D -pg. D-9-15
Manibuson, Emilia D -pg. D-9-15
Manibuson, Evelyna C -pg. D-9-15
Manibuson, Francisco B -pg. D-11-81
Manibuson, Ignacio D -pg. D-9-15
Manibuson, Jose D -pg. D-9-15
Manibuson, Julia D -pg. D-9-15
Manibuson, Vicente C -pg. D-9-15
Manibuson, Vicente D -pg. D-9-15
Manley, Albert P -pg. D-10-30
Manley, Albert R -pg. D-10-31
Manley, Ascencion R -pg. D-10-31
Manley, Asencion L -pg. D-11-42
Manley, Eloise B -pg. D-10-31
Manley, Enrique R -pg. D-10-31
Manley, Frank R -pg. D-10-17
Manley, Julia B -pg. D-10-31
Manley, Lilian R -pg. D-10-31
Manley, Manuel R -pg. D-10-31
Manley, Rosa B -pg. D-10-31
Manley, Vicenta R -pg. D-10-31
Manley, Vicente R -pg. D-10-31
Manley, William D -pg. D-10-17
Mansapit, Agustina T -pg. D-8-3
Mansapit, Cristobal -pg. D-11-35
Mansapit, Felipe T -pg. D-8-3
Mansapit, Felix C -pg. D-8-22
Mansapit, Felomenia M -pg. D-8-22
Mansapit, Henry T -pg. D-8-3
Mansapit, Jesus M -pg. D-8-22
Mansapit, Jesus T -pg. D-8-3
Mansapit, Jose M -pg. D-8-22
Mansapit, Manuel N -pg. D-8-3
Mansapit, Maria M -pg. D-8-22
Mansapit, Pedro -pg. D-3-28
Mansapit, Ramon T -pg. D-8-3
Mansapit, Santiago N -pg. D-8-9
Mansapit, Venancio N -pg. D-1-17
Mansapit, Vicenti M -pg. D-8-22
Mantanona, Alfonsina T -pg. D-1-329
Mantanona, Alisia S -pg. D-12-4
Mantanona, Ana M -pg. D-6-12
Mantanona, Ana N -pg. D-6-38
Mantanona, Angelina A -pg. D-10-13
Mantanona, Angelina P -pg. D-6-39
Mantanona, Ann LG -pg. D-6-46
Mantanona, Antonia P -pg. D-12-15
Mantanona, Antonita S -pg. D-12-4
Mantanona, Artemio T -pg. D-6-11
Mantanona, Baldomero C -pg. D-6-46
Mantanona, Carmen D -pg. D-6-14
Mantanona, Carmen P -pg. D-6-39
Mantanona, Carmen T -pg. D-10-45
Mantanona, Casiano A -pg. D-6-9
Mantanona, Consolasion T -pg. D-6-46
Mantanona, David T -pg. D-1-328
Mantanona, Dolores -pg. D-6-7

INDEX
1940 Population Census of Guam: Transcribed

Mantanona, Dolores T -pg. D-6-46
Mantanona, Domitilla M -pg. D-6-12
Mantanona, Edivis T -pg. D-6-6
Mantanona, Elizabeth -pg. D-6-7
Mantanona, Elizabeth M -pg. D-6-44
Mantanona, Enrique S -pg. D-12-8
Mantanona, Enrique T -pg. D-6-11
Mantanona, Felicita S -pg. D-12-8
Mantanona, Felicitas P -pg. D-6-39
Mantanona, Filomena A -pg. D-1-318
Mantanona, Francisca N -pg. D-6-38
Mantanona, Francisco M -pg. D-10-13
Mantanona, Genoveva M -pg. D-6-12
Mantanona, Genoveva T -pg. D-6-10
Mantanona, Gonzalo -pg. D-6-7
Mantanona, Ignacia M -pg. D-6-12
Mantanona, Ignacio L -pg. D-6-10
Mantanona, Jesus -pg. D-6-7
Mantanona, Jesus N -pg. D-6-38
Mantanona, Jesus T -pg. D-6-8
Mantanona, Jesus T -pg. D-6-10
Mantanona, Jose -pg. D-6-7
Mantanona, Jose -pg. D-6-9
Mantanona, Jose A -pg. D-12-9
Mantanona, Jose M -pg. D-6-11
Mantanona, Jose M -pg. D-6-12
Mantanona, Jose M -pg. D-6-13
Mantanona, Jose M -pg. D-6-46
Mantanona, Jose N -pg. D-6-14
Mantanona, Jose N -pg. D-6-38
Mantanona, Jose S -pg. D-12-4
Mantanona, Jose T -pg. D-6-8
Mantanona, Josefa M -pg. D-6-14
Mantanona, Juan P -pg. D-1-328
Mantanona, Juan P -pg. D-12-4
Mantanona, Juan T -pg. D-1-329
Mantanona, Juan T -pg. D-6-10
Mantanona, Lucia A -pg. D-10-13
Mantanona, Manuel A -pg. D-12-8
Mantanona, Manuel P -pg. D-12-8
Mantanona, Manuel P -pg. D-12-8
Mantanona, Manuela A -pg. D-10-13
Mantanona, Manuela M -pg. D-6-26
Mantanona, Margarita L -pg. D-6-9
Mantanona, Margarita N -pg. D-6-38
Mantanona, Margarita S -pg. D-12-4
Mantanona, Maria N -pg. D-6-7
Mantanona, Maria N -pg. D-6-38
Mantanona, Maria T -pg. D-6-8
Mantanona, Maria T -pg. D-6-10
Mantanona, Maria T -pg. D-6-11
Mantanona, Maria T -pg. D-6-46
Mantanona, Mariano M -pg. D-6-1
Mantanona, Pascual A -pg. D-6-1
Mantanona, Pedro M -pg. D-6-7
Mantanona, Petenliana T -pg. D-6-30
Mantanona, Petronila A -pg. D-1-318
Mantanona, Preciosa S -pg. D-12-8
Mantanona, Providencia A -pg. D-10-13
Mantanona, Prudensio T -pg. D-1-329
Mantanona, Ramon N -pg. D-6-14
Mantanona, Ricardo T -pg. D-6-11
Mantanona, Rita A -pg. D-10-13
Mantanona, Rita L -pg. D-6-9

Mantanona, Rita T -pg. D-1-328
Mantanona, Roberto T -pg. D-6-30
Mantanona, Roman T -pg. D-6-11
Mantanona, Romeo P -pg. D-6-38
Mantanona, Roque T -pg. D-1-329
Mantanona, Rosa A -pg. D-6-1
Mantanona, Rosa C -pg. D-6-38
Mantanona, Rosa D -pg. D-6-14
Mantanona, Rosa T -pg. D-6-10
Mantanona, Silvestre M -pg. D-6-30
Mantanona, Silvestre N -pg. D-6-12
Mantanona, Teresa A -pg. D-12-8
Mantanona, Teresita -pg. D-6-7
Mantanona, Teresita S -pg. D-12-4
Mantanona, Tito A -pg. D-12-8
Mantanona, Tomas S -pg. D-12-8
Mantanona, Tomasa D -pg. D-6-14
Mantanona, Vicente T -pg. D-6-10
Mantanona, Victoria S -pg. D-12-8
Marguette, Francis Xavier -pg. D-1-303
Mariano, Agueda R -pg. D-1-17
Mariano, Amalia P -pg. D-1-405
Mariano, Ana P -pg. D-1-405
Mariano, Candelaria P -pg. D-1-405
Mariano, Carmen F -pg. D-1-17
Mariano, Jesus J. F. -pg. D-1-405
Mariano, Jose F -pg. D-11-74
Mariano, Jose R -pg. D-1-405
Mariano, Juan -pg. D-4-27
Mariano, Juan R -pg. D-1-405
Mariano, Juan R. M. -pg. D-1-405
Mariano, Mafarda F -pg. D-1-405
Mariano, Maria M -pg. D-1-405
Mariano, Maria V. F. -pg. D-1-405
Mariano, Nicolas P -pg. D-1-405
Mariano, Regina R -pg. D-1-17
Mariano, Vicente F -pg. D-1-17
Marinias, Bonifacio -pg. D-11-79
Marion, Francisco -pg. D-5-7
Marion, Geronimo P -pg. D-2-31
Marion, Isabel S -pg. D-2-31
Marion, Jose M -pg. D-2-32
Marion, Juan -pg. D-5-7
Marion, Lulita L -pg. D-1-108
Marion, Maria -pg. D-5-7
Marion, Maria S -pg. D-2-32
Marion, Rita M -pg. D-2-31
Marion, Rosalia M -pg. D-2-32
Marion, Sylvia L -pg. D-1-108
Marsh, Alfred -pg. D-11-50
Marshall, William E -pg. D-11-68
Martin, Elmer E -pg. D-1-304
Martin, George T -pg. D-11-79
Martinez, Alfonsina Y -pg. D-1-389
Martinez, Ana C -pg. D-1-294
Martinez, Ana C -pg. D-1-297
Martinez, Ana N -pg. D-6-36
Martinez, Ana T -pg. D-1-221
Martinez, Antonia C -pg. D-6-43
Martinez, Antonia F -pg. D-1-153
Martinez, Antonia T -pg. D-1-221
Martinez, Antonio P -pg. D-1-389
Martinez, Barcilisa M -pg. D-6-16
Martinez, Bernadita M -pg. D-1-389

Martinez, Brigida C -pg. D-1-297
Martinez, Carlina T -pg. D-6-44
Martinez, Carlos K -pg. D-1-322
Martinez, Carlos M -pg. D-6-16
Martinez, Carmen T -pg. D-1-221
Martinez, Carmen T -pg. D-6-44
Martinez, Carmen V -pg. D-1-157
Martinez, Carrie M -pg. D-1-349
Martinez, Catalina M -pg. D-1-389
Martinez, Clara Y -pg. D-1-389
Martinez, Clemente R -pg. D-13-16
Martinez, Concepcion B -pg. D-12-10
Martinez, Concepcion C -pg. D-1-294
Martinez, Concepcion T -pg. D-1-221
Martinez, Concepcion Y -pg. D-1-389
Martinez, Dolores B -pg. D-1-180
Martinez, Dolores T -pg. D-6-30
Martinez, Elena N -pg. D-6-36
Martinez, Elena N -pg. D-6-36
Martinez, Emilia K -pg. D-1-322
Martinez, Enrique M -pg. D-6-18
Martinez, Francisco SN -pg. D-1-296
Martinez, Gloria C -pg. D-1-294
Martinez, Grace J -pg. D-1-349
Martinez, Ignacio C -pg. D-1-134
Martinez, Ineke K -pg. D-1-322
Martinez, Isabel SN -pg. D-1-296
Martinez, Isabel V -pg. D-1-157
Martinez, Jaime Y -pg. D-1-389
Martinez, James K -pg. D-1-322
Martinez, Jesus F -pg. D-1-134
Martinez, Jesus K -pg. D-6-36
Martinez, Jesus M -pg. D-1-134
Martinez, Jesus M -pg. D-12-10
Martinez, Jesus N -pg. D-6-36
Martinez, Jesus P -pg. D-1-296
Martinez, Joaquin P -pg. D-1-60
Martinez, Joaquin R -pg. D-6-44
Martinez, Joaquin SA -pg. D-1-162
Martinez, Joaquin T -pg. D-6-44
Martinez, Jose -pg. D-5-46
Martinez, Jose B -pg. D-1-180
Martinez, Jose B -pg. D-6-16
Martinez, Jose C -pg. D-1-389
Martinez, Jose C -pg. D-6-18
Martinez, Jose F -pg. D-1-153
Martinez, Jose LG -pg. D-11-73
Martinez, Jose M -pg. D-12-10
Martinez, Jose P -pg. D-1-389
Martinez, Jose R -pg. D-6-30
Martinez, Jose T -pg. D-1-221
Martinez, Jose T -pg. D-6-44
Martinez, Jose V -pg. D-1-157
Martinez, Jose V -pg. D-14-13
Martinez, Josefina T -pg. D-1-221
Martinez, Juan -pg. D-5-46
Martinez, Juan B -pg. D-12-10
Martinez, Juan C -pg. D-1-297
Martinez, Juan C -pg. D-1-389
Martinez, Juan P -pg. D-1-296
Martinez, Juan P -pg. D-1-389
Martinez, Juan T -pg. D-6-44
Martinez, Juan V -pg. D-14-13
Martinez, Juana LG -pg. D-1-296

INDEX
1940 Population Census of Guam: Transcribed

Martinez, Juana P -pg. D-1-59
Martinez, Julia C -pg. D-1-368
Martinez, Julia F -pg. D-1-134
Martinez, Julia M -pg. D-1-221
Martinez, Julia T -pg. D-6-44
Martinez, Lourdes C -pg. D-1-294
Martinez, Lucy R -pg. D-1-349
Martinez, Luis T -pg. D-1-221
Martinez, Manuel M -pg. D-6-43
Martinez, Manuel N -pg. D-6-36
Martinez, Manuel P -pg. D-1-297
Martinez, Manuel T -pg. D-6-44
Martinez, Maria C -pg. D-1-264
Martinez, Maria C -pg. D-6-18
Martinez, Maria LG -pg. D-1-296
Martinez, Maria M -pg. D-6-16
Martinez, Maria M -pg. D-12-3
Martinez, Maria N -pg. D-6-36
Martinez, Maria T -pg. D-1-221
Martinez, Maria T -pg. D-1-221
Martinez, May R -pg. D-1-349
Martinez, Melchior V -pg. D-1-349
Martinez, Nieves P -pg. D-1-389
Martinez, Pedro -pg. D-1-221
Martinez, Pedro C -pg. D-6-18
Martinez, Pedro T -pg. D-1-221
Martinez, Presilla C -pg. D-1-294
Martinez, Ramon B -pg. D-1-180
Martinez, Regina R -pg. D-6-43
Martinez, Rita C -pg. D-1-349
Martinez, Rita LG -pg. D-1-296
Martinez, Rita M -pg. D-1-221
Martinez, Rita M -pg. D-6-16
Martinez, Rita P -pg. D-1-389
Martinez, Rosa C -pg. D-6-18
Martinez, Rosa M -pg. D-6-21
Martinez, Rosa T -pg. D-1-221
Martinez, Rosita SN -pg. D-1-296
Martinez, Susana B -pg. D-9-24
Martinez, Sylvia M -pg. D-1-389
Martinez, Teodora V -pg. D-1-157
Martinez, Teresa B -pg. D-12-10
Martinez, Tito T -pg. D-6-44
Martinez, Vicente -pg. D-5-46
Martinez, Vicente B -pg. D-1-349
Martinez, Vicente C -pg. D-1-294
Martinez, Vicente C -pg. D-6-18
Martinez, Vicente LG -pg. D-1-296
Martinez, Vicente M -pg. D-1-180
Martinez, Vicente M -pg. D-6-16
Martinez, Vicente SN -pg. D-1-296
Martinez, Vicente T -pg. D-1-221
Martinez, Vicente V -pg. D 14 13
Masson, Clarence J -pg. D-11-79
Mata, Ana -pg. D-3-6
Mata, Carmen M -pg. D-8-6
Mata, Francisco M -pg. D-8-6
Mata, Ignacio -pg. D-3-12
Mata, Joaquin M -pg. D-8-8
Mata, Juan M -pg. D-8-6
Mata, Martina M -pg. D-8-6
Mata, Rosa M -pg. D-8-6
Mata, Vicenti M -pg. D-8-6
Matagulay, Ana S -pg. D-11-33

Matagulay, Carmen S -pg. D-11-33
Matagulay, Florea S -pg. D-11-33
Matagulay, Jesus S -pg. D-11-33
Matagulay, Juan C -pg. D-11-33
Matagulay, Maria S -pg. D-11-33
Matagulay, Roque S -pg. D-11-33
Matanane, Ana Q -pg. D-14-9
Matanane, Carlos A -pg. D-1-36
Matanane, Carlos A -pg. D-1-51
Matanane, Carlos C -pg. D-1-51
Matanane, Carmen -pg. D-5-25
Matanane, Catalina M -pg. D-1-30
Matanane, Catalina Q -pg. D-9-5
Matanane, Catalina S -pg. D-1-179
Matanane, Eduardo M -pg. D-1-30
Matanane, Emeterio -pg. D-5-20
Matanane, Felicita Q -pg. D-14-9
Matanane, Felisa -pg. D-5-20
Matanane, Florencia A -pg. D-1-52
Matanane, Francisco -pg. D-5-20
Matanane, Francisco A -pg. D-1-36
Matanane, Guadalupe A -pg. D-1-52
Matanane, Ignacio M -pg. D-11-82
Matanane, Jesus -pg. D-5-20
Matanane, Jesus -pg. D-5-20
Matanane, Jesus A -pg. D-1-36
Matanane, Jesus C -pg. D-1-51
Matanane, Jesus M -pg. D-1-30
Matanane, Jose -pg. D-1-36
Matanane, Jose A -pg. D-1-51
Matanane, Jose C -pg. D-1-51
Matanane, Josefa Q -pg. D-1-103
Matanane, Juan -pg. D-5-20
Matanane, Juan -pg. D-5-25
Matanane, Juan -pg. D-5-25
Matanane, Juan C -pg. D-1-51
Matanane, Juan M -pg. D-1-30
Matanane, Juan S -pg. D-1-179
Matanane, Magdalena C -pg. D-1-51
Matanane, Manuel M -pg. D-14-9
Matanane, Maria A -pg. D-1-36
Matanane, Maria A -pg. D-1-36
Matanane, Maria C -pg. D-1-51
Matanane, Maria Q -pg. D-14-9
Matanane, Nicolasa A -pg. D-1-51
Matanane, Regina A -pg. D-1-36
Matanane, Rita -pg. D-5-25
Matanane, Rosa -pg. D-5-20
Matanane, Rosario A -pg. D-1-36
Matanane, Sylvia S -pg. D-1-179
Matanane, Tomas A -pg. D-1-36
Matanane, Trinidad A -pg. D-1-52
Matanane, Vicenta A -pg. D-1-51
Matanane, Vicente Q -pg. D-14-9
Matanane, Victorina -pg. D-1-52
Matanane, Victorina M -pg. D-1-30
Matanane, Winefrida -pg. D-5-20
Mateo, Agnes R -pg. D-10-46
Mateo, Antonio C -pg. D-10-46
Mateo, Antonio R -pg. D-10-46
Mateo, Carmen R -pg. D-10-46
Mateo, Gregorio SN -pg. D-1-177
Mateo, Jesus SN -pg. D-1-177
Mateo, Jose C -pg. D-10-16

Mateo, Jose SN -pg. D-1-177
Mateo, Juan SN -pg. D-1-177
Mateo, Lourdes SN -pg. D-1-177
Mateo, Manuela C -pg. D-10-16
Mateo, Maria R -pg. D-10-46
Mateo, Maria SN -pg. D-1-177
Mateo, Miguel R -pg. D-10-46
Mateo, Nicolas SN -pg. D-1-177
Mateo, Pedro C -pg. D-1-177
Mateo, Pedro SN -pg. D-1-177
Mateo, Ramon SN -pg. D-1-177
Mateo, Rosa SN -pg. D-1-177
Mateo, Rosa SN -pg. D-1-177
Mateo, Vicente R -pg. D-10-46
Materne, Ana P -pg. D-1-76
Materne, Ana Q -pg. D-12-12
Materne, Antonio M -pg. D-1-2
Materne, Antonio M -pg. D-1-348
Materne, Clementina C -pg. D-1-348
Materne, Dolores C -pg. D-1-348
Materne, Dolores C -pg. D-1-348
Materne, Edivigis C -pg. D-1-349
Materne, Flora Q -pg. D-12-12
Materne, Francisca M -pg. D-1-357
Materne, Francisco C -pg. D-1-13
Materne, Gregorio C -pg. D-1-13
Materne, Inez C -pg. D-1-13
Materne, Jesus Q -pg. D-12-12
Materne, Joaquin P -pg. D-1-76
Materne, Jose C -pg. D-1-348
Materne, Jose P -pg. D-1-2
Materne, Jose Q -pg. D-12-12
Materne, Jose S -pg. D-12-12
Materne, Josefa P -pg. D-1-2
Materne, Juan D -pg. D-12-12
Materne, Juan M -pg. D-1-13
Materne, Luis C -pg. D-1-13
Materne, Margarita C -pg. D-1-13
Materne, Maria C -pg. D-1-348
Materne, Maria G -pg. D-1-13
Materne, Maria I -pg. D-12-12
Materne, Mariana P -pg. D-1-76
Materne, Mariano C -pg. D-1-13
Materne, Mercedes C -pg. D-1-13
Materne, Petronila C -pg. D-1-13
Materne, Potenciana C -pg. D-1-13
Materne, Teresa C -pg. D-1-13
Materne, Vicente Q -pg. D-12-12
Mathis, Paul R -pg. D-11-69
Matias, Carmen T -pg. D-1-256
Matias, Carmen T -pg. D-1-256
Matias, Cerila T -pg. D-1-256
Matias, Francisca T -pg. D-1-256
Matias, Lernardo R -pg. D-1-256
Matsiniyo, Joaquin M -pg. D-11-8
Matsumiya, Antonio M -pg. D-9-12
Matsumiya, Jesus M -pg. D-9-12
Matsumiya, Jose M -pg. D-9-12
Matsumiya, Josefina M -pg. D-9-12
Matsumiya, Rafael S -pg. D-9-12
Matsumiya, Roque M -pg. D-9-12
Matsumiya, Tomas M -pg. D-9-12
Matthews, Clifton E -pg. D-11-79
May, Clifford U -pg. D-1-223

May, Harold V -pg. D-11-69
Mayhew, Barbara L -pg. D-1-227
Mayhew, Eileen S -pg. D-1-227
Mayhew, Maria D -pg. D-1-227
Mayhew, Thomas E -pg. D-1-227
Maynard, Daniel H. -pg. D-11-71
Mayo, Antonia B -pg. D-1-40
Mayo, Hermongenes C -pg. D-1-40
Mayo, Hermongenes C. Jr. -pg. D-1-40
Mayo, Raymond R -pg. D-1-40
Mazzeo, Frank P -pg. D-11-68
McBride, Edward D -pg. D-1-305
McCann, Rita -pg. D-4-9
Mcdermid, Archibald -pg. D-11-50
Mcdermid, Frances M -pg. D-11-50
McDonald, Catherine C -pg. D-1-407
McDonald, Catherine C -pg. D-10-56
McDonald, Charles H -pg. D-1-407
Mcdonald, Charles H -pg. D-10-18
McDonald, Dolores M -pg. D-1-407
Mcdonald, Dolores M -pg. D-10-18
McDonald, Elizabeth A -pg. D-1-407
Mcdonald, Elizabeth A -pg. D-10-18
McDonald, James B -pg. D-1-407
Mcdonald, James B -pg. D-10-18
McDonald, Josephine F -pg. D-1-407
Mcdonald, Josephine F -pg. D-10-18
McFarlan, David M -pg. D-1-74
McFarlan, Josefina M -pg. D-1-74
McFarlan, Manuel M -pg. D-1-74
McFarlan, Maria M -pg. D-1-74
McFarlan, Pedro M -pg. D-1-74
McFarlan, Vicente M -pg. D-1-74
McFarlan, William M -pg. D-1-74
Mcgee, Mason -pg. D-11-70
Mcknight, Dewey S -pg. D-11-79
McLain, Albert R -pg. D-1-244
McLain, James R -pg. D-1-244
McLain, Mabel S -pg. D-1-244
McLain, Marian V -pg. D-1-244
Mcleod, Richard Mcleod -pg. D-11-75
McNulty, Don C -pg. D-1-88
McNulty, Donna M -pg. D-1-88
McNulty, Jon C -pg. D-1-88
McNulty, Stanley C -pg. D-1-88
McNulty, Stanley J -pg. D-1-88
Megofna, Ana A -pg. D-10-40
Megofna, Ana G -pg. D-10-40
Megofna, Anastacio M -pg. D-10-40
Megofna, Antonio F -pg. D-10-39
Megofna, Dolores F -pg. D-10-39
Megofna, Ignacio A -pg. D-10-40
Megofna, Ignacio F -pg. D-1-26
Megofna, Jose A -pg. D-10-39
Megofna, Manuel F -pg. D-1-26
Megofna, Rita F -pg. D-1-26
Megofna, Vicente A -pg. D-1-300
Meinke, Donald R -pg. D-1-28
Mendiala, Juan B -pg. D-9-25
Mendiola, Adela C -pg. D-1-99
Mendiola, Agustin I -pg. D-1-372
Mendiola, Alfred O -pg. D-1-160
Mendiola, Alfred P -pg. D-7-4
Mendiola, Amanda C -pg. D-1-396

Mendiola, Ana A -pg. D-1-305
Mendiola, Ana C -pg. D-1-19
Mendiola, Ana C -pg. D-1-57
Mendiola, Ana C -pg. D-1-230
Mendiola, Ana C -pg. D-1-396
Mendiola, Ana F -pg. D-1-298
Mendiola, Ana I -pg. D-1-372
Mendiola, Ana M -pg. D-1-73
Mendiola, Ana M -pg. D-1-81
Mendiola, Ana M -pg. D-7-12
Mendiola, Ana N -pg. D-1-149
Mendiola, Ana P -pg. D-1-54
Mendiola, Ana Q -pg. D-1-298
Mendiola, Ana S -pg. D-1-385
Mendiola, Ana S -pg. D-11-18
Mendiola, Ana SA -pg. D-1-119
Mendiola, Andres R -pg. D-1-38
Mendiola, Anisia -pg. D-4-39
Mendiola, Anthony F -pg. D-1-34
Mendiola, Anthony T -pg. D-1-133
Mendiola, Antolin SN -pg. D-11-10
Mendiola, Antonia A -pg. D-15-32
Mendiola, Antonia F -pg. D-1-298
Mendiola, Antonia P -pg. D-1-174
Mendiola, Antonia P -pg. D-1-174
Mendiola, Antonia T -pg. D-11-67
Mendiola, Antonio A -pg. D-1-254
Mendiola, Antonio C -pg. D-1-396
Mendiola, Antonio G -pg. D-1-192
Mendiola, Antonio M -pg. D-1-55
Mendiola, Antonio M -pg. D-1-310
Mendiola, Antonio P -pg. D-1-254
Mendiola, Antonio Q -pg. D-1-298
Mendiola, Antonio R -pg. D-11-17
Mendiola, Antonio SA -pg. D-1-120
Mendiola, Asuncion SA -pg. D-7-9
Mendiola, Atanancio C -pg. D-1-396
Mendiola, Augusto C -pg. D-2-1
Mendiola, Barbara P -pg. D-1-175
Mendiola, Barbara S -pg. D-2-30
Mendiola, Beatrice A -pg. D-11-29
Mendiola, Beatrice M -pg. D-10-26
Mendiola, Benedicta M -pg. D-1-310
Mendiola, Benigno C -pg. D-1-241
Mendiola, Bernardita C -pg. D-1-69
Mendiola, Bernardita C -pg. D-1-73
Mendiola, Brigida -pg. D-3-22
Mendiola, Brigida F -pg. D-1-298
Mendiola, Brigida SN -pg. D-1-241
Mendiola, Carlos A -pg. D-1-240
Mendiola, Carlos C -pg. D-1-372
Mendiola, Carlos I -pg. D-1-372
Mendiola, Carmela -pg. D-3-3
Mendiola, Carmen A -pg. D-15-32
Mendiola, Carmen C -pg. D-1-224
Mendiola, Carmen C -pg. D-9-19
Mendiola, Carmen M -pg. D-7-12
Mendiola, Catalina C -pg. D-10-20
Mendiola, Catalino Q -pg. D-11-9
Mendiola, Cecilia M -pg. D-11-52
Mendiola, Cesario P -pg. D-1-54
Mendiola, Clotilde E -pg. D-10-19
Mendiola, Concepcion -pg. D-4-39
Mendiola, Concepcion C -pg. D-1-57

Mendiola, Concepcion C -pg. D-2-1
Mendiola, Concepcion M -pg. D-1-73
Mendiola, Concepcion M -pg. D-2-30
Mendiola, Concepcion R -pg. D-11-52
Mendiola, Concepcion S -pg. D-1-184
Mendiola, Concepcion U -pg. D-11-41
Mendiola, Conselasion S -pg. D-11-18
Mendiola, Consolacion P -pg. D-1-254
Mendiola, Consolacion SN -pg. D-1-241
Mendiola, Consolacion T -pg. D-1-241
Mendiola, David M -pg. D-10-20
Mendiola, Dolores -pg. D-3-22
Mendiola, Dolores A -pg. D-1-240
Mendiola, Dolores B -pg. D-7-11
Mendiola, Dolores LG -pg. D-11-48
Mendiola, Dolores M -pg. D-10-26
Mendiola, Dometro -pg. D-3-21
Mendiola, Edita M -pg. D-1-204
Mendiola, Edwardo P -pg. D-10-45
Mendiola, Elena -pg. D-3-22
Mendiola, Elias C -pg. D-1-73
Mendiola, Elisa S -pg. D-1-385
Mendiola, Eliza C -pg. D-1-57
Mendiola, Emilia P -pg. D-1-172
Mendiola, Engracia R -pg. D-1-38
Mendiola, Enrique R -pg. D-11-43
Mendiola, Estella A -pg. D-11-29
Mendiola, Esther SA -pg. D-1-159
Mendiola, Felicidad M -pg. D-10-29
Mendiola, Fernando R -pg. D-1-230
Mendiola, Fidela -pg. D-3-22
Mendiola, Filomena U -pg. D-1-139
Mendiola, Francisca C -pg. D-1-396
Mendiola, Francisca C -pg. D-7-11
Mendiola, Francisca C -pg. D-10-20
Mendiola, Francisca E -pg. D-10-19
Mendiola, Francisca P -pg. D-10-45
Mendiola, Francisco -pg. D-7-5
Mendiola, Francisco A -pg. D-1-232
Mendiola, Francisco A -pg. D-11-29
Mendiola, Francisco C -pg. D-1-19
Mendiola, Francisco C -pg. D-11-42
Mendiola, Francisco G -pg. D-1-149
Mendiola, Francisco J -pg. D-1-164
Mendiola, Francisco LG -pg. D-11-48
Mendiola, Francisco N -pg. D-1-149
Mendiola, Francisco P -pg. D-1-174
Mendiola, Francisco P -pg. D-1-254
Mendiola, Francisco R -pg. D-1-38
Mendiola, Francisco U -pg. D-11-29
Mendiola, Francisco U -pg. D-11-48
Mendiola, Fromina I -pg. D-1-41
Mendiola, Gabriel S -pg. D-1-316
Mendiola, Geronimo C -pg. D-11-10
Mendiola, Gertrudes C -pg. D-2-1
Mendiola, Gloria A -pg. D-1-322
Mendiola, Gloria M -pg. D-1-54
Mendiola, Gloria M -pg. D-1-54
Mendiola, Gloria SA -pg. D-1-160
Mendiola, Gonzalo A -pg. D-1-232
Mendiola, Gregorio -pg. D-3-22
Mendiola, Gregorio C -pg. D-11-42
Mendiola, Gregorio G -pg. D-11-9
Mendiola, Guadalupe -pg. D-3-22

INDEX
1940 Population Census of Guam: Transcribed

Mendiola, Guadalupe M -pg. D-1-310
Mendiola, Higinio F -pg. D-1-34
Mendiola, Ignacio B -pg. D-10-45
Mendiola, Ignacio C -pg. D-1-395
Mendiola, Ignacio M -pg. D-1-311
Mendiola, Ignacio P -pg. D-1-54
Mendiola, Ignacio P -pg. D-1-174
Mendiola, Ignacio Q -pg. D-11-54
Mendiola, Ignacio R -pg. D-2-1
Mendiola, Ignacio S -pg. D-1-184
Mendiola, Ignacio S -pg. D-11-52
Mendiola, Inez C -pg. D-9-19
Mendiola, Isabel A -pg. D-11-29
Mendiola, Isabel C -pg. D-1-396
Mendiola, Isidro M -pg. D-7-12
Mendiola, Jesus -pg. D-3-22
Mendiola, Jesus A -pg. D-1-57
Mendiola, Jesus A -pg. D-15-17
Mendiola, Jesus A -pg. D-15-31
Mendiola, Jesus B -pg. D-1-370
Mendiola, Jesus C -pg. D-1-19
Mendiola, Jesus C -pg. D-7-11
Mendiola, Jesus C -pg. D-10-20
Mendiola, Jesus G -pg. D-11-9
Mendiola, Jesus LG -pg. D-11-48
Mendiola, Jesus M -pg. D-10-20
Mendiola, Jesus M -pg. D-11-41
Mendiola, Jesus M -pg. D-11-73
Mendiola, Jesus P -pg. D-1-54
Mendiola, Jesus P -pg. D-1-54
Mendiola, Jesus P -pg. D-1-175
Mendiola, Jesus S -pg. D-1-133
Mendiola, Jesus S -pg. D-1-385
Mendiola, Jesus SA -pg. D-7-9
Mendiola, Jesusa E -pg. D-10-19
Mendiola, Jesusa R -pg. D-11-44
Mendiola, Joaquin -pg. D-3-3
Mendiola, Joaquin -pg. D-3-21
Mendiola, Joaquin -pg. D-4-40
Mendiola, Joaquin B -pg. D-1-254
Mendiola, Joaquin C -pg. D-1-224
Mendiola, Joaquin L -pg. D-1-349
Mendiola, Joaquin M -pg. D-1-55
Mendiola, Joaquina A -pg. D-1-322
Mendiola, Joaquina C -pg. D-1-224
Mendiola, Joaquina C -pg. D-11-10
Mendiola, Joaquina M -pg. D-1-310
Mendiola, John R -pg. D-1-224
Mendiola, Jose -pg. D-3-20
Mendiola, Jose -pg. D-4-3
Mendiola, Jose -pg. D-4-35
Mendiola, Jose A -pg. D-1-33
Mendiola, Jose B -pg. D-1-322
Mendiola, Jose B -pg. D-1-370
Mendiola, Jose B -pg. D-7-11
Mendiola, Jose C -pg. D-1-99
Mendiola, Jose C -pg. D-1-396
Mendiola, Jose C -pg. D-2-1
Mendiola, Jose C -pg. D-10-20
Mendiola, Jose E -pg. D-10-19
Mendiola, Jose F -pg. D-1-34
Mendiola, Jose F -pg. D-1-240
Mendiola, Jose G -pg. D-1-184
Mendiola, Jose G -pg. D-11-9

Mendiola, Jose G -pg. D-15-31
Mendiola, Jose M -pg. D-1-55
Mendiola, Jose M -pg. D-1-232
Mendiola, Jose M -pg. D-1-301
Mendiola, Jose M -pg. D-1-311
Mendiola, Jose M -pg. D-1-326
Mendiola, Jose M -pg. D-7-12
Mendiola, Jose N -pg. D-7-4
Mendiola, Jose P -pg. D-1-54
Mendiola, Jose P -pg. D-1-174
Mendiola, Jose P -pg. D-7-4
Mendiola, Jose SA -pg. D-7-9
Mendiola, Josefa B -pg. D-7-11
Mendiola, Josefina A -pg. D-1-254
Mendiola, Joseph M -pg. D-1-204
Mendiola, Jovita P -pg. D-10-45
Mendiola, Juan -pg. D-3-3
Mendiola, Juan -pg. D-3-3
Mendiola, Juan -pg. D-3-13
Mendiola, Juan -pg. D-3-22
Mendiola, Juan -pg. D-5-23
Mendiola, Juan -pg. D-5-47
Mendiola, Juan J -pg. D-1-385
Mendiola, Juan C -pg. D-1-19
Mendiola, Juan C -pg. D-1-38
Mendiola, Juan C -pg. D-1-41
Mendiola, Juan C -pg. D-1-54
Mendiola, Juan C -pg. D-1-57
Mendiola, Juan C -pg. D-1-99
Mendiola, Juan C -pg. D-1-396
Mendiola, Juan C -pg. D-9-19
Mendiola, Juan C -pg. D-10-19
Mendiola, Juan C -pg. D-10-20
Mendiola, Juan C -pg. D-10-26
Mendiola, Juan C -pg. D-11-10
Mendiola, Juan F -pg. D-11-82
Mendiola, Juan G -pg. D-11-9
Mendiola, Juan L -pg. D-1-232
Mendiola, Juan L -pg. D-1-328
Mendiola, Juan M -pg. D-1-73
Mendiola, Juan M -pg. D-1-208
Mendiola, Juan M -pg. D-1-310
Mendiola, Juan M -pg. D-10-26
Mendiola, Juan N -pg. D-2-40
Mendiola, Juan N -pg. D-7-9
Mendiola, Juan P -pg. D-1-172
Mendiola, Juan P -pg. D-1-174
Mendiola, Juan Q -pg. D-11-17
Mendiola, Juan S -pg. D-1-77
Mendiola, Juan S -pg. D-1-385
Mendiola, Juan SA -pg. D-7-9
Mendiola, Juana P -pg. D-7-4
Mendiola, Julia C -pg. D-1-57
Mendiola, Julia C -pg. D-1-224
Mendiola, Julian C -pg. D-1-73
Mendiola, Juliana C -pg. D-1-396
Mendiola, Julita P -pg. D-10-45
Mendiola, Leonardo R -pg. D-1-38
Mendiola, Lina S -pg. D-2-1
Mendiola, Lourdes I -pg. D-1-41
Mendiola, Lourdes J -pg. D-10-29
Mendiola, Lourdes LG -pg. D-1-370
Mendiola, Lourdes M -pg. D-1-292
Mendiola, Lourdes M -pg. D-7-12

Mendiola, Lucia I -pg. D-1-41
Mendiola, Luis S -pg. D-11-18
Mendiola, Lydia A -pg. D-11-29
Mendiola, M S -pg. D-1-292
Mendiola, Magdalena J -pg. D-1-385
Mendiola, Magdalena LG -pg. D-1-370
Mendiola, Magdalena M -pg. D-1-54
Mendiola, Magdalena S -pg. D-1-385
Mendiola, Manuel -pg. D-3-13
Mendiola, Manuel -pg. D-3-13
Mendiola, Manuel B -pg. D-11-42
Mendiola, Manuel P -pg. D-1-54
Mendiola, Manuel S -pg. D-1-385
Mendiola, Margarita F -pg. D-1-298
Mendiola, Maria A -pg. D-11-29
Mendiola, Maria C -pg. D-1-19
Mendiola, Maria C -pg. D-1-57
Mendiola, Maria C -pg. D-1-99
Mendiola, Maria C -pg. D-1-208
Mendiola, Maria C -pg. D-1-324
Mendiola, Maria C -pg. D-1-395
Mendiola, Maria C -pg. D-10-20
Mendiola, Maria C -pg. D-11-42
Mendiola, Maria E -pg. D-10-19
Mendiola, Maria F -pg. D-1-33
Mendiola, Maria I -pg. D-1-41
Mendiola, Maria I -pg. D-1-372
Mendiola, Maria I -pg. D-1-372
Mendiola, Maria LG -pg. D-1-316
Mendiola, Maria LG -pg. D-1-316
Mendiola, Maria M -pg. D-1-204
Mendiola, Maria P -pg. D-1-54
Mendiola, Maria P -pg. D-1-172
Mendiola, Maria P -pg. D-1-174
Mendiola, Maria P -pg. D-1-254
Mendiola, Maria P -pg. D-1-305
Mendiola, Maria P -pg. D-10-45
Mendiola, Maria Q -pg. D-11-17
Mendiola, Maria R -pg. D-1-38
Mendiola, Maria S -pg. D-1-184
Mendiola, Maria SA -pg. D-1-120
Mendiola, Maria T -pg. D-1-133
Mendiola, Maria U -pg. D-11-41
Mendiola, Maria W -pg. D-11-9
Mendiola, Mariano B -pg. D-1-174
Mendiola, Mariano C -pg. D-1-224
Mendiola, Mariano C -pg. D-7-11
Mendiola, Mariano M -pg. D-11-41
Mendiola, Mariano P -pg. D-1-175
Mendiola, Mariano R -pg. D-11-41
Mendiola, Martina S -pg. D-11-18
Mendiola, Matilde C -pg. D-1-69
Mendiola, Matilde C -pg. D-1-73
Mendiola, Miguela B -pg. D-11-38
Mendiola, Nicolas M -pg. D-1-14
Mendiola, Norberto P -pg. D-1-172
Mendiola, Pablo R -pg. D-1-38
Mendiola, Patricia P -pg. D-10-45
Mendiola, Pedro -pg. D-3-21
Mendiola, Pedro -pg. D-4-39
Mendiola, Pedro C -pg. D-1-172
Mendiola, Pedro SA -pg. D-1-120
Mendiola, Pilar -pg. D-3-21
Mendiola, Pilar C -pg. D-1-19

INDEX
1940 Population Census of Guam: Transcribed

Mendiola, Presentacion C -pg. D-9-19
Mendiola, Presiosa G -pg. D-11-9
Mendiola, Priscilla C -pg. D-7-11
Mendiola, Priscilla P -pg. D-1-174
Mendiola, Rafael E -pg. D-10-19
Mendiola, Rafael M -pg. D-1-14
Mendiola, Ramona F -pg. D-1-33
Mendiola, Regino Q -pg. D-11-38
Mendiola, Ricardo SA -pg. D-7-9
Mendiola, Rita C -pg. D-1-208
Mendiola, Rita C -pg. D-1-230
Mendiola, Rita M -pg. D-7-12
Mendiola, Rita Q -pg. D-10-8
Mendiola, Rita SA -pg. D-1-159
Mendiola, Rosa -pg. D-5-47
Mendiola, Rosa C -pg. D-1-19
Mendiola, Rosa C -pg. D-2-1
Mendiola, Rosa E -pg. D-10-19
Mendiola, Rosa Fejeran -pg. D-3-13
Mendiola, Rosa M -pg. D-10-26
Mendiola, Rosa M -pg. D-10-26
Mendiola, Rosa Q -pg. D-11-17
Mendiola, Rosa R -pg. D-11-52
Mendiola, Rosa S -pg. D-1-385
Mendiola, Rosa SN -pg. D-11-52
Mendiola, Rosa T -pg. D-1-241
Mendiola, Rosario M -pg. D-1-73
Mendiola, Rose SN -pg. D-11-10
Mendiola, Rufina P -pg. D-1-54
Mendiola, Serafina P -pg. D-1-174
Mendiola, Soledad C -pg. D-7-11
Mendiola, Soledad P -pg. D-1-254
Mendiola, Soledad SN -pg. D-1-241
Mendiola, Sylvania LG -pg. D-1-370
Mendiola, Teresa C -pg. D-1-19
Mendiola, Teresa R -pg. D-11-44
Mendiola, Thomas A -pg. D-11-29
Mendiola, Tomas F -pg. D-1-298
Mendiola, Tomas I -pg. D-1-41
Mendiola, Tomas LG -pg. D-1-370
Mendiola, Tomas P -pg. D-1-54
Mendiola, Tomasa SN -pg. D-1-241
Mendiola, Ursula A -pg. D-1-232
Mendiola, Ursula A -pg. D-15-31
Mendiola, Valentin R -pg. D-1-38
Mendiola, Venancio P -pg. D-1-370
Mendiola, Veronica C -pg. D-1-224
Mendiola, Vicenta C -pg. D-11-42
Mendiola, Vicente -pg. D-5-47
Mendiola, Vicente A -pg. D-2-30
Mendiola, Vicente G -pg. D-1-328
Mendiola, Vicente L -pg. D-1-34
Mendiola, Vicente M -pg. D-1-99
Mendiola, Vicente M -pg. D-1-307
Mendiola, Vicente N -pg. D-1-149
Mendiola, Vicente P -pg. D-1-54
Mendiola, Vicente P -pg. D-1-175
Mendiola, Vicente P -pg. D-1-254
Mendiola, Vicente Q -pg. D-11-54
Mendiola, Vicente SN -pg. D-1-241
Mendiola, Vicente T -pg. D-1-241
Mendiola, Virginia C -pg. D-1-54
Mendoza, Ana -pg. D-5-23
Meno, Alejo B -pg. D-12-1

Meno, Ana A -pg. D-6-23
Meno, Ana B -pg. D-12-1
Meno, Ana C -pg. D-1-81
Meno, Ana C -pg. D-6-9
Meno, Ana C -pg. D-6-11
Meno, Ana L -pg. D-6-9
Meno, Ana N -pg. D-6-14
Meno, Angel C -pg. D-8-24
Meno, Antonia C -pg. D-6-12
Meno, Antonia C -pg. D-6-20
Meno, Antonia C -pg. D-6-26
Meno, Antonina N -pg. D-8-26
Meno, Antonio M -pg. D-8-34
Meno, Antonio N -pg. D-6-9
Meno, Antonio P -pg. D-1-301
Meno, Anuncia -pg. D-3-8
Meno, Asuncion C -pg. D-6-41
Meno, Asuncion Q -pg. D-8-24
Meno, Beatrice T -pg. D-6-30
Meno, Benjamin Q -pg. D-8-24
Meno, Candelaria LG -pg. D-6-22
Meno, Carmen C -pg. D-7-4
Meno, Carmen M -pg. D-6-23
Meno, Charlie M -pg. D-8-16
Meno, Clotilde -pg. D-12-1
Meno, Concepcion L -pg. D-6-9
Meno, Concepcion L -pg. D-6-9
Meno, Concepcion M -pg. D-6-18
Meno, Consalacion C -pg. D-6-26
Meno, Consolacion -pg. D-3-16
Meno, Consolacion N -pg. D-6-14
Meno, Consolacion P -pg. D-6-6
Meno, Consuelo M -pg. D-6-21
Meno, Cornelia C -pg. D-6-23
Meno, Cornelia C -pg. D-6-41
Meno, David -pg. D-3-8
Meno, Delfina D -pg. D-6-23
Meno, Dolores A -pg. D-12-7
Meno, Dolores B -pg. D-12-1
Meno, Dolores C -pg. D-6-10
Meno, Dolores C -pg. D-6-26
Meno, Dolores Q -pg. D-6-34
Meno, Dometro Q -pg. D-8-26
Meno, Edivies LG -pg. D-6-22
Meno, Edward A -pg. D-6-23
Meno, Elena C -pg. D-6-11
Meno, Elena C -pg. D-6-16
Meno, Eliza C -pg. D-6-10
Meno, Encarnacion M -pg. D-6-27
Meno, Enrique C -pg. D-6-20
Meno, Enrique M -pg. D-6-38
Meno, Enriqueta C -pg. D-6-9
Meno, Esteban C -pg. D-6-21
Meno, Estella B -pg. D-12-1
Meno, Esther C -pg. D-6-21
Meno, Felicita C -pg. D-8-16
Meno, Felipe M -pg. D-15-14
Meno, Felipe Q -pg. D-6-21
Meno, Felix M -pg. D-6-23
Meno, Felix P -pg. D-1-172
Meno, Fidela C -pg. D-6-21
Meno, Florentina C -pg. D-6-16
Meno, Francisca P -pg. D-1-172
Meno, Francisco C -pg. D-6-21

Meno, Francisco D -pg. D-6-6
Meno, Francisco M -pg. D-6-23
Meno, Francisco P -pg. D-7-4
Meno, Francisco T -pg. D-6-31
Meno, Genoveva C -pg. D-6-9
Meno, Genoveva C -pg. D-6-10
Meno, Geronimo M -pg. D-8-14
Meno, Geronimo SN -pg. D-6-23
Meno, Gregorio -pg. D-4-24
Meno, Gregorio B -pg. D-1-93
Meno, Isabel A -pg. D-1-109
Meno, Isabel Q -pg. D-6-40
Meno, Isabel Q -pg. D-8-34
Meno, Isabel SN -pg. D-6-15
Meno, Isidro M -pg. D-7-4
Meno, Jesus -pg. D-3-8
Meno, Jesus C -pg. D-6-15
Meno, Jesus C -pg. D-6-20
Meno, Jesus L -pg. D-6-40
Meno, Jesus M -pg. D-6-38
Meno, Jesus N -pg. D-6-26
Meno, Jesus N -pg. D-8-26
Meno, Jesus P -pg. D-1-172
Meno, Jesus Q -pg. D-6-34
Meno, Jesus T -pg. D-8-35
Meno, Jesusa A -pg. D-12-8
Meno, Joaquin L -pg. D-11-73
Meno, Joaquin LG -pg. D-6-11
Meno, Joaquin T -pg. D-6-37
Meno, Joaquín T -pg. D-6-31
Meno, Joaquina C -pg. D-6-10
Meno, Jose -pg. D-4-24
Meno, Jose A -pg. D-1-109
Meno, Jose B -pg. D-1-109
Meno, Jose C -pg. D-6-10
Meno, Jose C -pg. D-6-12
Meno, Jose C -pg. D-8-16
Meno, Jose L -pg. D-6-36
Meno, Jose LG -pg. D-6-22
Meno, Jose M -pg. D-1-176
Meno, Jose M -pg. D-6-27
Meno, Jose M -pg. D-6-30
Meno, Jose M -pg. D-6-38
Meno, Jose M -pg. D-8-16
Meno, Jose M -pg. D-15-12
Meno, Jose N -pg. D-6-22
Meno, Jose P -pg. D-1-93
Meno, Jose Q -pg. D-6-34
Meno, Jose SN -pg. D-1-308
Meno, Jose T -pg. D-6-11
Meno, Jose T -pg. D-8-35
Meno, Josefina A -pg. D-6-23
Meno, Josefina C -pg. D-1-81
Meno, Josefina M -pg. D-6-23
Meno, Juan -pg. D-3-8
Meno, Juan C -pg. D-6-12
Meno, Juan G -pg. D-1-125
Meno, Juan LG -pg. D-11-76
Meno, Juan M -pg. D-6-23
Meno, Juan M -pg. D-6-23
Meno, Juan N -pg. D-6-39
Meno, Juan P -pg. D-6-16
Meno, Juan Q -pg. D-6-40
Meno, Juan T -pg. D-6-23

INDEX
1940 Population Census of Guam: Transcribed

Meno, Juan T -pg. D-6-37
Meno, Juanita C -pg. D-6-21
Meno, Julia M -pg. D-6-14
Meno, Justina M -pg. D-6-22
Meno, Lorenzo A -pg. D-12-8
Meno, Lourdes A -pg. D-6-23
Meno, M P -pg. D-1-93
Meno, Magdalena T -pg. D-8-35
Meno, Manuel C -pg. D-6-9
Meno, Manuel C -pg. D-6-41
Meno, Manuel L -pg. D-6-9
Meno, Manuela P -pg. D-6-3
Meno, Margarita C -pg. D-6-41
Meno, Margarita SN -pg. D-6-20
Meno, Margarita T -pg. D-6-37
Meno, Maria -pg. D-4-24
Meno, Maria -pg. D-4-24
Meno, Maria B -pg. D-1-93
Meno, Maria B -pg. D-1-162
Meno, Maria B -pg. D-12-1
Meno, Maria B -pg. D-12-1
Meno, Maria C -pg. D-6-12
Meno, Maria C -pg. D-6-21
Meno, Maria C -pg. D-6-27
Meno, Maria C -pg. D-6-36
Meno, Maria G -pg. D-1-125
Meno, Maria L -pg. D-6-9
Meno, Maria M -pg. D-6-23
Meno, Maria P -pg. D-6-6
Meno, Maria P -pg. D-6-6
Meno, Maria Q -pg. D-6-40
Meno, Maria Q -pg. D-8-24
Meno, Maria T -pg. D-6-37
Meno, Maria T -pg. D-8-10
Meno, Mariano T -pg. D-8-23
Meno, Matilde T -pg. D-1-155
Meno, Natividad C -pg. D-6-17
Meno, Natividad T -pg. D-8-35
Meno, Nicolasa G -pg. D-1-125
Meno, Patronilla C -pg. D-6-16
Meno, Pedro A -pg. D-12-8
Meno, Pedro C -pg. D-6-41
Meno, Pedro C -pg. D-8-35
Meno, Prudencio C -pg. D-6-16
Meno, Quintin M -pg. D-12-19
Meno, Ramon LG -pg. D-6-17
Meno, Ramon M -pg. D-12-1
Meno, Ramon T -pg. D-6-37
Meno, Ramon T -pg. D-8-35
Meno, Regina M -pg. D-6-23
Meno, Regino C -pg. D-6-41
Meno, Remedios C -pg. D-6-41
Meno, Remedios N -pg. D-6-39
Meno, Rita C -pg. D-6-10
Meno, Rita P -pg. D-6-6
Meno, Roman C -pg. D-6-20
Meno, Rosano C -pg. D-6-12
Meno, Rosario Q -pg. D-6-40
Meno, Rosita C -pg. D-6-21
Meno, Soledad P -pg. D-6-2
Meno, Sylvia M -pg. D-6-23
Meno, Teodora C -pg. D-8-34
Meno, Teodora M -pg. D-1-364
Meno, Teresita C -pg. D-6-17

Meno, Teresita M -pg. D-1-232
Meno, Tomas G -pg. D-1-125
Meno, Tomas T -pg. D-8-35
Meno, Vicenta -pg. D-4-24
Meno, Vicenta B -pg. D-1-93
Meno, Vicenta P -pg. D-1-172
Meno, Vicente -pg. D-4-14
Meno, Vicente C -pg. D-6-11
Meno, Vicente C -pg. D-6-12
Meno, Vicente C -pg. D-6-20
Meno, Vicente C -pg. D-6-26
Meno, Vicente C -pg. D-6-39
Meno, Vicente C -pg. D-12-7
Meno, Vicente L -pg. D-6-9
Meno, Vicente M -pg. D-6-20
Meno, Vicente P -pg. D-6-6
Meno, Vicente T -pg. D-6-23
Meno, Vicente T -pg. D-6-31
Merfalen, Jose M -pg. D-11-82
Merriet, Frances I -pg. D-1-374
Merriet, Lida G -pg. D-1-374
Merriet, Lonnie C -pg. D-1-374
Mesa, Alfonsina P -pg. D-2-30
Mesa, Alfred LG -pg. D-1-255
Mesa, Ana -pg. D-5-17
Mesa, Ana A -pg. D-1-315
Mesa, Ana C -pg. D-15-9
Mesa, Ana LG -pg. D-1-75
Mesa, Ana M -pg. D-1-344
Mesa, Ana P -pg. D-1-33
Mesa, Ana P -pg. D-2-30
Mesa, Andriano C -pg. D-1-340
Mesa, Anito LG -pg. D-1-76
Mesa, Anthony R -pg. D-1-65
Mesa, Antonia C -pg. D-1-341
Mesa, Antonia P -pg. D-1-140
Mesa, Antonio C -pg. D-15-9
Mesa, Antonio LG -pg. D-1-370
Mesa, Antonio M -pg. D-1-14
Mesa, Antonio P -pg. D-1-140
Mesa, Antonio R -pg. D-1-150
Mesa, Antonio R -pg. D-9-22
Mesa, Antonio T -pg. D-1-75
Mesa, Brigida T -pg. D-11-51
Mesa, Candelaria S -pg. D-1-237
Mesa, Candelaria T -pg. D-11-51
Mesa, Carmen C -pg. D-11-38
Mesa, Carmen F -pg. D-1-235
Mesa, Carmen M -pg. D-1-344
Mesa, Cecilia M -pg. D-1-237
Mesa, Clotilde G -pg. D-10-26
Mesa, Concepcion A -pg. D-1-146
Mesa, Concepcion C -pg. D-9-14
Mesa, Concepcion F -pg. D-1-237
Mesa, Consolacion M -pg. D-1-14
Mesa, Consolasion S -pg. D-14-14
Mesa, Consuelo R -pg. D-1-150
Mesa, Dolores A -pg. D-1-65
Mesa, Dolores C -pg. D-1-43
Mesa, Dolores C -pg. D-1-90
Mesa, Dolores C -pg. D-1-125
Mesa, Dolores L -pg. D-1-242
Mesa, Dolores LG -pg. D-1-255
Mesa, Dolores M -pg. D-1-332

Mesa, Dorothy V -pg. D-1-65
Mesa, Eduardo C -pg. D-1-352
Mesa, Edward C -pg. D-15-9
Mesa, Eliaas V -pg. D-1-65
Mesa, Elutero T -pg. D-11-51
Mesa, Emelia P -pg. D-1-100
Mesa, Emilia L -pg. D-1-9
Mesa, Engracia A -pg. D-1-315
Mesa, Enrique P -pg. D-1-100
Mesa, Enrique P -pg. D-2-43
Mesa, Enrique R -pg. D-1-296
Mesa, Ernesto C -pg. D-1-344
Mesa, Espiranza B -pg. D-1-340
Mesa, Felix -pg. D-5-17
Mesa, Felix -pg. D-5-17
Mesa, Felix C -ab -pg. D-2-18
Mesa, Felix V -pg. D-1-246
Mesa, Fernando LG -pg. D-1-255
Mesa, Francisca R -pg. D-1-296
Mesa, Francisco -pg. D-5-20
Mesa, Francisco A -pg. D-1-9
Mesa, Francisco C -pg. D-1-43
Mesa, Francisco C -pg. D-11-38
Mesa, Francisco F -pg. D-1-237
Mesa, Francisco G -pg. D-10-26
Mesa, Francisco M -pg. D-6-37
Mesa, Francisco P -pg. D-1-71
Mesa, Francisco P -pg. D-1-100
Mesa, Francisco P -pg. D-11-38
Mesa, Francisco R -pg. D-1-296
Mesa, Francises C -pg. D-10-21
Mesa, Geraldo A -pg. D-1-146
Mesa, Geronimo DLR -pg. D-1-237
Mesa, Gonzalo P -pg. D-1-140
Mesa, Honor LG -pg. D-1-75
Mesa, Ignacio C -pg. D-1-341
Mesa, Ignacio M -pg. D-1-68
Mesa, Isabel B -pg. D-1-125
Mesa, Isabel G -pg. D-10-26
Mesa, Isabel M -pg. D-1-14
Mesa, Jesus -pg. D-4-2
Mesa, Jesus C -pg. D-1-14
Mesa, Jesus G -pg. D-10-26
Mesa, Jesus G -pg. D-15-9
Mesa, Jesus LG -pg. D-1-255
Mesa, Jesus M -pg. D-1-14
Mesa, Jesus P -pg. D-1-71
Mesa, Jesus P -pg. D-1-100
Mesa, Jesus P -pg. D-2-30
Mesa, Jesus R -pg. D-1-150
Mesa, Jesusa B -pg. D-1-70
Mesa, Joaquin -pg. D-5-44
Mesa, Joaquin A -pg. D-1-315
Mesa, Joaquin B -pg. D-1-70
Mesa, Joaquin C -pg. D-1-125
Mesa, Joaquin M -pg. D-1-204
Mesa, Joaquin P -pg. D-2-30
Mesa, Joaquin T -pg. D-1-70
Mesa, Joaquina -pg. D-5-20
Mesa, Jose -pg. D-5-29
Mesa, Jose -pg. D-5-44
Mesa, Jose -pg. D-5-46
Mesa, Jose -pg. D-5-62
Mesa, Jose A -pg. D-1-237

INDEX
1940 Population Census of Guam: Transcribed

Mesa, Jose C ab -pg. D-1-150
Mesa, Jose F -pg. D-1-69
Mesa, Jose L -pg. D-1-9
Mesa, Jose LG -pg. D-1-104
Mesa, Jose M -pg. D-1-14
Mesa, Jose M -pg. D-1-204
Mesa, Jose M -pg. D-1-344
Mesa, Jose M -pg. D-2-30
Mesa, Jose P -pg. D-1-140
Mesa, Jose P -pg. D-12-1
Mesa, Jose R -pg. D-1-150
Mesa, Jose R -pg. D-1-296
Mesa, Jose S -pg. D-1-247
Mesa, Jose T -pg. D-1-68
Mesa, Jose W -pg. D-1-140
Mesa, Josefa B -pg. D-1-140
Mesa, Josefina O -pg. D-1-150
Mesa, Josefina G -pg. D-10-26
Mesa, Josefina R -pg. D-1-296
Mesa, Joseph M -pg. D-1-104
Mesa, Joycelyn A -pg. D-1-65
Mesa, Juan -pg. D-5-20
Mesa, Juan C -pg. D-1-120
Mesa, Juan C -pg. D-1-167
Mesa, Juan C -pg. D-11-38
Mesa, Juan C -pg. D-11-51
Mesa, Juan C -pg. D-11-74
Mesa, Juan F -pg. D-1-100
Mesa, Juan L -pg. D-1-9
Mesa, Juan LG -pg. D-10-21
Mesa, Juan M -pg. D-1-90
Mesa, Juan M -pg. D-2-18
Mesa, Juan P -pg. D-1-71
Mesa, Juan P -pg. D-1-100
Mesa, Juan P -pg. D-1-140
Mesa, Juan P -pg. D-2-30
Mesa, Juan R -pg. D-1-296
Mesa, Juana -pg. D-4-2
Mesa, Juanita R -pg. D-9-14
Mesa, Julia C -pg. D-10-21
Mesa, Julia P -pg. D-1-71
Mesa, Juliana C -pg. D-1-247
Mesa, Loraine L -pg. D-1-242
Mesa, Loria C -pg. D-1-43
Mesa, Luis C -pg. D-14-14
Mesa, Lulu L -pg. D-1-242
Mesa, Manuel -pg. D-1-82
Mesa, Manuel C -pg. D-10-26
Mesa, Manuel R -pg. D-1-246
Mesa, Margarita M -pg. D-1-14
Mesa, Margarita M -pg. D-1-204
Mesa, Margarita M -pg. D-1-344
Mesa, Margarita R -pg. D-1-296
Mesa, Maria -pg. D-5-44
Mesa, Maria B -pg. D-1-70
Mesa, Maria B -pg. D-1-125
Mesa, Maria C -pg. D-1-43
Mesa, Maria C -pg. D-1-69
Mesa, Maria F -pg. D-1-237
Mesa, Maria L -pg. D-1-241
Mesa, Maria P -pg. D-1-33
Mesa, Maria P -pg. D-1-71
Mesa, Maria P -pg. D-2-30
Mesa, Maria R -pg. D-1-235

Mesa, Maria R -pg. D-1-246
Mesa, Maria R -pg. D-9-22
Mesa, Maria T -pg. D-1-370
Mesa, Maria U -pg. D-1-120
Mesa, Maria U -pg. D-1-120
Mesa, Mariano C -pg. D-1-296
Mesa, Mary Jane -pg. D-9-14
Mesa, Misterio LG -pg. D-1-75
Mesa, Patsy L -pg. D-1-242
Mesa, Pedro -pg. D-5-20
Mesa, Pedro B -pg. D-1-70
Mesa, Pedro N -pg. D-2-43
Mesa, Pito LG -pg. D-1-75
Mesa, Ramon -pg. D-4-22
Mesa, Remedios C -pg. D-1-43
Mesa, Remedios L -pg. D-1-242
Mesa, Remedios P -pg. D-1-33
Mesa, Rita C -pg. D-2-18
Mesa, Rita M -pg. D-1-204
Mesa, Rita P -pg. D-1-33
Mesa, Rita W -pg. D-1-140
Mesa, Rosa -pg. D-5-29
Mesa, Rosa F -pg. D-1-237
Mesa, Rosa G -pg. D-10-26
Mesa, Rosa P -pg. D-1-71
Mesa, Rosa T -pg. D-1-68
Mesa, Rosalia M -pg. D-1-344
Mesa, Rosalia U -pg. D-1-104
Mesa, Rosalie R -pg. D-1-387
Mesa, Rosario C -pg. D-1-352
Mesa, Rosario M -pg. D-1-14
Mesa, Rosario P -pg. D-1-100
Mesa, Rosario P -pg. D-2-30
Mesa, Rosita -pg. D-5-17
Mesa, Roy B -pg. D-1-65
Mesa, Rufina A -pg. D-1-146
Mesa, Rufina G -pg. D-10-26
Mesa, Rufina S -pg. D-1-231
Mesa, Soledad F -pg. D-1-237
Mesa, Soledad M -pg. D-1-14
Mesa, Susana B -pg. D-1-340
Mesa, Sylvia T -pg. D-1-65
Mesa, Teresita C -pg. D-1-43
Mesa, Teresita C -pg. D-15-9
Mesa, Teresita R -pg. D-1-296
Mesa, Tomas L -pg. D-1-242
Mesa, Tomas R (ab) -pg. D-1-241
Mesa, Tomas S -pg. D-1-125
Mesa, Tomas W -pg. D-1-140
Mesa, Tomasa C -pg. D-2-18
Mesa, Trinidad C -pg. D-11-38
Mesa, Veronica N -pg. D-2-43
Mesa, Vicenta F -pg. D-1-237
Mesa, Vicente -pg. D-5-17
Mesa, Vicente -pg. D-5-44
Mesa, Vicente B -pg. D-1-70
Mesa, Vicente B -pg. D-1-140
Mesa, Vicente C -pg. D-1-352
Mesa, Vicente C -pg. D-2-18
Mesa, Vicente L -pg. D-1-242
Mesa, Vicente LG -pg. D-1-75
Mesa, Vicente LG -pg. D-1-255
Mesa, Vicente LG -pg. D-1-370
Mesa, Vicente M -pg. D-1-237

Mesa, Vicente M -pg. D-7-8
Mesa, Vicente R -pg. D-1-355
Mesa, Vicente R -pg. D-9-22
Mesa, Vicente Salas -pg. D-1-43
Mesa, Vicente W -pg. D-1-140
Mesa, William C -pg. D-15-9
Metcalfet, Thelma K -pg. D-1-305
Miazaki, Francisco F -pg. D-10-30
Miazaki, Francisco S N -pg. D-10-30
Miazaki, Maria S N -pg. D-10-30
Miazaki, Pedro S N -pg. D-10-30
Miazaki, Rita S N -pg. D-10-30
Miazaki, Rita S N -pg. D-10-30
Miazaki, Rosario SN -pg. D-1-215
Miller, Clifford L -pg. D-11-75
Miller, Karolyn H -pg. D-1-404
Miller, Kathryn H -pg. D-10-18
Miller, Kenneth R -pg. D-1-404
Miller, Kenneth R -pg. D-10-18
Miller, Orin R -pg. D-11-72
Miller, Peter R -pg. D-1-404
Miller, Peter R -pg. D-10-18
Millinchamp, Enrique -pg. D-5-23
Mills, James T -pg. D-11-79
Miner, Baldomero -pg. D-5-60
Miner, Baldomero P -pg. D-1-192
Miner, Enrique -pg. D-5-60
Miner, Joaquin -pg. D-5-60
Miner, Joaquina A -pg. D-1-310
Miner, Jose U -pg. D-1-301
Miner, Leonisa M -pg. D-1-311
Miner, Maria -pg. D-5-60
Miner, Sista -pg. D-5-60
Misara, Rosa M -pg. D-1-14
Moller, William E -pg. D-11-69
Moody, Jack S -pg. D-11-79
Moran, Carolyne M -pg. D-1-62
Moran, Daniel F -pg. D-1-62
Morcilla, Dorotea P -pg. D-1-82
Morcilla, Frank P -pg. D-1-83
Morcilla, Jesus D -pg. D-1-82
Morcilla, Jose P -pg. D-1-83
Morcilla, Maria P -pg. D-1-82
Morcilla, Oliva P -pg. D-1-83
Morita, Joaquin -pg. D-3-6
Morita, Jose -pg. D-3-7
Mott, Elias B -pg. D-11-77
Muna, Ambrosio M -pg. D-9-18
Muna, Amelia Q -pg. D-2-41
Muna, Ana G -pg. D-1-67
Muna, Ana P -pg. D-2-27
Muna, Antonia P -pg. D-1-344
Muna, Antonio M -pg. D-9-18
Muna, Antonio SN -pg. D-1-280
Muna, Caridad Q -pg. D-2-41
Muna, Carmen P -pg. D-2-27
Muna, Clara M -pg. D-9-18
Muna, Dorothea G -pg. D-1-21
Muna, Enrique A -pg. D-1-129
Muna, Evelyn P -pg. D-1-344
Muna, Felicita D -pg. D-1-171
Muna, Felix -pg. D-4-40
Muna, Flora G -pg. D-1-21
Muna, Florencia S -pg. D-2-41

INDEX
1940 Population Census of Guam: Transcribed

Muna, Francisco D -pg. D-14-10
Muna, Francisco Q -pg. D-2-41
Muna, Frank P -pg. D-1-344
Muna, Geneveba G -pg. D-1-21
Muna, George G -pg. D-1-231
Muna, George P -pg. D-1-344
Muna, Gregorio D -pg. D-2-41
Muna, Gregorio D -pg. D-14-10
Muna, Guadalupe SN -pg. D-1-280
Muna, Ignacia M -pg. D-1-67
Muna, Ignacio D -pg. D-1-129
Muna, Jesus D -pg. D-1-171
Muna, Jesus G -pg. D-1-21
Muna, Jesus M -pg. D-1-67
Muna, Joaquin M -pg. D-9-8
Muna, Jose C -pg. D-1-21
Muna, Jose C -pg. D-1-67
Muna, Jose G -pg. D-1-21
Muna, Jose G -pg. D-1-231
Muna, Jose M -pg. D-9-18
Muna, Jose P -pg. D-1-129
Muna, Jose S -pg. D-14-10
Muna, Josefa A -pg. D-1-129
Muna, Josefa S -pg. D-2-41
Muna, Josefina G -pg. D-1-231
Muna, Juan -pg. D-4-36
Muna, Juan F -pg. D-1-280
Muna, Juan M -pg. D-1-344
Muna, Juan SN -pg. D-1-280
Muna, Juana B -pg. D-2-34
Muna, Julia SN -pg. D-1-280
Muna, Manuel C -pg. D-1-21
Muna, Manuel M -pg. D-1-268
Muna, Maria -pg. D-4-36
Muna, Maria G -pg. D-1-21
Muna, Maria M -pg. D-1-67
Muna, Maria P -pg. D-1-344
Muna, Maria SN -pg. D-1-2
Muna, Norbert P -pg. D-1-344
Muna, Pedro Q -pg. D-2-41
Muna, Pedro S -pg. D-2-41
Muna, Peter P -pg. D-1-344
Muna, Pilar P -pg. D-1-344
Muna, Ramon M -pg. D-9-18
Muna, Remedios A -pg. D-1-129
Muna, Ricardo G -pg. D-1-231
Muna, Rita P -pg. D-1-344
Muna, Rosa S -pg. D-14-10
Muna, Rosa SN -pg. D-1-280
Muna, Rosario S -pg. D-2-41
Muna, Tomas P -pg. D-1-344
Muna, Tomasa G -pg. D-1-67
Muna, Vicenta B -pg. D-1-219
Muna, Vicente F -pg. D-1-2
Munoz, Agueda C -pg. D-1-346
Munoz, Ana -pg. D-4-3
Munoz, Antonio R -pg. D-7-8
Munoz, Antonio T -pg. D-7-8
Munoz, Augusto G -pg. D-1-282
Munoz, Babara F -pg. D-1-391
Munoz, Barbara -pg. D-4-5
Munoz, Candelaria C -pg. D-1-17
Munoz, Clotilde F -pg. D-1-209
Munoz, Clotilde F -pg. D-1-391

Munoz, Dolores -pg. D-4-3
Munoz, Dolores S -pg. D-11-24
Munoz, Elena G -pg. D-1-282
Munoz, Elena S -pg. D-11-24
Munoz, Enrique -pg. D-4-5
Munoz, Enriqueta -pg. D-4-5
Munoz, Felicita T -pg. D-7-8
Munoz, Francisco -pg. D-4-3
Munoz, Francisco C -pg. D-1-346
Munoz, Francisco C -pg. D-11-24
Munoz, Francisco S -pg. D-11-24
Munoz, Gregorio S -pg. D-11-24
Munoz, Ignacio G -pg. D-1-282
Munoz, Isabel -pg. D-4-3
Munoz, Isabel A -pg. D-1-331
Munoz, Isabel I -pg. D-1-330
Munoz, Isabel S -pg. D-11-24
Munoz, Isabella G -pg. D-1-209
Munoz, Jesus -pg. D-4-3
Munoz, Jesus F -pg. D-1-391
Munoz, Joaquin A -pg. D-1-331
Munoz, Joaquin F -pg. D-1-391
Munoz, Joaquin I -pg. D-1-391
Munoz, Jose -pg. D-4-3
Munoz, Jose C -pg. D-1-330
Munoz, Jose F -pg. D-1-209
Munoz, Jose G -pg. D-1-282
Munoz, Jose I -pg. D-1-282
Munoz, Josefa F -pg. D-1-391
Munoz, Juan C -pg. D-1-209
Munoz, Juan I -pg. D-1-330
Munoz, Juana -pg. D-4-3
Munoz, Luis -pg. D-4-3
Munoz, Manuel -pg. D-4-3
Munoz, Manuela -pg. D-4-8
Munoz, Margarita -pg. D-4-8
Munoz, Maria -pg. D-4-3
Munoz, Maria -pg. D-4-3
Munoz, Maria -pg. D-4-3
Munoz, Maria -pg. D-4-3
Munoz, Maria -pg. D-4-5
Munoz, Maria C -pg. D-1-346
Munoz, Maria F -pg. D-1-391
Munoz, Monica -pg. D-4-5
Munoz, Regina F -pg. D-1-209
Munoz, Rosa C -pg. D-1-364
Munoz, Rosa I -pg. D-1-330
Munoz, Rosa I -pg. D-1-330
Munoz, Teresita G -pg. D-1-282
Munoz, Vicente -pg. D-4-8
Munoz, Vicente C -pg. D-1-346
Munoz, Vicente F -pg. D-1-209
Munoz, Vicente G -pg. D-1-282
Munoz, Victoria -pg. D-4-3
Murphee, Carmen LG -pg. D-1-245
Murphy, Jay W -pg. D-11-72
Myers, Hugh H -pg. D-1-278
Myers, Martha W -pg. D-1-278
Nagauta, Vicente N -pg. D-8-28
Namauleg, Ana -pg. D-3-9
Namauleg, Ana E -pg. D-10-12
Namauleg, Angel A -ab -pg. D-1-74
Namauleg, Antonio A -pg. D-1-74
Namauleg, Antonio E -pg. D-10-12

Namauleg, Gregorio E -pg. D-10-12
Namauleg, Joaquin E -pg. D-10-12
Namauleg, Joaquin N -pg. D-10-12
Namauleg, Maria E -pg. D-10-12
Namauleg, Maria R -pg. D-1-74
Namauleg, Maria T -pg. D-1-8
Namauleg, Rosa E -pg. D-10-12
Namauleg, Rosa E -pg. D-10-12
Nangauta, Antonia C -pg. D-8-25
Nangauta, Antonio Q -pg. D-8-27
Nangauta, Concepcion T -pg. D-8-27
Nangauta, Gertrudes Q -pg. D-8-27
Nangauta, Jesus N -pg. D-8-27
Nangauta, Jesus Q -pg. D-8-27
Nangauta, Joaquin Q -pg. D-8-27
Nangauta, Joaquin T -pg. D-8-27
Nangauta, Jose N -pg. D-8-25
Nangauta, Jose Q -pg. D-8-27
Nangauta, Juan T -pg. D-8-34
Nangauta, Luis N -pg. D-8-28
Nangauta, Magdalena Q -pg. D-8-27
Nangauta, Mariano N -pg. D-8-25
Nangauta, Ramon T -pg. D-14-10
Nangauta, Rosalia C -pg. D-8-25
Nangauta, Tedoro C -pg. D-8-25
Nangauta, Vicenti T -pg. D-8-27
Naputi, Albert M -pg. D-12-7
Naputi, Ana B -pg. D-1-107
Naputi, Ana B -pg. D-1-107
Naputi, Ana F -pg. D-12-4
Naputi, Ana T -pg. D-6-8
Naputi, Antonia F -pg. D-12-4
Naputi, Antonio N -pg. D-8-28
Naputi, Antonio T -pg. D-6-26
Naputi, Asunsion B -pg. D-1-107
Naputi, Beatriz F -pg. D-8-5
Naputi, Brigida B -pg. D-1-107
Naputi, Carmen F -pg. D-8-5
Naputi, Carmen M -pg. D-6-8
Naputi, Carmen M -pg. D-6-32
Naputi, Catalina B -pg. D-1-107
Naputi, Concepcion F -pg. D-12-4
Naputi, Concepcion M -pg. D-6-8
Naputi, Cristobal F -pg. D-1-301
Naputi, David N -pg. D-8-28
Naputi, Dolores M -pg. D-6-26
Naputi, Dolores M -pg. D-12-9
Naputi, Elerio -pg. D-4-35
Naputi, Elminia P -pg. D-6-20
Naputi, Encarnacion F -pg. D-8-3
Naputi, Enrique A -pg. D-8-5
Naputi, Enrique P -pg. D-6-32
Naputi, Enriqueta C -pg. D-6-26
Naputi, Francisco F -pg. D-8-3
Naputi, Francisco F -pg. D-12-4
Naputi, Francisco M -pg. D-6-32
Naputi, Herman N -pg. D-6-32
Naputi, Isabel N -pg. D-8-28
Naputi, Isabel T -pg. D-6-8
Naputi, Isabel T -pg. D-6-26
Naputi, Jesus A -pg. D-8-15
Naputi, Jesus B -pg. D-1-107
Naputi, Jesus N -pg. D-1-107
Naputi, Jesus N -pg. D-8-28

INDEX
1940 Population Census of Guam: Transcribed

Naputi, Jesus T -pg. D-6-26
Naputi, Jesus T -pg. D-12-9
Naputi, Joaquin A -pg. D-8-3
Naputi, Joaquin B -pg. D-1-107
Naputi, Joaquin F -pg. D-8-3
Naputi, Joaquin M -pg. D-6-32
Naputi, Joaquin M -pg. D-12-9
Naputi, Jose A -pg. D-8-7
Naputi, Jose B -pg. D-1-107
Naputi, Jose C -pg. D-6-32
Naputi, Jose F -pg. D-8-5
Naputi, Jose J -pg. D-6-29
Naputi, Jose M -pg. D-6-8
Naputi, Jose N -pg. D-6-6
Naputi, Jose SN -pg. D-6-26
Naputi, Josefa M -pg. D-12-9
Naputi, Juan A -pg. D-8-28
Naputi, Juan D -pg. D-6-26
Naputi, Juan F -pg. D-12-4
Naputi, Juan M -pg. D-12-9
Naputi, Juan N -pg. D-8-28
Naputi, Juan T -pg. D-6-8
Naputi, Leonardo N -pg. D-6-32
Naputi, Lorenzo E -pg. D-8-7
Naputi, Lorenzo N -pg. D-8-28
Naputi, Lourdes R -pg. D-12-7
Naputi, Lucas D -pg. D-6-26
Naputi, Lucas T -pg. D-6-32
Naputi, Maria F -pg. D-8-5
Naputi, Maria F -pg. D-12-4
Naputi, Maria M -pg. D-6-8
Naputi, Maria M -pg. D-6-32
Naputi, Maria M -pg. D-8-5
Naputi, Maria N -pg. D-8-28
Naputi, Maria S -pg. D-6-29
Naputi, Maria T -pg. D-6-11
Naputi, Maria T -pg. D-6-26
Naputi, Natividad T -pg. D-6-8
Naputi, Nicolasa D -pg. D-6-6
Naputi, Pio N -pg. D-6-29
Naputi, Regina F -pg. D-8-5
Naputi, Remedios T -pg. D-6-26
Naputi, Rita F -pg. D-8-5
Naputi, Rosa B -pg. D-1-107
Naputi, Rosa P -pg. D-6-32
Naputi, Rosalia B -pg. D-1-107
Naputi, Rosalia S -pg. D-11-19
Naputi, Rosario F -pg. D-8-3
Naputi, Rosario M -pg. D-6-32
Naputi, Sebastian M -pg. D-6-8
Naputi, Simona A -pg. D-8-7
Naputi, Teresa D -pg. D-1-218
Naputi, Tomasa F -pg. D-8-3
Naputi, Vicente B -pg. D-1-107
Naputi, Vicente P -pg. D-12-3
Naputi, Vicenti F -pg. D-8-3
Naputi, Vicenti F -pg. D-8-5
Nauta, Ana R -pg. D-11-37
Nauta, Antonia M -pg. D-9-41
Nauta, Antonio M -pg. D-9-42
Nauta, Antonio T -pg. D-1-18
Nauta, Aqueda M -pg. D-9-41
Nauta, Benita N -pg. D-1-13
Nauta, Benjamin C -pg. D-1-16

Nauta, Carmen T -pg. D-1-12
Nauta, Dolores C -pg. D-1-16
Nauta, Felicidad A -pg. D-1-18
Nauta, Felicita T -pg. D-9-41
Nauta, Felix Q -pg. D-9-42
Nauta, Francisca T -pg. D-1-12
Nauta, Francisco C -pg. D-1-16
Nauta, Francisco Q -pg. D-9-43
Nauta, Francisco S -pg. D-2-45
Nauta, George R -pg. D-11-37
Nauta, Ignacio A -pg. D-1-18
Nauta, Jesus N -pg. D-1-13
Nauta, Jesus S -pg. D-2-45
Nauta, Joaquin C -pg. D-1-15
Nauta, Joaquin N -pg. D-2-44
Nauta, Joaquin Q -pg. D-9-43
Nauta, Joaquin S -pg. D-2-44
Nauta, Joaquin T -pg. D-1-12
Nauta, Joaquina Q -pg. D-9-42
Nauta, Johnny R -pg. D-11-37
Nauta, Jose C -pg. D-1-16
Nauta, Jose N -pg. D-9-41
Nauta, Jose Q -pg. D-9-43
Nauta, Jose S -pg. D-1-175
Nauta, Juan J -pg. D-1-16
Nauta, Juan Q -pg. D-9-42
Nauta, Juan S -pg. D-1-183
Nauta, Juan T -pg. D-1-13
Nauta, Luis C -pg. D-1-25
Nauta, Manuel Q -pg. D-9-42
Nauta, Maria C -pg. D-1-16
Nauta, Maria Q -pg. D-9-42
Nauta, Maria Q -pg. D-9-42
Nauta, Maria T -pg. D-1-13
Nauta, Maria T -pg. D-1-13
Nauta, Mariano N -pg. D-9-42
Nauta, Olympia M -pg. D-9-42
Nauta, Paulina T -pg. D-1-12
Nauta, Pedro Q -pg. D-9-42
Nauta, Pedro S -pg. D-1-399
Nauta, Pedro S -pg. D-2-45
Nauta, Pedro T -pg. D-1-12
Nauta, Rita M -pg. D-9-41
Nauta, Rita Q -pg. D-9-43
Nauta, Rosa A -pg. D-1-175
Nauta, Rosa M -pg. D-9-41
Nauta, Rosa T -pg. D-1-16
Nauta, Rosalia C -pg. D-1-18
Nauta, Rosalia LG -pg. D-1-183
Nauta, Sara -pg. D-11-37
Nauta, Teodoro A -pg. D-1-18
Nauta, Vicente C -pg. D-1-16
Nauta, Vicente M -pg. D-9-41
Nauta, Vicente Q -pg. D-9-41
Nauta, Walter R -pg. D-11-37
Navaro, Angela T -pg. D-10-15
Navaro, Francisca T -pg. D-10-15
Navaro, Jose Q -pg. D-10-6
Navaro, Juan M -pg. D-10-4
Navaro, Macilina T -pg. D-10-4
Navaro, Maria Q -pg. D-10-6
Navaro, Maria T -pg. D-10-4
Navaro, Matias T -pg. D-10-4
Navaro, Pedro T -pg. D-10-15

Nededog, Agnes M -pg. D-2-41
Nededog, Ana C -pg. D-2-20
Nededog, Ana M -pg. D-2-41
Nededog, Ana T -pg. D-2-42
Nededog, Ana T -pg. D-11-65
Nededog, Asuncion T -pg. D-2-42
Nededog, Carmen C -pg. D-2-20
Nededog, Carmen T -pg. D-2-42
Nededog, Concepcion C -pg. D-2-22
Nededog, Dolores B -pg. D-2-41
Nededog, Dolores R -pg. D-2-31
Nededog, Dolores T -pg. D-11-61
Nededog, Emilio C -pg. D-2-20
Nededog, Felix P -pg. D-2-31
Nededog, Francisco B -pg. D-2-42
Nededog, Francisco C -ab -pg. D-2-20
Nededog, Francisco N -pg. D-2-43
Nededog, Franciso T -pg. D-11-65
Nededog, Ignacio P -pg. D-11-60
Nededog, Jesus A -pg. D-2-42
Nededog, Jesus T -pg. D-11-61
Nededog, Jesus T -pg. D-11-65
Nededog, Joaquin C -pg. D-2-22
Nededog, Joaquin P -pg. D-2-41
Nededog, Jose C -pg. D-2-20
Nededog, Jose N -pg. D-2-25
Nededog, Jose S -pg. D-2-21
Nededog, Jose T -pg. D-11-61
Nededog, Jose T -pg. D-11-65
Nededog, Juan M -pg. D-2-41
Nededog, Juan P -pg. D-11-61
Nededog, Juan S -pg. D-2-21
Nededog, Juan S -pg. D-2-31
Nededog, Juan T -pg. D-2-42
Nededog, Juan T -pg. D-11-61
Nededog, Juan T -pg. D-11-65
Nededog, Maria C -pg. D-2-22
Nededog, Maria C -pg. D-2-22
Nededog, Maria N -pg. D-2-43
Nededog, Maria R -pg. D-2-31
Nededog, Maria T -pg. D-2-42
Nededog, Maria T -pg. D-11-61
Nededog, Maria T -pg. D-11-65
Nededog, Martina C -pg. D-2-21
Nededog, Nicolasa C -pg. D-2-26
Nededog, Pedro P -pg. D-2-21
Nededog, Pedro T -pg. D-2-42
Nededog, Remedio C -pg. D-2-22
Nededog, Rita T -pg. D-11-61
Nededog, Roque N -pg. D-2-31
Nededog, Rosa T -pg. D-2-42
Nededog, Sebastian T -pg. D-2-42
Nededog, Teodora C -pg. D-2-25
Nededog, Tomas T -pg. D-11-65
Nededog, Vicente B -pg. D-2-41
Nededog, Vicente P -pg. D-11-65
Nededog, Vicente T -pg. D-11-61
Nego, Ignacio -pg. D-4-39
Nego, Jose -pg. D-4-32
Nego, Rosa -pg. D-4-32
Nego, Rosa -pg. D-4-39
Nego, Vicente -pg. D-4-39
Nelson, Dolores S -pg. D-1-137
Nelson, Evelyn S -pg. D-1-137

INDEX
1940 Population Census of Guam: Transcribed

Nelson, Florence M -pg. D-1-22
Nelson, George -pg. D-4-1
Nelson, Henry -pg. D-1-21
Nelson, Howard A -pg. D-11-68
Nelson, Isabel G -pg. D-1-21
Nelson, James -pg. D-4-1
Nelson, James -pg. D-4-1
Nelson, Joseph S -pg. D-1-137
Nelson, Laura S -pg. D-1-137
Nelson, Lawrence H -pg. D-1-21
Nelson, Luther -pg. D-11-79
Nelson, Maria S -pg. D-1-137
Nelson, May -pg. D-4-1
Nelson, Peter M -pg. D-1-137
Nelson, Peter R -pg. D-1-22
Nelson, Peter S -pg. D-1-137
Nelson, Potenciana -pg. D-4-1
Nelson, Rosie -pg. D-4-1
Nelson, Theodore S -pg. D-1-137
Neneti, Ignacio M -pg. D-1-301
Neneti, Pedro P -pg. D-1-301
Nerona, Maria G -pg. D-1-120
Neville, John T -pg. D-11-79
Nevins, Robert L -pg. D-11-79
Newell, Byron B -pg. D-1-28
Newell, Byron B -pg. D-1-28
Newell, Eleanor W -pg. D-1-28
Newell, John W -pg. D-1-28
Nichols, Charllotte V -pg. D-1-250
Nichols, Horace E -pg. D-1-250
Nichols, Lewis E -pg. D-1-250
Nicolas, Antonia C -pg. D-6-12
Nicolas, Ignacio LG -pg. D-6-12
Ninaisin, Maria N -pg. D-1-239
Ninete, Gregorio C -pg. D-1-327
Ninete, Guillerma M -pg. D-1-328
Ninete, Ignacio C -pg. D-1-327
Ninete, Jose C -pg. D-1-328
Ninete, Maria C -pg. D-1-327
Ninete, Maria C -pg. D-1-327
Ninete, Maria M -pg. D-1-328
Ninete, Maria P -pg. D-1-329
Ninete, Rosalia P -pg. D-1-329
Ninete, Rosario M -pg. D-1-328
Ninete, Segundo M -pg. D-1-328
Noda, Barsilisa A -pg. D-11-17
Noloa, Juan S -pg. D-11-19
Notley, Emelia M (ab) -pg. D-1-221
Notley, Grace E (ab) -pg. D-1-221
Notley, William H -pg. D-1-221
O'Brien, Henry F -pg. D-9-4
O'Brien, Joseph S -pg. D-9-4
O'Brien, Maria I -pg. D-9-4
O'Brien, Patricia M -pg. D-9-4
Ochai, Alfonsina B -pg. D-1-374
Ochai, Alfred B -pg. D-1-301
Ochai, Alfred B -pg. D-1-374
Ochai, Antonio B -pg. D-1-374
Ochai, Concepcion B -pg. D-1-374
Ochai, Francisco B -pg. D-1-374
Ochai, Gonzalo B -pg. D-1-374
Ochai, Herman B -pg. D-1-374
Ochai, Jose B -pg. D-1-374
Ochai, Jose B -pg. D-1-374

Ochai, Juan B -pg. D-1-374
Ochai, Maria B -pg. D-1-374
O'Conner, Antonia C -pg. D-1-71
Ogo, Ana D -pg. D-6-43
Ogo, Ana O -pg. D-15-3
Ogo, Antonia -pg. D-4-16
Ogo, David J -pg. D-1-286
Ogo, Eliza E -pg. D-1-286
Ogo, Esperanza O -pg. D-15-8
Ogo, Francisco -pg. D-5-31
Ogo, Francisco M -pg. D-15-8
Ogo, Isabel O -pg. D-15-3
Ogo, Isabel O -pg. D-15-8
Ogo, Izekiel O -pg. D-1-378
Ogo, Jose -pg. D-4-16
Ogo, Jose -pg. D-5-31
Ogo, Jose J -pg. D-1-286
Ogo, Juan -pg. D-4-16
Ogo, Juan O -pg. D-1-378
Ogo, Juan O -pg. D-1-378
Ogo, Julita -pg. D-5-31
Ogo, Magdalena O -pg. D-15-8
Ogo, Manuel L -pg. D-15-5
Ogo, Maria -pg. D-4-16
Ogo, Maria G -pg. D-1-286
Ogo, Maria O -pg. D-15-3
Ogo, Merdedes D -pg. D-1-383
Ogo, Miguel -pg. D-4-16
Ogo, Pedro -pg. D-4-16
Ogo, Pedro O -pg. D-15-5
Ogo, Ramon S -pg. D-1-286
Ogo, Vicenta -pg. D-5-31
O'Haver, Goldie A -pg. D-1-305
Ojeda, Antonio SA -pg. D-1-203
Ojeda, Consolacion C -pg. D-1-144
Ojeda, Felicidad J -pg. D-1-404
Ojeda, Felicita J -pg. D-1-404
Ojeda, Francisco M -pg. D-1-203
Ojeda, Francisco T -pg. D-1-42
Ojeda, Ignacio -pg. D-5-54
Ojeda, Jose -pg. D-5-54
Ojeda, Jose M -pg. D-1-203
Ojeda, Jose SA -pg. D-1-203
Ojeda, Juan M -pg. D-1-203
Ojeda, Juan Q -pg. D-1-203
Ojeda, Julita SA -pg. D-1-203
Ojeda, Maria -pg. D-5-54
Ojeda, Maria -pg. D-5-54
Ojeda, Maria C -pg. D-1-144
Ojeda, Pedro SA -pg. D-1-203
Ojeda, Rosa SA -pg. D-1-203
Ojeda, Rosalia J -pg. D-1-404
Ojeda, Teresita -pg. D-5-54
Ojeda, Teresita SA -pg. D-1-203
Ojeda, Tressie E -pg. D-1-81
Ojeda, Veronica Q -pg. D-1-203
Ojeda, Vicente J -pg. D-1-404
Okada, Carlos S -pg. D-1-27
Okada, Edmond S -pg. D-1-45
Okada, Edward S -pg. D-1-45
Okada, Flora S -pg. D-1-45
Okada, Francisco S -pg. D-1-45
Okada, Gregorio S -pg. D-1-45
Okada, Henry S -pg. D-1-45

Okada, Jesus S -pg. D-1-45
Okada, Jose S -pg. D-1-45
Okada, Jose S -pg. D-1-45
Okada, Juan S -pg. D-1-253
Okada, Juan U -pg. D-1-253
Okada, Maria S -pg. D-1-45
Okada, Maria U -pg. D-1-253
Okada, Oliva S -pg. D-1-45
Okada, Oscar S -pg. D-1-45
Okada, Ricardo S -pg. D-1-45
Okada, Vicenta S -pg. D-1-45
Okazaki, Carmen E -pg. D-9-15
Okazaki, Joaquin M -pg. D-9-15
Okazaki, Rita M -pg. D-9-37
Okazaki, Wallace C -pg. D-9-15
Okiyama, Ana LG -pg. D-2-7
Okiyama, Baltazar LG -pg. D-2-7
Okiyama, Carmen C -pg. D-1-1
Okiyama, Francisco K -pg. D-2-7
Okiyama, Francisco LG -pg. D-2-7
Okiyama, Jacoba C -pg. D-1-1
Okiyama, Jose C -pg. D-1-1
Okiyama, Jose G -pg. D-1-1
Okiyama, Maria C -pg. D-1-1
Okiyama, Nacrina C -pg. D-1-1
Okyawa, Jesus C -pg. D-1-207
Okyawa, Maria C -pg. D-1-207
Olano, Miguel A -pg. D-1-307
Olive, Concepcion -pg. D-5-11
Olive, Euell -pg. D-5-11
Olive, Jeanette S -pg. D-5-11
Olive, June -pg. D-5-11
Olive, Ruth -pg. D-5-11
Olive, Uella -pg. D-5-11
Onedera, Agueda S -pg. D-15-27
Onedera, Jose O -pg. D-15-27
Onedera, Juan J -pg. D-15-27
Onedera, Juan S -pg. D-15-27
Onedera, Maria S -pg. D-15-27
Onedera, Maria S -pg. D-15-27
O'Neill, Frank J -pg. D-11-75
Ooka, Antonio B -pg. D-10-1
Ooka, Doris J -pg. D-10-1
Ooka, Jose B -pg. D-10-1
Ooka, Josefa B -pg. D-10-1
Ooka, Tomas C -pg. D-10-1
Ooka, Tomas C -pg. D-10-1
Oroso, Ana V -pg. D-1-200
Oroso, Enrique -pg. D-4-21
Ozone, Fudesaburo -pg. D-1-375
Pablo, Adela S -pg. D-12-14
Pablo, Alfonso -pg. D-3-28
Pablo, Ana P -pg. D-2-46
Pablo, Ana P -pg. D-12-14
Pablo, Angelina -pg. D-4-14
Pablo, Angelina F -pg. D-10-39
Pablo, Angustia M -pg. D-1-77
Pablo, Antonia F -pg. D-10-39
Pablo, Antonia T -pg. D-12-19
Pablo, Antonio -pg. D-5-41
Pablo, Antonio -pg. D-5-41
Pablo, Antonio P -pg. D-1-357
Pablo, Antonio P -pg. D-2-46
Pablo, Antonio T -pg. D-12-3

INDEX
1940 Population Census of Guam: Transcribed

Pablo, Augustia T -pg. D-12-7
Pablo, Benjamin R -pg. D-12-8
Pablo, Concepcion -pg. D-4-14
Pablo, Concepcion -pg. D-4-14
Pablo, Concepcion -pg. D-6-1
Pablo, Concepcion M -pg. D-1-77
Pablo, Consolacion C -pg. D-12-8
Pablo, Delfina C -pg. D-12-3
Pablo, Dolores B -pg. D-12-15
Pablo, Dolores P -pg. D-12-14
Pablo, Emilia -pg. D-5-41
Pablo, Emilia R -pg. D-1-106
Pablo, Ezekiel -pg. D-5-62
Pablo, Felix P -pg. D-1-284
Pablo, Francisco P -pg. D-12-14
Pablo, Francisco R -pg. D-1-106
Pablo, Fransisco F -pg. D-10-39
Pablo, Gertrudes B -pg. D-1-170
Pablo, Gonzalo M -pg. D-1-77
Pablo, Gregorio B -pg. D-12-15
Pablo, Herman M -pg. D-1-77
Pablo, Ignacio -pg. D-4-12
Pablo, Isabel F -pg. D-10-39
Pablo, Isabel R -pg. D-12-6
Pablo, Jacinto M -pg. D-1-77
Pablo, Jesus -pg. D-4-14
Pablo, Jesus -pg. D-5-41
Pablo, Jesus M -pg. D-1-77
Pablo, Jesus P -pg. D-1-72
Pablo, Jesus P -pg. D-12-19
Pablo, Jesusa P -pg. D-12-14
Pablo, Joaquin -pg. D-5-24
Pablo, Joaquin A -pg. D-12-6
Pablo, Joaquin B -pg. D-12-15
Pablo, Jose -pg. D-4-14
Pablo, Jose -pg. D-5-24
Pablo, Jose A -pg. D-1-346
Pablo, Jose B -pg. D-1-106
Pablo, Jose F -pg. D-10-39
Pablo, Jose M -pg. D-1-77
Pablo, Jose P -pg. D-1-77
Pablo, Jose P -pg. D-12-14
Pablo, Jose P -pg. D-12-19
Pablo, Jose Pablo -pg. D-2-46
Pablo, Jose R -pg. D-1-106
Pablo, Josefa P -pg. D-2-46
Pablo, Josefina M -pg. D-1-77
Pablo, Juan -pg. D-4-14
Pablo, Juan -pg. D-5-41
Pablo, Juan B -pg. D-1-72
Pablo, Juan C -pg. D-7-16
Pablo, Juan P -pg. D-1-301
Pablo, Juan SN -pg. D-12-19
Pablo, Lorenzo F -pg. D-10-39
Pablo, Magdalena P -pg. D-12-14
Pablo, Manuel -pg. D-4-14
Pablo, Manuel -pg. D-4-14
Pablo, Manuel P -pg. D-6-1
Pablo, Manuela -pg. D-4-14
Pablo, Maria -pg. D-4-14
Pablo, Maria B -pg. D-1-170
Pablo, Maria M -pg. D-1-77
Pablo, Maria P -pg. D-1-72
Pablo, Maria P -pg. D-12-19

Pablo, Maria R -pg. D-1-72
Pablo, Maria R -pg. D-1-106
Pablo, Maria R -pg. D-12-6
Pablo, Maria T -pg. D-12-7
Pablo, Mariano A -pg. D-12-15
Pablo, Matilde P -pg. D-12-19
Pablo, Paquito S -pg. D-12-14
Pablo, Ramon A -pg. D-12-6
Pablo, Rosa -pg. D-2-46
Pablo, Rosario B -pg. D-1-170
Pablo, Rosario R -pg. D-1-106
Pablo, Rosita C -pg. D-12-8
Pablo, Serofin A -pg. D-6-1
Pablo, Soledad D -pg. D-1-72
Pablo, Soledad P -pg. D-2-46
Pablo, Tomas B -pg. D-12-14
Pablo, Vicente -pg. D-4-14
Pablo, Vicente B -pg. D-12-14
Palacio, Florentina C -pg. D-1-242
Palacio, Francisco C -pg. D-1-248
Palacio, Francisco C -pg. D-1-248
Palacio, Jose C -pg. D-1-242
Palacio, Jose T -pg. D-1-248
Palacio, Maria C -pg. D-1-248
Palacio, Paz C -pg. D-1-242
Palacios, Juan -pg. D-4-9
Palacios, Trinidad B -pg. D-1-342
Palmberg, Karl J -pg. D-1-88
Palmberg, Karl J. Jr. -pg. D-1-88
Palmberg, Laura C -pg. D-1-88
Palomo, Amparo C -pg. D-1-201
Palomo, Ana C -pg. D-1-76
Palomo, Ana C -pg. D-1-144
Palomo, Ana R -pg. D-1-192
Palomo, Ana SM -pg. D-10-37
Palomo, Angelina Q -pg. D-1-180
Palomo, Antonia M -pg. D-1-139
Palomo, Antonia T -pg. D-10-3
Palomo, Antonio M -pg. D-1-170
Palomo, Antonio R -pg. D-1-127
Palomo, Asuncion A -pg. D-1-186
Palomo, Benigno A -pg. D-1-170
Palomo, Carmen C -pg. D-1-201
Palomo, Carmen F -pg. D-1-240
Palomo, Cecilia C -pg. D-1-18
Palomo, Concepcion M -pg. D-1-139
Palomo, Consolacion N -pg. D-1-108
Palomo, Delfina J -pg. D-2-30
Palomo, Dolores C -pg. D-1-18
Palomo, Dolores M -pg. D-1-170
Palomo, Eustofania C -pg. D-1-18
Palomo, Francisca J -pg. D-2-31
Palomo, Francisco C -pg. D-1-18
Palomo, Francisco C -pg. D-1-166
Palomo, Francisco D -pg. D-1-166
Palomo, Francisco E -pg. D-1-170
Palomo, Frankie M -pg. D-1-23
Palomo, Gavina A -pg. D-1-186
Palomo, Geraldo Q -pg. D-1-180
Palomo, Gertrudes T -pg. D-1-18
Palomo, Gregorio P -pg. D-10-3
Palomo, Gregorio T -pg. D-10-3
Palomo, Herminia Q -pg. D-1-180
Palomo, Ignacio C -pg. D-1-201

Palomo, Ignacio C -pg. D-10-37
Palomo, Ignacio T -pg. D-1-23
Palomo, Isabel Q -pg. D-1-180
Palomo, Isabel T -pg. D-10-3
Palomo, Isabel T -pg. D-10-3
Palomo, Jesus LG -pg. D-1-191
Palomo, Jesus N -pg. D-1-108
Palomo, Jesus T -pg. D-10-3
Palomo, Joaquin -pg. D-4-4
Palomo, Joaquin B -pg. D-1-139
Palomo, Joaquin L -pg. D-1-207
Palomo, Joaquin M -pg. D-1-139
Palomo, Joaquina M -pg. D-1-139
Palomo, Jose A -pg. D-1-170
Palomo, Jose F. G -pg. D-2-30
Palomo, Jose L -pg. D-1-191
Palomo, Jose N -pg. D-14-2
Palomo, Jose SM -pg. D-10-37
Palomo, Jose T -pg. D-1-17
Palomo, Jose T -pg. D-10-3
Palomo, Juan -pg. D-5-61
Palomo, Juan G -pg. D-1-180
Palomo, Juan SM -pg. D-10-37
Palomo, Leandro A -pg. D-1-170
Palomo, Lourdes M -pg. D-1-139
Palomo, Luisa C -pg. D-1-18
Palomo, Manuel -pg. D-5-15
Palomo, Margarita M -pg. D-1-23
Palomo, Maria C -pg. D-1-18
Palomo, Maria C -pg. D-1-166
Palomo, Maria C -pg. D-1-166
Palomo, Maria C -pg. D-1-201
Palomo, Maria L -pg. D-1-244
Palomo, Maria M -pg. D-1-139
Palomo, Maria T -pg. D-1-227
Palomo, Mateo J -pg. D-2-30
Palomo, Oliva C -pg. D-1-18
Palomo, Oliva SM -pg. D-10-37
Palomo, Patricia C -pg. D-1-201
Palomo, Pedro C -pg. D-1-18
Palomo, Pedro G -pg. D-1-201
Palomo, Rita L -pg. D-1-191
Palomo, Rita LG -pg. D-1-187
Palomo, Roman SM -pg. D-10-37
Palomo, Rosa Q -pg. D-1-180
Palomo, Rosa T -pg. D-10-3
Palomo, Rosario C -pg. D-1-18
Palomo, Roy M -pg. D-1-23
Palomo, Silvestre G -pg. D-2-31
Palomo, Soledad T -pg. D-10-3
Palomo, Teresa G -pg. D-2-31
Palomo, Teresa N -pg. D-1-108
Palomo, Teresita M -pg. D-1-139
Palomo, Tomas C -pg. D-1-201
Palomo, Vicente -pg. D-5-61
Palomo, Vicente A -pg. D-1-192
Palomo, Vicente C -pg. D-1-144
Palomo, Vicente G -pg. D-1-169
Palomo, Vicente M -pg. D-1-139
Palomo, Vicente N -pg. D-1-108
Palomo, Vicente R -pg. D-1-127
Palting, Pancracio D -pg. D-1-234
Palting, Pancracio R -pg. D-1-234
Pangelianan, Elena F -pg. D-1-249

INDEX
1940 Population Census of Guam: Transcribed

Pangelianan, Jose F -pg. D-1-249
Pangelianan, Manuel B -pg. D-1-249
Pangelianan, Remedios F -pg. D-1-249
Pangelianan, Vicente F -pg. D-1-249
Pangelinan, Albina J -pg. D-10-30
Pangelinan, Alfonso M -pg. D-7-18
Pangelinan, Amelia P -pg. D-1-190
Pangelinan, Ana -pg. D-4-6
Pangelinan, Ana -pg. D-4-29
Pangelinan, Ana -pg. D-4-38
Pangelinan, Ana B -pg. D-1-194
Pangelinan, Ana C -pg. D-1-64
Pangelinan, Ana C -pg. D-10-17
Pangelinan, Ana C -pg. D-10-31
Pangelinan, Ana F -pg. D-15-12
Pangelinan, Ana G -pg. D-1-252
Pangelinan, Ana M -pg. D-7-18
Pangelinan, Ana P -pg. D-1-394
Pangelinan, Ana P -pg. D-1-395
Pangelinan, Ana Q -pg. D-11-58
Pangelinan, Ana R -pg. D-1-286
Pangelinan, Andrea S -pg. D-11-25
Pangelinan, Angel -pg. D-4-29
Pangelinan, Angelina -pg. D-3-21
Pangelinan, Angelina B -pg. D-15-16
Pangelinan, Annie Grace Q -pg. D-11-22
Pangelinan, Antonia B -pg. D-1-289
Pangelinan, Antonia B -pg. D-15-24
Pangelinan, Antonia C -pg. D-1-319
Pangelinan, Antonia M -pg. D-1-90
Pangelinan, Antonia O -pg. D-15-3
Pangelinan, Antonia P -pg. D-1-47
Pangelinan, Antonio -pg. D-4-19
Pangelinan, Antonio -pg. D-4-38
Pangelinan, Antonio -pg. D-5-28
Pangelinan, Antonio C -pg. D-10-49
Pangelinan, Antonio G -pg. D-1-321
Pangelinan, Antonio G -pg. D-10-49
Pangelinan, Antonio I -pg. D-1-101
Pangelinan, Antonio M -pg. D-1-90
Pangelinan, Antonio M -pg. D-7-18
Pangelinan, Artemio P -pg. D-1-48
Pangelinan, Artemio R -pg. D-1-48
Pangelinan, Asuncion M -pg. D-1-67
Pangelinan, Barbara I -pg. D-1-101
Pangelinan, Benita C -pg. D-1-64
Pangelinan, Candido S -pg. D-1-221
Pangelinan, Caridad LG -pg. D-1-74
Pangelinan, Carlos C -pg. D-1-64
Pangelinan, Carlos F -pg. D-15-12
Pangelinan, Carmelo -pg. D-5-40
Pangelinan, Carmelo P -pg. D-1-132
Pangelinan, Carmen -pg. D-4-37
Pangelinan, Carmen A -pg. D-1-271
Pangelinan, Carmen F -pg. D-15-12
Pangelinan, Carmen G -pg. D-1-403
Pangelinan, Carmen G -pg. D-10-49
Pangelinan, Carmen M -pg. D-1-90
Pangelinan, Catalina -pg. D-4-38
Pangelinan, Catalina C -pg. D-1-182
Pangelinan, Catalina C -pg. D-1-368
Pangelinan, Celestina C -pg. D-1-396
Pangelinan, Cevera C -pg. D-1-203
Pangelinan, Charles F -pg. D-1-54

Pangelinan, Concepcion -pg. D-4-6
Pangelinan, Concepcion -pg. D-4-19
Pangelinan, Concepcion C -pg. D-1-182
Pangelinan, Consolacion -pg. D-4-6
Pangelinan, Cristina S -pg. D-11-25
Pangelinan, David P -pg. D-1-47
Pangelinan, Delfin T -pg. D-10-28
Pangelinan, Delfina T -pg. D-1-202
Pangelinan, Delia J -pg. D-10-29
Pangelinan, Dolore T -pg. D-1-262
Pangelinan, Dolores A -pg. D-15-22
Pangelinan, Dolores G -pg. D-1-368
Pangelinan, Dominga P -pg. D-1-139
Pangelinan, Dorea S -pg. D-11-25
Pangelinan, Dorotea P -pg. D-1-190
Pangelinan, Dorotea P -pg. D-15-17
Pangelinan, Edward G -pg. D-10-49
Pangelinan, Eliza T -pg. D-1-262
Pangelinan, Emeterio N -pg. D-1-332
Pangelinan, Emilia S -pg. D-11-25
Pangelinan, Enrique A -pg. D-1-271
Pangelinan, Enrique G -pg. D-1-273
Pangelinan, Enrique J -pg. D-10-29
Pangelinan, Enrique P -pg. D-10-30
Pangelinan, Enriqueta L -pg. D-1-23
Pangelinan, Erotida E -pg. D-1-319
Pangelinan, Evelyn -pg. D-4-37
Pangelinan, Evelyna R -pg. D-1-48
Pangelinan, Felisa F -pg. D-15-12
Pangelinan, Felix John Q -pg. D-11-22
Pangelinan, Felix T -pg. D-11-21
Pangelinan, Felix U -pg. D-1-319
Pangelinan, Filomena M -pg. D-1-90
Pangelinan, Florencio R -pg. D-1-48
Pangelinan, Florentina I -pg. D-1-101
Pangelinan, Francisca -pg. D-5-57
Pangelinan, Francisca B -pg. D-1-289
Pangelinan, Francisca B -pg. D-15-8
Pangelinan, Francisca L -pg. D-1-337
Pangelinan, Francisco -pg. D-4-29
Pangelinan, Francisco B -pg. D-1-22
Pangelinan, Francisco B -pg. D-1-261
Pangelinan, Francisco B -pg. D-1-289
Pangelinan, Francisco B -pg. D-15-24
Pangelinan, Francisco C -pg. D-1-182
Pangelinan, Francisco F -pg. D-15-12
Pangelinan, Francisco G -pg. D-10-49
Pangelinan, Francisco LG -pg. D-1-74
Pangelinan, Francisco LG -pg. D-1-75
Pangelinan, Francisco M -pg. D-1-301
Pangelinan, Francisco M -pg. D-7-18
Pangelinan, Francisco P -pg. D-1-194
Pangelinan, Francisco T -pg. D 8 3
Pangelinan, Frank -pg. D-4-29
Pangelinan, George B -pg. D-1-132
Pangelinan, Gerome -pg. D-1-377
Pangelinan, Gloria Regina Q -pg. D-11-22
Pangelinan, Guadalupe D -pg. D-11-19
Pangelinan, Ignacia A -pg. D-1-271
Pangelinan, Ignacia M -pg. D-1-90
Pangelinan, Ignacio -pg. D-5-40
Pangelinan, Ignacio D -pg. D-1-218
Pangelinan, Ignacio F -pg. D-15-12
Pangelinan, Ignacio P -pg. D-1-376

Pangelinan, Irene R -pg. D-1-355
Pangelinan, Isabel -pg. D-4-14
Pangelinan, Isabel C -pg. D-1-182
Pangelinan, Jesus -pg. D-4-14
Pangelinan, Jesus D -pg. D-11-19
Pangelinan, Jesus F -pg. D-15-12
Pangelinan, Jesus G -pg. D-1-395
Pangelinan, Jesus G -pg. D-11-48
Pangelinan, Jesus I -pg. D-15-13
Pangelinan, Jesus L -pg. D-1-338
Pangelinan, Jesus M -pg. D-1-90
Pangelinan, Jesus P -pg. D-1-139
Pangelinan, Jesus P -pg. D-14-2
Pangelinan, Jesus Q -pg. D-15-1
Pangelinan, Jesus R -pg. D-1-64
Pangelinan, Jesus T -pg. D-1-202
Pangelinan, Jesusa -pg. D-4-6
Pangelinan, Jesusa C -pg. D-1-64
Pangelinan, Jesusa P -pg. D-1-395
Pangelinan, Joaquin -pg. D-4-6
Pangelinan, Joaquin -pg. D-4-38
Pangelinan, Joaquin -pg. D-5-57
Pangelinan, Joaquin A -pg. D-1-271
Pangelinan, Joaquin B -pg. D-1-190
Pangelinan, Joaquin B -pg. D-1-289
Pangelinan, Joaquin G -pg. D-1-219
Pangelinan, Joaquin LG -pg. D-1-74
Pangelinan, Joaquin M -pg. D-1-90
Pangelinan, Joaquin P -pg. D-1-395
Pangelinan, Joaquina R -pg. D-1-287
Pangelinan, Jose -pg. D-4-6
Pangelinan, Jose -pg. D-4-14
Pangelinan, Jose -pg. D-4-18
Pangelinan, Jose -pg. D-4-36
Pangelinan, Jose -pg. D-5-57
Pangelinan, Jose -pg. D-5-57
Pangelinan, Jose -pg. D-5-57
Pangelinan, Jose A -pg. D-1-271
Pangelinan, Jose B -pg. D-1-190
Pangelinan, Jose B -pg. D-15-24
Pangelinan, Jose B (ab) -pg. D-1-289
Pangelinan, Jose C -pg. D-1-182
Pangelinan, Jose C -pg. D-1-337
Pangelinan, Jose C -pg. D-1-396
Pangelinan, Jose C -pg. D-10-31
Pangelinan, Jose C -pg. D-11-58
Pangelinan, Jose C -pg. D-15-12
Pangelinan, Jose G -pg. D-1-271
Pangelinan, Jose G -pg. D-10-49
Pangelinan, Jose I -pg. D-1-101
Pangelinan, Jose I -pg. D-15-13
Pangelinan, Jose M -pg. D-15-2
Pangelinan, Jose P -pg. D-1-190
Pangelinan, Jose P -pg. D-1-376
Pangelinan, Jose Q -pg. D-15-16
Pangelinan, Jose R -pg. D-1-287
Pangelinan, Jose R -pg. D-15-1
Pangelinan, Jose S -pg. D-1-46
Pangelinan, Jose S -pg. D-11-25
Pangelinan, Jose T -pg. D-1-202
Pangelinan, Jose T -pg. D-1-259
Pangelinan, Josefa -pg. D-4-14
Pangelinan, Josefa B -pg. D-1-190
Pangelinan, Josefa C -pg. D-1-182

INDEX
1940 Population Census of Guam: Transcribed

Pangelinan, Josefa C -pg. D-1-340
Pangelinan, Josefa Q -pg. D-11-58
Pangelinan, Juan -pg. D-4-6
Pangelinan, Juan -pg. D-4-14
Pangelinan, Juan -pg. D-4-23
Pangelinan, Juan -pg. D-4-39
Pangelinan, Juan -pg. D-5-57
Pangelinan, Juan A -pg. D-15-3
Pangelinan, Juan B -pg. D-15-8
Pangelinan, Juan B -pg. D-15-24
Pangelinan, Juan I -pg. D-1-101
Pangelinan, Juan L -pg. D-1-23
Pangelinan, Juan LG -pg. D-1-74
Pangelinan, Juan P -pg. D-1-54
Pangelinan, Juan Q -pg. D-1-101
Pangelinan, Juan S -pg. D-1-46
Pangelinan, Juan U -pg. D-1-202
Pangelinan, Juana -pg. D-4-14
Pangelinan, Julia M -pg. D-1-359
Pangelinan, Juliana G -pg. D-1-368
Pangelinan, Leonila I -pg. D-1-101
Pangelinan, Lino -pg. D-4-37
Pangelinan, Lorenza R -pg. D-1-377
Pangelinan, Lorenzo L -pg. D-1-337
Pangelinan, Luis A -pg. D-1-273
Pangelinan, Luis LG -pg. D-1-74
Pangelinan, Luis P -pg. D-11-58
Pangelinan, Luis Q -pg. D-11-58
Pangelinan, Luisa -pg. D-4-38
Pangelinan, Luisa -pg. D-1-47
Pangelinan, Luisa L -pg. D-1-23
Pangelinan, Luisa L -pg. D-1-337
Pangelinan, Magdalena -pg. D-3-21
Pangelinan, Magdalena -pg. D-5-28
Pangelinan, Magdalena C -pg. D-1-182
Pangelinan, Magdalena C -pg. D-1-282
Pangelinan, Magdalena F -pg. D-15-12
Pangelinan, Magdalena M -pg. D-1-54
Pangelinan, Manuel P -pg. D-1-376
Pangelinan, Manuel P -pg. D-1-396
Pangelinan, Manuela B -pg. D-14-2
Pangelinan, Manuela M -pg. D-15-1
Pangelinan, Margarita -pg. D-4-38
Pangelinan, Margarita A -pg. D-11-48
Pangelinan, Margarita M -pg. D-1-74
Pangelinan, Margarita P -pg. D-1-48
Pangelinan, Maria -pg. D-3-21
Pangelinan, Maria -pg. D-4-13
Pangelinan, Maria -pg. D-4-19
Pangelinan, Maria -pg. D-4-29
Pangelinan, Maria -pg. D-4-38
Pangelinan, Maria A -pg. D-1-271
Pangelinan, Maria A -pg. D-1-271
Pangelinan, Maria A -pg. D-15-22
Pangelinan, Maria A -pg. D-15-22
Pangelinan, Maria B -pg. D-1-289
Pangelinan, Maria B -pg. D-2-10
Pangelinan, Maria B -pg. D-15-24
Pangelinan, Maria C -pg. D-1-33
Pangelinan, Maria C -pg. D-1-182
Pangelinan, Maria C -pg. D-1-202
Pangelinan, Maria C -pg. D-1-396
Pangelinan, Maria C -pg. D-1-396
Pangelinan, Maria C -pg. D-10-17
Pangelinan, Maria C -pg. D-10-31
Pangelinan, Maria F -pg. D-15-12
Pangelinan, Maria G -pg. D-1-218
Pangelinan, Maria G -pg. D-1-396
Pangelinan, Maria L -pg. D-1-23
Pangelinan, Maria M -pg. D-1-54
Pangelinan, Maria M -pg. D-1-67
Pangelinan, Maria P -pg. D-1-332
Pangelinan, Maria P -pg. D-1-395
Pangelinan, Maria P -pg. D-9-2
Pangelinan, Maria Q -pg. D-15-1
Pangelinan, Maria S -pg. D-1-243
Pangelinan, Maria S -pg. D-11-25
Pangelinan, Maria T -pg. D-1-268
Pangelinan, Maria T -pg. D-1-367
Pangelinan, Maria T -pg. D-8-3
Pangelinan, Maria U -pg. D-1-155
Pangelinan, Marie E -pg. D-1-377
Pangelinan, Matias -pg. D-4-14
Pangelinan, Matias P -pg. D-15-17
Pangelinan, Matilde I -pg. D-1-377
Pangelinan, Matilde M -pg. D-1-54
Pangelinan, Matilde T -pg. D-1-265
Pangelinan, Natividad L -pg. D-1-22
Pangelinan, Nicolas -pg. D-4-6
Pangelinan, Nicolas B -pg. D-1-289
Pangelinan, Nicolasa A -pg. D-1-54
Pangelinan, Nicolasa P -pg. D-1-395
Pangelinan, Nieves B -pg. D-1-132
Pangelinan, Nieves C -pg. D-15-1
Pangelinan, Olympia M -pg. D-7-18
Pangelinan, Pantalion -pg. D-4-38
Pangelinan, Paz D -pg. D-11-19
Pangelinan, Pedro A -pg. D-1-271
Pangelinan, Pedro B -pg. D-15-24
Pangelinan, Pedro C -pg. D-1-396
Pangelinan, Pedro I -pg. D-1-101
Pangelinan, Pedro M -pg. D-1-67
Pangelinan, Pedro S -pg. D-11-19
Pangelinan, Perpetua -pg. D-4-6
Pangelinan, Pilar B -pg. D-1-155
Pangelinan, Priscilla E -pg. D-1-319
Pangelinan, Rafael C -pg. D-1-182
Pangelinan, Ramon A -pg. D-1-74
Pangelinan, Regina Q -pg. D-11-21
Pangelinan, Regina T -pg. D-1-202
Pangelinan, Remedios B -pg. D-1-155
Pangelinan, Rita -pg. D-4-2
Pangelinan, Rita B -pg. D-15-8
Pangelinan, Rita C -pg. D-1-64
Pangelinan, Rita L -pg. D-1-337
Pangelinan, Roberta M -pg. D-1-54
Pangelinan, Roque C -pg. D-15-2
Pangelinan, Rosa -pg. D-4-6
Pangelinan, Rosa B -pg. D-1-155
Pangelinan, Rosa C -pg. D-1-182
Pangelinan, Rosa LG -pg. D-1-259
Pangelinan, Rosa M -pg. D-1-74
Pangelinan, Rosa R -pg. D-1-355
Pangelinan, Rosalia F -pg. D-15-12
Pangelinan, Rosalia I -pg. D-1-101
Pangelinan, Rosalia P -pg. D-1-395
Pangelinan, Rosario -pg. D-5-57
Pangelinan, Rosario A -pg. D-1-271
Pangelinan, Rosario C -pg. D-1-182
Pangelinan, Rosario C -pg. D-1-305
Pangelinan, Rosario C -pg. D-15-2
Pangelinan, Rosita C -pg. D-10-31
Pangelinan, Rosita T -pg. D-10-29
Pangelinan, Rufina C -pg. D-11-58
Pangelinan, Rufina G -pg. D-10-49
Pangelinan, Rufina I -pg. D-1-101
Pangelinan, Salvador L -pg. D-1-23
Pangelinan, Serafia S -pg. D-11-25
Pangelinan, Serafina L -pg. D-1-23
Pangelinan, Silvino -pg. D-4-13
Pangelinan, Soledad A -pg. D-1-271
Pangelinan, Soledad C -pg. D-1-64
Pangelinan, Teresita C -pg. D-1-203
Pangelinan, Teresita P -pg. D-1-190
Pangelinan, Teresita R -pg. D-1-338
Pangelinan, Tomas -pg. D-4-6
Pangelinan, Tomas -pg. D-4-6
Pangelinan, Tomas -pg. D-5-57
Pangelinan, Tomas M -pg. D-1-54
Pangelinan, Tomas M -pg. D-1-332
Pangelinan, Tomasa B -pg. D-15-8
Pangelinan, Tomasa P -pg. D-1-376
Pangelinan, Valentino E -pg. D-1-319
Pangelinan, Venancio U -pg. D-1-155
Pangelinan, Veronica B -pg. D-15-16
Pangelinan, Vicente -pg. D-3-21
Pangelinan, Vicente -pg. D-4-14
Pangelinan, Vicente B -pg. D-1-289
Pangelinan, Vicente B -pg. D-15-24
Pangelinan, Vicente C -pg. D-10-23
Pangelinan, Vicente C -pg. D-10-31
Pangelinan, Vicente C -pg. D-15-28
Pangelinan, Vicente E -pg. D-1-322
Pangelinan, Vicente G -pg. D-1-368
Pangelinan, Vicente P -pg. D-10-31
Pangelinan, Vicente Q -pg. D-1-182
Pangelinan, Vicente R -pg. D-1-132
Pangelinan, Vicente S -pg. D-7-18
Pangelinan, Vicente T -pg. D-1-261
Pangelinan, Vicente U ab -pg. D-1-155
Pangelinan, Wilfrieda C -pg. D-1-319
Panzalan, Antonia A -pg. D-1-113
Panzalan, Antonio A -pg. D-1-113
Panzalan, Bernardo D -pg. D-1-113
Panzalan, Emelia A -pg. D-1-113
Panzalan, Estoquio A -pg. D-1-113
Panzalan, Jose A -pg. D-1-113
Panzalan, Lourdes A -pg. D-1-113
Panzalan, Nieves A -pg. D-1-113
Panzalan, Teresita A -pg. D-1-113
Panzalan, Victoria A -pg. D-1-113
Paradiso, Adam M -pg. D-11-79
Parker, Ruth M -pg. D-1-278
Parker, Willard C -pg. D-1-278
Parks, Benjamin C -pg. D-1-304
Parmenter, Alan W -pg. D-1-61
Parmenter, Marie A -pg. D-1-61
Parr, George W -pg. D-11-72
Paulino, Alejandro L G -pg. D-6-5
Paulino, Amalia SN -pg. D-1-111
Paulino, Ana L G -pg. D-6-5
Paulino, Ana M -pg. D-6-27

INDEX
1940 Population Census of Guam: Transcribed

Paulino, Ana R -pg. D-1-199
Paulino, Ana SN -pg. D-6-43
Paulino, Antolin M -pg. D-6-14
Paulino, Antonio K -pg. D-6-17
Paulino, Arthur G -pg. D-6-8
Paulino, Augusto C -pg. D-6-4
Paulino, Bernabe -pg. D-1-199
Paulino, Bernabe R -pg. D-1-199
Paulino, Brigida SN -pg. D-6-43
Paulino, Carmen D -pg. D-6-15
Paulino, Carmen K -pg. D-6-17
Paulino, Carmen S N -pg. D-6-1
Paulino, Catalina S N -pg. D-6-2
Paulino, Cleto C -pg. D-6-14
Paulino, Clotilde SN -pg. D-1-111
Paulino, Clotilde SN -pg. D-6-43
Paulino, Cristobal R -pg. D-1-199
Paulino, Damiana C -pg. D-6-29
Paulino, David M -pg. D-6-14
Paulino, Digna K -pg. D-6-17
Paulino, Dolores Q -pg. D-6-33
Paulino, Edward C -pg. D-6-29
Paulino, Eliza K -pg. D-6-17
Paulino, Felomenia K -pg. D-6-17
Paulino, Florentina S N -pg. D-6-1
Paulino, Francisco C -pg. D-6-5
Paulino, Francisco C -pg. D-6-29
Paulino, Francisco L G -pg. D-6-5
Paulino, Francisco M -pg. D-6-24
Paulino, Francisco SN -pg. D-6-43
Paulino, Gregorio C -pg. D-6-29
Paulino, Guadalupe SN -pg. D-1-111
Paulino, Inez L -pg. D-6-38
Paulino, Irene S N -pg. D-6-2
Paulino, Jesus L G -pg. D-6-5
Paulino, Jesus M -pg. D-6-24
Paulino, Jesus S N -pg. D-6-1
Paulino, Jesus SN -pg. D-1-111
Paulino, Jesusa S N -pg. D-6-2
Paulino, Joaquin L -pg. D-6-24
Paulino, Joaquin L G -pg. D-6-5
Paulino, Joaquina T -pg. D-6-1
Paulino, Johnny G -pg. D-6-8
Paulino, Jose A -pg. D-6-15
Paulino, Jose C -pg. D-6-5
Paulino, Jose C -pg. D-6-27
Paulino, Jose C -pg. D-6-29
Paulino, Jose D -pg. D-6-29
Paulino, Jose L G -pg. D-6-1
Paulino, Jose M -pg. D-6-14
Paulino, Jose M -pg. D-6-24
Paulino, Jose R -pg. D-6-17
Paulino, Jose S N -pg. D-6-1
Paulino, Josefina R -pg. D-1-199
Paulino, Josefina S -pg. D-6-5
Paulino, Juan C -pg. D-6-5
Paulino, Juan C -pg. D-6-23
Paulino, Juan L -pg. D-6-8
Paulino, Juan M -pg. D-6-24
Paulino, Juan S N -pg. D-6-1
Paulino, Juan SN -pg. D-1-111
Paulino, Juan T -pg. D-6-1
Paulino, Juliana L -pg. D-6-24
Paulino, Leocadio C -pg. D-6-5

Paulino, Leonardo SN -pg. D-6-43
Paulino, Luis L G -pg. D-6-5
Paulino, Luis R -pg. D-1-199
Paulino, Lydia C -pg. D-6-5
Paulino, Manuel C -pg. D-6-4
Paulino, Manuel LG -pg. D-6-14
Paulino, Manuel N -pg. D-1-111
Paulino, Manuel T -pg. D-6-1
Paulino, Manuel T -pg. D-6-4
Paulino, Margarita L -pg. D-6-38
Paulino, Maria C -pg. D-6-4
Paulino, Maria C -pg. D-6-5
Paulino, Maria K -pg. D-6-17
Paulino, Maria L G -pg. D-6-5
Paulino, Maria LG -pg. D-6-14
Paulino, Maria M -pg. D-6-14
Paulino, Maria R -pg. D-1-199
Paulino, Maria S N -pg. D-6-2
Paulino, Maria S N -pg. D-6-1
Paulino, Maria S N -pg. D-6-1
Paulino, Mariana S N -pg. D-6-2
Paulino, Mariano S N -pg. D-6-2
Paulino, Mariano T -pg. D-6-2
Paulino, Martha M -pg. D-6-24
Paulino, Nicolas C -pg. D-6-29
Paulino, Nicolas D -pg. D-6-29
Paulino, Oliva M -pg. D-6-24
Paulino, Pedro LG -pg. D-6-14
Paulino, Ramon T -pg. D-6-17
Paulino, Regina C -pg. D-6-29
Paulino, Regina M -pg. D-6-27
Paulino, Rosa M -pg. D-6-23
Paulino, Rosario SN -pg. D-6-43
Paulino, Santiago N -pg. D-6-24
Paulino, Teresa D -pg. D-1-369
Paulino, Teresita L G -pg. D-6-5
Paulino, Teresita S N -pg. D-6-2
Paulino, Thomas M -pg. D-6-23
Paulino, Tomas SN -pg. D-6-43
Paulino, Trinidad R -pg. D-1-199
Paulino, Trinidad SN -pg. D-1-330
Paulino, Vicente LG -pg. D-6-14
Paulino, Vicente N -pg. D-6-38
Paulino, Vicente R -pg. D-1-199
Paulino, Vicente SN -pg. D-6-43
Paulino, Vicente T -pg. D-6-43
Paulino, Virginia G -pg. D-6-8
Paulino, Virginia SN -pg. D-6-43
Pauly, Carl G -pg. D-11-79
Pawloski, Steve J -pg. D-11-79
Payne, Ana -pg. D-1-131
Payne, Ignacia S -pg. D-1-130
Payne, Joseph S -pg. D-1-130
Payne, Juan F -pg. D-1-131
Payne, Lourdes M -pg. D-9-39
Payne, Maria D -pg. D-1-131
Payne, Maria G -pg. D-1-131
Payne, Patrick A -pg. D-1-130
Payne, Rosa S -pg. D-1-131
Payne, Seymour M -pg. D-9-39
Payne, Thomas -pg. D-1-131
Payne, William A -pg. D-9-39
Peabody, Gerald A -pg. D-10-28
Peabody, Gerald A (Jr) -pg. D-10-28

Peabody, Terrence E -pg. D-10-28
Peabody, Vita J -pg. D-10-28
Pearson, James -pg. D-3-27
Pearson, Judy -pg. D-3-27
Pearson, Marguerite -pg. D-3-27
Pease, Sallie R -pg. D-11-47
Peeler, Boyd T -pg. D-11-69
Pellacani, Aldo E -pg. D-1-365
Pellacani, Ansonio R -pg. D-1-365
Pellacani, Consuelo T -pg. D-1-365
Pellacani, Rafael R -pg. D-1-365
Pellacani, Romolo L -pg. D-1-365
Pellett, Marcian -pg. D-1-303
Peraira, Andrea P -pg. D-1-259
Peraira, Antonia P -pg. D-1-260
Peraira, Carmen P -pg. D-1-259
Peraira, Francisco P -pg. D-1-260
Peraira, Genedina P -pg. D-1-259
Peraira, Genoveva P -pg. D-1-259
Peraira, Ignacio C -pg. D-1-259
Pereda, Ana -pg. D-4-16
Pereda, Ana P -pg. D-1-393
Pereda, Antonio P -pg. D-1-394
Pereda, Asuncion P -pg. D-1-394
Pereda, Asuncion P -pg. D-1-394
Pereda, Concecpcion -pg. D-4-16
Pereda, David P -pg. D-1-390
Pereda, Dolores -pg. D-4-16
Pereda, Felisita -pg. D-4-16
Pereda, Felisita -pg. D-4-16
Pereda, Francisco -pg. D-4-16
Pereda, Francisco C -pg. D-1-387
Pereda, Gabriel -pg. D-4-16
Pereda, Gertrudes -pg. D-4-16
Pereda, Henry P -pg. D-1-390
Pereda, Ignacio P -pg. D-1-394
Pereda, Isabel P -pg. D-1-394
Pereda, Jesus -pg. D-4-16
Pereda, Jose B -pg. D-1-89
Pereda, Jose C -pg. D-1-89
Pereda, Jose P -pg. D-1-393
Pereda, Josefa C -pg. D-1-89
Pereda, Juan -pg. D-4-16
Pereda, Juan C -pg. D-1-89
Pereda, Juan C -pg. D-1-387
Pereda, Juan P -pg. D-1-390
Pereda, Juan P -pg. D-1-390
Pereda, Juan P -pg. D-1-394
Pereda, Julia P -pg. D-1-390
Pereda, Manuel P -pg. D-1-393
Pereda, Margarita C -pg. D-1-387
Pereda, Maria C -pg. D-1-89
Pereda, Maria P -pg. D-1-394
Pereda, Maria P -pg. D-1-394
Pereda, Natividad C -pg. D-1-387
Pereda, Pedro -pg. D-4-16
Pereda, Rosa -pg. D-4-16
Pereda, Rosa -pg. D-4-16
Pereda, Rosa C -pg. D-1-387
Pereda, Rosa C -pg. D-1-387
Pereda, Rosario -pg. D-4-16
Pereda, Vicente P -pg. D-1-394
Pereda, Vicente P -pg. D-11-82
Peredo, Agnes G -pg. D-10-29

INDEX
1940 Population Census of Guam: Transcribed

Peredo, Ana B -pg. D-15-22
Peredo, Ana P -pg. D-15-13
Peredo, Antonia F -pg. D-15-22
Peredo, Antonia G -pg. D-10-29
Peredo, Antonia W -pg. D-1-141
Peredo, Antonio M (ab) -pg. D-1-213
Peredo, Antonio S -pg. D-1-270
Peredo, Badlmero T -pg. D-1-159
Peredo, Beatrice T -pg. D-1-159
Peredo, Catalina W -pg. D-1-141
Peredo, Concepcion S -pg. D-1-140
Peredo, Cristina C -pg. D-15-22
Peredo, Diana F -pg. D-15-22
Peredo, Dominga T -pg. D-1-159
Peredo, Emelia -pg. D-4-3
Peredo, Engracia Q -pg. D-15-26
Peredo, Enrique -pg. D-4-3
Peredo, Francisco -pg. D-1-141
Peredo, Francisco B -pg. D-15-22
Peredo, Francisco F -pg. D-15-22
Peredo, Genoveba -pg. D-4-3
Peredo, George H -pg. D-1-214
Peredo, Gregorio F -pg. D-15-22
Peredo, Hernando -pg. D-4-3
Peredo, Ignacio F -pg. D-15-22
Peredo, Jesus -pg. D-4-22
Peredo, Jesus C -pg. D-15-22
Peredo, Jesus T -pg. D-1-159
Peredo, Jesus W -pg. D-1-141
Peredo, Joaquin B -pg. D-15-13
Peredo, Joaquin C -pg. D-1-213
Peredo, Joaquin G -pg. D-1-140
Peredo, Joaquin LG -pg. D-1-270
Peredo, Joaquin T -pg. D-1-159
Peredo, Jose -pg. D-4-2
Peredo, Jose B -pg. D-15-22
Peredo, Jose T -pg. D-1-159
Peredo, Jose W -pg. D-1-141
Peredo, Josefina -pg. D-4-3
Peredo, Juan B -pg. D-15-26
Peredo, Juan LG -pg. D-1-270
Peredo, Juana T -pg. D-1-159
Peredo, Luisa LG -pg. D-1-270
Peredo, Luise LG -pg. D-1-305
Peredo, Maria P -pg. D-15-13
Peredo, Maria Q -pg. D-15-26
Peredo, Maria W -pg. D-1-136
Peredo, Mariquita -pg. D-4-3
Peredo, Mariquita LG -pg. D-1-270
Peredo, Mary J -pg. D-10-29
Peredo, Mercedes M -pg. D-1-213
Peredo, Pedro B -pg. D-15-22
Peredo, Pedro M -pg. D-10-29
Peredo, Pete G -pg. D-10-29
Peredo, Pilar S -pg. D-1-141
Peredo, Ramon Q -pg. D-15-26
Peredo, Rosa C -pg. D-15-22
Peredo, Rosario -pg. D-4-3
Peredo, Soledad C -pg. D-15-22
Peredo, Teresita P -pg. D-15-13
Peredo, Teresita S -pg. D-1-141
Peredo, Vicenta C -pg. D-15-12
Pereira, Antonia P -pg. D-1-344
Pereira, Bernadita C -pg. D-1-345

Pereira, Catalina P -pg. D-1-344
Pereira, Edward P -pg. D-1-344
Pereira, Jesus C -pg. D-1-345
Pereira, Juan C -pg. D-1-344
Pereira, Juana P -pg. D-1-344
Pereira, Manuel D -pg. D-1-67
Pereira, Maria P -pg. D-1-344
Pereira, Pedro F -pg. D-1-67
Pereira, Petornina -pg. D-1-67
Perez, Agapito S -pg. D-1-178
Perez, Agustina A -pg. D-1-12
Perez, Albert E -pg. D-10-44
Perez, Alejandra SA -pg. D-1-117
Perez, Alejandro B -pg. D-11-25
Perez, Alfreda C -pg. D-1-353
Perez, Alfredo H -pg. D-1-388
Perez, Amalia C -pg. D-1-395
Perez, Amanda L -pg. D-1-394
Perez, Ambrosio D -pg. D-1-100
Perez, Ana -pg. D-4-9
Perez, Ana -pg. D-4-12
Perez, Ana -pg. D-4-13
Perez, Ana A -pg. D-1-24
Perez, Ana B -pg. D-1-108
Perez, Ana B -pg. D-10-54
Perez, Ana B -pg. D-11-23
Perez, Ana C -pg. D-1-195
Perez, Ana C -pg. D-11-36
Perez, Ana D -pg. D-1-99
Perez, Ana D -pg. D-1-100
Perez, Ana G -pg. D-1-187
Perez, Ana L -pg. D-11-18
Perez, Ana LG -pg. D-1-235
Perez, Ana M -pg. D-11-17
Perez, Ana P -pg. D-1-41
Perez, Ana R -pg. D-1-214
Perez, Ana S -pg. D-1-113
Perez, Ana T -pg. D-1-201
Perez, Ana T -pg. D-1-202
Perez, Andrea B -pg. D-14-11
Perez, Angel R -pg. D-1-99
Perez, Angelina -pg. D-4-26
Perez, Angustia G -pg. D-1-38
Perez, Annie P -pg. D-11-27
Perez, Antonia M -pg. D-11-17
Perez, Antonio B -pg. D-11-82
Perez, Antonio C -pg. D-1-109
Perez, Antonio C -pg. D-1-365
Perez, Antonio C -pg. D-11-17
Perez, Antonio C -pg. D-11-23
Perez, Antonio D -pg. D-1-31
Perez, Antonio D -pg. D-1-42
Perez, Antonio D -pg. D-1-264
Perez, Antonio F -pg. D-1-246
Perez, Antonio F -pg. D-10-43
Perez, Antonio H -pg. D-1-122
Perez, Antonio LG -pg. D-1-235
Perez, Antonio M -pg. D-1-122
Perez, Antonio M -pg. D-11-17
Perez, Antonio P -pg. D-1-41
Perez, Antonio P -pg. D-1-108
Perez, Antonio P -pg. D-1-235
Perez, Antonio Q -pg. D-11-26
Perez, Antonio R -pg. D-1-100

Perez, Antonio R -pg. D-14-11
Perez, Asuncion SN -pg. D-11-44
Perez, Atanacio S -pg. D-1-234
Perez, Atanacio T -pg. D-1-238
Perez, Auria T -pg. D-1-190
Perez, Bacilia C -pg. D-9-12
Perez, Baltasar M -pg. D-1-235
Perez, Beatrice S -pg. D-9-36
Perez, Benito C -pg. D-11-43
Perez, Bernadita -pg. D-10-44
Perez, Bernadita P -pg. D-12-6
Perez, Blaz P -pg. D-1-142
Perez, Brigida C -pg. D-1-100
Perez, Carlos G -pg. D-1-38
Perez, Carmen A -pg. D-1-50
Perez, Carmen D -pg. D-1-238
Perez, Carmen G -pg. D-1-38
Perez, Carmen L -pg. D-10-36
Perez, Carmen P -pg. D-1-97
Perez, Carrmen -pg. D-4-25
Perez, Cecilia B -pg. D-11-25
Perez, Cecilia P -pg. D-1-235
Perez, Celia D -pg. D-1-31
Perez, Cesario B -pg. D-1-396
Perez, Clementina R -pg. D-10-44
Perez, Clotilde A -pg. D-10-5
Perez, Clotilde P -pg. D-1-187
Perez, Clotilde P -pg. D-1-235
Perez, Concepcion A -pg. D-1-12
Perez, Concepcion A -pg. D-1-127
Perez, Concepcion B -pg. D-1-108
Perez, Concepcion C -pg. D-1-42
Perez, Concepcion D -pg. D-1-31
Perez, Concepcion L -pg. D-10-36
Perez, Concepcion P -pg. D-10-43
Perez, Concepcion S -pg. D-1-388
Perez, Daniel L -pg. D-1-292
Perez, David D -pg. D-1-100
Perez, David D -pg. D-1-289
Perez, David E -pg. D-10-44
Perez, David H -pg. D-1-388
Perez, David P -pg. D-1-264
Perez, David T -pg. D-1-238
Perez, Deigo B -pg. D-11-54
Perez, Delfina -pg. D-4-4
Perez, Delfina -pg. D-4-12
Perez, Delgadina B -pg. D-1-257
Perez, Dolores A -pg. D-1-246
Perez, Dolores C -pg. D-11-36
Perez, Dolores F -pg. D-1-246
Perez, Dolores LG -pg. D-1-294
Perez, Dolores M -pg. D-1-62
Perez, Dolores P -pg. D-12-6
Perez, Dolores SN -pg. D-11-45
Perez, Dolores T -pg. D-1-182
Perez, Doroteo -pg. D-5-2
Perez, Dorothy P -pg. D-11-27
Perez, Eduviges M -pg. D-1-246
Perez, Edward E -pg. D-10-44
Perez, Edward G -pg. D-10-44
Perez, Edwardo A -pg. D-1-127
Perez, Elena D -pg. D-1-31
Perez, Eliza C -pg. D-1-42
Perez, Elizabeth C -pg. D-1-195

INDEX
1940 Population Census of Guam: Transcribed

Perez, Elizabeth P -pg. D-1-264
Perez, Elpidia I -pg. D-1-289
Perez, Emelia -pg. D-4-4
Perez, Emelia F -pg. D-1-233
Perez, Emeliana D -pg. D-1-257
Perez, Encarnacion C -pg. D-9-12
Perez, Engracia C -pg. D-1-178
Perez, Engracia C -pg. D-11-43
Perez, Enriqueta G -pg. D-1-191
Perez, Enriqueta G -pg. D-1-276
Perez, Estella P -pg. D-1-264
Perez, Eunefreda U -pg. D-1-187
Perez, Evelynn P -pg. D-1-264
Perez, Fe G -pg. D-1-191
Perez, Federico M -pg. D-11-17
Perez, Felicita F -pg. D-9-26
Perez, Felicita P -pg. D-1-98
Perez, Felipe C -pg. D-1-100
Perez, Felix A -pg. D-1-50
Perez, Felix G -pg. D-1-191
Perez, Felix J -pg. D-1-218
Perez, Felix T -pg. D-14-11
Perez, Fermin D -pg. D-1-100
Perez, Filepe C -pg. D-1-109
Perez, Flora B -pg. D-10-54
Perez, Florence C -pg. D-1-298
Perez, Florentina -pg. D-1-143
Perez, Florentina D -pg. D-1-100
Perez, Folencia M -pg. D-11-17
Perez, Francisca A -pg. D-1-24
Perez, Francisco -pg. D-4-35
Perez, Francisco C -pg. D-1-365
Perez, Francisco D -pg. D-1-114
Perez, Francisco E -pg. D-8-8
Perez, Francisco F -pg. D-1-246
Perez, Francisco G -pg. D-1-191
Perez, Francisco G -pg. D-15-31
Perez, Francisco J -pg. D-1-218
Perez, Francisco L -pg. D-11-18
Perez, Francisco M -pg. D-1-235
Perez, Francisco P -pg. D-1-178
Perez, Francisco P -pg. D-14-2
Perez, Francisco T -pg. D-1-182
Perez, Francisco T -pg. D-1-190
Perez, Francisco T -pg. D-1-190
Perez, Frank A -pg. D-1-50
Perez, Frank C -pg. D-1-298
Perez, Frankie E -pg. D-10-44
Perez, Frederick C -pg. D-1-178
Perez, Galo M -pg. D-11-17
Perez, George C -pg. D-1-298
Perez, Gerardo C -pg. D-1-289
Perez, Gloria G -pg. D-1-38
Perez, Grace D -pg. D-1-120
Perez, Gregorio B -pg. D-11-25
Perez, Gregorio C -pg. D-1-235
Perez, Gregorio C -pg. D-11-73
Perez, Gregorio D -pg. D-1-31
Perez, Gregorio D -pg. D-1-114
Perez, Gregorio D -pg. D-1-191
Perez, Gregorio E -pg. D-10-44
Perez, Gregorio F -pg. D-10-44
Perez, Gregorio G -pg. D-1-191
Perez, Gregorio G -pg. D-15-31

Perez, Gregorio R -pg. D-1-218
Perez, Gregorio S -pg. D-1-234
Perez, Gregorio SA -pg. D-1-117
Perez, Gregorio T -pg. D-1-143
Perez, Gregorio T -pg. D-1-182
Perez, Guadalupe L -pg. D-11-18
Perez, Herman P -pg. D-1-264
Perez, Hermengilda M -pg. D-1-106
Perez, Ignacia -pg. D-11-17
Perez, Ignacia T -pg. D-1-113
Perez, Ignacio B -pg. D-1-30
Perez, Ignacio E -pg. D-10-44
Perez, Ignacio L -pg. D-1-30
Perez, Ignacio L -pg. D-1-178
Perez, Ignacio S -pg. D-1-113
Perez, Ignasia T -pg. D-11-67
Perez, Imilia L -pg. D-10-36
Perez, Inmaculada A -pg. D-1-24
Perez, Isabel -pg. D-4-4
Perez, Isabel M -pg. D-11-17
Perez, Isabel P -pg. D-1-40
Perez, Isabel P -pg. D-1-235
Perez, Isabel T -pg. D-1-238
Perez, Ismael C -pg. D-1-41
Perez, James -pg. D-4-12
Perez, Jesus -pg. D-4-12
Perez, Jesus A -pg. D-10-5
Perez, Jesus C -pg. D-1-113
Perez, Jesus C -pg. D-1-114
Perez, Jesus C -pg. D-1-114
Perez, Jesus C -pg. D-1-365
Perez, Jesus D -pg. D-1-233
Perez, Jesus F -pg. D-1-246
Perez, Jesus F -pg. D-9-26
Perez, Jesus LG -pg. D-1-235
Perez, Jesus M -pg. D-1-139
Perez, Jesus M -pg. D-1-246
Perez, Jesus M -pg. D-1-249
Perez, Jesus M -pg. D-11-62
Perez, Jesus P -pg. D-1-187
Perez, Jesus P -pg. D-12-6
Perez, Jesus S -pg. D-1-98
Perez, Jesus S -pg. D-1-113
Perez, Jesus S -pg. D-1-234
Perez, Jesus S -pg. D-9-36
Perez, Jesus T -pg. D-1-114
Perez, Jesus T -pg. D-1-202
Perez, Joaquin -pg. D-4-12
Perez, Joaquin -pg. D-4-13
Perez, Joaquin -pg. D-4-25
Perez, Joaquin A -pg. D-1-24
Perez, Joaquin A -pg. D-10-6
Perez, Joaquin C pg. D 1 385
Perez, Joaquin C -pg. D-1-385
Perez, Joaquin C -pg. D-1-385
Perez, Joaquin D -pg. D-11-27
Perez, Joaquin F -pg. D-1-233
Perez, Joaquin F -pg. D-1-246
Perez, Joaquin F -pg. D-9-26
Perez, Joaquin Q -pg. D-11-54
Perez, Joaquin S -pg. D-1-31
Perez, John A -pg. D-1-50
Perez, John C -pg. D-1-178
Perez, John S -pg. D-11-33

Perez, Johnny A -pg. D-1-246
Perez, Josafat M -pg. D-1-235
Perez, Jose -pg. D-4-4
Perez, Jose -pg. D-4-4
Perez, Jose -pg. D-4-9
Perez, Jose -pg. D-4-35
Perez, Jose A -pg. D-1-24
Perez, Jose A -pg. D-10-6
Perez, Jose A -pg. D-11-25
Perez, Jose A -pg. D-11-25
Perez, Jose B -pg. D-1-138
Perez, Jose C -pg. D-1-12
Perez, Jose C -pg. D-1-42
Perez, Jose C -pg. D-1-113
Perez, Jose C -pg. D-1-388
Perez, Jose C -pg. D-11-18
Perez, Jose D -pg. D-1-100
Perez, Jose D -pg. D-14-11
Perez, Jose E -pg. D-10-44
Perez, Jose F -pg. D-1-394
Perez, Jose F -pg. D-8-8
Perez, Jose F -pg. D-9-26
Perez, Jose G -pg. D-15-31
Perez, Jose L -pg. D-10-36
Perez, Jose M -pg. D-1-106
Perez, Jose M -pg. D-1-246
Perez, Jose M -pg. D-1-246
Perez, Jose P -pg. D-1-187
Perez, Jose P -pg. D-1-379
Perez, Jose P -pg. D-10-43
Perez, Jose P -pg. D-12-6
Perez, Jose R -pg. D-1-98
Perez, Jose S -pg. D-1-42
Perez, Jose S -pg. D-1-113
Perez, Jose S -pg. D-1-178
Perez, Jose S -pg. D-1-195
Perez, Jose S -pg. D-1-214
Perez, Jose S -pg. D-1-298
Perez, Jose SA -pg. D-1-117
Perez, Jose T -pg. D-1-182
Perez, Jose T -pg. D-1-213
Perez, Jose T -pg. D-1-314
Perez, Jose T -pg. D-11-67
Perez, Josefa A -pg. D-1-50
Perez, Josefa C -pg. D-1-113
Perez, Josefa D -pg. D-1-233
Perez, Josefa G -pg. D-15-31
Perez, Josefa M -pg. D-1-235
Perez, Josefa P -pg. D-1-127
Perez, Josefa P -pg. D-14-2
Perez, Josefa SA -pg. D-1-117
Perez, Josefina B -pg. D-11-24
Perez, Josefina C -pg. D-1-42
Perez, Josefina D -pg. D-1-114
Perez, Josefina D -pg. D-1-233
Perez, Josefina LG -pg. D-1-249
Perez, Josefina P -pg. D-1-40
Perez, Joseph A -pg. D-1-50
Perez, Joseph B -pg. D-1-395
Perez, Joseph P -pg. D-1-264
Perez, Juan -pg. D-4-5
Perez, Juan -pg. D-4-25
Perez, Juan -pg. D-9-11
Perez, Juan B -pg. D-14-11

INDEX
1940 Population Census of Guam: Transcribed

Perez, Juan C -pg. D-1-114
Perez, Juan C -pg. D-1-365
Perez, Juan C (ab) -pg. D-1-276
Perez, Juan D -pg. D-1-31
Perez, Juan D -pg. D-1-174
Perez, Juan D -pg. D-1-218
Perez, Juan E -pg. D-10-44
Perez, Juan F -pg. D-1-294
Perez, Juan L -pg. D-1-218
Perez, Juan LG -pg. D-1-127
Perez, Juan M -pg. D-1-246
Perez, Juan N -pg. D-11-33
Perez, Juan P -pg. D-1-98
Perez, Juan P -pg. D-1-187
Perez, Juan P -pg. D-1-210
Perez, Juan P -pg. D-14-2
Perez, Juan T -pg. D-1-50
Perez, Juan T -pg. D-1-113
Perez, Juana P -pg. D-1-40
Perez, Juana T -pg. D-1-190
Perez, Juanita D -pg. D-1-121
Perez, Julia A -pg. D-1-176
Perez, Julia C -pg. D-1-100
Perez, Julia H -pg. D-1-388
Perez, Junior C -pg. D-1-298
Perez, Laureta S -pg. D-1-113
Perez, Leandro S -pg. D-1-143
Perez, Licerio E -pg. D-10-44
Perez, Lorenzo S -pg. D-12-9
Perez, Lourdes C -pg. D-1-365
Perez, Lourdes D -pg. D-1-114
Perez, Luis G -pg. D-1-187
Perez, Luis P -pg. D-1-38
Perez, Luisa H -pg. D-1-122
Perez, Lydia P -pg. D-11-27
Perez, Mabel C -pg. D-1-298
Perez, Macrina A -pg. D-1-24
Perez, Magdalena B -pg. D-1-257
Perez, Magdalena S -pg. D-1-142
Perez, Manuel -pg. D-4-13
Perez, Manuel -pg. D-4-25
Perez, Manuel B -pg. D-1-395
Perez, Manuel D -pg. D-1-233
Perez, Manuel F -pg. D-14-11
Perez, Manuel P -pg. D-1-41
Perez, Manuel T -pg. D-1-98
Perez, Manuel T -pg. D-1-202
Perez, Manuela C -pg. D-1-388
Perez, Margarita D -pg. D-1-114
Perez, Margarita D -pg. D-1-114
Perez, Margarita P -pg. D-1-41
Perez, Margarita S -pg. D-1-178
Perez, Margarita S -pg. D-1-234
Perez, Maria -pg. D-4-4
Perez, Maria -pg. D-4-4
Perez, Maria -pg. D-4-25
Perez, Maria -pg. D-4-25
Perez, Maria A -pg. D-1-24
Perez, Maria B -pg. D-11-24
Perez, Maria C -pg. D-1-42
Perez, Maria C -pg. D-1-127
Perez, Maria C -pg. D-1-292
Perez, Maria C -pg. D-1-298
Perez, Maria C -pg. D-11-42

Perez, Maria D -pg. D-1-114
Perez, Maria E -pg. D-10-44
Perez, Maria F -pg. D-1-246
Perez, Maria G -pg. D-1-191
Perez, Maria H -pg. D-1-122
Perez, Maria L -pg. D-1-394
Perez, Maria L -pg. D-10-36
Perez, Maria L -pg. D-11-18
Perez, Maria L -pg. D-11-18
Perez, Maria LG -pg. D-1-249
Perez, Maria LG -pg. D-1-385
Perez, Maria P -pg. D-1-40
Perez, Maria P -pg. D-1-100
Perez, Maria P -pg. D-1-187
Perez, Maria P -pg. D-1-235
Perez, Maria P -pg. D-1-385
Perez, Maria P -pg. D-10-43
Perez, Maria R -pg. D-9-26
Perez, Maria S -pg. D-1-113
Perez, Maria S -pg. D-11-33
Perez, Maria SA -pg. D-1-118
Perez, Maria T -pg. D-1-98
Perez, Maria T -pg. D-1-113
Perez, Maria T -pg. D-1-182
Perez, Maria T -pg. D-1-182
Perez, Maria T -pg. D-1-202
Perez, Maria T -pg. D-11-67
Perez, Maria U -pg. D-1-187
Perez, Maria U -pg. D-1-187
Perez, Mariano C -pg. D-1-92
Perez, Mariano C -pg. D-11-44
Perez, Mariano T -pg. D-11-67
Perez, Mariquita D -pg. D-1-99
Perez, Mariquita M -pg. D-1-62
Perez, Matias LG -pg. D-1-127
Perez, Matias LG -pg. D-1-249
Perez, Maxima B -pg. D-1-108
Perez, Natividad D -pg. D-1-31
Perez, Nicolas S -pg. D-11-33
Perez, Nicolasa P -pg. D-1-235
Perez, Norberto P -pg. D-1-40
Perez, Olegario C --ab-- -pg. D-1-388
Perez, Oliva B -pg. D-1-31
Perez, Oliva C -pg. D-1-365
Perez, Oscar J -pg. D-1-289
Perez, Pastor LG -pg. D-1-249
Perez, Patrica SN -pg. D-11-45
Perez, Pedro -pg. D-4-12
Perez, Pedro A -pg. D-1-24
Perez, Pedro B -pg. D-10-54
Perez, Pedro C -pg. D-1-114
Perez, Pedro D -pg. D-1-233
Perez, Pedro P -pg. D-12-6
Perez, Pedro S -pg. D-1-178
Perez, Pedro S -pg. D-12-9
Perez, Peter P -pg. D-11-27
Perez, Pilar -pg. D-4-13
Perez, Pilar -pg. D-4-38
Perez, Pilar P -pg. D-1-367
Perez, Pilar T -pg. D-1-182
Perez, Rafaela H -pg. D-1-122
Perez, Remedio B -pg. D-11-25
Perez, Remedios C -pg. D-1-127
Perez, Remedios C -pg. D-1-218

Perez, Remedios D -pg. D-1-31
Perez, Remedios LG -pg. D-1-218
Perez, Remedios P -pg. D-1-213
Perez, Ricardo P -pg. D-1-235
Perez, Ricardo P -pg. D-11-27
Perez, Rita D -pg. D-1-42
Perez, Rita F -pg. D-9-26
Perez, Rita L -pg. D-1-92
Perez, Rita T -pg. D-1-395
Perez, Roman D -pg. D-1-100
Perez, Roman P -pg. D-1-40
Perez, Roman T -pg. D-1-202
Perez, Rosa -pg. D-4-13
Perez, Rosa -pg. D-5-36
Perez, Rosa B -pg. D-10-54
Perez, Rosa C -pg. D-1-114
Perez, Rosa C -pg. D-1-292
Perez, Rosa C -pg. D-1-365
Perez, Rosa D -pg. D-1-114
Perez, Rosa F -pg. D-1-233
Perez, Rosa L -pg. D-11-18
Perez, Rosa M -pg. D-1-235
Perez, Rosa T -pg. D-1-113
Perez, Rosa T -pg. D-1-182
Perez, Rosa T -pg. D-1-218
Perez, Rosa T -pg. D-14-11
Perez, Rosalia SN -pg. D-11-44
Perez, Rosalina C -pg. D-1-388
Perez, Rosario A -pg. D-1-12
Perez, Rosario A -pg. D-1-24
Perez, Rosario B -pg. D-11-54
Perez, Rosario C -pg. D-1-292
Perez, Rosario E -pg. D-10-44
Perez, Rosario E -pg. D-10-44
Perez, Rosario LG -pg. D-1-249
Perez, Rosario LG -pg. D-1-249
Perez, Rosario LG -pg. D-1-294
Perez, Rosario M -pg. D-1-62
Perez, Rosario T -pg. D-1-182
Perez, Rosie T -pg. D-1-98
Perez, Rosita E -pg. D-10-44
Perez, Rosita M -pg. D-1-24
Perez, Rudolpho D -pg. D-1-100
Perez, Ruth A -pg. D-11-26
Perez, Santiago SN -pg. D-11-44
Perez, Santiago T -pg. D-11-36
Perez, Segundo B -pg. D-1-62
Perez, Soledad R -pg. D-1-356
Perez, Teafila E M -pg. D-1-235
Perez, Teofila T -pg. D-1-190
Perez, Teresita -pg. D-1-31
Perez, Teresita D -pg. D-1-100
Perez, Teresita M -pg. D-1-246
Perez, Teresita T -pg. D-1-202
Perez, Tito S -pg. D-1-178
Perez, Tomas C -pg. D-1-218
Perez, Tomas P -pg. D-1-235
Perez, Tomas S -pg. D-1-178
Perez, Tomas SN -pg. D-11-45
Perez, Tomasa A -pg. D-1-246
Perez, Tomasa E -pg. D-10-44
Perez, Trinida L -pg. D-1-30
Perez, Valentino S -pg. D-1-142
Perez, Veronica SA -pg. D-1-138

INDEX
1940 Population Census of Guam: Transcribed

Perez, Vicente -pg. D-4-25
Perez, Vicente A -pg. D-10-5
Perez, Vicente B -pg. D-1-40
Perez, Vicente B -pg. D-10-54
Perez, Vicente B -pg. D-10-54
Perez, Vicente C -pg. D-1-292
Perez, Vicente D -pg. D-1-120
Perez, Vicente F -pg. D-1-246
Perez, Vicente G -pg. D-1-191
Perez, Vicente L -pg. D-11-18
Perez, Vicente M -pg. D-1-356
Perez, Vicente P -pg. D-1-40
Perez, Vicente P -pg. D-1-187
Perez, Vicente P -pg. D-1-235
Perez, Vicente Q -pg. D-9-26
Perez, Vicente R -pg. D-1-218
Perez, Vicente S -pg. D-1-113
Perez, Vicente S -pg. D-1-234
Perez, Vicente T -pg. D-1-113
Perez, Vicente T -pg. D-1-182
Perez, Vicente T -pg. D-1-201
Perez, Victoria T -pg. D-1-182
Perez, Virginia -pg. D-4-12
Perez, Virginia B -pg. D-11-25
Perez, Virginia P -pg. D-11-27
Perez, Walter A -pg. D-1-50
Perrotto, Charles A -pg. D-11-80
Perry, Dorothy T -pg. D-1-239
Perry, Francis M -pg. D-11-80
Perry, Roger E -pg. D-1-239
Perry, Roger Jr -pg. D-1-239
Perry, Walter T -pg. D-1-240
Peterson, Fannie C -pg. D-1-239
Peterson, Rufina C -pg. D-1-239
Petros, Ana C -pg. D-9-12
Petros, Antonio C -pg. D-9-12
Petros, Baltasar C -pg. D-9-12
Petros, Gregorio C -pg. D-9-13
Petros, Ignacio S -pg. D-9-13
Petros, Jesus C -pg. D-9-13
Petros, Jesus S -pg. D-9-13
Petros, Joaquin C -pg. D-9-13
Petros, Jose C -pg. D-9-12
Petros, Josefa C -pg. D-9-13
Petros, Lorenzo M -pg. D-9-12
Petros, Magdalena C -pg. D-9-12
Petros, Maria S -pg. D-9-13
Petros, Rosa C -pg. D-9-13
Pfeifer, Lee R -pg. D-1-305
Phillips, Floyd -pg. D-1-257
Phillips, Katherine -pg. D-1-257
Phillips, Margaret J -pg. D-1-220
Phillips, Walter A pg. D 1 220
Pick, Howard J -pg. D-11-80
Pierce, Sharlet M -pg. D-10-33
Pierce, Virginia T -pg. D-10-33
Pinala, Enrique P -pg. D-11-20
Pinala, Petrianilia G -pg. D-11-20
Pinaula, Ana A -pg. D-6-16
Pinaula, Ana S -pg. D-1-133
Pinaula, Ana S -pg. D-1-133
Pinaula, Clotilde A -pg. D-12-10
Pinaula, Concepcion S -pg. D-11-8
Pinaula, Dorotea S -pg. D-1-133

Pinaula, Felipe P -pg. D-2-36
Pinaula, Felix -pg. D-5-49
Pinaula, Jesus C -pg. D-2-34
Pinaula, Jesus P -pg. D-14-12
Pinaula, Joaquin P -pg. D-2-36
Pinaula, Jose A -pg. D-6-16
Pinaula, Jose P -pg. D-2-34
Pinaula, Jose P -pg. D-11-8
Pinaula, Juan P -pg. D-2-36
Pinaula, Maria A -pg. D-6-27
Pinaula, Maria C -pg. D-2-34
Pinaula, Miguel P -pg. D-1-302
Pinaula, Remedio C -pg. D-2-34
Pinaula, Rosa -pg. D-5-49
Pinaula, Rosa S -pg. D-1-133
Pinaula, Rosario O -pg. D-1-133
Pinaula, Sebastian C -pg. D-2-34
Pinaula, Soledad G -pg. D-2-36
Pinaula, Tomas P -pg. D-2-36
Pinaula, Vicente A -pg. D-6-16
Pinaula, Vicente A -pg. D-6-20
Pinaula, Vicente C -pg. D-2-34
Pinaula, Vicente P -pg. D-14-12
Pineda, Ana LG -pg. D-2-24
Pineda, Dolores LG -pg. D-2-24
Pineda, Jose A -pg. D-2-24
Pineda, Juan LG -pg. D-2-24
Pineda, Manuel C -pg. D-2-24
Ploke, Beatrice P -pg. D-1-238
Ploke, Daniel P -pg. D-1-238
Ploke, Irene P -pg. D-1-238
Ploke, Pauline P -pg. D-1-238
Pocaige, Rafael O -pg. D-14-9
Pocaigue, Adela B -pg. D-1-265
Pocaigue, Ana B -pg. D-1-165
Pocaigue, Antonio B -pg. D-1-165
Pocaigue, David B -pg. D-1-265
Pocaigue, Dolores O -pg. D-15-4
Pocaigue, Domingo P -pg. D-15-4
Pocaigue, Felix O -pg. D-1-265
Pocaigue, Francisco P -pg. D-1-165
Pocaigue, Ignacio B -pg. D-1-166
Pocaigue, Jesus O -pg. D-10-54
Pocaigue, Jose O -pg. D-15-4
Pocaigue, Juan B -pg. D-1-165
Pocaigue, Maria I -pg. D-1-400
Pocaigue, Maria P -pg. D-15-23
Pocaigue, Pedro B -pg. D-1-166
Pocaigue, Regina B -pg. D-1-166
Pocaigue, Rita O -pg. D-15-4
Pocaigue, Roman B -pg. D-1-166
Pocaigue, Rosabella B -pg. D-1-165
Pohl, Andrew J -pg. D-11-80
Polley, Dick T -pg. D-11-69
Ponton, Arbie -pg. D-11-71
Poole, Leo L -pg. D-11-80
Portusach, Antonia M -pg. D-1-4
Potts, Alfred L -pg. D-11-68
Powell, Richard C -pg. D-1-304
Price, Margaret J -pg. D-1-280
Primeaux, Alexander I -pg. D-11-80
Quan, Alerjandro C -pg. D-11-34
Quan, Antonio C -pg. D-11-21
Quan, Carmen S -pg. D-11-21

Quan, Delfina C -pg. D-11-21
Quan, Dolores P -pg. D-11-34
Quan, Dolores P -pg. D-11-34
Quan, Engracia C -pg. D-11-21
Quan, Flixe P -pg. D-11-34
Quan, Frank D -pg. D-1-261
Quan, Gregorio C -pg. D-1-261
Quan, Gregory D -pg. D-1-261
Quan, Johnny D -pg. D-1-261
Quan, Joseph D -pg. D-1-261
Quan, Juan C -pg. D-11-21
Quan, Juan C -pg. D-11-21
Quan, Juan P -pg. D-11-34
Quan, Lourdes C -pg. D-11-21
Quan, Maria D -pg. D-1-261
Quan, May D -pg. D-1-261
Quan, Rigino C -pg. D-11-21
Quan, Rosalia C -pg. D-11-21
Quande, Julia Mary -pg. D-1-293
Quande, Katherine -pg. D-1-293
Quande, Lorraine J -pg. D-1-293
Quande, Olans -pg. D-1-293
Quenga, Abril C -pg. D-9-7
Quenga, Agustin C -pg. D-9-7
Quenga, Ana C -pg. D-9-38
Quenga, Ana M -pg. D-10-24
Quenga, Ana M -pg. D-10-24
Quenga, Ana S -pg. D-9-36
Quenga, Ana SN -pg. D-9-47
Quenga, Antonia A -pg. D-10-24
Quenga, Antonia C -pg. D-9-46
Quenga, Antonia F -pg. D-9-47
Quenga, Antonio -pg. D-9-15
Quenga, Antonio C -pg. D-9-38
Quenga, Antonio C -pg. D-9-38
Quenga, Augustina SN -pg. D-9-47
Quenga, Barbara M -pg. D-10-24
Quenga, Barbara T -pg. D-9-46
Quenga, Barcilisa S -pg. D-9-16
Quenga, Carlos SN -pg. D-9-38
Quenga, Carolina SN -pg. D-9-29
Quenga, Concepcion R -pg. D-9-34
Quenga, Consolacion C -pg. D-9-46
Quenga, Cristina SN -pg. D-9-47
Quenga, Cristobal C -pg. D-9-7
Quenga, David R -pg. D-9-34
Quenga, Dolores C -pg. D-9-47
Quenga, Dolores C -pg. D-9-48
Quenga, Dolores M -pg. D-10-24
Quenga, Dolores P -pg. D-9-49
Quenga, Dolores T -pg. D-9-46
Quenga, Dorothea F -pg. D-9-47
Quenga, Elias C -pg. D-9-7
Quenga, Enrique C -pg. D-9-49
Quenga, Esteban R -pg. D-9-34
Quenga, Felis M -pg. D-1-300
Quenga, Felix C -pg. D-9-46
Quenga, Felix M -pg. D-9-47
Quenga, Florencia R -pg. D-9-34
Quenga, Florentina C -pg. D-9-7
Quenga, Florentina S -pg. D-9-5
Quenga, Francisca M -pg. D-10-24
Quenga, Francisco S -pg. D-9-29
Quenga, Francisco T -pg. D-10-24

INDEX
1940 Population Census of Guam: Transcribed

Quenga, Francisco Y -pg. D-9-48
Quenga, Frank S -pg. D-9-36
Quenga, Henry S -pg. D-9-36
Quenga, Isabel S -pg. D-9-4
Quenga, Isabel S -pg. D-9-15
Quenga, Jaimes S -pg. D-9-36
Quenga, Jesus F -pg. D-9-47
Quenga, Jesus S -pg. D-9-5
Quenga, Joaquin C -pg. D-9-38
Quenga, Joaquin SN -pg. D-9-47
Quenga, Joaquina SN -pg. D-9-29
Quenga, Johnny C -pg. D-9-7
Quenga, Jose C -pg. D-9-46
Quenga, Jose C -pg. D-9-47
Quenga, Jose M -pg. D-10-24
Quenga, Jose S -pg. D-9-11
Quenga, Jose S -pg. D-9-38
Quenga, Jose SN -pg. D-9-35
Quenga, Jose T -pg. D-9-48
Quenga, Josefa C -pg. D-9-7
Quenga, Josefina C -pg. D-9-47
Quenga, Josefina M -pg. D-9-47
Quenga, Josefina S -pg. D-9-4
Quenga, Juan B -pg. D-9-7
Quenga, Juan C -pg. D-9-38
Quenga, Juan S -pg. D-9-5
Quenga, Juan SN -pg. D-9-4
Quenga, Juan Y -pg. D-9-48
Quenga, Juanita C -pg. D-9-7
Quenga, Juanita F -pg. D-9-47
Quenga, Julita S -pg. D-9-36
Quenga, Justo S -pg. D-9-36
Quenga, Lorenzo T -pg. D-9-46
Quenga, Lourdes S -pg. D-9-5
Quenga, Lucio P -pg. D-9-49
Quenga, Magdalena B -pg. D-9-46
Quenga, Magdalena P -pg. D-9-49
Quenga, Magdalena S -pg. D-9-7
Quenga, Manuel C -pg. D-9-38
Quenga, Manuel Q -pg. D-9-34
Quenga, Manuel SN -pg. D-9-29
Quenga, Manuel SN -pg. D-9-47
Quenga, Maria -pg. D-4-5
Quenga, Maria B -pg. D-9-46
Quenga, Maria M -pg. D-9-47
Quenga, Maria S -pg. D-9-4
Quenga, Maria S -pg. D-9-15
Quenga, Maria S -pg. D-9-29
Quenga, Maria SN -pg. D-9-29
Quenga, Maria T -pg. D-9-46
Quenga, Maria T -pg. D-9-46
Quenga, Maria Y -pg. D-9-48
Quenga, Marta R -pg. D-9-34
Quenga, Mercedes P -pg. D-9-49
Quenga, Milagro SN -pg. D-9-29
Quenga, Natividad SN -pg. D-9-38
Quenga, Pedro B -pg. D-9-46
Quenga, Pedro C -pg. D-9-46
Quenga, Pedro P -pg. D-9-49
Quenga, Pilar C -pg. D-9-7
Quenga, Ramon S -pg. D-9-4
Quenga, Regina F -pg. D-9-47
Quenga, Rosa M -pg. D-10-24
Quenga, Rosalia C -pg. D-9-47

Quenga, Rosalia S -pg. D-9-38
Quenga, Rosario S -pg. D-9-29
Quenga, Sebastian C -pg. D-9-29
Quenga, Sebastian S -pg. D-9-5
Quenga, Sergio S -pg. D-9-36
Quenga, Silvino T -pg. D-11-74
Quenga, Soledad C -pg. D-9-48
Quenga, Sylvia C -pg. D-9-47
Quenga, Teodoro -pg. D-4-5
Quenga, Teresita S -pg. D-9-36
Quenga, Teresita Y -pg. D-9-48
Quenga, Vicenta B -pg. D-9-46
Quenga, Vicenta T -pg. D-9-46
Quenga, Vicente C -pg. D-9-47
Quenga, Vicente F -pg. D-9-47
Quenga, Vicente Q -pg. D-9-35
Quenga, Vicente SN -pg. D-9-29
Quenga, Vicente SN -pg. D-9-38
Quenga, William S -pg. D-9-14
Quichacho, Rafael Q -pg. D-14-13
Quichocho, Ana -pg. D-4-24
Quichocho, Ana -pg. D-5-23
Quichocho, Ana B -pg. D-1-195
Quichocho, Ana N -pg. D-9-39
Quichocho, Ana P -pg. D-15-22
Quichocho, Ana Q -pg. D-15-18
Quichocho, Ana T -pg. D-15-30
Quichocho, Ana T -pg. D-15-30
Quichocho, Antonia C -pg. D-15-18
Quichocho, Antonia Q -pg. D-15-18
Quichocho, Antonio -pg. D-3-12
Quichocho, Antonio S -pg. D-1-201
Quichocho, Beatrice L -pg. D-1-195
Quichocho, Carmen C -pg. D-10-6
Quichocho, Carmen F -pg. D-15-6
Quichocho, Carmen Y -pg. D-9-40
Quichocho, Cecilia Q -pg. D-15-18
Quichocho, Clara C -pg. D-15-18
Quichocho, Clotilde -pg. D-4-27
Quichocho, Concepcion -pg. D-4-27
Quichocho, Concepcion P -pg. D-15-13
Quichocho, Dolores C -pg. D-15-18
Quichocho, Dolores S -pg. D-1-319
Quichocho, Edwardo T -pg. D-10-51
Quichocho, Elisa L -pg. D-1-195
Quichocho, Emeteria S -pg. D-1-306
Quichocho, Engracia -pg. D-5-23
Quichocho, Enracia -pg. D-4-36
Quichocho, Enrique F -pg. D-15-6
Quichocho, Esperanza Q -pg. D-1-409
Quichocho, Eufracia T -pg. D-9-48
Quichocho, Eugenia T -pg. D-10-51
Quichocho, Felicita S -pg. D-1-319
Quichocho, Felipe A -pg. D-14-8
Quichocho, Francisco -pg. D-5-23
Quichocho, Francisco -pg. D-1-127
Quichocho, Francisco N -pg. D-1-324
Quichocho, Francisco Q -pg. D-15-18
Quichocho, Gregorio T -pg. D-1-205
Quichocho, Ignacio C -pg. D-15-6
Quichocho, Ignacio Q -pg. D-9-38
Quichocho, Ignacio S -pg. D-1-319
Quichocho, Ignacio T -pg. D-10-51
Quichocho, Isabel C -pg. D-15-18

Quichocho, Isabel L -pg. D-1-195
Quichocho, Isabel P -pg. D-15-13
Quichocho, Isabel S -pg. D-1-200
Quichocho, Isabel T -pg. D-10-51
Quichocho, Jesus -pg. D-4-27
Quichocho, Jesus C -pg. D-1-319
Quichocho, Jesus C -pg. D-14-8
Quichocho, Jesus C -pg. D-15-6
Quichocho, Jesus I -pg. D-15-18
Quichocho, Jesus L -pg. D-1-195
Quichocho, Jesus Q -pg. D-1-195
Quichocho, Jesus Q -pg. D-1-319
Quichocho, Jesus Q -pg. D-10-50
Quichocho, Jesus S -pg. D-10-55
Quichocho, Jesus T -pg. D-15-30
Quichocho, Joaquin -pg. D-4-38
Quichocho, Joaquin D -pg. D-15-6
Quichocho, Joaquin M -pg. D-1-117
Quichocho, Joaquin S -pg. D-11-41
Quichocho, Joaquina C -pg. D-1-319
Quichocho, Joaquina M -pg. D-1-117
Quichocho, Joaquina T -pg. D-1-205
Quichocho, Jose -pg. D-4-24
Quichocho, Jose -pg. D-4-24
Quichocho, Jose -pg. D-4-27
Quichocho, Jose -pg. D-5-14
Quichocho, Jose -pg. D-5-14
Quichocho, Jose -pg. D-5-23
Quichocho, Jose -pg. D-5-23
Quichocho, Jose -pg. D-5-28
Quichocho, Jose -pg. D-5-28
Quichocho, Jose -pg. D-5-49
Quichocho, Jose B -pg. D-1-195
Quichocho, Jose C -pg. D-15-13
Quichocho, Jose C -pg. D-15-18
Quichocho, Jose F -pg. D-15-6
Quichocho, Jose G -pg. D-1-196
Quichocho, Jose I -pg. D-15-19
Quichocho, Jose L -pg. D-15-30
Quichocho, Jose P -pg. D-1-200
Quichocho, Jose P -pg. D-15-22
Quichocho, Jose Q -pg. D-1-153
Quichocho, Jose R -pg. D-1-195
Quichocho, Jose S -pg. D-1-201
Quichocho, Jose S -pg. D-1-319
Quichocho, Jose T -pg. D-10-51
Quichocho, Jose Taitano -pg. D-3-24
Quichocho, Josefa -pg. D-4-24
Quichocho, Josefa -pg. D-4-27
Quichocho, Josefa C -pg. D-15-6
Quichocho, Josefina T -pg. D-1-205
Quichocho, Joseph N -pg. D-9-39
Quichocho, Josepha -pg. D-5-14
Quichocho, Josepha -pg. D-5-28
Quichocho, Juan -pg. D-3-16
Quichocho, Juan -pg. D-4-27
Quichocho, Juan -pg. D-5-23
Quichocho, Juan I -pg. D-15-18
Quichocho, Juan L -pg. D-1-205
Quichocho, Juan N -pg. D-9-39
Quichocho, Juana -pg. D-4-24
Quichocho, Juana S -pg. D-1-200
Quichocho, Lolita Q -pg. D-15-18
Quichocho, Lourdes Q -pg. D-15-18

INDEX
1940 Population Census of Guam: Transcribed

Quichocho, Manuel -pg. D-4-25
Quichocho, Manuel B -pg. D-1-195
Quichocho, Manuel C -pg. D-14-8
Quichocho, Manuel T -pg. D-15-18
Quichocho, Maria -pg. D-3-17
Quichocho, Maria -pg. D-4-24
Quichocho, Maria -pg. D-4-25
Quichocho, Maria -pg. D-4-27
Quichocho, Maria B -pg. D-1-195
Quichocho, Maria B -pg. D-10-13
Quichocho, Maria B -pg. D-15-6
Quichocho, Maria C -pg. D-15-18
Quichocho, Maria I -pg. D-15-18
Quichocho, Maria L -pg. D-1-195
Quichocho, Maria P -pg. D-15-13
Quichocho, Maria S -pg. D-1-319
Quichocho, Maria T -pg. D-10-51
Quichocho, Maria T -pg. D-15-30
Quichocho, Martina N -pg. D-9-39
Quichocho, Matilde -pg. D-10-51
Quichocho, Matilde Y -pg. D-9-40
Quichocho, Mercedes P -pg. D-15-13
Quichocho, Miguel -pg. D-4-24
Quichocho, Miguel -pg. D-4-24
Quichocho, Natividad P -pg. D-15-13
Quichocho, Nicoals -pg. D-4-25
Quichocho, Nicolas B -pg. D-1-195
Quichocho, Nicolasa -pg. D-4-25
Quichocho, Pedro -pg. D-4-33
Quichocho, Pedro N -pg. D-1-324
Quichocho, Pedro S -pg. D-1-201
Quichocho, Priscilla S -pg. D-1-319
Quichocho, Prudencio Q -pg. D-9-40
Quichocho, Ramon L -pg. D-1-319
Quichocho, Ramona N -pg. D-9-39
Quichocho, Rita Y -pg. D-9-40
Quichocho, Rosa -pg. D-4-25
Quichocho, Rosa -pg. D-5-28
Quichocho, Rosa G -pg. D-10-6
Quichocho, Rosa N -pg. D-9-39
Quichocho, Rosa P -pg. D-1-153
Quichocho, Rosa Q -pg. D-1-228
Quichocho, Rosa T -pg. D-1-205
Quichocho, Rosalia -pg. D-5-14
Quichocho, Rosalina -pg. D-4-27
Quichocho, Rosario -pg. D-4-24
Quichocho, Rosario -pg. D-4-25
Quichocho, Rosario -pg. D-4-27
Quichocho, Rosario P -pg. D-1-213
Quichocho, Rosario T -pg. D-9-48
Quichocho, Rosario T -pg. D-10-51
Quichocho, Rufina L -pg. D-1-195
Quichocho, Rufina L -pg. D-1-195
Quichocho, Teodoro -pg. D-4-25
Quichocho, Teodoro S -pg. D-1-319
Quichocho, Teresita S -pg. D-1-201
Quichocho, Tomas T -pg. D-10-51
Quichocho, Tomasa S -pg. D-1-319
Quichocho, Trinidad I -pg. D-15-18
Quichocho, Vicenta LG -pg. D-1-196
Quichocho, Vicente -pg. D-4-27
Quichocho, Vicente S -pg. D-1-201
Quichocho, Vicente T -pg. D-11-82
Quichocho, Vironica Q -pg. D-15-19

Quidachai, Joaquin -pg. D-4-15
Quidachai, Maria -pg. D-4-15
Quidachay, Adela T -pg. D-11-22
Quidachay, Ana A -pg. D-2-12
Quidachay, Ana B -pg. D-2-33
Quidachay, Ana P -pg. D-15-17
Quidachay, Ana Q -pg. D-13-16
Quidachay, Ana T -pg. D-15-22
Quidachay, Ana V -pg. D-10-6
Quidachay, Andrea A -pg. D-8-15
Quidachay, Andrea R -pg. D-12-2
Quidachay, Angela T -pg. D-6-39
Quidachay, Angelina A -pg. D-8-15
Quidachay, Antonia A -pg. D-2-12
Quidachay, Antonio A -pg. D-2-12
Quidachay, Antonio B -pg. D-1-317
Quidachay, Antonio T -pg. D-15-22
Quidachay, Asuncion A -pg. D-13-2
Quidachay, Balvisco A -pg. D-10-5
Quidachay, Candelaria M -pg. D-1-317
Quidachay, Carmen A -pg. D-13-2
Quidachay, Carmen SN -pg. D-10-38
Quidachay, Concepcion Q -pg. D-13-16
Quidachay, Consolasion T -pg. D-15-22
Quidachay, Delgadina M -pg. D-13-17
Quidachay, Dolores -pg. D-5-23
Quidachay, Dolores P -pg. D-15-17
Quidachay, Dometro A -pg. D-10-7
Quidachay, Emilia T -pg. D-1-163
Quidachay, Florencia B -pg. D-2-33
Quidachay, Francisco Q -pg. D-7-6
Quidachay, Francisco R -pg. D-12-1
Quidachay, Francisco T -pg. D-13-14
Quidachay, Ignacio A -pg. D-2-12
Quidachay, Isabel T -pg. D-1-320
Quidachay, Jesus A -pg. D-10-5
Quidachay, Jesus A -pg. D-10-7
Quidachay, Jesus D -pg. D-1-317
Quidachay, Jesus G -pg. D-2-12
Quidachay, Jesus T -pg. D-6-39
Quidachay, Joaquin A -pg. D-2-12
Quidachay, Jose A -pg. D-10-5
Quidachay, Jose A -pg. D-10-7
Quidachay, Jose B -pg. D-1-308
Quidachay, Jose D -pg. D-14-1
Quidachay, Jose M -pg. D-10-38
Quidachay, Jose P -pg. D-15-17
Quidachay, Jose R -pg. D-14-1
Quidachay, Jose S A -pg. D-10-9
Quidachay, Jose T -pg. D-2-33
Quidachay, Jose T -pg. D-6-39
Quidachay, Josefa Q -pg. D-9-22
Quidachay, Juan A -pg. D-13-2
Quidachay, Juan B -pg. D-2-33
Quidachay, Juan M -pg. D-15-22
Quidachay, Juan R -pg. D-12-15
Quidachay, Juan R -pg. D-14-1
Quidachay, Juan SN -pg. D-10-38
Quidachay, Juan T -pg. D-11-15
Quidachay, Lourdes R -pg. D-14-1
Quidachay, Luisa SA -pg. D-10-8
Quidachay, Magdalena G -pg. D-10-9
Quidachay, Manuel A -pg. D-13-2
Quidachay, Manuela S -pg. D-13-14

Quidachay, Margarita Q -pg. D-1-231
Quidachay, Maria A -pg. D-10-5
Quidachay, Maria A -pg. D-10-5
Quidachay, Maria A -pg. D-10-7
Quidachay, Maria B -pg. D-2-33
Quidachay, Maria M -pg. D-13-17
Quidachay, Maria Q -pg. D-13-16
Quidachay, Maria Q -pg. D-13-16
Quidachay, Maria R -pg. D-14-1
Quidachay, Maria SN -pg. D-10-38
Quidachay, Mariano G -pg. D-13-16
Quidachay, Matilde R -pg. D-14-1
Quidachay, Pio M -pg. D-12-15
Quidachay, Presocia T -pg. D-11-15
Quidachay, Prudencio T -pg. D-13-11
Quidachay, Ramon D -pg. D-13-17
Quidachay, Ramon P -pg. D-15-17
Quidachay, Ramon SN -pg. D-10-38
Quidachay, Ramona SN -pg. D-10-38
Quidachay, Remedios A -pg. D-10-7
Quidachay, Remedios B -pg. D-1-169
Quidachay, Rita -pg. D-5-23
Quidachay, Rosa A -pg. D-8-15
Quidachay, Rosa Q -pg. D-13-16
Quidachay, Rosa R -pg. D-14-1
Quidachay, Rostia B -pg. D-1-169
Quidachay, Sabina M -pg. D-12-15
Quidachay, Sara M -pg. D-10-38
Quidachay, Sara Q -pg. D-13-16
Quidachay, Teodora O -pg. D-15-17
Quidachay, Teodosia A -pg. D-8-15
Quidachay, Teomoteo -pg. D-1-203
Quidachay, Teresa B -pg. D-2-33
Quidachay, Teresita M -pg. D-12-15
Quidachay, Tomas A -pg. D-10-5
Quidachay, Tomas A -pg. D-13-2
Quidachay, Trinidad R -pg. D-14-1
Quidachay, Trinidad T -pg. D-1-320
Quidachay, Vicente A -pg. D-2-12
Quidachay, Vicente A -pg. D-10-7
Quidachay, Vicente A -pg. D-10-7
Quidachay, Vicenti T -pg. D-13-1
Quidagua, Concepcion Y -pg. D-8-29
Quidagua, Dolores Y -pg. D-8-30
Quidagua, Ignacio T -pg. D-8-11
Quidagua, Maria T -pg. D-8-11
Quidagua, Pedro C -pg. D-8-29
Quidague, Jose -pg. D-3-28
Quidaqua, Felix C -pg. D-8-29
Quidaqua, Jesus C -pg. D-8-29
Quidaqua, Maria C -pg. D-8-29
Quidaqua, Vicenti C -pg. D-8-29
Quifanas, Virginia T -pg. D-15-24
Quifunas, Clotilde T -pg. D-1-171
Quifunas, Felicita T -pg. D-15-19
Quifunas, Jesus J -pg. D-15-20
Quifunas, Jose C -pg. D-15-19
Quifunas, Jose T -pg. D-15-19
Quifunas, Manuel T -pg. D-15-19
Quifunas, Maria T -pg. D-1-171
Quifunas, Pedro T -pg. D-15-19
Quilapos, Rita D -pg. D-1-76
Quilapos, Sixto C -pg. D-1-76
Quinata, Abraham S -pg. D-13-9

INDEX
1940 Population Census of Guam: Transcribed

Quinata, Adela M -pg. D-13-3
Quinata, Adela R -pg. D-13-7
Quinata, Agnes S -pg. D-13-4
Quinata, Aleho LG -pg. D-6-34
Quinata, Amparo A -pg. D-13-10
Quinata, Ana A -pg. D-13-11
Quinata, Ana A -pg. D-13-15
Quinata, Ana B -pg. D-13-2
Quinata, Ana B -pg. D-13-8
Quinata, Ana C -pg. D-13-16
Quinata, Ana LG -pg. D-6-34
Quinata, Ana Q -pg. D-13-4
Quinata, Ana Q -pg. D-13-10
Quinata, Anastacia T -pg. D-13-6
Quinata, Andrea S -pg. D-13-15
Quinata, Andresina A -pg. D-13-10
Quinata, Antonia A -pg. D-1-231
Quinata, Antonia B -pg. D-13-11
Quinata, Antonina S -pg. D-13-9
Quinata, Antonio -pg. D-1-114
Quinata, Antonio A -pg. D-13-10
Quinata, Antonio A -pg. D-13-15
Quinata, Antonio U -pg. D-1-343
Quinata, Asuncion C -pg. D-1-383
Quinata, Atanasio A -pg. D-13-1
Quinata, Avelina S -pg. D-13-9
Quinata, Baldobino -pg. D-11-14
Quinata, Beatriz A -pg. D-13-13
Quinata, Brigida A -pg. D-13-4
Quinata, Carlina T -pg. D-1-115
Quinata, Carlos C -pg. D-13-17
Quinata, Carmen T -pg. D-11-15
Quinata, Carmen T -pg. D-13-6
Quinata, Cayetano A -pg. D-6-34
Quinata, Cecilia LG -pg. D-6-35
Quinata, Conchita A -pg. D-13-13
Quinata, Daniel B -pg. D-13-11
Quinata, Daniel T -pg. D-1-115
Quinata, David B -pg. D-13-11
Quinata, Eduardo Q -pg. D-1-343
Quinata, Eduardo Q -pg. D-13-7
Quinata, Engracia A -pg. D-13-13
Quinata, Engracia M -pg. D-9-3
Quinata, Faustino A -pg. D-13-2
Quinata, Felicidad A -pg. D-13-1
Quinata, Florencia B -pg. D-13-8
Quinata, Francisca B -pg. D-13-8
Quinata, Francisco B -pg. D-13-11
Quinata, Francisco D -pg. D-12-9
Quinata, Francisco M -pg. D-13-15
Quinata, Francisco Q -pg. D-11-15
Quinata, Francisco Q -pg. D-13-10
Quinata, Gabriela A -pg. D-13-10
Quinata, Gregorio S -pg. D-13-15
Quinata, Guadalupe S -pg. D-13-15
Quinata, Guillerma M -pg. D-13-13
Quinata, Herbert Q -pg. D-13-10
Quinata, Hermenegildo -pg. D-13-4
Quinata, Hilarion A -pg. D-13-4
Quinata, Ignacio A -pg. D-13-13
Quinata, Ignacio A -pg. D-13-15
Quinata, Inrequeta Q -pg. D-11-15
Quinata, Isabel B -pg. D-13-11
Quinata, Isabel LG -pg. D-6-34

Quinata, Jacinto Q -pg. D-1-302
Quinata, Jesus A -pg. D-13-2
Quinata, Jesus S -pg. D-13-7
Quinata, Jesus S -pg. D-13-9
Quinata, Jesus S -pg. D-13-13
Quinata, Jesus S -pg. D-13-15
Quinata, Jesus T -pg. D-13-6
Quinata, Jesusa Q -pg. D-2-27
Quinata, Joaquin A -pg. D-1-142
Quinata, Joaquin A -pg. D-13-13
Quinata, Joaquin C -pg. D-1-383
Quinata, Joaquin C -pg. D-8-2
Quinata, Joaquin M -pg. D-13-8
Quinata, Joaquin S -pg. D-13-9
Quinata, Joaquina A -pg. D-13-8
Quinata, Joaquina A -pg. D-13-10
Quinata, Joaquina Q -pg. D-13-13
Quinata, Jose A -pg. D-13-1
Quinata, Jose A -pg. D-13-4
Quinata, Jose A -pg. D-13-7
Quinata, Jose B -pg. D-13-11
Quinata, Jose C -pg. D-1-383
Quinata, Jose LG -pg. D-6-34
Quinata, Jose M -pg. D-13-3
Quinata, Jose M -pg. D-13-13
Quinata, Jose M -pg. D-13-15
Quinata, Jose Q -pg. D-13-7
Quinata, Jose S -pg. D-13-4
Quinata, Jose S -pg. D-13-9
Quinata, Jose S -pg. D-13-13
Quinata, Jose SN -pg. D-13-13
Quinata, Jose T -pg. D-1-115
Quinata, Jose T -pg. D-13-6
Quinata, Jose V -pg. D-1-383
Quinata, Josefa S -pg. D-13-4
Quinata, Josefina C -pg. D-1-383
Quinata, Josefina S -pg. D-12-9
Quinata, Josefina S -pg. D-13-9
Quinata, Juan A -pg. D-11-51
Quinata, Juan A -pg. D-13-4
Quinata, Juan A -pg. D-13-9
Quinata, Juan A -pg. D-13-13
Quinata, Juan M -pg. D-13-15
Quinata, Juan Q -pg. D-13-10
Quinata, Juan Q -pg. D-13-10
Quinata, Juanita A -pg. D-13-2
Quinata, Lucia T -pg. D-1-114
Quinata, Luis A -pg. D-13-11
Quinata, Lydia S -pg. D-13-9
Quinata, Margarita A -pg. D-13-1
Quinata, Margarita S -pg. D-13-9
Quinata, Maria A -pg. D-13-1
Quinata, Maria A -pg. D-13-10
Quinata, Maria A -pg. D-13-13
Quinata, Maria A -pg. D-13-13
Quinata, Maria B -pg. D-13-2
Quinata, Maria B -pg. D-13-2
Quinata, Maria B -pg. D-13-8
Quinata, Maria LG -pg. D-6-34
Quinata, Maria M -pg. D-13-15
Quinata, Maria O A -pg. D-2-4
Quinata, Maria Q -pg. D-13-7
Quinata, Maria Q -pg. D-13-10
Quinata, Maria S -pg. D-13-4

Quinata, Maria T -pg. D-1-225
Quinata, Maria U -pg. D-1-343
Quinata, Mariano A -pg. D-13-16
Quinata, Mariano LG -pg. D-6-34
Quinata, Mariano S -pg. D-13-15
Quinata, Miguel A -pg. D-13-10
Quinata, Natividad Q -pg. D-11-15
Quinata, Nicolasa M -pg. D-13-15
Quinata, Pansy T -pg. D-1-114
Quinata, Pedro I -pg. D-13-13
Quinata, Pedro S -pg. D-12-9
Quinata, Pricilla S -pg. D-12-9
Quinata, Ramon A -pg. D-13-4
Quinata, Ramon A -pg. D-13-4
Quinata, Regina M -pg. D-13-15
Quinata, Remedio B -pg. D-13-8
Quinata, Rita C -pg. D-1-383
Quinata, Rita U -pg. D-1-343
Quinata, Roman LG -pg. D-6-34
Quinata, Rosa A -pg. D-13-2
Quinata, Rosa C -pg. D-1-383
Quinata, Rosabella B -pg. D-13-11
Quinata, Rosita A -pg. D-13-2
Quinata, Rosita B -pg. D-13-2
Quinata, Sabina A -pg. D-13-17
Quinata, Serafin B -pg. D-13-11
Quinata, Severa T -pg. D-13-6
Quinata, Teresa S -pg. D-13-15
Quinata, Teresita A -pg. D-13-10
Quinata, Tomas LG -pg. D-6-35
Quinata, Tomas T -pg. D-1-115
Quinata, Tomasa Q -pg. D-13-13
Quinata, Trinidad A -pg. D-13-4
Quinata, Vicenta M -pg. D-13-8
Quinata, Vicente A -pg. D-1-301
Quinata, Vicente LG -pg. D-6-35
Quinata, Vicente T -pg. D-1-115
Quinata, Vicenti A -pg. D-13-9
Quinata, Vicenti A -pg. D-13-14
Quinata, Vicenti C -pg. D-13-16
Quinata, Vicenti M -pg. D-13-3
Quinata, Vicenti M -pg. D-13-15
Quinata, Vicenti Q -pg. D-13-1
Quinata, Vicenti T -pg. D-13-3
Quinata, Vicenti T -pg. D-13-6
Quinata, Victoria LG -pg. D-6-34
Quinata, Zoilo M -pg. D-13-3
Quine, Jose R -pg. D-8-10
Quinene, Ana A -pg. D-8-13
Quinene, Ana C -pg. D-8-20
Quinene, Ana Q -pg. D-1-90
Quinene, Ana R -pg. D-8-26
Quinene, Antonio C -pg. D-2-32
Quinene, Antonio Q -pg. D-8-28
Quinene, Carmen C -pg. D-2-32
Quinene, Cerilo F -pg. D-8-13
Quinene, Clotilde Q -pg. D-8-28
Quinene, Gregoria Q -pg. D-8-28
Quinene, Jesus R -pg. D-8-26
Quinene, Jose B -pg. D-2-32
Quinene, Jose C -pg. D-8-20
Quinene, Josefa Q -pg. D-8-28
Quinene, Librada C -pg. D-8-20
Quinene, Maria C -pg. D-8-20

INDEX
1940 Population Census of Guam: Transcribed

Quinene, Maria Q -pg. D-8-28
Quinene, Maria T -pg. D-8-7
Quinene, Pedro F -pg. D-8-26
Quinene, Priscilla C -pg. D-2-32
Quinene, Ramon Q -pg. D-8-28
Quinene, Rosa Q -pg. D-8-28
Quinene, Santiago F -pg. D-8-28
Quinene, Silvestre R -pg. D-8-26
Quinene, Vicenti F -pg. D-8-20
Quinene, Vicenti R -pg. D-8-26
Quintanilla, Agustin T -pg. D-11-67
Quintanilla, Alfonsina D -pg. D-6-30
Quintanilla, Ana C -pg. D-2-2
Quintanilla, Ana G -pg. D-9-6
Quintanilla, Ana J -pg. D-2-6
Quintanilla, Ana LG -pg. D-6-23
Quintanilla, Ana O -pg. D-11-52
Quintanilla, Ana V -pg. D-11-54
Quintanilla, Andres L -pg. D-2-6
Quintanilla, Andresina -pg. D-9-6
Quintanilla, Aniceto SN -pg. D-6-29
Quintanilla, Antonia C -pg. D-1-179
Quintanilla, Antonia P -pg. D-11-12
Quintanilla, Antonia SN -pg. D-9-28
Quintanilla, Antonio C -pg. D-11-56
Quintanilla, Antonio J -pg. D-2-7
Quintanilla, Antonio T -pg. D-11-66
Quintanilla, Bernabe S -pg. D-2-20
Quintanilla, Bernadita C -pg. D-11-11
Quintanilla, Caridad T -pg. D-11-66
Quintanilla, Carlos Q -pg. D-1-180
Quintanilla, Carmen C -pg. D-1-179
Quintanilla, Carmen C -pg. D-2-2
Quintanilla, Carmen L -pg. D-1-180
Quintanilla, Carmen SN -pg. D-9-27
Quintanilla, Carmen V -pg. D-11-54
Quintanilla, Catalina A -pg. D-11-12
Quintanilla, Catalina D -pg. D-6-29
Quintanilla, Clara M -pg. D-1-180
Quintanilla, Clara M -pg. D-1-258
Quintanilla, Consolacian C -pg. D-9-1
Quintanilla, Darling A -pg. D-11-12
Quintanilla, David C -pg. D-9-1
Quintanilla, David G -pg. D-11-30
Quintanilla, Dolores M -pg. D-6-30
Quintanilla, Dolores T -pg. D-2-6
Quintanilla, Dolores W -pg. D-1-130
Quintanilla, Donicia R -pg. D-11-6
Quintanilla, Edward A -pg. D-11-12
Quintanilla, Emelia C -pg. D-1-179
Quintanilla, Emeteris R -pg. D-6-27
Quintanilla, Erna G -pg. D-11-30
Quintanilla, Estella A -pg. D-11-12
Quintanilla, Eugenia D -pg. D-6-30
Quintanilla, Felicita C -pg. D-1-309
Quintanilla, Felipa A -pg. D-2-17
Quintanilla, Felix B -pg. D-11-40
Quintanilla, Felix C -pg. D-11-14
Quintanilla, Francisca C -pg. D-1-179
Quintanilla, Francisco C -pg. D-11-4
Quintanilla, Francisco C -pg. D-11-5
Quintanilla, Francisco C -pg. D-11-11
Quintanilla, Francisco G -pg. D-1-104
Quintanilla, Francisco G -pg. D-1-180
Quintanilla, Francisco M -pg. D-6-30
Quintanilla, Francisco R -pg. D-11-6
Quintanilla, Francisco T -pg. D-1-180
Quintanilla, Francisco T -pg. D-11-67
Quintanilla, Gonzolo M -pg. D-1-180
Quintanilla, Gregorio C -pg. D-1-309
Quintanilla, Guadalupe D -pg. D-11-56
Quintanilla, Guillermo B -pg. D-9-27
Quintanilla, Ignacia D -pg. D-6-29
Quintanilla, Ignacio -pg. D-3-28
Quintanilla, Ignacio R -pg. D-11-66
Quintanilla, Isabel G -pg. D-1-104
Quintanilla, Isabel S -pg. D-1-114
Quintanilla, Jesus C -pg. D-2-2
Quintanilla, Jesus C -pg. D-11-11
Quintanilla, Jesus D -pg. D-1-114
Quintanilla, Jesus D -pg. D-6-30
Quintanilla, Jesus G -pg. D-1-104
Quintanilla, Jesus G -pg. D-1-180
Quintanilla, Jesus G -pg. D-11-30
Quintanilla, Jesus L -pg. D-11-62
Quintanilla, Jesus SN -pg. D-6-23
Quintanilla, Jesus T -pg. D-11-66
Quintanilla, Jesusa T -pg. D-11-66
Quintanilla, Joaquin C -pg. D-11-11
Quintanilla, Joaquin G -pg. D-9-6
Quintanilla, Joaquin R -pg. D-11-12
Quintanilla, Joaquin SN -pg. D-6-29
Quintanilla, Jose C -pg. D-1-179
Quintanilla, Jose C -pg. D-2-3
Quintanilla, Jose C -pg. D-11-11
Quintanilla, Jose C -pg. D-11-11
Quintanilla, Jose C -pg. D-11-30
Quintanilla, Jose G -pg. D-9-6
Quintanilla, Jose L -pg. D-11-40
Quintanilla, Jose LG -pg. D-6-23
Quintanilla, Jose R -pg. D-2-2
Quintanilla, Jose SN -pg. D-6-30
Quintanilla, Jose V -pg. D-11-52
Quintanilla, Josefa T -pg. D-11-40
Quintanilla, Josefina C -pg. D-11-5
Quintanilla, Josefina D -pg. D-11-56
Quintanilla, Josefina G -pg. D-11-30
Quintanilla, Josefina M -pg. D-6-30
Quintanilla, Juan -pg. D-4-17
Quintanilla, Juan -pg. D-4-39
Quintanilla, Juan C -pg. D-1-103
Quintanilla, Juan D -pg. D-6-30
Quintanilla, Juan G -pg. D-1-104
Quintanilla, Juan M -pg. D-2-17
Quintanilla, Juan M -pg. D-6-30
Quintanilla, Juan R -pg. D-11-12
Quintanilla, Juan T -pg. D-11-62
Quintanilla, Juan T -pg. D-11-66
Quintanilla, Julita C -pg. D-2-2
Quintanilla, Julita G -pg. D-9-6
Quintanilla, Ladislao P -pg. D-11-12
Quintanilla, Lucia S -pg. D-1-114
Quintanilla, Luisa T -pg. D-11-62
Quintanilla, Magdalena -pg. D-5-42
Quintanilla, Manuel A -pg. D-9-6
Quintanilla, Manuel C -pg. D-11-14
Quintanilla, Manuel P -pg. D-14-10
Quintanilla, Manuela SN -pg. D-6-27
Quintanilla, Manuela T -pg. D-11-41
Quintanilla, Margarita G -pg. D-1-104
Quintanilla, Maria A -pg. D-6-29
Quintanilla, Maria A -pg. D-9-6
Quintanilla, Maria C -pg. D-1-179
Quintanilla, Maria C -pg. D-2-3
Quintanilla, Maria C -pg. D-11-4
Quintanilla, Maria D -pg. D-6-30
Quintanilla, Maria G -pg. D-1-104
Quintanilla, Maria G -pg. D-1-104
Quintanilla, Maria L -pg. D-2-20
Quintanilla, Maria M -pg. D-1-180
Quintanilla, Maria S -pg. D-1-114
Quintanilla, Maria SN -pg. D-6-27
Quintanilla, Maria T -pg. D-11-62
Quintanilla, Maria V -pg. D-11-56
Quintanilla, Miguel C -pg. D-1-130
Quintanilla, Milagro C -pg. D-11-14
Quintanilla, Moses D -pg. D-6-30
Quintanilla, Oliva C -pg. D-11-5
Quintanilla, Olympia C -pg. D-1-180
Quintanilla, Ramon A -pg. D-1-180
Quintanilla, Ramon G -pg. D-1-104
Quintanilla, Ricardo A -pg. D-1-180
Quintanilla, Rita D -pg. D-11-56
Quintanilla, Roberto T -pg. D-11-62
Quintanilla, Rosa C -pg. D-11-5
Quintanilla, Rosa D -pg. D-6-30
Quintanilla, Rosa G -pg. D-11-30
Quintanilla, Rosa W -pg. D-1-130
Quintanilla, Rosario A -pg. D-11-12
Quintanilla, Rosario G -pg. D-1-104
Quintanilla, Rosario LG -pg. D-6-23
Quintanilla, Rosita A -pg. D-11-12
Quintanilla, Salome C -pg. D-1-309
Quintanilla, Sisto A -pg. D-9-6
Quintanilla, Soledad J -pg. D-2-7
Quintanilla, Solidad -pg. D-4-17
Quintanilla, Teresita A -pg. D-1-180
Quintanilla, Teresita W -pg. D-1-130
Quintanilla, Trinidad C -pg. D-11-4
Quintanilla, Trinidad J -pg. D-2-6
Quintanilla, Vicente A -pg. D-11-12
Quintanilla, Vicente C -pg. D-1-179
Quintanilla, Vicente C -pg. D-2-3
Quintanilla, Vicente C -pg. D-11-56
Quintanilla, Vicente D -pg. D-11-56
Quintanilla, Vicente P -pg. D-11-12
Quintanilla, Vicente S -pg. D-1-114
Quintanilla, Vicente W -pg. D-1-130
Quintanilla, Vincente G -pg. D-9-6
Quintanilla, William G -pg. D-11-30
Quintonella, Ignacio L -pg. D-11-23
Quitagua, Francisco -pg. D-4-29
Quitanilla, Leon -pg. D-1-221
Quitano, Agustin P -pg. D-15-6
Quitano, Ana C -pg. D-15-25
Quitano, Ana LG -pg. D-2-27
Quitano, Antonia B -pg. D-15-6
Quitano, Candelaria N -pg. D-2-26
Quitano, Carmelo H.C. -pg. D-2-13
Quitano, David C -pg. D-15-25
Quitano, Delfina C -pg. D-15-25
Quitano, Edwardo C -pg. D-15-25

INDEX
1940 Population Census of Guam: Transcribed

Quitano, Francisco N -pg. D-2-26
Quitano, Guillermo LG -pg. D-2-27
Quitano, Isabela LG -pg. D-2-27
Quitano, Jesus B -pg. D-15-25
Quitano, Jose B -pg. D-15-6
Quitano, Jose C -pg. D-2-13
Quitano, Juan LG -pg. D-2-27
Quitano, Luis C -pg. D-2-13
Quitano, Maria C -pg. D-2-13
Quitano, Maria LG -pg. D-2-27
Quitano, Ramon B -pg. D-15-6
Quitano, Ramon S -pg. D-2-26
Quitano, Rita LG -pg. D-2-27
Quitano, Rodubico LG -pg. D-2-27
Quitano, Rodubico S -pg. D-2-27
Quitano, Rosa N -pg. D-2-26
Quitano, Soledad B -pg. D-15-6
Quitano, Tomas C -pg. D-2-13
Quitano, Vicente LG -pg. D-2-27
Quitugua, Albert A -pg. D-12-4
Quitugua, Ana -pg. D-5-19
Quitugua, Ana A -pg. D-11-9
Quitugua, Ana C -pg. D-1-1
Quitugua, Ana L -pg. D-1-204
Quitugua, Ana M -pg. D-10-29
Quitugua, Ana P -pg. D-1-288
Quitugua, Ana S -pg. D-9-19
Quitugua, Anita A -pg. D-9-16
Quitugua, Antonia C -pg. D-1-48
Quitugua, Antonia C -pg. D-9-17
Quitugua, Antonia C -pg. D-9-17
Quitugua, Antonio A -pg. D-9-16
Quitugua, Antonio M -pg. D-9-19
Quitugua, Caridad -pg. D-5-60
Quitugua, Carlos C -pg. D-1-48
Quitugua, Catlina -pg. D-3-11
Quitugua, Cecelia -pg. D-3-11
Quitugua, Clementina -pg. D-3-11
Quitugua, Concepcion C -pg. D-9-17
Quitugua, Concepcion F -pg. D-1-208
Quitugua, Consolacion C -pg. D-10-46
Quitugua, David J -pg. D-12-4
Quitugua, Dolores SN -pg. D-9-24
Quitugua, Dometro T -pg. D-12-13
Quitugua, Elidia C -pg. D-9-17
Quitugua, Eloy -pg. D-3-11
Quitugua, Enrique -pg. D-3-11
Quitugua, Esteban A -pg. D-9-16
Quitugua, Felicidad S -pg. D-9-19
Quitugua, Felomena -pg. D-5-19
Quitugua, Florencio A -pg. D-9-16
Quitugua, Francisca C -pg. D-10-46
Quitugua, Francisco -pg. D-3-19
Quitugua, Francisco -pg. D-5-19
Quitugua, Francisco -pg. D-5-36
Quitugua, Francisco -pg. D-5-49
Quitugua, Francisco A -pg. D-2-28
Quitugua, Francisco A -pg. D-9-16
Quitugua, Francisco M -pg. D-10-34
Quitugua, Francisco Q -pg. D-9-16
Quitugua, Francisco T -pg. D-12-13
Quitugua, Franklin J -pg. D-12-4
Quitugua, Fred C -pg. D-1-48
Quitugua, Glorina S -pg. D-9-20
Quitugua, Gregorio T -pg. D-12-13
Quitugua, Honoria M -pg. D-1-292
Quitugua, Ignacia C -pg. D-10-46
Quitugua, Ignacio P -pg. D-12-4
Quitugua, Isabel -pg. D-3-11
Quitugua, Isabel S -pg. D-9-19
Quitugua, Isabel Y -pg. D-1-398
Quitugua, Jesus -pg. D-3-19
Quitugua, Jesus -pg. D-5-60
Quitugua, Jesus C -pg. D-9-17
Quitugua, Jesus P -pg. D-1-288
Quitugua, Jesus P -pg. D-1-398
Quitugua, Jesus T -pg. D-12-13
Quitugua, Jesus Y -pg. D-1-398
Quitugua, Joaquin -pg. D-4-32
Quitugua, Joaquin A -pg. D-1-292
Quitugua, Joaquin C -pg. D-1-1
Quitugua, Joaquin C -pg. D-9-17
Quitugua, Joaquin G -pg. D-10-29
Quitugua, Joaquin J -pg. D-1-82
Quitugua, Joaquin P -pg. D-1-288
Quitugua, Joaquin T -pg. D-12-13
Quitugua, Jose -pg. D-3-11
Quitugua, Jose -pg. D-5-35
Quitugua, Jose -pg. D-5-35
Quitugua, Jose A -pg. D-2-28
Quitugua, Jose A -pg. D-9-16
Quitugua, Jose A (ab) -pg. D-1-287
Quitugua, Jose C -pg. D-1-48
Quitugua, Jose C -pg. D-1-265
Quitugua, Jose C -pg. D-9-17
Quitugua, Jose C -pg. D-10-46
Quitugua, Jose L -pg. D-1-265
Quitugua, Jose P -pg. D-1-292
Quitugua, Jose Q -pg. D-12-13
Quitugua, Josefa C -pg. D-1-62
Quitugua, Josefina M -pg. D-1-292
Quitugua, Josefina Y -pg. D-1-398
Quitugua, Josepha -pg. D-5-36
Quitugua, Josepha -pg. D-5-60
Quitugua, Juan -pg. D-3-11
Quitugua, Juan -pg. D-3-19
Quitugua, Juan -pg. D-5-19
Quitugua, Juan -pg. D-5-35
Quitugua, Juan C -pg. D-1-1
Quitugua, Juan C -pg. D-1-1
Quitugua, Juan C -pg. D-9-17
Quitugua, Juan LG -pg. D-1-82
Quitugua, Juan S -pg. D-10-46
Quitugua, Justina -pg. D-3-11
Quitugua, Magdalena I -pg. D-15-3
Quitugua, Manuel -pg. D-3-19
Quitugua, Manuel -pg. D-5-35
Quitugua, Maria -pg. D-3-19
Quitugua, Maria -pg. D-4-35
Quitugua, Maria -pg. D-5-35
Quitugua, Maria -pg. D-5-35
Quitugua, Maria -pg. D-5-36
Quitugua, Maria -pg. D-5-61
Quitugua, Maria A -pg. D-2-28
Quitugua, Maria A -pg. D-9-16
Quitugua, Maria C -pg. D-9-17
Quitugua, Maria C -pg. D-10-43
Quitugua, Maria M -pg. D-1-292
Quitugua, Maria T -pg. D-12-14
Quitugua, Maria Y -pg. D-1-398
Quitugua, Miguel T -pg. D-12-13
Quitugua, Milagro A -pg. D-9-16
Quitugua, Natividad C -pg. D-1-1
Quitugua, Natividad C -pg. D-10-36
Quitugua, Natividad S -pg. D-9-19
Quitugua, Olympia -pg. D-3-11
Quitugua, Patricia C -pg. D-1-1
Quitugua, Pedro M -pg. D-1-292
Quitugua, Pedro T -pg. D-12-13
Quitugua, Ramon -pg. D-3-19
Quitugua, Ramon -pg. D-5-19
Quitugua, Ramon Q -pg. D-1-48
Quitugua, Richard H -pg. D-12-4
Quitugua, Rita -pg. D-3-11
Quitugua, Rita A -pg. D-9-16
Quitugua, Rita F -pg. D-1-208
Quitugua, Rita M -pg. D-10-34
Quitugua, Roberto T -pg. D-12-13
Quitugua, Rosa -pg. D-3-11
Quitugua, Rosa A -pg. D-12-4
Quitugua, Rosa S -pg. D-9-19
Quitugua, Rosaline M -pg. D-1-292
Quitugua, Rosario J -pg. D-1-82
Quitugua, Rufina C -pg. D-10-46
Quitugua, Serafina -pg. D-1-48
Quitugua, Silvestre L -pg. D-1-265
Quitugua, Teofila L -pg. D-1-204
Quitugua, Teresita -pg. D-5-60
Quitugua, Teresita M -pg. D-10-34
Quitugua, Tomas A -pg. D-2-28
Quitugua, Vicenta C -pg. D-1-265
Quitugua, Vicente -pg. D-4-35
Quitugua, Vicente -pg. D-5-19
Quitugua, Vicente -pg. D-5-36
Quitugua, Vicente -pg. D-5-60
Quitugua, Vicente -pg. D-5-60
Quitugua, Vicente C -pg. D-1-1
Quitugua, Vicente P -pg. D-1-288
Quitugua, Vicente Q -pg. D-10-36
Quitungquico, Maria E -pg. D-1-174
Rabago, Juan C -pg. D-2-4
Rabago, Tomas C -pg. D-2-4
Rabon, Ana -pg. D-4-12
Rabon, Antonia -pg. D-4-12
Rabon, Engracia P -pg. D-2-40
Rabon, Francisco P -pg. D-2-40
Rabon, Francisco R -pg. D-2-40
Rabon, Jesus -pg. D-4-12
Rabon, Jesus P -pg. D-2-40
Rabon, Joaquin -pg. D-4-37
Rabon, Jose -pg. D-4-12
Rabon, Jose -pg. D-4-37
Rabon, Julia -pg. D-4-12
Rabon, Luisa -pg. D-4-37
Rabon, Rosa -pg. D-4-12
Rall, James -pg. D-11-69
Ramirez, Ana T -pg. D-1-377
Ramirez, Catalina T -pg. D-1-212
Ramirez, Emilia T -pg. D-1-377
Ramirez, Florencio T -pg. D-1-212
Ramirez, Jesus -pg. D-7-17
Ramirez, Jesus B -pg. D-1-377

INDEX
1940 Population Census of Guam: Transcribed

Ramirez, Josefina LG -pg. D-1-212
Ramirez, Maria T -pg. D-1-377
Ramirez, Maria T -pg. D-1-377
Ramirez, Pacita T -pg. D-1-377
Ramirez, Tomas T -pg. D-1-377
Ramirez, Virginia LG -pg. D-1-212
Ramos, Alejandro T -pg. D-1-111
Ramos, Barbara T -pg. D-1-111
Ramos, Francis T -pg. D-1-111
Ramos, Francisco T -pg. D-1-111
Ramos, John T -pg. D-1-111
Ramos, Juan H -pg. D-1-111
Ramos, Maria T -pg. D-1-111
Ramos, Rosa T -pg. D-1-111
Ramos, Trinidad T -pg. D-1-111
Rand, Leone K -pg. D-1-305
Ransford, Bitsy L -pg. D-1-88
Ransford, Howard F -pg. D-1-88
Ransford, Louise C -pg. D-1-88
Rapolla, Caridad -pg. D-3-7
Rapolla, Carlina -pg. D-3-6
Rapolla, Carlos -pg. D-3-7
Rapolla, Concepcion -pg. D-3-6
Rapolla, Dolores -pg. D-3-7
Rapolla, Enrique -pg. D-3-6
Rapolla, Francisco -pg. D-3-7
Rapolla, Jesus -pg. D-3-7
Rapolla, Joaquin -pg. D-3-6
Rapolla, Jose -pg. D-3-7
Rapolla, Juan Chapaco -pg. D-3-7
Rapolla, Manuel -pg. D-3-7
Rapolla, Maria -pg. D-3-6
Rapolla, Maria -pg. D-3-7
Rapolla, Ramon -pg. D-3-6
Rapolla, Rosalia -pg. D-3-7
Rapolla, Santiago -pg. D-3-7
Rapolla, Vicenta -pg. D-3-7
Rapolla, Vicente -pg. D-3-7
Razor, Earl V -pg. D-11-80
Reavis, Molly W -pg. D-11-48
Reavis, Walter T -pg. D-11-48
Reber, John J -pg. D-11-68
Recklaw, Harry L -pg. D-11-69
Respicio, Ambrosio D -pg. D-1-94
Revera, Rosa M -pg. D-11-32
Reveria, Espirio U -pg. D-11-28
Reveria, Manuela U -pg. D-11-28
Reveria, Vicente U "ab" -pg. D-11-28
Reyes, Alejandro C -pg. D-1-90
Reyes, Alfred D -pg. D-1-312
Reyes, Ana D -pg. D-1-312
Reyes, Ana G -pg. D-10-49
Reyes, Ana M -pg. D-1-62
Reyes, Ana Q -pg. D-1-350
Reyes, Ana S -pg. D-11-43
Reyes, Ana T -pg. D-1-231
Reyes, Andres B -pg. D-2-1
Reyes, Anthony M -pg. D-10-25
Reyes, Antonia T -pg. D-1-323
Reyes, Antonio -pg. D-5-26
Reyes, Antonio B -pg. D-10-51
Reyes, Antonio C -pg. D-2-9
Reyes, Antonio T -pg. D-8-30
Reyes, Artemio T -pg. D-11-49

Reyes, Asuncion T -pg. D-1-349
Reyes, Atilana T -pg. D-12-12
Reyes, Bacilisa Q -pg. D-1-350
Reyes, Beatrice F -pg. D-1-212
Reyes, Benita SA -pg. D-1-120
Reyes, Carmelo -pg. D-3-28
Reyes, Carmen A -pg. D-2-16
Reyes, Carmen C -pg. D-1-90
Reyes, Carmen C -pg. D-2-2
Reyes, Cecilia M -pg. D-1-62
Reyes, Cecilia M -pg. D-8-15
Reyes, Cecilio B -pg. D-2-16
Reyes, Celestina T -pg. D-1-323
Reyes, Concepcion A -pg. D-12-6
Reyes, Conception S -pg. D-11-43
Reyes, Consolacion C -pg. D-2-17
Reyes, Consolacion M -pg. D-2-17
Reyes, Consuelo SA -pg. D-1-214
Reyes, Delfina T -pg. D-11-49
Reyes, Dolores -pg. D-5-26
Reyes, Dolores B -pg. D-1-276
Reyes, Dolores C -pg. D-8-16
Reyes, Dolores P -pg. D-11-9
Reyes, Dolores T -pg. D-8-30
Reyes, Dolores T -pg. D-8-30
Reyes, Doris M -pg. D-10-25
Reyes, Edward D -pg. D-1-312
Reyes, Elbina C -pg. D-2-2
Reyes, Eliza D -pg. D-1-312
Reyes, Emma T -pg. D-8-31
Reyes, Enrique C -pg. D-2-1
Reyes, Enrique C -pg. D-11-20
Reyes, Enrique P -pg. D-12-7
Reyes, Espefania -pg. D-11-43
Reyes, Estefania C -pg. D-2-1
Reyes, Eugenio D -pg. D-1-312
Reyes, Felicita C -pg. D-2-1
Reyes, Felicita T -pg. D-10-50
Reyes, Fermin B -pg. D-10-51
Reyes, Francisca B -pg. D-1-276
Reyes, Francisca M -pg. D-1-316
Reyes, Francisca P -pg. D-12-7
Reyes, Francisca T -pg. D-8-30
Reyes, Francisco -pg. D-10-50
Reyes, Francisco B -pg. D-1-276
Reyes, Francisco C (ab) -pg. D-1-349
Reyes, Francisco G -pg. D-1-316
Reyes, Francisco L -pg. D-1-350
Reyes, Francisco Q -pg. D-1-350
Reyes, Francisco R -pg. D-1-339
Reyes, Francisco R -pg. D-2-17
Reyes, Francisco SA -pg. D-12-6
Reyes, George M -pg. D 10 25
Reyes, Gonzalo C -pg. D-2-2
Reyes, Guadalupe M -pg. D-1-62
Reyes, Henry M -pg. D-10-25
Reyes, Hilarion C -pg. D-11-49
Reyes, Hironimo C -pg. D-10-19
Reyes, Ignacia A -pg. D-1-92
Reyes, Ignacio A -pg. D-1-93
Reyes, Ignacio A -pg. D-8-13
Reyes, Ignacio C -pg. D-1-62
Reyes, Ignacio C -pg. D-2-9
Reyes, Ignacio G -pg. D-1-324

Reyes, Ignacio M -pg. D-1-62
Reyes, Ignacio M -pg. D-1-350
Reyes, Ignacio M -pg. D-8-13
Reyes, Ignacio T -pg. D-8-30
Reyes, Isabel S -pg. D-8-12
Reyes, Jesus A -pg. D-1-93
Reyes, Jesus A -pg. D-2-16
Reyes, Jesus C -pg. D-1-90
Reyes, Jesus G -pg. D-10-51
Reyes, Jesus LG -pg. D-1-273
Reyes, Jesus M -pg. D-1-316
Reyes, Jesus M -pg. D-2-17
Reyes, Jesus P -pg. D-1-356
Reyes, Jesus R -pg. D-10-24
Reyes, Jesus R -pg. D-12-9
Reyes, Jesusa B -pg. D-1-276
Reyes, Joaquin A -pg. D-8-15
Reyes, Joaquin C -pg. D-2-17
Reyes, Joaquin C -pg. D-8-30
Reyes, Joaquin LG -pg. D-10-49
Reyes, Joaquin P -pg. D-11-9
Reyes, Joaquin SA -pg. D-1-323
Reyes, Joaquin T -pg. D-8-30
Reyes, Joaquin T -pg. D-8-31
Reyes, Joaquina A -pg. D-1-93
Reyes, Jose -pg. D-1-139
Reyes, Jose A -pg. D-1-93
Reyes, Jose A -pg. D-2-3
Reyes, Jose A -pg. D-8-12
Reyes, Jose A -pg. D-12-6
Reyes, Jose B -pg. D-2-17
Reyes, Jose C -pg. D-8-30
Reyes, Jose C -pg. D-10-19
Reyes, Jose E -pg. D-10-44
Reyes, Jose M -pg. D-1-62
Reyes, Jose M -pg. D-1-92
Reyes, Jose M -pg. D-1-316
Reyes, Jose M -pg. D-2-17
Reyes, Jose M -pg. D-8-13
Reyes, Jose M -pg. D-8-30
Reyes, Jose P -pg. D-11-8
Reyes, Jose P -pg. D-12-7
Reyes, Jose Q -pg. D-1-27
Reyes, Jose R -pg. D-1-277
Reyes, Jose R -pg. D-12-7
Reyes, Jose S -pg. D-8-16
Reyes, Jose S -pg. D-11-43
Reyes, Jose SA -pg. D-1-139
Reyes, Jose T -pg. D-1-323
Reyes, Jose T -pg. D-8-30
Reyes, Jose T -pg. D-10-50
Reyes, Jose T -pg. D-11-65
Reyes, Josefa M -pg. D-1-350
Reyes, Josefa SA -pg. D-1-120
Reyes, Josefina P -pg. D-12-7
Reyes, Joseph C -pg. D-2-17
Reyes, Joseph M -pg. D-10-25
Reyes, Juan B -pg. D-1-276
Reyes, Juan C -pg. D-1-90
Reyes, Juan C -pg. D-8-16
Reyes, Juan C -pg. D-12-12
Reyes, Juan G -pg. D-1-312
Reyes, Juan M -pg. D-8-31
Reyes, Juan P -pg. D-1-90

INDEX
1940 Population Census of Guam: Transcribed

Reyes, Juan P -pg. D-12-7
Reyes, Juan R -pg. D-1-339
Reyes, Juan SA -pg. D-1-120
Reyes, Juan SA -pg. D-1-214
Reyes, Juan T -pg. D-2-17
Reyes, Juan T -pg. D-10-50
Reyes, Juan T -pg. D-11-49
Reyes, Julia M -pg. D-10-25
Reyes, Julia T -pg. D-1-400
Reyes, Julita D -pg. D-1-312
Reyes, Lorenzo M -pg. D-8-30
Reyes, Lourdes -pg. D-2-17
Reyes, Luis C -pg. D-1-90
Reyes, Luis SA -pg. D-12-9
Reyes, Luis T -pg. D-11-9
Reyes, Luisa B -pg. D-10-51
Reyes, Manuel C -pg. D-2-17
Reyes, Manuel M -pg. D-1-350
Reyes, Manuel M -pg. D-15-12
Reyes, Manuel P -pg. D-2-46
Reyes, Manuel S -pg. D-1-212
Reyes, Manuela M -pg. D-1-316
Reyes, Margarita C -pg. D-8-30
Reyes, Margarita G -pg. D-10-49
Reyes, Margarita M -pg. D-1-62
Reyes, Margarita R -pg. D-1-339
Reyes, Maria A -pg. D-1-92
Reyes, Maria A -pg. D-1-92
Reyes, Maria B -pg. D-1-276
Reyes, Maria C -pg. D-1-349
Reyes, Maria C -pg. D-2-1
Reyes, Maria C -pg. D-2-9
Reyes, Maria C -pg. D-2-17
Reyes, Maria G -pg. D-1-356
Reyes, Maria M -pg. D-1-316
Reyes, Maria P -pg. D-11-8
Reyes, Maria P -pg. D-12-7
Reyes, Maria P -pg. D-12-7
Reyes, Maria Q -pg. D-1-199
Reyes, Maria S -pg. D-11-43
Reyes, Maria SA -pg. D-12-9
Reyes, Maria SA -pg. D-12-9
Reyes, Maria T -pg. D-2-17
Reyes, Maria T -pg. D-8-30
Reyes, Mariana A -pg. D-1-324
Reyes, Mariano -pg. D-1-139
Reyes, Mariano G -pg. D-1-120
Reyes, Miguel C -pg. D-2-17
Reyes, Nicolas M -pg. D-8-13
Reyes, Nicolasa M -pg. D-1-350
Reyes, Olympia T -pg. D-8-30
Reyes, Priscilla B -pg. D-10-51
Reyes, Priscilla T -pg. D-11-49
Reyes, Ramon A -pg. D-8-12
Reyes, Regina C -pg. D-10-19
Reyes, Regina M -pg. D-10-25
Reyes, Regina P -pg. D-12-7
Reyes, Rita Q -pg. D-1-277
Reyes, Rita R -pg. D-1-273
Reyes, Rita S -pg. D-8-12
Reyes, Robert M -pg. D-10-25
Reyes, Roman T -pg. D-1-139
Reyes, Rosa C -pg. D-2-2
Reyes, Rosa C -pg. D-11-49
Reyes, Rosa G -pg. D-10-49
Reyes, Rosa M -pg. D-8-13
Reyes, Rosa SA -pg. D-12-9
Reyes, Rosario A -pg. D-1-92
Reyes, Rosario R -pg. D-1-313
Reyes, Rosario SA -pg. D-1-120
Reyes, Rosario T -pg. D-11-49
Reyes, Roslia Q -pg. D-1-350
Reyes, Ruth C -pg. D-1-90
Reyes, Salume C -pg. D-1-90
Reyes, Severa M -pg. D-2-17
Reyes, Soledad C -pg. D-2-9
Reyes, Teresa C -pg. D-8-30
Reyes, Teresa C -pg. D-8-30
Reyes, Teresa P -pg. D-12-7
Reyes, Teresa T -pg. D-1-139
Reyes, Teresita D -pg. D-1-312
Reyes, Tomas A -pg. D-2-16
Reyes, Tomas G -pg. D-1-356
Reyes, Tomas P -pg. D-12-7
Reyes, Trinidad C -pg. D-2-17
Reyes, Trinidad G -pg. D-1-356
Reyes, Trinidad SN -pg. D-15-12
Reyes, Vicente -pg. D-4-2
Reyes, Vicente B -pg. D-1-276
Reyes, Vicente C -pg. D-1-231
Reyes, Vicente G -pg. D-1-276
Reyes, Vicenti C -pg. D-8-30
Reyes, Winniefreda B -pg. D-10-51
Rice, Ana S -pg. D-11-37
Rice, James H -pg. D-11-37
Rice, John T -pg. D-11-9
Rice, Lillian A -pg. D-11-9
Rice, Mildred M -pg. D-11-37
Rice, Richard J -pg. D-11-9
Rice, Trinidad R -pg. D-11-9
Richard, Teodore A -pg. D-1-223
Richmond, Albert D -pg. D-11-80
Richter, Robert C -pg. D-11-80
Ring, Henry W -pg. D-11-1
Ring, Lydia O -pg. D-11-1
Rios, Agnes S -pg. D-1-7
Rios, Albert LG -pg. D-1-369
Rios, Alfred S -pg. D-1-7
Rios, Ana -pg. D-5-29
Rios, Ana S -pg. D-9-34
Rios, Ana S -pg. D-9-37
Rios, Antonia LG -pg. D-1-368
Rios, Antonia S -pg. D-9-37
Rios, Antonio J -pg. D-9-37
Rios, Antonio S -pg. D-1-7
Rios, Beatrice S -pg. D-1-7
Rios, Diana M -pg. D-1-397
Rios, Eduardo LG -pg. D-1-369
Rios, Elizabeth LG -pg. D-1-369
Rios, Emilina -pg. D-5-29
Rios, Enrique -pg. D-5-29
Rios, Ermina S -pg. D-1-7
Rios, Francis S -pg. D-1-7
Rios, Francisca -pg. D-5-29
Rios, Frank K -pg. D-9-37
Rios, Helen LG -pg. D-1-369
Rios, Ignacio -pg. D-5-30
Rios, Ignacio K -pg. D-9-37
Rios, Jesus F -pg. D-9-29
Rios, Jesus S -pg. D-9-37
Rios, Jose -pg. D-5-30
Rios, Jose Gregorio -pg. D-9-29
Rios, Jose LG -pg. D-1-368
Rios, Jose Salas -pg. D-9-34
Rios, Josefa LG -pg. D-1-397
Rios, Josefina K -pg. D-9-37
Rios, Joseph LG -pg. D-1-369
Rios, Juan S -pg. D-9-37
Rios, Lolkje K -pg. D-9-37
Rios, Lourdes J -pg. D-9-37
Rios, Lucy -pg. D-5-30
Rios, Magdalena -pg. D-5-30
Rios, Maria -pg. D-5-30
Rios, Maria LG -pg. D-1-397
Rios, Maria S -pg. D-1-7
Rios, Maria S -pg. D-11-15
Rios, Martina S -pg. D-9-34
Rios, Rosario -pg. D-5-30
Rios, Rose S -pg. D-1-7
Rios, Tomasa S -pg. D-1-7
Rios, Vicente LG -pg. D-1-7
Rios, Virginia LG -pg. D-1-369
Rios, William P -pg. D-9-29
Ritchie, Andrew -pg. D-3-28
Rivera, Afredo R -pg. D-1-281
Rivera, Albin R -pg. D-11-22
Rivera, Alice S -pg. D-2-32
Rivera, Amalia -pg. D-5-28
Rivera, Ana -pg. D-5-19
Rivera, Ana -pg. D-5-19
Rivera, Ana -pg. D-5-19
Rivera, Ana B -pg. D-2-8
Rivera, Ana M -pg. D-1-127
Rivera, Ana R -pg. D-1-146
Rivera, Ana R -pg. D-1-149
Rivera, Ana S -pg. D-1-334
Rivera, Ana S -pg. D-2-10
Rivera, Ana T -pg. D-1-280
Rivera, Antonia T -pg. D-1-281
Rivera, Antonio C -pg. D-2-22
Rivera, Antonio D -pg. D-2-8
Rivera, Antonio S -pg. D-1-334
Rivera, Asuncion -pg. D-5-19
Rivera, Asuncion S -pg. D-2-26
Rivera, Beatrice R -pg. D-1-119
Rivera, Candelaria T -pg. D-1-280
Rivera, Carmen A -pg. D-1-124
Rivera, Carmen A -pg. D-1-230
Rivera, Carmen A -pg. D-6-22
Rivera, Carmen C -pg. D-1-185
Rivera, Catalina SN -pg. D-1-184
Rivera, Celedonia A -pg. D-6-22
Rivera, Concecpcion -pg. D-5-19
Rivera, Concepcion S -pg. D-2-28
Rivera, Constancia D -pg. D-1-230
Rivera, Cristobal -pg. D-5-28
Rivera, Dolores A -pg. D-6-22
Rivera, Dolores LG -pg. D-2-29
Rivera, Dolores R -pg. D-1-119
Rivera, Dolores S -pg. D-2-28
Rivera, Elizabeth A -pg. D-6-22
Rivera, Esperanza -pg. D-5-28

INDEX
1940 Population Census of Guam: Transcribed

Rivera, Eugenia S -pg. D-1-334
Rivera, Evelyn A -pg. D-1-124
Rivera, Evelyna R -pg. D-1-146
Rivera, Felicita C -pg. D-1-185
Rivera, Felicita C -pg. D-2-30
Rivera, Felix D -pg. D-2-10
Rivera, Flora A -pg. D-1-141
Rivera, Francisca G -pg. D-1-318
Rivera, Francisca LG -pg. D-2-29
Rivera, Francisco A -pg. D-6-22
Rivera, Francisco S -pg. D-1-184
Rivera, Francisco S -pg. D-2-27
Rivera, Gonzalo -pg. D-5-28
Rivera, Gregorio S -pg. D-2-28
Rivera, Guadalupe B -pg. D-2-8
Rivera, Ignacio C -pg. D-1-185
Rivera, Ignacio G -pg. D-1-318
Rivera, Ignacio R -pg. D-1-149
Rivera, Ignacio SN -pg. D-1-184
Rivera, Isabel A -pg. D-1-124
Rivera, Isabel C -pg. D-2-30
Rivera, Isabel R -pg. D-1-145
Rivera, Isabel S -pg. D-1-184
Rivera, Jesus -pg. D-5-19
Rivera, Jesus LG -pg. D-2-30
Rivera, Jesus R -pg. D-11-22
Rivera, Jesus S -pg. D-1-334
Rivera, Jesus S -pg. D-2-28
Rivera, Joaquin -pg. D-5-19
Rivera, Joaquin D -pg. D-2-29
Rivera, Joaquin LG -pg. D-1-149
Rivera, Joaquin R -pg. D-1-127
Rivera, Joaquin R -pg. D-1-224
Rivera, Joaquin SN -pg. D-1-184
Rivera, Joaquina A -pg. D-6-22
Rivera, John-Paul R -pg. D-11-22
Rivera, Jose -pg. D-5-19
Rivera, Jose -pg. D-5-28
Rivera, Jose A -pg. D-1-124
Rivera, Jose A -pg. D-11-82
Rivera, Jose LG -pg. D-6-22
Rivera, Jose R -pg. D-1-252
Rivera, Jose S -pg. D-2-10
Rivera, Jose S -pg. D-2-27
Rivera, Jose T -pg. D-1-280
Rivera, Jose U -pg. D-1-124
Rivera, Josefa A -pg. D-1-124
Rivera, Juan -pg. D-5-28
Rivera, Juan C -pg. D-1-185
Rivera, Juan D -pg. D-2-28
Rivera, Juan G -pg. D-1-318
Rivera, Juan R -pg. D-1-149
Rivera, Juan SN pg. D 1 317
Rivera, Juan T -pg. D-1-281
Rivera, Magadelene A -pg. D-1-305
Rivera, Manuel -pg. D-5-28
Rivera, Manuel C -pg. D-1-185
Rivera, Manuel R -pg. D-1-149
Rivera, Marcelina M -pg. D-1-199
Rivera, Margarita LG -pg. D-11-22
Rivera, Margarita R -pg. D-1-281
Rivera, Maria -pg. D-5-19
Rivera, Maria C -pg. D-1-185
Rivera, Maria C -pg. D-2-30

Rivera, Maria G -pg. D-1-318
Rivera, Maria R -pg. D-1-119
Rivera, Maria R -pg. D-10-46
Rivera, Maria S -pg. D-2-28
Rivera, Maria SN -pg. D-1-184
Rivera, Mariano G -pg. D-1-119
Rivera, Martin B -pg. D-1-141
Rivera, Mercedes C -pg. D-1-184
Rivera, Miguel SN -pg. D-1-184
Rivera, Nadine R -pg. D-1-119
Rivera, Pedro A -pg. D-1-230
Rivera, Pilar R -pg. D-1-119
Rivera, Remedios R -pg. D-1-119
Rivera, Remedios S -pg. D-2-27
Rivera, Rita A -pg. D-6-22
Rivera, Roque T -pg. D-1-281
Rivera, Rosa A -pg. D-1-124
Rivera, Rosa A -pg. D-6-22
Rivera, Rosa G -pg. D-1-317
Rivera, Rosa S -pg. D-2-28
Rivera, Rosario -pg. D-5-28
Rivera, Soledad S -pg. D-2-32
Rivera, Victor -pg. D-5-19
Riveria, Fraancisco U -pg. D-11-27
Riveria, Juan U "ab" -pg. D-11-27
Riveria, Maria U -pg. D-11-27
Robert, Brown, J -pg. D-11-77
Roberto, Agueda G -pg. D-1-369
Roberto, Ana LG -pg. D-9-5
Roberto, Ana Q -pg. D-11-2
Roberto, Ana R -pg. D-10-22
Roberto, Antonia -pg. D-5-57
Roberto, Antonio D -pg. D-1-198
Roberto, Antonio LG -pg. D-11-2
Roberto, Antonio Q -pg. D-11-2
Roberto, Berndita -pg. D-5-58
Roberto, Carmen G -pg. D-1-83
Roberto, Catherine E -pg. D-1-341
Roberto, Clara D -pg. D-1-341
Roberto, Concepcion A -pg. D-1-348
Roberto, Concepcion D -pg. D-1-197
Roberto, Concepcion R -pg. D-10-22
Roberto, Cristina B -pg. D-10-22
Roberto, Daniel B -pg. D-1-341
Roberto, Dolores A -pg. D-1-348
Roberto, Dolores T -pg. D-1-341
Roberto, Emelia D -pg. D-1-198
Roberto, Esther C -pg. D-1-49
Roberto, Felipe R -pg. D-10-22
Roberto, Francisca LG -pg. D-9-5
Roberto, Francisco -pg. D-11-3
Roberto, Francisco A -pg. D-1-348
Roberto, Francisco Q -pg. D-11-2
Roberto, Francisco S -pg. D-9-5
Roberto, Frank L -pg. D-1-341
Roberto, Frederica E -pg. D-1-341
Roberto, Gregorio -pg. D-11-3
Roberto, Gregorio C -pg. D-9-5
Roberto, Gregorio LG -pg. D-11-2
Roberto, Herman C -pg. D-1-326
Roberto, Ignacia A -pg. D-1-341
Roberto, Ignacio F -pg. D-1-341
Roberto, Jesus A -pg. D-1-348
Roberto, Joaquina -pg. D-11-3

Roberto, Jose -pg. D-5-57
Roberto, Jose -pg. D-5-58
Roberto, Jose R -pg. D-1-178
Roberto, Jose R -pg. D-10-22
Roberto, Jose T -pg. D-1-341
Roberto, Josefina A -pg. D-1-348
Roberto, Joseph R -pg. D-1-341
Roberto, Joseph R -pg. D-1-348
Roberto, Juan -pg. D-5-57
Roberto, Juan A -pg. D-1-369
Roberto, Juan A -pg. D-11-3
Roberto, Juan D -pg. D-1-198
Roberto, Juan R -pg. D-1-49
Roberto, Julia -pg. D-5-58
Roberto, Julia Q -pg. D-11-2
Roberto, Lorenzo -pg. D-11-3
Roberto, Luis -pg. D-5-60
Roberto, Manuel B -pg. D-1-197
Roberto, Margarita P -pg. D-1-341
Roberto, Maria D -pg. D-1-198
Roberto, Maria Q -pg. D-11-2
Roberto, Mary M -pg. D-1-341
Roberto, Matilde I -pg. D-1-341
Roberto, Mercedes C -pg. D-1-49
Roberto, Mercedes D -pg. D-1-199
Roberto, Pedro LG -pg. D-9-5
Roberto, Rosa C -pg. D-1-341
Roberto, Rosa G -pg. D-1-352
Roberto, Rosalia C -pg. D-1-49
Roberto, Simon R -pg. D-9-38
Roberto, Thomas J -pg. D-1-341
Roberto, William C -pg. D-1-327
Robinson, Joanne -pg. D-3-24
Robinson, Oakleigh -pg. D-3-24
Rodems, Charles R -pg. D-10-16
Rodems, Lucie M -pg. D-10-16
Rodems, Mary A -pg. D-10-16
Rodriguez, Alfred C -pg. D-1-338
Rodriguez, Ana -pg. D-1-154
Rodriguez, Augusto G -pg. D-10-16
Rodriguez, Carmen D -pg. D-15-8
Rodriguez, Cecilia G -pg. D-10-16
Rodriguez, Francisco G -pg. D-10-16
Rodriguez, Jesus B (ab) -pg. D-1-338
Rodriguez, Jose B -pg. D-10-16
Rodriguez, Josefa G -pg. D-15-6
Rodriguez, Josefina G -pg. D-10-16
Rodriguez, Maria G -pg. D-15-6
Rodriguez, Maria R -pg. D-15-7
Rodriguez, Matilde C -pg. D-1-338
Rodriguez, Roque G -pg. D-15-7
Rodriguez, Vicente M -pg. D-15-6
Rodriquez, Ana B -pg. D-10-21
Rodriquez, Asuncion B -pg. D-10-21
Rodriquez, Dolores B -pg. D-10-21
Rodriquez, Florentina B -pg. D-10-21
Rodriquez, Juan B -pg. D-10-21
Rodriquez, Ramon B -pg. D-10-21
Rodriquez, Vicente B -pg. D-10-21
Rojas, Ana -pg. D-3-2
Rojas, Ana -pg. D-3-13
Rojas, Ana -pg. D-4-29
Rojas, Ana -pg. D-4-29
Rojas, Ana LG -pg. D-1-257

INDEX
1940 Population Census of Guam: Transcribed

Rojas, Ana M -pg. D-1-97
Rojas, Antonia -pg. D-3-2
Rojas, Antonia LG -pg. D-1-257
Rojas, Asuncion LG -pg. D-1-257
Rojas, Asuncion Q -pg. D-15-15
Rojas, Barbara -pg. D-4-5
Rojas, Candelaria C -pg. D-1-390
Rojas, Carlos -pg. D-3-13
Rojas, Carmen LG -pg. D-1-376
Rojas, Carmen S -pg. D-1-47
Rojas, Catalina -pg. D-3-13
Rojas, Dolores C -pg. D-1-390
Rojas, Dolores Q -pg. D-15-15
Rojas, Dolores S -pg. D-1-47
Rojas, Dorotea LG -pg. D-1-257
Rojas, Enrique -pg. D-4-29
Rojas, Francisco -pg. D-3-2
Rojas, Francisco Q -pg. D-15-15
Rojas, Francisco S -pg. D-1-47
Rojas, Grabiela -pg. D-3-2
Rojas, Ignacio R -pg. D-12-15
Rojas, Isabel C -pg. D-1-390
Rojas, Isabel S -pg. D-1-47
Rojas, Jesus -pg. D-3-2
Rojas, Jesus LG -pg. D-11-82
Rojas, Joaquin C -pg. D-1-47
Rojas, Joaquin I -pg. D-1-53
Rojas, Jose -pg. D-4-29
Rojas, Jose C -pg. D-15-15
Rojas, Jose Q -pg. D-15-15
Rojas, Jose R -pg. D-1-12
Rojas, Jose S -pg. D-1-53
Rojas, Juan -pg. D-3-2
Rojas, Juan C -pg. D-1-390
Rojas, Juan LG -pg. D-1-376
Rojas, Juan Reyes -pg. D-3-2
Rojas, Juan S -pg. D-1-47
Rojas, Juana C -pg. D-1-390
Rojas, Lourdes -pg. D-4-29
Rojas, Magdalena -pg. D-3-13
Rojas, Magdalena -pg. D-4-8
Rojas, Manuel -pg. D-3-13
Rojas, Manuel -pg. D-3-13
Rojas, Manuel -pg. D-4-8
Rojas, Margarita -pg. D-4-8
Rojas, Margarita S -pg. D-1-47
Rojas, Maria M -pg. D-1-97
Rojas, Maria Q -pg. D-15-15
Rojas, Maria S -pg. D-1-47
Rojas, Maria S -pg. D-1-47
Rojas, Nieves -pg. D-4-29
Rojas, Pedro -pg. D-3-2
Rojas, Pedro -pg. D-3-2
Rojas, Pedro -pg. D-4-29
Rojas, Pedro S -pg. D-1-47
Rojas, Raimundo -pg. D-3-13
Rojas, Ramon -pg. D-4-5
Rojas, Remedios C -pg. D-1-26
Rojas, Remedios LG -pg. D-1-257
Rojas, Rosa -pg. D-4-29
Rojas, Rosita -pg. D-3-13
Rojas, Vicente Q -pg. D-1-26
Rojas, Virginia LG -pg. D-1-257
Roll, Byron D -pg. D-1-293
Roll, Elizabeth R -pg. D-1-293
Roll, Frances -pg. D-1-293
Roll, Richard R -pg. D-1-293
Romero, Rita G -pg. D-1-324
Roop, John -pg. D-3-27
Rosa, Amillio G -pg. D-1-335
Rosa, Ana T -pg. D-1-65
Rosa, Antonia T -pg. D-1-65
Rosa, Carmen T -pg. D-1-65
Rosa, Dolores C -pg. D-1-309
Rosa, Felicita T -pg. D-1-65
Rosa, Felipe R -pg. D-1-3
Rosa, Felix R -pg. D-1-351
Rosa, Francisco T -pg. D-1-192
Rosa, Ignacia T -pg. D-1-65
Rosa, Joaquin R -pg. D-1-309
Rosa, Joaquina LG -pg. D-1-192
Rosa, Jose C -pg. D-1-309
Rosa, Jose R -pg. D-1-3
Rosa, Josefa J -pg. D-1-3
Rosa, Maria LG -pg. D-1-192
Rosa, Patricia LG -pg. D-1-192
Rosa, Teresa G -pg. D-1-3
Rosario, Ana -pg. D-5-2
Rosario, Ana -pg. D-5-2
Rosario, Ana C -pg. D-1-52
Rosario, Ana C -pg. D-1-320
Rosario, Ana LG -pg. D-1-280
Rosario, Ana M -pg. D-6-38
Rosario, Ana S -pg. D-1-52
Rosario, Ana T -pg. D-1-120
Rosario, Antonio C -pg. D-1-264
Rosario, Antonio T -pg. D-14-1
Rosario, Antonio T -pg. D-15-30
Rosario, Carlina F -pg. D-1-267
Rosario, Carlos R -pg. D-1-371
Rosario, Carmen B -pg. D-1-131
Rosario, Carmen C -pg. D-1-264
Rosario, Carmen S -pg. D-1-240
Rosario, Catalina M -pg. D-6-38
Rosario, Delfina A -pg. D-1-372
Rosario, Dolores -pg. D-5-6
Rosario, Dolores A -pg. D-1-52
Rosario, Dolores A -pg. D-1-153
Rosario, Dolores B -pg. D-1-314
Rosario, Dolores C -pg. D-1-264
Rosario, Dolores C -pg. D-1-320
Rosario, Dolores F -pg. D-1-267
Rosario, Dolores M -pg. D-1-153
Rosario, Dolores P -pg. D-1-157
Rosario, Dolores T -pg. D-14-1
Rosario, Domengo C -pg. D-11-63
Rosario, Domingo C -pg. D-1-131
Rosario, Domingo R -pg. D-1-375
Rosario, Edith F -pg. D-1-268
Rosario, Elizabeth F -pg. D-1-267
Rosario, Esperanza T -pg. D-14-2
Rosario, Estella B -pg. D-1-314
Rosario, Felisa B -pg. D-1-371
Rosario, Flora B -pg. D-1-314
Rosario, Florencio -pg. D-11-80
Rosario, Francisca C -pg. D-14-1
Rosario, Francisca T -pg. D-6-38
Rosario, Francisco A -pg. D-1-52
Rosario, Francisco A -pg. D-1-372
Rosario, Francisco C -pg. D-1-123
Rosario, Francisco C -pg. D-1-264
Rosario, Francisco C -pg. D-1-264
Rosario, Francisco C -pg. D-6-36
Rosario, George G -pg. D-1-85
Rosario, Gregorio -pg. D-5-2
Rosario, Gregorio -pg. D-1-240
Rosario, Gregorio M -pg. D-6-39
Rosario, Helen T -pg. D-1-120
Rosario, Ignacio -pg. D-5-26
Rosario, Ignacio L -pg. D-1-314
Rosario, Ignacio P -pg. D-1-310
Rosario, Jesus -pg. D-5-2
Rosario, Jesus C -pg. D-1-52
Rosario, Jesus C -pg. D-1-123
Rosario, Jesus C -pg. D-1-264
Rosario, Jesus C -pg. D-1-320
Rosario, Jesus M -pg. D-6-38
Rosario, Joaquin -pg. D-5-2
Rosario, Joaquin C -pg. D-1-310
Rosario, Joaquin C -pg. D-1-320
Rosario, Joaquin C -pg. D-1-372
Rosario, Joaquina B -pg. D-1-148
Rosario, Joaquina L -pg. D-1-310
Rosario, Jose -pg. D-5-2
Rosario, Jose -pg. D-5-2
Rosario, Jose -pg. D-5-2
Rosario, Jose A -pg. D-1-52
Rosario, Jose B -pg. D-1-371
Rosario, Jose C -pg. D-1-123
Rosario, Jose C -pg. D-6-36
Rosario, Jose C -pg. D-11-63
Rosario, Jose L -pg. D-1-229
Rosario, Jose L -pg. D-1-310
Rosario, Jose M -pg. D-6-38
Rosario, Jose R -pg. D-6-36
Rosario, Jose T -pg. D-14-1
Rosario, Josefina A -pg. D-1-153
Rosario, Josefina B -pg. D-1-131
Rosario, Josefina M -pg. D-6-39
Rosario, Josefina R -pg. D-1-112
Rosario, Juan -pg. D-5-6
Rosario, Juan -pg. D-5-6
Rosario, Juan B -pg. D-1-371
Rosario, Juan C -pg. D-1-52
Rosario, Juan C -pg. D-1-124
Rosario, Juan G -pg. D-1-85
Rosario, Juan R -pg. D-1-153
Rosario, Juan R -pg. D-1-176
Rosario, Juan T -pg. D-14-2
Rosario, Juanita B -pg. D-1-314
Rosario, Julia M -pg. D-1-279
Rosario, Lourdes -pg. D-5-2
Rosario, Lourdes C -pg. D-1-124
Rosario, Lourdes F -pg. D-1-267
Rosario, Lucia C -pg. D-11-63
Rosario, Lucille -pg. D-1-70
Rosario, Luisa C -pg. D-11-63
Rosario, Luisa LG -pg. D-1-280
Rosario, Magdalane C -pg. D-1-243
Rosario, Magdalena A -pg. D-1-372
Rosario, Manuel B -pg. D-1-52
Rosario, Manuel L -pg. D-1-229

INDEX
1940 Population Census of Guam: Transcribed

Rosario, Manuel L -pg. D-10-44
Rosario, Maria -pg. D-4-32
Rosario, Maria -pg. D-5-2
Rosario, Maria -pg. D-5-6
Rosario, Maria -pg. D-5-6
Rosario, Maria A -pg. D-1-372
Rosario, Maria C -pg. D-1-123
Rosario, Maria C -pg. D-1-264
Rosario, Maria C -pg. D-1-320
Rosario, Maria G -pg. D-1-85
Rosario, Maria L -pg. D-1-229
Rosario, Maria P -pg. D-1-153
Rosario, Martina B -pg. D-1-314
Rosario, Miguel R -pg. D-1-371
Rosario, Milagros L -pg. D-1-310
Rosario, Natividad B -pg. D-1-371
Rosario, Pedro C -pg. D-1-244
Rosario, Pedro T -pg. D-1-120
Rosario, Pilar B -pg. D-1-314
Rosario, Remedios M -pg. D-6-38
Rosario, Remedios R -pg. D-1-243
Rosario, Rita C -pg. D-6-36
Rosario, Rosa L -pg. D-1-229
Rosario, Rosa L -pg. D-1-310
Rosario, Rosalia L -pg. D-1-229
Rosario, Rosaline F -pg. D-1-268
Rosario, Rosita A -pg. D-1-52
Rosario, Sarah F -pg. D-1-267
Rosario, Silvestre C -pg. D-1-310
Rosario, Teresa C -pg. D-1-243
Rosario, Teresa U -pg. D-1-310
Rosario, Teresita C -pg. D-14-1
Rosario, Tomas -pg. D-5-6
Rosario, Tomas R -pg. D-1-70
Rosario, Trudes C -pg. D-1-264
Rosario, Trudes C -pg. D-1-264
Rosario, Vicenta A -pg. D-1-372
Rosario, Vicenta C -pg. D-6-36
Rosario, Vicenta F -pg. D-1-268
Rosario, Vicenta F -pg. D-10-44
Rosario, Vicente -pg. D-5-6
Rosario, Vicente -pg. D-1-267
Rosario, Vicente A -pg. D-1-52
Rosario, Vicente A -pg. D-1-372
Rosario, Vicente C -pg. D-1-320
Rosario, Vicente C -pg. D-11-63
Rosario, Vicente LG -pg. D-1-280
Rose, Herman F -pg. D-1-284
Rose, Jack T -pg. D-1-284
Rose, Joan E -pg. D-1-284
Rose, Patricia L -pg. D-1-284
Rosenberger, John R -pg. D-11-68
Rosendo, Ana G -pg. D-10-26
Rosendo, Manuel H -pg. D-10-26
Rossell, Frank G -pg. D-11-68
Roubal, Charles A -pg. D-1-222
Roubal, Jo-Ann K -pg. D-1-222
Roubal, Joseph -pg. D-1-222
Roubal, Karthryn M -pg. D-1-222
Rowley, Milgros C -pg. D-1-216
Royas, Ignacio R -pg. D-1-72
Royas, Maria C -pg. D-1-84
Royos, Joaquina C -pg. D-9-24
Royos, Vicente T -pg. D-10-55

Ruckman, John L -pg. D-11-80
Rupley, Atanacio S -pg. D-1-208
Rupley, Carmen S -pg. D-1-208
Rupley, Florencio S -pg. D-1-208
Rupley, Juan I -pg. D-1-208
Rupley, Magdalena I -pg. D-1-208
Rupley, Maria S -pg. D-1-208
Rupley, Precialiana S -pg. D-1-208
Rupley, Santiago I -pg. D-1-208
Ruth, Edmond J -pg. D-11-80
Rye, Jens O -pg. D-1-304
S Nicolas, Antonia T -pg. D-11-54
S Nicolas, Cristina G -pg. D-11-64
S Nicolas, Edward T -pg. D-11-54
S Nicolas, Francisco G -pg. D-11-64
S Nicolas, Jose T -pg. D-11-54
S Nicolas, Josefa A -pg. D-11-62
S Nicolas, Juan SN -pg. D-11-35
S Nicolas, Maria G -pg. D-11-54
S Nicolas, Maria G -pg. D-11-64
S Nicolas, Marino D T -pg. D-11-54
S Nicolas, Tomas G -pg. D-11-64
S. Augustin, Maria D -pg. D-1-162
S.Agustin, David SA -pg. D-1-160
S.Agustin, Modesta -pg. D-1-160
S.Agustin, Rosa SA -pg. D-1-160
S.Agustin, Teresita SA -pg. D-1-160
S.Agustin, Virginia -pg. D-1-160
Sablan, Alejandro B -pg. D-2-8
Sablan, Alfonsina Q -pg. D-2-12
Sablan, Alfred -pg. D-5-41
Sablan, Alfred C -pg. D-2-2
Sablan, Alfred C -pg. D-11-2
Sablan, Alfred S -pg. D-1-167
Sablan, Alfredo P -pg. D-11-32
Sablan, Amalia R -pg. D-1-122
Sablan, Amelia D -pg. D-1-368
Sablan, Ana -pg. D-5-23
Sablan, Ana -pg. D-5-41
Sablan, Ana -pg. D-5-62
Sablan, Ana C -pg. D-1-138
Sablan, Ana G -pg. D-1-185
Sablan, Ana J -pg. D-1-378
Sablan, Ana LG -pg. D-1-218
Sablan, Ana M -pg. D-1-340
Sablan, Ana N -pg. D-1-327
Sablan, Ana P -pg. D-1-119
Sablan, Ana P -pg. D-12-6
Sablan, Ana Q -pg. D-2-12
Sablan, Ana R -pg. D-1-122
Sablan, Ana S -pg. D-9-11
Sablan, Ana S -pg. D-11-1
Sablan, Ana SN -pg. D 11 32
Sablan, Ana U -pg. D-7-14
Sablan, Andrea M -pg. D-11-53
Sablan, Andres SN -pg. D-11-32
Sablan, Angel -pg. D-5-41
Sablan, Angel A -pg. D-1-6
Sablan, Angel F -pg. D-1-6
Sablan, Angelina -pg. D-4-28
Sablan, Anita T -pg. D-1-346
Sablan, Ann M -pg. D-11-53
Sablan, Annie M -pg. D-1-363
Sablan, Antonia C -pg. D-11-2

Sablan, Antonia LG -pg. D-1-188
Sablan, Antonio -pg. D-5-62
Sablan, Antonio C -pg. D-1-203
Sablan, Antonio C -pg. D-11-2
Sablan, Antonio C (ab) -pg. D-1-340
Sablan, Antonio D -pg. D-1-350
Sablan, Antonio F -pg. D-1-340
Sablan, Antonio G -pg. D-1-325
Sablan, Antonio LG -pg. D-1-218
Sablan, Antonio Q -pg. D-1-117
Sablan, Antonio Q -pg. D-1-278
Sablan, Antonio Q -pg. D-2-12
Sablan, Antonio R -pg. D-1-122
Sablan, Antonio S -pg. D-1-35
Sablan, Antonio U -pg. D-7-14
Sablan, Asuncion -pg. D-1-169
Sablan, Asuncion P -pg. D-1-211
Sablan, Asuncion R -pg. D-11-27
Sablan, Augusto F -pg. D-1-258
Sablan, Aurora B -pg. D-2-16
Sablan, Beatrice E -pg. D-11-4
Sablan, Beatrice T -pg. D-1-229
Sablan, Benita P -pg. D-1-211
Sablan, Bernadita C -pg. D-11-2
Sablan, Brigida Q -pg. D-2-12
Sablan, Candelaria C -pg. D-1-340
Sablan, Caridad C -pg. D-1-118
Sablan, Carlina G -pg. D-10-53
Sablan, Carlos A -pg. D-1-68
Sablan, Carlos T -pg. D-1-68
Sablan, Carmen -pg. D-4-29
Sablan, Carmen E -pg. D-11-3
Sablan, Carmen LG -pg. D-1-188
Sablan, Catalina -pg. D-5-41
Sablan, Catalina B -pg. D-10-13
Sablan, Cecilia LG -pg. D-1-188
Sablan, Cecilio C -pg. D-1-332
Sablan, Cecilio SN -pg. D-2-11
Sablan, Ceferina -pg. D-5-41
Sablan, Charlie P -pg. D-11-32
Sablan, Clotilde T -pg. D-1-346
Sablan, Concepcion -pg. D-5-25
Sablan, Concepcion B -pg. D-1-169
Sablan, Concepcion E -pg. D-11-4
Sablan, Concepcion O -pg. D-1-282
Sablan, Cristobal LG -pg. D-1-188
Sablan, Daniel B -pg. D-2-8
Sablan, David F -pg. D-1-6
Sablan, Diego S -pg. D-2-8
Sablan, Dolores -pg. D-3-18
Sablan, Dolores -pg. D-4-28
Sablan, Dolores -pg. D-5-41
Sablan, Dolores A -pg. D-1-35
Sablan, Dolores B -pg. D-11-7
Sablan, Dolores D -pg. D-1-194
Sablan, Dolores E -pg. D-11-4
Sablan, Dolores G -pg. D-10-21
Sablan, Dolores M -pg. D-1-340
Sablan, Dolores Q -pg. D-2-11
Sablan, Dolores S -pg. D-9-11
Sablan, Dolores T -pg. D-1-66
Sablan, Dolores T -pg. D-11-20
Sablan, Dolores T -pg. D-11-58
Sablan, Dorothea G -pg. D-1-325

INDEX
1940 Population Census of Guam: Transcribed

Sablan, Dorothy P -pg. D-1-211
Sablan, Edward SN -pg. D-1-116
Sablan, Efegemia -pg. D-1-169
Sablan, Elena B -pg. D-2-15
Sablan, Elena S -pg. D-11-24
Sablan, Elizabeth S -pg. D-1-167
Sablan, Elsemenada B -pg. D-2-15
Sablan, Emelia R -pg. D-1-122
Sablan, Emilana SN -pg. D-11-32
Sablan, Enrique B -pg. D-1-121
Sablan, Enrique C -pg. D-1-346
Sablan, Enrique P -pg. D-11-23
Sablan, Epifanio B -pg. D-1-122
Sablan, Estefania E -pg. D-11-3
Sablan, Eugenia G -pg. D-1-325
Sablan, Eugenia T -pg. D-1-66
Sablan, Eulogio J -pg. D-1-378
Sablan, Eutropia E -pg. D-1-169
Sablan, Evelyna S -pg. D-1-167
Sablan, Feliciana -pg. D-5-23
Sablan, Felicita B -pg. D-1-122
Sablan, Felipe U -pg. D-1-405
Sablan, Felisa D -pg. D-1-194
Sablan, Felix S -pg. D-1-257
Sablan, Fidel T -pg. D-1-268
Sablan, Fidela G -pg. D-1-325
Sablan, Filomena LG -pg. D-1-188
Sablan, Francis F -pg. D-1-6
Sablan, Francis S -pg. D-1-167
Sablan, Francisca C -pg. D-11-58
Sablan, Francisca L -pg. D-1-339
Sablan, Francisco -pg. D-4-29
Sablan, Francisco -pg. D-5-25
Sablan, Francisco A -pg. D-1-35
Sablan, Francisco B -pg. D-11-74
Sablan, Francisco C -pg. D-1-331
Sablan, Francisco C -pg. D-2-2
Sablan, Francisco M -pg. D-11-53
Sablan, Francisco Q -pg. D-2-8
Sablan, Francisco S -pg. D-2-8
Sablan, Francisco S -pg. D-11-1
Sablan, Francisco S -pg. D-11-25
Sablan, Francisco S -pg. D-11-28
Sablan, Francisco SN -pg. D-11-32
Sablan, Francisco U -pg. D-7-14
Sablan, Franklin -pg. D-5-41
Sablan, Gabriela S -pg. D-1-35
Sablan, George F -pg. D-1-6
Sablan, Gregorio G -pg. D-1-325
Sablan, Guadalupe B -pg. D-2-8
Sablan, Guadalupe D -pg. D-1-350
Sablan, Guadalupe H -pg. D-11-23
Sablan, Guadalupe P -pg. D-11-23
Sablan, Guadalupe S -pg. D-1-35
Sablan, Guillermo P -pg. D-1-340
Sablan, Guillermo T -pg. D-1-346
Sablan, Harvey J -pg. D-1-169
Sablan, Herman D -pg. D-1-350
Sablan, Higinio T -pg. D-1-244
Sablan, Honorato A -pg. D-1-378
Sablan, Ignacia D -pg. D-1-350
Sablan, Ignacio G -pg. D-10-53
Sablan, Iren B -pg. D-1-229
Sablan, Isabel C -pg. D-1-331

Sablan, Isabel R -pg. D-1-122
Sablan, Jaime Q -pg. D-2-12
Sablan, James P -pg. D-1-367
Sablan, James T -pg. D-1-367
Sablan, Jesus -pg. D-4-28
Sablan, Jesus -pg. D-5-23
Sablan, Jesus B -pg. D-2-8
Sablan, Jesus C -pg. D-2-15
Sablan, Jesus C -pg. D-15-8
Sablan, Jesus E -pg. D-11-4
Sablan, Jesus G -pg. D-10-53
Sablan, Jesus L -pg. D-1-339
Sablan, Jesus M -pg. D-1-340
Sablan, Jesus M -pg. D-11-53
Sablan, Jesus P -pg. D-1-118
Sablan, Jesus P -pg. D-11-23
Sablan, Jesus Q -pg. D-1-117
Sablan, Jesus S -pg. D-11-73
Sablan, Jesus T -pg. D-11-58
Sablan, Joaquin A -pg. D-11-27
Sablan, Joaquin B -pg. D-11-7
Sablan, Joaquin D -pg. D-1-122
Sablan, Joaquin M -pg. D-1-340
Sablan, Joaquin M -pg. D-2-14
Sablan, Joaquin P -pg. D-1-119
Sablan, Joaquin Q -pg. D-1-117
Sablan, Joaquin R -pg. D-1-138
Sablan, Joaquin R -pg. D-11-27
Sablan, Joaquin S -pg. D-1-229
Sablan, Joaquin S -pg. D-9-11
Sablan, Joaquin S -pg. D-11-28
Sablan, Joaquina K -pg. D-10-3
Sablan, John S -pg. D-1-167
Sablan, Johnny SN -pg. D-11-32
Sablan, Jose -pg. D-5-41
Sablan, Jose A -pg. D-15-8
Sablan, Jose B -pg. D-1-117
Sablan, Jose B -pg. D-1-122
Sablan, Jose C -pg. D-1-119
Sablan, Jose C -pg. D-1-325
Sablan, Jose C -pg. D-1-332
Sablan, Jose C -pg. D-11-58
Sablan, Jose E -pg. D-11-4
Sablan, Jose G -pg. D-1-405
Sablan, Jose L -pg. D-1-66
Sablan, Jose L -pg. D-1-339
Sablan, Jose M -pg. D-1-160
Sablan, Jose M -pg. D-1-340
Sablan, Jose P -pg. D-1-118
Sablan, Jose P -pg. D-1-153
Sablan, Jose P -pg. D-1-211
Sablan, Jose P -pg. D-14-4
Sablan, Jose Q -pg. D-1-117
Sablan, Jose Q -pg. D-2-9
Sablan, Jose R -pg. D-1-332
Sablan, Jose R -pg. D-1-339
Sablan, Jose S -pg. D-1-169
Sablan, Jose S -pg. D-9-11
Sablan, Jose S -pg. D-11-3
Sablan, Jose S -pg. D-11-28
Sablan, Jose T -pg. D-1-268
Sablan, Jose T -pg. D-1-346
Sablan, Jose U -pg. D-7-14
Sablan, Josefa A -pg. D-1-332

Sablan, Josefa B -pg. D-1-121
Sablan, Josefa C -pg. D-1-203
Sablan, Josefa D -pg. D-1-194
Sablan, Josefina B -pg. D-11-36
Sablan, Josefina C -pg. D-11-58
Sablan, Josefina G -pg. D-1-160
Sablan, Joseph B -pg. D-10-13
Sablan, Joseph K -pg. D-10-3
Sablan, Joseph S -pg. D-1-167
Sablan, Josepha -pg. D-5-41
Sablan, Juan -pg. D-5-41
Sablan, Juan -pg. D-1-169
Sablan, Juan -pg. D-14-14
Sablan, Juan A -pg. D-1-331
Sablan, Juan C -pg. D-1-332
Sablan, Juan G -pg. D-1-325
Sablan, Juan G -pg. D-10-3
Sablan, Juan J -pg. D-1-378
Sablan, Juan L -pg. D-11-1
Sablan, Juan M -pg. D-1-340
Sablan, Juan P -pg. D-1-167
Sablan, Juan P -pg. D-11-32
Sablan, Juan R -pg. D-2-36
Sablan, Juan R -pg. D-11-27
Sablan, Juan S -pg. D-1-35
Sablan, Juan S -pg. D-6-19
Sablan, Juan S -pg. D-11-1
Sablan, Juan S -pg. D-11-1
Sablan, Juan S (ab) -pg. D-1-350
Sablan, Juan U -pg. D-7-14
Sablan, Juanita B -pg. D-1-116
Sablan, Julita G -pg. D-1-325
Sablan, Julita H -pg. D-11-23
Sablan, Leandro -pg. D-1-169
Sablan, Leonilla S -pg. D-1-35
Sablan, Lino S -pg. D-1-188
Sablan, Lorenzo A -pg. D-1-332
Sablan, Lorenzo SN -pg. D-11-32
Sablan, Lourdes -pg. D-5-62
Sablan, Lourdes B -pg. D-1-127
Sablan, Lourdes P -pg. D-1-211
Sablan, Lourdes R -pg. D-11-27
Sablan, Lourdes S -pg. D-11-28
Sablan, Luis C -pg. D-11-58
Sablan, Manuel -pg. D-4-28
Sablan, Manuel -pg. D-5-41
Sablan, Manuel C -pg. D-1-211
Sablan, Manuel D -pg. D-14-13
Sablan, Manuel G -pg. D-1-154
Sablan, Manuel G -pg. D-10-53
Sablan, Manuel J -pg. D-1-378
Sablan, Manuel L -pg. D-1-339
Sablan, Manuel M -pg. D-1-340
Sablan, Manuel P -pg. D-1-211
Sablan, Manuel S -pg. D-11-28
Sablan, Manuel T -pg. D-1-268
Sablan, Manuela -pg. D-5-62
Sablan, Manuela B -pg. D-1-121
Sablan, Marcial A -pg. D-6-19
Sablan, Marcial S -pg. D-6-19
Sablan, Margarita T -pg. D-1-66
Sablan, Maria -pg. D-5-23
Sablan, Maria A -pg. D-1-64
Sablan, Maria B -pg. D-1-121

INDEX
1940 Population Census of Guam: Transcribed

Sablan, Maria B -pg. D-2-8
Sablan, Maria B -pg. D-2-15
Sablan, Maria B -pg. D-2-15
Sablan, Maria B -pg. D-11-7
Sablan, Maria B -pg. D-11-36
Sablan, Maria B -pg. D-11-36
Sablan, Maria C -pg. D-1-138
Sablan, Maria C -pg. D-1-332
Sablan, Maria C -pg. D-1-405
Sablan, Maria C -pg. D-2-2
Sablan, Maria C -pg. D-11-2
Sablan, Maria C -pg. D-11-58
Sablan, Maria C -pg. D-15-8
Sablan, Maria G -pg. D-1-154
Sablan, Maria G -pg. D-1-325
Sablan, Maria G -pg. D-10-53
Sablan, Maria H -pg. D-11-23
Sablan, Maria J -pg. D-1-378
Sablan, Maria L -pg. D-11-1
Sablan, Maria LG -pg. D-1-188
Sablan, Maria M -pg. D-1-340
Sablan, Maria N -pg. D-1-327
Sablan, Maria Q -pg. D-2-8
Sablan, Maria R -pg. D-1-122
Sablan, Maria R -pg. D-1-332
Sablan, Maria R -pg. D-1-339
Sablan, Maria R -pg. D-1-339
Sablan, Maria S -pg. D-1-35
Sablan, Maria S -pg. D-9-11
Sablan, Maria S -pg. D-11-1
Sablan, Maria T -pg. D-1-66
Sablan, Maria U -pg. D-7-14
Sablan, Maria U -pg. D-7-14
Sablan, Maria U -pg. D-11-34
Sablan, Mariano C -pg. D-1-138
Sablan, Mariano U -pg. D-7-14
Sablan, Mateo M -pg. D-11-53
Sablan, Mathilde F -pg. D-1-258
Sablan, Micaile S -pg. D-11-28
Sablan, Miguel J -pg. D-1-378
Sablan, Miguela B -pg. D-2-15
Sablan, Natividad C -pg. D-1-138
Sablan, Natividad C -pg. D-1-331
Sablan, Nicolas B -pg. D-1-127
Sablan, Nicolas Q -pg. D-2-12
Sablan, Nicolas S -pg. D-2-14
Sablan, Nicolasa S -pg. D-9-11
Sablan, Patricia C -pg. D-11-58
Sablan, Patricia LG -pg. D-1-218
Sablan, Paz -pg. D-4-3
Sablan, Pedro -pg. D-4-3
Sablan, Pedro -pg. D-1-169
Sablan, Pedro B -pg. D-1-116
Sablan, Pedro F -pg. D-1-338
Sablan, Pedro G -pg. D-1-325
Sablan, Pedro G -pg. D-10-13
Sablan, Pedro LG -pg. D-1-188
Sablan, Pedro P -pg. D-1-257
Sablan, Pedro P -pg. D-7-14
Sablan, Pedro R -pg. D-1-243
Sablan, Placida J -pg. D-1-378
Sablan, Rafael C -pg. D-1-327
Sablan, Raleigh C -pg. D-1-203
Sablan, Ralph G -pg. D-1-160

Sablan, Ramon -pg. D-3-18
Sablan, Ramon -pg. D-4-29
Sablan, Ramon D -pg. D-1-268
Sablan, Ramon D -pg. D-14-4
Sablan, Ramon T -pg. D-1-367
Sablan, Ramon U -pg. D-7-14
Sablan, Raymond G -pg. D-1-160
Sablan, Regina M -pg. D-2-14
Sablan, Remedio P -pg. D-11-32
Sablan, Remedio Q -pg. D-2-8
Sablan, Remedios R -pg. D-1-122
Sablan, Ricardo -pg. D-1-169
Sablan, Rita C -pg. D-1-332
Sablan, Rita P -pg. D-1-367
Sablan, Rita T -pg. D-1-268
Sablan, Rita T -pg. D-1-268
Sablan, Roque S -pg. D-9-11
Sablan, Rosa -pg. D-5-62
Sablan, Rosa C -pg. D-1-331
Sablan, Rosa G -pg. D-1-160
Sablan, Rosa P -pg. D-1-118
Sablan, Rosa P -pg. D-2-36
Sablan, Rosa SN -pg. D-1-116
Sablan, Rosalia C -pg. D-2-2
Sablan, Rosalia P -pg. D-1-367
Sablan, Rosalia R -pg. D-1-122
Sablan, Rosalia T -pg. D-1-66
Sablan, Rosalina S -pg. D-6-19
Sablan, Rosario A -pg. D-1-68
Sablan, Rosario F -pg. D-1-6
Sablan, Rosario T -pg. D-1-244
Sablan, Rosario T -pg. D-1-244
Sablan, Rosita C -pg. D-1-203
Sablan, Rosita R -pg. D-11-27
Sablan, Rudolph G -pg. D-1-160
Sablan, Segundo F -pg. D-1-218
Sablan, Silvestre A "ab" -pg. D-11-36
Sablan, Sylvia -pg. D-1-66
Sablan, Sylvia G -pg. D-1-325
Sablan, Sylvia H -pg. D-11-23
Sablan, Sylvia LG -pg. D-1-218
Sablan, Telesforo S -pg. D-10-53
Sablan, Teresa T -pg. D-1-346
Sablan, Teresita A -pg. D-1-68
Sablan, Terisita SN -pg. D-11-32
Sablan, Tomas C -pg. D-11-2
Sablan, Tomas M -pg. D-2-14
Sablan, Tomas M -pg. D-11-53
Sablan, Tomas P -pg. D-11-53
Sablan, Tomas Q -pg. D-1-117
Sablan, Tomasa Q -pg. D-1-117
Sablan, Trinidad S -pg. D-9-11
Sablan, Vicenta B -pg. D-1-122
Sablan, Vicente -pg. D-5-23
Sablan, Vicente -pg. D-5-62
Sablan, Vicente A -pg. D-11-32
Sablan, Vicente B -pg. D-1-122
Sablan, Vicente C -pg. D-1-331
Sablan, Vicente C -pg. D-11-2
Sablan, Vicente M -pg. D-1-340
Sablan, Vicente P -pg. D-1-35
Sablan, Vicente P -pg. D-11-23
Sablan, Vicente R -pg. D-1-185
Sablan, Vicente S -pg. D-1-282

Sablan, Vicente S -pg. D-11-1
Sablan, Vicente T -pg. D-11-58
Sablan, Vicente U -pg. D-11-1
Sablan, Virginia C -pg. D-1-268
Sablan, Virginia C -pg. D-2-2
Sablan, William C -pg. D-11-58
Sablan, William P -pg. D-1-211
Saffold, Henry C -pg. D-11-80
Sager, Vashti -pg. D-1-223
Sager, William H -pg. D-1-223
Sahagon, Angel -pg. D-5-16
Sahagon, Francisco -pg. D-5-16
Sahagon, Ignacio R -pg. D-12-7
Sahagon, Ignacio T -pg. D-12-7
Sahagon, Isabel T -pg. D-12-7
Sahagon, Jose -pg. D-5-16
Sahagon, Josefa T -pg. D-12-7
Sahagon, Juan -pg. D-5-16
Sahagon, Lourdes P -pg. D-12-8
Sahagon, Maria -pg. D-5-16
Sahagon, Maria -pg. D-5-16
Sahagon, Maria B -pg. D-1-212
Sahagon, Maria P -pg. D-12-8
Sahagon, Olympia T -pg. D-12-7
Sahagon, Rosalia T -pg. D-12-7
Sahagon, Vicente R -pg. D-12-8
Sakai, Ana F -pg. D-1-363
Sakai, Felix F -pg. D-1-363
Sakai, Juan U -pg. D-1-363
Sakai, Matilde F -pg. D-1-363
Sakai, Rita F -pg. D-1-363
Sakai, Tomas F -pg. D-1-363
Sakakibara, Benjamin P -pg. D-1-4
Sakakibara, Carmen P -pg. D-1-4
Sakakibara, Frank P -pg. D-1-4
Sakakibara, June M -pg. D-1-247
Sakakibara, June P -pg. D-1-4
Sakakibara, Milan P -pg. D-1-4
Salas, Adela P -pg. D-1-234
Salas, Agapito N -pg. D-1-11
Salas, Agueda B -pg. D-1-365
Salas, Albinia L -pg. D-1-400
Salas, Ana -pg. D-3-15
Salas, Ana -pg. D-3-16
Salas, Ana -pg. D-4-17
Salas, Ana -pg. D-4-37
Salas, Ana A -pg. D-2-9
Salas, Ana B -pg. D-1-184
Salas, Ana C -pg. D-2-20
Salas, Ana F -pg. D-1-240
Salas, Ana F -pg. D-1-404
Salas, Ana I -pg. D-1-60
Salas, Ana LG -pg. D-2-25
Salas, Ana M -pg. D-1-56
Salas, Ana M -pg. D-2-27
Salas, Ana Q -pg. D-9-22
Salas, Ana SN -pg. D-1-274
Salas, Angel -pg. D-3-26
Salas, Antonio -pg. D-4-17
Salas, Antonio -pg. D-4-17
Salas, Antonio A -pg. D-2-43
Salas, Antonio B -pg. D-9-37
Salas, Antonio C -pg. D-1-82
Salas, Antonio C -pg. D-9-26

INDEX
1940 Population Census of Guam: Transcribed

Salas, Antonio C -pg. D-9-44
Salas, Antonio H -pg. D-1-211
Salas, Antonio LG -pg. D-1-364
Salas, Antonio M -pg. D-2-9
Salas, Antonio Q -pg. D-9-10
Salas, Antonio R -pg. D-2-30
Salas, Antonio SN -pg. D-1-274
Salas, Antonio T -pg. D-1-331
Salas, Antonita T -pg. D-1-345
Salas, Asuncion A -pg. D-2-29
Salas, Atanacio LG -pg. D-1-406
Salas, August C -pg. D-9-27
Salas, Auria G -pg. D-1-387
Salas, Barcelisa I -pg. D-9-36
Salas, Benito C -pg. D-7-8
Salas, Bernadita -pg. D-3-16
Salas, Brigida -pg. D-3-15
Salas, Brigida C -pg. D-9-44
Salas, Carlos C -pg. D-1-129
Salas, Carlos L -pg. D-1-129
Salas, Carmen A -pg. D-1-11
Salas, Carmen A -pg. D-1-54
Salas, Carmen A -pg. D-2-28
Salas, Carmen B -pg. D-1-194
Salas, Carmen L -pg. D-1-240
Salas, Catalina F -pg. D-1-404
Salas, Cecelio -pg. D-5-57
Salas, Cecilia L -pg. D-10-30
Salas, Cecilia LG -pg. D-2-24
Salas, Celestina T -pg. D-10-22
Salas, Clementina M -pg. D-1-212
Salas, Concepcion A -pg. D-1-68
Salas, Concepcion C -pg. D-1-82
Salas, Concepcion I -pg. D-1-32
Salas, Cristina -pg. D-3-14
Salas, Cristina B -pg. D-11-64
Salas, David A -pg. D-7-4
Salas, David B -pg. D-9-37
Salas, David C -pg. D-1-275
Salas, David G -pg. D-1-64
Salas, Delfina C -pg. D-2-22
Salas, Dionicio LG -pg. D-1-406
Salas, Dolores A -pg. D-1-2
Salas, Dolores A -pg. D-1-11
Salas, Dolores I -pg. D-1-32
Salas, Dolores I -pg. D-9-36
Salas, Dolores I -pg. D-9-36
Salas, Dolores LG -pg. D-2-13
Salas, Dolores P -pg. D-1-181
Salas, Dolores Q -pg. D-9-10
Salas, Dolores Q -pg. D-9-22
Salas, Dorotea C -pg. D-1-240
Salas, Dorothea H -pg. D-1-212
Salas, Edward T -pg. D-1-400
Salas, Edwardo U -pg. D-10-27
Salas, Elias C -pg. D-1-275
Salas, Elias SN -pg. D-1-274
Salas, Eliza B -pg. D-1-194
Salas, Emeterio G -pg. D-1-387
Salas, Emilia LG -pg. D-2-25
Salas, Encarnacion B -pg. D-1-364
Salas, Enfrosiana M -pg. D-1-212
Salas, Engracia C -pg. D-9-44
Salas, Enrique -pg. D-4-6

Salas, Enrique A -pg. D-1-11
Salas, Enrique S -pg. D-12-12
Salas, Facundo C -pg. D-9-44
Salas, Felisa -pg. D-3-16
Salas, Felisidad B -pg. D-11-64
Salas, Felix -pg. D-4-27
Salas, Felix B -pg. D-14-10
Salas, Felix G -pg. D-1-64
Salas, Felix I -pg. D-1-32
Salas, Felix M -pg. D-1-56
Salas, Felix S -pg. D-1-159
Salas, Felix S -pg. D-2-10
Salas, Florencia Q -pg. D-9-22
Salas, Florencio D -pg. D-1-133
Salas, Florentina -pg. D-3-16
Salas, Francisca M -pg. D-1-134
Salas, Francisco -pg. D-3-16
Salas, Francisco -pg. D-4-17
Salas, Francisco -pg. D-4-37
Salas, Francisco B -pg. D-2-10
Salas, Francisco C -pg. D-1-82
Salas, Francisco C -pg. D-2-42
Salas, Francisco D -pg. D-1-132
Salas, Francisco F -pg. D-1-404
Salas, Francisco J -pg. D-1-240
Salas, Francisco M -pg. D-1-56
Salas, Francisco M -pg. D-2-8
Salas, Francisco Q -pg. D-1-87
Salas, Francisco S -pg. D-1-345
Salas, Francisco S -pg. D-2-24
Salas, Francisco T -pg. D-1-400
Salas, Francisco U -pg. D-10-27
Salas, Franciseo A -pg. D-7-4
Salas, Frank C -pg. D-9-23
Salas, Frankie C -pg. D-9-36
Salas, Galo L -pg. D-1-234
Salas, Grabiel C -pg. D-9-22
Salas, Gregorio B -pg. D-9-37
Salas, Guadalupe B -pg. D-11-72
Salas, Guadalupe S -pg. D-12-12
Salas, Guillermo A -pg. D-1-11
Salas, Herman -pg. D-3-15
Salas, Igloria B -pg. D-9-37
Salas, Ignacia M -pg. D-1-44
Salas, Ignacio A -pg. D-2-43
Salas, Ignacio C -pg. D-7-4
Salas, Ignacio N -pg. D-1-23
Salas, Isabel -pg. D-4-17
Salas, Isabel -pg. D-5-25
Salas, Isabel H -pg. D-1-234
Salas, Isabel M -pg. D-1-215
Salas, Isabel T -pg. D-1-345
Salas, James C -pg. D-9-27
Salas, Javier -pg. D-5-52
Salas, Jesus -pg. D-3-15
Salas, Jesus -pg. D-4-37
Salas, Jesus -pg. D-5-57
Salas, Jesus A -pg. D-1-64
Salas, Jesus C -pg. D-9-26
Salas, Jesus C -pg. D-9-46
Salas, Jesus F -pg. D-1-404
Salas, Jesus I -pg. D-1-211
Salas, Jesus L -pg. D-1-212
Salas, Jesus LG -pg. D-1-132

Salas, Jesus M -pg. D-2-9
Salas, Jesus M -pg. D-2-10
Salas, Jesus P -pg. D-1-181
Salas, Jesus Q -pg. D-9-10
Salas, Jesus SN -pg. D-1-275
Salas, Jesus T -pg. D-1-23
Salas, Jesus T -pg. D-1-331
Salas, Joaquin -pg. D-3-14
Salas, Joaquin -pg. D-4-36
Salas, Joaquin A -pg. D-2-29
Salas, Joaquin C -pg. D-1-406
Salas, Joaquin C -pg. D-9-26
Salas, Joaquin F -pg. D-1-404
Salas, Joaquin LG -pg. D-1-406
Salas, Joaquin LG -pg. D-2-24
Salas, Joaquin Q -pg. D-1-331
Salas, Joaquin Q -pg. D-9-22
Salas, Joaquin S -pg. D-11-65
Salas, Joaquina A -pg. D-2-43
Salas, Joaquina B -pg. D-11-54
Salas, John C -pg. D-9-27
Salas, Jose -pg. D-3-15
Salas, Jose -pg. D-3-16
Salas, Jose -pg. D-3-16
Salas, Jose -pg. D-4-17
Salas, Jose -pg. D-4-37
Salas, Jose -pg. D-5-57
Salas, Jose -pg. D-1-240
Salas, Jose A -pg. D-1-366
Salas, Jose A -pg. D-2-43
Salas, Jose B -pg. D-9-37
Salas, Jose C -pg. D-1-60
Salas, Jose C -pg. D-1-274
Salas, Jose C -pg. D-14-10
Salas, Jose C (ab) -pg. D-9-9
Salas, Jose D -pg. D-1-404
Salas, Jose F -pg. D-1-404
Salas, Jose G -pg. D-1-387
Salas, Jose I -pg. D-9-23
Salas, Jose I -pg. D-9-36
Salas, Jose L -pg. D-1-400
Salas, Jose LG -pg. D-2-25
Salas, Jose M -pg. D-1-44
Salas, Jose M -pg. D-1-56
Salas, Jose M -pg. D-9-36
Salas, Jose P -pg. D-1-180
Salas, Jose P -pg. D-1-234
Salas, Jose Q -pg. D-1-406
Salas, Jose Q -pg. D-9-10
Salas, Jose Q -pg. D-9-22
Salas, Jose S -pg. D-1-15
Salas, Jose S -pg. D-2-29
Salas, Jose S -pg. D-9-26
Salas, Jose S -pg. D-12-12
Salas, Jose SN -pg. D-1-366
Salas, Jose T -pg. D-1-331
Salas, Jose T -pg. D-10-22
Salas, Josefa B -pg. D-1-240
Salas, Josefa C -pg. D-9-44
Salas, Josefa D -pg. D-1-132
Salas, Josefa I -pg. D-1-32
Salas, Josefa M -pg. D-1-44
Salas, Josefa S -pg. D-12-12
Salas, Josefina B -pg. D-1-194

INDEX
1940 Population Census of Guam: Transcribed

Salas, Josefina B -pg. D-2-11
Salas, Josefina Q -pg. D-1-87
Salas, Juan -pg. D-3-15
Salas, Juan -pg. D-4-17
Salas, Juan A -pg. D-1-2
Salas, Juan A -pg. D-1-68
Salas, Juan A -pg. D-1-366
Salas, Juan A -pg. D-2-28
Salas, Juan B -pg. D-9-37
Salas, Juan B -pg. D-14-11
Salas, Juan C -pg. D-1-398
Salas, Juan C -pg. D-9-27
Salas, Juan C -pg. D-9-44
Salas, Juan G -pg. D-1-64
Salas, Juan I -pg. D-10-27
Salas, Juan J -pg. D-10-22
Salas, Juan LG -pg. D-2-25
Salas, Juan M -pg. D-1-56
Salas, Juan M -pg. D-1-212
Salas, Juan M -pg. D-2-20
Salas, Juan P -pg. D-1-181
Salas, Juan Q -pg. D-9-22
Salas, Juan Q (ab) -pg. D-1-330
Salas, Juan S -pg. D-2-29
Salas, Juan S -pg. D-12-12
Salas, Juan S -pg. D-12-12
Salas, Juan U -pg. D-10-27
Salas, Juana B -pg. D-9-37
Salas, Juana D -pg. D-1-132
Salas, Juana D -pg. D-1-262
Salas, Julia C -pg. D-2-20
Salas, Juliana -pg. D-4-17
Salas, Lorenza U -pg. D-10-27
Salas, Lourdes M -pg. D-1-212
Salas, Lucia M -pg. D-2-27
Salas, Lucy T -pg. D-1-23
Salas, Luisa L -pg. D-10-30
Salas, Magdalena -pg. D-4-36
Salas, Magdalena A -pg. D-1-11
Salas, Magdalena C -pg. D-9-26
Salas, Magdalena I -pg. D-1-60
Salas, Magdalena Q -pg. D-1-87
Salas, Magdalena S -pg. D-2-8
Salas, Magdalena U -pg. D-10-27
Salas, Magdelena C -pg. D-1-407
Salas, Manuel -pg. D-3-26
Salas, Manuel B -pg. D-2-10
Salas, Manuel B -pg. D-11-64
Salas, Manuel F -pg. D-2-10
Salas, Manuel S -pg. D-2-8
Salas, Manuel S -pg. D-2-29
Salas, Manuela -pg. D-4-37
Salas, Manuela C -pg. D-1-406
Salas, Manuela M -pg. D-1-275
Salas, Manuela S -pg. D-2-14
Salas, Manuela SN -pg. D-1-274
Salas, Marcela S -pg. D-2-10
Salas, Margaret -pg. D-3-15
Salas, Margarita C -pg. D-9-23
Salas, Margarita C -pg. D-9-36
Salas, Margarita S -pg. D-12-12
Salas, Maria -pg. D-3-26
Salas, Maria -pg. D-4-37
Salas, Maria -pg. D-5-57

Salas, Maria A -pg. D-2-9
Salas, Maria B -pg. D-1-364
Salas, Maria B -pg. D-9-37
Salas, Maria B -pg. D-11-64
Salas, Maria B -pg. D-14-10
Salas, Maria C -pg. D-1-47
Salas, Maria C -pg. D-1-129
Salas, Maria C -pg. D-2-20
Salas, Maria C -pg. D-2-22
Salas, Maria C -pg. D-9-26
Salas, Maria F -pg. D-1-322
Salas, Maria F -pg. D-1-404
Salas, Maria H -pg. D-1-211
Salas, Maria I -pg. D-1-32
Salas, Maria I -pg. D-1-401
Salas, Maria I -pg. D-14-10
Salas, Maria LG -pg. D-1-406
Salas, Maria M -pg. D-1-44
Salas, Maria P -pg. D-1-234
Salas, Maria Q -pg. D-1-87
Salas, Maria S -pg. D-2-29
Salas, Maria S -pg. D-12-12
Salas, Maria T -pg. D-1-331
Salas, Mariano -pg. D-4-37
Salas, Mariano -pg. D-4-37
Salas, Martina C -pg. D-9-26
Salas, Matilde L -pg. D-1-400
Salas, Matilde Q -pg. D-1-87
Salas, Miguel C -pg. D-1-129
Salas, Miguel LG -pg. D-1-406
Salas, Miguel M -pg. D-1-212
Salas, Miguel P -pg. D-1-234
Salas, Miguel Q -pg. D-9-22
Salas, Natividad A -pg. D-1-366
Salas, Nicolas Q -pg. D-1-322
Salas, Nicolasa J -pg. D-1-225
Salas, Nicolasa L -pg. D-1-387
Salas, Oliva A -pg. D-1-68
Salas, Patricia V -pg. D-1-240
Salas, Patricio -pg. D-4-6
Salas, Pedro -pg. D-4-37
Salas, Pedro A -pg. D-2-43
Salas, Pedro C -pg. D-1-87
Salas, Pedro C -pg. D-1-274
Salas, Pedro C -pg. D-9-44
Salas, Pedro LG -pg. D-2-25
Salas, Pedro Q -pg. D-1-87
Salas, Pedro Q -pg. D-9-22
Salas, Pedro S -pg. D-12-12
Salas, Pedro T -pg. D-1-23
Salas, Pedro U -pg. D-10-27
Salas, Petronila -pg. D-3-16
Salas, Priscilla Q -pg. D-1-87
Salas, Prosopina A -pg. D-2-29
Salas, Providencia L -pg. D-1-400
Salas, Rafaela LG -pg. D-1-406
Salas, Ramon -pg. D-4-6
Salas, Ramona LG -pg. D-1-406
Salas, Ricardo J -pg. D-1-240
Salas, Rita A -pg. D-1-366
Salas, Rita B -pg. D-2-10
Salas, Rita P -pg. D-1-180
Salas, Roberto -pg. D-3-15
Salas, Roman A -pg. D-1-2

Salas, Romio P -pg. D-2-27
Salas, Rosa -pg. D-4-6
Salas, Rosa -pg. D-5-57
Salas, Rosa A -pg. D-2-43
Salas, Rosa C -pg. D-1-82
Salas, Rosa C -pg. D-1-274
Salas, Rosa C -pg. D-1-397
Salas, Rosa F -pg. D-1-404
Salas, Rosa G -pg. D-1-64
Salas, Rosa M -pg. D-1-134
Salas, Rosa P -pg. D-1-235
Salas, Rosa R -pg. D-1-159
Salas, Rosa T -pg. D-1-23
Salas, Rosalia C -pg. D-2-22
Salas, Rosalia S -pg. D-2-29
Salas, Rosario I -pg. D-1-32
Salas, Rosario Q -pg. D-1-330
Salas, Rosita C -pg. D-2-22
Salas, Rosita U -pg. D-10-27
Salas, Salvador L -pg. D-1-400
Salas, Sergio C -pg. D-1-275
Salas, Sergio Jose -pg. D-1-240
Salas, Simplicia L -pg. D-1-306
Salas, Simplisia M -pg. D-1-212
Salas, Soledad A -pg. D-1-11
Salas, Soledad B -pg. D-9-36
Salas, Soledad M -pg. D-2-27
Salas, Soledad T -pg. D-1-331
Salas, Solidad B -pg. D-11-40
Salas, Susana A -pg. D-7-4
Salas, Susana Q -pg. D-1-330
Salas, Sylvia A -pg. D-2-29
Salas, Sylvia U -pg. D-10-27
Salas, Teresa C -pg. D-9-26
Salas, Teresa SN -pg. D-1-274
Salas, Terisita H -pg. D-1-211
Salas, Tomas A -pg. D-1-68
Salas, Tomas A -pg. D-7-4
Salas, Tomas M -pg. D-1-56
Salas, Tomas S -pg. D-12-12
Salas, Tomasa C -pg. D-2-20
Salas, Tomasa LG -pg. D-1-406
Salas, Trinidad I -pg. D-1-32
Salas, Trinidad LG -pg. D-2-24
Salas, Vicenta A -pg. D-1-366
Salas, Vicenta C -pg. D-9-44
Salas, Vicente -pg. D-4-17
Salas, Vicente -pg. D-4-37
Salas, Vicente A -pg. D-1-129
Salas, Vicente A -pg. D-1-366
Salas, Vicente B G -pg. D-2-10
Salas, Vicente G -pg. D-1-347
Salas, Vicente I -pg. D-1-215
Salas, Vicente M -pg. D-2-9
Salas, Vicente M -pg. D-9-36
Salas, Vicente S -pg. D-1-32
Salas, Vicente S -pg. D-2-22
Salas, Vicente S -pg. D-2-28
Salas, Virginia O -pg. D-1-32
Salas, Virginia C -pg. D-1-274
Salas, Wilfreda P -pg. D-1-234
Salas, William T -pg. D-1-331
Sales, Adela M -pg. D-14-13
Sales, Guadelupe M -pg. D-14-13

INDEX
1940 Population Census of Guam: Transcribed

Sales, Jose M -pg. D-14-13
Sales, Maria M -pg. D-14-13
Sales, Rosalia M -pg. D-14-13
Sales, Vicente C -pg. D-14-13
Salucnamnam, Faustina T -pg. D-2-28
Salucnamnam, Juan C -pg. D-2-14
Salvoga, Cristina C -pg. D-11-4
Samani, Magdalena G -pg. D-1-371
Sampson, Max L -pg. D-11-76
San, Jaoquine C -pg. D-10-46
San Agustin, Agueda B -pg. D-1-156
San Agustin, Alfred -pg. D-5-34
San Agustin, Amparo S -pg. D-1-124
San Agustin, Ana -pg. D-5-34
San Agustin, Ana R -pg. D-1-149
San Agustin, Anthony -pg. D-5-34
San Agustin, Anthony B -pg. D-1-156
San Agustin, Anthony S -pg. D-15-3
San Agustin, Asuncion D -pg. D-1-156
San Agustin, Candido S -pg. D-1-79
San Agustin, Candido T -pg. D-1-79
San Agustin, Caridad R -pg. D-1-119
San Agustin, Carlos C -pg. D-1-162
San Agustin, Carlos T -pg. D-1-79
San Agustin, Carmen B -pg. D-1-119
San Agustin, Concepcion G -pg. D-1-109
San Agustin, Cristina S -pg. D-15-3
San Agustin, Daniel B -pg. D-1-156
San Agustin, David -pg. D-5-34
San Agustin, David -pg. D-5-34
San Agustin, Dolores -pg. D-5-34
San Agustin, Dolores -pg. D-1-203
San Agustin, Dolores C -pg. D-1-124
San Agustin, Dolores S -pg. D-1-124
San Agustin, Doris -pg. D-5-34
San Agustin, Edward -pg. D-5-33
San Agustin, Edward D -pg. D-1-156
San Agustin, Enrique -pg. D-1-135
San Agustin, Enrique T -pg. D-1-79
San Agustin, Faustino SA -pg. D-1-123
San Agustin, Fermina C -pg. D-1-168
San Agustin, Francisca C -pg. D-1-168
San Agustin, Francisco -pg. D-5-10
San Agustin, Francisco -pg. D-5-33
San Agustin, Francisco -pg. D-5-34
San Agustin, Francisco C -pg. D-1-301
San Agustin, Francisco R -pg. D-1-149
San Agustin, George S -pg. D-15-3
San Agustin, Gertrudes -pg. D-5-34
San Agustin, Gonzalo -pg. D-5-32
San Agustin, Gregorio -pg. D-5-34
San Agustin, Gregorio S -pg. D-1-124
San Agustin, Ignacio -pg. D-5-34
San Agustin, Ignacio C -pg. D-1-168
San Agustin, Jesus SA -pg. D-10-34
San Agustin, Joaquin -pg. D-5-33
San Agustin, Joaquin -pg. D-5-33
San Agustin, Joaquin R -pg. D-1-119
San Agustin, Joe T -pg. D-1-79
San Agustin, John S -pg. D-15-3
San Agustin, John T -pg. D-1-79
San Agustin, Jose -pg. D-5-33
San Agustin, Jose -pg. D-5-33
San Agustin, Jose -pg. D-1-156

San Agustin, Jose C -pg. D-1-119
San Agustin, Jose R -pg. D-1-119
San Agustin, Jose R -pg. D-1-149
San Agustin, Jose S -pg. D-1-124
San Agustin, Jose SA -pg. D-1-119
San Agustin, Jose SA -pg. D-1-124
San Agustin, Josefa B -pg. D-1-119
San Agustin, Josefa M -pg. D-1-123
San Agustin, Josepha -pg. D-5-32
San Agustin, Juan -pg. D-5-10
San Agustin, Juan -pg. D-5-39
San Agustin, Juan C -pg. D-1-342
San Agustin, Juan C -pg. D-10-34
San Agustin, Juan R -pg. D-1-119
San Agustin, Juana C -pg. D-1-162
San Agustin, Juanita C -pg. D-10-34
San Agustin, Lucy -pg. D-4-23
San Agustin, Magdalena R -pg. D-1-145
San Agustin, Manuel -pg. D-1-168
San Agustin, Maria -pg. D-5-33
San Agustin, Maria -pg. D-5-33
San Agustin, Maria -pg. D-5-33
San Agustin, Maria -pg. D-5-34
San Agustin, Maria B -pg. D-1-119
San Agustin, Maria D -pg. D-1-156
San Agustin, Maria R -pg. D-1-149
San Agustin, Maria R -pg. D-1-149
San Agustin, Maria S -pg. D-1-175
San Agustin, Maria T -pg. D-1-79
San Agustin, Mariano -pg. D-5-34
San Agustin, Mariano R -pg. D-1-119
San Agustin, Mariano S -pg. D-1-124
San Agustin, Mary -pg. D-5-34
San Agustin, Mary T -pg. D-1-79
San Agustin, Natividad C -pg. D-10-34
San Agustin, Olympia -pg. D-5-34
San Agustin, Patricia S -pg. D-1-176
San Agustin, Pedro M -pg. D-1-123
San Agustin, Pedro SA -pg. D-1-119
San Agustin, Ramon -pg. D-5-33
San Agustin, Ramon -pg. D-5-34
San Agustin, Ramon B -pg. D-1-119
San Agustin, Rosa C -pg. D-1-162
San Agustin, Rosalia S -pg. D-5-33
San Agustin, Rosario -pg. D-1-306
San Agustin, Rosario B -pg. D-1-156
San Agustin, Susana -pg. D-5-33
San Agustin, Teresita SA -pg. D-1-119
San Agustin, Vicente -pg. D-5-32
San Agustin, Vicente -pg. D-5-33
San Agustin, Vicente -pg. D-5-34
San Agustin, Vicente B -pg. D-1-300
San Agustin, Vicente M -pg. D-1-123
San Agustin, Vicente R -pg. D-1-119
San Agustin, Victor M -pg. D-1-123
San Agustin, William -pg. D-5-33
San Augustin, Jose C -pg. D-10-17
San Augustin, Josefina R -pg. D-1-227
San Augustin, Maria S -pg. D-1-159
San Augustin, Miguel S -pg. D-1-159
San Augustin, Pedro S -pg. D-1-159
San Augustin, Raymundo -pg. D-1-159
San Miguel, Ana M -pg. D-10-36
San Miguel, Ana R -pg. D-10-36

San Miguel, Angustia C -pg. D-1-392
San Miguel, Antonia C -pg. D-7-14
San Miguel, Antonina C -pg. D-7-14
San Miguel, Catalina S -pg. D-10-37
San Miguel, Concepcion C -pg. D-10-36
San Miguel, Delfina S -pg. D-10-37
San Miguel, Delfina W -pg. D-10-36
San Miguel, Fidela W -pg. D-10-36
San Miguel, Guadalupi S -pg. D-10-37
San Miguel, Jose C -pg. D-7-14
San Miguel, Jose C -pg. D-7-14
San Miguel, Juan C -pg. D-7-14
San Miguel, Juan Q -pg. D-10-37
San Miguel, Justa S -pg. D-10-37
San Miguel, Manuel Q -pg. D-10-36
San Miguel, Mareta C -pg. D-7-14
San Miguel, Maria C -pg. D-7-14
San Miguel, Maria S -pg. D-10-37
San Miguel, Pedro C -pg. D-7-14
San Miguel, Roque T -pg. D-10-6
San Miguel, Rosario C -pg. D-10-6
San Miguel, Sylvia S -pg. D-10-37
San Miguel, Tornasa S -pg. D-10-37
San Miguel, Vicente B -pg. D-1-285
San Nicolas, Adela -pg. D-5-32
San Nicolas, Adela P -pg. D-1-75
San Nicolas, Adriano N -pg. D-15-30
San Nicolas, Agustin B -pg. D-2-14
San Nicolas, Albert S -pg. D-8-18
San Nicolas, Albert T -pg. D-8-32
San Nicolas, Alejandro M -pg. D-1-407
San Nicolas, Alfredo M -pg. D-6-22
San Nicolas, Amelia P -pg. D-1-172
San Nicolas, Amparo M -pg. D-2-25
San Nicolas, Ana 0 -pg. D-1-150
San Nicolas, Ana A -pg. D-1-215
San Nicolas, Ana B -pg. D-10-46
San Nicolas, Ana C -pg. D-2-18
San Nicolas, Ana C -pg. D-6-9
San Nicolas, Ana C -pg. D-6-28
San Nicolas, Ana C -pg. D-6-36
San Nicolas, Ana C -pg. D-8-8
San Nicolas, Ana C -pg. D-9-20
San Nicolas, Ana LG -pg. D-1-298
San Nicolas, Ana LG -pg. D-1-299
San Nicolas, Ana P -pg. D-1-252
San Nicolas, Ana P -pg. D-9-3
San Nicolas, Ana S -pg. D-1-306
San Nicolas, Ana S -pg. D-2-19
San Nicolas, Ana S "ab" -pg. D-12-13
San Nicolas, Ana T -pg. D-6-35
San Nicolas, Ana T -pg. D-10-14
San Nicolas, Andrea SN -pg. D-8-7
San Nicolas, Angela P -pg. D-6-8
San Nicolas, Angelina T -pg. D-8-32
San Nicolas, Angelina T -pg. D-8-32
San Nicolas, Antoling C -pg. D-2-26
San Nicolas, Antonia C -pg. D-2-18
San Nicolas, Antonia F -pg. D-6-18
San Nicolas, Antonio -pg. D-5-14
San Nicolas, Antonio -pg. D-8-25
San Nicolas, Antonio B -pg. D-2-26
San Nicolas, Antonio C -pg. D-1-110
San Nicolas, Antonio C -pg. D-1-335

INDEX
1940 Population Census of Guam: Transcribed

San Nicolas, Antonio C -pg. D-6-24
San Nicolas, Antonio D -pg. D-1-407
San Nicolas, Antonio E -pg. D-8-17
San Nicolas, Antonio F -pg. D-9-2
San Nicolas, Antonio L -pg. D-9-2
San Nicolas, Antonio P -pg. D-6-24
San Nicolas, Antonio P -pg. D-12-15
San Nicolas, Antonio S -pg. D-9-8
San Nicolas, Antonio SN -pg. D-1-109
San Nicolas, Antonio SN -pg. D-12-13
San Nicolas, Antonio T -pg. D-6-35
San Nicolas, Asuncion -pg. D-3-3
San Nicolas, Asuncion T -pg. D-8-25
San Nicolas, Atanacio C -pg. D-1-42
San Nicolas, Augustin M -pg. D-6-30
San Nicolas, Aurelia M -pg. D-6-22
San Nicolas, Baltazaar -pg. D-5-13
San Nicolas, Barbara C -pg. D-1-3
San Nicolas, Bartola S -pg. D-6-30
San Nicolas, Beatrice C -pg. D-1-335
San Nicolas, Beatrice M -pg. D-1-344
San Nicolas, Beatrice T -pg. D-10-14
San Nicolas, Betsy S -pg. D-1-276
San Nicolas, Candido A -pg. D-10-39
San Nicolas, Carlina P -pg. D-1-75
San Nicolas, Carlos P -pg. D-12-15
San Nicolas, Carlos S -pg. D-9-31
San Nicolas, Carmelo C -pg. D-2-16
San Nicolas, Carmen -pg. D-3-3
San Nicolas, Carmen -pg. D-1-130
San Nicolas, Carmen B -pg. D-2-14
San Nicolas, Carmen C -pg. D-1-335
San Nicolas, Carmen C -pg. D-2-16
San Nicolas, Carmen LG -pg. D-1-299
San Nicolas, Carmen P -pg. D-9-2
San Nicolas, Carmen R -pg. D-1-209
San Nicolas, Carmen S -pg. D-12-13
San Nicolas, Catalina -pg. D-3-16
San Nicolas, Catalina C -pg. D-6-28
San Nicolas, Cecilia M -pg. D-10-39
San Nicolas, Clara C -pg. D-1-335
San Nicolas, Cleofe L -pg. D-9-3
San Nicolas, Concepcion C -pg. D-1-320
San Nicolas, Concepcion C -pg. D-8-7
San Nicolas, Concepcion M -pg. D-2-16
San Nicolas, Concepcion M -pg. D-6-18
San Nicolas, Concepcion P -pg. D-9-3
San Nicolas, Concepcion S -pg. D-1-130
San Nicolas, Consepcion S -pg. D-12-13
San Nicolas, Consolacion C -pg. D-1-335
San Nicolas, Consolacion C -pg. D-1-335
San Nicolas, Consolacion C -pg. D-9-20
San Nicolas, Consolasion pg. D 5 34
San Nicolas, Cornelia T -pg. D-10-14
San Nicolas, Crispina N -pg. D-15-30
San Nicolas, Cristobal "ab" -pg. D-12-13
San Nicolas, Cristobal S -pg. D-1-34
San Nicolas, David S -pg. D-1-150
San Nicolas, David S -pg. D-1-287
San Nicolas, David T -pg. D-6-41
San Nicolas, Delgadina C -pg. D-1-110
San Nicolas, Dielgadina C -pg. D-6-36
San Nicolas, Dolores -pg. D-5-32
San Nicolas, Dolores -pg. D-5-32

San Nicolas, Dolores A -pg. D-1-215
San Nicolas, Dolores B -pg. D-10-46
San Nicolas, Dolores C -pg. D-1-209
San Nicolas, Dolores N -pg. D-6-20
San Nicolas, Dolores P -pg. D-9-3
San Nicolas, Dolores T -pg. D-7-13
San Nicolas, Dominga A -pg. D-1-214
San Nicolas, Dorothea L -pg. D-9-2
San Nicolas, Edward B -pg. D-10-46
San Nicolas, Edward I -pg. D-1-125
San Nicolas, Elena P -pg. D-12-15
San Nicolas, Elias -pg. D-5-14
San Nicolas, Elias N -pg. D-6-22
San Nicolas, Elizabeth -pg. D-5-32
San Nicolas, Eloy M -pg. D-6-18
San Nicolas, Emelia R -pg. D-1-209
San Nicolas, Emeliana T -pg. D-1-3
San Nicolas, Enrique C -pg. D-1-110
San Nicolas, Enrique C -pg. D-2-16
San Nicolas, Enrique R -pg. D-1-282
San Nicolas, Enrique S -pg. D-12-13
San Nicolas, Esparanza B -pg. D-10-46
San Nicolas, Espiranza C -pg. D-1-335
San Nicolas, Eugenio M -pg. D-10-39
San Nicolas, Eugenio S -pg. D-1-43
San Nicolas, Eugenio T -pg. D-1-42
San Nicolas, Eugenio V -pg. D-1-42
San Nicolas, Eulogio S -pg. D-11-16
San Nicolas, Felicita P -pg. D-1-117
San Nicolas, Felicita S -pg. D-1-282
San Nicolas, Felipe C -Ab -pg. D-2-16
San Nicolas, Felipe F -pg. D-6-15
San Nicolas, Felipe U -pg. D-10-39
San Nicolas, Felix C -pg. D-2-19
San Nicolas, Felix E -pg. D-8-7
San Nicolas, Felix P -pg. D-1-173
San Nicolas, Felix P -pg. D-1-396
San Nicolas, Felomenia E -pg. D-8-8
San Nicolas, Felomenia P -pg. D-6-24
San Nicolas, Fidela C -pg. D-1-110
San Nicolas, Filomeno -pg. D-3-3
San Nicolas, Florencia -pg. D-3-4
San Nicolas, Florencio -pg. D-3-4
San Nicolas, Francisca -pg. D-5-55
San Nicolas, Francisca M -pg. D-10-39
San Nicolas, Francisca S -pg. D-12-13
San Nicolas, Francisco -pg. D-3-6
San Nicolas, Francisco -pg. D-3-15
San Nicolas, Francisco -pg. D-5-32
San Nicolas, Francisco -pg. D-1-125
San Nicolas, Francisco A -pg. D-2-1
San Nicolas, Francisco C -pg. D-6-28
San Nicolas, Francisco C -pg. D-8-8
San Nicolas, Francisco C -pg. D-9-8
San Nicolas, Francisco D -pg. D-9-31
San Nicolas, Francisco G -pg. D-1-282
San Nicolas, Francisco I -pg. D-1-125
San Nicolas, Francisco M -pg. D-6-18
San Nicolas, Francisco N -pg. D-15-30
San Nicolas, Francisco P -pg. D-1-173
San Nicolas, Francisco P -pg. D-9-2
San Nicolas, Francisco S -pg. D-9-31
San Nicolas, Francisco T -pg. D-1-3
San Nicolas, Francisco T -pg. D-1-43

San Nicolas, Francisco T -pg. D-6-26
San Nicolas, Frederico SN -pg. D-6-22
San Nicolas, Galo G -pg. D-1-209
San Nicolas, Geronimo C -pg. D-7-13
San Nicolas, Geronimo T -pg. D-6-26
San Nicolas, Gertrudes P -pg. D-9-3
San Nicolas, Gloria S -pg. D-11-16
San Nicolas, Gloria SN -pg. D-8-7
San Nicolas, Gregorio A -pg. D-9-3
San Nicolas, Gregorio L -pg. D-9-3
San Nicolas, Gregorio P -pg. D-1-173
San Nicolas, Gregorio P -pg. D-9-3
San Nicolas, Gregorio S -pg. D-11-16
San Nicolas, Guadalupe -pg. D-3-6
San Nicolas, Guilermo -pg. D-5-61
San Nicolas, Guillermo F -pg. D-9-2
San Nicolas, Guillermo P -pg. D-9-3
San Nicolas, Herman -pg. D-5-13
San Nicolas, Herminia G -pg. D-1-283
San Nicolas, Higinio I -pg. D-1-125
San Nicolas, Ignacia P -pg. D-6-24
San Nicolas, Ignacio -pg. D-3-4
San Nicolas, Ignacio -pg. D-5-32
San Nicolas, Ignacio P -pg. D-1-396
San Nicolas, Infant -pg. D-1-3
San Nicolas, Iquacia A -pg. D-10-39
San Nicolas, Isabel -pg. D-8-25
San Nicolas, Isabel "ab" -pg. D-12-13
San Nicolas, Isabel C -pg. D-1-3
San Nicolas, Isabel C -pg. D-1-335
San Nicolas, Isabel C -pg. D-8-7
San Nicolas, Isabel C -pg. D-9-8
San Nicolas, Isabel M -pg. D-6-22
San Nicolas, Isabel S -pg. D-1-34
San Nicolas, Jacinto P -pg. D-1-172
San Nicolas, Jane C -pg. D-6-9
San Nicolas, Jesus -pg. D-3-3
San Nicolas, Jesus A -pg. D-1-327
San Nicolas, Jesus A -pg. D-9-44
San Nicolas, Jesus A -pg. D-15-30
San Nicolas, Jesus B -pg. D-8-8
San Nicolas, Jesus C -pg. D-6-1
San Nicolas, Jesus C -pg. D-9-8
San Nicolas, Jesus C -pg. D-9-20
San Nicolas, Jesus F -pg. D-6-19
San Nicolas, Jesus H -pg. D-2-19
San Nicolas, Jesus M -pg. D-2-42
San Nicolas, Jesus M -pg. D-6-18
San Nicolas, Jesus S -pg. D-2-26
San Nicolas, Jesus S -pg. D-9-31
San Nicolas, Jesus S -pg. D-11-16
San Nicolas, Jesus SN -pg. D-11-33
San Nicolas, Jesus T -pg. D-6-35
San Nicolas, Jesus T -pg. D-6-41
San Nicolas, Jesus T -pg. D-10-14
San Nicolas, Jesusa C -pg. D-1-335
San Nicolas, Joaquin -pg. D-3-6
San Nicolas, Joaquin -pg. D-5-13
San Nicolas, Joaquin A -pg. D-1-215
San Nicolas, Joaquin A -pg. D-15-30
San Nicolas, Joaquin B -pg. D-8-6
San Nicolas, Joaquin C -pg. D-2-14
San Nicolas, Joaquin F -pg. D-6-19
San Nicolas, Joaquin L -pg. D-7-5

INDEX
1940 Population Census of Guam: Transcribed

San Nicolas, Joaquin L -pg. D-9-2
San Nicolas, Joaquin P -pg. D-1-252
San Nicolas, Joaquin P -pg. D-6-8
San Nicolas, Joaquin S -pg. D-9-14
San Nicolas, Joaquina -pg. D-5-14
San Nicolas, Joaquina I -pg. D-1-125
San Nicolas, Joaquina R -pg. D-1-209
San Nicolas, Joaquina S -pg. D-8-18
San Nicolas, Jose -pg. D-3-3
San Nicolas, Jose -pg. D-3-4
San Nicolas, Jose -pg. D-5-14
San Nicolas, Jose -pg. D-5-55
San Nicolas, Jose A -pg. D-1-215
San Nicolas, Jose A -pg. D-9-44
San Nicolas, Jose B -pg. D-1-150
San Nicolas, Jose C -pg. D-1-3
San Nicolas, Jose C -pg. D-1-209
San Nicolas, Jose C -pg. D-1-252
San Nicolas, Jose C -pg. D-1-321
San Nicolas, Jose C -pg. D-2-42
San Nicolas, Jose C -pg. D-6-28
San Nicolas, Jose C -pg. D-9-8
San Nicolas, Jose C -pg. D-9-20
San Nicolas, Jose C -pg. D-11-16
San Nicolas, Jose D -pg. D-14-2
San Nicolas, Jose F -pg. D-6-2
San Nicolas, Jose F -pg. D-14-5
San Nicolas, Jose G -pg. D-1-282
San Nicolas, Jose L -pg. D-6-8
San Nicolas, Jose L -pg. D-9-2
San Nicolas, Jose M -pg. D-1-407
San Nicolas, Jose M -pg. D-6-22
San Nicolas, Jose M -pg. D-6-28
San Nicolas, Jose P -pg. D-1-173
San Nicolas, Jose P -pg. D-6-24
San Nicolas, Jose P -pg. D-15-30
San Nicolas, Jose Q -pg. D-1-367
San Nicolas, Jose S -pg. D-1-150
San Nicolas, Jose S -pg. D-9-31
San Nicolas, Jose S -pg. D-11-16
San Nicolas, Jose T -pg. D-1-3
San Nicolas, Jose T -pg. D-1-320
San Nicolas, Jose T -pg. D-6-35
San Nicolas, Jose T -pg. D-6-35
San Nicolas, Jose T -pg. D-7-13
San Nicolas, Jose T -pg. D-8-32
San Nicolas, Josefa C -pg. D-1-110
San Nicolas, Josefa C -pg. D-9-8
San Nicolas, Josefa M -pg. D-2-42
San Nicolas, Josefa M -pg. D-6-18
San Nicolas, Josefa M -pg. D-6-28
San Nicolas, Josefa M -pg. D-10-39
San Nicolas, Josefina A -pg. D-8-15
San Nicolas, Josefina C -pg. D-1-335
San Nicolas, Josefina C -pg. D-9-8
San Nicolas, Josefina P -pg. D-6-8
San Nicolas, Josefina SN -pg. D-1-252
San Nicolas, Josefina T -pg. D-1-3
San Nicolas, Josefina T -pg. D-6-41
San Nicolas, Joseph A -pg. D-8-18
San Nicolas, Joseph A -pg. D-9-20
San Nicolas, Juan -pg. D-3-6
San Nicolas, Juan -pg. D-3-10
San Nicolas, Juan -pg. D-4-1
San Nicolas, Juan -pg. D-5-13
San Nicolas, Juan -pg. D-5-13
San Nicolas, Juan -pg. D-5-14
San Nicolas, Juan -pg. D-5-32
San Nicolas, Juan A -pg. D-1-215
San Nicolas, Juan A -pg. D-8-15
San Nicolas, Juan A -pg. D-10-10
San Nicolas, Juan A -pg. D-14-5
San Nicolas, Juan C -pg. D-1-2
San Nicolas, Juan C -pg. D-1-3
San Nicolas, Juan C -pg. D-1-110
San Nicolas, Juan C -pg. D-2-19
San Nicolas, Juan C -pg. D-6-28
San Nicolas, Juan M -pg. D-6-41
San Nicolas, Juan P -pg. D-1-173
San Nicolas, Juan P -pg. D-6-8
San Nicolas, Juan P -pg. D-9-2
San Nicolas, Juan S -pg. D-8-32
San Nicolas, Juanita T -pg. D-8-32
San Nicolas, Julian M -pg. D-10-39
San Nicolas, Julian S -pg. D-9-31
San Nicolas, Julita T -pg. D-1-3
San Nicolas, Laura -pg. D-6-24
San Nicolas, Leoncia C -pg. D-2-26
San Nicolas, Lilian C -pg. D-6-9
San Nicolas, Lolita -pg. D-3-3
San Nicolas, Lourdes P -pg. D-1-172
San Nicolas, Lourdes P -pg. D-6-8
San Nicolas, Lucas L -pg. D-6-9
San Nicolas, Lucia C -pg. D-6-36
San Nicolas, Luis -pg. D-5-32
San Nicolas, Luis A -pg. D-10-39
San Nicolas, Luis M -pg. D-1-407
San Nicolas, Luisa M -pg. D-6-22
San Nicolas, Magdalena B -pg. D-1-4
San Nicolas, Magdalena C -pg. D-1-110
San Nicolas, Magdalena L -pg. D-9-2
San Nicolas, Magdalena R -pg. D-1-209
San Nicolas, Magdalena S -pg. D-1-34
San Nicolas, Magdalena S -pg. D-1-150
San Nicolas, Manuel B -pg. D-2-15
San Nicolas, Manuel LG -pg. D-6-18
San Nicolas, Manuel M -pg. D-6-18
San Nicolas, Manuel P -pg. D-1-75
San Nicolas, Manuel U -pg. D-9-20
San Nicolas, Manuela A -pg. D-1-212
San Nicolas, Manuela S -pg. D-9-31
San Nicolas, Manuela T -pg. D-1-243
San Nicolas, Margarita C -pg. D-1-251
San Nicolas, Margarita C -pg. D-1-335
San Nicolas, Maria -pg. D-3-3
San Nicolas, Maria -pg. D-3-3
San Nicolas, Maria -pg. D-3-6
San Nicolas, Maria -pg. D-5-13
San Nicolas, Maria -pg. D-5-14
San Nicolas, Maria -pg. D-5-34
San Nicolas, Maria -pg. D-5-34
San Nicolas, Maria -pg. D-6-24
San Nicolas, Maria A -pg. D-10-3
San Nicolas, Maria B -pg. D-1-320
San Nicolas, Maria C -pg. D-1-3
San Nicolas, Maria C -pg. D-1-42
San Nicolas, Maria C -pg. D-1-263
San Nicolas, Maria C -pg. D-1-320
San Nicolas, Maria C -pg. D-2-26
San Nicolas, Maria C -pg. D-6-35
San Nicolas, Maria C -pg. D-8-8
San Nicolas, Maria C -pg. D-8-8
San Nicolas, Maria C -pg. D-9-8
San Nicolas, Maria D L -pg. D-1-258
San Nicolas, Maria G -pg. D-1-396
San Nicolas, Maria I -pg. D-1-125
San Nicolas, Maria L -pg. D-9-2
San Nicolas, Maria L -pg. D-9-2
San Nicolas, Maria L -pg. D-9-3
San Nicolas, Maria LG -pg. D-2-1
San Nicolas, Maria M -pg. D-1-360
San Nicolas, Maria M -pg. D-1-407
San Nicolas, Maria M -pg. D-2-42
San Nicolas, Maria M -pg. D-2-42
San Nicolas, Maria M -pg. D-6-22
San Nicolas, Maria M -pg. D-10-10
San Nicolas, Maria N -pg. D-6-1
San Nicolas, Maria N -pg. D-15-30
San Nicolas, Maria P -pg. D-1-172
San Nicolas, Maria P -pg. D-1-252
San Nicolas, Maria P -pg. D-1-252
San Nicolas, Maria P -pg. D-15-30
San Nicolas, Maria R -pg. D-1-209
San Nicolas, Maria S -pg. D-1-150
San Nicolas, Maria S -pg. D-11-16
San Nicolas, Maria SN -pg. D-8-7
San Nicolas, Maria T -pg. D-1-320
San Nicolas, Maria T -pg. D-6-35
San Nicolas, Maria T -pg. D-8-1
San Nicolas, Maria T -pg. D-8-35
San Nicolas, Mariano C -pg. D-6-18
San Nicolas, Mariquita M -pg. D-1-321
San Nicolas, Martina G -pg. D-1-282
San Nicolas, Martina L -pg. D-6-30
San Nicolas, Martina P -pg. D-6-8
San Nicolas, Matilde L -pg. D-9-3
San Nicolas, Maxima S -pg. D-9-5
San Nicolas, Miguel S -pg. D-1-43
San Nicolas, Natividan S -pg. D-2-19
San Nicolas, Nicolasa T -pg. D-6-26
San Nicolas, Nieves D -pg. D-1-103
San Nicolas, Nieves M -pg. D-2-25
San Nicolas, Noy T -pg. D-6-41
San Nicolas, Oliva S -pg. D-1-43
San Nicolas, Olympia R -pg. D-1-209
San Nicolas, Olympia T -pg. D-1-42
San Nicolas, Pastor M -pg. D-10-39
San Nicolas, Pedro -pg. D-3-16
San Nicolas, Pedro -pg. D-5-13
San Nicolas, Pedro C -pg. D-1-4
San Nicolas, Pedro C -pg. D-6-28
San Nicolas, Pedro C -pg. D-8-1
San Nicolas, Pedro R -pg. D-1-298
San Nicolas, Pedro S -pg. D-8-18
San Nicolas, Pedro SN -pg. D-10-42
San Nicolas, Petronila B -pg. D-1-367
San Nicolas, Pilar S -pg. D-1-43
San Nicolas, Pilar T -pg. D-8-25
San Nicolas, Pricilla LG -pg. D-1-299
San Nicolas, Priscilla -pg. D-5-14
San Nicolas, Priscilla I -pg. D-1-125
San Nicolas, Priscilla S -pg. D-8-18

INDEX
1940 Population Census of Guam: Transcribed

San Nicolas, Prudencio C -pg. D-1-110
San Nicolas, Quintin M -pg. D-6-28
San Nicolas, Rafael P -pg. D-6-24
San Nicolas, Ramon M -pg. D-1-407
San Nicolas, Ramon T -pg. D-6-26
San Nicolas, Redocindo A -pg. D-10-39
San Nicolas, Regina -pg. D-5-13
San Nicolas, Regina A -pg. D-9-20
San Nicolas, Regina D -pg. D-1-258
San Nicolas, Remedio T -pg. D-10-14
San Nicolas, Remedios S -pg. D-1-327
San Nicolas, Remedios T -pg. D-10-14
San Nicolas, Ricardo -pg. D-3-4
San Nicolas, Rita A -pg. D-1-212
San Nicolas, Rita A -pg. D-1-215
San Nicolas, Rita A -pg. D-8-15
San Nicolas, Rita H -pg. D-2-19
San Nicolas, Rita P -pg. D-1-396
San Nicolas, Roman SN -pg. D-8-7
San Nicolas, Roque C -pg. D-2-26
San Nicolas, Rosa -pg. D-5-13
San Nicolas, Rosa A -pg. D-9-44
San Nicolas, Rosa B -pg. D-2-14
San Nicolas, Rosa C -pg. D-6-15
San Nicolas, Rosa L -pg. D-9-2
San Nicolas, Rosa M -pg. D-10-39
San Nicolas, Rosa P -pg. D-1-252
San Nicolas, Rosa R -pg. D-1-209
San Nicolas, Rosa S -pg. D-11-16
San Nicolas, Rosa T -pg. D-2-1
San Nicolas, Rosa T -pg. D-6-35
San Nicolas, Rosa T -pg. D-8-1
San Nicolas, Rosalia -pg. D-3-3
San Nicolas, Rosalia -pg. D-5-13
San Nicolas, Rosalia -pg. D-5-14
San Nicolas, Rosalia -pg. D-5-32
San Nicolas, Rosaria S -pg. D-8-17
San Nicolas, Rosario -pg. D-5-13
San Nicolas, Rosario LG -pg. D-1-299
San Nicolas, Rufino M -pg. D-6-18
San Nicolas, Saturnina M -pg. D-1-321
San Nicolas, Seferina C -pg. D-6-28
San Nicolas, Seginia L -pg. D-9-3
San Nicolas, Segundo P -pg. D-6-24
San Nicolas, Segundo S -pg. D-1-43
San Nicolas, Siberia T -pg. D-6-41
San Nicolas, Silvino F.M. -pg. D-1-407
San Nicolas, Simeon T -pg. D-6-41
San Nicolas, Soledad A -pg. D-1-215
San Nicolas, Soledad M -pg. D-6-22
San Nicolas, Soledad M -pg. D-6-28
San Nicolas, Soledad M -pg. D-10-10
San Nicolas, Sylvia I -pg. D-1-125
San Nicolas, Teresita -pg. D-3-6
San Nicolas, Teresita B -pg. D-1-4
San Nicolas, Teresita G -pg. D-1-283
San Nicolas, Teresita I -pg. D-1-125
San Nicolas, Tomas -pg. D-3-6
San Nicolas, Tomas C -pg. D-9-20
San Nicolas, Tomasa -pg. D-3-3
San Nicolas, Tomasa M -pg. D-6-28
San Nicolas, Tomasa S -pg. D-12-13
San Nicolas, Tommy S -pg. D-8-18
San Nicolas, Tony C -pg. D-9-8
San Nicolas, Trinidad M -pg. D-1-360
San Nicolas, Trinidad S -pg. D-12-13
San Nicolas, Vicenta M -pg. D-1-407
San Nicolas, Vicenta T -pg. D-1-42
San Nicolas, Vicente -pg. D-3-3
San Nicolas, Vicente -pg. D-3-3
San Nicolas, Vicente -pg. D-5-14
San Nicolas, Vicente -pg. D-5-14
San Nicolas, Vicente -pg. D-5-61
San Nicolas, Vicente B -pg. D-1-4
San Nicolas, Vicente B -pg. D-2-34
San Nicolas, Vicente C -pg. D-1-3
San Nicolas, Vicente C -pg. D-1-335
San Nicolas, Vicente C -pg. D-6-8
San Nicolas, Vicente F -pg. D-9-2
San Nicolas, Vicente G -pg. D-1-212
San Nicolas, Vicente P -pg. D-6-24
San Nicolas, Vicente S -pg. D-1-43
San Nicolas, Vicente SN -pg. D-2-18
San Nicolas, Vicente T -pg. D-1-335
San Nicolas, Vicente T -pg. D-2-16
San Nicolas, Vicente T -pg. D-15-34
San Nicolas, Vicente U -pg. D-10-39
San Nicolas, Vicenti S -pg. D-8-18
San Nicolas, Vicenti T -pg. D-8-1
San Nicolas, Victor M -pg. D-10-39
San Nicolas, Victoria G -pg. D-1-375
San Nicolas, Victoria L -pg. D-9-2
San Nicolas, Victoria N -pg. D-6-1
San Nicolas, Victoria P -pg. D-12-15
San Nicolas, Victurina C -pg. D-9-8
San Nicolas, Vinancio S -pg. D-12-15
San Nicolas, Virginia -pg. D-3-3
Sanchez, Albert Q -pg. D-9-9
Sanchez, Alejo S -pg. D-1-147
Sanchez, Amparo G -pg. D-11-7
Sanchez, Amparo S -pg. D-13-10
Sanchez, Ana C -pg. D-1-165
Sanchez, Ana Q -pg. D-13-12
Sanchez, Angelina S -pg. D-13-10
Sanchez, Antonia C -pg. D-1-151
Sanchez, Antonia S -pg. D-1-147
Sanchez, Antonio A -pg. D-13-1
Sanchez, Antonio C -pg. D-1-151
Sanchez, Antonio C -pg. D-11-1
Sanchez, Asuncion A -pg. D-13-15
Sanchez, Bernabe A -pg. D-13-14
Sanchez, Candido S -pg. D-1-157
Sanchez, Caridad T -pg. D-11-59
Sanchez, Carlos -pg. D-1-147
Sanchez, Carmela T -pg. D-11-59
Sanchez, Catherine K -pg. D-6-5
Sanchez, Ciriaco A -pg. D-1-157
Sanchez, Ciriaco C -pg. D-1-165
Sanchez, Clara Q -pg. D-13-1
Sanchez, Dolores C -pg. D-1-165
Sanchez, Dolores S -pg. D-1-166
Sanchez, Dominica S -pg. D-1-158
Sanchez, Dorotea S -pg. D-1-147
Sanchez, Edward C -pg. D-11-1
Sanchez, Elena Q -pg. D-13-1
Sanchez, Elicita C -pg. D-11-1
Sanchez, Eliza D -pg. D-11-8
Sanchez, Eluteria -pg. D-1-139
Sanchez, Emilia Q -pg. D-13-13
Sanchez, Engracia C -pg. D-1-165
Sanchez, Enrique Q -pg. D-13-17
Sanchez, Eulogio C -pg. D-1-151
Sanchez, Francisca Q -pg. D-9-8
Sanchez, Francisco Q -pg. D-13-5
Sanchez, Francisco Q -pg. D-13-7
Sanchez, Francisco Q -pg. D-13-10
Sanchez, Francisco Q -pg. D-13-12
Sanchez, Francisco Q -pg. D-13-14
Sanchez, Gertrudes T -pg. D-13-17
Sanchez, Gloria C -pg. D-1-165
Sanchez, Gregorio C -pg. D-1-151
Sanchez, Gregorio Q -pg. D-13-12
Sanchez, Ignacio Q -pg. D-11-1
Sanchez, Igncia S -pg. D-1-157
Sanchez, Isabel C -pg. D-11-1
Sanchez, James K -pg. D-6-5
Sanchez, Jesus A -pg. D-13-14
Sanchez, Jesus Q -pg. D-9-9
Sanchez, Jesus Q -pg. D-13-12
Sanchez, Jesusa S -pg. D-1-166
Sanchez, Joaquin A -pg. D-13-14
Sanchez, Joaquin Q -pg. D-1-147
Sanchez, Joaquin Q -pg. D-13-6
Sanchez, Joaquin S -pg. D-1-147
Sanchez, Joaquina A -pg. D-13-14
Sanchez, Joaquina Q -pg. D-13-12
Sanchez, Johnny C -pg. D-11-1
Sanchez, Jose A -pg. D-12-1
Sanchez, Jose Q -pg. D-13-7
Sanchez, Jose Q -pg. D-13-12
Sanchez, Jose S -pg. D-1-147
Sanchez, Jose S -pg. D-13-3
Sanchez, Jose T -pg. D-9-8
Sanchez, Juan A -pg. D-13-5
Sanchez, Juan Q -pg. D-13-12
Sanchez, Juan S -pg. D-1-147
Sanchez, Juanita C -pg. D-1-151
Sanchez, Julia Q -pg. D-9-9
Sanchez, Justo A -pg. D-13-14
Sanchez, Laura A -pg. D-11-59
Sanchez, Lorenzo Q -pg. D-11-7
Sanchez, Lorraine C -pg. D-11-1
Sanchez, Lucas A -pg. D-13-5
Sanchez, Lucy L -pg. D-1-147
Sanchez, Manuel C -pg. D-11-1
Sanchez, Manuel S -pg. D-13-1
Sanchez, Margarita K -pg. D-6-5
Sanchez, Maria C -pg. D-1-165
Sanchez, Maria Q -pg. D-13-12
Sanchez, Maria T -pg. D-13-16
Sanchez, Mariano A -pg. D-13-14
Sanchez, Mariquita Q -pg. D-13-7
Sanchez, Milagro Q -pg. D-13-7
Sanchez, Moises Q -pg. D-13-12
Sanchez, Nenita T -pg. D-11-59
Sanchez, Nicolas S -pg. D-13-15
Sanchez, Oliva Q -pg. D-13-7
Sanchez, Pablo A -pg. D-1-165
Sanchez, Pablo S -pg. D-1-158
Sanchez, Pedro C -pg. D-1-151
Sanchez, Pedro Q -pg. D-13-1
Sanchez, Prisilla S -pg. D-1-147

INDEX
1940 Population Census of Guam: Transcribed

Sanchez, Ricardo S -pg. D-1-157
Sanchez, Richard T -pg. D-11-59
Sanchez, Rosario C -pg. D-1-151
Sanchez, Rosario Q -pg. D-13-12
Sanchez, Rosita S -pg. D-13-13
Sanchez, Ruperta S -pg. D-1-157
Sanchez, Salvador Q -pg. D-13-5
Sanchez, Sigundo C -pg. D-1-166
Sanchez, Simon A -pg. D-1-150
Sanchez, Susana Q -pg. D-13-12
Sanchez, Teodora Q -pg. D-13-1
Sanchez, Theodore S -pg. D-11-8
Sanchez, Tomas Q -pg. D-13-13
Sanchez, Vicente Q -pg. D-6-5
Sanchez, Vicenti Q -pg. D-13-5
Sanchez, Vicenti Q -pg. D-13-7
Sanchez, Vicenti Q -pg. D-13-12
Sanchez, Vicenti T -pg. D-8-10
Sanchez, Virginia Q -pg. D-13-5
Sanchez, William A -pg. D-13-14
Sanford, John W -pg. D-11-69
Santiago, Agueda A -pg. D-13-6
Santiago, Ana A -pg. D-13-15
Santiago, Ana Q -pg. D-13-6
Santiago, Antonio S -pg. D-13-16
Santiago, Asuncion A -pg. D-13-3
Santiago, Carmen C -pg. D-13-6
Santiago, Consolacion C -pg. D-8-14
Santiago, Dolores C -pg. D-13-6
Santiago, Domingo A -pg. D-13-3
Santiago, Domingo Q -pg. D-13-3
Santiago, Eduviges A -pg. D-13-15
Santiago, Enrique A -pg. D-13-6
Santiago, Felipe C -pg. D-8-14
Santiago, Felipe M -pg. D-8-13
Santiago, Francisco S -pg. D-13-16
Santiago, Frederico Q -pg. D-13-6
Santiago, Gregorio C -pg. D-8-14
Santiago, Gregorio S -pg. D-8-13
Santiago, Guadalupe C -pg. D-8-14
Santiago, Hilarion A -pg. D-13-3
Santiago, Isabel A -pg. D-13-3
Santiago, Jesus Q -pg. D-13-6
Santiago, Joaquin C -pg. D-13-6
Santiago, Joaquina A -pg. D-13-3
Santiago, Jose A -pg. D-13-3
Santiago, Jose A -pg. D-13-15
Santiago, Jose C -pg. D-13-6
Santiago, Jose Q -pg. D-13-6
Santiago, Josefa C -pg. D-8-14
Santiago, Juan A -pg. D-13-3
Santiago, Juana C -pg. D-8-14
Santiago, Justo Q -pg. D-13-11
Santiago, Leonisa C -pg. D-8-14
Santiago, Marcela A -pg. D-13-6
Santiago, Marcela Q -pg. D-13-15
Santiago, Maria A -pg. D-13-3
Santiago, Maria A -pg. D-13-3
Santiago, Maria A -pg. D-13-6
Santiago, Maria T -pg. D-13-11
Santiago, Maria T -pg. D-13-11
Santiago, Petra A -pg. D-13-3
Santiago, Rita T -pg. D-13-11
Santiago, Rosa C -pg. D-8-14

Santiago, Simon Q -pg. D-13-6
Santiago, Stella S -pg. D-13-16
Santiago, Teresa A -pg. D-13-3
Santiago, Tomasa A -pg. D-13-3
Santiago, Vicenti C -pg. D-8-14
Santiago, Vicenti Q -pg. D-13-16
Santos, Abraham S -pg. D-11-73
Santos, Adela Q -pg. D-1-272
Santos, Agapita T -pg. D-1-353
Santos, Agnes M -pg. D-1-407
Santos, Agueda Q -pg. D-11-40
Santos, Agustina -pg. D-5-7
Santos, Alejandra S -pg. D-11-56
Santos, Alejandro L -pg. D-11-8
Santos, Alfredo -pg. D-3-2
Santos, Aljandro S -pg. D-11-46
Santos, Ambrocio D -pg. D-9-12
Santos, Amparo -pg. D-5-31
Santos, Amparo D -pg. D-1-147
Santos, Amparo R -pg. D-1-356
Santos, Ana -pg. D-3-6
Santos, Ana -pg. D-4-12
Santos, Ana -pg. D-5-1
Santos, Ana -pg. D-5-14
Santos, Ana A -pg. D-1-214
Santos, Ana B -pg. D-1-283
Santos, Ana B -pg. D-9-43
Santos, Ana B -pg. D-11-37
Santos, Ana B -pg. D-11-43
Santos, Ana B -pg. D-11-43
Santos, Ana B -pg. D-15-24
Santos, Ana C -pg. D-1-158
Santos, Ana C -pg. D-1-327
Santos, Ana C -pg. D-9-29
Santos, Ana D -pg. D-1-148
Santos, Ana D -pg. D-9-12
Santos, Ana I -pg. D-1-339
Santos, Ana M -pg. D-1-273
Santos, Ana N -pg. D-1-379
Santos, Ana R -pg. D-1-53
Santos, Ana S -pg. D-1-124
Santos, Ana S -pg. D-9-9
Santos, Ana S -pg. D-9-24
Santos, Ana SN -pg. D-9-9
Santos, Ana T -pg. D-1-200
Santos, Angel B -pg. D-1-158
Santos, Angel B -pg. D-1-159
Santos, Angela -pg. D-5-1
Santos, Angelina C -pg. D-9-13
Santos, Aniceto D -pg. D-11-6
Santos, Anita B -pg. D-11-38
Santos, Antonia -pg. D-3-2
Santos, Antonia -pg. D-5-1
Santos, Antonia B -pg. D-9-43
Santos, Antonia B -pg. D-11-38
Santos, Antonia C -pg. D-9-13
Santos, Antonia Q -pg. D-9-27
Santos, Antonia S -pg. D-9-9
Santos, Antonia S -pg. D-9-16
Santos, Antonia SA -pg. D-1-123
Santos, Antonia W -pg. D-1-51
Santos, Antonina Q -pg. D-9-32
Santos, Antonio -pg. D-4-14
Santos, Antonio A -pg. D-1-159

Santos, Antonio A -pg. D-11-55
Santos, Antonio B -pg. D-11-60
Santos, Antonio C -pg. D-11-52
Santos, Antonio C -pg. D-14-11
Santos, Antonio D -pg. D-1-147
Santos, Antonio DLR -pg. D-10-38
Santos, Antonio F -pg. D-14-3
Santos, Antonio S -pg. D-2-23
Santos, Antonio S -pg. D-9-9
Santos, Antonio S -pg. D-11-38
Santos, Antonio U -pg. D-12-12
Santos, Antonita G -pg. D-1-49
Santos, Arilio -pg. D-3-17
Santos, Artemio -pg. D-4-2
Santos, Arthur B -pg. D-11-38
Santos, Asuncion D -pg. D-9-12
Santos, Asuncion H -pg. D-1-32
Santos, Aurelia P -pg. D-12-16
Santos, Auria Q -pg. D-12-13
Santos, Aurilina H -pg. D-11-60
Santos, Balbina P -pg. D-1-247
Santos, Barbara -pg. D-5-1
Santos, Barbara B -pg. D-9-25
Santos, Beatrice -pg. D-3-6
Santos, Beatrice C -pg. D-14-1
Santos, Beatty SN -pg. D-11-48
Santos, Bedad S -pg. D-11-46
Santos, Benito S -pg. D-11-57
Santos, Bennie B -pg. D-11-38
Santos, Bernadita D -pg. D-9-12
Santos, Bernice B -pg. D-11-38
Santos, Biatrice S -pg. D-2-23
Santos, Blas -pg. D-3-12
Santos, Brigida T -pg. D-1-353
Santos, Carlos M -pg. D-10-32
Santos, Carmelo A -pg. D-1-67
Santos, Carmen P -pg. D-10-54
Santos, Carmen S -pg. D-2-23
Santos, Carmen S -pg. D-9-9
Santos, Carmen S -pg. D-11-38
Santos, Carmen T -pg. D-1-164
Santos, Catalina O -pg. D-1-138
Santos, Catalina C -pg. D-9-13
Santos, Catalina L -pg. D-11-65
Santos, Catalina R -pg. D-1-272
Santos, Catalina SA -pg. D-1-123
Santos, Cecelia Q -pg. D-1-213
Santos, Cecilia D -pg. D-11-6
Santos, Cecilia DG -pg. D-11-35
Santos, Cecilia M -pg. D-1-91
Santos, Cecilia SN -pg. D-9-9
Santos, Clide P -pg. D-12-16
Santos, Clotilde P -pg. D-9-10
Santos, Concepcion -pg. D-4-10
Santos, Concepcion A -pg. D-1-214
Santos, Concepcion C -pg. D-12-16
Santos, Concepcion N -pg. D-11-61
Santos, Concepcion S -pg. D-14-8
Santos, Consolacion -pg. D-5-2
Santos, Crisenta T -pg. D-11-27
Santos, Cristobal R -pg. D-1-155
Santos, Cynthia -pg. D-5-47
Santos, David -pg. D-3-17
Santos, David -pg. D-5-47

INDEX
1940 Population Census of Guam: Transcribed

Santos, David F -pg. D-1-84
Santos, David F -pg. D-10-30
Santos, Delfina S -pg. D-11-38
Santos, Delia R -pg. D-1-224
Santos, Diana W -pg. D-1-51
Santos, Dolores -pg. D-5-17
Santos, Dolores C -pg. D-1-327
Santos, Dolores C -pg. D-9-13
Santos, Dolores C -pg. D-9-14
Santos, Dolores C -pg. D-9-29
Santos, Dolores C -pg. D-14-8
Santos, Dolores M -pg. D-1-91
Santos, Dolores M -pg. D-1-338
Santos, Dolores M -pg. D-8-16
Santos, Dolores P -pg. D-1-183
Santos, Dolores Q -pg. D-14-8
Santos, Dolores S -pg. D-2-23
Santos, Dolores S -pg. D-11-57
Santos, Dolores SN -pg. D-9-9
Santos, Dolores T -pg. D-1-138
Santos, Domingo S -pg. D-9-9
Santos, Dorethea D -pg. D-9-12
Santos, Dorotea D -pg. D-1-148
Santos, Doroteo -pg. D-4-2
Santos, Edefonso M -pg. D-1-134
Santos, Edita Marta -pg. D-5-55
Santos, Edward -pg. D-3-10
Santos, Edward P -pg. D-1-193
Santos, Edward S -pg. D-11-33
Santos, Edward W -pg. D-1-51
Santos, Eliza -pg. D-5-47
Santos, Eliza N -pg. D-1-379
Santos, Elizabeth M -pg. D-1-254
Santos, Eloy E -pg. D-11-57
Santos, Emelesia C -pg. D-12-16
Santos, Emeterio S -pg. D-1-45
Santos, Emilia N -pg. D-1-379
Santos, Emilio -pg. D-5-7
Santos, Enes -pg. D-5-62
Santos, Enez P -pg. D-1-213
Santos, Enqrique C -pg. D-9-13
Santos, Enrique -pg. D-3-6
Santos, Enrique -pg. D-11-38
Santos, Enrique B -pg. D-15-2
Santos, Enrique M -pg. D-1-254
Santos, Enrique S -pg. D-1-200
Santos, Enrique S -pg. D-11-43
Santos, Ephraim -pg. D-5-17
Santos, Estella -pg. D-5-47
Santos, Estella M -pg. D-1-134
Santos, Estella S -pg. D-11-46
Santos, Eugenio T -pg. D-1-353
Santos, Evarista C -pg. D-1-205
Santos, Evelyn S -pg. D-11-52
Santos, Faustina -pg. D-1-147
Santos, Feliciano T -pg. D-1-353
Santos, Felicidad G -pg. D-1-283
Santos, Felix B -pg. D-1-283
Santos, Felix C -pg. D-10-54
Santos, Felix LG -pg. D-1-164
Santos, Felix M -pg. D-1-91
Santos, Felix S -pg. D-1-356
Santos, Felix T -pg. D-11-57
Santos, Felomena -pg. D-5-2
Santos, Flora S -pg. D-11-46
Santos, Florence B -pg. D-11-37
Santos, Florence S -pg. D-9-16
Santos, Florencia T -pg. D-9-11
Santos, Florencio M -pg. D-1-254
Santos, Florentina -pg. D-3-12
Santos, Francisca -pg. D-5-17
Santos, Francisca C -pg. D-11-34
Santos, Francisca C -pg. D-12-16
Santos, Francisca C -pg. D-14-8
Santos, Francisca M -pg. D-1-338
Santos, Francisco -pg. D-4-2
Santos, Francisco -pg. D-5-15
Santos, Francisco -pg. D-5-17
Santos, Francisco -pg. D-5-31
Santos, Francisco -pg. D-5-47
Santos, Francisco -pg. D-1-151
Santos, Francisco A -pg. D-1-309
Santos, Francisco A -pg. D-9-20
Santos, Francisco A -pg. D-9-27
Santos, Francisco A -pg. D-9-32
Santos, Francisco B -pg. D-10-30
Santos, Francisco C -pg. D-9-29
Santos, Francisco D -pg. D-9-12
Santos, Francisco G -pg. D-1-49
Santos, Francisco G -pg. D-1-384
Santos, Francisco G -pg. D-1-407
Santos, Francisco I -pg. D-12-12
Santos, Francisco I -pg. D-14-13
Santos, Francisco M -pg. D-1-27
Santos, Francisco M -pg. D-1-254
Santos, Francisco M -pg. D-1-407
Santos, Francisco Q -pg. D-1-345
Santos, Francisco R -pg. D-1-224
Santos, Francisco S -pg. D-11-39
Santos, Francisco SA -pg. D-1-122
Santos, Fred B -pg. D-11-38
Santos, Frederico -pg. D-3-17
Santos, Frederico -pg. D-5-15
Santos, Fructuoso M -pg. D-1-407
Santos, Gabina -pg. D-3-2
Santos, George B -pg. D-1-265
Santos, George P -pg. D-12-16
Santos, Geronimo P -pg. D-1-353
Santos, Gertrudes -pg. D-3-5
Santos, Gertrudes T -pg. D-1-200
Santos, Gervacio I -pg. D-9-29
Santos, Gil LG -pg. D-1-164
Santos, Gil M -pg. D-11-8
Santos, Glafera M -pg. D-1-134
Santos, Gloria -pg. D-5-2
Santos, Gloria T -pg. D-9-11
Santos, Gonzalo Q -pg. D-12-13
Santos, Grace M -pg. D-9-4
Santos, Gregoria C -pg. D-12-16
Santos, Gregorio -pg. D-3-2
Santos, Gregorio B -pg. D-1-192
Santos, Gregorio C -pg. D-9-11
Santos, Gregorio R -pg. D-1-117
Santos, Guadalupe L -pg. D-11-8
Santos, Guadalupe P -pg. D-10-54
Santos, Guadalupe S -pg. D-11-39
Santos, Guadalupe S -pg. D-11-43
Santos, Guadalupe T -pg. D-1-353
Santos, Guillermo C -pg. D-9-14
Santos, Harry SN -pg. D-11-48
Santos, Harry T -pg. D-1-200
Santos, Herbert S -pg. D-10-54
Santos, Hermenegilda L -pg. D-9-42
Santos, Higinia N -pg. D-9-48
Santos, Ignacia M -pg. D-1-254
Santos, Ignacio -pg. D-4-2
Santos, Ignacio -pg. D-5-1
Santos, Ignacio -pg. D-5-1
Santos, Ignacio Q -pg. D-9-24
Santos, Ignacio S -pg. D-9-16
Santos, Ignacio S -pg. D-9-24
Santos, Ignacio S -pg. D-9-26
Santos, Imelia T -pg. D-10-30
Santos, Isabel -pg. D-4-1
Santos, Isabel P -pg. D-9-10
Santos, Isabel R -pg. D-1-224
Santos, Isabel R -pg. D-11-57
Santos, Isabel S -pg. D-9-9
Santos, Isabel S -pg. D-10-32
Santos, Isabel SA -pg. D-1-122
Santos, Jaime L -pg. D-9-42
Santos, Jaime S -pg. D-1-45
Santos, Jane -pg. D-5-1
Santos, Jean SN -pg. D-11-48
Santos, Jesus -pg. D-3-12
Santos, Jesus -pg. D-4-1
Santos, Jesus -pg. D-4-29
Santos, Jesus -pg. D-5-2
Santos, Jesus -pg. D-5-18
Santos, Jesus -pg. D-5-31
Santos, Jesus -pg. D-5-47
Santos, Jesus -pg. D-5-55
Santos, Jesus A -pg. D-1-224
Santos, Jesus A -pg. D-9-20
Santos, Jesus B -pg. D-1-49
Santos, Jesus B -pg. D-1-327
Santos, Jesus B -pg. D-11-43
Santos, Jesus C -pg. D-9-12
Santos, Jesus D -pg. D-1-147
Santos, Jesus D -pg. D-11-6
Santos, Jesus D -pg. D-14-13
Santos, Jesus DLR -pg. D-10-38
Santos, Jesus G -pg. D-1-164
Santos, Jesus LG -pg. D-1-133
Santos, Jesus M -pg. D-1-407
Santos, Jesus M -pg. D-11-8
Santos, Jesus M -pg. D-12-15
Santos, Jesus P -pg. D-1-183
Santos, Jesus Q -pg. D-14-8
Santos, Jesus S -pg. D-1-301
Santos, Jesus S -pg. D-1-353
Santos, Jesus S -pg. D-9-18
Santos, Jesus S -pg. D-9-24
Santos, Jesus S -pg. D-10-53
Santos, Jesus S -pg. D-11-39
Santos, Jesus SN -pg. D-9-9
Santos, Jesus SN -pg. D-10-54
Santos, Jesus T -pg. D-1-51
Santos, Jesus T -pg. D-1-200
Santos, Jesus T -pg. D-1-353
Santos, Jesus V -pg. D-1-133
Santos, Jesus W -pg. D-1-51

INDEX
1940 Population Census of Guam: Transcribed

Santos, Jesusa -pg. D-5-18
Santos, Jesusa D -pg. D-15-24
Santos, Jesusa N -pg. D-1-379
Santos, Jesusa S -pg. D-11-8
Santos, Joaquin -pg. D-3-10
Santos, Joaquin -pg. D-3-10
Santos, Joaquin -pg. D-3-11
Santos, Joaquin -pg. D-3-17
Santos, Joaquin -pg. D-4-2
Santos, Joaquin -pg. D-4-10
Santos, Joaquin -pg. D-4-37
Santos, Joaquin -pg. D-5-7
Santos, Joaquin -pg. D-5-26
Santos, Joaquin -pg. D-5-47
Santos, Joaquin -pg. D-5-47
Santos, Joaquin B -pg. D-1-158
Santos, Joaquin B -pg. D-1-283
Santos, Joaquin B -pg. D-1-356
Santos, Joaquin D -pg. D-14-13
Santos, Joaquin D -pg. D-15-24
Santos, Joaquin LG -pg. D-1-133
Santos, Joaquin M -pg. D-1-91
Santos, Joaquin Q -pg. D-1-214
Santos, Joaquin S -pg. D-9-16
Santos, Joaquin S -pg. D-9-18
Santos, Joaquin S -pg. D-9-24
Santos, Joaquin S -pg. D-9-25
Santos, Joaquin T -pg. D-1-84
Santos, Joaquina -pg. D-5-7
Santos, Joaquina -pg. D-5-16
Santos, Joaquina B L -pg. D-1-218
Santos, Joaquina C -pg. D-9-48
Santos, Joaquina De La R -pg. D-10-38
Santos, Joaquina E -pg. D-11-57
Santos, Joaquina S -pg. D-14-3
Santos, John -pg. D-3-10
Santos, Johnny S -pg. D-11-52
Santos, Jose -pg. D-3-11
Santos, Jose -pg. D-3-28
Santos, Jose -pg. D-4-2
Santos, Jose -pg. D-4-10
Santos, Jose -pg. D-4-28
Santos, Jose -pg. D-5-1
Santos, Jose -pg. D-5-17
Santos, Jose -pg. D-5-17
Santos, Jose -pg. D-5-18
Santos, Jose -pg. D-5-31
Santos, Jose -pg. D-5-44
Santos, Jose -pg. D-5-47
Santos, Jose -pg. D-5-47
Santos, Jose B -pg. D-9-24
Santos, Jose B -pg. D-11-43
Santos, Jose C -pg. D-8-16
Santos, Jose C -pg. D-9-13
Santos, Jose C -pg. D-9-16
Santos, Jose C -pg. D-9-35
Santos, Jose C -pg. D-10-34
Santos, Jose C -pg. D-11-61
Santos, Jose D -pg. D-1-147
Santos, Jose D -pg. D-14-13
Santos, Jose DR -pg. D-1-277
Santos, Jose E -pg. D-11-57
Santos, Jose G -pg. D-1-283
Santos, Jose G -pg. D-11-43

Santos, Jose I -pg. D-1-91
Santos, Jose L -pg. D-11-56
Santos, Jose L -pg. D-11-57
Santos, Jose M -pg. D-12-15
Santos, Jose P -pg. D-9-10
Santos, Jose Q -pg. D-9-24
Santos, Jose R -pg. D-1-117
Santos, Jose R -pg. D-1-127
Santos, Jose R -pg. D-1-224
Santos, Jose S -pg. D-1-300
Santos, Jose S -pg. D-1-338
Santos, Jose S -pg. D-1-355
Santos, Jose S -pg. D-10-33
Santos, Jose S -pg. D-11-39
Santos, Jose S -pg. D-11-46
Santos, Jose S -pg. D-11-57
Santos, Jose Salas -pg. D-9-24
Santos, Jose SN -pg. D-11-48
Santos, Jose SN -pg. D-14-3
Santos, Jose T -pg. D-1-138
Santos, Jose T -pg. D-1-272
Santos, Jose T --ab -pg. D-1-200
Santos, Josefa -pg. D-3-11
Santos, Josefa B -pg. D-1-49
Santos, Josefa I -pg. D-1-339
Santos, Josefa L -pg. D-11-8
Santos, Josefina -pg. D-3-10
Santos, Josefina B -pg. D-1-283
Santos, Josefina C -pg. D-9-14
Santos, Joseph -pg. D-3-10
Santos, Joseph F -pg. D-10-30
Santos, Joseph H -pg. D-1-32
Santos, Joseph M -pg. D-1-134
Santos, Josephine D -pg. D-1-27
Santos, Josephine May -pg. D-5-55
Santos, Juan -pg. D-3-10
Santos, Juan -pg. D-4-7
Santos, Juan -pg. D-4-12
Santos, Juan -pg. D-5-14
Santos, Juan -pg. D-5-17
Santos, Juan -pg. D-5-17
Santos, Juan -pg. D-5-18
Santos, Juan -pg. D-5-31
Santos, Juan -pg. D-5-47
Santos, Juan -pg. D-5-47
Santos, Juan C -pg. D-2-22
Santos, Juan C -pg. D-12-16
Santos, Juan C -pg. D-14-8
Santos, Juan Cruz -pg. D-9-9
Santos, Juan D -pg. D-1-122
Santos, Juan G -pg. D-1-49
Santos, Juan LG -pg. D-1-133
Santos, Juan LG -pg. D-1-164
Santos, Juan M -pg. D-1-274
Santos, Juan M -pg. D-1-338
Santos, Juan M -pg. D-9-3
Santos, Juan M -pg. D-12-16
Santos, Juan P -pg. D-1-302
Santos, Juan P -pg. D-10-54
Santos, Juan P -pg. D-14-13
Santos, Juan R -pg. D-11-57
Santos, Juan S -pg. D-1-45
Santos, Juan S -pg. D-9-18
Santos, Juan S -pg. D-9-24

Santos, Juan S -pg. D-10-33
Santos, Juan S -pg. D-10-54
Santos, Juan SA -pg. D-1-122
Santos, Juan V -pg. D-1-147
Santos, Juana -pg. D-3-11
Santos, Juana B -pg. D-1-356
Santos, Juana B -pg. D-2-41
Santos, Juana G -pg. D-1-329
Santos, Juana M -pg. D-1-274
Santos, Juanita D -pg. D-1-27
Santos, Julia -pg. D-5-47
Santos, Julia A -pg. D-1-32
Santos, Julia DLR -pg. D-10-39
Santos, Julia P -pg. D-1-193
Santos, Julia S -pg. D-11-52
Santos, Juliana -pg. D-5-47
Santos, Julita L -pg. D-9-42
Santos, Julita T -pg. D-1-138
Santos, Kelly P -pg. D-12-16
Santos, Laureta SN -pg. D-11-65
Santos, Leonides M -pg. D-1-407
Santos, Leonora -pg. D-5-47
Santos, Loardes T -pg. D-9-11
Santos, Lorenzo C -pg. D-9-13
Santos, Lourdes C -pg. D-14-3
Santos, Lourdes S -pg. D-11-39
Santos, Lourdes W -pg. D-1-51
Santos, Lucy L -pg. D-9-42
Santos, Luis -pg. D-5-1
Santos, Luis -pg. D-5-18
Santos, Luis -pg. D-5-18
Santos, Luis A -pg. D-10-38
Santos, Luis C -pg. D-11-65
Santos, Luis Q -pg. D-12-12
Santos, Luis T -pg. D-11-57
Santos, Luisa G -pg. D-1-403
Santos, Lydia P -pg. D-12-16
Santos, Mae L -pg. D-9-42
Santos, Magdalena -pg. D-5-1
Santos, Magdalena B -pg. D-15-2
Santos, Magdalena C -pg. D-9-13
Santos, Magdalena C -pg. D-9-48
Santos, Magdalena D -pg. D-14-13
Santos, Magdalena I -pg. D-1-339
Santos, Magdalena M -pg. D-1-338
Santos, Magdalena N -pg. D-11-61
Santos, Manuel -pg. D-3-5
Santos, Manuel -pg. D-5-26
Santos, Manuel C -pg. D-9-18
Santos, Manuel C -pg. D-9-29
Santos, Manuel C -pg. D-9-48
Santos, Manuel D -pg. D-14-13
Santos, Manuel F -pg. D-9-48
Santos, Manuel M -pg. D-1-45
Santos, Manuel T -pg. D-1-200
Santos, Marcus U -pg. D-12-16
Santos, Margaret S -pg. D-11-52
Santos, Margarita -pg. D-5-1
Santos, Maria -pg. D-3-5
Santos, Maria -pg. D-3-10
Santos, Maria -pg. D-3-12
Santos, Maria -pg. D-3-12
Santos, Maria -pg. D-4-1
Santos, Maria -pg. D-4-7

INDEX
1940 Population Census of Guam: Transcribed

Santos, Maria -pg. D-4-10
Santos, Maria -pg. D-4-12
Santos, Maria -pg. D-5-1
Santos, Maria -pg. D-5-15
Santos, Maria -pg. D-5-15
Santos, Maria -pg. D-5-15
Santos, Maria -pg. D-5-17
Santos, Maria -pg. D-5-18
Santos, Maria -pg. D-5-47
Santos, Maria -pg. D-5-47
Santos, Maria Antonia Q -pg. D-11-40
Santos, Maria B -pg. D-1-265
Santos, Maria B -pg. D-1-283
Santos, Maria B -pg. D-9-25
Santos, Maria B -pg. D-11-42
Santos, Maria C -pg. D-1-158
Santos, Maria C -pg. D-2-40
Santos, Maria C -pg. D-9-13
Santos, Maria C -pg. D-9-48
Santos, Maria C -pg. D-9-48
Santos, Maria C -pg. D-12-13
Santos, Maria C -pg. D-14-8
Santos, Maria C. -pg. D-3-17
Santos, Maria D -pg. D-1-148
Santos, Maria D -pg. D-9-10
Santos, Maria D -pg. D-14-13
Santos, Maria E -pg. D-11-57
Santos, Maria H -pg. D-11-60
Santos, Maria I -pg. D-1-339
Santos, Maria I -pg. D-12-12
Santos, Maria I -pg. D-12-12
Santos, Maria L -pg. D-9-42
Santos, Maria L -pg. D-11-8
Santos, Maria LG -pg. D-1-133
Santos, Maria LG -pg. D-1-133
Santos, Maria M -pg. D-1-91
Santos, Maria M -pg. D-9-4
Santos, Maria M -pg. D-9-16
Santos, Maria P -pg. D-1-193
Santos, Maria P -pg. D-9-10
Santos, Maria P -pg. D-9-10
Santos, Maria P -pg. D-11-28
Santos, Maria Q -pg. D-11-40
Santos, Maria R -pg. D-1-117
Santos, Maria R -pg. D-1-117
Santos, Maria S -pg. D-1-21
Santos, Maria S -pg. D-1-45
Santos, Maria S -pg. D-1-353
Santos, Maria S -pg. D-1-355
Santos, Maria S -pg. D-9-9
Santos, Maria S -pg. D-11-38
Santos, Maria S -pg. D-14-3
Santos, Maria SN -pg. D-9-9
Santos, Maria SN -pg. D-11-48
Santos, Maria SN -pg. D-11-65
Santos, Maria SN -pg. D-11-65
Santos, Maria U -pg. D-1-384
Santos, Mariano -pg. D-4-1
Santos, Mariano B -pg. D-11-37
Santos, Mariano S -pg. D-10-33
Santos, Marion H -pg. D-11-60
Santos, Martha -pg. D-1-45
Santos, Martha B -pg. D-11-43
Santos, Martina S -pg. D-9-24

Santos, Matilde -pg. D-3-2
Santos, Mercedes G -pg. D-1-49
Santos, Miguel C -pg. D-1-117
Santos, Miguel S -pg. D-11-76
Santos, Milagro C -pg. D-1-272
Santos, Milagros M -pg. D-12-15
Santos, Monica S -pg. D-2-23
Santos, Nicolas -pg. D-3-3
Santos, Nicolas C -pg. D-9-14
Santos, Nicolas P -pg. D-1-407
Santos, Nicolasa -pg. D-4-2
Santos, Nicolasa S -pg. D-9-16
Santos, Nicolasa SN -pg. D-9-9
Santos, Panta P -pg. D-1-193
Santos, Pas T -pg. D-1-353
Santos, Patricia -pg. D-1-32
Santos, Paula SN -pg. D-1-238
Santos, Pedro -pg. D-3-2
Santos, Pedro -pg. D-5-1
Santos, Pedro -pg. D-5-15
Santos, Pedro -pg. D-5-17
Santos, Pedro C -pg. D-1-272
Santos, Pedro C -pg. D-1-338
Santos, Pedro C -pg. D-9-42
Santos, Pedro F -pg. D-11-8
Santos, Pedro LG -pg. D-1-133
Santos, Pedro R -pg. D-1-117
Santos, Pedro S -pg. D-11-46
Santos, Pilar S -pg. D-10-32
Santos, Priscilla D -pg. D-9-12
Santos, Rafael -pg. D-3-6
Santos, Rafael G -pg. D-1-49
Santos, Ramon -pg. D-5-47
Santos, Ramon SN -pg. D-9-9
Santos, Ramona M -pg. D-12-13
Santos, Regina -pg. D-3-11
Santos, Regina -pg. D-4-1
Santos, Regina C -pg. D-9-14
Santos, Regina S -pg. D-10-32
Santos, Remedios M -pg. D-1-338
Santos, Remedios R -pg. D-1-117
Santos, Rita -pg. D-3-5
Santos, Rita B -pg. D-1-283
Santos, Rita C -pg. D-1-158
Santos, Rita Q -pg. D-12-13
Santos, Rita SN -pg. D-9-9
Santos, Rita T -pg. D-1-336
Santos, Rita T -pg. D-1-353
Santos, Rita T -pg. D-11-57
Santos, Roberta -pg. D-5-15
Santos, Roque I -pg. D-1-339
Santos, Roque M -pg. D-12-15
Santos, Roque P -pg. D-9-10
Santos, Roque S -pg. D-2-40
Santos, Roque S -pg. D-9-18
Santos, Roque SN -pg. D-9-9
Santos, Roque T -pg. D-1-353
Santos, Rosa -pg. D-3-2
Santos, Rosa -pg. D-3-3
Santos, Rosa -pg. D-3-6
Santos, Rosa -pg. D-4-2
Santos, Rosa C -pg. D-9-48
Santos, Rosa M -pg. D-1-273
Santos, Rosa M -pg. D-1-338

Santos, Rosa M -pg. D-12-15
Santos, Rosa P -pg. D-9-10
Santos, Rosa P -pg. D-12-16
Santos, Rosa S -pg. D-1-355
Santos, Rosa S -pg. D-2-23
Santos, Rosario -pg. D-5-55
Santos, Rosario P -pg. D-1-183
Santos, Rosemary -pg. D-5-55
Santos, Rosita SN -pg. D-11-65
Santos, Ruth Vicenta L -pg. D-9-42
Santos, Sabina M -pg. D-1-407
Santos, Samuel -pg. D-3-6
Santos, Santiago -pg. D-5-13
Santos, Santiago C -pg. D-9-10
Santos, Santiago C -pg. D-14-8
Santos, Santiago D -pg. D-11-40
Santos, Santiago S -pg. D-1-21
Santos, Saturnina B -pg. D-11-26
Santos, Segundo -pg. D-4-2
Santos, Soledad -pg. D-3-6
Santos, Soledad A -pg. D-11-55
Santos, Soledad M -pg. D-11-55
Santos, Soledad Q -pg. D-9-24
Santos, Soledad S -pg. D-9-18
Santos, Susana B -pg. D-1-283
Santos, Susana S -pg. D-9-9
Santos, Teodora -pg. D-4-1
Santos, Teresa M -pg. D-11-8
Santos, Teresita G -pg. D-1-49
Santos, Teresita I -pg. D-1-339
Santos, Teresita N -pg. D-1-379
Santos, Teresita R -pg. D-1-356
Santos, Terisita S -pg. D-11-39
Santos, Tiburcio A -pg. D-9-14
Santos, Tomas -pg. D-5-17
Santos, Tomas D -pg. D-11-6
Santos, Tomas R. Jr. -pg. D-1-32
Santos, Tomas T -pg. D-1-32
Santos, Tomas T -pg. D-11-57
Santos, Tomasa -pg. D-4-2
Santos, Tomasa B -pg. D-1-159
Santos, Tomasa C -pg. D-1-205
Santos, Tomasa I -pg. D-1-339
Santos, Tomasa T -pg. D-1-200
Santos, Trinidad -pg. D-5-18
Santos, Trinidad M -pg. D-1-84
Santos, Ursula -pg. D-3-17
Santos, Ursula B -pg. D-1-32
Santos, Veronica -pg. D-3-2
Santos, Veronica L -pg. D-9-42
Santos, Vicenta C -pg. D-14-8
Santos, Vicenta C -pg. D-14-8
Santos, Vicenta DLR -pg. D-10-38
Santos, Vicenta M -pg. D-1-67
Santos, Vicente -pg. D-3-11
Santos, Vicente -pg. D-4-10
Santos, Vicente -pg. D-4-10
Santos, Vicente -pg. D-5-2
Santos, Vicente -pg. D-5-16
Santos, Vicente -pg. D-5-17
Santos, Vicente -pg. D-5-31
Santos, Vicente A -pg. D-9-9
Santos, Vicente B -pg. D-1-49
Santos, Vicente B -pg. D-9-43

INDEX
1940 Population Census of Guam: Transcribed

Santos, Vicente C -pg. D-1-158
Santos, Vicente C -pg. D-9-10
Santos, Vicente C -pg. D-14-8
Santos, Vicente D -pg. D-11-6
Santos, Vicente D -pg. D-14-13
Santos, Vicente E -pg. D-11-57
Santos, Vicente N -pg. D-1-379
Santos, Vicente S -pg. D-1-355
Santos, Vicente S -pg. D-2-23
Santos, Vicente S -pg. D-9-18
Santos, Vicente S -pg. D-9-24
Santos, Vicente S -pg. D-11-28
Santos, Vicente S -pg. D-11-64
Santos, Vicente SA -pg. D-1-123
Santos, Vicente T -pg. D-1-200
Santos, Vicente U -pg. D-12-13
Santos, Virginia -pg. D-3-17
Santos, Virginia S -pg. D-9-16
Santos, Wenseslao M -pg. D-1-407
Sarmento, Carmen B -pg. D-11-29
Sarmento, Concepcion B -pg. D-11-29
Sarmento, Daniel B -pg. D-11-29
Sarmento, Herman B -pg. D-11-29
Sarmento, Jose B -pg. D-11-29
Sarmento, Juan P -pg. D-11-29
Sarmento, Lucia B -pg. D-11-29
Sarmento, Maria B -pg. D-11-29
Sarmento, Solidad B -pg. D-11-29
Sarmiento, Pedro -pg. D-5-57
Sasges, Martin -pg. D-11-71
Saunders, Margaret P -pg. D-11-47
Saunders, Saelie R -pg. D-11-47
Saunders, Stewart A -pg. D-11-47
Saunders, Stewart A -pg. D-11-47
Sawada, Haruko -pg. D-1-375
Sawada, Nao -pg. D-1-374
Sayoma, Antonio B -pg. D-1-154
Sayoma, Jesus -pg. D-1-154
Sayoma, Jesus B -pg. D-1-154
Sayoma, Joaquina B -pg. D-1-154
Sayoma, Juan B -pg. D-1-154
Sayoma, Maria B -pg. D-1-154
Sayoma, Pedro B -pg. D-1-154
Sayoma, Rosa B -pg. D-1-154
Sayoma, Rosario B -pg. D-1-154
Sayoma, Ursula B -pg. D-1-154
Scharff, Antonia F -pg. D-9-5
Scharff, Bertha F -pg. D-9-5
Scharff, Charles F -pg. D-9-5
Scharff, Dora F -pg. D-9-5
Scharff, Erig F -pg. D-9-5
Scharff, Ernest F -pg. D-9-5
Scharff, George E -pg. D-9-5
Scharff, George F -pg. D-9-5
Scharff, Herman F -pg. D-9-5
Scharff, Minna F -pg. D-9-5
Schnell, Lowell C -pg. D-1-233
Schowalter, Kenneth W -pg. D-11-80
Sealey, Carl -pg. D-2-32
Seimiya, Antonia -pg. D-3-6
Seimiya, Cristina -pg. D-3-6
Seimiya, Juan -pg. D-3-6
Sexton, Maurice E -pg. D-11-75
Sgambelluri, Adolfo C -pg. D-1-39

Sgambelluri, Adolfo P -pg. D-1-39
Sgambelluri, Belta C -pg. D-1-178
Sgambelluri, Dorothea G -pg. D-1-39
Sgambelluri, Giovanni V -pg. D-1-39
Sgambelluri, Hectore -pg. D-5-10
Sgambelluri, Hectore -pg. D-5-10
Sgambelluri, Joaquina C -pg. D-1-177
Sgambelluri, Josefina C -pg. D-1-177
Sgambelluri, Joseph M -pg. D-1-39
Sgambelluri, Marcello -pg. D-1-177
Sgambelluri, Nicolasa -pg. D-5-10
Sgambelluri, Rafael C -pg. D-1-178
Sgambelluri, Rosina -pg. D-5-10
Sgambelluri, Salvatory G -pg. D-1-177
Sgambelluri, Vicenta C -pg. D-1-177
Shaffer, William R -pg. D-11-80
Shannon, Regene M -pg. D-11-80
Shaw, Gilbert J -pg. D-1-304
Shimizu, Ambrosio T -pg. D-1-75
Shimizu, Ana -pg. D-5-1
Shimizu, Anita -pg. D-5-1
Shimizu, Antonio A -pg. D-15-33
Shimizu, Antonio SN -pg. D-1-217
Shimizu, Antonio SN -pg. D-1-395
Shimizu, Barbara -pg. D-5-1
Shimizu, Carmen -pg. D-5-1
Shimizu, Concepcion -pg. D-5-1
Shimizu, Francisca G -pg. D-15-33
Shimizu, Francisco A -pg. D-1-75
Shimizu, Henry SN -pg. D-1-217
Shimizu, Jack -pg. D-5-1
Shimizu, Jesus T -pg. D-1-217
Shimizu, Jesusa -pg. D-5-1
Shimizu, Joaquin -pg. D-5-1
Shimizu, Jose I -pg. D-1-216
Shimizu, Jose K -pg. D-1-217
Shimizu, Josefina SN -pg. D-1-216
Shimizu, Joseph -pg. D-5-1
Shimizu, Joseph SN -pg. D-1-216
Shimizu, June -pg. D-5-1
Shimizu, Mariquita G -pg. D-15-33
Shimizu, Mary SN -pg. D-1-216
Shimizu, Matilde SN -pg. D-1-217
Shimizu, Rufina SN -pg. D-1-75
Shimizu, Tomas SN -pg. D-1-217
Shimizu, Virginia -pg. D-5-1
Shimmel, Eugene R -pg. D-1-300
Shinohara, Carmen T -pg. D-1-228
Shinohara, Cecilia T -pg. D-1-228
Shinohara, Gil T -pg. D-1-228
Shinohara, Takekuma -pg. D-1-228
Sholing, Ana C -pg. D-1-265
Sholing, Gloria C -pg. D-1-266
Sholing, Manuel C -pg. D-1-266
Sholing, Rita P -pg. D-1-142
Sholing, Rosario C -pg. D-1-266
Siguenza, Ana B -pg. D-1-283
Siguenza, Ana B -pg. D-1-283
Siguenza, Ana G -pg. D-10-48
Siguenza, Ana SA -pg. D-15-33
Siguenza, Ana T -pg. D-1-271
Siguenza, Antonio C -pg. D-1-285
Siguenza, Bernadita C -pg. D-1-285
Siguenza, Carmen G -pg. D-10-48

Siguenza, Carmen M -pg. D-1-292
Siguenza, Carmen M -pg. D-1-292
Siguenza, Concepcion B -pg. D-1-283
Siguenza, Consolacion C -pg. D-1-285
Siguenza, Dolores -pg. D-3-10
Siguenza, Dolores S -pg. D-1-291
Siguenza, Dolores SA -pg. D-15-33
Siguenza, Eduardo C -pg. D-1-285
Siguenza, Emeliana M -pg. D-1-292
Siguenza, Eufemia G -pg. D-10-2
Siguenza, Felipe SA -pg. D-15-33
Siguenza, Fidela C -pg. D-1-285
Siguenza, Fidela SA -pg. D-15-33
Siguenza, Florien G -pg. D-10-48
Siguenza, Francisco -pg. D-5-40
Siguenza, Francisco M -pg. D-1-292
Siguenza, Gregorio -pg. D-3-10
Siguenza, Guadalupe B -pg. D-1-283
Siguenza, Jesus C -pg. D-1-292
Siguenza, Jesus M -pg. D-1-292
Siguenza, Jesus S -pg. D-1-292
Siguenza, Joaquin T -pg. D-1-283
Siguenza, John F -pg. D-1-271
Siguenza, Jose -pg. D-1-285
Siguenza, Jose B -pg. D-1-283
Siguenza, Jose G -pg. D-10-48
Siguenza, Jose P -pg. D-15-34
Siguenza, Jose SA -pg. D-15-33
Siguenza, Jose T -pg. D-1-271
Siguenza, Jose T -pg. D-10-48
Siguenza, Josefina B -pg. D-1-283
Siguenza, Josefina C -pg. D-1-285
Siguenza, Juan C -pg. D-15-34
Siguenza, Juan G -pg. D-10-48
Siguenza, Julia J -pg. D-1-271
Siguenza, Lagrimas B -pg. D-15-34
Siguenza, Lorenzo -pg. D-11-41
Siguenza, Maria B -pg. D-1-283
Siguenza, Maria B -pg. D-15-34
Siguenza, Maria C -pg. D-1-292
Siguenza, Maria G -pg. D-10-48
Siguenza, Maria S -pg. D-1-271
Siguenza, Nicolasa SA -pg. D-15-33
Siguenza, Oliva C -pg. D-1-285
Siguenza, Otto Curtis B -pg. D-11-41
Siguenza, Pedro C (ab) -pg. D-1-285
Siguenza, Pedro G -pg. D-10-48
Siguenza, Remedios M -pg. D-1-292
Siguenza, Rita B -pg. D-11-41
Siguenza, Rita G -pg. D-10-48
Siguenza, Rosa M -pg. D-1-292
Siguenza, Rosa SA -pg. D-15-33
Siguenza, Teresita SA -pg. D-15-33
Simmons, Harley R -pg. D-11-72
Siongco, Ana T -pg. D-1-157
Siongco, Asuncion T -pg. D-1-157
Siongco, Jacinto P -pg. D-14-2
Siongco, Jesus T -pg. D-14-2
Siongco, Jose T -pg. D-14-2
Siongco, Vicente T -pg. D-1-245
Small, Frances -pg. D-1-100
Small, Vernon M -pg. D-1-100
Smith, Jessie W -pg. D-11-69
Smith, Loughlin -pg. D-1-28

INDEX
1940 Population Census of Guam: Transcribed

Smith, Phillip T -pg. D-1-28
Smith, Sheila L -pg. D-1-28
Snyder, David -pg. D-3-27
Sococo, Jose S -pg. D-1-96
Sococo, Margarita N -pg. D-1-96
Sohn, Rosser E -pg. D-11-70
Solomon, Fred L -pg. D-11-80
Sorenson, Bernard R -pg. D-1-223
Sorenson, Viggo W -pg. D-11-80
Soriano, Ana A -pg. D-8-35
Soriano, Antonia F -pg. D-1-223
Soriano, Brigida C -pg. D-8-16
Soriano, Carmen S -pg. D-8-19
Soriano, Dolores A -pg. D-8-35
Soriano, Enrique -pg. D-1-223
Soriano, Ignacio M -pg. D-8-35
Soriano, Isabel A -pg. D-8-35
Soriano, Jesus A -pg. D-8-12
Soriano, Jesus G -pg. D-1-223
Soriano, Jose G -pg. D-1-223
Soriano, Jose M -pg. D-1-300
Soriano, Joseph F -pg. D-1-223
Soriano, Juan A -pg. D-8-35
Soriano, Juan M -pg. D-8-16
Soriano, Lucia -pg. D-8-19
Soriano, Lucia G -pg. D-1-223
Soriano, Maria A -pg. D-8-35
Soriano, Maria C -pg. D-8-16
Soriano, Maria Q -pg. D-8-19
Soriano, Rita G -pg. D-1-223
Soriano, Rosa D -pg. D-8-19
Soriano, Trinidad Q -pg. D-8-19
Sotak, Steve G -pg. D-1-304
Southland, Ethel L -pg. D-1-269
Southland, Johnnes -pg. D-1-269
Southland, Richard J -pg. D-1-269
Spalding, Charles H -pg. D-11-80
Springer, James B -pg. D-11-80
Stafford, Carlotta -pg. D-1-89
Stafford, Clara Belle -pg. D-1-89
Stafford, Elena -pg. D-1-89
Stafford, Harry D -pg. D-1-89
Stanger, Burke C -pg. D-8-1
Stanger, Irene M -pg. D-8-1
Stanger, Lou A -pg. D-8-1
Stanger, Thomas B. -pg. D-8-1
Stanhope, Lloyd A -pg. D-11-68
Stanley, Mac G -pg. D-11-80
Stanley, Vernon I -pg. D-11-68
Stanton, Thomas H -pg. D-11-71
Starns, Jack D -pg. D-11-71
Stein, William -pg. D-11-71
Stephenson, Rowland G -pg. D-11-80
Sternberg, Carmen B -pg. D-10-21
Stewart, Sam R -pg. D-11-72
Stieb, Joseph D -pg. D-8-10
Stigler, Lyle V -pg. D-1-304
Stippich, Ferdinand -pg. D-1-303
Storey, James W -pg. D-1-304
Stov, Adolf P -pg. D-11-18
Strand, Loren L -pg. D-11-69
Strauch, Henry E -pg. D-1-40
Strauch, Marion C -pg. D-1-40
Stroup, Dorothy Y -pg. D-11-50

Stroup, Edward D -pg. D-11-50
Stroup, Jack H -pg. D-1-313
Stroup, Jacqueline C -pg. D-1-314
Stroup, Lewis H -pg. D-11-50
Stroup, Lewis H -pg. D-11-50
Stroup, Michael M -pg. D-11-50
Stroup, Virginia C -pg. D-1-314
Stroup, Virginia L -pg. D-1-314
Stuart, Clarence B -pg. D-1-233
Stuart, Corinne R -pg. D-1-233
Stueya, Maria S -pg. D-10-30
Suarez, Alfred J -pg. D-1-279
Suarez, Antonio C -pg. D-1-279
Suarez, Domingo A -pg. D-1-279
Suarez, Francisco N -pg. D-1-279
Suarez, Guadalupe M -pg. D-1-279
Suarez, Maria A -pg. D-1-279
Suarez, Rosa M -pg. D-1-279
Suarez, Teresa M -pg. D-1-279
Sudo, Ana B -pg. D-15-5
Sudo, Carmen B -pg. D-15-5
Sudo, Dolores B -pg. D-15-5
Sudo, Elizabeth B -pg. D-15-5
Sudo, Felecita B -pg. D-15-5
Sudo, Gregorio S -pg. D-15-5
Sudo, Jose B -pg. D-15-3
Sudo, Manuel B -pg. D-15-5
Sudo, Margarita B -pg. D-15-5
Sudo, Maria B -pg. D-15-5
Sudo, Maria Q -pg. D-15-3
Sudo, Rosa B -pg. D-15-5
Sudo, Sabro B -pg. D-15-5
Sudo, Siro B -pg. D-15-5
Sunbury, Sidney R -pg. D-11-80
Susuico, Antonio L -pg. D-2-26
Susuico, Maria N -pg. D-11-49
Susuiko, Ana C -pg. D-7-10
Susuiko, Antonio N -pg. D-7-10
Susuiko, Benigno C -pg. D-7-10
Susuiko, Francisco C -pg. D-7-10
Susuiko, Ignacio N -pg. D-7-10
Susuiko, Jesusa N -pg. D-7-10
Susuiko, Jose C -pg. D-7-10
Susuiko, Josefa C -pg. D-7-10
Susuiko, Maria N -pg. D-7-10
Susuiko, Martha C -pg. D-7-10
Susuiko, Melisio C -pg. D-7-10
Susuiko, Soledad N -pg. D-7-10
Suzuki, Brigida S -pg. D-1-219
Suzuki, Concepcion LG -pg. D-1-374
Suzuki, David LG -pg. D-1-374
Suzuki, Henry S -pg. D-1-219
Suzuki, Jose -pg. D-1-219
Suzuki, Jose S -pg. D-1-219
Suzuki, Josefa S -pg. D-1-219
Suzuki, Juan S -pg. D-1-219
Suzuki, Rosita C -pg. D-1-376
Swanton, John E -pg. D-1-367
Swanton, Mary E -pg. D-1-368
Swartz, Charles W -pg. D-15-2
Swartz, Mary D -pg. D-15-2
Sydney, Macmichael -pg. D-11-50
Sylvester, Turman J -pg. D-11-80
Szollosi, Michael M -pg. D-11-80

Taeanao, Amparo M -pg. D-9-22
Taeanao, Ana Y -pg. D-9-30
Taeanao, Antonio Y -pg. D-9-30
Taeanao, Guadalupe Y -pg. D-9-30
Taeanao, Jesus Y -pg. D-9-30
Taeanao, Joaquin Y -pg. D-9-30
Taeanao, Jose Y -pg. D-9-30
Taeanao, Juan M -pg. D-9-30
Taeanao, Juan Y -pg. D-9-30
Taguacta, Carlina T -pg. D-14-4
Taguacta, Jesus SA -pg. D-1-118
Taguacta, Jose T -pg. D-14-4
Taguacta, Juan B -pg. D-1-118
Taguacta, Lourdes SA -pg. D-1-118
Taguacta, Manuel T -pg. D-14-4
Taguacta, Maria T -pg. D-1-229
Taguacta, Nicolasa T -pg. D-14-4
Taguacta, Pedro T -pg. D-14-4
Taguacta, Rosa -pg. D-1-118
Taguacta, Rosa SA -pg. D-1-118
Taguacta, Rosa T -pg. D-14-4
Taguacta, Vicente T -pg. D-14-4
Taianao, Andresina C -pg. D-2-40
Taianao, Carmelo M -pg. D-2-40
Taianao, Consolacion B -pg. D-2-30
Taianao, Dolores C -pg. D-2-40
Taianao, Gregorio T -pg. D-2-1
Taianao, Guadalupe M -pg. D-2-13
Taianao, Ignacia M -pg. D-2-1
Taianao, Jesus C -pg. D-2-40
Taianao, Joaquin M -pg. D-2-13
Taianao, Joaquina C -pg. D-2-40
Taianao, Maria C -pg. D-2-40
Taianao, Rosalina C -pg. D-2-40
Taianao, Vicente C -pg. D-2-40
Taianao, Vicente M -pg. D-2-5
Taianao, Vicente S -pg. D-2-30
Taijeron, Adolfo C -pg. D-1-397
Taijeron, Amanda C -pg. D-1-396
Taijeron, Ana C -pg. D-1-55
Taijeron, Andresina T -pg. D-12-7
Taijeron, Antonia -pg. D-4-35
Taijeron, Antonia T -pg. D-12-7
Taijeron, Antonio LG -pg. D-1-396
Taijeron, Antonio S -pg. D-8-19
Taijeron, Antonio S -pg. D-8-31
Taijeron, Asuncion -pg. D-4-35
Taijeron, Asuncion C -pg. D-8-31
Taijeron, Barbara -pg. D-3-20
Taijeron, Bernardino C -pg. D-1-44
Taijeron, Brigida -pg. D-11-14
Taijeron, Candelaria S -pg. D-8-19
Taijeron, Carmen C -pg. D-1-57
Taijeron, Carmen M -pg. D-1-44
Taijeron, Elisa -pg. D-5-5
Taijeron, Enrique -pg. D-5-2
Taijeron, Ester A -pg. D-8-30
Taijeron, Felicita SN -pg. D-8-19
Taijeron, Felipe T -pg. D-12-18
Taijeron, Felisa G -pg. D-8-7
Taijeron, Felix C -pg. D-1-49
Taijeron, Francisco -pg. D-3-1
Taijeron, Francisco C -pg. D-1-55
Taijeron, Francisco L -pg. D-1-49

INDEX
1940 Population Census of Guam: Transcribed

Taijeron, Francisco T -pg. D-8-31
Taijeron, Geronimo -pg. D-5-5
Taijeron, Geronimo S -pg. D-8-30
Taijeron, Henry L -pg. D-1-39
Taijeron, Ignacio C -pg. D-1-397
Taijeron, Isabel C -pg. D-1-49
Taijeron, Isabel T -pg. D-12-18
Taijeron, Isidro -pg. D-5-5
Taijeron, Jesus D -pg. D-8-31
Taijeron, Jesus P -pg. D-1-55
Taijeron, Jesus T -pg. D-12-18
Taijeron, Joaquin -pg. D-11-14
Taijeron, Joaquin P -pg. D-1-48
Taijeron, Joaquin T -pg. D-12-18
Taijeron, Jose -pg. D-4-35
Taijeron, Jose -pg. D-4-35
Taijeron, Jose -pg. D-5-5
Taijeron, Jose C -pg. D-1-55
Taijeron, Jose D -pg. D-8-31
Taijeron, Jose LG -pg. D-1-397
Taijeron, Jose T -pg. D-1-8
Taijeron, Jose T -pg. D-12-18
Taijeron, Juan C -pg. D-1-55
Taijeron, Juan Jesus -pg. D-3-1
Taijeron, Juan T -pg. D-12-18
Taijeron, Juana -pg. D-5-2
Taijeron, Julia T -pg. D-1-10
Taijeron, Juliana LG -pg. D-1-397
Taijeron, Lucia T -pg. D-12-18
Taijeron, Maria -pg. D-4-35
Taijeron, Maria -pg. D-5-5
Taijeron, Maria -pg. D-5-5
Taijeron, Maria -pg. D-11-14
Taijeron, Maria -pg. D-11-14
Taijeron, Maria C -pg. D-1-55
Taijeron, Maria D -pg. D-8-31
Taijeron, Maria L -pg. D-1-48
Taijeron, Maria T -pg. D-1-10
Taijeron, Maria T -pg. D-12-18
Taijeron, Mariano A -pg. D-8-30
Taijeron, Olympia -pg. D-5-5
Taijeron, Patricia C -pg. D-1-397
Taijeron, Pedro L -pg. D-1-48
Taijeron, Pedro T -pg. D-12-18
Taijeron, Pedro T -pg. D-12-18
Taijeron, Prisardo -pg. D-5-5
Taijeron, Ramona LG -pg. D-1-397
Taijeron, Remedio T -pg. D-12-18
Taijeron, Rita -pg. D-3-1
Taijeron, Romana C -pg. D-1-55
Taijeron, Rosalina -pg. D-4-35
Taijeron, Rosario Jesus -pg. D-3-1
Taijeron, Rufina A -pg. D-8-30
Taijeron, Rufina R -pg. D-1-341
Taijeron, Teresita C -pg. D-1-49
Taijeron, Vicente -pg. D-3-1
Taijeron, Vicente -pg. D-1-48
Taijeron, Vicente -pg. D-11-14
Taijeron, Vicente C -pg. D-11-74
Taijeron, Vicente P -pg. D-1-44
Taijeron, Vicente T -pg. D-12-18
Taijeron, Vincente S "ab" -pg. D-11-14
Taijeto, Mamerto T -pg. D-7-12
Taijito, Asuncion M -pg. D-2-33
Taijito, Dolores M -pg. D-2-33
Taijito, Francisco S -pg. D-2-33
Taijito, Gregorio M -pg. D-2-33
Taijito, Juan -pg. D-3-20
Taijito, Juan M -pg. D-2-33
Taijito, Manuel -pg. D-3-20
Taijito, Maria -pg. D-3-20
Taijito, Mariano -pg. D-3-10
Taijito, Maristella -pg. D-3-20
Taimanglo, Jose P -pg. D-12-11
Taimanglo, Albert M -pg. D-6-45
Taimanglo, Ana -pg. D-3-25
Taimanglo, Ana M -pg. D-6-37
Taimanglo, Ana M -pg. D-9-23
Taimanglo, Andrea C -pg. D-6-13
Taimanglo, Antonia D -pg. D-9-1
Taimanglo, Antonia Q -pg. D-1-382
Taimanglo, Auria Q -pg. D-1-382
Taimanglo, Batola A -pg. D-10-8
Taimanglo, Beatrice P -pg. D-12-11
Taimanglo, Benedicta R -pg. D-9-37
Taimanglo, Blas T -pg. D-1-300
Taimanglo, David D -pg. D-9-1
Taimanglo, Delfina M -pg. D-9-23
Taimanglo, Dolores R -pg. D-9-37
Taimanglo, Esperanza M -pg. D-6-37
Taimanglo, Felix Q -pg. D-10-8
Taimanglo, Francisco M -pg. D-6-37
Taimanglo, Francisco T -pg. D-10-15
Taimanglo, Galo Q -pg. D-1-382
Taimanglo, Gregorio Q -pg. D-10-9
Taimanglo, Guadalupe N -pg. D-6-28
Taimanglo, Ignacio M -pg. D-6-37
Taimanglo, Isidoro C -pg. D-6-27
Taimanglo, Jesus C -pg. D-6-37
Taimanglo, Jesus Q -pg. D-10-10
Taimanglo, Joaquin M -pg. D-6-13
Taimanglo, Joaquin N -pg. D-6-37
Taimanglo, Joaquin Q -pg. D-10-45
Taimanglo, Joaquin T -pg. D-14-9
Taimanglo, Jose -pg. D-3-25
Taimanglo, Jose C -pg. D-6-2
Taimanglo, Jose C -pg. D-6-17
Taimanglo, Jose C -pg. D-6-37
Taimanglo, Jose M -pg. D-6-42
Taimanglo, Jose M -pg. D-9-37
Taimanglo, Jose N -pg. D-6-28
Taimanglo, Jose T -pg. D-6-30
Taimanglo, Josefa C -pg. D-6-37
Taimanglo, Josefa T -pg. D-6-13
Taimanglo, Juan M -pg. D-9-1
Taimanglo, Juan Q -pg. D-10-10
Taimanglo, Juanita M -pg. D-1-320
Taimanglo, Lino N -pg. D-6-28
Taimanglo, Luisa P -pg. D-12-11
Taimanglo, Manuel N -pg. D-6-28
Taimanglo, Manuel Q -pg. D-10-10
Taimanglo, Maria M -pg. D-9-23
Taimanglo, Maria P -pg. D-12-10
Taimanglo, Maria Q -pg. D-10-8
Taimanglo, Mariano C. -pg. D-12-10
Taimanglo, Miguel M -pg. D-6-7
Taimanglo, Noami P -pg. D-12-11
Taimanglo, Oliva Q -pg. D-1-382
Taimanglo, Pedro A -pg. D-10-8
Taimanglo, Rita T -pg. D-1-15
Taimanglo, Rosa R -pg. D-9-37
Taimanglo, Rosita Q -pg. D-1-382
Taimanglo, Rufina P -pg. D-12-11
Taimanglo, Silbano C -pg. D-6-13
Taimanglo, Soledad N -pg. D-6-28
Taimanglo, Soledad Q -pg. D-10-10
Taimanglo, Teodoro Q -pg. D-10-10
Taimanglo, Teresita C -pg. D-6-37
Taimanglo, Teresita N -pg. D-6-28
Taimanglo, Teresita Q -pg. D-10-10
Taimanglo, Teresita S A -pg. D-10-9
Taimanglo, Trinidad P -pg. D-12-11
Taimanglo, Vicenta M -pg. D-9-22
Taimanglo, Vicente -pg. D-3-25
Taimanglo, Vicente M -pg. D-1-382
Tainatingo, Catalina SN -pg. D-11-26
Tainatongco, Antonio M -pg. D-9-19
Tainatongco, Inez M -pg. D-9-19
Tainatongco, Maria M -pg. D-9-19
Tainatongco, Pedro SN -pg. D-9-19
Tainatongo, Angustia B -pg. D-8-5
Tainatongo, Cerilo T -pg. D-8-20
Tainatongo, Concepcion T -pg. D-8-14
Tainatongo, Dolores B -pg. D-8-5
Tainatongo, Dolores B -pg. D-8-5
Tainatongo, Geronimo T -pg. D-8-14
Tainatongo, Gregorio SN -pg. D-8-5
Tainatongo, Ignacio SN -pg. D-8-14
Tainatongo, Ignacio T -pg. D-8-15
Tainatongo, Jesus T -pg. D-8-14
Tainatongo, Jose B -pg. D-8-5
Tainatongo, Jose C -pg. D-8-20
Tainatongo, Jose T -pg. D-8-14
Tainatongo, Jovita C -pg. D-8-20
Tainatongo, Juan T -pg. D-8-14
Tainatongo, Lydia T -pg. D-8-15
Tainatongo, Maria B -pg. D-8-5
Tainatongo, Maria C -pg. D-8-20
Tainatongo, Maria SN -pg. D-8-14
Tainatongo, Ramon M -pg. D-8-30
Tainatongo, Vicenti B -pg. D-8-5
Tainatongo, Vicenti M -pg. D-8-25
Tainatongo, Vicenti T -pg. D-8-14
Tainatongo, Viturina T -pg. D-8-30
Taisague, Ana G -pg. D-10-2
Taisague, Antonia S -pg. D-1-345
Taisague, Feliza C -pg. D-15-13
Taisague, Guadalupi C -pg. D-10-2
Taisague, Joaquin C -pg. D-1-345
Taisague, Joaquin O -pg. D-10-55
Taisague, Juan O -pg. D-10-55
Taisague, Juan S -pg. D-10-55
Taisague, Magdalena O -pg. D-15-9
Taisague, Manuela O -pg. D-10-55
Taisague, Maria O -pg. D-10-55
Taisague, Maria O -pg. D-10-55
Taisague, Maria T -pg. D-10-1
Taisague, Rosa S -pg. D-1-345
Taisague, Vicenti S -pg. D-10-55
Taisipig, Ana T -pg. D-15-19
Taisipig, Balbina A -pg. D-1-2
Taisipig, Balbino F -pg. D-15-19

INDEX
1940 Population Census of Guam: Transcribed

Taisipig, Carmen F -pg. D-15-19
Taisipig, Dolores T -pg. D-15-19
Taisipig, Gregorio F -pg. D-15-19
Taisipig, Herminia T -pg. D-15-19
Taisipig, Jesus T -pg. D-1-2
Taisipig, Joaquin F -pg. D-15-19
Taisipig, Jose F -pg. D-15-19
Taisipig, Juan T -pg. D-15-19
Taisipig, Nieves A -pg. D-1-2
Taisipig, Vicente T -pg. D-15-19
Taison, Ana T -pg. D-1-92
Taison, Ana T -pg. D-1-92
Taison, Antonio T -pg. D-1-93
Taison, Bacilio M -pg. D-1-93
Taison, Francisco M -pg. D-1-93
Taison, Ignacia M -pg. D-1-93
Taison, Roman -pg. D-3-28
Taison, Rosa M -pg. D-1-93
Taison, Rosalia T -pg. D-1-92
Taitague, Agueda -pg. D-3-20
Taitague, Alfred M -pg. D-6-13
Taitague, Alfredo LG -pg. D-6-46
Taitague, Alminda M -pg. D-6-13
Taitague, Amalia D -pg. D-6-14
Taitague, Ana B -pg. D-2-32
Taitague, Ana C -pg. D-2-9
Taitague, Ana M -pg. D-6-14
Taitague, Ana U -pg. D-6-45
Taitague, Angelina T -pg. D-6-30
Taitague, Antonia M -pg. D-6-13
Taitague, Antonia P -pg. D-2-41
Taitague, Arthur R -pg. D-1-170
Taitague, Baldobino B -pg. D-12-19
Taitague, Baldobino M -pg. D-6-13
Taitague, Candeloria S -pg. D-12-9
Taitague, Carlota U -pg. D-6-45
Taitague, Catalina -pg. D-3-20
Taitague, Catalina T -pg. D-12-19
Taitague, Charles S -pg. D-12-9
Taitague, Consuelo Q -pg. D-6-25
Taitague, David S -pg. D-12-9
Taitague, David U -pg. D-6-45
Taitague, Delfina B -pg. D-8-22
Taitague, Delfina Q -pg. D-11-66
Taitague, Dolores -pg. D-4-36
Taitague, Edna M -pg. D-6-13
Taitague, Edward M -pg. D-6-13
Taitague, Enersto T -pg. D-6-16
Taitague, Enocencio C -pg. D-2-32
Taitague, Espreciosa U -pg. D-6-45
Taitague, Estella LG -pg. D-6-46
Taitague, Felicita Q -pg. D-11-66
Taitague, Felix T -pg. D-9-25
Taitague, Francisco D -pg. D-1-170
Taitague, Francisco LG -pg. D-6-46
Taitague, Francisco P -pg. D-2-41
Taitague, Francisco S -pg. D-12-9
Taitague, Franklin M -pg. D-6-14
Taitague, Fred R -pg. D-1-230
Taitague, Gonzalo M -pg. D-6-13
Taitague, Grace M -pg. D-6-13
Taitague, Gregorio M -pg. D-6-14
Taitague, Gregorio R -pg. D-1-352
Taitague, Gregorio T -pg. D-1-352

Taitague, Henry D -pg. D-12-9
Taitague, Henry T -pg. D-12-19
Taitague, Ignacia Q -pg. D-6-25
Taitague, Isabel Q -pg. D-6-25
Taitague, Jane R -pg. D-1-170
Taitague, Jesus D -pg. D-6-45
Taitague, Jesus N -pg. D-6-25
Taitague, Jose -pg. D-3-20
Taitague, Jose B -pg. D-2-32
Taitague, Jose D -pg. D-6-13
Taitague, Jose M -pg. D-6-13
Taitague, Jose M -pg. D-12-19
Taitague, Jose Q -pg. D-6-25
Taitague, Josefa U -pg. D-6-45
Taitague, Josefina LG -pg. D-6-46
Taitague, Juan M -pg. D-6-13
Taitague, Juan Q -pg. D-11-66
Taitague, Julia R -pg. D-1-170
Taitague, Lorenzo N -pg. D-6-16
Taitague, Lourdes M -pg. D-6-13
Taitague, Magdalena B -pg. D-12-19
Taitague, Maria -pg. D-3-20
Taitague, Maria B -pg. D-2-32
Taitague, Maria N -pg. D-6-16
Taitague, Maria R -pg. D-1-170
Taitague, Maria R -pg. D-1-352
Taitague, Oliva M -pg. D-6-13
Taitague, Orfa R -pg. D-1-352
Taitague, Peter R -pg. D-1-170
Taitague, Prudencio Q -pg. D-6-26
Taitague, Ramon T -pg. D-6-46
Taitague, Rosa P -pg. D-2-41
Taitague, Rosalina N -pg. D-6-16
Taitague, Rosario M -pg. D-6-13
Taitague, Rosario M -pg. D-6-14
Taitague, Rufo -pg. D-4-36
Taitague, Saturnina M -pg. D-6-13
Taitague, Susana P -pg. D-2-41
Taitague, Teresita Q -pg. D-6-25
Taitague, Thomas Q -pg. D-11-66
Taitague, Tomas B -pg. D-2-32
Taitague, Tomas M -pg. D-6-13
Taitague, Vicenta LG -pg. D-6-46
Taitague, Vicente M -pg. D-6-13
Taitague, Vicente Q -pg. D-1-301
Taitague, Vicente U -pg. D-6-45
Taitague, Victoriano L -pg. D-12-19
Taitanao, Balvina T -pg. D-11-67
Taitanao, Jose S -pg. D-11-67
Taitano, Agustin S -pg. D-1-85
Taitano, Aladina -pg. D-3-17
Taitano, Albina S -pg. D-1-85
Taitano, Alfred F -pg. D-14-9
Taitano, Amanda D -pg. D-11-7
Taitano, Ana -pg. D-3-13
Taitano, Ana D -pg. D-11-7
Taitano, Ana G -pg. D-1-354
Taitano, Ana M -pg. D-1-63
Taitano, Ana P -pg. D-1-82
Taitano, Ana Q -pg. D-14-7
Taitano, Andrea -pg. D-4-31
Taitano, Angel R -pg. D-1-164
Taitano, Antonia B -pg. D-1-84
Taitano, Antonia C -pg. D-14-5

Taitano, Antonio -pg. D-5-55
Taitano, Antonio -pg. D-5-55
Taitano, Antonio A -pg. D-11-29
Taitano, Antonio C -pg. D-1-314
Taitano, Antonio C -pg. D-1-323
Taitano, Artemio S -pg. D-1-167
Taitano, Arthur T -pg. D-1-168
Taitano, Barcilisa C -pg. D-1-388
Taitano, Beatrice M -pg. D-1-164
Taitano, Candelaria -pg. D-5-31
Taitano, Carlos -pg. D-5-31
Taitano, Carlos -pg. D-5-32
Taitano, Carlos Q -pg. D-1-60
Taitano, Carmen -pg. D-3-16
Taitano, Carmen -pg. D-3-21
Taitano, Carmen C -pg. D-1-30
Taitano, Carmen P -pg. D-11-5
Taitano, Catalina A -pg. D-14-5
Taitano, Catherine A -pg. D-14-5
Taitano, Cevera -pg. D-3-17
Taitano, Charles S -pg. D-1-167
Taitano, Concepcion C -pg. D-1-323
Taitano, Concepcion C -pg. D-11-3
Taitano, Concepcion P -pg. D-1-379
Taitano, Concepcion T -pg. D-14-4
Taitano, Concepcion T -pg. D-14-4
Taitano, David A -pg. D-14-5
Taitano, David F -pg. D-14-9
Taitano, Dolores -pg. D-3-21
Taitano, Dolores H -pg. D-14-6
Taitano, Dolores K -pg. D-1-82
Taitano, Dolores P -pg. D-1-82
Taitano, Dolores P -pg. D-11-5
Taitano, Dolores T -pg. D-1-132
Taitano, Edward P -pg. D-1-314
Taitano, Elias C -pg. D-1-323
Taitano, Emilia -pg. D-3-17
Taitano, Estella M -pg. D-1-158
Taitano, Esther -pg. D-5-32
Taitano, Faustina C -pg. D-1-265
Taitano, Felicidad -pg. D-4-31
Taitano, Felix -pg. D-4-31
Taitano, Francisca S -pg. D-14-6
Taitano, Francisca T -pg. D-14-4
Taitano, Francisco -pg. D-5-55
Taitano, Francisco C -pg. D-1-323
Taitano, Francisco C -pg. D-1-323
Taitano, Francisco G -pg. D-14-3
Taitano, Francisco G -pg. D-15-2
Taitano, Francisco Q -pg. D-1-60
Taitano, Francisco Q -pg. D-14-7
Taitano, Francisco S -pg. D-1-239
Taitano, Frank -pg. D-5-31
Taitano, Frank G -pg. D-1-239
Taitano, George O -pg. D-1-132
Taitano, George F -pg. D-14-3
Taitano, George F -pg. D-15-2
Taitano, George J -pg. D-1-379
Taitano, Gloria T -pg. D-1-132
Taitano, Henry -pg. D-5-31
Taitano, Henry S -pg. D-1-167
Taitano, Herminia F -pg. D-10-29
Taitano, Ignacio C -pg. D-11-3
Taitano, Jesus M -pg. D-1-158

INDEX
1940 Population Census of Guam: Transcribed

Taitano, Jesus R -pg. D-1-158
Taitano, Jesus T -pg. D-1-320
Taitano, Jesusa C -pg. D-1-323
Taitano, Joaquin -pg. D-3-17
Taitano, Joaquin G -pg. D-1-388
Taitano, Joaquin G -pg. D-1-388
Taitano, Joaquin B -pg. D-1-85
Taitano, Joaquin F -pg. D-1-85
Taitano, Joaquin N -pg. D-11-5
Taitano, Joaquin P -pg. D-1-82
Taitano, Joaquina -pg. D-3-17
Taitano, Joaquina -pg. D-5-32
Taitano, Joaquina G -pg. D-1-388
Taitano, Joaquina M -pg. D-1-164
Taitano, John -pg. D-5-49
Taitano, John -pg. D-5-49
Taitano, John A -pg. D-14-5
Taitano, John S -pg. D-1-167
Taitano, Jose -pg. D-3-21
Taitano, Jose -pg. D-4-31
Taitano, Jose -pg. D-5-32
Taitano, Jose C -pg. D-1-314
Taitano, Jose C -pg. D-1-388
Taitano, Jose M -pg. D-1-361
Taitano, Jose M -pg. D-14-3
Taitano, Jose P -pg. D-11-5
Taitano, Jose Q -pg. D-1-60
Taitano, Jose Q -pg. D-14-7
Taitano, Jose S -pg. D-1-21
Taitano, Jose S -pg. D-1-167
Taitano, Jose SN -pg. D-1-82
Taitano, Jose T -pg. D-1-354
Taitano, Jose T -pg. D-14-4
Taitano, Josefina S -pg. D-1-167
Taitano, Joseph -pg. D-5-31
Taitano, Joseph A -pg. D-14-5
Taitano, Joseph G -pg. D-1-239
Taitano, Joseph S -pg. D-14-6
Taitano, Joseph T -pg. D-1-85
Taitano, Juan -pg. D-4-8
Taitano, Juan -pg. D-4-20
Taitano, Juan -pg. D-4-31
Taitano, Juan -pg. D-5-30
Taitano, Juan -pg. D-5-31
Taitano, Juan -pg. D-5-32
Taitano, Juan B -pg. D-1-84
Taitano, Juan C -pg. D-1-299
Taitano, Juan G -pg. D-1-320
Taitano, Juan M -pg. D-1-158
Taitano, Juan P -pg. D-1-136
Taitano, Juan S -pg. D-1-85
Taitano, Juan V -pg. D-1-136
Taitano, Juana -pg. D-4-31
Taitano, Juanita A -pg. D-14-5
Taitano, Julia M -pg. D-1-158
Taitano, Justo -pg. D-3-7
Taitano, Lena Q -pg. D-1-60
Taitano, Liberato -pg. D-4-31
Taitano, Lilian A -pg. D-14-5
Taitano, Lolita G -pg. D-1-382
Taitano, Lorenza Q -pg. D-14-7
Taitano, Lucia M -pg. D-1-164
Taitano, Luis -pg. D-1-63
Taitano, Luis S -pg. D-11-3

Taitano, Luisa S -pg. D-1-85
Taitano, Luke A -pg. D-14-5
Taitano, Magdalena -pg. D-3-3
Taitano, Magdalena -pg. D-1-85
Taitano, Magdalena C -pg. D-1-265
Taitano, Manuel -pg. D-3-16
Taitano, Manuel -pg. D-3-17
Taitano, Manuel C -pg. D-14-4
Taitano, Manuel G -pg. D-14-7
Taitano, Manuel M -pg. D-1-164
Taitano, Manuel Q -pg. D-14-7
Taitano, Manuel T -pg. D-14-4
Taitano, Marcilina P -pg. D-1-379
Taitano, Maria -pg. D-3-16
Taitano, Maria B -pg. D-1-84
Taitano, Maria C -pg. D-1-388
Taitano, Maria C -pg. D-1-388
Taitano, Maria G -pg. D-1-382
Taitano, Maria G -pg. D-15-2
Taitano, Maria M -pg. D-1-158
Taitano, Maria S -pg. D-1-20
Taitano, Maria S -pg. D-1-85
Taitano, Maria T -pg. D-1-132
Taitano, Maria T -pg. D-1-320
Taitano, Maria T -pg. D-1-354
Taitano, Mariano B -pg. D-1-265
Taitano, Mario V -pg. D-1-136
Taitano, Mary A -pg. D-14-5
Taitano, Mary S -pg. D-1-167
Taitano, Matias -pg. D-3-13
Taitano, Matilde Q -pg. D-14-8
Taitano, Matilde S -pg. D-1-21
Taitano, Miguel A -pg. D-14-5
Taitano, Miguel C -pg. D-1-314
Taitano, Miguel C -pg. D-14-4
Taitano, Nieves S -pg. D-1-21
Taitano, Patrocinia J -pg. D-15-2
Taitano, Pedro -pg. D-3-13
Taitano, Pedro -pg. D-4-20
Taitano, Pedro M -pg. D-1-361
Taitano, Pedro T -pg. D-14-4
Taitano, Percy S -pg. D-1-167
Taitano, Rafael G -pg. D-1-382
Taitano, Rafael P -pg. D-1-382
Taitano, Rafael T -pg. D-1-320
Taitano, Ramon P -pg. D-1-60
Taitano, Ramon Q -pg. D-14-7
Taitano, Ramon T -pg. D-1-132
Taitano, Raymond S -pg. D-14-6
Taitano, Richard F -pg. D-1-244
Taitano, Rita -pg. D-3-7
Taitano, Rita C -pg. D-1-314
Taitano, Rita G -pg. D-1-354
Taitano, Rita L -pg. D-1-21
Taitano, Rita M -pg. D-1-361
Taitano, Rita S -pg. D-1-167
Taitano, Rita T -pg. D-1-132
Taitano, Robert F -pg. D-14-6
Taitano, Robert P -pg. D-14-6
Taitano, Rosa -pg. D-5-31
Taitano, Rosa M -pg. D-1-158
Taitano, Rosa M -pg. D-1-158
Taitano, Rosa P -pg. D-14-3
Taitano, Rosabella V -pg. D-1-136

Taitano, Rosario -pg. D-5-31
Taitano, Rosario -pg. D-5-49
Taitano, Rosario T -pg. D-1-21
Taitano, Rose S -pg. D-1-306
Taitano, Rosita -pg. D-5-32
Taitano, Rosita Q -pg. D-1-60
Taitano, Rosita Q -pg. D-14-8
Taitano, Rufo C -pg. D-1-323
Taitano, Sebastian -pg. D-3-20
Taitano, Sixta T -pg. D-1-132
Taitano, Soledad -pg. D-5-55
Taitano, Teresita C -pg. D-1-323
Taitano, Thomas G -pg. D-1-239
Taitano, Tomasa C -pg. D-1-323
Taitano, Trinidad C -pg. D-1-265
Taitano, Trinidad Q -pg. D-1-60
Taitano, Vicente -pg. D-3-20
Taitano, Vicente G -pg. D-1-388
Taitano, Vicente M -pg. D-1-164
Taitano, Vicente M -pg. D-14-5
Taitano, Vicente T -pg. D-14-4
Taitano, Victoria T -pg. D-1-376
Taitano, Vincent A -pg. D-14-5
Taitano, Virginia G -pg. D-1-239
Taitano, William -pg. D-5-31
Taitinfong, Rosa C -pg. D-1-94
Taitingfong, Ana -pg. D-4-38
Taitingfong, Ana -pg. D-5-44
Taitingfong, Ana B -pg. D-1-149
Taitingfong, Ana C -pg. D-1-142
Taitingfong, Ana LG -pg. D-1-226
Taitingfong, Angelina A -pg. D-1-211
Taitingfong, Angelina E -pg. D-1-266
Taitingfong, Antonio C -pg. D-1-130
Taitingfong, Antonio C -pg. D-1-142
Taitingfong, Barbara B -pg. D-1-149
Taitingfong, Brigida -pg. D-5-46
Taitingfong, Carmen C -pg. D-1-226
Taitingfong, Concepcion A -pg. D-1-214
Taitingfong, Concepcion LG -pg. D-1-226
Taitingfong, Concepcion LG -pg. D-1-298
Taitingfong, Consolacion A -pg. D-7-4
Taitingfong, Daniel C -pg. D-15-14
Taitingfong, Dionisio C -pg. D-1-130
Taitingfong, Enrique B -pg. D-15-15
Taitingfong, Felix -pg. D-5-43
Taitingfong, Feliza -pg. D-5-43
Taitingfong, Francis A -pg. D-15-2
Taitingfong, Francisca B -pg. D-15-15
Taitingfong, Francisco A -pg. D-15-17
Taitingfong, Francisco B -pg. D-1-142
Taitingfong, Guardalupe -pg. D-5-44
Taitingfong, Ignacio -pg. D-4-37
Taitingfong, Ignacio B -pg. D-1-149
Taitingfong, Ignacio B. -pg. D-7-7
Taitingfong, Isabel -pg. D-5-46
Taitingfong, Isabel A -pg. D-15-17
Taitingfong, Isabel C -pg. D-1-226
Taitingfong, Isabiela Q -pg. D-15-2
Taitingfong, Jesus -pg. D-15-17
Taitingfong, Jesus B -pg. D-7-4
Taitingfong, Joaquin -pg. D-5-46
Taitingfong, Joaquin B -pg. D-10-40
Taitingfong, Joaquin E -pg. D-1-266

INDEX
1940 Population Census of Guam: Transcribed

Taitingfong, Jose -pg. D-5-44
Taitingfong, Jose -pg. D-5-44
Taitingfong, Jose B -pg. D-1-125
Taitingfong, Jose B -pg. D-15-15
Taitingfong, Jose C -pg. D-1-142
Taitingfong, Jose LG -pg. D-1-226
Taitingfong, Josepha -pg. D-5-44
Taitingfong, Juan -pg. D-4-6
Taitingfong, Juan B -pg. D-15-15
Taitingfong, Juan C -pg. D-10-11
Taitingfong, Juan C -pg. D-15-17
Taitingfong, Lucia B -pg. D-15-15
Taitingfong, Magdalena C -pg. D-1-226
Taitingfong, Manuel -pg. D-5-46
Taitingfong, Margarita -pg. D-5-44
Taitingfong, Maria -pg. D-5-44
Taitingfong, Maria -pg. D-1-125
Taitingfong, Maria A -pg. D-15-17
Taitingfong, Maria B -pg. D-1-230
Taitingfong, Maria C -pg. D-1-130
Taitingfong, Maria C -pg. D-1-142
Taitingfong, Maria C -pg. D-10-48
Taitingfong, Maria LG -pg. D-1-226
Taitingfong, Patricia -pg. D-5-45
Taitingfong, Pedro -pg. D-5-44
Taitingfong, Rafael -pg. D-5-44
Taitingfong, Rafael LG -pg. D-1-226
Taitingfong, Ramon -pg. D-5-44
Taitingfong, Ramon C -pg. D-1-226
Taitingfong, Ramon LG -pg. D-1-226
Taitingfong, Rita C -pg. D-1-226
Taitingfong, Rosa -pg. D-5-44
Taitingfong, Rosa -pg. D-5-44
Taitingfong, Rosa B -pg. D-15-15
Taitingfong, Rosa C -pg. D-1-142
Taitingfong, Rosa C -pg. D-15-19
Taitingfong, Rosa T -pg. D-1-351
Taitingfong, Rosalia A -pg. D-1-215
Taitingfong, Soledad SA -pg. D-1-133
Taitingfong, Teresa T -pg. D-15-29
Taitingfong, Teresita A -pg. D-7-4
Taitingfong, Ulita -pg. D-5-44
Taitingfong, Vicente A -pg. D-7-4
Taitingfong, Vicente B -pg. D-1-149
Taitingfong, Vicente B -pg. D-7-6
Taitingfong, Vicente E -pg. D-1-266
Taitingfong, Vicente L -pg. D-1-149
Taitingfong, Vicente S -pg. D-1-266
Tajalle, Amelia A -pg. D-9-4
Tajalle, Ana A -pg. D-9-4
Tajalle, Ana C -pg. D-1-155
Tajalle, Ana M -pg. D-9-31
Tajalle, Antonia M -pg. D-9-31
Tajalle, Antonio -pg. D-11-42
Tajalle, Antonio M -pg. D-9-31
Tajalle, Asuncion A -pg. D-9-4
Tajalle, Candelaria M -pg. D-9-31
Tajalle, Civerina S -pg. D-9-11
Tajalle, Clotilde C -pg. D-1-155
Tajalle, Concepcion G -pg. D-1-115
Tajalle, Dolores M -pg. D-9-31
Tajalle, Dolores T -pg. D-8-23
Tajalle, Dolores T -pg. D-8-31
Tajalle, Enrique T -pg. D-13-1

Tajalle, Ernesto G -pg. D-1-115
Tajalle, Felisa Q -pg. D-13-17
Tajalle, Felix -pg. D-9-11
Tajalle, Francisco M -pg. D-9-31
Tajalle, Frankie T -pg. D-9-31
Tajalle, Gregoria C -pg. D-8-23
Tajalle, Guillermo A -pg. D-9-4
Tajalle, Joaquina C -pg. D-9-11
Tajalle, Jose A -pg. D-13-1
Tajalle, Jose C -pg. D-1-155
Tajalle, Jose C -pg. D-8-31
Tajalle, Jose G -pg. D-1-115
Tajalle, Jose T -pg. D-8-31
Tajalle, Juan A -pg. D-13-1
Tajalle, Juan C -pg. D-9-31
Tajalle, Juan G -pg. D-1-115
Tajalle, Justo C -pg. D-1-115
Tajalle, Lolita G -pg. D-1-115
Tajalle, Manuel C -pg. D-9-4
Tajalle, Maria A -pg. D-13-1
Tajalle, Maria G -pg. D-1-115
Tajalle, Maria M -pg. D-9-31
Tajalle, Marino T -pg. D-11-59
Tajalle, Miguel S -pg. D-9-11
Tajalle, Milagro A -pg. D-13-1
Tajalle, Pedro G -pg. D-1-115
Tajalle, Petronila M -pg. D-9-31
Tajalle, Regina T -pg. D-8-10
Tajalle, Ricardo C -pg. D-1-155
Tajalle, Rufina M -pg. D-1-247
Tajalle, Soledad S -pg. D-9-11
Tajalle, Tomas S -pg. D-9-11
Tajalle, Tomas T -pg. D-1-155
Tajalle, Ursula A -pg. D-13-1
Tajalle, Vicente G -pg. D-1-115
Tajalle, Vicente S -pg. D-9-11
Tajalle, Zacarias A -pg. D-9-4
Tajima, Gertrudes LG -pg. D-1-178
Tajima, Jose M -pg. D-1-178
Tajima, Teresita LG -pg. D-1-178
Takai, Francisca F -pg. D-1-175
Takai, Vicente A -pg. D-1-175
Takano, Carlos SN -pg. D-1-114
Takano, Dolores SN -pg. D-1-103
Takano, Dolores T -pg. D-1-103
Takano, Jose SN -pg. D-1-103
Takano, Julia S -pg. D-1-114
Takano, Luis SN -pg. D-1-103
Takano, Nowae T -pg. D-1-103
Talavera, Antonio -pg. D-4-2
Talavera, Antonio -pg. D-4-2
Talavera, Concepcion P -pg. D-10-40
Talavera, Jose -pg. D-4-2
Talavera, Jose Q -pg. D-10-40
Talavera, Manuel M -pg. D-10-40
Talavera, Maria P -pg. D-10-40
Talavera, Maxima -pg. D-4-2
Talavera, Rosario P -pg. D-10-40
Talavera, Vicente -pg. D-4-2
Tanaka, Asuncion S -pg. D-1-256
Tanaka, Jesus S -pg. D-1-256
Tanaka, Josefina C -pg. D-1-373
Tanaka, Rosa S -pg. D-1-256
Tanaka, Tomas S -pg. D-1-373

Tanny, Manuel C -pg. D-1-211
Tapasna, Antonia Q -pg. D-1-226
Taposnia, Joaquin A -pg. D-11-26
Taquino, Frank S -pg. D-11-71
Tass, Charlie -pg. D-4-9
Tass, Florinda -pg. D-4-9
Tass, John -pg. D-4-9
Tass, Josefina O -pg. D-1-131
Tass, Joseph -pg. D-4-9
Tass, Maria O -pg. D-1-131
Tayama, Asuncion M -pg. D-6-2
Tayama, Jose S -pg. D-6-32
Taylor, Gilbert C -pg. D-11-69
Taylor, Gordon B. Jr. -pg. D-1-280
Taylor, Gordon B -pg. D-1-280
Taylor, Hintol L -pg. D-1-280
Taylor, Jacob E -pg. D-1-83
Taylor, Nellie M -pg. D-1-83
Taylor, Robert F -pg. D-11-71
Taylor, Vestor E -pg. D-1-300
Taylor, Vivian W -pg. D-1-280
Taylor, Wilbert V -pg. D-11-69
Taylor, Willie M -pg. D-11-68
Techaira, Eufrem LG -pg. D-1-174
Techaira, Gloria P -pg. D-1-257
Techaira, Gregorio LG -pg. D-1-173
Techaira, Herminia LG -pg. D-1-173
Techaira, Isabel LG -pg. D-1-173
Techaira, Jesus -pg. D-4-26
Techaira, Joaquina LG -pg. D-1-173
Techaira, Jose C -pg. D-1-257
Techaira, Jose LG -pg. D-1-174
Techaira, Josefa -pg. D-4-26
Techaira, Josefa C -pg. D-1-262
Techaira, Manuel -pg. D-4-26
Techaira, Manuel D -pg. D-1-173
Techaira, Manuel LG -pg. D-1-173
Techaira, Manuela -pg. D-4-26
Techaira, Maria -pg. D-4-26
Techaira, Maria LG -pg. D-1-173
Techaira, Pedro -pg. D-4-26
Techaira, Ramon LG -pg. D-1-173
Techaira, Remedios LG -pg. D-1-173
Techaira, Simplicia LG -pg. D-1-173
Techaira, Vicente -pg. D-4-26
Techira, Manuel -pg. D-4-2
Tedpago, Ana C -pg. D-1-152
Tedpago, Vicenta C -pg. D-1-152
Tedpahoge, Carmen D -pg. D-8-32
Tedpahoge, Manuela D -pg. D-8-32
Tedpahogo, Concepcion C -pg. D-8-27
Tedpahogo, Dolores C -pg. D-8-27
Tedpahogo, Eugenio G -pg. D-8-25
Tedpahogo, Felicitas C -pg. D-8-25
Tedpahogo, Gabriela A -pg. D-8-27
Tedpahogo, Ignacio C -pg. D-8-25
Tedpahogo, Ignacio C -pg. D-8-27
Tedpahogo, Ignacio E -pg. D-8-27
Tedpahogo, Isabel C -pg. D-8-27
Tedpahogo, Jesus C -pg. D-8-25
Tedpahogo, Joaquin C -pg. D-8-25
Tedpahogo, Joaquina M -pg. D-8-25
Tedpahogo, Jose C -pg. D-8-25
Tedpahogo, Jose E -pg. D-8-25

INDEX
1940 Population Census of Guam: Transcribed

Tedpahogo, Jose M -pg. D-8-25
Tedpahogo, Juan C -pg. D-8-27
Tedpahogo, Juan G -pg. D-8-27
Tedpahogo, Julia C -pg. D-8-27
Tedpahogo, Maria C -pg. D-8-26
Tedpahogo, Mariano C -pg. D-8-27
Tedpahogo, Nicolasa M -pg. D-8-25
Tedpahogo, Petra C -pg. D-8-26
Tedpahogo, Rosa C -pg. D-8-26
Tedpahogo, Rosa M -pg. D-8-25
Tedpahogo, Vicenti B -pg. D-8-25
Tedtaotao, Amanda Q -pg. D-6-36
Tedtaotao, Ana C -pg. D-6-35
Tedtaotao, Angel M -pg. D-6-26
Tedtaotao, Angela T -pg. D-12-17
Tedtaotao, Antonia C -pg. D-6-35
Tedtaotao, Antonio A -pg. D-10-22
Tedtaotao, Carlina M -pg. D-10-7
Tedtaotao, Dolores C -pg. D-6-36
Tedtaotao, Eliza T -pg. D-6-35
Tedtaotao, Felicita G -pg. D-10-2
Tedtaotao, Gregorio T -pg. D-10-4
Tedtaotao, Isabel T -pg. D-12-18
Tedtaotao, Jesus A -pg. D-1-300
Tedtaotao, Jesus M -pg. D-10-7
Tedtaotao, Jesus T -pg. D-12-18
Tedtaotao, Jose C -pg. D-1-300
Tedtaotao, Jose G -pg. D-10-2
Tedtaotao, Jose M -pg. D-6-26
Tedtaotao, Jose M -pg. D-10-7
Tedtaotao, Juan C -pg. D-11-17
Tedtaotao, Juan T -pg. D-12-18
Tedtaotao, Lucas A -pg. D-10-2
Tedtaotao, Magdalena T -pg. D-12-17
Tedtaotao, Manuel T (ab) -pg. D-10-7
Tedtaotao, Manuela M -pg. D-10-7
Tedtaotao, Maria R -pg. D-10-22
Tedtaotao, Maria T -pg. D-12-18
Tedtaotao, Martina M -pg. D-6-26
Tedtaotao, Pedro G -pg. D-10-2
Tedtaotao, Pedro M -pg. D-12-17
Tedtaotao, Robert C -pg. D-6-36
Tedtaotao, Rosa G -pg. D-10-2
Tedtaotao, Rosalia M -pg. D-10-7
Tedtaotao, Rosario T -pg. D-12-18
Tedtaotao, Salvador T -pg. D-10-11
Tedtaotao, Santiago M -pg. D-10-7
Tedtaotao, Tomas R -pg. D-10-22
Tedtaotao, Vicente M -pg. D-6-26
Tenario, Conception T -pg. D-1-306
Tenorio, Adela T -pg. D-1-200
Tenorio, Amanda G -pg. D-1-9
Tenorio, Ana A -pg. D-10-50
Tenorio, Ana C -pg. D-1-11
Tenorio, Ana M -pg. D-1-322
Tenorio, Ana M -pg. D-12-10
Tenorio, Ana T -pg. D-1-200
Tenorio, Ana T -pg. D-15-24
Tenorio, Antonia T -pg. D-10-17
Tenorio, Antonio -pg. D-4-27
Tenorio, Antonio -pg. D-4-31
Tenorio, Antonio G -pg. D-1-259
Tenorio, Antonio R -pg. D-1-141
Tenorio, Bernardita G -pg. D-1-37

Tenorio, Carlos M -pg. D-1-322
Tenorio, Catalina T -pg. D-1-141
Tenorio, Cecilia T -pg. D-1-9
Tenorio, Clotilde G -pg. D-1-37
Tenorio, Cristina M -pg. D-2-42
Tenorio, Damiana -pg. D-5-4
Tenorio, Daniel M -pg. D-1-322
Tenorio, David T -pg. D-15-30
Tenorio, Delfina G -pg. D-1-37
Tenorio, Delfina T -pg. D-1-251
Tenorio, Dolores -pg. D-5-4
Tenorio, Dolores T -pg. D-1-141
Tenorio, Dominica -pg. D-5-4
Tenorio, Engracia -pg. D-4-31
Tenorio, Enrique G -pg. D-1-9
Tenorio, Enrique G -pg. D-10-4
Tenorio, Eugenia -pg. D-4-32
Tenorio, Felix M -pg. D-1-322
Tenorio, Francisco -pg. D-4-31
Tenorio, Francisco -pg. D-4-31
Tenorio, Francisco -pg. D-5-4
Tenorio, Francisco A -pg. D-10-4
Tenorio, Francisco G -pg. D-1-5
Tenorio, Francisco G -pg. D-1-37
Tenorio, Francisco T -pg. D-15-30
Tenorio, Gonzalo -pg. D-1-37
Tenorio, Gregorio G -pg. D-1-37
Tenorio, Gregorio S -pg. D-11-73
Tenorio, Gregorio T -pg. D-15-30
Tenorio, Honoria G -pg. D-1-37
Tenorio, Ignacia -pg. D-4-27
Tenorio, Ignacio -pg. D-4-7
Tenorio, Imilia A -pg. D-10-4
Tenorio, Jesus -pg. D-4-31
Tenorio, Jesus B -pg. D-1-200
Tenorio, Jesus T -pg. D-1-9
Tenorio, Jesus T -pg. D-1-141
Tenorio, Jesusa -pg. D-4-31
Tenorio, JesusQ -pg. D-2-42
Tenorio, Joaquin -pg. D-4-27
Tenorio, Joaquin -pg. D-4-32
Tenorio, Jose -pg. D-4-7
Tenorio, Jose -pg. D-4-31
Tenorio, Jose -pg. D-5-4
Tenorio, Jose -pg. D-5-4
Tenorio, Jose -pg. D-5-4
Tenorio, Jose G -pg. D-1-11
Tenorio, Jose G -pg. D-1-37
Tenorio, Jose I -pg. D-15-24
Tenorio, Jose T -pg. D-1-200
Tenorio, Josepha -pg. D-5-15
Tenorio, Juan -pg. D-4-32
Tenorio, Juan -pg. D-4-32
Tenorio, Juan -pg. D-5-4
Tenorio, Juan -pg. D-5-7
Tenorio, Juan A -pg. D-10-4
Tenorio, Juan C -pg. D-12-10
Tenorio, Juan G -pg. D-1-197
Tenorio, Juan T -pg. D-15-24
Tenorio, Juana -pg. D-4-32
Tenorio, Leonardo -pg. D-4-27
Tenorio, Leonardo C -pg. D-12-9
Tenorio, Leonardo C -pg. D-12-10
Tenorio, Lourdes -pg. D-4-31

Tenorio, Lourdes G -pg. D-1-197
Tenorio, Lourdes M -pg. D-1-132
Tenorio, Lucia C -pg. D-12-9
Tenorio, Lucia G -pg. D-1-197
Tenorio, Luis SN -pg. D-11-74
Tenorio, Magdalena A -pg. D-10-51
Tenorio, Magdalena G -pg. D-1-259
Tenorio, Manuel -pg. D-5-7
Tenorio, Manuel C -pg. D-12-10
Tenorio, Manuel G -pg. D-1-259
Tenorio, Manuel N -pg. D-1-322
Tenorio, Margarita -pg. D-4-27
Tenorio, Maria -pg. D-4-27
Tenorio, Maria -pg. D-4-31
Tenorio, Maria -pg. D-4-31
Tenorio, Maria -pg. D-4-32
Tenorio, Maria -pg. D-5-4
Tenorio, Maria A -pg. D-10-4
Tenorio, Maria A -pg. D-10-50
Tenorio, Maria B -pg. D-15-24
Tenorio, Maria G -pg. D-1-197
Tenorio, Maria G -pg. D-15-30
Tenorio, Maria M -pg. D-2-42
Tenorio, Maria T -pg. D-1-141
Tenorio, Maria T -pg. D-1-200
Tenorio, Maria T -pg. D-15-10
Tenorio, Maria T -pg. D-15-30
Tenorio, Mercedes M -pg. D-1-322
Tenorio, Oliva -pg. D-1-37
Tenorio, Paz -pg. D-5-7
Tenorio, Pedro C -pg. D-12-10
Tenorio, Pedro M -pg. D-12-10
Tenorio, Pricilla -pg. D-4-27
Tenorio, Priscella A -pg. D-10-50
Tenorio, Ramon -pg. D-4-27
Tenorio, Ramon G -pg. D-1-197
Tenorio, Ramona -pg. D-5-4
Tenorio, Regina B -pg. D-15-24
Tenorio, Ricardo T -pg. D-15-30
Tenorio, Roque -pg. D-4-27
Tenorio, Rosa -pg. D-4-31
Tenorio, Rosa G -pg. D-1-9
Tenorio, Rosa G -pg. D-1-37
Tenorio, Rosa G -pg. D-1-259
Tenorio, Rosalia -pg. D-4-32
Tenorio, Rosalina -pg. D-5-7
Tenorio, Rosario B -pg. D-15-24
Tenorio, Rosario T -pg. D-15-30
Tenorio, Severino -pg. D-5-4
Tenorio, Sylvia -pg. D-4-32
Tenorio, Teresa M -pg. D-12-10
Tenorio, Teresita G -pg. D-1-37
Tenorio, Teresita T -pg. D-1-9
Tenorio, Terisita -pg. D-4-27
Tenorio, Tomas -pg. D-4-31
Tenorio, Tomasa -pg. D-5-4
Tenorio, Tomasa G -pg. D-1-37
Tenorio, Vicente A -pg. D-10-4
Tenorio, Vicente G -pg. D-1-37
Tenorio, Vicente G -pg. D-10-50
Tenorio, Vicente S -pg. D-1-259
Terlaje, Agapito -pg. D-3-10
Terlaje, Alfredo -pg. D-3-10
Terlaje, Ana F -pg. D-9-30

INDEX
1940 Population Census of Guam: Transcribed

Terlaje, Antonia G -pg. D-1-23
Terlaje, Antonia S -pg. D-1-401
Terlaje, Antonio R -pg. D-2-3
Terlaje, Baldobino A -pg. D-2-33
Terlaje, Carmela F -pg. D-9-30
Terlaje, Carmen A -pg. D-2-33
Terlaje, Carmen S -pg. D-1-35
Terlaje, Carmen S -pg. D-1-401
Terlaje, Concepcion B -pg. D-2-26
Terlaje, David S -pg. D-1-401
Terlaje, Dolores A -pg. D-9-45
Terlaje, Dolores M -pg. D-9-22
Terlaje, Eduardo S -pg. D-1-401
Terlaje, Emiliana P -pg. D-1-17
Terlaje, Engracia C -pg. D-9-45
Terlaje, Felisa C -pg. D-1-79
Terlaje, Feliza C -pg. D-15-27
Terlaje, Francisco -pg. D-3-1
Terlaje, Francisco A -pg. D-2-33
Terlaje, Francisco C -pg. D-15-27
Terlaje, Francisco S -pg. D-1-401
Terlaje, Gabriel D -pg. D-1-6
Terlaje, Grabiel Q -pg. D-9-45
Terlaje, Grabiela A -pg. D-9-45
Terlaje, Gregorio C -pg. D-1-79
Terlaje, Gregorio C -pg. D-15-27
Terlaje, Ignacio -pg. D-3-10
Terlaje, Irene -pg. D-3-10
Terlaje, Isabel C -pg. D-1-79
Terlaje, Isabel C -pg. D-15-27
Terlaje, Jesu C -pg. D-15-27
Terlaje, Jesus A -pg. D-9-45
Terlaje, Jesus F -pg. D-9-30
Terlaje, Jesus F -pg. D-9-48
Terlaje, Jesus S -pg. D-1-15
Terlaje, Jesusa R -pg. D-9-37
Terlaje, Joaquin -pg. D-3-1
Terlaje, Joaquin B -pg. D-2-26
Terlaje, Joaquin F -pg. D-9-30
Terlaje, Joaquin R -pg. D-2-3
Terlaje, Joaquina A -pg. D-2-33
Terlaje, Jose -pg. D-3-24
Terlaje, Jose F -pg. D-9-30
Terlaje, Jose S -pg. D-15-27
Terlaje, Josefa -pg. D-3-24
Terlaje, Josefina S -pg. D-1-401
Terlaje, Juan -pg. D-3-10
Terlaje, Juan M -pg. D-2-33
Terlaje, Juan R -pg. D-2-3
Terlaje, Juan S -pg. D-1-15
Terlaje, Julia S -pg. D-1-401
Terlaje, Lourdes C -pg. D-2-46
Terlaje, Luis A -pg. D-9-30
Terlaje, Luis P -pg. D-9-42
Terlaje, Magdalena -pg. D-3-1
Terlaje, Magdalena A -pg. D-11-61
Terlaje, Manuel C -pg. D-9-45
Terlaje, Manuela -pg. D-3-10
Terlaje, Margarita A -pg. D-2-33
Terlaje, Maria A -pg. D-2-33
Terlaje, Maria C -pg. D-1-79
Terlaje, Maria C -pg. D-2-26
Terlaje, Maria C -pg. D-9-45
Terlaje, Maria C -pg. D-15-27

Terlaje, Maria F -pg. D-9-30
Terlaje, Maria G -pg. D-1-23
Terlaje, Maria R -pg. D-2-3
Terlaje, Maria S -pg. D-1-401
Terlaje, Maria S -pg. D-1-401
Terlaje, Mercedes A -pg. D-9-45
Terlaje, Miguel A -pg. D-9-45
Terlaje, Patricia T -pg. D-9-42
Terlaje, Pedro F -pg. D-1-224
Terlaje, Pedro F -pg. D-9-48
Terlaje, Pedro M -pg. D-1-15
Terlaje, Pedro S -pg. D-1-401
Terlaje, Regina C -pg. D-9-45
Terlaje, Regina M -pg. D-1-15
Terlaje, Robustiano B -pg. D-2-26
Terlaje, Rosa Q -pg. D-9-45
Terlaje, Rosalia S -pg. D-1-15
Terlaje, Saturnina -pg. D-1-79
Terlaje, Saturnina C -pg. D-15-27
Terlaje, Tomas S -pg. D-1-401
Terlaje, Vicente B -pg. D-2-3
Terlaje, Vicente F -pg. D-1-225
Terlaje, Vicente R -pg. D-2-3
Terlaje, Vicente T -pg. D-9-42
Tewell, Hershel L -pg. D-11-81
Theophone, Thomas -pg. D-2-8
Thomason, "R" "B" -pg. D-1-305
Thompson, Charles "N" -pg. D-1-305
Thrailkill, Allen B -pg. D-11-72
Thrailkill, Ann B -pg. D-11-72
Thrailkill, Joseph E -pg. D-11-72
Thrailkill, Leslie E -pg. D-11-72
Titta, Vincent J -pg. D-11-76
Tolentino, Angelina D -pg. D-2-44
Tolentino, Emiliana B -pg. D-11-48
Tolentino, Felicita D -pg. D-2-44
Tolentino, Joaquin T -pg. D-2-44
Tolentino, Judith J -pg. D-2-44
Tolentino, Maria D -pg. D-2-44
Tolentino, Maria L -pg. D-11-48
Tolentino, Matilde D -pg. D-2-44
Tolentino, Maximo L -pg. D-11-48
Tolentino, Pablo D -pg. D-2-44
Tolentino, Rosalia D -pg. D-2-44
Tolentino, Sylvia D -pg. D-2-44
Tolentino, Tomasa D -pg. D-2-44
Tompkins, Win W -pg. D-1-1
Topasna, Agueda LG -pg. D-1-29
Topasna, Albert T -pg. D-13-11
Topasna, Amadeo A -pg. D-13-17
Topasna, Amparo F -pg. D-11-55
Topasna, Ana -pg. D-13-18
Topasna, Ana F -pg. D-11-55
Topasna, Ana G -pg. D-10-24
Topasna, Ana LG -pg. D-1-29
Topasna, Ana N -pg. D-13-6
Topasna, Ana P -pg. D-11-67
Topasna, Angelina F -pg. D-13-5
Topasna, Annie T -pg. D-13-17
Topasna, Antonia LG -pg. D-1-29
Topasna, Candido T -pg. D-11-67
Topasna, Daniel LG -pg. D-1-29
Topasna, Dimas C -pg. D-13-18
Topasna, Dolores A -pg. D-13-5

Topasna, Dolores C -pg. D-13-18
Topasna, Dolores G -pg. D-10-24
Topasna, Encarnacion F -pg. D-13-5
Topasna, Eusebio Q -pg. D-13-5
Topasna, Feliciana P -pg. D-13-9
Topasna, Felipe A -pg. D-13-11
Topasna, Felix T -pg. D-13-6
Topasna, Francisco A -pg. D-13-1
Topasna, Francisco LG -pg. D-1-29
Topasna, Francisco Q -pg. D-13-5
Topasna, Gloria P -pg. D-13-9
Topasna, Gregorio A -pg. D-11-55
Topasna, Guadalupe LG -pg. D-1-29
Topasna, Herman A -pg. D-13-5
Topasna, Ignacio A -pg. D-13-5
Topasna, Isabel Q -pg. D-13-17
Topasna, Isidoro E -pg. D-13-17
Topasna, Jaime A -pg. D-13-5
Topasna, Jesus A -pg. D-10-24
Topasna, Jesus F -pg. D-11-55
Topasna, Jesus P -pg. D-13-9
Topasna, Jesus T -pg. D-8-10
Topasna, Joaquin C -pg. D-13-17
Topasna, Joaquin G -pg. D-10-24
Topasna, Joaquin Q -pg. D-13-17
Topasna, Jose A -pg. D-13-5
Topasna, Jose A -pg. D-13-11
Topasna, Jose C -pg. D-13-18
Topasna, Jose F -pg. D-11-55
Topasna, Jose F -pg. D-13-5
Topasna, Jose G -pg. D-10-24
Topasna, Jose LG -pg. D-1-29
Topasna, Jose Q -pg. D-13-4
Topasna, Jose Q -pg. D-13-17
Topasna, Josefina F -pg. D-13-5
Topasna, Juan E -pg. D-13-11
Topasna, Juan Q -pg. D-13-5
Topasna, Julia T -pg. D-13-11
Topasna, Julian F -pg. D-13-5
Topasna, Margarita G -pg. D-10-24
Topasna, Maria F -pg. D-13-4
Topasna, Maria T -pg. D-13-11
Topasna, Matilde T -pg. D-13-11
Topasna, Paterno T -pg. D-1-29
Topasna, Pedro A -pg. D-13-9
Topasna, Pilar LG -pg. D-1-29
Topasna, Ramon T -pg. D-13-11
Topasna, Resureccion Q -pg. D-13-17
Topasna, Rita F -pg. D-11-55
Topasna, Rosa G -pg. D-10-24
Topasna, Rosalia LG -pg. D-1-29
Topasna, Rosalia Q -pg. D-13-17
Topasna, Soledad Q -pg. D-13-5
Topasna, Susana LG -pg. D-1-29
Topasna, Valentina C -pg. D-13-17
Torre, Amparo SN -pg. D-1-104
Torre, Ana U -pg. D-1-136
Torre, Apolonia A -pg. D-1-135
Torre, Carmen C -pg. D-1-187
Torre, Dolores A -pg. D-7-1
Torre, Emelia -pg. D-1-137
Torre, Esperanza U -pg. D-1-137
Torre, Felicidad U -pg. D-1-136
Torre, Florencia T -pg. D-1-126

INDEX
1940 Population Census of Guam: Transcribed

Torre, Francisca A -pg. D-7-1
Torre, Francisca A -pg. D-7-1
Torre, Francisco C -pg. D-7-2
Torre, Francisco T -pg. D-1-96
Torre, Gabriela T -pg. D-1-126
Torre, Gregorio SN -pg. D-1-104
Torre, Gregorio T -pg. D-1-126
Torre, Jesus A -pg. D-7-1
Torre, Jesus C -pg. D-1-104
Torre, Joaquin A -pg. D-7-1
Torre, Joaquin B -pg. D-1-136
Torre, Jose A -pg. D-7-1
Torre, Jose C -pg. D-7-3
Torre, Jose T -pg. D-1-126
Torre, Juan A -pg. D-1-135
Torre, Juan A -pg. D-7-1
Torre, Juan A -pg. D-7-1
Torre, Juan U -pg. D-1-136
Torre, Julia A -pg. D-7-1
Torre, Luis SN -pg. D-1-104
Torre, Manuel A -pg. D-7-1
Torre, Maria -pg. D-1-137
Torre, Maria A -pg. D-7-1
Torre, Maria SN -pg. D-1-104
Torre, Maria T -pg. D-1-126
Torre, Rosa U -pg. D-1-136
Torre, Rosario T -pg. D-1-126
Torre, Soledad A -pg. D-7-8
Torre, Tomas T -pg. D-1-126
Torre, Vicenta U -pg. D-1-136
Torres, Agustin -pg. D-2-12
Torres, Ana -pg. D-5-26
Torres, Ana A -pg. D-1-30
Torres, Ana A -pg. D-1-279
Torres, Ana A -pg. D-1-279
Torres, Ana C -pg. D-1-211
Torres, Ana P -pg. D-1-298
Torres, Ana S -pg. D-7-3
Torres, Ana T -pg. D-11-20
Torres, Antonia C -pg. D-1-217
Torres, Antonio -pg. D-5-26
Torres, Antonio A -pg. D-1-241
Torres, Antonio B -pg. D-1-160
Torres, Antonio C -pg. D-1-215
Torres, Antonio P -pg. D-14-6
Torres, Antonio Q -pg. D-2-6
Torres, Antonio S -pg. D-2-21
Torres, Antonio U -pg. D-1-78
Torres, Asuncion D -pg. D-8-12
Torres, Asuncion M -pg. D-8-19
Torres, Asuncion P -pg. D-1-209
Torres, Barbara C -pg. D-1-134
Torres, Beatrice M -pg. D-8-19
Torres, Ben A -pg. D-1-70
Torres, Bernadita A -pg. D-1-279
Torres, Biatris Q -pg. D-2-6
Torres, Caridad C -pg. D-1-215
Torres, Carmen C -pg. D-1-358
Torres, Concepcion C -pg. D-1-217
Torres, Concepcion C -pg. D-1-217
Torres, Concepcion C -pg. D-7-3
Torres, Concepcion E -pg. D-1-358
Torres, Concepcion U -pg. D-1-78
Torres, Consolacion -pg. D-5-60

Torres, Consolacion N -pg. D-1-241
Torres, Consolacion Q -pg. D-1-62
Torres, Consuelo B -pg. D-1-160
Torres, Cynthia J -pg. D-1-247
Torres, Daniel J -pg. D-14-6
Torres, David D -pg. D-1-242
Torres, David D -pg. D-6-39
Torres, Devis A -pg. D-1-241
Torres, Dolores A -pg. D-15-27
Torres, Dolores B -pg. D-1-146
Torres, Dolores B -pg. D-10-42
Torres, Dolores H -pg. D-1-297
Torres, Dolores P -pg. D-14-6
Torres, Dolores W -pg. D-1-59
Torres, Edward C -pg. D-1-217
Torres, Elias Q -pg. D-1-62
Torres, Elizabeth A -pg. D-15-27
Torres, Enrique B -pg. D-1-160
Torres, Enrique M -pg. D-8-19
Torres, Enrique U -pg. D-1-78
Torres, Esteban U -pg. D-2-3
Torres, Felicita Q -pg. D-2-6
Torres, Felicita S -pg. D-2-21
Torres, Felisita -pg. D-2-13
Torres, Felix C -pg. D-11-26
Torres, Felix H -pg. D-15-33
Torres, Ferdinand S -pg. D-2-21
Torres, Fidela A -pg. D-1-70
Torres, Flora E -pg. D-1-359
Torres, Florencia D -pg. D-6-39
Torres, Florentina D -pg. D-1-242
Torres, Francis A -pg. D-1-70
Torres, Francisca A -pg. D-1-30
Torres, Francisco A -pg. D-7-3
Torres, Francisco C -pg. D-1-217
Torres, Francisco C -pg. D-1-379
Torres, Francisco C -pg. D-1-379
Torres, Francisco C -pg. D-2-7
Torres, Francisco M -pg. D-11-82
Torres, Francisco P -pg. D-2-7
Torres, Francisco U -pg. D-2-3
Torres, Gregorio P -pg. D-6-39
Torres, Gregorio P (ab) -pg. D-1-242
Torres, Guadalupe Q -pg. D-2-6
Torres, Guadalupe U -pg. D-1-78
Torres, Hannah C -pg. D-11-26
Torres, Hannah C -pg. D-11-26
Torres, Hazel R -pg. D-1-248
Torres, Helen U -pg. D-1-78
Torres, Ignacia C -pg. D-7-3
Torres, Ignacia P -pg. D-2-25
Torres, Ignacio E -pg. D-1-359
Torres, Ignacio R -pg. D-1-59
Torres, Isabel A -pg. D-15-27
Torres, Isabel D -pg. D-1-242
Torres, Isabel D -pg. D-6-39
Torres, Isidro A -pg. D-1-30
Torres, Jesus -pg. D-5-26
Torres, Jesus -pg. D-8-19
Torres, Jesus C -pg. D-1-134
Torres, Jesus C -pg. D-2-7
Torres, Jesus F -pg. D-1-217
Torres, Jesus N -pg. D-1-30
Torres, Jesus P -pg. D-2-12

Torres, Jesus T -pg. D-1-189
Torres, Jesus U -pg. D-1-78
Torres, Jesus U -pg. D-2-3
Torres, Jesusa -pg. D-4-12
Torres, Joan M -pg. D-1-248
Torres, Joaquin -pg. D-2-3
Torres, Joaquin A -pg. D-15-27
Torres, Joaquin C -pg. D-1-134
Torres, Joaquin N -pg. D-1-62
Torres, Joaquin Q -pg. D-1-62
Torres, Joaquina P -pg. D-14-6
Torres, Jose -pg. D-5-40
Torres, Jose A -pg. D-15-27
Torres, Jose C -pg. D-1-217
Torres, Jose C -pg. D-1-247
Torres, Jose C -pg. D-7-3
Torres, Jose C -pg. D-14-11
Torres, Jose E -pg. D-1-359
Torres, Jose H -pg. D-15-27
Torres, Jose M -pg. D-1-248
Torres, Jose M -pg. D-8-18
Torres, Jose M "Ab" -pg. D-1-5
Torres, Jose N -pg. D-1-241
Torres, Jose Q -pg. D-1-62
Torres, Jose Q -pg. D-2-6
Torres, Jose S -pg. D-2-12
Torres, Jose S -pg. D-2-21
Torres, Jose S -pg. D-7-3
Torres, Jose T -pg. D-1-134
Torres, Jose U -pg. D-11-82
Torres, Josefa A -pg. D-1-348
Torres, Josefa B -pg. D-1-160
Torres, Josefa C -pg. D-1-215
Torres, Josefa C -pg. D-7-3
Torres, Josefa D -pg. D-1-359
Torres, Josefa P -pg. D-2-6
Torres, Josefina C -pg. D-2-7
Torres, Josefina C -pg. D-7-3
Torres, Josefina H -pg. D-1-297
Torres, Josefina M -pg. D-8-19
Torres, Josefina P -pg. D-1-298
Torres, Juan -pg. D-4-2
Torres, Juan -pg. D-4-5
Torres, Juan -pg. D-4-12
Torres, Juan A -pg. D-1-279
Torres, Juan B -pg. D-1-19
Torres, Juan C -pg. D-1-301
Torres, Juan C -pg. D-8-15
Torres, Juan E -pg. D-14-6
Torres, Juan LG -pg. D-1-146
Torres, Juan LG -pg. D-10-42
Torres, Juan M -pg. D-1-217
Torres, Juan M -pg. D-8-16
Torres, Juan P -pg. D-2-25
Torres, Juan S -pg. D-11-73
Torres, Juan T -pg. D-1-189
Torres, Juan U -pg. D-1-78
Torres, Juana S -pg. D-2-21
Torres, Juana T -pg. D-14-8
Torres, Julia A -pg. D-7-3
Torres, Julia B -pg. D-1-19
Torres, Julia T -pg. D-1-189
Torres, Juliana P -pg. D-1-232
Torres, Lope C -pg. D-1-248

INDEX
1940 Population Census of Guam: Transcribed

Torres, Lourdes A -pg. D-7-3
Torres, Lourdes S -pg. D-8-13
Torres, Lourdes T -pg. D-1-189
Torres, Luis -pg. D-5-60
Torres, Luis A -pg. D-1-241
Torres, Luis C -pg. D-1-215
Torres, Luis C -pg. D-1-241
Torres, Luis E -pg. D-1-358
Torres, Luis H -pg. D-15-33
Torres, Luis S -pg. D-2-12
Torres, Luisa F -pg. D-1-379
Torres, Manuel C -pg. D-1-134
Torres, Manuel F -pg. D-14-8
Torres, Manuela C -pg. D-2-7
Torres, Margarita LG -pg. D-1-218
Torres, Maria A -pg. D-1-279
Torres, Maria B -pg. D-1-18
Torres, Maria C -pg. D-1-134
Torres, Maria C -pg. D-1-217
Torres, Maria C -pg. D-1-248
Torres, Maria C -pg. D-1-248
Torres, Maria H -pg. D-1-297
Torres, Maria LG -pg. D-1-217
Torres, Maria M -pg. D-8-18
Torres, Maria O.U. -pg. D-2-3
Torres, Maria P -pg. D-1-209
Torres, Maria P -pg. D-1-297
Torres, Maria P -pg. D-8-8
Torres, Maria T -pg. D-1-189
Torres, Maria U -pg. D-2-3
Torres, Martin -pg. D-5-26
Torres, Menas U -pg. D-1-78
Torres, Mildred L -pg. D-1-379
Torres, Natividad C -pg. D-2-7
Torres, Nicolasa -pg. D-4-12
Torres, Nieves M -pg. D-8-18
Torres, Oliva D -pg. D-1-242
Torres, Olivia D -pg. D-6-39
Torres, Pilar C -pg. D-1-217
Torres, Presardo T -pg. D-1-189
Torres, Ramon A -pg. D-1-241
Torres, Ricardo A -pg. D-1-30
Torres, Ricardo C -pg. D-1-217
Torres, Rita -pg. D-5-26
Torres, Rita P -pg. D-1-209
Torres, Rita U -pg. D-2-3
Torres, Robert J -pg. D-1-379
Torres, Rosa A -pg. D-1-241
Torres, Rosa F -pg. D-1-239
Torres, Rosa S -pg. D-2-12
Torres, Rosa T -pg. D-1-402
Torres, Rosalia S -pg. D-1-92
Torres, Rosalia S -pg. D-2-21
Torres, Rosalia T -pg. D-14-8
Torres, Severa M -pg. D-8-15
Torres, Simon A -pg. D-1-30
Torres, Soledad Q -pg. D-2-6
Torres, Sylvia A -pg. D-7-3
Torres, Sylvia B -pg. D-1-160
Torres, Tomas -pg. D-4-2
Torres, Tomas -pg. D-5-26
Torres, Tomas A -pg. D-1-30
Torres, Tomas C -pg. D-7-3
Torres, Tomas M -pg. D-1-5

Torres, Tomas N -pg. D-1-279
Torres, Tomas P -pg. D-2-25
Torres, Tomasa C -pg. D-1-215
Torres, Trinidad -pg. D-4-5
Torres, Trinidad B -pg. D-1-160
Torres, Vicenta Q -pg. D-1-62
Torres, Vicente -pg. D-4-12
Torres, Vicente -pg. D-5-17
Torres, Vicente A -pg. D-1-279
Torres, Vicente A -pg. D-15-27
Torres, Vicente C -pg. D-1-70
Torres, Vicente C -pg. D-1-217
Torres, Vicente LG -pg. D-7-3
Torres, Vicente N -pg. D-1-4
Torres, Vicente P "ab" -pg. D-2-21
Torres, Vicente T -pg. D-1-189
Torres, Vicenti M -pg. D-8-19
Torres, Victor S -pg. D-2-25
Torres, Victoria A -pg. D-1-267
Torres, Victoria A -pg. D-15-27
Torres, Yvonne-Marie C -pg. D-11-26
Toso,, Nilo -pg. D-11-75
Toves, Agustin S -pg. D-1-187
Toves, Alejandro B -pg. D-1-13
Toves, Alfred B -pg. D-11-27
Toves, Amalia -pg. D-3-24
Toves, Amalia S -pg. D-11-19
Toves, Amparo C -pg. D-11-26
Toves, Ana -pg. D-3-24
Toves, Ana -pg. D-3-24
Toves, Ana -pg. D-4-33
Toves, Ana B -pg. D-1-13
Toves, Ana B -pg. D-15-33
Toves, Ana M -pg. D-6-8
Toves, Ana M -pg. D-15-25
Toves, Ana Q -pg. D-1-147
Toves, Ana Q -pg. D-10-52
Toves, Ana S -pg. D-1-161
Toves, Ana T -pg. D-6-44
Toves, Andrew C -pg. D-11-27
Toves, Angelina C -pg. D-1-18
Toves, Angustia -pg. D-3-19
Toves, Anicia Q -pg. D-2-45
Toves, Anita F -pg. D-1-188
Toves, Antonia T -pg. D-6-43
Toves, Antonio -pg. D-3-24
Toves, Antonio -pg. D-5-22
Toves, Antonio F -pg. D-10-8
Toves, Antonio Q -pg. D-2-45
Toves, Antonio T -pg. D-1-268
Toves, Arthur B -pg. D-11-27
Toves, Asuncion R -pg. D-1-145
Toves, Barbara T -pg. D-1-268
Toves, Bendicto C -pg. D-1-18
Toves, Brigida S -pg. D-11-19
Toves, Candelaria H -pg. D-1-176
Toves, Carmen -pg. D-5-22
Toves, Carmen T -pg. D-1-85
Toves, Carmen T -pg. D-10-7
Toves, Charles SN -pg. D-11-46
Toves, Concepcion -pg. D-5-22
Toves, Concepcion A -pg. D-1-13
Toves, Concepcion B -pg. D-1-185
Toves, Concepcion F -pg. D-10-8

Toves, Consolasion SN -pg. D-11-46
Toves, Dolores Q -pg. D-2-45
Toves, Dolores T -pg. D-1-268
Toves, Dometro M -pg. D-15-33
Toves, Edward A -pg. D-8-11
Toves, Edward B -pg. D-1-185
Toves, Elias B -pg. D-11-74
Toves, Engracia T -pg. D-6-43
Toves, Enrique T -pg. D-6-43
Toves, Enriqueta Q -pg. D-2-45
Toves, Fermin S -pg. D-1-66
Toves, Florence M -pg. D-11-26
Toves, Francisca -pg. D-3-23
Toves, Francisco C -pg. D-7-9
Toves, Francisco G -pg. D-15-26
Toves, Francisco M -pg. D-15-25
Toves, Francisco Q -pg. D-10-51
Toves, Francisco S -pg. D-11-19
Toves, Francisco T -pg. D-1-85
Toves, Frank B -pg. D-1-185
Toves, Frank C -pg. D-11-26
Toves, Frankie M -pg. D-1-185
Toves, Gregorio I -pg. D-1-126
Toves, Harry SN -pg. D-11-46
Toves, Henrietta F -pg. D-11-27
Toves, Herman S -pg. D-1-66
Toves, Ignacio S -pg. D-11-19
Toves, Imilia G -pg. D-15-25
Toves, Inez -pg. D-3-19
Toves, Isabel -pg. D-3-19
Toves, Isabel G -pg. D-15-25
Toves, Isidro F -pg. D-2-45
Toves, Jesus -pg. D-3-24
Toves, Jesus -pg. D-5-22
Toves, Jesus A -pg. D-8-11
Toves, Jesus B -pg. D-1-13
Toves, Jesus B -pg. D-7-12
Toves, Jesus C -pg. D-1-13
Toves, Jesus F -pg. D-1-85
Toves, Jesus F -pg. D-10-8
Toves, Jesus I -pg. D-1-126
Toves, Jesus M -pg. D-15-25
Toves, Jesus Q -pg. D-1-150
Toves, Jesus Q -pg. D-10-52
Toves, Jesus T -pg. D-1-185
Toves, Jesusa Q -pg. D-10-52
Toves, Joaquin -pg. D-3-28
Toves, Joaquin M -pg. D-15-25
Toves, Joaquin S -pg. D-11-19
Toves, John R -pg. D-11-27
Toves, John SN -pg. D-11-46
Toves, Jose -pg. D-3-24
Toves, Jose -pg. D-5-22
Toves, Jose -pg. D-5-22
Toves, Jose A -pg. D-7-9
Toves, Jose A -pg. D-8-11
Toves, Jose C -pg. D-1-74
Toves, Jose C -pg. D-10-7
Toves, Jose F -pg. D-10-8
Toves, Jose G -pg. D-15-25
Toves, Jose M -pg. D-15-25
Toves, Jose S -pg. D-1-66
Toves, Jose T -pg. D-11-26
Toves, Jose U -pg. D-10-27

INDEX
1940 Population Census of Guam: Transcribed

Toves, Jose W -pg. D-11-19
Toves, Josefa H -pg. D-1-176
Toves, Josefina F -pg. D-10-8
Toves, Josefine M -pg. D-11-27
Toves, Joseph F -pg. D-11-26
Toves, Juan -pg. D-3-19
Toves, Juan A -pg. D-1-74
Toves, Juan B -pg. D-1-152
Toves, Juan B -pg. D-1-185
Toves, Juan C -pg. D-1-74
Toves, Juan F -pg. D-10-8
Toves, Juan G -pg. D-15-25
Toves, Juan I -pg. D-1-126
Toves, Juan LG -pg. D-1-147
Toves, Juan M -pg. D-15-25
Toves, Juan Q -pg. D-2-45
Toves, Juan Q -pg. D-7-2
Toves, Juan Q -pg. D-10-52
Toves, Juan R -pg. D-1-145
Toves, Juan T -pg. D-11-46
Toves, Juana I -pg. D-1-126
Toves, Julia -pg. D-3-19
Toves, Justo I -pg. D-1-126
Toves, Kenneth B -pg. D-11-26
Toves, Leonila Q -pg. D-2-45
Toves, Lourdes C -pg. D-7-9
Toves, Lourdes T -pg. D-1-268
Toves, Magdalena -pg. D-3-19
Toves, Magdalena -pg. D-3-24
Toves, Magdalena C -pg. D-1-18
Toves, Magdalena S -pg. D-1-66
Toves, Maney SN -pg. D-11-46
Toves, Manuel T -pg. D-1-185
Toves, Manuela Q -pg. D-1-150
Toves, Mara Q -pg. D-10-52
Toves, Margarita -pg. D-3-19
Toves, Margarita -pg. D-5-22
Toves, Margarita M -pg. D-15-25
Toves, Maria -pg. D-3-19
Toves, Maria -pg. D-3-22
Toves, Maria -pg. D-3-24
Toves, Maria A -pg. D-1-85
Toves, Maria A -pg. D-8-11
Toves, Maria B -pg. D-1-185
Toves, Maria C -pg. D-1-18
Toves, Maria C -pg. D-10-27
Toves, Maria F -pg. D-1-188
Toves, Maria F -pg. D-10-8
Toves, Maria I -pg. D-1-126
Toves, Maria I -pg. D-1-129
Toves, Maria M -pg. D-1-185
Toves, Maria M -pg. D-15-25
Toves, Maria Q -pg. D-1-150
Toves, Maria T -pg. D-1-268
Toves, Matilde Q -pg. D-1-150
Toves, Milano M -pg. D-15-25
Toves, Nicolas C -pg. D-1-185
Toves, Olympia Q -pg. D-2-45
Toves, Pacita F -pg. D-1-188
Toves, Pedro -pg. D-3-24
Toves, Pedro F -pg. D-1-188
Toves, Pedro L -pg. D-1-126
Toves, Pedro M -pg. D-15-25
Toves, Pedro R -pg. D-1-145

Toves, Pedro T -pg. D-1-18
Toves, Perpeto I -pg. D-1-126
Toves, Priscilla F -pg. D-1-188
Toves, Ramon I -pg. D-15-25
Toves, Ramon T -pg. D-6-44
Toves, Remedios G -pg. D-15-26
Toves, Richard M -pg. D-1-185
Toves, Robert SN -pg. D-11-46
Toves, Romana -pg. D-3-19
Toves, Rosa C -pg. D-1-74
Toves, Rosa C -pg. D-7-9
Toves, Rosa Q -pg. D-2-45
Toves, Rosa S -pg. D-10-51
Toves, Rosalia -pg. D-3-19
Toves, Rosalia B -pg. D-1-185
Toves, Rosario -pg. D-3-19
Toves, Rosario A -pg. D-1-250
Toves, Rosario T -pg. D-6-43
Toves, Rosita C -pg. D-1-18
Toves, Ruth M -pg. D-1-185
Toves, Santiago I -pg. D-1-127
Toves, Sergio -pg. D-5-22
Toves, Sergio B -pg. D-1-13
Toves, Sylvia C -pg. D-1-18
Toves, Teodosia B -pg. D-1-13
Toves, Tomas -pg. D-3-23
Toves, Tomas M -pg. D-15-25
Toves, Tomasa A -pg. D-8-11
Toves, Ursula S -pg. D-11-47
Toves, Vicenta G -pg. D-15-33
Toves, Vicente C -pg. D-1-367
Toves, Vicente Q -pg. D-10-52
Toves, Vicente T -pg. D-1-85
Toves, Victor SN -pg. D-11-46
Toves, William R -pg. D-11-27
Towner, Emilia L -pg. D-1-23
Towner, Fidela P -pg. D-1-24
Towner, Matilde I -pg. D-1-24
Towner, William G -pg. D-1-24
Towner, William H -pg. D-1-23
Towner, William S -pg. D-1-24
Townsend, Clarence E -pg. D-11-81
Townsend, Robert L -pg. D-11-72
Trayer, William A -pg. D-11-74
Trayer, William A. -pg. D-11-75
Treltas, Bartola -pg. D-3-25
Treltas, Jose -pg. D-3-25
Treltas, Rosalia C -pg. D-11-17
Treltas, Vicente -pg. D-3-25
Trotter, Arthur -pg. D-11-81
Tudela, Ana A -pg. D-1-266
Tudela, Asuncion A -pg. D-1-266
Tudela, Jesus A -pg. D-1-266
Tudela, Jose T -pg. D-1-157
Tudela, Josefa A -pg. D-1-266
Tudela, Manuel P -pg. D-1-266
Tudela, Maria A -pg. D-1-266
Tudela, Rita A -pg. D-1-266
Tuncap, Adela T -pg. D-1-22
Tuncap, Ana T -pg. D-1-22
Tuncap, Angel T -pg. D-1-10
Tuncap, Caridad P -pg. D-1-8
Tuncap, Clemente N -pg. D-1-19
Tuncap, Concepcion N -pg. D-1-10

Tuncap, David T -pg. D-1-10
Tuncap, Dolores N -pg. D-1-10
Tuncap, Eduardo T -pg. D-1-10
Tuncap, Enrique T -pg. D-1-10
Tuncap, Felicita D -pg. D-1-26
Tuncap, Florentina T -pg. D-1-10
Tuncap, Jesus T -pg. D-1-10
Tuncap, Jesus T -pg. D-1-19
Tuncap, Jesus T -pg. D-11-73
Tuncap, Joaquin N -pg. D-1-8
Tuncap, Jose P -pg. D-1-22
Tuncap, Juan N -pg. D-1-10
Tuncap, Juanita D -pg. D-1-26
Tuncap, Laura T -pg. D-1-19
Tuncap, Manuel P -pg. D-1-8
Tuncap, Maria N -pg. D-1-10
Tuncap, Maria P -pg. D-1-8
Tuncap, Martha P -pg. D-1-8
Tuncap, Ricardo T -pg. D-1-10
Tuncap, Rita D -pg. D-1-26
Tuncap, Rita T -pg. D-1-22
Tuncap, Rosa T -pg. D-1-10
Tuncap, Rosa T -pg. D-1-19
Tuncap, Tomas T -pg. D-1-22
Tuttle, Mary L --ab -pg. D-1-383
Tuttle, R. H --ab -pg. D-1-383
Tweed, George R -pg. D-1-313
Tweed, Mary F -pg. D-1-313
Tweed, Ronald E -pg. D-1-313
Tydingco, Antonio C -pg. D-1-375
Tydingco, Carlos P Jr. -pg. D-1-258
Tydingco, Carlos P L -pg. D-1-258
Tydingco, Cevera -pg. D-3-19
Tydingco, Concepcion C -pg. D-1-375
Tydingco, Dolores -pg. D-3-18
Tydingco, Dolores -pg. D-3-18
Tydingco, Dorothea -pg. D-3-18
Tydingco, Elinor -pg. D-3-18
Tydingco, Francisca -pg. D-3-18
Tydingco, George H. -pg. D-3-19
Tydingco, Helen -pg. D-3-18
Tydingco, John D. -pg. D-3-19
Tydingco, Jose -pg. D-3-18
Tydingco, Josefa -pg. D-3-18
Tydingco, Josefa P -pg. D-1-375
Tydingco, Joseph -pg. D-3-18
Tydingco, Juan -pg. D-3-18
Tydingco, Julia D L -pg. D-1-258
Tydingco, Manuel -pg. D-3-18
Tydingco, Maria -pg. D-3-18
Tydingco, Pedro -pg. D-3-18
Tydingco, Richard -pg. D-3-18
Tydingco, Rosa S -pg. D-2-26
Tydingco, Rufina -pg. D-3-18
Tydingco, Ruth -pg. D-3-18
Tydingco, Vicente -pg. D-3-18
Tydingco, Vicente -pg. D-3-19
Tyquiengco, Antonio T -pg. D-8-32
Tyquiengco, Carlos SN -pg. D-8-33
Tyquiengco, Carmen C -pg. D-8-20
Tyquiengco, Carmen R -pg. D-8-33
Tyquiengco, Carmen T -pg. D-8-33
Tyquiengco, David T -pg. D-8-3
Tyquiengco, Dolores C -pg. D-8-21

INDEX
1940 Population Census of Guam: Transcribed

Tyquiengco, Enrique B -pg. D-8-32
Tyquiengco, Francisco B -pg. D-8-33
Tyquiengco, Francisco C -pg. D-8-21
Tyquiengco, Gregorio B -pg. D-8-20
Tyquiengco, Isabel N -pg. D-8-32
Tyquiengco, Jesus N -pg. D-8-20
Tyquiengco, Jesus R -pg. D-8-33
Tyquiengco, Jesus T -pg. D-8-33
Tyquiengco, Joaquin B -pg. D-8-33
Tyquiengco, Jose N -pg. D-8-7
Tyquiengco, Jose R -pg. D-8-33
Tyquiengco, Jose SN -pg. D-8-33
Tyquiengco, Josefina N -pg. D-8-32
Tyquiengco, Lorenzo B -pg. D-8-33
Tyquiengco, Lourdes T -pg. D-8-33
Tyquiengco, Maria N -pg. D-8-32
Tyquiengco, Maria R -pg. D-8-33
Tyquiengco, Maria R -pg. D-8-33
Tyquiengco, Maria T -pg. D-8-33
Tyquiengco, Mariano R -pg. D-8-7
Tyquiengco, Milagro T -pg. D-8-33
Tyquiengco, Petronila T -pg. D-8-1
Tyquiengco, Rosa T -pg. D-8-33
Tyquiengco, Rosario B -pg. D-8-33
Tyquiengco, Vicente B -pg. D-1-22
Tyson, Alfred J -pg. D-1-287
Tyson, Alfred J -pg. D-1-287
Tyson, Hazel P -pg. D-1-287
Ulloa, Abraham -pg. D-5-38
Ulloa, Amanda R -pg. D-10-17
Ulloa, Ana C -pg. D-1-108
Ulloa, Ana C -pg. D-1-175
Ulloa, Buelah -pg. D-5-38
Ulloa, Carmen A -pg. D-1-104
Ulloa, David A -pg. D-1-104
Ulloa, David J -pg. D-1-108
Ulloa, Dolores R -pg. D-10-18
Ulloa, Dorothea C -pg. D-1-318
Ulloa, Elena R -pg. D-6-45
Ulloa, Elizabeth -pg. D-5-38
Ulloa, Esther -pg. D-5-38
Ulloa, Eustofania C -pg. D-1-318
Ulloa, Evelyn -pg. D-5-38
Ulloa, Felix J -pg. D-11-61
Ulloa, Francisco C -pg. D-1-318
Ulloa, Francisco I -pg. D-1-318
Ulloa, Francisco J -pg. D-11-61
Ulloa, Frank C -pg. D-1-220
Ulloa, George -pg. D-5-38
Ulloa, George C -pg. D-1-319
Ulloa, Ignacio A -pg. D-1-104
Ulloa, Jenoveva J -pg. D-11-61
Ulloa, Joaquin I -pg. D-1-220
Ulloa, Joaquin R -pg. D-10-18
Ulloa, Joaquin U -pg. D-10-32
Ulloa, Joaquina G -pg. D-11-34
Ulloa, Jose C -pg. D-1-220
Ulloa, Josefina A -pg. D-1-104
Ulloa, Josepha -pg. D-5-38
Ulloa, Juan I -pg. D-10-17
Ulloa, Juan S -pg. D-11-37
Ulloa, Lola P -pg. D-1-220
Ulloa, Lucy -pg. D-5-38
Ulloa, Manuel -pg. D-5-38

Ulloa, Marcello U -pg. D-1-104
Ulloa, Maria -pg. D-5-38
Ulloa, Maria C -pg. D-1-318
Ulloa, Maria R -pg. D-6-44
Ulloa, Maria R -pg. D-10-17
Ulloa, Mariano C -pg. D-1-108
Ulloa, Mariano Castro -pg. D-1-206
Ulloa, Mariano D -pg. D-7-14
Ulloa, Paul -pg. D-5-38
Ulloa, Pricilla -pg. D-5-38
Ulloa, Ramon A -pg. D-1-104
Ulloa, Ramon C -pg. D-1-318
Ulloa, Rita B -pg. D-11-32
Ulloa, Rosa G -pg. D-7-14
Ulloa, Rosa R -pg. D-6-45
Ulloa, Rosalia R -pg. D-10-17
Ulloa, Soledad C -pg. D-1-220
Ulloa, Soledad R -pg. D-6-45
Ulloa, Teresa C -pg. D-1-318
Ulloa, Teresa R -pg. D-6-44
Ulloa, Tomas A -pg. D-1-104
Ulloa, Vicente C -pg. D-11-31
Ulloa, Vicente Castro -pg. D-1-206
Ulloa, Vicente R -pg. D-6-45
Ulloa, William U -pg. D-6-45
Ulloa, 0 -pg. D-11-37
Uncangco, Ana S -pg. D-1-343
Uncangco, Baldomero C -pg. D-1-343
Uncangco, Concepcion S -pg. D-1-343
Uncangco, Dolores G -pg. D-10-25
Uncangco, Eduardo S -pg. D-1-409
Uncangco, Elias S -pg. D-1-353
Uncangco, Francisco G -pg. D-10-41
Uncangco, Francisco G -pg. D-10-41
Uncangco, Francisco S -pg. D-1-343
Uncangco, Francisco S -pg. D-1-353
Uncangco, Gregorio S -pg. D-1-353
Uncangco, Guadalupi G -pg. D-10-41
Uncangco, Isabel S -pg. D-1-353
Uncangco, Jesus Q -pg. D-1-409
Uncangco, Joaquin Q -pg. D-1-409
Uncangco, Jose B -pg. D-1-343
Uncangco, Jose G -pg. D-1-353
Uncangco, Jose Q -pg. D-1-409
Uncangco, Jose S -pg. D-1-343
Uncangco, Jose T -pg. D-1-354
Uncangco, Josefina G -pg. D-10-41
Uncangco, Juan G -pg. D-10-41
Uncangco, Juan Q -pg. D-1-409
Uncangco, Juana S -pg. D-1-353
Uncangco, Magdalena S -pg. D-1-343
Uncangco, Maria G -pg. D-10-41
Uncangco, Maria G -pg. D-10-41
Uncangco, Maria Q -pg. D-1-409
Uncangco, Maria S -pg. D-1-343
Uncangco, Maria S -pg. D-1-353
Uncangco, Mariano G -pg. D-10-41
Uncangco, Pasqual G -pg. D-10-41
Uncangco, Priscilla S -pg. D-1-353
Uncangco, Remedios S -pg. D-1-343
Uncangco, Ricardo D -pg. D-15-18
Uncangco, Vicenta S -pg. D-1-353
Uncangco, Vicente G -pg. D-1-333
Uncangco, Vicente Q -pg. D-1-409

Unchangco, Carmen P -pg. D-1-359
Unchangco, Francisco P -pg. D-1-359
Unchangco, Ignacio P -pg. D-1-359
Unchangco, Jose P -pg. D-1-359
Unchangco, Maria P -pg. D-1-359
Unchangco, Pedro L -pg. D-1-359
Unchangco, Rosa P -pg. D-1-359
Unchangco, Vicente -pg. D-1-359
Unchangco, Vicente P -pg. D-1-359
Underwood, Ana M -pg. D-1-236
Underwood, Ana T -pg. D-1-354
Underwood, Annie E -pg. D-1-236
Underwood, Carmen E -pg. D-1-227
Underwood, Esther T -pg. D-1-227
Underwood, James H -pg. D-1-236
Underwood, James V -pg. D-1-227
Underwood, John J -pg. D-1-227
Underwood, John J -pg. D-1-227
Underwood, Nancy D -pg. D-1-236
Underwood, Raymond F -pg. D-1-354
Underwood, Rosie B -pg. D-1-236
Ungacta, Ana I -pg. D-1-398
Ungacta, Antonio I -pg. D-1-398
Ungacta, Beatrice F -pg. D-1-335
Ungacta, Domingo P -pg. D-1-398
Ungacta, Engracia F -pg. D-1-335
Ungacta, Felicidad I -pg. D-1-326
Ungacta, Felix F -pg. D-1-335
Ungacta, Felix U -pg. D-1-335
Ungacta, Frederico F -pg. D-1-335
Ungacta, Gregorio U -pg. D-1-326
Ungacta, Juan I -pg. D-1-398
Ungacta, Juan T -pg. D-1-398
Ungacta, Lolita T -pg. D-1-398
Ungacta, Maria I -pg. D-1-398
Ungacta, Miguel I -pg. D-1-18
Ungacta, Miguel I -pg. D-1-398
Ungacta, Rosa T -pg. D-1-398
Ungacta, Rosalia T -pg. D-1-398
Ungacta, Rosita I -pg. D-1-326
Ungacta, Severino I -pg. D-1-398
Unpginco, Carmen M -pg. D-1-41
Unpginco, Francisco M -pg. D-1-41
Unpginco, Jesus M -pg. D-1-41
Unpginco, Jose M -pg. D-1-41
Unpginco, Josefina M -pg. D-1-41
Unpginco, Juan R -pg. D-1-41
Unpginco, Pedro M -pg. D-1-41
Unpginco, Remedios M -pg. D-1-41
Unpginco, Rosa M -pg. D-1-41
Unpginco, Vinancio M -pg. D-1-41
Unpingco, Antonio G -pg. D-1-81
Unpingco, Consuelo R -pg. D-1-397
Unpingco, Eliza R -pg. D-1-313
Unpingco, Francisco R -pg. D-1-355
Unpingco, Gloria R -pg. D-1-313
Unpingco, Jesus A -pg. D-1-81
Unpingco, Jesus R -pg. D-1-397
Unpingco, Jose -pg. D-5-48
Unpingco, Jose A -pg. D-1-313
Unpingco, Juan G -pg. D-1-81
Unpingco, Juan M -pg. D-1-355
Unpingco, Juan R -pg. D-1-313
Unpingco, Juana M -pg. D-1-355

INDEX
1940 Population Census of Guam: Transcribed

Unpingco, Lourdes R -pg. D-1-313
Unpingco, Manuel M -pg. D-1-355
Unpingco, Maria G -pg. D-1-81
Unpingco, Natividad A -pg. D-1-51
Unpingco, Noberto R -pg. D-1-313
Unpingco, Pedro S -pg. D-1-397
Unpingco, Ricardo M -pg. D-1-355
Unpingco, Rita G -pg. D-1-81
Unpingco, Rita M -pg. D-1-355
Unpingco, Rita R -pg. D-1-313
Unpingco, Segundo -pg. D-5-48
Unpingco, Teresita R -pg. D-1-313
Unpingco, Vicenta -pg. D-5-48
Unpingco, Vicente G -pg. D-1-81
Unpingco, Vicente M -pg. D-1-355
Unpingco, Vicente M -pg. D-1-397
Unsiog, Agustin N -pg. D-11-61
Unsiog, Agustin N -pg. D-11-62
Unsiog, Ana N -pg. D-11-61
Unsiog, Carmelo N -pg. D-11-61
Unsiog, Clemente J -pg. D-9-31
Unsiog, Enrique N -pg. D-11-61
Unsiog, Francisca J -pg. D-9-30
Unsiog, Isabel N -pg. D-11-61
Unsiog, Joaquin J -pg. D-9-31
Unsiog, Maria J -pg. D-9-31
Unsiog, Maria N -pg. D-11-61
Unsiog, Rosa N -pg. D-11-61
Unsiog, Tomas J -pg. D-9-31
Untalan, Agustin LG -pg. D-1-31
Untalan, Ana C -pg. D-1-225
Untalan, Ana P -pg. D-1-142
Untalan, Ana S -pg. D-1-279
Untalan, Angelica L -pg. D-1-214
Untalan, Anselmo O -pg. D-1-80
Untalan, Antonio L -pg. D-1-31
Untalan, Barbara F -pg. D-1-189
Untalan, Beatrice F -pg. D-1-106
Untalan, Bonifacio F -pg. D-1-106
Untalan, Carmelita O -pg. D-1-80
Untalan, Cecilia D -pg. D-10-37
Untalan, Cecilia LG -pg. D-1-31
Untalan, Celerina I -pg. D-1-72
Untalan, Delfina LG -pg. D-1-81
Untalan, Dolores C -pg. D-1-225
Untalan, Dolores H -pg. D-1-80
Untalan, Eleanor -pg. D-5-5
Untalan, Elizabeth -pg. D-5-5
Untalan, Eloisa I -pg. D-1-72
Untalan, Emiliana D -pg. D-1-173
Untalan, Encarnacion B -pg. D-1-251
Untalan, Enrique -pg. D-5-5
Untalan, Estella B -pg. D-1-175
Untalan, Eugenio C -pg. D-1-72
Untalan, Fe U -pg. D-1-106
Untalan, Felix C -pg. D-1-225
Untalan, Fidela M -pg. D-1-254
Untalan, Francisca I -pg. D-1-72
Untalan, Francisco C -pg. D-1-72
Untalan, Gil H -pg. D-1-80
Untalan, Guadalupe F -pg. D-1-106
Untalan, Guillermo F -pg. D-1-106
Untalan, Ignacia M -pg. D-1-253
Untalan, Irene -pg. D-5-5

Untalan, Isabel C -pg. D-1-225
Untalan, Jesus -pg. D-1-139
Untalan, Jesus B -pg. D-1-106
Untalan, Jesus C -pg. D-1-225
Untalan, Jesus M -pg. D-1-279
Untalan, Jesus P -pg. D-1-189
Untalan, Jesus R -pg. D-10-38
Untalan, Joan Lee A -pg. D-1-279
Untalan, Joaquin G -pg. D-1-168
Untalan, Joaquin P -pg. D-1-251
Untalan, Joaquina A -pg. D-1-120
Untalan, John R -pg. D-1-308
Untalan, Jose B -pg. D-1-175
Untalan, Jose C -pg. D-1-225
Untalan, Jose H -pg. D-1-80
Untalan, Jose L -pg. D-1-80
Untalan, Jose LG -pg. D-1-78
Untalan, Jose P -pg. D-10-38
Untalan, Jose R -pg. D-10-38
Untalan, Jose T -pg. D-1-189
Untalan, Josefa C -pg. D-1-225
Untalan, Josefina F -pg. D-1-106
Untalan, Josefina H -pg. D-1-80
Untalan, Joyce I -pg. D-1-308
Untalan, Juan C -pg. D-1-225
Untalan, Juan H -pg. D-1-80
Untalan, Juan R -pg. D-10-37
Untalan, Juan R -pg. D-10-37
Untalan, Juan T -pg. D-1-189
Untalan, Juana C -pg. D-1-72
Untalan, Juliana T -pg. D-1-142
Untalan, Julita I -pg. D-1-72
Untalan, Leonardo LG -pg. D-1-31
Untalan, Leonisa B -pg. D-1-175
Untalan, Lourdes F -pg. D-1-106
Untalan, Luis B -pg. D-1-253
Untalan, Luis B -pg. D-14-12
Untalan, Luis P -pg. D-1-142
Untalan, Manuel M -pg. D-1-254
Untalan, Maria B -pg. D-1-308
Untalan, Maria C -pg. D-1-225
Untalan, Maria I -pg. D-1-72
Untalan, Maria LG -pg. D-1-31
Untalan, Maria R -pg. D-10-38
Untalan, Mary M -pg. D-1-168
Untalan, Oliva R -pg. D-10-38
Untalan, Pedro C -pg. D-1-78
Untalan, Pedro H -pg. D-1-80
Untalan, Pedro LG -pg. D-1-78
Untalan, Pedro P -pg. D-1-173
Untalan, Priscilla O -pg. D-1-80
Untalan, Remedios F -pg. D-1-189
Untalan, Rita C -pg. D-1-225
Untalan, Rita LG -pg. D-1-78
Untalan, Rita M -pg. D-1-254
Untalan, Roque C -pg. D-1-225
Untalan, Rosa B -pg. D-1-175
Untalan, Rosa B -pg. D-1-249
Untalan, Rosa D -pg. D-10-37
Untalan, Rosalia -pg. D-1-78
Untalan, Rosalia M -pg. D-1-168
Untalan, Rosario -pg. D-5-5
Untalan, Roy M -pg. D-1-168
Untalan, Rudolph -pg. D-5-5

Untalan, Secundina I -pg. D-1-72
Untalan, Sixta -pg. D-1-175
Untalan, Theodore LG -pg. D-1-31
Untalan, Tomas -pg. D-4-21
Untalan, Trinidad H -pg. D-1-80
Untalan, Trinidad R -pg. D-10-38
Untalan, Vicente C -pg. D-1-225
Untalan, Vicente P -pg. D-1-175
Untalan, Virginia -pg. D-1-78
Uson, Jose -pg. D-5-18
Uson, Maria -pg. D-5-18
Uson, Paz -pg. D-5-18
Uson, Ramon -pg. D-5-18
Uson, Ramon -pg. D-5-18
Uson, Rosalia -pg. D-5-18
Uson, Teresa -pg. D-5-18
Uson, Vicente -pg. D-5-18
Valenzuela, Alfred P -pg. D-1-395
Valenzuela, Ana LG -pg. D-1-395
Valenzuela, Antonia S -pg. D-1-397
Valenzuela, Felix P -pg. D-1-57
Valenzuela, Francisco LG -pg. D-1-395
Valenzuela, Francisco S --ab-- -pg. D-1-397
Valenzuela, Ignacio P -pg. D-1-395
Valenzuela, Julita P -pg. D-1-395
Valenzuela, Maria P -pg. D-1-395
Valenzuela, Regina S -pg. D-1-397
Valenzuela, Ricardo P -pg. D-1-395
Valenzuela, Victor P -pg. D-1-395
Van Zile, Ruth -pg. D-1-27
Van Zile, Wilbur N -pg. D-1-27
Vasquez, Louta C -pg. D-1-334
Vaughn, Maria D -pg. D-1-207
Vaughn, Wallace L -pg. D-1-207
Velarde, Evelyn C -pg. D-1-248
Velasco, Antonia T -pg. D-1-69
Velasco, Asuncion A -pg. D-1-68
Velasco, Jose A -pg. D-1-69
Velasco, Jose T -pg. D-1-69
Velasco, Maria T -pg. D-1-69
Velasco, Rosa T -pg. D-1-69
Velasco, Sebastian -pg. D-1-68
Venavente, Albina L -pg. D-1-109
Venziano, Ana G -pg. D-1-250
Venziano, George G -pg. D-1-250
Veth, George F -pg. D-11-81
Viand, Maurice -pg. D-11-69
Vick, Joe R -pg. D-11-81
Vilarde, Concepcion C -pg. D-1-346
Vilarde, Pilar C -pg. D-1-346
Vilarde, Rafaela C -pg. D-1-346
Vilarde, Ruth C -pg. D-1-346
Vilarde, Simon G -pg. D-1-346
Villagomez, Antonia -pg. D-4-28
Villagomez, Artemeo A -pg. D-1-86
Villagomez, Carlos -pg. D-4-28
Villagomez, Carlos G -pg. D-1-38
Villagomez, Carlos T -pg. D-1-136
Villagomez, Clara M -pg. D-1-310
Villagomez, Concepcion T -pg. D-1-136
Villagomez, Felicita P -pg. D-1-183
Villagomez, Felix A -pg. D-1-86
Villagomez, Florent A -pg. D-10-36
Villagomez, Francisco -pg. D-4-28

INDEX
1940 Population Census of Guam: Transcribed

Villagomez, Francisco A -pg. D-1-86
Villagomez, Francisco DT -pg. D-11-74
Villagomez, Francisco G -pg. D-1-38
Villagomez, Francisco P -pg. D-1-281
Villagomez, Gorge -pg. D-4-28
Villagomez, Gregorio T -pg. D-7-2
Villagomez, Jesus P -pg. D-1-395
Villagomez, Jesus T -pg. D-1-136
Villagomez, Jesus V -pg. D-1-310
Villagomez, Joaquina G -pg. D-1-38
Villagomez, Jose -pg. D-4-28
Villagomez, Jose -pg. D-4-36
Villagomez, Jose A -pg. D-1-38
Villagomez, Jose C (ab) -pg. D-1-293
Villagomez, Jose M -pg. D-1-310
Villagomez, Jose P -pg. D-10-36
Villagomez, Jose T -pg. D-1-136
Villagomez, Jose U -pg. D-1-86
Villagomez, Josefa -pg. D-4-36
Villagomez, Josefa P -pg. D-1-293
Villagomez, Josefa T -pg. D-1-136
Villagomez, Joseph -pg. D-4-28
Villagomez, Juan A -pg. D-11-2
Villagomez, Juan G -pg. D-1-38
Villagomez, Juan M -pg. D-1-310
Villagomez, Juan T -pg. D-1-136
Villagomez, Juan V -pg. D-1-38
Villagomez, Juana -pg. D-1-289
Villagomez, Julia A -pg. D-1-86
Villagomez, Lucas A -pg. D-1-86
Villagomez, Magdalena G -pg. D-1-38
Villagomez, Maria -pg. D-4-36
Villagomez, Maria P -pg. D-1-183
Villagomez, Maria P -pg. D-1-293
Villagomez, Maria T -pg. D-1-136
Villagomez, Mariana T -pg. D-1-136
Villagomez, Melba P -pg. D-1-395
Villagomez, Pedro A -pg. D-1-86
Villagomez, Pilar C -pg. D-1-281
Villagomez, Prudencio -pg. D-4-28
Villagomez, Rosa C -pg. D-1-289
Villagomez, Rosario G -pg. D-1-38
Villagomez, Rosario P -pg. D-1-394
Villagomez, Ruperto A -pg. D-1-86
Villagomez, Soledad P -pg. D-1-293
Villagomez, Solidad -pg. D-4-36
Villagomez, Trinidad B -pg. D-10-36
Villagomez, Vicente M -pg. D-1-310
Villagomez, Winnie F -pg. D-10-36
Wakefield, Ellis K -pg. D-1-88
Wakefield, Herm N -pg. D-1-88
Wakefield, Robert E -pg. D-1-88
Wakefield, Susan K -pg. D-1-88
Walker, Cicero T -pg. D-1-233
Walker, Malcolm C -pg. D-11-81
Walker, Russel -pg. D-1-300
Walt, Lewis W -pg. D-11-72
Walt, Nancy J -pg. D-11-72
Walt, Nancy J -pg. D-11-72
Walter, Eleanor K -pg. D-11-50
Walter, Noble I -pg. D-11-50
Walters, Alfonsina S -pg. D-1-142
Walters, Irene S -pg. D-1-142
Walters, Janet S -pg. D-1-142

Walters, Joe A -pg. D-1-142
Ward, John W -pg. D-11-81
Ward, Raymond E -pg. D-1-233
Warkey, George H -pg. D-1-29
Warkey, May F -pg. D-1-29
Watson, Merle F -pg. D-1-305
Waybourn, Robert L -pg. D-11-68
Weilenmann, Frederick G -pg. D-1-28
Weilenmann, Margaret R -pg. D-1-28
Wells, Frederick P -pg. D-11-75
Wesely, Adela A -pg. D-11-7
Wesely, Benito A -pg. D-11-7
Wesely, Catherine A -pg. D-11-7
Wesely, Ellis John A -pg. D-11-7
Wesely, Felisa A -pg. D-11-7
Wesely, Frank A -pg. D-11-7
Wesely, Juan D -pg. D-11-7
Wesely, Patricia A -pg. D-11-7
Wesely, Rita A -pg. D-11-7
Wesely, Vicente D -pg. D-11-7
West, Jesse O -pg. D-11-81
Whitaker, Kenneth F -pg. D-11-74
White, Ana LG -pg. D-1-129
White, Ana P -pg. D-1-140
White, Antonia C -pg. D-1-136
White, Antonio LG -pg. D-1-129
White, Carmen P -pg. D-1-194
White, Cecelia C -pg. D-1-171
White, Clyde L -pg. D-1-247
White, Dolores C -pg. D-1-136
White, Dolores R -pg. D-1-129
White, Dorotea C -pg. D-1-171
White, Edwardo LG -pg. D-1-129
White, Emelia A -pg. D-1-196
White, Engracia C -pg. D-1-171
White, Enrique G -pg. D-1-194
White, Esther LG -pg. D-1-129
White, Francisco R -pg. D-1-129
White, Frank R -pg. D-11-68
White, Gregorio P -pg. D-1-194
White, Jesus C -pg. D-1-171
White, Jesus LG -pg. D-1-171
White, Jose F -pg. D-1-196
White, Jose W -pg. D-1-129
White, Juan C -pg. D-1-136
White, Juan F -pg. D-1-136
White, Justo LG -pg. D-1-129
White, Lourdes A -pg. D-1-197
White, Magdalena A -pg. D-1-196
White, Maria A -pg. D-1-197
White, Maria C -pg. D-1-136
White, Maria LG -pg. D-1-129
White, Oliva A -pg. D-1-197
White, Rafaela P -pg. D-1-140
White, Ramon LG -pg. D-1-129
White, Ramona P -pg. D-1-194
White, Rita LG -pg. D-1-129
White, Rosa LG -pg. D-1-129
White, Rosalia R -pg. D-1-129
White, Tomasa A -pg. D-1-197
White, Vicenta G -pg. D-1-140
White, Viola J -pg. D-1-247
White, William A -pg. D-1-197
Whitten, Earl W -pg. D-11-69

Whitten, Rodney -pg. D-3-27
Wickey, Elmer P -pg. D-1-278
Wickey, Verah E -pg. D-1-278
Wigel, Robert D. -pg. D-11-71
Wilde, Albert G -pg. D-11-76
Wilkes, Craig R -pg. D-1-289
Wilkes, Grace M -pg. D-1-288
Wilkes, Sue D -pg. D-1-289
Wilkes, Trellis C -pg. D-1-288
Williams, Charles -pg. D-11-68
Williams, Clyde P -pg. D-11-81
Willingham, Willis W -pg. D-11-81
Wilson, Donald F -pg. D-11-81
Winchester, Harold J -pg. D-11-81
Winchester, Samuel -pg. D-3-27
Winecoff, Clarence LG -pg. D-1-293
Winecoff, Virginia C -pg. D-1-293
Wingfield, Violet E -pg. D-1-282
Wingfield, William H -pg. D-1-282
Wingfield, William H -pg. D-1-282
Winters, Harold M -pg. D-1-213
Winters, Margaret G -pg. D-1-213
Wolf, Clarence E -pg. D-11-81
Wolford, Alfred C -pg. D-6-45
Wolford, Arthur C -pg. D-6-45
Wolford, Catalina C -pg. D-6-45
Wolford, Charles I -pg. D-6-45
Wolford, Concepcion C -pg. D-6-45
Wolford, Harland W -pg. D-6-45
Wolford, Maria C -pg. D-6-45
Wolford, Robert T -pg. D-6-45
Wom-Pat, Ana P -pg. D-11-15
Wom-Pat, Antonio B -pg. D-11-15
Wom-Pat, Avelina P -pg. D-11-15
Wom-Pat, Dolores -pg. D-11-15
Wom-Pat, Dolores I -pg. D-11-42
Wom-Pat, Ellen P -pg. D-11-15
Wom-Pat, Francisco -pg. D-11-42
Wom-Pat, Francisco B -pg. D-11-15
Wom-Pat, Ignacio -pg. D-11-15
Wom-Pat, Jacqueline P -pg. D-11-15
Wom-Pat, Marilyn P -pg. D-11-15
Wom-Pat, Vicente B -pg. D-11-15
Wong-Pat, Eulalia B -pg. D-1-348
Woolf, Joe O -pg. D-11-81
Worden, Wallace J -pg. D-11-75
Woryk, John J -pg. D-11-75
Wright, Robert H -pg. D-11-81
Wusstig, Ernest C -pg. D-1-50
Wusstig, Felix C -pg. D-1-300
Wusstig, George C -pg. D-1-50
Wusstig, Gloria C -pg. D-1-50
Wusstig, Juan C -pg. D-1-50
Wusstig, Lourdes C -pg. D-1-50
Wusstig, Luisa C -pg. D-9-23
Wusstig, Maria C -pg. D-1-50
Wusstig, Naomi C -pg. D-1-50
Wusstig, Walter -pg. D-9-23
Wusttig, Ernest C -pg. D-14-12
Wusttig, Geo C -pg. D-14-12
Wusttig, Gloria C -pg. D-14-12
Wusttig, Juan C -pg. D-14-12
Wusttig, Lourdes C -pg. D-14-12
Wusttig, Maria C -pg. D-14-12

INDEX
1940 Population Census of Guam: Transcribed

Wusttig, Naomi -pg. D-14-12
Yamaguchi, Ana -pg. D-3-4
Yamaguchi, Dolores S -pg. D-1-224
Yamaguchi, Dorothy -pg. D-3-4
Yamaguchi, Isabel -pg. D-3-4
Yamaguchi, Juan -pg. D-3-4
Yamaguchi, Juan -pg. D-3-4
Yamaguchi, Manuel A -pg. D-1-224
Yamaguchi, Rosalia -pg. D-3-4
Yamaguchi, Trinidad -pg. D-3-4
Yamaguchi, Visitacion -pg. D-3-4
Yamanaka, Ana B -pg. D-9-40
Yamanaka, Camilo U -pg. D-9-40
Yamanaka, Diego K -pg. D-12-16
Yamanaka, Dorothea B -pg. D-9-40
Yamanaka, Francisco M -pg. D-1-294
Yamanaka, Jesus B -pg. D-9-40
Yamanaka, Jesus M -pg. D-12-16
Yamanaka, Jose B -pg. D-9-40
Yamanaka, Josefina M -pg. D-1-294
Yamanaka, Juan M -pg. D-1-294
Yamanaka, Lourdes B -pg. D-9-40
Yamanaka, Magdalena B -pg. D-9-40
Yamanaka, Maria M -pg. D-1-294
Yamanaka, Rosa B -pg. D-9-40
Yamanaka, Rosa M -pg. D-1-294
Yamasaki, Antonio T -pg. D-1-323
Yamasaki, Ignacio -pg. D-4-32
Yamasaki, Ignacio -pg. D-4-32
Yamasaki, Maria T -pg. D-1-323
Yamashita, Agueda C -pg. D-9-40
Yamashita, Antonio C -pg. D-9-40
Yamashita, Concepcion C -pg. D-9-40
Yamashita, Felicita C -pg. D-9-39
Yamashita, Jesus C -pg. D-9-40
Yamashita, Jose C -pg. D-9-40
Yamashita, Juan C -pg. D-9-40
Yamashita, Julia C -pg. D-9-40
Yamashita, Luis C -pg. D-9-40
Yamashita, Maria C -pg. D-9-40
Yamashita, Oliva C -pg. D-9-40
Yamashita, Raymundo H -pg. D-9-39
Yamazaki, Harry Y -pg. D-10-22
Yamazaki, Ignacio T -pg. D-10-26
Yamazaki, Jose Y -pg. D-10-22
Yamazaki, Pilar F -pg. D-10-33
Yamazaki, Vicenta T -pg. D-10-22
Yardley, Richard O -pg. D-11-69
Yokoi, Agueda Q -pg. D-1-149
Yokoi, Ann -pg. D-1-149
Yokoi, Francisco Q -pg. D-1-149
Yokoi, Gertrudes Q -pg. D-1-148
Yokoi, Jose -pg. D-1-148
Yokoi, Jose Q -pg. D-1-148
Yokoi, Juan Q -pg. D-1-148
Yokoi, Maria Q -pg. D-1-148
Yokoi, Mary M -pg. D-1-149
Yoshida, Dolores M -pg. D-6-34
Yoshida, Floresita D -pg. D-8-30
Yoshida, Isabel M -pg. D-6-34
Yoshida, Jesus M -pg. D-6-34
Yoshida, Jose H -pg. D-2-19
Yoshida, Jose M -pg. D-6-34
Yoshida, Jose T -pg. D-6-34
Yoshida, Manuel M -pg. D-6-34
Yoshida, Rosa M -pg. D-6-34
Young, Edmund C -pg. D-1-233
Young, Irene M -pg. D-1-243
Young, Joseph E -pg. D-1-243
Young, Joseph R -pg. D-1-243
Young, Mary F -pg. D-1-243
Youtsey, Charles E -pg. D-11-81
Zackarias, William C -pg. D-11-69
Zafra, Angustia E -pg. D-1-208
Zafra, Oliva C -pg. D-11-2
Zafra, Vicente U -pg. D-1-208
Zahnen, John P -pg. D-11-75
Zamora, Adolfo -pg. D-3-25
Zamora, Doroteo C -pg. D-1-302
Zamora, Dorothea -pg. D-3-25
Zamora, Pedro -pg. D-3-8
Zamora, Rosita -pg. D-3-25
Zang, William A -pg. D-11-81
Zubrus, Joe C -pg. D-11-81

www.ingramcontent.com/pod-product-compliance
Lightning Source LLC
Chambersburg PA
CBHW081359290426
44110CB00018B/2427